V&R unipress

Hans-Gerd Krabbe

Die Rezeption der Kyrios-Nacht

Christliche Theologie
von den Anfängen bis in die Gegenwart

V&R unipress

Bibliografische Information der Deutschen Nationalbibliothek

Die Deutsche Nationalbibliothek verzeichnet diese Publikation in der Deutschen Nationalbibliografie; detaillierte bibliografische Daten sind im Internet über http://dnb.d-nb.de abrufbar.

ISBN 978-3-89971-576-7

© 2009, V&R unipress in Göttingen / www.vr-unipress.de

Titelbild:
Eines von insgesamt 24 Glasfenstern im hoch liegenden Fensterband auf der Ost(er)seite in der Karlsruher Jakobus-Kirche.
Entwurf: Graham Jones, London
Ausfertigung: Derix-Glasstudios, Taunusstein
Produktion: Glashütte Lamberts, Waldsassen
Foto: Martin J. Duckek, Ulm

Gedruckt auf alterungsbeständigem Papier.

Dieses Buch widme ich
im Glauben an die Auferweckung
in herzlicher Verbundenheit

meiner Renate und unseren Kindern
Antje Pia (†), Dominik Michael und
Deborah Magdalena
sowie meinen Eltern
Emmi Hendrika Zweghuis Zierleyn (†)
und Jan Arend Gerhard Krabbe (†)

Inhalt

Vorwort

>»Warum ist diese Nacht so anders als
alle anderen Nächte?«,
fragt der jüdische Junge
alle Jahre zum Auftakt des Pessachfestes
am Sederabend in der eigenen Familie,
und der Vater antwortet.

>»Warum ist diese Nacht so anders als
alle anderen Nächte?«,
auf diese Frage antworten Christen:
Weil Christus Jesus in dieser Nacht auferweckt worden ist, auferstanden ist
und lebt!
Denn ›ER lebt, und wir
sollen auch leben‹:
sogar über den Tod hinaus!
(nach der Pessach-Haggada 4 und nach Joh. 14,19)

Mit dem Wunder der *Auferweckung* Jesu Christi (1) steht oder fällt christlicher Glaube von allem Anfang an durch die Zeiten hindurch bis heute. Das
Christus-Ereignis bildet die »conditio sine qua non« bzw. die »prima causa et
ultima« und wirkt konstitutiv für den christlichen Glauben. Hier, in Kreuz (2)
und Auferweckung, liegt »das Widerfahrnis des Heils« (vgl. Luk. 19,9), das
Wesentliche, das Proprium und schließlich die »certitudo« christlichen Glaubens »extra nos« und »pro nobis« begründet. Hier, im Schandpfahl des Kreuzes, offenbart sich die Weisheit der Güte Gottes (1. Kor. 2,9 nach Jes. 64,3) –
hier liegt »der Angelpunkt der Heilsgeschichte« (3) Gottes für Seine Menschen. Der Gekreuzigte wird der Auferweckte – wobei der Auferweckte der
Gekreuzigte ist und bleibt (4). Im Akt der Auferweckung identifiziert und
offenbart sich Gott in dem Gekreuzigten, indem ER IHN zum HERRN bzw.
zum Kyrios und zum Christus erhöht hat (Apg. 2,36). Ausgehend vom Axiom der Auferweckung Jesu Christi durch Gott, den Schöpfer und Vater in
den Himmeln, artikuliert sich in der Christus-Offenbarung Gottes Immanenz
in der Welt und in ihrer Geschichte.

Im Geheimnis des gekreuzigten Auferweckten kulminiert christlicher
Glaube, das macht ihn aus, das trägt ihn, das kennzeichnet ihn. Das Kreuz
Jesu von Nazareth konnte deshalb zum Heilszeichen werden: zum Zeichen
des Sieges über den Tod und seine Macht, zum Zeichen der zukünftigen

Auferweckung (2. Kor. 4,14), zum Zeichen unvorstellbar neuen Lebens. »Vivit«, lautet die Botschaft: »ER lebt!«

> »Wenn ich dies Wunder fassen will,
> so steht mein Geist vor Ehrfurcht still /
> er betet an und er ermisst, dass Gottes Lieb' unendlich ist!«
> (Christian Fürchtegott Gellert, 1757 – EG 42,3)

Dieses »Geheimnis des Glaubens« (vgl. 1. Tim. 3,9) / dieses »Mysterion« (5) wird im Kristallisationspunkt der »Kyrios-Nacht« (6), der bisher üblicherweise so titulierten »Osternacht«, konzentriert und als größtes Fest der (Ur-) Christenheit (bis heute insbesondere in den orthodoxen Kirchen) gefeiert, im Sinne der *Anamnesis* als »Tat-Gedächtnis« in memoriam Christi erinnert und vergegenwärtigt und voller Erwartung in die Zukunft hinein verlängert (7). In der *Kyrios-Nacht* ist die Keimzelle des christlichen Glaubens, die Keimzelle aller christlichen Gottesdienste (und schließlich die der christlichen Theologie) zu finden – die Kyrios-Nacht bedeutet geradezu ›das Geburtsdatum des christlichen Glaubens.‹ »Die Osternacht ist ... der Quellort des christlichen Gottesdienstes schlechthin. Jede Eucharistiefeier kann als Kind der Osternacht bezeichnet werden.« (8).

Vor diesem Hintergrund versteht sich, dass die Feier der *Kyrios-Nacht* das Ur-Fest der Christenheit ausmacht (9). Die Kyrios-Nacht markiert den Kern bzw. das Herzstück christlichen Glaubens, das Urereignis – und verbindet Kreuz und Auferweckung / Tod und Leben / Taufe und Mahl / Anfang und Ende / Vergangenheit, Gegenwart und Zukunft in eins im mächtigen Spannungsbogen der göttlichen Heilsgeschichte für uns Menschen alle. Konnte *Aurelius Augustinus von Hippo* (*354,+430) die Osternacht als »mater omnium sanctarum vigiliarum« (als »Mutter aller heiligen Vigilien«)(10) bezeichnen, so lässt sich in anderer Formulierung von der »Nacht der Nächte« oder von der wahrhaft »Heiligen Nacht« sprechen (11). Demzufolge gebührt im Grunde dieser Nacht allein die Bezeichnung »Kyrios-Nacht« (»Herrnnacht«) oder »Christnacht«. In wohlweislicher Unterscheidung von der gottesdienstlichen Feier in der Nacht des 24. Dezember könnte also im Kasus der so genannten »Osternacht« sehr wohl von »Christmette« die Rede sein.

Seit Beginn der fünfziger Jahre des letzten Jahrhunderts erfährt die Tradition der Osternacht in zunehmend mehr Gemeinden eine neue Rezeption. Diese liturgiegeschichtlich bedeutsame und gottesdienstlich wie ekklesiologisch und zudem kirchengeschichtlich wie dogmatisch relevante Genese kann nur begrüßt werden. »Es ist zu hoffen, daß sich diese Feier der Osternacht als der liturgische Höhepunkt des ganzen Kirchenjahres ... wieder einbürgert.« (12). Der Versuch des »reformare« verschiedener Traditionen der Kyrios-Nachtfeier und der Revitalisierung möge an möglichst vielen Orten und in möglichst vielen Gemeinden weltweit segensreich wirken. Zu wünschen ist, dass Menschen in der Feier der Kyrios-Nacht nicht nur etwas spüren von der

Faszination und von der Vitalität der ursprünglichen Kyrios-Nacht, sondern zu den Quellen des christlichen Glaubens finden und darin Hoffnung und Halt, Orientierung und Zuversicht für ihr je eigenes Leben gewinnen.

Bei dem vorgelegten Buch handelt es sich um ein theologisches Fachbuch, aber es soll für alle interessierten Mitchristen mit Gewinn zu lesen sein. Deshalb verzichtet diese Untersuchung bei der Übernahme spezifischer Begriffe auf hebräische und auf griechische Schriftzeichen und beschränkt sich auf die Wiedergabe in Lautschrift. Besonderes Augenmerk verdienen die Anmerkungen, die zusätzliche Informationen enthalten.

Zieht sich das Thema der Kyrios-Nacht auch wie ein so genannter ›roter Faden‹ durch die gesamte vorliegende Untersuchung hindurch, so werden dabei zugleich verschiedene *andere Themen* berührt und auf ihre Relevanz zur Kyrios-Nacht hin beleuchtet – als Stichworte dazu seien zunächst nur genannt: Auferweckung und Auferstehung / Eucharistie und Herrnmahl / Sabbat und Sonntag / Beschneidung und Taufe / Firmung und Konfirmation / Pessach und Ostern uvam. Auch der christlich-jüdische Impetus fehlt nicht, genauso wenig der oekumenische Aspekt ur- und frühchristlicher sowie heutiger Zeit. Die Untersuchung bewegt sich interdisziplinär zwischen den Feldern der Praktischen Theologie (der Liturgik), der Kirchengeschichte und der Dogmatik – und macht Station bei Augustinus und Tertullian, bei Cyprian und Cyrill, bei den Reformatoren bis hin zu Martin Bucer und Jean Cauvin / Johannes Calvin, bei den Michaelsbrüdern und bei den Brüdern von Taizé sowie bei Johannes Paul II. und Benedict XVI. Alles in allem mag es sich um ein *Kompendium* handeln *mit grundlegenden theologischen Inhalten.*

Was die Sichtung der Literatur angeht, so erhebt diese Arbeit keineswegs den Anspruch auf Vollständigkeit (schon deshalb nicht, weil sie sich allein auf den deutschsprachigen Raum beschränkt) – gleichwohl jedoch versucht sie, Schneisen zu schlagen und Linien zu ziehen, die für das Verständnis der Kyrios-Nacht von Bedeutung sind.

Dankbar verbunden bin ich Prof. Dr. Georg Plasger für seine hilfreichen Anregungen und für seine wohltuende Begleitung im Promotionsverfahren.

In großer Freude an der Theologie ist »Die Rezeption der Kyrios-Nacht« entstanden – der Leser möge diese Freude seinerseits entdecken und daran Anteil haben.

Karlsruhe, im August 2008 / Achern, im Januar 2009
nach dem 25. Jahr als »minister verbi divini«

13

Anmerkungen

(1) – Die theologische Rede von der »AUFERWECKUNG Jesu Christi von den Toten« gründet in dem Glauben, dass Auferweckung ausschließlich und allein Gottes Tat »sui generis« ist (und nur sein kann) / dass Jesus Christus demnach von Gott selbst aus dem Tode auferweckt worden ist / und dass nur Gott dieses Wunder hat wirken können / dass christlicher Glaube ausschließlich und allein im Gott der Auferweckung fundiert (vgl. Karl Barth: KD IV,1,331). Gottes geheimnisvolles, verborgenes Handeln in der Auferweckung Christi bezeichnete Jean Calvin als »arcana operatio Dei« (vgl. dazu H.A. Oberman: Zwei Reformationen, 184).
Diese Glaubensüberzeugung steht nun aber in fundamentalem Gegensatz zur Rede von der »*Auferstehung Jesu«*, wonach Jesus also aus eigener Kraft heraus selbständig auferstanden sei (im Sinne einer eigenständigen, aktiven Handlung, zu der er selbst die Potenz gehabt hätte und fähig gewesen wäre). Suggeriert die Rede von der »Auferstehung Jesu« etwa nicht (?): ER hätte Gott dazu gar nicht gebraucht? – Enthält die Rede von der »*anastasis«*, also von der »Auferstehung Jesu« im Unterschied zu der wohl ursprünglichen Rede (aus der Anfangsphase heraus) von der Auferweckung Jesu Christi, also von der »*egersis«*, nicht bereits weitergehende theologische Interpretation (aus einer späteren Phase der Geschichte heraus), um die Bedeutung der einzigartigen Heilstat Jesu Christi (im Gegenüber zur wundervollen Gottestat der Auferweckung) hervorzuheben?
Die neutestamentlichen Textzeugnisse gehen dem griechischen Verbum entsprechend von der Auferweckung (Jesu) Christi aus (im Sinne eines Passivums Jesu), sie formulieren also nicht die weitverbreitete These von der Auferstehung Jesu. Dabei allerdings divergieren deutschsprachige Übersetzungen:
Luther übersetzt im Neuen Testament »*egersis«* (»Auferweckung« und »auferweckt werden«) 52-mal mit »Auferstehung« bzw. mit »auf(er)stehen«, während er es nur 37-mal beim Wort »auferwecken« bewenden lässt. 65-mal dagegen übersetzt Luther »*anastasis«* korrektermaßen mit »Auferstehung« bzw. »auferstehen«. Wie nur soll dieser Befund erklärt werden?
Selbst die Zürcher Bibel schwankt zwischen »Auferweckung« (z.B. 1. Kor. 6,14; 15,4,12f.16f. / 2. Kor. 4,14; 5,15 / Röm. 4,24.25; 6,4.9; 7,4; 8,11.34; 10,9 / 1. Thess. 1,10 / Gal. 1,1 / Mk. 16,6.14 / Mt. 28,6.7 / Lk. 24,6.34 / Apg. 3,15; 4,10; 10,40; 13,30 / Eph. 1,20 / 1. Petr. 1,21) und »Auferstehung« (z.B. Mk. 16,9 / Lk. 24,7.46 / Joh. 11,24.25; 20,9 / Röm. 1,4 / 1. Kor. 15,13 / 1. Thess. 4,14) – obwohl im Grunde die Bezeichnung »Auferweckung« allein nur die adaequate sein kann. Demzufolge müsste Christi Wort aus Joh. 11,25 umgeschrieben bzw. reformiert werden in die Sentenz: »Ich bin die *Auferweckung* und das Leben!«

Das Zeugnis 1. Kor. 15,3–5 enthält die Botschaft:
- »dass Christus gestorben ist für unsere Sünden
nach den Schriften,
- und dass ER begraben wurde,
- und dass ER auferweckt worden ist am dritten Tage
nach den Schriften,
- und dass ER dem Kephas erschienen ist,
danach den Zwölfen.«

Bezeichnenderweise finden sich die Konstruktionen »auferweckt« und »erschienen« (vgl. dabei die weiteren Verse 15,6–8), so dass sich der Zusammenhang ausdrücken lässt: Weil Christus Jesus von Gott allein auferweckt worden war, nur deshalb konnte er verschiedensten Menschen damals als der Lebendige »erscheinen« und sich ihnen »offenbaren« (vgl. Gen. 12,7 / Ex. 3,16 / Gal. 1,16), derart, dass sich ihr Leben grundlegend wandelte. »Die Auferweckung Jesu bzw. seine Erscheinungen sind nicht beglaubigendes Mirakel, sondern unableitbare Tat Gottes, über deren Beweiskraft keine Wissenschaft verfügt« (so W. Kreck: Grundfragen der Dogmatik, 95). Als historisch fassbar gilt die Kreuzigung Jesu – die Auferweckung Christi dagegen entzieht sich jeder (historischen) Denk-, also auch Beweis-Kategorie und übersteigt jede menschliche Vorstellung bei weitem. Bemerkenswert bleibt, wie behutsam, wie vorsichtig-tastend und wie zurückhaltend die Autoren der im Neuen Testament überlieferten Oster-Evangelien mit den ihnen überlieferten Zeugnissen von dem Widerfahrnis des göttlichen Offenbarungsgeschehens im *Christus-Ereignis der Auferweckung* (vgl. 1. Kor. 2,9 / Gal. 1,16) umgehen (im markanten Unterschied allerdings zu den Autoren des apokryphen Petrus-Evangeliums und ihrem Versuch einer Beweisführung, siehe C.H. Peisker, 163 f.) – und wie eindeutig diese Autoren andererseits den (zum Kyrios) Auferweckten als den Gekreuzigten bezeugen.

Die Auferweckung Jesu Christi von den Toten erweist sich als das eschatologische Heilsereignis zunächst für Israel, dann aber ebenso für die übrige Völkerwelt. Paulus tritt dafür ein, dass die so genannten Heiden diese unfassliche Botschaft erfahren: Das Heil kommt von diesem Einen, von dem Juden Jesus von Nazareth, dem gekreuzigten Auferweckten! Paulus versucht später schließlich alles, um die Heidenchristen davon zu überzeugen, dass zu diesem Kyrios Jesus Christus sein Jude-Sein gehört und dass es nicht angehen kann, den Jesus von Nazareth vom Judentum zu trennen (sonst schneiden sie sich selbst von der »Wurzel« ab, von der sie leben, vgl. Röm. 9–11). Im Gleichnis vom Oelbaum (Röm. 11,16–24) wird dieses Bildwort dazu gebraucht, Gottes erwählendes Handeln an Israel (»dem edlen Oelbaum«) und an den Völkern (»dem wilden Oelbaum«) zu beschreiben. Selbst wenn die Juden im gekreuzigten Auferweckten nicht den Messias erkennen (können), so ist ER am Ende doch zum Heil für alle Welt bestimmt (vgl. Röm. 11,11–12).

Der jüdische Religionsphilosoph Pinchas Lapide orientiert zum Stichwort »*Auferstehung*«: »Ein solches Wort gibt es im Hebräischen und Aramäischen überhaupt nicht. Es gibt, wie Paulus und wie Petrus es in ihrem etwas holprigen Griechisch sagen, eine Auferweckung durch Gott von den Toten. Der Unterschied zu ›anastasis‹, dem griechischen Wort für Auferstehung, ist ungeheuer. ›Auferstehung‹ setzt die entwickelte Christologie des zweiten, dritten Jahrhunderts voraus, nach der Jesus vom Gottessohn zu Gott dem Sohn avancierte. Der brauchte natürlich keine Hilfe. Er konnte allein auferstehen. Im Judentum ... kann man nur von einer Auferweckung durch Gott sprechen, der ihm ja das Leben gegeben hat und jetzt in göttlicher Weise wieder zurückgibt. So sagt es Paulus im Römerbrief (1,4), und so sagt es Petrus ... (Apg 3,15). Da zeigt sich noch die urjüdische Vorstellung von der Auferweckung, die dann mit der Auferstehung Jesu, allein, ohne Hilfe geworden ist« (in: »... und nichtig ist euer Glaube«, RKZ 6/1994, 164f.). Vgl. dazu entsprechend die Rede von der »Auferweckung der Totengebeine« nach Ez. 37,1ff.

Lapide vermerkt zur Stelle 1. Kor. 15,3: »Das ›Passivum Divinum‹ des ›Auferwecktwerdens‹ umschreibt Gottes Heilshandeln, um, der jüdischen Namensscheu gemäß, Gott nicht zu erwähnen.« (in: Auferstehung, 57).

Berthold Klappert notiert zur Frage von Auferweckung und Auferstehung im Blick auf *Karl Barth* (*1886,+1968): »Das Ostergeschehen bedeutet nach Barth nicht nur die Auferweckung als Offenbarung der Kondeszendenz des Sohnes Gottes im Kreuz (erste Grundaussage), das Osterereignis meint auch nicht lediglich die Auferweckung als Validierung der Tat der Versöhnung am Kreuz (zweite Grundaussage). Ostern ist nach Barths dritter Grundaussage die Auferstehung als Offenbarung des im Kreuz erhöhten, königlichen Menschen ... Barth spricht innerhalb dieser dritten Grundaussage nicht von Auferweckung, sondern pointiert von *Auferstehung;* Barth spricht jetzt nicht von der Auferweckung im Horizont der Erniedrigung des Sohnes Gottes im Kreuz (§39,1), sondern von der Auferstehung *im Horizont des im Kreuz erhöhten Menschen* (§64,2) ...« (in: Die Auferweckung des Gekreuzigten, 315; siehe dazu 318–325) (Hervorhebungen im Original)(zum Zusammenhang von Erniedrigung und Erhöhung siehe K. Barth: KD IV/1, 145).

Korrekt ist es wohl, als Glaubenssatz zu formulieren: (Nur) *weil Gott Jesus zum Christus* (zu neuem Leben) *auferweckt hat, nur deshalb konnte ER auferstehen* (ins Leben): »Vivit!« Dem weitverbreiteten und prolongierten Slogan »*Jesus lebt*« ist jedoch aus theologischen Gründen zu widersprechen und die Sentenz entgegenzusetzen: »*Christus* lebt!«

Systemimmanent-konsequent bleibt es zudem, sich von Überzeugungen abzusetzen und zu distanzieren, die da lauten: »Das Interpretament Auferstehung bedeutet, die« (scheinbar erledigte) »Sache Jesu geht weiter« (so Willi Marxsen)(als ob der irdische Jesus von Nazareth kurzerhand einfach wiederbelebt worden sei)(vgl. dazu B. Klappert: Die Auferweckung des Gekreuzig-

ten, 36–53) – oder: Jesu Auferstehung sei »Ausdruck für die Bedeutsamkeit des Kreuzes« und: Jesus sei »in das Kerygma der Kirche hinein auferstanden« (so *Rudolf Bultmann*) – oder: Christus sei »in den Glauben der Kirche hinein auferstanden« (so Wilhelm Breuning, in: H. Auf der Maur / B. Kleinheyer (Hg.): Zeichen des Glaubens, 169).
Kritik verdient (vor der inneren Kohärenz von Kreuz und Auferweckung) ebenso die These, wonach »christliche Theologie von Anfang an und wesenhaft Kreuzestheologie« sei (so Peter Cornehl: Der Evangelische Gottesdienst, 200) – auch wenn Paulus (allerdings mit Blick auf gnostische Einstellungen in der Gemeinde in Korinth) darin nicht müde wird, Gnostiker provozierend das »Wort vom Kreuz« in die Mitte seiner Theologie zu rücken. Weil christlicher Glaube allein im Heilsereignis der Auferweckung Jesu Christi gründet und weil das Kreuz Jesu sein ›Licht‹ allein von der Auferweckung Christi her erhält, erscheint es angemessen, statt von »Kreuzestheologie« zu sprechen, von »Kyrios-Theologie« auszugehen.

Die vorliegende Untersuchung folgt gewissermaßen der orthodoxen Traditionslinie, die das Kreuz Jesu auf ihren Turmspitzen bewusst zweimal durchkreuzt, um dadurch sichtbar auszudrücken: »ER ist auferweckt und lebt!« Durchgängig berücksichtigt wird demzufolge in dieser Untersuchung die Bezeichnung »*Auferweckung*« – Ausnahmen bilden allein Zitate, in denen die Bezeichnung »Auferstehung« mit ihren entsprechenden sprachlichen Äquivalenten Verwendung findet.

(2) – »Das Kreuz irritiert die menschlichen Gottesbilder. Es fordert dazu heraus, von Gott ganz anders zu denken, als es bisher möglich und üblich war. Denn am Kreuz offenbart Gott seine Gnade so, dass der Mensch sie aus eigener Kraft nicht erkennen kann. Das Kreuz widerspricht allen gängigen Vorstellungen von Gott. Die gängigen Vorstellungen aber sind die Illusionen der Sünder, in denen sie gefangen sind« (Knut Berner: Wer vom Kreuz redet, sagt, was Sache ist, in: Deutsches Pfarrerblatt, 3/2008, 136).
Gisela Kittel notiert: »… bei dieser Hinrichtungsart wurde ein Mensch nicht nur zu // einem langsamen, grauenhaften Sterben verurteilt. Nackt und in seiner Todesqual öffentlich zur Schau gestellt, wurde er auch seiner letzten menschlichen Würde beraubt und der Schande preisgegeben. Nur wenn man sich diesen Hintergrund vergegenwärtigt, wird man ermessen können, wie anstößig es für die antike Welt gewesen sein muß, daß ihr ausgerechnet ein Gekreuzigter als Herr und Gott vor Augen gestellt und sein Tod als zum Heil der Welt geschehen verkündigt wurde. Martin Hengel urteilt sicher zu Recht: ›Das Skandalon (Ärgernis) eines gekreuzigten jüdischen Messiaskönigs, der als ›Herr‹ und ›Gottes Sohn‹ verkündigt werden soll, können wir uns gar nicht groß genug vorstellen.‹« (in: Der Name über alle Namen II, 19f.).

(3) – so G. Barth in: Der Tod Jesu Christi im Verständnis des Neuen Testaments, 1.

(4) – Erinnert sei dabei an die Nägelmale des Gekreuzigten und Auferweckten in der Thomas-Geschichte Joh. 20,24–29.

Die Paulinische Theologie betont den engen Zusammenhang von Kreuz und Auferweckung, sieht aber das göttliche Heilsgeschehen in Jesus Christus stets unter dem Vorzeichen des Kreuzes. Das Ereignis der Auferweckung tritt trotz 1. Thess. 4,14ff. und trotz 1. Kor. 15,12ff. in Paulus' Denken in keiner Weise für sich isoliert in den Vordergrund – im Gegenteil: Paulus betont die besondere soteriologische Relevanz gerade des Kreuzestodes Jesu in seiner Art »theologia crucis« (1. Kor. 1,23; 2,2 / Gal. 2,20 / Phil. 2,8).

Die Johanneische Christologie setzt andere Akzente, und zwar nicht im Sinne einer »theologia crucis« (wie von Paulus vertreten), sondern eher im Sinne einer »theologia gloriae«, versteht Jesu Sterben als »Erhöhtwerden« zu Gott, dem Vater (Joh. 3,14; 8,28; 12,32–34), bzw. als »Verherrlichtwerden« (Joh. 7,39; 12,16.23; 13,31f.; 17,1.5) und beschließt Jesu Hinrichtung als Offenbarung der Liebe Gottes (siehe 1. Joh. 3,16; 4,9f.) mit der Aussage Jesu: »Es ist vollbracht!« (Joh. 19,30).

Es geht wohl nicht darum, die »theologia gloriae« gegen die »theologia crucis« auszuspielen (und umgekehrt) – sondern darum, die innere Kontinuität zu erkennen und wachzuhalten, denn die »theologia gloriae« kann nur eine solche sein vor dem Hintergrund der »theologia crucis« – wie andererseits die »theologia crucis« der »theologia gloriae« bedarf, um nicht im Karfreitagsgeschehen zu verharren und zu vergehen (bedenke Calvins Betonung der »gloria Dei«).

»Karl Barths Christologie repräsentiert eine Christologie der ›Auferweckung des Gekreuzigten‹, die weder das Kreuz der Auferweckung noch die Auferweckung dem Kreuz inhaltlich einordnet, noch auch den Zusammenhang von Kreuz und Auferweckung dem historischen Jesus oder der Inkarnation unterordnet« (so B. Klappert in: Die Auferweckung des Gekreuzigten, VII).

Berthold Klappert betont: »der Zusammenhang von Kreuz und Auferweckung ist das Interpretationszentrum der // Gottheit Jesu. Das sich in diesem Zusammenhang artikulierende Verhältnis des Sohnes zum Vater im Kreuz und des Vaters zum Sohn in der Auferweckung ist zugleich der Ansatz der Trinitätslehre« (in: Die Auferweckung des Gekreuzigten, 307f.).

(5) – Philipp Melanchthon schrieb in seiner Einleitung zu den »Loci Communes« 1521: »Das Geheimnis Gottes sollen wir anbeten, nicht erforschen wollen« (»Mysteria Divinitatis rectius adoravimus quam vestigaverimus«).

(6) – Diese Arbeit versteht sich in der Linie einer so genannten KYRIO-LOGIE – gemäß dem altchristlichen Bekenntnis: »Kyrios Jesus Christus«, in dem ja bezeichnenderweise der Titulus »Kyrios« eben gerade den Anfang bzw. den Auftakt bildet (vgl. Apg. 2,36 / 1. Kor. 1,3; 12,3 / 2. Kor. 1,2.3; 4,5 / Röm. 10,9.12 / Phil. 2,11 / Joh. 20,2.13.15.18.25.28 uva.). Zu unterscheiden sind dabei im genetischen wie im theologischen Sinn das Bekenntnis: »Kyrios Jesus« (nach Röm. 10,9) und das Bekenntnis: »Kyrios Jesus Christus«

(nach Phil. 2,11): wobei das erste das ältere sein mag und das zweite bereits das christologische Prädikat als verstärkenden Zusatz enthält. Beide Bekenntnissätze stecken jeweils voller Spannung, die sich andeutungsweise in den Aussagen von 1. Kor. 1,18.23 mit den Worten von »Torheit« und von »Ärgernis« wiederfindet – was das Faktum impliziert: Die ersten Christen stellten sich bloß und gaben sich der Lächerlichkeit preis, wenn sie mit dem Bekenntnis zum gekreuzigten Kyrios auftraten. Dieses Bekenntnis nun aber durchzieht das gesamte Neue Testament (wobei Paulus den Kyrios-Titel insgesamt 187-mal verwendet): von daher legt es sich nahe (wie in anderen Zusammenhängen z.B. von der Soteriologie oder von der Pneumatologie die Rede ist), analog zur Christologie: die Bezeichnung »Kyriologie« zu wählen.

Der Ausdruck »Kyrios« (zu deutsch: »HERR«) bezeichnet zunächst eine über alles und alle herausragende politische Herrschergestalt (im Sinne eines Pantokrators oder Kosmokrators), die postnatal als *Sohn Gottes*« bzw. als »Gottessohn« postuliert wurde (vgl. 1. Kor. 8,5) und für die eine Jungfrauengeburt im geistigen Sinn vorausgesetzt wurde – ehe Juden (in der Septuaginta (LXX)) wie später Christen diesen Titel übernahmen und auf Gott bzw. Jesus Christus hin transformierten (vgl. Röm. 10,12 / 1. Kor. 2,8 / Phil. 2,9–11) – in der Ableitung aus dem aramäischen Gebetsruf »Maranatha« heraus (wobei »Mar«: »HERR« bedeutet). Das urchristliche Bekenntnis: »HERR (aber) ist (für uns) Jesus Christus« steht in besonderer Beziehung zum Gebrauch des Kyrios-Titels im Ersten Testament, denn dort gebührt allein dem Gott Abrahams, Isaaks und Jakobs dieser Titel (vgl. Dtn. 6,4.5; 11,13.22 / Num. 15,41 / Jes. 45,24 u.a. nach der Septuaginta). In ganz anderer Weise wiederum steht das urchristliche Kyrios-Bekenntnis (von allem Anfang an) in spannungsvoller Konkurrenz zu politischen Herr(scher)n (wie den römischen Imperatoren) und zu ihrem selbst-herr-lichen Agieren – im Sinne von Apg. 5,29: »Man muss Gott mehr gehorchen als den Menschen!«

Die Verwendung des Gottesnamens »*HERR*« (hebräisch »adonaij«) bleibt der jüdischen Tradition treu verpflichtet, wonach der im Tetragramm geschriebene Gottesname gemäß dem Dekalog eben ganz bewusst nicht ausgesprochen wird (mit der einen Ausnahme, dass allein der Hochpriester an Yom Kippur im Allerheiligsten des Tempels den Namen Gottes anrufen durfte). Stattdessen wird von Juden bis heute die Umschreibung »adonaij« (im ›pluralis maiestaticum‹ gefasst: »meine Herren« – im Unterschied zu »adonij«, also: »mein Herr«) oder »haSchem« (»der Name«) oder »der Ewige« gewählt bzw. die Formulierung: »Der Heilige, gelobt sei ER!« Um nun aber hervorzuheben, dass allein Gott gemeint ist (und nicht irgendein irdischer »Herr«), wird der Gottesname (soweit es sich nicht um Zitate handelt) in dieser Untersuchung in Kapitälchen wiedergegeben, also: »HERR« geschrieben. Diese Art will dem Ausdruck verschaffen, dass wir Menschen von Gott nie groß genug denken und glauben können. Wer nun Respekt vor dem Judentum wahren will, der wird wohl nicht umhin können, sich von der z.T. vorfindli-

chen Schreibweise »JHWH« (so etwa P. Cornehl: Der Evangelische Gottesdienst, Bd. 1, 2006, 83.108) zu distanzieren, in der sich naheliegenderweise
der erste Schritt zur Aussprache des Gottesnamens andeutet.

Aufgrund dessen, dass die Vokalzeichen von »adonaij« mit den Buchstaben
des Tetragramms kombiniert wurden, entstand die Bezeichnung »Jehova»,
die sich in dem Lied EG 328 bis weit ins 20. Jhdt. hinein hat halten können,
wenn es dort bisher hieß: »Dir, dir Jehova will ich singen ...« (EG 328,1).

Martin Luther (*1483,+1546) beschrieb in seiner Vorrede zum Alten Testament 1523 sein Vorgehen: »den namen Gottis den die Juden tetragrammaton
heyssen, mit grossen buchstaben aus zu schreyben, nemlich also HERRE,
und den andern, den sie heyssen Adonai, halb mit grossen buchstaben, nemlich also HErr.« Luther differenziert in den Schreibweisen »HERR« (wobei
Gott gemeint ist) und »HErr« (wobei der Kyrios Jesus Christus gemeint ist) –
allerdings ist die Schreibweise »HErr« in den revidierten Luther-Bibeln nicht
mehr erhalten geblieben.

Es wäre sicher folgerichtig konsequent, in dieser Arbeit durchgängig die
Titel KYRIOS-NACHT (statt Osternacht), KYRIOS-TAG (statt Sonntag)
und KYRIOS-FEST (statt Osterfest) zu verwenden – doch fallen einem dabei
immer wieder die althergebrachten Titel heidnischen Ursprungs, nämlich:
»Sonn(en)tag« und »Osterfest«, in den ›Rücken‹, die wie ›Einbrecher in den
christlichen Kontext‹ aufstoßen mögen.

Ob allerdings die hier vorgeschlagene Kyrios-Terminologie, die ja das älteste
christliche Glaubensbekenntnis überhaupt aufnimmt, Aussicht darauf hat,
Eingang in die christlich-theologische Sprachwelt zu finden – sei zunächst
einmal dahingestellt. Doch wer vermag dies auszuschließen? Erinnert sei in
diesem Zusammenhang an die langjährige, bis in die Gegenwart hineinreichende Redeweise vom »Abendmahl« – und an die sich in jüngerer Zeit,
auch in der oekumenischen Bewegung mehrenden Stimmen, die dagegen
vom »HERRENMAHL« sprechen.

Im Sinne der korrekten Differenzierung ist allerdings nicht die Bezeichnung
»Herrenmahl« zu wählen (als handele es sich um ein Mahl von »Herren«),
sondern »HERRNMAHL«, geht es doch um das Mahl des einen HERRN, der
da Christus heißt.

(7) – Die so genannte Lima-Erklärung: »Taufe, Eucharistie und Amt«
(1982) prägt den Begriff der »CHRISTUS-ANAMNESE«: Da die ›Anamnese‹ Christi den zentralen Inhalt des gepredigten Wortes wie des eucharistischen Mahles ausmacht, stärkt eines das andere.« (Lima E 12).

Der Ausdruck »Christus-Anamnese« mag (von 1. Kor. 11,24.25 und Luk.
22,19 ausgehend) als Definition für einen jeglichen christlichen Gottesdienst
dienen, denn: »Wenn nun die christliche Gemeinde im Gottesdienst das Gedächtnis ihres Herrn hält, dann vergegenwärtigt sie sich nicht nur immer aufs
neue seinen Tod und seine Auferstehung, sondern weiß ihren Herrn gegenwärtig mit allem, was er für sie getan hat und noch tun wird einschließlich

der kommenden Vollendung.« (H.-C. Schmidt-Lauber: Die Eucharistie, in: H.-C. Schmidt-Lauber u.a. (Hg.): Handbuch der Liturgik, 228).

Die Terminologie »*Anamnesis*« drückt ein dynamisches, ein vom Heiligen Geist gewirktes Geschehen aus, das Vergangenheit, Gegenwart und Zukunft umspannt, das Vergegenwärtigung des Heilsgeschehens und Vorwegnahme bedeutet, also eschatologisch ausgerichtet ist und Zukunftsvisionen enthält. Die Formulierung bezieht sich auf das »*zachar*«-Geschehen im Judentum: wenn z.b. das Pessachfest anamnetisch so gefeiert wird, als ob man damals selbst leibhaftig dabei gewesen wäre / als ob man am *Sederabend* damals selbst aus Ägypten ausgezogen wäre / als ob man das Freudenfest der Befreiung damals selbst mitgefeiert hätte – gemäß Ex. 12,14:»Und dieser Tag soll für euch ein Gedenktag werden, und ihr sollt ihn feiern als ein Fest des HERRN!« Wen wundert es, wenn erste Christen den Aufruf dieser Botschaft aus dem Exodus-Kontext herauslösten und auf das Mysterion der Auferweckung Jesu Christi transformierten?

Jüdisches »Gedenken« / hebr. »zachar« (vgl. Dtn. 25,17) beinhaltet viel mehr als lediglich bloßes Erinnern:»Es vollzieht eine reale Repräsentation vergangener Ereignisse und Personen mit allen davon ausgehenden Wirkungen und ist zugleich der Antizipation fähig ...« (H.-C. Schmidt-Lauber u.a. (Hg.): Handbuch der Liturgik, 228). Dabei geht das jüdische Verständnis von »zachar« (in erster Linie) davon aus, dass Gott es ist, der seines Volkes Israel *gedenkt* und des Bundes, den ER mit Abraham begonnen hat (vgl. Ps. 105,8; 25,6; 8,5). Weil das so ist, deshalb *gedenken* Juden der Wohltaten Gottes in der (Heils-) Geschichte mit seinem Volk (vgl. Ps. 42,7), dessen also, dass unserer von allem Anfang an aus zuerst von Gott her *gedacht* wird (vgl. Ps. 105,4 im EG der Ausgabe für die Ev.-Ref. Kirche).

In der Pessach-Haggada zum *Sedermahl* heißt es:»In allen Zeiten ist jeder verpflichtet, sich zu betrachten, als ob er gleichsam selbst aus Ägypten gegangen wäre ... Nicht unsere Väter nur hat der Heilige – gelobt sei er – erlöst, sondern auch *uns* mit ihnen ... Darum sind wir verpflichtet, zu danken, zu loben, zu rühmen, zu preisen, zu erheben, zu verherrlichen, zu benedeien, Hochachtung und Verehrung zu erweisen ihm, der unseren Vätern *und uns* allen diese Wunder getan. Er hat *uns* aus der Dienstbarkeit zur Unabhängigkeit, aus dem Kummer zur Freude, aus der Trauer zu Festtagen, aus düsterer Finsternis zu hellem Licht und aus der Knechtschaft zur Freiheit geführt. So lasst uns denn ihm singen Hallelujah!« (zitiert nach: H.-C. Schmidt-Lauber: Die Zukunft des Gottesdienstes, 405)(Hervorhebungen im Original).

In diesem dynamischen Sinne des jüdischen »zakar« (vgl. Willy Schottroff: »Gedenken« im alten Orient und im Alten Testament. Die Wurzel Zakar im semitischen Sprachkreis – oder: »Zachor«, vgl. Yosef Hayim Yerushalmi: Zachor: Erinnere Dich! Jüdische Geschichte und jüdisches Gedächtnis, 22) bzw. im Sinne der Anamnese vergegenwärtigt sich die urchristliche Gemeinde das Heilshandeln Gottes in Kreuz und Auferweckung Jesu Christi und antizipiert daran derart, dass sie Jesu Gebot: »tut das zu meinem Gedächtnis« (vgl. 1. Kor. 11,24.25 / Luk. 22,19) auf das messianische Freudenmahl überträgt. Ihren Ursprung und ihr Konzentrat findet diese urchristliche Anamnese in der Feier der *Kyrios-Nacht* / der so genannten »Oster«-Nacht.

»Unser Gedenken wird zur repraesentatio der großen Taten Gottes und anticipatio der noch ausstehenden Vollendung des Reiches Gottes«: so umschreibt Hans-Christoph Schmidt-Lauber das, was *Anamnesis* meint (in: Die Zukunft des Gottesdienstes, 407).

(8) – H.-C. Schmidt-Lauber: Die Zukunft des Gottesdienstes, 407.

(9) – Christhard Mahrenholz bezeichnet die Osternacht als »Urfest der christlichen Kirche« (in: Die Feier der Osternacht, 5). Widersprochen wird damit der Behauptung, wonach der Sonntag »der Urfeiertag der christlichen Kirche« sei (so z.B. nachzulesen in der Konstitution des II. Vaticanums »Sacrosanctum Concilium«, 106). Korrekt wäre es dagegen, statt vom »Sonn(en)tag« (der zudem ja erst in der Ära nach Konstantin etabliert wird) von der »Kyrios-Nacht« zu sprechen, die das Urdatum christlichen Glaubens ausmacht.

(10) – Augustinus: sermo 219, PL 38, 1088.

(11) – In den slawischen Völkern wird die Osternacht als »*Heilige Nacht*« bezeichnet.

(12) – W. Stählin: Große und kleine Feste der Christenheit, 46.

Einführung

»Und dieser Tag soll für euch ein Gedenktag werden,
und ihr sollt ihn feiern als ein Fest des HERRN!«
(Exodus 12,14)

Die Tradition der Kyrios-Nacht
(der bisher üblicherweise
so bezeichneten Osternacht)
verdient es, rezipiert zu werden:
Diese These meinerseits sei
zur Eröffnung an den Anfang gestellt
und soll im Folgenden fundiert und
verifiziert werden.

Die Frage: worauf *beruft* sich christlicher Glaube – findet ihre Antwort in den Zeugnissen des Neuen Testaments. Die Frage: worauf *gründet* christlicher Glaube – findet ihre Antwort in *Christus Jesus* (1). Die Frage: *aus welcher Quelle* speist sich christlicher Glaube – findet ihre Antwort in der »Oster«-Quelle, im »scandalon« des Kreuzes (2), im Geheimnis und Wunder von Kreuz und Auferweckung Jesu Christi. Beide Ereignisse bilden einen in sich kohärenten, einen unauflöslichen inneren Zusammenhang und begründen die Heilsgeschichte Gottes für uns Menschen in Christus Jesus. Die Frage: wo liegt *die Wurzel für den christlichen Sonntagsgottesdienst* – findet ihre Antwort in der urchristlichen Feier der Heiligen »Kyrios-Nacht« (3).

Zur Entstehung und Entwicklung der Osternachtfeier und des christlichen Sonntagsgottesdienstes finden sich in den Zeugnissen des Neuen Testaments keine direkten, unmittelbaren Informationen, geschweige denn Gottesdienstpläne und -ordnungen – aber dies bedeutet nun keineswegs, dass sich nicht aufgrund der Zeugnisse aus dem Neuen Testament und denen der Kirchenväter per Rückschluss-Verfahren Spuren erschließen, Hinweise ermitteln und Indizien rekonstruieren lassen.

Die vorliegende Untersuchung beschäftigt sich in ihren drei Hauptteilen mit folgenden Fragekreisen zur *Genese der Kyrios-Nachtfeier von ihren Anfängen bis in die Gegenwart:*
- Wie kam es zur Feier der Kyrios-Nacht – und wie entwickelte sie sich in prae-konstantinischer Zeit?
  Von der Pessach-Tradition zur Kyrios-Nacht
- Was geschah mit der Tradition der Kyrios-Nacht in der konstantinischen und in der post-konstantinischen Epoche?

Veränderungen durch die Anerkennung des Christentums als Staatsreligion
- Wie entstand die sog. Renaissance der Osternacht? Was führte zur Wiederentdeckung und Revitalisierung der Osternacht? Wie wird sie in heutiger Zeit gefeiert?
Verschiedene Liturgien der Osternacht
In einem letzten Teil fassen Schlussfolgerungen – als Extrakt dieser Arbeit – die Ergebnisse der Untersuchung im Kontext der Kyrios-Nacht thesenartig zusammen.

Anmerkungen

(1) – Die Reihenfolge: zuerst (die Bezeichnung) Christus, dann (der Name) Jesus bezieht sich auf neutestamentliche Grundlagen (z.B. 1. Kor. 1,2; 16,24 / Röm. 1,1; 8,34.39; 15,5.16.17 / Gal. 3,28; 4,14 / Eph. 1,1) und stellt bezeichnenderweise die Bedeutung der Auferweckung aufgrund der Gewichtung voran. Die Redeweise »Jesus Christus« dagegen berücksichtigt den zeitlichen Aspekt der Abfolge (zunächst der historische Jesus, dann der geglaubte Christus). Paulus variiert in seinen Briefen zwischen beiden Möglichkeiten (z.B.»Jesus Christus« in: 1. Kor. 1,1.3 / 2. Kor. 1,3; 13,13 / Röm. 1,7 / Gal. 1,12; vgl. Joh. 8,37 – Apg. 5,42; 10,48; 16,18). Zu fragen ist, ob im gottesdienstlichen Sprachgebrauch nicht die Rede vom CHRISTUS JESUS favorisiert werden müsste.
Das wohl nachösterliche Christus-Bekenntnis fußt auf der Aussage des Jüngers Simon (Mk. 8,29 / Mt. 16,16 / Luk. 9,20; vgl. Joh. 7,69; siehe aber auch Joh. 7,41 / Apg. 9,22; 18,5), auf der Aussage Marthas (Joh. 11,27), auf den Bekenntnistexten 1. Joh. 2,22; 5,1 und andererseits auf der (nächtlichen) Verhör-Frage (im Privathaus) des Hochpriesters Kaiphas (Mk. 14,61 / Mt. 26,63 / Luk. 22,67.70) in dem Sinne: »Bist Du der Christus, der Sohn des Hochgelobten / der Sohn Gottes?«
Weiterer Überlegungen wert wäre der Gedankenansatz, die herkömmlich im Sinne einer Feststellung verstandene Aussage-Antwort Jesu: »Du sagst es« (Mt. 26,64; vgl. Joh. 18,37) in Form einer Spiegel-Frage an den Hochpriester zurückzugeben, also kritisch zu reflektieren: »DU sagst es?« Wenn Jesus dem Hochpriester also geantwortet hätte: »Ausgerechnet DU sagst ausgerechnet dies?« – dann hätte ER ihm damit dessen Vergehen wie im Spiegel deutlich vor Augen gehalten, das darin besteht, in seiner Eigenschaft als Hochpriester überhaupt (solch) eine gotteslästerliche Frage zu stellen. Der Hochpriester als höchster religiöser Repräsentant des jüdischen Volkes und damit als oberster Wächter über die Thora, als oberster Sittenwächter und Richtherr durfte eine solche Frage nach dem »Sohn Gottes« nicht einmal denken, geschweige denn (öffentlich!) stellen. Durch diese Frage entwürdigt er sich und sein Amt. Steht denn nicht auf Gotteslästerung die aus der Thora

legitimierte und also zu fordernde Todesstrafe (vgl. Mk. 14,64 / Mt. 26,66) der Steinigung (vgl. Lev. 24,16 und Joh. 10,33)?

Jesus selbst hat sich trotz der das MkEv. durchziehenden Schweigegebote Jesu (Wilhelm Wrede sprach vom »Messiasgeheimnis« aufgrund von Mk. 1,43f.; 3,12; 5,43; 7,36; 8,30; 9,9 par., vgl. dagegen aber Mk. 5,16–19 und Luk. 8,37–39) aller Wahrscheinlichkeit nach nicht als »MESSIAS« bzw. als »*Christus*« bezeichnet (vgl. die Ablehnung des Messias-Prädikats in Mk. 8,27–33) – gleichwohl ist eine besondere Affinität zum Messianischen konstatierbar, z.B. dadurch, dass sich Jesus durchaus als Repräsentant der eschatologischen Königsherrschaft Gottes verstand (vgl. Luk. 7,22; 11,20; 17,20f. / Mt. 12,28). In dieser Tendenz erklären sich nachösterliche Projektionen, etwa die vom Engel Gabriel aus Luk. 1,32f. (unter Bezug auf Jes. 9,5f.) oder die aus Luk. 1,51–55 (innerhalb des »Magnificat«) oder die aus Luk. 1,68–75 (innerhalb des »Benedictus«) – wobei an einen politischen / königlichen Messias gedacht ist (vgl. dazu Luk. 2,10f.; 24,31 / Apg. 1,6). Von den diversen Würde-Prädikaten hat Jesus von Nazareth (unter Anspielung auf Dan. 7,13.14) wohl allein den Titel »*Menschensohn*« (im Sinne eines Weltenherrn und eines Weltenrichters) für sich benutzt (vgl. Mk. 2,10.28; 8,31; 9,31; 10,45; 13,26.27; 14,41.62 und Mt. 10,23; 16,27; 24,30; 26,64 sowie Luk. 7,34; 9,58; 12,40; 18,8; 21,27), der neutestamentlichen Überlieferung zufolge insgesamt 79-mal (siehe hierzu: H. Maaß: »Bist du, der da kommen soll?«, 16). Peter Stuhlmacher behauptet: »er hat sich auch selbst als den messianischen Menschensohn und Repräsentanten der Gottesherrschaft angesehen (vgl. nur Mt 11,2–6 / Lk 7,18–23; Lk 11,20).« (in: Die Geburt des Immanuel, 21). Diskutabel erscheint dabei die Kontraktion »messianischer Menschensohn«.

Innerhalb der Apokryphen ist vom »Menschensohn« die Rede im äthiopischen Henochbuch (Kap. 46, 48, 49, 62, 71) – vom »Messias« im Buch »Schatzhöhle« (45,2; 46,14; 48,30; 49,10; 50,20; 53,9.11), im äthiopischen Henochbuch (innerhalb des Messiasbuches), im 4. Esra-Buch (7,26–32; 12,31–34), in den Psalmen Salomos (PsSal 17,23–51; 18) und in der syrischen Baruch-Apokalypse (XXIV, 3; XXXIX, 6; LXX, 9)(vgl. H. Maaß: Qumran, 128 ff. / vgl. P. Hirschberg: Provokation, 106–110).

Die Messias-Erwartungen im Judentum divergieren gemäß Num. 24,17 zwischen einem königlichen (vgl. 2. Sam. 19,22 / Jes 45,1) – einem prophetischen (vgl. 1. Sam. 2,35) und einem priesterlichen »Mashiach« (vgl. Lev. 6,15 / Sach. 4,11–14)(vgl. dazu die Gemeinderegel 1QS 9,10f , die Damaskusschrift und die Kriegsrolle von Qumran), dessen Kommen als Heilskönig bzw. als Heiland noch aussteht. Im Fragment 4Q246 wurde der Messias (erstmals im Judentum?) als »Sohn Gottes« (?) bezeichnet (könnte es sich dabei aber nicht um ein heidnisches Herrscher-Attribut handeln, wie es z.B. Alexander dem Großen zuerkannt wurde?). Juden wollten z.B. in dem Volksführer Simon ben Kozeba (den Rabbi Aqiba aufgrund von Num 24,17 »Bar-

Kochba«, also: »Sternensohn«, nannte) den Messias erkennen, wurden nach dessen Scheitern im Volksaufstand (132–135) darin jedoch enttäuscht (vgl. dazu P. Hirschberg: Provokation, 101).

Gegen die Annahme, »daß die christliche Gemeinde ihre Messiasvorstellung von Qumran übernommen hätte«, »spricht zweierlei: 1. Der Messiastitel spielt in Qumran qualitativ und quantitativ eine so untergeordnete Rolle, daß die // ersten Jesusanhänger diese Terminologie nicht von Qumran übernommen haben können. 2. Im Neuen Testament begegnet in alten Traditionsstücken immer nur die griechische Form des Titels (*Christus,* nicht *Messias*), selbst in dem vorpaulinischen Bekenntnis 1.Kor 15,3ff. ... Bedenkt man außerdem, daß nach Apg 11,26 die Gemeinde von Antiochien ... zum erstenmal den Namen *Christen* als Selbstbezeichnung wählte, ist es naheliegend, den Ursprung für die Bezeichnung Jesu als Messias im hellenistischen Judentum zu suchen.« (H. Maaß: »Bist du, der da kommen soll?«, 85f.) – allerdings müsste es korrekterweise wohl heißen: »Bezeichnung Jesu als Christus«). Dabei gilt es zu berücksichtigen, a) dass der gekreuzigte Auferweckte den jüdischen Messias-Erwartungen von einem Heilsbringer gerade nicht entspricht – b) dass die Judäer keinen für das Heil der Welt leidenden und schon gar nicht einen sterbenden Messias erwarten (vgl. Justin: Dialog, 90,1) – c) dass die Judäer den gekreuzigten Jesus von Nazareth also nicht als Messias ansehen (vgl. Gal. 3,13 / Dtn. 21,23) – d) dass sie die Gottheit Jesu von Nazareth leugnen, ihn also nicht als »Sohn Gottes« anerkennen und e) dass sich der Messias-Titel aus dem Judentum im Christentum nur dann verwenden lässt, wenn der Begriff analogielos mit ganz anderem als mit urjüdischem Inhalt gefüllt ist: wenn also der Sühnegedanke des Kreuzes mit dem Versöhnungsgedanken der Auferweckung im Christus-Titel kombiniert wird. Der (jüdische) Messias ist also nicht nur vom (christlichen) Christus zu unterscheiden, sondern zu trennen (vgl. Apg. 2,32–36; 3,19–21). Deshalb sollten Christen auf den Gebrauch des (jüdischen) Messiastitels bewusst verzichten, also auch nicht von einer »Messianität Jesu« udgl. sprechen, sich andererseits aber sehr wohl auf den (hellenistischen) Christus-Titel konzentrieren.

Vor diesem Hintergrund erweist sich folgende These aus der Rheinischen Synodal-Erklärung von 1980 zum Verhältnis von Juden und Christen als diskussionsbedürftig, wenn es da heißt: »Wir bekennen uns zu Jesus, dem Juden, der (nur) als der Messias Israels (auch) der Herr der Kirche ist und die Völker der Welt mit dem Volk Gottes (Israel) verbindet.«

Ferdinand Hahn vermerkt: »Vorstellung und Titel des Messias sind in allerältester Zeit auf Jesus nicht angewandt worden ... Die Messianität Jesu wurde .. zunächst gerade nicht im Blick auf seine Auferstehung und Erhöhung bekannt, sondern in bezug auf sein machtvolles Handeln bei der Parusie.« (in: Christologische Hoheitstitel, 179f.).

Welcher Affront, welche Brisanz, welches Skandalon sich darin auftut, dass die ersten Christen schließlich den Messias-Titel aus dem Judentum

aufgriffen und im (ins Griechische übersetzten) Christus-Titel auf den gekreuzigten Jesus von Nazareth übertrugen und sich ausgerechnet in Ihm zum
»Kyrios Jesus Christus« bekannten (zudem: wo doch der Kyrios-Titel allein
dem Gott Abrahams, Isaaks und Jakobs vorbehalten war): diese Spannung
und Dynamik, dieser Kontrast, dieses Extremum aus der Anfangszeit des
christlichen Glaubens heraus ist wohl kaum noch nachvollziehbar. In gottes-
lästerlichem Sinn einerseits behauptet, dagegen aber im christlichen Glauben
andererseits bekannt wurde ja sogar, dass sich kein anderer als der Gott Israels zu diesem am Schandpfahl Gekreuzigten gestellt habe, dadurch, dass ER
Ihn aus dem Tode zu neuem Leben auferweckte und zum Kyrios erhöhte!
Diese Botschaft konnte sehr wohl als »Ärgernis« und als »Torheit« (1. Kor.
1,18.23) bezeichnet werden und wie ein ›Spaltpilz‹ wirken im Verhältnis zu
den Juden (abgesehen von den Judenchristen), aber auch zu allen weiteren
gesellschaftlichen und politischen Kräften der damaligen Zeit.

Als problematisch erweist sich der (schließlich von Christen nachöster-
lich?) übernommene Titel »Sohn Gottes«: wenn bedacht wird, dass dieser
Titel im Judentum als Metapher dient a) für den von Gott adoptierten König
(vgl. Ps. 2,7 / 2. Sam. 7,14) – und b) für das Volk Israel als ganzes (vgl. Ex.
4,22 / Dtn. 32,18f. / Jer. 31,20 / Hos. 11,1). Matthäus konzentriert diese Metapher auf JvN (Mt. 2,15) und markiert damit den Beginn von Christologie.

Erwarten die Juden den Messias weiterhin als den Kommenden, so sehen
die Christen in dem gekreuzigten Auferweckten den bereits Gekommenen:
nämlich den HERRN bzw. Kyrios und den Christus (vgl. u.a. Apg. 2,36 /
Phil. 2,11).

Für das Judentum kennzeichnend bleibt das Lied (mit dem Juden z.B. in
Auschwitz in die Gaskammern gingen): »Ich glaube an das Kommen des
Messias. Auch wenn seine Ankunft sich verzögert, ich will trotzdem auf ihn
warten.« (zitiert nach H.H. Henrix: Judentum und Christentum, 153).

(2) – Bei den angeführten *Gründen für die KREUZIGUNG* Jesu ist nach
der Relevanz von Mk. 14,61 zu fragen (wobei der Tatbestand der Gotteslästerung nicht im etwaigen Anspruch, der Messias zu sein, besteht, sondern in
der proklamierten Gottessohnschaft). In anderer Weise ist zu fragen, inwieweit die Angst der jüdischen Autoritäten vor Repressalien durch die Römer
als Besatzungsmacht angesichts des Wanderpredigers und Wundertäters
Jesus von Nazareth angemessen und berechtigt ist oder nicht. Andere, soz.
herbeigezogene *Gründe* für den Tötungsbeschluss (die ggf. zur Steinigung in
der Verantwortung jüdischer Autoritäten im Synedrion hätten führen können)
sollen sich finden lassen in Jesu Krankenheilungen am Shabbat (Mk. 3,1–6
par. / Joh. 5,1–11.16–18) – in Jesu Sündenvergebung im Namen Gottes (Mk.
2,5f.) – in Jesu Haltung zum Ährenausraufen der Jünger (Mk 2,23–28 par.) –
in Jesu Auslegung der Thora (vgl. Mk. 10,2–12) – in Jesu Wundertaten (Mt.
12,10–14 / Joh. 5,1–16) – in Jesu »Tempelreinigung« (Mk. 11,15f.) – in Jesu
Tempelkritik (Mk. 11,17.18; 13,2) – in Jesu »Volksaufwiegelung« (Joh.

2,15–17) – in Jesu Verbot, dem Kaiser Steuern zu zahlen (Luk. 23,2) – in Jesu Ankündigung der Tempelzerstörung (Mk. 13,1.2; 14,58 / Mt. 26,61)(siehe G. Theißen: Studien zur Soziologie des Urchristentums, 142–159) – in Jesu Gebot, »überhaupt nicht und niemandem zu schwören« (Mt. 5,33–37) – in Jesu Wort: »Ich und der Vater sind eins« (Joh. 10,30; vgl. 5,18) – in Jesu Auferweckung des Lazarus (Joh. 11,1–27) und nicht zuletzt in der (allerdings römischen) Kreuzes-Inschrift, im so genannten »titulus crucis«: »INRI« (vgl. Joh. 19,12 sowie Mk. 15,2.26 / Mt. 27,37 / Luk. 23,38 / Joh. 19,19)(die jüdische Inschrift würde lauten: »König Israels«, vgl. Mk. 15,32). Pilatus dagegen betont, dass er keine Schuld an ihm erkennen könne (Mt. 27,23 / Luk. 23,4 / Joh. 18,38), und wäscht seine Hände zeichenhaft (provokant?) vor dem jüdischen Volk »in Unschuld« (Mt. 27,24). Allerdings führt kein Weg an der Tatsache vorbei, dass Jesus von Nazareth (nach der juristisch irrelevanten nächtlichen Verhör-Sitzung im Privathaus des Hochpriesters Kaiphas mit diversen Verstößen gegen jüdische Rechtssatzungen, Stichwort: *nächtliche* Verurteilung, Stichwort: Hinrichtung noch am *gleichen* Tage) in einem nach dem römischen Strafrecht ordentlichen Gerichtsverfahren durch den Präfekten Pontius Pilatus wegen Hochverrats zum Tode verurteilt und durch die römische Hinrichtigungsart für nicht-römische Sklaven, Deserteure, Rebellen: nämlich durch die Kreuzigung auf damals gewaltsamste Weise zu Tode gebracht wurde (vgl. Josephus: Bell. 5,451). »Historisch kann die Tendenz der Evangelien, den Juden die Hauptschuld an seinem Tod zuzurechnen, nicht aufrechterhalten werden« (so R. Heiligenthal: Der Lebensweg Jesu, 144). Die Verantwortung für Jesu Tod liegt im juristischen Sinne allein bei Pontius Pilatus.

(3) – »Die Osternachtfeier dürfte der älteste aller christlichen Festgottesdienste sein und bis ins zweite, wenn nicht ins erste Jahrhundert zurückreichen.« (in: Liturgik III, Abendmahl, hg. von der Liturgiekonferenz der Evangelisch-reformierten Kirchen der deutschsprachigen Schweiz, 374). Es spricht vieles, wenn nicht alles dafür, die Feier der *Kyrios-Nacht* in die Zeit der ersten Christen zu datieren und darin den Anfang aller christlichen Gottesdienste zu sehen.

Erster Hauptteil
Wie kam es zur Feier der Kyrios-Nacht – und wie entwickelte sie sich in prae-konstantinischer Zeit? Von der Pessach-Tradition zur Kyrios-Nacht

Zur Pessach-Problematik

Dass JESUS VON NAZARETH (JvN), der »Jeschua ben Josef«, im Sinne einer historischen Person als Jude gelebt hat und dass er auf Betreiben jüdischer Autoritäten der Jerusalemer Tempel-Aristokratie (aus dem Kreise der Sadduzäer mit Kaiphas (18–36 ndZ.) als Hochpriester) unter Anklage auf Hochverrat etwa im Jahre 30 ndZ. durch römische Hinrichtungsart auf Golgotha gekreuzigt worden ist im Auftrag des römischen Präfekten Pontius Pilatus (1) innerhalb der Regierungszeit des römischen Kaisers Tiberius (14–37 ndZ.) und der von Herodes Antipas (als Tetrarch über Galiläa und Peräa)(4v.–39 ndZ.), ist (historisch) unstrittig (2). Das belegen über die biblischen Quellen des Neuen Testaments (NT)(3) hinaus und – abgesehen von den im Bezug zum NT außerkanonischen Zeugnissen, Agrapha genannt (Alfred Resch, 1889) – römische Urkunden:

— Flavius *Josephus*, Priestersohn und Pharisäer, Militärgouverneur in Galiläa (*37/38 in Jerusalem,+97 in Rom), schrieb neben dem »Bellum Judaicum« die zwanzig Bücher umfassenden »Jüdischen Altertümer« / die »Antiquitates Judaicae« (etwa 93) – und vermerkte in Ant. XVIII, § 3,3, 63.64: »Um diese Zeit« (gemeint ist die Zeit des Aufstandes gegen Pontius Pilatus, der mit Hilfe der Tempelgelder eine Wasserleitung nach Jerusalem bauen lassen wollte) »lebte Jesus, ein weiser Mann, wenn man ihn überhaupt einen Menschen nennen darf. Er war nämlich der Vollbringer ganz unglaublicher Taten und der Lehrer aller jener Menschen, die mit Freuden bereit sind, die Wahrheit zu empfangen. So zog er viele Juden und auch viele Griechen an sich. Er war der Christus. Und obgleich ihn Pilatus auf Betreiben der Vornehmsten unseres Volkes zum Kreuzestod verurteilte, wurden doch diejenigen, die ihn von Anfang an geliebt hatten, ihm nicht untreu. Denn er erschien ihnen am dritten Tage wieder lebend, wie gottgesandte Propheten dies und tausend andere wunderbare Dinge von ihm vorher verkündet hatten. Und noch bis auf den heutigen Tag besteht das Volk der Christen, wie sie sich nach ihm nannten, fort.«

Fraglich erscheint die Echtheit dieses Dokuments, das als »Testimonium flavianum« bezeichnet wird. Diskutiert wird u.a. die Frage, ob diesem Dokument, wenn es denn christlich redigiert worden ist, eine echte Josephus-Quelle zugrunde liegt. Diese These erfährt Unterstützung jedoch durch die Tatsache, dass Josephus über Johannes den Täufer (Ant. XVIII § 5,2, 116–119) und über den Herrnbruder Jakobus sachlich-neutral berichtet (4).

– siehe Flavius *Josephus:* Ant. XX § 9,1, 200: wo Jakobus, der Bruder Jesu, des so genannte »Christus« erwähnt wird (vgl. Mk. 6,3 / Mt. 13,55 / Gal. 1,19). Josephus berichtet von der Verurteilung und Steinigung des Jakobus durch das vom Hochpriester Ananias geführte Synedrion im Jahre 62 ndZ. Die Authentizität dieser Quelle gilt als gesichert.

– Cornelius *Tacitus*, Aristokrat, Proconsul in Asien, römischer Historiker (*um 55,+ nach 116), vermerkt in den Annales, XV, § 44,3 (116/117): »Der Mann, von dem sich dieser Name herleitet, Christus, war unter Tiberius auf Veranlassung des Prokurators Pontius Pilatus hingerichtet worden; und für den Augenblick unterdrückt, brach der unheilvolle Aberglaube wieder hervor, nicht nur in Judäa, dem Ursprungsland dieses Übels, sondern auch in Rom ...« – Auch wenn Pilatus nicht als Procurator, sondern als Präfekt eingesetzt war, so belegt diese Quelle (aus römischen Senatsakten?), dass Jesus von Nazareth im Auftrag von Pontius Pilatus hingerichtet wurde und dass sich aus dessen Anhängerschar eine Bewegung gebildet hat, die sich bereits bis nach Rom ausgebreitet hatte.

Die Frage aber bleibt (unabhängig von dem nur vage einzugrenzenden Jahresdatum), wann genau *Jesu Hinrichtung* stattfand: a) ob kurz vor Beginn des Pessachfestes, am so genannten »Rüsttag«, den 14. Nissan, zu der Zeit, da die (etwa 10.000)(30) Pessachlämmer geschlachtet wurden (so das JohEv. in 18,28; 19,14.31 und Paulus in 1. Kor. 5,7: »Unser Passahlamm ist schon geopfert«, aber auch die rabbinische Quelle im Babylonischen Talmud, Traktat Sanhedrin, 43a: »Am Vorabend des Pessachfestes hängte man Jesus, ... weil er Zauberei betrieben und Israel verführt und abtrünnig gemacht hat«) – oder b) ob die Hinrichtung gar am 15. Nissan, also am ersten Tag des Pessachfestes vollzogen wurde (so die synoptischen Evangelien in Mk.14,12–16 par., während dagegen aber Mk. 14,1–2.42f.; 15,42 / Mt. 27,62 und Lk. 23,54 (in älteren Traditionen?) mit der johanneischen Chronologie in Joh. 18,28; 19,31; vgl. 13,1 übereinstimmen). Helfen mag in dieser Differenz die Unterscheidung zwischen der »historischen« und der »theologischen Deutung« – man vergleiche diesbezüglich die Unterscheidung zwischen dem historischen und dem theologischen Geburtsort Jesu. Denn nach dem Zeugnis der so genannten Weihnachtsgeschichten in Mt. 1.2 sowie in Luk. 1.2 (die als vorlau-

fende Legenden dem mit Jesu Taufe beginnenden Evangelium jeweils vorangestellt sind (5)) und demzufolge nach den alttestamentlichen Verheißungs-
worten, die auf die Geburt des Messias Jesus in Bethlehem ausgelegt werden
(Jes. 11,1–4 / Micha 5,1–4 / Sach. 4,1–14; 6,9–15) – soll Jesus also in der
»Davidsstadt« Bethlehem geboren worden sein (was etliche Exegeten für
eine heilsgeschichtliche Konstruktion halten (6)). Nach dem Zeugnis des
gesamten übrigen NT jedoch (insbesondere Mk. 1,9.24; 6,1–6; 10,47 / Apg.
10,38 / Joh. 1,45f. – wohl aber auch Joh. 7,40–52) liegt allein Nazareth als
Geburtsort Jesu nahe, was sich aus der Bezeichnung »der Nazarener« ergibt
(vgl. Mk. 1,24; 10,47; 14,67; 16,6 / Joh. 1,45f.; 7,52) und nicht zuletzt aus
dem Titulus »INRI« auf dem Kreuzesbalken, andernfalls hätte es »IBRI«
heißen müssen. Auch wenn Jesus »von Nazareth« im historischen Sinn aus
Nazareth in Galiläa stammt – der verheißene und erwartete Davidssohn konnte nur aus Bethlehem (»aus der Stadt Davids«) stammen, was auch durch die
Genealogie in Mt. 1,1–17 und Lk 3,23–38 seine Bestätigung finden soll. Man
mag also unterscheiden zwischen dem »theologischen Geburtsort Jesu« und
dem historischen Geburtsort.

Was nun bedeutet diese Unterscheidung zwischen historischer und theologi-
scher Deutung für das *Pessachfest* etwa im Jahre 30 ndZ.? Im historischen
Sinne spricht Entscheidendes dafür, dass Jesus von Nazareth am letzten Tage
vor Beginn des Pessachfestes, also am Freitag, den 14. Nissan gekreuzigt
worden ist – schließlich fürchteten die Hochpriester um Kaiphas und die
Sadduzäer einen möglichen Eklat im Volk unter Jesu Anhängerschar (vgl.
Luk. 22,2.6 / Joh. 11,48–50) und nicht zuletzt eine (Über-) Reaktion der
Römer auf tumultartige Zustände beim Hochfest der Juden (vgl. Josephus:
Bell 2,224 (12,1) und Bell 5,244 (5,8), aber ebenso Joh. 11,48). Die Sorge:
»nur ja nicht während des Festes« (vgl. Mk. 14,2 / Mt. 26,5) schien also mehr
als berechtigt. Darüber hinaus wollte sich niemand verunreinigen, sich niemand also selbst vom Genuss des Pessachfestes ausschließen (vgl. Joh.
18,28). Berücksichtigt gehört nicht zuletzt die in allen vier Evangelien doku-
mentierte (historisch zu nennende?) und durch einen Text im Mischnatraktat
Pesachim VIII, 6a bestätigte Sitte der Pessach-Amnestie (Mk. 15,6 / Mt.
27,15 / Luk. 23,17.19 / Joh. 18,39), die nur dann Sinn macht, wenn der Ge-
fangene (in diesem Fall Barrabas) bereits vor Beginn des Pessach-Festes
freigelassen wurde und damit also die Möglichkeit zur Teilnahme am Pessachfest und zum Mitfeiern erhielt.

Nebenbei sei vermerkt: 1. Auch diese letztgenannten Bibelstellen, wohlgemerkt aus den Synoptikern, stützen die johanneische Fixierung von Jesu
Kreuzigung auf den Freitag vor dem Fest, das ja am Freitagabend mit dem
Shabbat begann. – 2. Die Chronologie im JohEv. erweist sich als historisch
zutreffend und überzeugend, wofür auch die Annahme einer zwei-, wenn
nicht einer dreijährigen öffentlichen Wirksamkeit Jesu als Wanderprediger
sprechen mag (die sich aus seinem Besuch der Pessachfeste nach Joh. 2,13;

5,1 (?); 6,4; 11,55 erschließt) – 3. Die durchgängig historisch korrekten und detaillierten Angaben des JohEv.s (z.B. 4,5.6; 5,2) lassen die Frage und Position von Markus Barth nicht ruhen, ob denn nicht das JohEv. als das älteste der uns überlieferten Evangelien angesehen werden muss (ob also nicht trotz des um das Jahr 100 datierten Papyrus-Fundes p52 eine Datierung zwischen den Jahren 45 und 60 als wahrscheinlich anzunehmen ist)(7). Da im MkEv. z.B. bereits zeitlich unterschiedliche Traditionen erhoben werden können, wobei die jüngeren bereits starke theologische Deutung enthalten, die sich von den älteren mit der direkten Nähe zur Historie absetzen (siehe die bereits aufgezeigte innermarkinische Differenz zum Todestag Jesu) – könnte die Frühdatierungsthese Barths zusätzliche Argumentationshilfe erfahren.

Josef Blinzler notiert: »Die synoptische Passionschronologie ist vermutlich darauf zurückzuführen, daß die Urgemeinde jüdischer Sitte entsprechend alljährlich in der Nacht zum 15. Nisan das Paschafest feierte, wobei sie natürlich auch des Letzten Mahles ihres Herrn gedachte ..., und daß diese liturgische Praxis allmählich zu der Vorstellung verleitete, schon Jesu Letztes Mahl sei ein termingerechtes Paschamahl gewesen.« (8).

Im Unterschied zur historischen Deutung setzt die theologische Deutung in der Tradition des Pessachfestes ein, insbesondere des Pessach*lammes* (vgl. Ex. 12,1ff.), um auszudrücken: Jesus Christus sei das wahre Passahlamm. Die dazu herangezogene Bibelstelle 1. Kor. 5,7 lautet: »Auch wir haben ein Pessachlamm, das ist Christus, der geopfert ist.« Zu bedenken ist dabei allerdings, was hiermit geschieht: Tritt denn nicht damit der eine Jude Jesus von Nazareth an die Stelle all der vielen Pessachlämmer, die zur Erinnerung an den Auszug aus Ägypten und zur Vergegenwärtigung dieses jüdischen Urereignisses alljährlich vor Beginn eines jeden neuen Pessachfestes geschlachtet werden? Zu fragen ist ebenso: Mit welchem Recht geschieht das? Und: Was bedeutet diese Interpretation im Blick auf die so genannte »Enterbungstheorie«, wonach Christen jüdisches Glaubensgut unbedacht, unreflektiert, ohne Zitationshinweis einfach so übernehmen? Wer bedenkt, welche Funktion das Pessachlamm innerhalb des Pessachfestes übernimmt, und wer darüber hinaus berücksichtigt, welche Aufgabe dagegen dem Mittler, Heiland, Versöhner Jesus Christus zukommt, der wird lediglich allein die zeitliche Kongruenz im »Rüsttag« (Joh. 19,31) reklamieren können, nicht aber den Vergleich zwischen dem so genannten »Passahlamm Jesus Christus« und dem Pessachlamm bzw. den Pessachlämmern des jüdischen Pessachfestes mittragen können (9). Zudem wird in keinem der »verba testamenti« (der später so genannten Einsetzungsworte zur Herrnmahlsfeier)(im bezeichnenden Unterschied zu den Worten 1. Kor. 5,7 / 1. Petr. 1,19 / Joh. 1,29.36) der Begriff des Lammes erwähnt, was die Einschätzung nahe legen mag, dass die ersten Christen die Tradition des Pessachlammes eben nicht übernahmen und eben nicht auf Jesus von Nazareth transferierten. Auch der Opfer-Begriff, der sich zunächst scheinbar anbietet, sperrt sich letztlich, geht es zum einen doch um ein (jährlich neu dargebrachtes, also vielfach erbrachtes) Tier-Opfer, zum anderen aber um ein einmalig erbrachtes Menschen-Opfer. Selbst die Metapher »Blut« vermag in diesem Zusammenhang nicht zu überzeugen, wenn denn nun das Blut der Pessachlämmer an den Türpfosten der Hebräer in Ägypten zum Schutz vor dem nächtlichen Übergriff diente – während Jesu Blut am Kreuz vergossen wurde zur Vergebung der Sünden, zur Versöhnung mit Gott. Die theologische Deutung also, wonach Jesus als das eine, wahre Pessachlamm geopfert wurde, muss zurücktreten vor der historischen Deutung, die klar und eindeutig den engen zeitlichen Zusammenhang betont zwischen der Stunde der Schlachtung der Pessachlämmer am »Rüsttag« vor dem Fest (Ex. 12,6) und der Stunde der Kreuzigung Jesu, mehr aber auch nicht.

Das Motiv vom *Pessach-Lamm* wurde zum einen von Paulus aus dem Judentum heraus entlehnt (vgl. Jes. 53,7) und zum anderen wohl erst in einer späteren Phase der Evangelien-Schreibung und in den jüngsten Schriften des Neuen Testaments (z.B. 1. Petr. 1,18.19) auf Jesus Christus bezogen. Aus diesem Motiv wurde schließlich die *Sühnopfer*-Vorstellung abgeleitet, wonach Jesus von Nazareth als Opfer für unsere Sünden vor Gott dafür vollends gesühnt hat (10). Doch auch diese theologische Metapher des so genannten »Sühnopfers Jesus Christus« gehört auf dem Hintergrund der Differenzierung zwischen Pessach-Lamm und Christus-Lamm neu diskutiert. Zu beobachten und nachzuvollziehen ist allerdings, wie sich in weiterer Zeit die Vorstellung vom Christus-Lamm aus dem jüdischen Kontext und aus den jüdischen Vorgaben vom Pessach-Lamm herausschält und zunehmend an christlich-theologischer Eigenständigkeit gewinnt: bis hin zum Interpretament vom strahlend-weißen Christus-*Lamm*. Besonderen Ausdruck findet das Bild-Wort vom »Lamm« z.B. in den Liedern Paul Gerhardts (*1607,+1676): in EG 36,4 und insbesondere in EG 83,1.2: »Ein Lämmlein geht und trägt die Schuld der Welt und ihrer Kinder ... Das Lämmlein ist der große Freund und Heiland meiner Seelen / den, den hat Gott zum Sündenfeind / und Sühner wollen wählen ...«
Nutzten schließlich (Juden-) Christen der zweiten Generation (im Grunde naheliegend) das Motiv vom Pessachlamm als Interpretament dafür, um das Leiden Jesu zu deuten – so zeigt sich an dieser Vorgehensweise, wie das Motiv vom Pessachlamm anfangs rezipiert wurde. Zunehmend jedoch löst sich die Vorstellung vom »Lamm« aus dem jüdischen Kontext – was nicht zuletzt darin Ausdruck findet, dass »der Maler der Passion Jesu« Mathis Gothart Nithart (*1475/80,+1528), später »Grünewald« genannt, das Motiv des unschuldigen weißen Lammes aufnimmt und unter das Kreuz Jesu stellt (aber auch in einem seiner Frühwerke der Heiligen Agnes in den Arm legt).

Nun allerdings weiterhin vom »*Pascha-Mysterium Christi*« (11) oder vom »christlichen Passahlamm« zu sprechen oder vom »Kreuzespassah«, erscheint von diesen Überlegungen ausgehend alles andere als opportun zu sein, mischt sich darin hinein doch nicht zuletzt ein Zug von Synkretismus, dem es zu wehren gilt. Zudem: Wer im christlichen Sinn vom »Passahlamm Jesus Christus« sprechen wollte, müsste im übrigen wohl auch die ungesäuerten Brote (Mazzot), den Lammknochen, die Bitterkräuter, das hartgekochte Ei, Fruchtmus und Salzwasser, die vier Becher Wein (in Erinnerung an die vier Taten Gottes: »herausführen«, »erretten«, »erlösen« und »annehmen« – vgl. Ex. 6,6.7), den Kiddusch-Becher zur Segnung des Weins, das Gedeck für den Propheten Elija (den Messias-Boten), die Eile des Aufbruchs, die Haggada und nicht zuletzt den Wanderstab in den entsprechenden Deutungszusammenhang mit einbeziehen. Es muss demnach wohl sehr irritieren, wenn sogar noch heutzutage »das christliche Hauptfest Ostern« als »das christliche Passa« bezeichnet wird oder als »erneuertes Passamahl« (12). Auf solche Terminologie und Sprachregelung sollte bewusst verzichtet werden, nicht nur, weil sie leicht missdeutbar ist, sondern vor allem im Respekt vor dem Judentum und im Sinne einer Israel gegenüber freundlichen Theologie. Einer Annexion, einer Okkupation, einer Christianisierung jüdischer Begriffe und Inhalte gilt es in aller Entschiedenheit zu wehren (bei aller Kontinuität, die vom Judentum ausgehend im Christentum fortbesteht), allerdings gilt es ebenso einer jeden Art von möglichem Neu-Marcionismus zu begegnen und dagegen das (theologische) Erbe Israels (nicht allein dem genealogischen Sinne nach) für die Christenheit wach- und hochzuhalten (13). – Zu berücksichtigen ist in diesem Kontext nicht zuletzt, in welcher Haltung die Juden das Pessachmahl feiern und darauf zugehen: Im anamnetischen Sinne vergegenwärtigen sie in aller Fröhlichkeit den Auszug aus Ägypten – die Christen dagegen begehen diese Zeit bis hin zur Auferweckungsnacht Christi: mit Fasten und in Trauer. Ihre vierzigtägige Fastenzeit (vgl. Mt. 4,2) endet doch erst in der Kyrios-Nacht!

Wenn also vom Pessach-Mysterium die Rede ist, dann sollte sich diese Ausdrucksweise allein am Geheimnis des Pessachfestes orientieren, also an der wundersamen Errettung hebräischer Sklaven aus Mizrajim / Ägyptenland im 13. Jhdt. vdZ. Die konsequente Unterscheidung, sprich Trennung zwischen dem Pessach-Mysterion einerseits und dem Christus-Mysterion andererseits belässt den Juden das Pessach-Fest und wehrt der Missdeutung, wonach das jüdische Pessach-Fest christlich bzw. christologisch überhöht werden soll. Wenn denn nun das Motiv des Christus-Lammes betont werden soll, so verlangt dies jedoch nach einer eigenständigen, christlich-theologischen inhaltlichen Füllung.

Wenn Paulus (14) allerdings betont: »Auch wir haben ein Pessachlamm, das ist Christus, der ist schon geopfert« (1. Kor. 5,7) – so erklärt sich diese Redeweise aus dem Denkrahmen des Paulus als Pharisäer und Schüler des Rabbi Gamaliel heraus, zeigt sie doch, in welch enger, auch begrifflich enger Anlehnung die Christen der Frühzeit zum Judentum standen, das ihnen gleichsam die Deuteworte für das lieferte, was christlich zunächst noch gar nicht recht akzentuiert, sprich ausgedrückt werden konnte. Was denn lag für Paulus zunächst näher, als sich an das anzulehnen, als dort ›anzudocken‹, als sich dort aufzustützen, wo bereits Orientierungsinhalte vorgegeben waren?

Paulus verstand sich zeitlebens als Jude (auch in all den für ihn enttäuschenden Erfahrungen, die er innerhalb verschiedener Synagogen-Gemeinden im Mittelmeer-Raum einstecken musste) – das Judentum bildete und blieb seine geistige Heimat – und doch entwickelte sich Paulus aus dem Judentum heraus in die »Heidenwelt« hinein mit Zugeständnissen (an die Lebensweise der so genannten »Heiden«), die auf Juden überraschend und irritierend wirken mussten. Paulus eröffnet in seinem theologischen Denken eine Gratwanderung, die in der Spannung besteht zwischen der Kontinuität zum Judentum einerseits und der Öffnung zu hellenistischen Denk- und Lebensweisen andererseits. Von Paulus herkommend bleibt die Frage, a) wie die neutestamentlichen Schreiber je für sich mit dem ›Rohmaterial‹ an Denk- und Deutemustern aus dem Judentum umgehen – b) wie sie (bei aller christologisch und soteriologisch bedingten Diskontinuität) die Kontinuität zum Judentum wahren und pflegen – und c) wie sie die jüdischen Vorgaben in ihre eigenen Glaubenszeugnisse christlich und christologisch einbinden.

Für die ersten (Juden-) Christen bildete die Hebraica völlig naheliegend den unverzichtbaren Auslegungshorizont für das, wofür zunächst noch die Worte fehlten. Ersttestamentliche Inhalte wurden als typologische Vorbilder und Interpretamente benutzt: so wurde z.B. die Pessachnacht auf die Kyrios-Nacht übertragen, »der leidende Gottesknecht« (aus Jes. 53) auf Jesus Christus hin umgedeutet oder die Erfahrung vom »Roten Meer« mit der Taufe in Verbindung gebracht (vgl. 1. Kor. 10,1.2). Erst in der weiteren Entwicklung fand die damalige Christenheit zu einer eigenständigen theologischen Sprache. Das heißt, der Prozess zunehmender Emanzipation von den Deutemustern aus dem Judentum für Jesus Christus und für den christlichen Glauben erwies sich für das Christentum (bei aller Wertschätzung für das Judentum) als eine Frage der Zeit.

Fand JESU ABSCHIEDSMAHL von seinen Jüngern zur gleichen Zeit statt wie das jüdische Pessachmahl, also am *Sederabend* 15. Nissan (vgl. Lev. 23,5 / Ez. 45,21)? Auch wenn die Theologie in den synoptischen Evangelien diesen Transfer leisten will und dahin tendiert / auch wenn sich der Osterfeststreit der *Quartodezimaner* im 2. Jhdt. (15) genau an dieser Frage der Datierung bzw. der Chronologie entzündete (ob also Jesus am 14. Nissan, deshalb die Bezeichnung, das Pessachlamm mit seinen Jüngern gegessen habe oder eben nicht) – so widerspricht diese Annahme nicht nur der Chronologie des JohEv.s, sondern mehr noch den historischen Gegebenheiten damaliger Zeit überhaupt. An diesem Beispiel aber lässt sich eruieren, wie theologische Vorstellungen und Intentionen historische Tatsachen überlagern konnten. Jesu Abschiedsmahl von seinen Jüngern lässt sich nur auf den Abend des 14. Nissan datieren, bevor noch am gleichen Tag zur sechsten Stunde seine Hinrichtung (er-) folgte (16).

Hans von Soden formuliert in aller Eindeutigkeit: »Das letzte Liebesmahl Jesu fand am Vorabend des Passah statt und war kein Passahmahl, wie die Synoptiker es in unhaltbarem Widerspruch zu den Nachrichten über den Todestag Jesu darstellen.« (17). In aller Deutlichkeit muss deshalb vielleicht ausgedrückt werden: Christen feiern kein Pessachfest und essen demnach kein Pessachlamm bzw. Lammfleisch (sondern: Brot), sie feiern auch nicht (in tiefer Trauer) die »memoria passionis«, auch nicht (bis in die Gegenwart hinein verlängernd) Jesu einmaliges Abschiedsmahl, sondern voller Freude: die »memoria Christi« / das »Mahl des HERRN« / das Mahl des auferweckten Kyrios / das Mahl der Versöhnung in eschatologischer Perspektive auf Fortsetzung (vgl. Mk. 14,25) hin, auf die Erlösung am Ende aller Tage und schließlich auf die Vollendung im Reiche Gottes hin. Und das ist nun doch etwas ganz anderes als das Pessachfest bzw. -mahl, das die wundersame Errettung von Hebräern aus Ägyptenland anamnetisch memoriert.

Der theologische Impetus der Synoptiker in der Frage der *Datierung des Todes Jesu* zielt nun aber dahin, einen engen Zusammenhang herzustellen zwischen Jesu Abschiedsmahl, der Einsetzung des Abendmahls und dem Pessachfest. Dieser Versuch jedoch, Jesu Abschiedsmahl zum Pessachmahl umzustilisieren, lässt sich mit den historischen Verhältnissen der damaligen Zeit nicht vereinbaren. Es spricht also etliches dafür, deutlich zu trennen zwischen Jesu Abschiedsmahl am 14. Nissan und dem Beginn des achttägigen Pessachfestes am Shabbat, 15. Nissan (18). Ein jüdisches Pessachfest in verchristlichter Form (19) kann es demnach nicht gegeben haben bzw. auch nicht geben. Schließlich divergieren die Inhalte, selbst wenn man die eschatologische Komponente der Messias-Erwartung einbezieht, beträchtlich: dreht sich im christlichen »Fest aller Feste« doch alles ausschließlich und allein um Tod und Auferweckung Jesu Christi.

Eine Folgefrage ist auf diesem Wege bereits beantwortet, die nämlich, ob Jesus beim letzten Mahl mit seinen Jüngern das Pessachlamm gegessen habe. Die Antwort kann nur lauten: mitnichten. Daraus nun aber ergeben sich Konsequenzen für das Verständnis der so genannten Einsetzungsworte, für die Deutung von Leib und Blut bzw. Brot und Wein. Die Auslegung kann den vielleicht gewollten Zusammenhang zwischen Pessach-Lamm und Christus-Lamm nicht begründen, auch wenn er sich aus der Zeit der frühen Christenheit, aus der Anbindung an das Judentum heraus nahe legen mag. Leib und Blut Jesu von Nazareth bzw. Brot und Wein verlangen nach einer vom Judentum losgelösten und somit eigenständigen christlichen und christologischen Interpretation.

Entsprechendes gilt für den Terminus »OPFER«, den Paulus in 1. Kor. 5,7 verwendet, um von der Opferung der Pessachlämmer ausgehend Jesu Opfertod am Kreuz zu deuten (vgl. Joh. 1,29.36; 19,33.36 und 1. Petr. 1,19 zum Begriff »*Lamm*«). Dabei muss jedoch betont werden, dass es sich bei dem Selbstopfer Jesu Christ (vgl. Hebr. 7,27) / bei dem einmaligen Versöhnungsopfer Jesu Christi als »sacrificium expiatorium« (CA-Apologie, Art. XXIV) um etwas grundlegend Anderes handelt als bei der jährlich wiederkehrenden Schlachtung der Pessachlämmer. Jesus von Nazareth ist eben nicht das eine wahre Pessachlamm (!), auch wenn dies in christlich-theologischen Interpretationen bis heute prolongiert und propagiert wird (20).

Dass Paulus den 14. Nissan (also den so genannten »Rüsttag« vor Beginn des Pessachfestes am darauf folgenden Tag) als den Tag der Kreuzigung Jesu voraussetzt, findet seine Bestätigung nicht zuletzt darin, dass er den auferweckten Christus gemäß 1. Kor. 15,20.23 als »Erstling der Entschlafenen« bezeichnet. Nach der alttestamentlichen Opfersprache bezieht sich der »Erstling« auf die Erstlingsgabe des Omer-Tages, das heißt auf den 16. Nissan (vgl. Lev. 23,10 LXX – Josephus: Ant. Jud. 3,10,5, §250). Paulus spielt damit also auf den Omer-Tag als den Tag der Auferweckung Christi an (vgl. J. Blinzler: Der Prozeß Jesu, 106).

Nachzudenken wäre über den engeren Begriff des Wortes »PESSACH« mit dem passio-Motiv einerseits und mit dem transitus-Motiv andererseits. Liegt die Wort-Wurzel bei den Verben »leiden« und »sterben« (Luk. 9,22; 17,25; 22,15; 24,26.46 / Apg. 1,3; 3,18; 17,3; 26,23 / Hebr. 9,26 / 1. Petr. 3,18), so dass Jesus von Nazareth als »das Passa Gottes« bezeichnet werden könnte? Also beim Wort »passio« / »Passion«? So dass von der »passio Domini« auszugehen wäre?

Bei der Definition von »vorüberschreiten« / »schonend vorübergehen« (vgl. Ex. 12,13.23.27; aber auch Jes. 31,5: »verschonen«, »retten«) ließe sich von einem christlichen Pessach allein in dem Sinne von »Vorübergang« oder »Übergang« (transitus) sprechen – gemeint sein könnte also der Übergang bzw. der Durchgang vom Tod zum Leben, wie er gerade im exemplarischen Kasus der Kyrios-Nacht gefeiert wird (von der Finsternis zum Licht, vom Fasten hin zum Fest). Doch diese Interpretation und die Kontraktion höchst unterschiedlicher Kasus erscheint äußerst konstruiert und auch theologisch letztendlich nicht überzeugend, auch deshalb nicht, weil sich hier jüdisches und christliches Denken in fragwürdiger Weise verwischt und vermischt (21).

Aus der Wortwurzel »Pessach« lässt sich schließlich die Bedeutung »hinken« bzw. »um den Altar hüpfen«, also ›tanzen‹ ableiten – vgl. 1. Kön. 18,21.26.

Vermischt haben sich auf dem Weg zum jüdischen Pessachfest drei verschiedene Traditionen, die ursprünglich unabhängig voneinander bestanden (vgl. Ex. 12,15–20; 13,3–10):

1. die Tradition vom Mazzotfest / vom Fest der Gerstenernte bzw. der »ungesäuerten Brote« (das »Chag Hamatzot«), das nach Lev. 23,6–8 auf die Tage 15.–21. Nissan terminiert ist, aber gemäß Lev. 23,11.15 jeweils am Tage nach dem Shabbat beginnt, wenn (nach Dtn. 16,9) die Gerste zur Ernte reif war. Handelt es sich dabei um ein altes Frühlingsfest aus dem Kult der Kanaaniter zu Beginn eines jeden neuen Jahres mit Opfern zugunsten der Feldgötter (?), vgl. Ex. 34,18a; 23,15a / Lev. 23,10.14? /

2. die Tradition vom Exodus aus Ägypten (Ex. 12,1–14; 13,8–10): Lev. 23,5 formuliert als Termin für das Pessachfest allein die Abenddämmerung des gerade begonnenen 14. Nissan – nach Ex. 12,6 erfolgte die Schlachtung der Pessachlämmer am Tage zuvor, also am 13. Nissan, gegen Abend, vor Beginn des 14. Nissan / und

3. die Tradition der Wallfahrt zu einem bereits fest fixierten Heiligtum, später zum Tempel in Jerusalem, wobei alle Männer zum Pilgern verpflichtet waren.

In seinen Ursprüngen lässt sich das Pessachfest zurückverfolgen auf ein nomadisches Winterweidewechselfest (Leonhard Rost), in dessen Verlauf die Zelteingänge mit Tieropferblut bestrichen wurden, um Unheil abzuwenden. Die »ungesäuerten Brote« wurden schließlich auf »das Elendsbrot in Ägypten« bezogen (Ex. 12,39; 13,38 / Dtn. 16,3), auf den Gott der Hebräer umgedeutet und auf das Exodus-Geschehen hin historisiert (Ex. 23,15; 12,15–20).

In der Kultreform unter König Joschija (639–609) werden die drei verschiedenen Traditionen miteinander zum Pessachfest verbunden, der häuslich-familiären Lebenswelt entzogen und in einer so genannten Kult-Zentralisation (im Gegenüber zu den bisherigen Reichstempeln ab 926 in Bethel, Dan, Pnuel und schließlich in Samaria) am Jerusalemer Tempel (22) verortet: »ein Gott, ein Gesetz, ein Kult, ein Tempel« (vgl. Dtn. 16,1–8 sowie Ez. 45,21–25). Der Beginn des Pessachfestes lag seitdem in der Vollmondnacht des Monats Nissan, also in der Nacht des 15. Nissan.

»Erst die Reform des Josia im Jahre 621 v.Chr. .. zieht das – vorher in der Einzelfamilie gefeierte – Passafest an das zentrale Heiligtum in Jerusalem und verbindet es mit dem Frühlingsfest der Massot. ... Zum Hauptfest Israels wird es aber erst nach der Rückkehr aus dem Exil. ... / ... Nach den Schätzungen von J. Jeremias strömten in der letzten Zeit vor der Zerstörung des Tempels 85 000 bis 125 000 Wallfahrer alljährlich zum Passa nach Jerusalem ... Neben das Gedächtnis der vergangenen Heilsgeschichte tritt .. im jüdischen Passa die Erwartung des kommenden Messias. In der Passanacht soll der Messias erscheinen. ... sie ist die Nacht der Schöpfung, die Nacht des Abrahambundes, die Nacht der Befreiung aus Ägypten, die Nacht der bevorstehenden Erlösung ... Diese jüdische Passa-Erwartung hat Eingang in das christliche Passafest gefunden.« (23).

Auch wenn *Origines*, Lehrer in Caesarea (*185,+um 254 – er verfasste die erste christliche Dogmatik: »peri Archon« / »von den Grundlehren«), zwischen einem ersten (dem des Hebräischen Testaments), dem zweiten (dem Jesu Christi) und einem dritten Passa (dem am Ende aller Tage) unterscheiden mag (24) und sich dafür jeweils das Motiv des »Durchgangs« anbietet / auch wenn Athanasius (*um 298,+373) und Gregor von Nazianz (*329,+398) vom »wahren Passa« schreiben und damit auf das zukünftige anspielen – so bleibt die grundsätzliche Frage bestehen, ob der fest geprägte, historisch-inhaltlich gefüllte Begriff des Pessach (nach Ex. 12) aus dem Judentum heraus entlehnt werden darf – und wenn ja, mit welchem Recht, mit welchem Beweggrund, mit welcher Intention dies geschieht. Finden sich im christlichen Sprachhorizont denn nicht adäquate eigene Begrifflichkeiten? Mit Blick auf Origines' Differenzierung sei vom Zahlenwerk her einmal nur an die Unterscheidung vom ersten, zweiten und dritten »Advent« (!) erinnert im Sinne des Bibelwortes: »der da war und der da ist und der da kommt« (Apk. 1,8). Nicht zuletzt von christlich-theologischer Seite aus aber wäre angesichts der Origines'-Differenzierung von dreierlei Passa zu entscheiden, ob denn nicht der Begriff »Advent« (anstelle des Begriffs »Passa«) der adaequate sein wird, und die Frage zu beantworten, was denn mit dem zweiten und was denn schließlich mit dem dritten »Passa« gemeint sein soll, wobei sich jedoch sogleich gravierende eschatologische Deutungsprobleme einstellen. Deshalb erscheint es nur konsequent und ratsam zu sein, den Begriff des Pessach dort zu belassen, wo er herkommt, ihm also seinen ihm angestammten »Sitz im Leben« (Hartmut Gunkel) im Judentum eben nicht zu nehmen. Im übrigen gilt: Das Pessachfest der Juden trägt seine Bedeutung wahrhaft in sich selbst, und dies bis heute, was sich nicht nur in dem Ruf artikuliert: »Nächstes Jahr in Jerusalem!« Dieser Sehnsuchtswunsch, der das Irdische ins Himmlische transzendiert, hält die Juden weltweit in besonderer Weise miteinander verbunden.

Das Pessachfest bedarf also wahrlich keiner christlichen Fortschreibung, Ergänzung, Interpretation oder Korrektur. Zum Dilemma muss aber wohl jeder Versuch geraten, von einem »christlichen Pessach« im Gegenüber zum (jüdischen) Pessach zu sprechen – das Dilemma zeigt sich aber wohl auch darin, wenn unterstellt wird, der Passionsbericht sei an die Stelle der Pessach-Haggada getreten (25). Christlicher Respekt vor dem Judentum und eine Israel gegenüber freundliche Theologie, die sich um die »Israelitica dignitas« (Hans Hermann Henrix) bemüht, dürfte es gebieten, Jüdisches jüdisch sein zu lassen und demzufolge auf den Begriff »Pessach« innerhalb des Christentums bewusst zu verzichten (21) – auch wenn Hans-Christoph Schmidt-Lauber behaupten will: »Die Osternachtfeier ist in der frühen Kirche stets als das Pascha der Christen bezeichnet worden.« (26). Diese These jedoch lässt sich nicht halten: aus zeitlichen Gründen nicht, aus sachlichen Gründen nicht und auch deshalb nicht, weil sich die frühe Kirche (im Unterschied zu den ersten Christen, die ja allesamt überwiegend Judäer waren) um ihrer selbst willen sehr bald von jüdischen Vorstellungen distanziert hat. Zu Recht kritisiert Francois Lyotard aus jüdischer Warte heraus, wenn christlicherseits viel zu unbedacht eine »jüdisch-christliche Bindestrich-Theologie« vertreten wird (27).

Damit lässt sich als Befund festhalten: *Jesus von Nazareth* wurde vor Beginn des Pessachfestes am 14. Nissan (28) und eben nicht während des Pessachfestes am Kreuz auf Golgotha auf Betreiben von jüdischen Tempel-

Aristokraten aus dem Kreis der Sadduzäer im Auftrag des römischen Präfekten Pontius Pilatus um das Jahr 30 ndZ. hingerichtet – am »Rüsttag«, dem Tag vor Beginn des Shabbat (vgl. Mk. 15,42 / Luk. 23,54). Und: Trotz dieser engen zeitlichen Nähe ergibt sich keine direkte inhaltliche Verbindung zwischen dem jüdischen Pessachfest (mit seinem Beginn am 15. Nissan)(17)(29) und dem christlichen Karfreitagsfest, datiert auf den 14. Nissan. Jesus von Nazareth starb in der Stunde der Schlachtung der 10.000 (30) Pessachlämmer am Kreuz – in johanneischer Ausdeutung als »das *Lamm* Gottes, das der Welt Sünde trägt« (Joh. 1,29). Zudem: Selbst wenn Jesus von Nazareth partout zum »wahren Passahlamm« hochstilisiert werden sollte, so passt das Sacharja-Zitat 12,10 in Joh. 19,37 (vgl. Apk. 1,7) nun wahrlich nicht in die Pessach-Typologie hinein, wenn es dort heißt: »Sie werden sehen auf den, in den sie« *(mit der Lanze)* »gestochen haben« (31).

Sicher ist zu konzedieren, dass sich in der Zeit der ersten Christen Einflüsse aus dem (jüdischen) Pessachfest auf die ersten gottesdienstlichen Feiern der Christen in Jerusalem ausgewirkt haben – ebenso aber werden in der Folgezeit verstärkt Einflüsse aus hellenistischen Mysterienkulten mit gnostischem Gedankengut hinzugekommen sein, mit denen sich der Apostel Paulus nicht nur in Korinth auseinandersetzen muss.

»Bischof Polykarp von Smyrna feierte Mitte des zweiten Jahrhunderts das Passahfest ›nach Sitte der Apostel‹, musste aber bei einem Besuch in Rom feststellen, dass es dort unbekannt war, und es gelang ihm nicht, die Römer zu diesem Fest zu bekehren.« (32). Dieser Notiz ist zu entnehmen, dass sich die Feier des christlichen Pessachfestes im oströmischen Reich über längere Zeit hat halten können, im weströmischen Reich jedoch (wenn in den ersten Jahren überhaupt) keine (tieferen) ›Wurzeln‹ fassen konnte.

In der Zeit nach dem Konzil von *Nicaea* (20.05.–25.08.325) geriet die Pessach-Typologie mit ihrem Bezug auf das »Passahlamm Jesus Christus« immer mehr in Vergessenheit und ebenso die anfängliche Relation zwischen dem Pessachfest der Juden und dem Osterfest der Christen (33).

Was bedeutet dies für die christliche Kyrios-Nachtfeier? – Die Tradition der Kyrios-Nachtfeier hat sich zwar in unmittelbarer zeitlicher Nähe zum jüdischen Pessachfest herausgebildet, ihr zeitlicher Beginn allerdings liegt in der dem Sederabend folgenden Nacht des 16. Nissan, in der später so bezeichneten Nacht von Karsamstag auf Ostersonntag.

Anmerkungen

(1) – *Pontius Pilatus* amtierte in den Jahren 26–36 in Judäa und wurde nach einem Massaker an gläubigen Samaritanern auf dem Berge Garizim (vgl. Luk. 13,1) Ende 36 durch seinen Vorgesetzten: durch den syrischen Statthalter Vitellius abgesetzt und nach Rom zurückgeschickt (Josephus: Ant. XVIII,85–99).

Der Wortlaut im »*Apostolicum*« müsste eine Korrektur darin erfahren, dass es nicht mehr heißt: »gelitten unter Pontius Pilatus, gekreuzigt, gestorben und begraben« – sondern stattdessen: »gelitten, *unter Pontius Pilatus gekreuzigt*, gestorben und begraben«. Diese Umstellung trägt den historischen Gegebenheiten Rechnung und behaftet Pontius Pilatus in seiner politischen Verantwortung – und hält andererseits fest, dass Jesus von Nazareth auch schon vorher auf vielfältige Weise »gelitten« hat, und zwar nicht nur am Kleinglauben der Jünger und anderer (Mt. 6,30; 8,26; 14,31; 16,8 / Luk. 12,28).

Nach der Absetzung des Archelaus im Jahre 6 ndZ. war *Judäa* in einen Teil der römischen Provinz Syrien umgewandelt und einem römischen Präfekten (mit Sitz in Caesarea) unterstellt worden, der die Aufgabe der Verwaltung, der Steuereinziehung und nicht zuletzt die der Kapitalgerichtsbarkeit (das so genannte »ius gladii«) ausübte. Den Juden verblieb eine gewisse Selbstverwaltung mit dem Hochpriester an der Spitze und mit dem Synedrion als Leitungsgremium. Besondere Privilegien wurden gewährt: der Status als Jerusalemer Kultgemeinde, die Freiheit vom römischen Herrscherkult und von anderen Fremdkulten, die Freiheit zum Gottesdienst in den Synagogen. Josephus vermerkt: »Der jüdische Staat (wurde) aristokratisch verwaltet, die Aufsicht über das Volk aber wurde dem Hohenpriester anvertraut« (Ant. XX,251)(zitiert nach R. Heiligenthal: Der Lebensweg Jesu, 129).

(2) – Die KREUZIGUNG fiel unter die Kapitalgerichtsbarkeit und damit in die Zuständigkeit der Römer (als damalige Besatzungsmacht). Die von Persern einst erfundene, von Puniern übernommene und von Römern ›verfeinerte‹ Kreuzigung wurde allein an Nicht-Römern verhängt (vgl. Dtn. 21,23 / Gal. 3,13). Römer dagegen wurden im Fall der Hinrichtung geköpft bzw. enthauptet.

Luk. 20,19.20 beschreibt die Dramaturgie im Blick auf Jesus von Nazareth mit den Worten: »Die Schriftgelehrten und Hohenpriester trachteten danach, wie sie die Hände an ihn legen konnten noch zu derselben Stunde ... Und sie stellten ihm nach und sandten Leute aus, die sich stellen sollten, als wären sie fromm, auf dass sie ihn in seiner Rede fingen, damit sie ihn überantworten könnten der Obrigkeit und der Gewalt des Landpflegers.«

In Joh. 18,31b ist von Juden aus vermerkt: »Uns ist nicht erlaubt, jemanden zu töten.« (vgl. dazu Joh. 19,6.7, wonach für die Juden aber sehr wohl die Steinigungsstrafe aufgrund religiöser Urteile im Bereich des juristisch Möglichen liegt – vgl. Lev. 20,2.27; 24,14.16.23 / Num. 14,10; 15,35.36 / Dtn. 13,11; 17,5; 21,21; 22,20–25 / Jos. 7,25). Als historisch unhaltbar gelten muss die Aussage Mk. 15,15 / Mt. 27,26 / Joh. 19,15.16, wonach Pilatus Jesus den Juden zur Kreuzigung »überantwortet« haben soll. Historisch fraglich erscheinen muss der Satz Mt. 27,25: »Sein Blut komme über uns und unsere Kinder!« – der allerdings eine verhängnisvolle Wirkungsgeschichte ausgelöst hat (erinnert sei an die Kreuzzüge im 11. Jhdt., an die Vertreibung der Juden aus Spanien und Portugal im 15./16. Jhdt. und an die Shoa im so genannten Nationalsozialismus).

Nach dem markinischen Passionsbericht ergibt sich für den 14. Nissan folgende Chronologie:

Mk. 14,68:	»Hahnenschrei« / Verleugung durch Petrus / Synedrion (ca. 3 Uhr)
Mk. 15,1:	Ende der Synedrionssitzung und Abführung zu Pilatus (6 Uhr)
Mk. 15,25:	Kreuzigung zur »dritten Stunde« (9 Uhr)
Mk. 15,33:	Beginn der Finsternis zur »sechsten Stunde« (12 Uhr)
Mk. 15,34:	Ende der Finsternis / Jesu Tod zur »neunten Stunde» (15 Uhr)
Mk. 15,42:	Grablegung Jesu noch vor Sonnenuntergang (ca. 18 Uhr)

(vgl. J. Blinzler: Der Prozeß Jesu, 308f.).
Nach der Chronologie des Johannes-Evangeliums verleugnete Petrus seinen HERRN zur Zeit des »Hahnenschreis« (18,27) – wurde Jesus frühmorgens zu Pilatus geführt (18,28) – handelte es sich ungefähr um die »sechste Stunde«, als Pilatus das Todesurteil fällte (19,14).

(3) – Zu diskutieren wäre, ob statt der Bezeichnung »Neues Testament« (die von Jer. 31,31 her entlehnt sein mag und die sich in 1. Kor. 11,25 wiederfindet) die Bezeichnung »CHRISTUS-TESTAMENT« (gerade auch innerhalb des christlich-jüdischen Dialogs) die angemessene wäre – in Relation zu dem von Christen (erstmals von Paulus in 2. Kor. 3,14) so genannten (und im Missverständnis als »alt« = überholt, überwunden oder gar als überflüssig erachteten) »Alten Testament«, von Juden »*Tanach*« genannt (gemeint sind damit die Thora, die Nebiim, die Ketubim) bzw. auch »Thora« (wobei dieser Begriff in diesem Fall im weiteren Sinne gefasst ist gegenüber dem engeren Verständnis von Thora als den so genannten »Fünf-Mose-Büchern« = »Pentateuch«).

(4) – siehe G. Theißen / A. Merz: Der historische Jesus, 75–82.

(5) – P. Stuhlmacher: Die Geburt des Immanuel, 10.

(6) – P. Stuhlmacher, aaO., 49. – H. Lietzmann: Geschichte der Alten Kirche, I, 38: »Jesus ist in dem kleinen galiläischen Ort Nazareth aufgewachsen, vermutlich auch geboren.« Entsprechend äußern sich G. Theißen / A. Merz: Der historische Jesus, 149.

(7) – zur Frühdatierungsthese von Markus Barth siehe M. Barth: Das Mahl des Herrn, 251–255.

(8) – J. Blinzler: Der Prozeß Jesu, 81. Dagegen äußert W. Huber, Passa und Ostern, 111: »Man wird kaum mit Sicherheit beweisen können, daß die vom Johannesevangelium vertretene Passionschronologie die historisch zutreffende ist. Mit der Behauptung, dass die Typologie von Passa und Kreu-

zestod Christi nicht entstanden wäre, wenn die Kreuzigung nicht tatsächlich am Passatag stattgefunden hätte, wird sich das nicht begründen lassen. ... Wahrscheinlich kann man den genauen Tag des Todes Jesu den Evangelien überhaupt nicht mehr entnehmen.« Diesen Thesen Hubers lässt sich zunächst bereits mit dem Faktum widersprechen, dass Jesu Kreuzigung mit an Sicherheit grenzender Wahrscheinlichkeit nie und nimmer in den Tagen des Pessachfestes vom römischen Präfekten angeordnet worden ist.

(9) – Nach Mischna: Pessach 7,1.2 »wurde das Lamm ganz und ohne daß ihm ein Bein gebrochen wurde, 2 Mos. 12,46 vgl. Joh 19,36, an Bratspießen kreuzweise über das Feuer gehalten, bis es gar ward« (zitiert nach Vaihinger: Pascha, israelitisch-jüdisch, in: Dr. Herzog: Real-Encyclopädie, Bd. XI, 142).

(10) – Die SÜHNOPFER-Vorstellung basiert auf den Aussagen in Mk. 10,45 / Luk. 24,26 / Röm. 3,24–26; 4,25; 5,8; 8,3.32 / Gal. 1,4; 3,13 / Kol. 2,14 / 1. Petr. 3,18 – findet sich wieder in verschiedenen Passionsliedern (z.B. in EG 81,4.6) – und wird kritisiert von Klaus-Peter Jörns in seinem Buch: Lebensgaben Gottes feiern. Abschied vom Sühnopfermahl: eine neue Liturgie (Gütersloh 2007). Man berücksichtige in diesem Kontext die Theorie vom »Sündenbock«, wonach ein Unschuldiger die Sünde aufgebürdet erhält, forttragen soll und dazu in die Wüste hinausgejagt wird (vgl. Lev. 4,1–35; 5,1–26; 16,1–34). Man berücksichtige ebenso die Satisfaktionslehre Anselm von Canterburys: Danach ist die Schuld der Menschen (in der Deutung Anselms durch Thomas von Aquino) so groß, dass Gott keine andere Sühne annehmen kann, als dass ER sich selbst in der Gestalt Seines Sohnes opfert. Anselm dagegen betont stets, dass Gott das Subjekt der Versöhnung ist und bleibt, also niemals zum Objekt der Versöhnung werden kann)(vgl. dazu die Fragen und Antworten 12–19 im »Heidelberger Katechismus« von 1563) (siehe G. Plasger: Die relative Autorität, 74f.).

(11) – so H. Auf der Maur: Feiern im Rhythmus der Zeit, 115 – und P. Cornehl: Die Welt ist voll von Liturgie, 2005, 295 – und G. Visona im Art. Ostern/Osterfest/Osterpredigt I, 520 – aber auch die 1963 verabschiedete Liturgie-Konstitution des II. Vaticanums, vgl. SC Art. 102–111. Kritisch zu reflektieren ist nicht minder Tertullians Rede von der »christlichen Pessach-Vigil« (Tertullian: Ad uxorem II, 4,2).

(12) – Arbeitsgemeinschaft Christlicher Kirchen in Baden-Württemberg: Durch die Nacht zum Licht, 36. – R. Volp bezeichnet das Abendmahl als »erneuertes Passahmahl« (Liturgik II, 915) und spricht andernorts vom »Wunder des neuen Passa« (Liturgik II, 925). – M. Thurian bezeichnet die Eucharistie als »eschatologisches Passahmahl« (Eucharistie. Einheit am Tisch des Herrn?, 199). – H. Haag titelt sein Buch: »Vom alten zum Neuen Pascha« (und gewichtet bereits in der Schreibweise der Adjektiva). Dieser Denkweise kann aus Gründen der Wertschätzung gegenüber dem Judentum jeweils nur widersprochen werden.

(13) – Beachtung finden muss dabei auch die Art und Weise, wie die PSALMEN aus dem »Gebetbuch Israels« als Introitus in den christlichen Gottesdienst integriert werden. Der Respekt vor dem Judentum legt es nahe, die Psalmen im christlichen Gottesdienst unter entsprechenden Einleitungsworten einzuführen – z.B.: »Gemeinsam mit dem Psalmbeter aus dem Volk Israel beten wir mit Worten aus Psalm XX ...« (siehe die Arbeitshilfe vom Studienkreis »Kirche und Israel« der Evangelischen Landeskirche in Baden: Israel im Gottesdienst, 41–43). In diesem Kontext wäre gleichermaßen darüber nachzudenken, ob nicht zusätzlich zum trinitarischen Votum die Zitation von Psalm 124,8 (wie in den reformierten Gottesdiensten in erweiterter Form üblich)(als das so genannte »Adjutorium«) erfolgen sollte: »Unser Anfang und unsere Hilfe steht im Namen des Herrn, der Himmel und Erde gemacht hat, der Wort und Treue hält ewiglich und der nicht preisgeben will auch nur irgendein Werk seiner Hände!« (vgl. Ps. 121,2).

(14) – SAULUS, in der hellenistischen Großstadt Tarsus geboren, in der Hauptstadt der römischen Provinz Cilicien (Apg. 9,11; 11,25; 21,39; 22,3), aufgewachsen, also in der jüdischen Diaspora mit Griechisch als seiner Muttersprache, im Besitz des römischen Bürgerrechts (Apg. 16,37f.; 22,25–29; 23,27; 25,10–12), (von Geburt an) mit dem römischen Beinamen (cognomen) »Paulus« versehen (vgl. Apg. 22,28), von Beruf Zeltmacher (Apg. 18,3), in Jerusalem Schüler von Rabbi Gamaliel d.Ä. (Apg. 22,3), mit der rabbinischen Exegese ebenso vertraut wie mit der griechisch-römischen Rhetorik – gehört in den Kreis der pharisäischen Intellektuellen (Phil. 3,5 / Apg. 26,5). Nach dem Selbstzeugnis in Phil. 3,5–6 wurde Saulus am achten Tage nach seiner Geburt beschnitten und damit dazu verpflichtet, im Sinne der Thora zu leben. Im Eifer um die Ehre Gottes und für die Thora verfolgte er im Auftrag der Hochpriester die ersten Christen u.a. in den Synagogen z.T. bis in den Tod (vgl. Gal. 1,13f.23 / Phil. 3,6 / 1. Kor. 15,9 / Apg. 8,3; 9,1f.; 22,3–5.19; 26,10.11), denn diese bekannten sich zu dem, der als Gotteslästerer am Schandpfahl des Kreuzes hingerichtet worden war. Voller Überzeugung stand Saulus hinter dem Befund Dtn. 21,22.23: »Einer, der am Holz hängt, ist« (muss) »ein von Gott Verfluchter!« (sein).

Auf dem Weg nach Damaskus wird aus dem bisherigen Christen-Verfolger Saulus etwa im Jahre 33/34 aufgrund einer Christus-Vision der entschiedene Christus-Nachfolger Paulus (vgl. Gal. 1,15.16.23 / 1. Kor. 9,1 / Apg. 9,1–19; 22,1–21; 26,1–23). Nach dem Zeugnis Apg. 9,17–19 wurde Paulus (das lateinische Adjektiv bedeutet: »gering« / »klein«, siehe 1. Kor. 15,9) durch einen nicht näher bekannten Christen namens Hananias in Damaskus getauft (was voraussetzt, dass sich in Damaskus bereits eine Christengemeinde gebildet haben wird). Hatte Barnabas Paulus nach Antiochia gerufen, so nahm Paulus als Delegierter dieser Gemeinde im Jahre 48 am so genannten Apostelkonzil in Jerusalem teil (vgl. Gal. 2,1–10 und Apg. 15,1–29), um die judenchristliche Forderung nach Einhaltung der Ritualgesetze (angefangen mit der Beschneidung) unter den Heidenchristen zu klären. Vereinbart wurde zum einen, dass Petrus sich der Judenmission annimmt und Paulus sich der Heidenmission – zum anderen, dass in den heidenchristlichen Gemeinden Kollektengelder für die Jerusalemer Urgemeinde gesammelt werden sollen (siehe 1. Kor. 16,1–3 / 2. Kor. 8,1–9,15 / Röm. 15,22–31). In Korinth hat sich Paulus in der Zeit 50/51 aufgehalten (im Jahre 51 wurde er dem römischen Prokonsul Gallio vorgeführt, der sich jedoch nicht mit innerjüdischen Streitigkeiten befassen wollte, vgl. Apg. 18,12–17) und von dort aus den 1. Thess. geschrieben, das älteste uns erhaltene Zeugnis des gesamten Neuen Testaments. Seine Leiden als »Diener Christi« summiert er in 2. Kor. 11,23–29. Nachdem Paulus in Jerusalem festgenommen und fast zu Tode gebracht worden ist, beruft er sich auf sein römisches Bürgerrecht (Apg. 25,1–12; 28,19) und appelliert an den Kaiser in Rom: mit der Konsequenz, dass er dort verhört werden muss. Nach dem Zeugnis Apg. 28,30 lebte er in Rom zwei Jahre lang als Gefangener, aber auch als Verkündiger Jesu Christi »in allem Freimut ungehindert«. Wahrscheinlich wurde Paulus in der Ära unter Nero um das Jahr 65 (aufgrund seines römischen Bürgerrechts) enthauptet (vgl. 1. Clem. 5,7) und eben nicht (wie Petrus)(vgl. 1. Clem. 5,5) gekreuzigt (siehe insgesamt: Katholisches Bibelwerk e.V. (Hg.): Welt und Umwelt der Bibel: Paulus. Ein unbequemer Apostel, Stuttgart 2001 – siehe G. Kittel: Der Name, 91–111).

(15) – *Eusebius von Caesarea* (315 Bischof von Caesarea geworden,+340) notiert dazu: »Damals war ein nicht unbedeutender Streit entstanden. Während nämlich die Gemeinden von ganz Asien auf Grund sehr alter Überlieferung glaubten, man müsse den 14. Tag des Mondes, an welchem den Juden die Opferung des Lammes befohlen war, das Fest der Erlösungspascha feiern und auf jeden Fall am dritten Tage ... das Fasten beenden, war es bei den Kirchen auf dem ganzen übrigen Erdkreis nicht üblich, es auf diese Weise zu halten; man beobachtete vielmehr gemäß apostolischer Überlieferung den bis heute noch gültigen Brauch, daß an keinem anderen Tage als dem der Auferstehung unseres Erlösers die Fasten beendet werden dürfen. Es fanden daher Konferenzen und gemeinsame Beratungen von Bischöfen statt, und alle gaben einstimmig durch Rundschreiben die kirchliche Verordnung hinaus, daß das Geheimnis der Auferstehung des Herrn an keinem anderen Tage als am Sonntag gefeiert werden dürfe und daß wir erst an diesem Tage das österliche Fasten beenden dürfen.« (Eusebius von Caesarea: Kirchengeschichte, 267). Problematisch erscheint der Begriff »*Erlösungspascha*« schon deshalb, weil hier zwei verschiedene Begriffe unsachgemäß vermischt werden und weil auch nicht deutlich wird, worauf sich »Erlösung« bezieht: denn zu unterscheiden ist Christus als Versöhner am Kreuz und als Erlöser am Ende aller Tage.

(16) – »Sämtliche Väter des 2. und 3. Jahrhunderts« (gemeint sind Clemens von Alexandrien, Irenäus, Tertullian, Origines) »folgerten ..., daß der

Opfertod Jesu nur an dem Tage des Paschaopfers, am 14. Nisan (und zwar um drei Uhr, Tert. De ieiun. C.10) habe stattfinden können und schlossen sich damit an die johanneische Chronologie der Leidensgeschichte an. Eben deswegen konnten auch diese Väter eigentlich nicht zugeben, daß Jesus vor seinem Tode noch ein gesetzliches Pascha mit seinen Jüngern gegessen habe, weil er (nach Jesaias) ja schon am Kreuze gestorben war, ehe nur die Juden zur gesetzlichen Zeit ihr Paschalamm schlachten konnten. Als daher die christliche Kirche an die Stelle der abrogierten jüdischen Feier eine christliche setzte, konnte / diese nicht das Fest der Auferstehung, sondern nur das Fest des Todes Christi seyn« (so Georg Eduard Steitz in: Dr. Herzog: Real-Encyklopädie, Bd. XI, 151f. – vgl. Tertullian: De ieiunio, 10).

Hans Lietzmann vermerkt: »… wir dürfen mit einiger Sicherheit behaupten, daß das Synedrion zu keiner juristischen Verurteilung wegen Gotteslästerung kam; denn dann hätte es mit eigener Autorität Jesus durch Steinigung hinrichten müssen, wie wir bei Stephanus sehen.« (Geschichte der Alten Kirche, I, 50).

(17) – H.v. Soden: Die Entstehung der christlichen Kirche I, 117. Ähnlich urteilt Klaus Berger in: Theologiegeschichte des Urchristentums. Theologie des Neuen Testaments, Tübingen / Basel 1994, 279ff. Dagegen betont Joachim Jeremias: »Jesu letztes Mahl – ein Passamahl!« (in: Die Abendmahlsworte Jesu, Göttingen, 3/1960, 35ff.).

(18) – Nach LXX (Lev. 23,11) – Philo (de spec. leg. II, 155–157) – Josephus (Ant. III, 10,5 § 250) – Targum (Jer. I, Lev. 23,11; Num 28,18) beginnt das Pessachfest mit dem 15. Nissan.

(19) – W. Huber: Passa und Ostern, 24. Entsprechendes gilt, wenn Jürgen Roloff von »PASSA-EUCHARISTIE« schreibt (in: Der Gottesdienst im Urchristentum, in H.-C. Schmidt-Lauber u.a. (Hg.): Handbuch der Liturgik, 56): werden in diesem Ausdruck doch theologische Grundinhalte von Judentum und Christentum irritierend miteinander kombiniert und vermischt.

(20) – Welche Wirkungsgeschichte die Paulus-Deutung in 1. Kor. 5,7 ausgelöst hat, müsste bis hin zum Sühnopfer-Theologumenon eigens untersucht werden – ebenso der Begriff »Lamm« bis hin zu seiner apokalyptischen Ausrichtung in der Apk. und im »Agnus Dei«.

(21) – Es mag im besonderen auffallen, dass sich im Liedgut nach dem EKG wie nach dem EG keinerlei Bezüge zum Pessachfest finden, dort also eine synkretistische Vermischung zwischen den Inhalten des Pessach-Mysterions und denen des Christus-Mysterions gar nicht vorkommt.

(22) – War JERUSALEM zunächst eine jebusitische Kleinstadt, so entwickelte König David sie zu seiner Hauptstadt und überführte die Bundeslade »mit den steinernen Tafeln, die Mose am Horeb hineingelegt hatte« (vgl. Ex. 25,10–22 / 1. Kön. 8,9 / 2. Sam. 6,15–18) von Schilo aus dorthin (vgl. 1. Sam. 4,4). Um 966 vdZ. begann König Salomo mit dem Tempelbau und vollendete ihn sieben Jahre später (vgl. 1. Kön. 6,37–38). Im Jahre 587 vdZ.

ließ der babylonische König Nebukadnezzar die Stadt samt Tempel zerstören (2. Kön. 25,9). In den Jahren 519–515 vdZ. konnte der zweite Tempel an gleicher Stelle errichtet und 515 unter Serubbabel eingeweiht werden. König Herodes (37–4 vdZ.) ließ diesen Tempel schließlich vergrößern und zu einer der größten Sakralanlagen im Römischen Reich ausbauen (siehe Josephus: Ant. XV, 388–425 und Bell. V,184–237). Innerhalb der Herrschaftszeit des Titus (+81) zerstörten römische Soldaten im Jahre 70 ndZ. den zweiten Tempel – allein die Westmauer des Herodianischen Tempels (die so genannte »Klagemauer«) blieb erhalten.

(23) – W. Huber: Passa und Ostern, 2f. – siehe: J. Jeremias: Jerusalem zur Zeit Jesu, 3/1962, 90–98 – und J. Jeremias: Die Abendmahlsworte Jesu, 3/1960, 36.
Die »vier Nächte« gehen zurück auf ein Targum (eine aramäische Ausdeutung der Hebraica) zu Ex. 12,42.

(24) – Origines: Matth. Comm. ser. 86 – ähnlich äußerte sich Gregor von Nazianz: Or. 45.

(25) – so H. Auf der Maur: Feste im Rhythmus der Zeit, Bd. I, 66.

(26) – H.-C. Schmidt-Lauber: Die Zukunft des Gottesdienstes, 398.

(27) – vgl. J.F. Lyotard / E. Gruber: Ein Bindestrich – Zwischen »Jüdischem« und »Christlichem«, Düsseldorf/Bonn 1995.

(28) – *Eusebius von Caesarea* vermerkt (De solemnitate paschali 7): »Und während sie (sc. Die Juden) Moses gemäß einmal im ganzen Jahr das Osterlamm schlachteten, am vierzehnten Tag des ersten Monats gegen Abend, feiern wir, die Gläubigen des neuen Bundes, an jedem Herrntag unser Osterfest ...«

(29) – »Während die Paschafeier nur den Abend des 14. und die Nacht, welche den 15. Nisan einleitete, bis etwa in die Mitternacht einnahm, begann das Mazzotfest mit Anbruch des 15. Nisan, fiel also noch mit der Paschafeier zusammen ..., und dauerte sieben Tage, vom 15. bis 21. Nisan einschließlich.« (Vaihinger: Pascha, israelitisch-jüdisch, in: Dr. Herzog: Real-Encyklopädie, Bd. XI, 143). – In dieser Angabe mag deutlich werden, wie schwierig die Frage der Datierung ausfallen kann, wenn auch noch zwischen Abend und Nacht unterschieden wird. Richtig ist, dass der jüdische Tag nach Gen. 1,5 jeweils nach Sonnenuntergang mit dem Abend beginnt – dass der Sederabend am Abend des 15. Nissan das *Pessachfest* eröffnet – dass das Mazzotfest (das der »ungesäuerten Brote«) einen Teil des Pessachfestes ausmacht – und dass das Pessachfest insgesamt acht Festtage umspannt.

(30) – vgl. M. Barth: Das Mahl des Herrn, 21.

(31) – Aufgrund des Lanzenstichs durch einen römischen Soldaten traten aus Jesu Seite, sprich Leib, »Wasser« und »Blut« heraus (vgl. Joh. 19,34). Ob das medizinisch gesehen seine Richtigkeit haben kann, erscheint weniger von Belang als eher die Deutung, wonach das Wasser auf die Taufe und das (Opfer-) Blut (zur Sühne, zur Vergebung der Sünden) auf das Mahl bezogen

worden ist (vgl. 1. Joh. 1,7 / Hebr. 9,14.22 / Apk. 1,5; 7,14 – vgl. 1. Joh. 5,6–8). Hinter dieser Interpretation steht der diskutable Versuch, die späteren *Sakramente* von Taufe und Mahl zu verorten.

(32) – H. Lietzmann: Geschichte der Alten Kirche, II, 129.

(33) – W. Huber: Passa und Ostern, 138. – Wenn C. Grethlein: Grundfragen, 245 allerdings behauptet: »Ostern ist – in seiner ursprünglichen Fassung – ›ein Äquivalent des jüdischen Pessach‹«, so ist zunächst zu fragen, ob das Wort »äquivalent« zu verstehen ist im Sinne von: »gleich-wertig«, »gleiche Bedeutung«. Sollte dies so gemeint sein, dann wäre dieser These schon aufgrund der unterschiedlichen Inhalte deutlich zu widersprechen.

Vom Pessachfest zum Shabbat

Bereits in den Anfängen der Königszeit galt die Einrichtung einer siebentägigen Woche in Judäa und in Israel als bekannt (dagegen kannte weder die römische noch die griechische Antike so etwas wie eine Wocheneinteilung). Wurde der sieb(en)te Tag in den ältesten vorexilischen Quellen auch nur als *»der siebte Tag«* bezeichnet (vgl. Ex. 23,12; 34,21) – so wird die Shabbat-Praxis bereits in der Zeit ab dem 9. Jhdt. ausdrücklich bezeugt: in der Elijscha-Geschichte (2. Kön. 4,23), bei der Krönung des Joasch (2. Kön. 11,5–12) sowie in prophetischen Texten ab dem 8. Jhdt. (z.B. Amos 8,5 / Hos 2,13 / Jes. 1,13). Fraglich erscheint trotz aller sprachlichen Anklänge, ob der hebräische Shabbat eine Art Vorläufer im babylonischen »schabattum« bzw. »schapattum« finden mag (5), der den einmal im Monat wiederkehrenden Tag des Vollmondes markiert, nicht aber einen fest gefügten, bestimmten Wochentag.

Das Dekalog-Gebot: »Gedenke des Sabbattages, dass du ihn heiligst« begründet die *Sieben-Tage*-Woche: »Sechs Tage sollst du arbeiten, aber der siebente Tag ist der Shabbat des Herrn, deines Gottes, da sollst du kein Werk tun: weder ... noch dein Knecht noch deine Magd noch dein Vieh noch dein Fremdling, der in deinen Toren ist.« (Ex. 20,9.10 – vgl. Dtn. 5,12–15, wobei sich in Vers 14 die Synthese bereits artikuliert: »der siebente Tag aber soll ein Shabbat sein«). Kulturlandverhältnisse sind in diesen Aussagen bereits vorausgesetzt, die soziale Komponente des Shabbat tritt deutlich hervor, gilt er doch geradezu als Ruhetag insbesondere auch für die Sklaven und Fremdlinge (und nicht zuletzt für das Vieh). Nach Dtn. 5,14c.15a finden sich Anhaltspunkte dafür, dass der *Shabbat* ursprünglich eben noch keine Begründung für gottesdienstliches Feiern liefert, sondern zuallererst eine soziale Errungenschaft ausmacht, die nicht zuletzt den Schwächeren in der Gesellschaft zugute kommen soll (1). Die wohl ältesten Formulierungen für das Shabbat-Gebot finden sich in Ex. 23,12 und in 34,21 – jüngere in Ex. 20,9.10a und 31,15a, in Dtn. 5,13.14a sowie in Lev. 23,1–3. Wenn sich der Ausdruck »Shabbat« aus der Wortwurzel von »aufhören«, »von der Arbeit ablassen« bzw. »von den Werken ruhen« ableitet (Ex. 20,11), so erklärt dies zunächst die Begründung eines Ruhetages für das ganze jüdische Volk, andererseits »das Ruhen Gottes« am sieb(en)ten Tage nach Abschluss der Schöpfung in sechs »Tagen« (gemeint sind: ›Phasen‹) nach Gen. 2,1–3. Nach der Schöpfungsordnung Gottes krönt der Shabbat die vorherigen Schöpfungswerke, das heißt: Gott segnet und vollendet / ruht aus und heiligt / feiert und genießt, was Er geschaffen hat (»denn siehe, es war sehr gut!« / Gen. 1,31). Fragen mag man vor diesem Hintergrund, ob das Shabbat-Gebot im Vergleich zu den übrigen Dekalog-Geboten erst nach der Mose-Zeit später hinzugefügt wurde (2).

Wie eine »Königin« wird der Shabbat verstanden, begrüßt und verehrt – was darin Ausdruck finden mag, wenn sich Kantor und Gemeinde im Gottesdienst zum Synagogen-Eingang umwenden und sich höflich verbeugen und damit so tun, als ziehe die geschmückte Braut selbst leibhaftig ein. Zum Schluss des Gottesdienstes wird dem Kantor ein Becher Wein gereicht, der nun seinerseits den Becher elaviert und den Segensspruch bzw. den Kiddusch singt, um auf diese Weise den Shabbat zu würdigen.

Vorstufen für spätere gottesdienstliche Feiern werden in den Bitt- und Dankzeremonien einzelner Familien im Kontext besonderer Anlässe zu suchen sein: im Falle von Geburt wie auch von Krankheit bzw. Gesundung oder von Sterben bzw. Tod. Peter Cornehl notiert dazu: »War der Kranke gesund geworden, so veranstaltete die Familie eine Dankopferfeier (›sabach hattoda‹). Diese fand nicht zu Hause, sondern am örtlichen Heiligtum statt und schloss eine festliche Mahlzeit ein. Ein Schaf wurde geschlachtet und in der Gemeinschaft der Angehörigen, Verwandten und Nachbarn in fröhlicher Tischgemeinschaft verzehrt, nachdem vorher einige Teile für JHWH ausgesondert und verbrannt worden waren.« (3). Kritik erfordert zum einen die Schreibweise des Gottesnamens und die voreilige Ausrichtung auf den Gott der Väter Israels – in anderer Weise mögen zwei Entwicklungsstufen voneinander unterschieden werden: in einem ersten Schritt zunächst die Phase der familiären und zu späterer Zeit in einem zweiten Schritt die Phase der Bitt- und Dankzeremonie an einer kanaanäischen Opferstätte und späterhin am Heiligtum, wofür dann bereits *Priester* in ihrem Amt vorauszusetzen sind. Familiäre Anlässe werden der Beweggrund und der Ausgangspunkt für gottesdienstliche Feiern gewesen sein, die sich aus dem Rahmen der Familie heraus weiterentwickelt haben: schließlich bis hin zur Ausprägung im Tempelkult mit seinen täglich praktizierten Opfern und verschiedenen Wallfahrtsfesten im Jahreslauf (4).

In der Phase zunehmender Kulturation entwickelt sich aus dem Ruhetag heraus das Moment des gottesdienstlichen Feierns im Sinne der Shabbat-Heiligung. Spätestens seit dem babylonischen Exil (587–537) sind gottesdienstliche Versammlungen am Shabbat bezeugt (5). Im *Tempel* werden in den Jahren ab 515 (vdZ. bis 70 ndZ.) am Sabbat besondere Opfer dargebracht (siehe Num. 28,3f. und Ez. 46,4f.) und die Schaubrote neu aufgelegt (Lev. 24,5–9). Wer am Shabbat entgegen den Geboten dennoch arbeitet, muss mit der Todesstrafe rechnen (Ex. 31,14–16). Kochen und Backen sind verboten (Ex. 16,23–30), ebenso untersagt ist es, Holz einzusammeln (Num. 15,32–36) und Feuer anzuzünden (Ex. 35,1–3)(6). Immer mehr Ordnungen werden erlassen, so dass sich schließlich als Spitze eine besondere Shabbat-Kasuistik herausbildet, die Jesus von Nazareth kritisch fragen lässt, ob der Shabbat wirklich für den Menschen geschaffen sei oder ob der Mensch nicht doch für den Shabbat (vgl. Mk. 2,27).

Ungeachtet dessen gilt: Der *Shabbat* hat sich zum unverbrüchlichen Kennzeichen des Judentums entwickelt (und bis heute gehalten) und wird als Zeichen der Bundestreue Gottes verstanden (Ex. 31,13.16.17a / Lev. 19,3.30 / Ez. 44,24). Seit der Zeit des Exils gilt das Shabbat-Gebot als Zeichen für das Erwähltsein Israels. Die Tradition rekurriert auf den »*siebten Tag*« (7) im Schöpfungswerk Gottes (Gen. 2,2f. / Ex. 20,8), auf das Gedächtnis vom Auszug aus Ägypten (Dtn. 5,14f.), im Gedenken an den Bund Gottes mit Seinem Volk (Ex. 31,12–17; vgl. Jer. 31,31) sowie auf die Gabe Gottes als Vorgeschmack auf den ewigen Shabbat (so Talmud und Mischna) im himmlischen Paradies. Mit gutem Grund kann erklärt werden: »Mehr als das Judentum den Shabbat gehalten hat, hat der Shabbat das Judentum gehalten« (so lautet ein Ausspruch von Achad Ha-Am (*1856,+1927). Der Shabbat orientiert den Lauf der Zeit, den Lauf der Woche: vom Shabbat kommt alles her und auf den Shabbat geht alles zu. So versteht sich auch, dass vom »Vor-Shabbat« gesprochen wird oder vom »Rüsttag« (vgl. Mk. 15,42 / Luk. 23,54 / Mt. 27,62 / Joh. 19,14.31.42) – und dass die Zählung der Tage gemäß der Schöpfungsordnung (Ex. 31,17b) auf den Shabbat als Höhepunkt der Woche zuläuft und (eschatologisch gedacht) auf den endzeitlichen Shabbat als Höhepunkt der Zeit abzielt. Nach Jes. 66,23 soll der Shabbat bis in alle Ewigkeit gelten. »So fange ich den ewigen Sabbat schon in diesem Leben an« – mit diesem Satz endet die Antwort 103 im »*Heidelberger Katechismus*« (1563) auf die Frage: »Was will Gott im vierten Gebot?«

»Erst in rabbinischer Zeit bekam der Sabbat auch den Charakter eines wöchentlichen Gedächtnisses an den Auszug aus Ägypten und trat damit dem jüdischen Passafest an die Seite, das ja das eigentliche Gedächtnisfest an den Auszug war.« (8).

Jesus von Nazareth nun hat regelmäßig die Synagoge besucht (vgl. Mk. 1,21 ff.; 3,1 ff.; 6,2 ff. / Mt. 9,35 / Luk. 13,10–17) und den Shabbat gemäß Ex. 31,14a.16 gehalten wie jeder andere gute Judäer auch. Das Gebot der Shabbatheiligung stand für ihn außer Frage, auch wenn er verschiedentlich in so genannte Shabbat-Konflikte geriet bzw. getrieben wurde. Seine kritische Rückfrage an die kasuistische Denkweise hieß: »Ist es erlaubt, am Shabbat

Gutes zu tun oder nicht?« (Mk. 3,4 / Lk. 6,9 / vgl. Mt. 12,10–12 und Luk. 14,1–6) – und seine Antwort lautete:»Der Shabbat ist um des Menschen willen geschaffen, nicht der Mensch um des Shabbats willen.« (Mk. 2,27). Nach Mt. 12,7 zitiert Jesus Hos. 6,6 mit den Worten:»Barmherzigkeit will ICH und nicht Opfer« – das heißt: das Liebesgebot genießt für Jesus absoluten Vorrang. Krankenheilungen am Shabbat (Mk. 1,29–31; 3,1–6 par. / Luk. 13,10–17; 14,1–6 / Joh. 5,1–11.16–18)(9) wie auch seine Haltung zum Ährenausraufen der Jünger (Mk 2,23–28 par., vgl. Dtn. 23,26) wurden als Shabbatbrüche ausgelegt und führten schließlich gar zum Tötungsbeschluss (Mk. 3,6 / Joh. 5,16.18; vgl. Ex 31,14b.15b).

Ungeachtet dessen erkannten seine Nachfolger in (dem historischen) Jesus »den HERRN über den Shabbat« (Mk. 2,28 / Mt. 12,8 / Lk. 6,5) – sie sahen in ihm »Größeres als den Tempel« (Mt. 12,6) und ihn »größer als König David« (vgl. Mk. 2,25 par.) Nach der Auferweckung entstand das Bekenntnis zum »KYRIOS« (»HERR ist Jesus Christus«) und im Sinne seiner Anamnesis (im Unterschied zum Shabbat) die Rede vom »Herrntag« (Apk. 1,10 / Did. 14,1) für den später so genannten »Sonn(en)ag« (10). Vom Ehrentitel »Kyrios« hat sich bis in die heutige liturgische Sprache hinein allein der Gebetsruf:»Kyrie eleison!« (»HERR, erbarme Dich!«) nach Mt. 9,27 erhalten, der sich im Weihnachtslied-Refrain von EG 23:»Gelobet seist du, Jesu Christ ...« wiederfindet, im Osterlied EG 99:»Christ ist erstanden!«, in EG 102:»Jesus Christus, unser Heiland, der den Tod überwand« sowie im Pfingstlied EG 124:»Nun bitten wir den heiligen Geist ...«

Nach Jesu Kreuzigung und Tod (am 14. Nissan) beginnt mit dem 15. Nissan der *Shabbat*, der Ruhetag (und damit zugleich der erste Tag des achttägigen Pessachfestes). Dieser 15. Nissan gilt als Tag der Grabesruhe Jesu, ehe Gott dieser Ruhe mit dem Wunder der Auferweckung (in der später so bezeichneten Osternacht) am 16. Nissan ein Ende setzt. Die Parallele von »Ruhetag« und »Grabesruhe« mag auffallen.

Die Rede: »*am dritten Tage auferstanden von den Toten*« (die sich schließlich im »Nicaenum« und im »Apostolischen Glaubensbekenntnis« findet und die zuvor bereits angedeutet ist in Mt. 12,40; 16,21; 26,2 / Mk. 8,31 / Luk. 9,22 und Mk. 14,1 / Mt. 26,2 / Lk. 24,46 – vgl. Hos. 6,2 / Jona 2,1 sowie Mt. 26,62; 27,40 / Joh. 2,19) setzt im Gegensatz zur jüdischen Tageseinteilung die römische Zeitrechnung voraus. Danach rechnet sich »der dritte Tag« als der spätere Sonn(en)tag. Nach jüdischer Zeitrechnung dagegen ist dies »*der erste Tag*« nach dem Shabbat (vgl. Mk 16,1.2 / Mt. 28,1 / Luk. 24,1 / Joh. 20,1).

Isidor von Sevilla (*um 560,+636) vermerkt:»Den Herrntag haben die Apostel selber durch religiöse Weihe als heilig erklärt, weil an ihm unser Erlöser von den Toten auferstanden ist. Darum wird er Herrntag genannt, damit wir uns an ihm von den irdischen Werken und Verlockungen der Welt freihalten und nur dem Dienste Gottes widmen, das heisst diesem Tag Ehre und Hochachtung entgegenbringen wegen der Hoffnung auf unsere Auferstehung, die wir in ihm haben. Denn wie unser Herr und Erlöser Jesus Christus am dritten Tag von den Toten auferstanden ist, so hoffen auch wir auferweckt zu werden in der Ewigkeit. Darum beten wir am Herrntag auch stehend, was Zeichen der zukünftigen Auferstehung ist; so handelt die Kirche auf der ganzen Welt, die sich auf der sterblichen Pilgerschaft befindet, in der Erwartung des Endes der Zeit.« (11).

Anmerkungen

(1) – Die Einrichtung des *Shabbat*-Jahres hebt die soziale Bedeutung in ganz anderer Weise hervor. Die Armen, die Schwachen, die Sklaven sollen sich vom Ertrag des Landes frei ernähren können (Ex. 23,11 / Lev. 19,9.10; 25,6f. / Dtn. 24,19–22), die Schulden sind ihnen erlassen (Dtn. 15,1ff.) – ja, die hebräischen Sklaven werden auf ihren eigenen Wunsch hin sogar freigelassen (Ex. 21,2–6 / Dtn. 15,12–18).

(2) – vgl. H. Schmidt: Mose und der Dekalog, Festschrift für H. Gunkel, FRLANT, 36,1 (1923), 78–119.

Angenommen wird, dass der DEKALOG (als theologische Komposition) dem Volk der Hebräer dem historischen Sinne nach nicht am Fuße des Sinai durch Mose offenbart wurde – sondern dass der Dekalog (aus ursprünglich selbständigen ›Bausteinen‹ heraus zusammengesetzt wurde und) als Zeugnis der Reflexion aus der Zeit des babylonischen Exils heraus zu verstehen ist, also eine Art von theologischer Rückwärtsprojektion in die Mose-Zeit hinein bedeutet (vgl. Katholisches Bibelwerk e.V.: Welt und Umwelt der Bibel. Die Zehn Gebote, 25f.43–45).

(3) – P. Cornehl: Der Evangelische Gottesdienst, 108.

Allein am Versöhnungstag (»Yom Kippur«) war es dem Hochpriester erlaubt, nachdem er sich aus dem Allerheiligsten des Tempels wieder dem Volk zugewandt hatte, den Namen Gottes nach dem Tetragramm auszusprechen (und nicht wie sonst üblich in der Umschreibung als »Adonaij«), siehe Lev. 16,30.

Die Gottes-Bezeichnung gründet auf Ex. 3,14 und kann übersetzt werden mit den Worten: »ER ist der, der da ist!« Im Englischen mag die Umschreibung lauten: »HE who does not have a name.«

(4) – Auf die Bitt- und Dankopfer-Zeremonien der Familie als eine der Wurzeln des jüdischen Synagogen- und Tempelgottesdienstes verweist Rainer Albertz in: Religionsgeschichte Israels in alttestamentlicher Zeit, Göttingen 1992, 153 – wie auch Erhard Gerstenberger in: Der bittende Mensch, WMANT 51, Neukirchen-Vluyn 1980.

(5) – H. Auf der Maur fragt: »Haben der israelitische Sabbat und der mesopotamische sapattu eine gemeinsame Wurzel? ... Läßt dies auf einen zwei-

fachen Ursprung des späteren Sabbats schließen?« (in: Feiern im Rhythmus der Zeit, Bd. I, 29).

(6) – Die Hauptarbeiten, die am Shabbat verboten sind, betragen »vierzig weniger eins« (siehe Schab 7,2 in: H. Strack / P. Billerbeck: Das Evangelium nach Mattäus, erläutert aus Talmud und Midrasch, München, 5/1969, 617).

(7) – *Die Zahl sieben* findet ihre Erwähnung schließlich in der Johannes-Apokalypse »an die sieben Gemeinden in Asia« (Apk. 1,4.11.20) – in der Rede von den »sieben Geistern« (Apk.1,4; 3,1; 5,6) – von den »sieben goldenen Leuchtern« (Apk.1,12.20; 2,1) – von den »sieben Sternen« (Apk. 1,16.20; 2,1; 3,1) – von den »sieben Engeln« (Apk. 8,2.6; 10,7; 11,15; 15,1.6.7.8; 16,1.17; 17,1; 21,9) – von den »sieben Posaunen« (Apk. 8,2.6) – von den »sieben Donnern« (Apk. 10,4) – vom »Drachen mit sieben Häuptern« (Apk. 12,3; 13,1; 17,9) – von den »sieben Bergen« (Apk. 17,9) – von den »sieben Königen« (Apk. 17,9) – von den »sieben Plagen« (Apk. 15,1.6; 21,9) – von den »sieben Schalen des Zornes Gottes« (Apk. 15,7; 16,1; 17,1; 21,9) und in der Bezeichnung als »Buch mit sieben Siegeln« (Apk. 5,1.5), wobei »das Lamm« mit seinen »sieben Hörnern« und mit seinen »sieben Augen« (Apk. 5,6) die »sieben Siegel« lösen wird (Apk. 5,9; 6,1; 8,1). *Die Zahl sieben* findet ihre Erwähnung nicht zuletzt in den Apokryphen: im »Bartholomäus-Evangelium« (»es sind noch sieben Tage, dann gehe ich hinauf zu meinem Vater«, im Wort vom »siebenten Himmel«) sowie in der »Offenbarung des Petrus« (»indem ich siebenmal so hell wie die Sonne leuchte, werde ich kommen in meiner Herrlichkeit«).

(8) – W. Rordorf: Der Sonntag, 19.

(9) – vgl. dazu C. Dietzfelbinger: Vom Sinn der Sabbatheilungen Jesu, 281–298.

(10) – »Der Name ›Herrntag‹ war in der griechischen und lateinischen Kirchensprache allgemein üblich und steht noch heute in den romanischen und in einigen östlichen Ländern in Gebrauch. Der spätere, ursprünglich heidnische Name ›Sonntag‹ hat ihn allerdings in den germanischen und angelsächsischen Sprachen verdrängt.« (W. Rordorf, Der Sonntag, 270). Die amerikanischen Presbyterianer dagegen betonen: »the Lord´s Day«.

(11) – Isidorus Hispalensis: De ecclesiasticis officiis I, 24.

Vom Pessachfest zur Kyrios-Nacht

Über *die Entstehung und Entwicklung der christlichen Osternachtfeier* gibt es bis heute keine gesicherten Anhaltspunkte, geschweige denn Quellentexte, die als Beleg dienen könnten, aus dieser für die ersten Christen höchst kritischen und gefährlichen Zeit. Bei aller Vorsicht im Versuch von Rekonstruktionen darf jedoch als wahrscheinlich angenommen werden, dass sich die erste Christenheit innerhalb der judenchristlichen Gemeinde wie auch innerhalb der hellenistischen Gemeinde zu Jerusalem nach der Entdeckung des

Geheimnisses der Auferweckung Jesu Christi am Abend nach Beginn des Pessachfestes, also nach dem Sederabend, also am 16. Nissan, in den Anfangsjahren (bis zum Beginn des jüdischen Krieges 66), vielleicht sogar täglich (1), wohl aber zum mindesten wöchentlich wiederkehrend zur Feier der Kyrios-Nacht sammelte und darin stets erneuernd des Todes und der Auferweckung Christi gedachte im Sinne der Anamnesis. Bis zur Bildung eines (Oster-) Sonn(en)tags war es noch ein weiter Weg, daran war zu dieser Zeit auch noch gar nicht zu denken – aber: Das Wunder der Auferweckung konnte ja nicht oft genug bedacht und gefeiert werden. So wird es wohl nahe liegen, dass sich die ersten Christen (wenn auch im Verborgenen) jeweils am Abend nach Ende eines jeden Shabbat in Privathäusern trafen, um gerade diese eine *Heilige Nacht* in einer gemeinsamen Feier unter Gebet und Brotbrechen (gemäß 1. Kor. 11,24.25 / Luk. 22,19) zu vergegenwärtigen. Dass sie sich darüber hinaus in der Geistesgegenwart Gottes täglich zum Gebet und Brotbrechen versammelten, zusammen auch mit Jesu Mutter Maria und mit seinen Brüdern, dies bezeugen die Verse Apg. 1,14 sowie 2,42.46. Aus der wahrlich einschneidenden, alles relativierenden Erfahrung heraus, aus der Intention und aus dem Impetus der »Christen der ersten Stunde« heraus müsste es gut vorstellbar und nachvollziehbar sein, dass sie das Fest der Auferweckung Christi (zunächst vielleicht sogar an jedem Abend und dann) jede Woche neu begangen haben (zunächst noch analog dazu, wie die Juden(-christen) den Shabbat begingen. Dazu bot sich als Zeit die später so genannte Osternacht bzw. Kyrios-Nacht geradezu förmlich an: erinnert sie doch direkt an Gottes wundervolle Tat der Auferweckung Christi.

Jürgen Roloff orientiert: »Da die frühen Mahlfeiern Nachtgottesdienste waren, die sich bis in den frühen Morgen hineinziehen konnten (Act 20,7-12), stellt sich ... die Frage, ob sie in der Nacht nach dem Sabbat oder in der dem ›Herrentag‹ folgenden Nacht stattfanden. Geht man davon aus, dass der jüdische Tag mit Sonnenuntergang begann, so legt sich das erstere nahe ... Von da aus erklärt sich am leichtesten die für das frühe 2. Jh. bezeugte Gottesdienstfeier am Sonntagmorgen ›vor Sonnenaufgang‹ (Plinius d.J., Ep. X 69,7).« (2).

Die urchristlichen gottesdienstlichen Feiern standen anfänglich unter dem Zeichen der in absehbarer Zeit erwarteten *Parousia Christi* (vgl. Paulus in 1. Kor. 11,26c und in 1. Thess. 4,13–18 und dagegen in 2. Thess. 2,1–12; vgl. Phil. 4,5 und dagegen 1,20f.; vgl. aber ebenso Mk. 9,1; 13,30 oder Röm. 13,11) – doch als die Wiederkunft Christi zunehmend ausblieb, führte dies zu Irritationen unter den ersten Christen: dahingehend, dass einige vom christlichen Glauben abfielen und sich wieder der Synagoge zuwandten, andere dagegen sich um so enger zusammenschlossen und sich wechselseitig im Glauben an den »Kyrios Christos Jesus« bestärkten. Sie vertrauten auf die Macht und Wirkkraft des Heiligen Geistes und auf die Zusage Christi nach Mt. 18,20; 28,20.

Die ersten Christen im geographisch engsten Kreise waren (bei nicht wenigen Hellenisten, also Judenchristen griechischer Sprache) überwiegend allesamt aramäisch sprechende Judäer (und so genannte Gottesfürchtige, die sich zum Judentum hingezogen fühlten, ohne beschnitten zu sein) und lebten in religiöser Assimilation zunächst in der Vorstellung, als seien beide Arten zu glauben miteinander vereinbar, ja gleich zu setzen. Immerhin bis ins 4. Jhdt. hinein war diese Haltung unter Judenchristen teilweise verbreitet (3). Von Jerusalem, der »Muttergemeinde der Urchristenheit« (H. Lietzmann: Geschichte der Alten Kirche, I, 53) ausgehend, sammelten sich die ersten Christen in der Generation der Apostel wie selbstverständlich in den Spuren und im Schutz des (Diaspora-) Judentums als der »religio licita«: im Tempelkult (vgl. Apg. 2,46; 5,12.42; 3,1.11) und in den *Synagogen*-Gemeinden. Wie selbstverständlich feierten sie die jüdischen Feste mit, in den Anfängen insbesondere in den größeren und anschließend dann auch in den kleineren Städten, so in Judäa (1. Thess. 2,14 / Gal. 1,22), in Galiläa und Samaria (Apg. 1,8; 8,1ff.; 9,31; 15,3) sowie im Küstenland (Apg. 8,40; 9,32ff.; 21,3.7), im weiteren auch in Antiochia am Orontes in Syrien (damals nach Rom und Alexandria bei ca. 300.000 Einwohnern und 30.000 Juden die drittgröße Stadt im Römischen Reich), wo der Terminus »*Christianos*« um 90–100 (von Außenstehenden eingeführt) zum ersten Mal begegnete (Apg. 11,26; 26,28; vgl. 1. Petr. 4,16), in der ersten heidenchristlichen Gemeinde (außerhalb der Synagoge) – dort also, wo »die Wiege des hellenistischen Christentums« (4) stand und wo man sich zunehmend von den jüdischen Satzungen mit ihrer Thora-Observanz distanzierte (siehe Gal. 2,3.11–16.21 sowie Apg. 15,1.2.5). In Judäa, Samaria und Galiläa sprach man (im Unterschied zu den »Christianos«) dagegen von der »*Sekte der Nazoräer*« (so lautet der Befund nach Apg. 24,5). Schon innerhalb der ersten Christenschar(en) liegen demnach erhebliche Differenzen, angefangen von den aramäisch und von den griechisch sprechenden Judenchristen in Jerusalem, also ausgehend von den Hebräern (vgl. Apg. 6,1) mit der Thora und von den Hellenisten (vgl. Apg. 6,1–8,3) mit der Septuaginta (LXX)(5). Zu bedenken ist in diesem Zusammenhang wohl auch, in welchem Verhältnis der jüdische Zwölferkreis der Apostel (»die Zwölf« um Petrus) zum hellenistischen Siebenerkreis der Almosenpfleger (»die Sieben« nach Apg. 21,8 um Stephanus) steht, der (nach der Steinigung des Stephanus aufgrund seiner Tempelkritik, vgl. Apg. 7,58–59) Jerusalem verlassen musste und das Evangelium in die Diaspora-Synagogen und in die Heidenwelt hinaustrug (Apg. 8,1.4.5; 11.19.20). Von einer festen Größe oder von einem fest geprägten Begriff wie dem des Christentums lässt sich also noch lange nicht reden – genauso wenig lässt sich eine »Einheit der Kirche« innerhalb der Zeit der Apostel reklamieren. Von allen urchristlichen Anfängen aus lässt sich »Kirche Jesu Christi« nicht statisch im Sinne einer uniformen Größe verstehen, sondern stets prozesshaft in einem dynamischen Sinne mit einer Vielfalt von verschiedenen Strömungen und Richtungen. Was einzig eint, zusammenhält und stets neu zusammenführt, ist das »Fundamentum« bzw. »der Eckstein« Jesus Christus (Eph. 2,20). In diesem HERRN allein findet sich die »Einheit in der Vielfalt« begründet.

»Pfeiler« der aramäisch sprechenden Jerusalemer Urgemeinde werden die Apostel gewesen sein, die sich um den Herrnbruder *Jakobus* scharten, der in den Jahren 43–62 (6) die führende Autorität der Jerusalemer Urgemeinde war (Gal. 1,19). *Simon Petrus* und der Zebedaide Johannes bilden zusammen mit Jakobus »die Säulen der Urgemeinde« (Gal. 2,9). Das heißt, die ersten Christen (ob sie nun Judäer waren oder Hellenisten wie Paulus oder Stephanus, die in der griechischen Diaspora aufgewachsen waren, nun aber als eigene Gruppe in Jerusalem lebten und dem Tempelkult nicht unkritisch gegenüberstanden) besuchten den Tempel und trafen sich in der »Halle Salomos« (wo Petrus predigte) als ihrem bevorzugten Versammlungsort (Apg. 2,42; 3,11; 5,12 – vgl. Joh. 10,23), besuchten genauso die Synagogen und hielten sich in allem an die Thora. Nach dem sicher idealtypischen Bericht Apg. 2,41–47 kam diese Gemeinde in einer ersten Loslösung und Sektierung von der Synagogen-Gemeinde zunehmend in Privathäusern als »Hauskirchen« (Apg. 1,13; 2,46; 12,12) im Sinne von eher »geschlossenen Gesellschaften« oder von »intimen Sozialitäten« zusammen (das Verbum »zusammenkommen« / »synerchesthai« galt gleichsam als Synonym für die gottesdienstlichen Zusammenkünfte, siehe 1. Kor. 11,17.18.20.33; 14,23.26 oder Apg. 1,15; 2,1.44; 3,1; 4,26 – Vergleichbares gilt für das Verbum »synagesthai« / »versammeln« in Mt. 18,20 / Apg. 20,7 / 1. Kor. 5,4 (wobei jedoch deutliche Anklänge an die jüdische Synagoge unüberhörbar mitklingen). Sie lebten in Form der Communio und verstanden ihre »Koinonia« in der Interaktion des Evangeliums (der Freudenbotschaft vom Heil Jesu Christi in Kreuz und Auferweckung) einerseits als Gabe Gottes und andererseits zugleich als Aufgabe der Glaubenden (1. Kor. 1,9; 10,16 / 2. Kor. 13,13). Mehr und mehr jedoch wurden die ersten Christen kritisch beäugt von Judäern, die im »Imperium Romanum« durchweg große Toleranz und diverse Privilegien genossen, aber den Christen-Glauben an (den Messias) Christus Jesus aufgrund ihres eigenen jüdischen Glaubens und ihrer eigenen Messias-Erwartung infrage stellen mussten. Joh. 9,22 formuliert: »Die Juden waren übereingekommen, dass, wenn einer ihn (Jesus) als den Christus bekenne, er aus der Synagoge ausgeschlossen werden solle« (siehe 12,42; 16,2). Abwertend urteilten *Juden* über *Judenchristen* als die »Sekte der Galiläer« – was in einem dynamischen Prozess zur Spaltung innerhalb der Judenheit beitrug und schließlich nach der Tempelzerstörung und nach dem Fall Jerusalems im Jahre 70 ndZ. zum Ausschluss der Judenchristen aus der Synagogen-Gemeinde führte, also zum jüdisch-christlichen Antagonismus beitrug (gemäß der so genannten »Ketzerverfluchung« in der alten Version der zwölften B`racha im »Sh`mone Esre«, wenn es dort heißt: »Die Christen und die Häretiker mögen wie in einem Augenblick umkommen ...«). Deutliche Akzente dagegen setzte der Jude

Paulus, wenn er im Gegenüber zum Jerusalemer Tempel (und in Kritik am Tempelkult der Priester) an die Adresse der Heidenchristen formulierte: »Wisst ihr denn nicht, dass *ihr* Gottes Tempel seid und dass der Geist Gottes in euch wohnt?« (vgl. 1. Kor. 3,16; 6,19 / 2. Kor. 6,16; siehe auch Eph. 2,19–22 und 1. Petr. 2,5). Wer nun jedoch meint, daraufhin von allem Anfang an ein Schisma zwischen Juden und Christen postulieren zu können (oder eine Distanzierung oder gar eine Ablösung vom Gott Israels), der verkennt wohl die komplexen und feinsinnig zu differenzierenden Lebensbezüge, also auch die einseitige Abhängigkeit des christlichem vom jüdischen Glaubensgut und (bei aller Diskontinuität in der Christologie) die Kontinuität.

Bei allem Bezug auf die Hebräische Bibel und auf jüdische Feste /
– bei allen Gemeinsamkeiten nicht nur im Gebrauch der »Tanach« oder in der Praxis der »lectio continua« /
– in der Rezitation der Gebetstexte: im »Sh´ma« (Dtn. 6,4–9; 11,13–21 / Num 15,37–41) morgens und abends, in der Pflege des »Achtzehnbittengebetes« morgens, mittags und abends (das im Unser-Vater-Gebet nach Luk. 11,2–4 und Mt. 6,9–13 seine Analogien findet)(8), im dreimaligen »Sh'mone Esre« (mit der Bitte um das Kommen des Messias und mit dem Priestersegen Num 6,24–26), in der »B'racha« (in der vom jüdischen Hausvater über den zur Mahlzeit herbeigebrachten Speisen gebetete »Danksagung« – vgl. dazu die später so genannte »Eucharistie«) /
– in der Aufnahme (z.B.) des Trishagion nach Jes. 6,3 aus der »Queduscha«, dem jüdischen Morgengebet, im christlichen »Sanctus« (9) und des »Amen« /
– im Ritus des abendlichen Lichter-Anzündens (als Aufgabe der jüdischen Hausfrau) am (Freitag-) Abend vor Beginn des Shabbat /
– im Vorbild jüdischer Mahlfeiern mit Danksagung, Tischsegen, Brotnehmen, Brotbrechen, Austeilung, Becherritus /
– im psalmischen Wechselgesang und in der Gestaltung des Wort-Gottesdienstes (10) /
– in der Erwartung eines Lebens nach dem Tode (vgl. Ps. 16,9.10; 49,16; 73,23–26; 84,5; 88,11–13; 115,17.18; 116,3ff.; 118,17–18; 139,8–10 / Jes. 24–27; 25,6–8; 26,19–21; 60,20 / Dan. 12,2.13 / Ez. 37,1–14 / Ijob 19,25–27 / 2. Makk. 7 / 4. Makk. 7,19; 13,17; 16,25 – vgl. das »Kaddisch« (das ›Totengebet‹)(7), das Ende der 2. Benediktion im Achtzehnbittengebet (»der die Toten lebendig macht«), aber auch Luk. 16,19–31 und Joh. 11,24 sowie Mk. 12,18–27 / Mt. 22,23–32 / Luk. 20,27–40) /
– im Ereignis der Totenerweckung durch das Beispiel Elijas (1. Kön. 17,17–24) und durch das Elischas (2. Kön. 4,18–37)(vgl. dabei die To-

tenerweckung des »Jünglings zu Nain« in Luk. 7,11–17 und die des
Lazarus in Joh. 11,1–45 durch Jesus von Nazareth) /
– im Phänomen der Entrückung Henochs in Gen. 5,24 und der Elijas in 2.
   Kön. 2,1–14 (vgl. dabei die Himmelfahrt Jesu Christi in Apg. 1,11) /
– in der Verheißung des neuen Jerusalems (nach Jes. 65,17–19 und nach
   Apk. 21,1–5):

traten jedoch im Blick auf den ›jüdischen Mutterboden‹ (11) aufgrund des
originären Christus-Ereignisses deutliche Unterschiede hervor, die sich in der
weiteren Genese schließlich als trennend vom Judentum bzw. als »Trenn-
scheibe zur jüdischen Glaubensidentität« (11) auswirken mussten. So übernahm die Feier des späteren Sonn(en)tages immer mehr den Platz des jüdischen Shabbat – wobei anzunehmen ist, dass sich die ersten Christen der
Urgemeinde in den späteren Abendstunden jeweils nach Ende des Shabbat
trafen, mussten sie doch bei Tag ihrer Arbeit nachgehen. Mag es anfangs so
gewesen sein, dass sie sich täglich zum Gedächtnis der Auferweckung zu
Gebet und zum »Brotbrechen« (1. Kor. 10,16 / Luk. 24,30.35 / Apg. 2,42.46;
20,7.11 / Did. 14,1) im Verborgenen in Privathäusern trafen, so wird diese
Verkündigungshandlung in der Folgezeit immer mehr zurückgewichen sein
gegenüber der einen gottesdienstlichen Feier am Abend nach dem Ende des
Shabbat. Gehörte zunächst die »Agape« in den Zusammenhang dieser Zusammenkünfte (12), so wird sich auch diese Feier im Laufe der Zeit reduziert
haben, nicht nur aus Gründen starken Zulaufs und starker Nachfrage und also
Platzmangels in den Häusern (vgl. Apg. 6,1), sondern auch aus Gründen von
Nachstellungen. Sicher wirkte sich die Mahlfeier der Judenchristen und im
Weiteren dann der Heidenchristen schon recht bald als trennend von den
übrigen Juden aus, entwickelte sie sich doch zunehmend zu einem Konstitutivum der Christengemeinden. Hinzu kam der Ritus der Taufe, so dass später
zurückblickend formuliert werden kann: Wie sich das Herrnmahl (1. Kor.
11,20) grundlegend für die Gemeindebildung ausgewirkt hat, so wurde die
Taufe zur Basis für die Existenz eines jeden Christenmenschen – oder: Wie
das Mahl auf die Taufe angewiesen ist, so zielt umgekehrt die Taufe auf das
Mahl (13). Die Taufe löst die Initiation aus für einen Herrschaftswechsel
(vgl. Kol. 1,13) und für eine radikale Lebenswende (»neues Herz«, »neuer
Gehorsam«, »neuer Bund«, vgl. Ez. 36,26f. / Jer. 31,31) – das Mahl dient der
Integration (in die Gemeinde). Taufe und Kyrios-Mahl gelten als von Chris-
tus geheiligte Handlungen des Alltags, als »Mysterien« (14) – und wirken
geradezu konstituierend für die Bildung und für die Bindung christlicher
Gemeinden.

Wie die Feier des Kyrios-Mahls von Anfang an die Mitte im Leben der
ersten Gemeinde(n) darstellte, so bedeutete die Feier der Taufe das grundlegende Datum im Leben eines Christenmenschen und das für den einzelnen
wohl überhaupt wichtigste Fest: ›ein Initiationsakt ohnegleichen‹. Denn mit
dem Ereignis der Taufe gerät der »Neophyt« im Kraftfeld des Heiligen Geis-

tes auf den von Gott in Christus Jesus eröffneten Heilsweg aus (dem Tod) der Taufe heraus hinein in ein grundlegend neues Leben (2. Kor. 5,17 / Röm. 6,4 / Gal. 2,20): schon hier auf Erden auf*ge*weckt, liegt sein Lebensziel mit Christus in der noch ausstehenden, aber bereits verheißenen ganz andersartigen Auf*er*weckung für alle Ewigkeit.

Die Praxis der *Johannes-Taufe* im fließenden Gewässer des Jordan (gemäß Luk. 3,1f. im 15. Jahr des Kaisers Tiberius, also in den Jahren 28/29 ndZ.) bildete die Vorstufe für die spätere Christen-Praxis der Erwachsenentaufe (Apg. 2,38). Johannes der Täufer (den Herodes Antipas aufgrund seiner Königskritik und seines öffentlichen Tadels im Jahre 28 hinrichten ließ, vgl. Mk. 6,17–29; vgl. Josephus: Ant. XVIII, 117–119) spendete Jesus die Taufe und nahm ihn dadurch auf in den Kreis seiner eigenen Jünger (nach Joh. 1,35–42 stammen die ersten Jünger Jesu aus dem Kreis der Johannes-Jünger). Mk. 8,27.28 zufolge konnte Jesus von Nazareth gar mit Johannes dem Täufer verwechselt werden.

Orientierte sich die *Taufe* zunächst noch
– an kultischen Reinigungsbädern (siehe Mikwe) und an Lustrationsriten, die sich wiederholen bzw. in einer gewissen Regelmäßigkeit stattfinden (vgl. Lev. 11–15, insbesondere 14,1–8; 15,1–11.19–31 sowie Num. 8,7; 19,1–24), wobei der Judäer diese Waschungen und Tauchbäder an sich selbst vollzieht, um (z.B. nach der Berührung eines Toten) zur kultischen Reinheit zurückzufinden /
– an den Reinigungsriten der Essener von Qumran, die diese Selbst-Waschungen allerdings täglich praktizierten (vgl. die Damaskusschrift und die Gemeinderegel IQS 3,4–9; 4,20f.; 5,13; 6,16f.22 – vgl. Josephus: Bell. II,129) /
– an dem Initiationsritus der Proselytentaufe beim Übertritt eines so genannten »Heiden« aus dessen kultischer Unreinheit ins Judentum (wobei jedoch sehr zu fragen bleibt, ob diese Art der Selbsttaufe zur Zeit Jesu überhaupt praktiziert wurde, scheint sie sich doch erst in der Wende vom 1. zum 2. Jhdt. etabliert zu haben) /
– an der (Entscheidungstaufe der) Johannes-Taufe mit dem Charakteristikum eines Täufers und mit dem der eschatologischen Gerichtsprophetie (gemäß Mt. 3,7.10. 11f. und Luk. 3,7.8.9.16f.) als »Metanoia« zur Buße (Mt. 3,11a) und zur Vergebung der Sünden (vgl. Mk. 1,4 / Luk. 3,3.7 / Apg. 2,38) ohne jeden kultischen Charakter außerhalb des Heiligtums im Jordan (vgl. Joh. 1,19–28; vgl. Josephus: Ant. XVIII § 5,2, 116) und mit der damit einhergehenden Kritik an den vom Menschen selbst zu leistenden Frömmigkeitsübungen und an den Opferritualen im Tempel (die eben nicht ausreichend wirkten) / sowie

  – an der davon ausgelösten Täufer-Bewegung: zum einen traf Paulus in
    Ephesus auf zwölf Männer, die nach Art der Johannes-Taufe getauft
    worden waren, aber nicht auf den Namen Christi hin (Apg. 19,1–7) –
    zum anderen folgte Andreas als einer der Johannes-Jünger Jesus nach
    (Joh. 1, 35.40) / aber
  – genauso daran, dass Jesus von Nazareth die Johannes-Taufe ausdrück-
    lich bestätigte und sanktionierte (Mk. 1,15; 11,30–33 / Luk. 7,24–35 /
    Mt. 11,7–19), dass sich Jesus selbst von Johannes taufen ließ (Mk. 1,9–
    11 / Mt. 3,13–17 / Luk. 3,21.22 / Joh. 1,29–34), aber in seiner eigenen
    Predigt andere Akzente setzte (vgl. Mk. 1,14 / Joh. 4,1–3) /
  – dass einzelne Jünger Jesu soz. in der Delegation (?) ihres HERRN ge-
    tauft haben (vgl. Joh. 3,22; 4,2)(wobei die Verse Joh. 3,22.26; 4,1 na-
    helegen könnten, dass Jesus selbst getauft hätte, was jedoch in 4,2 um-
    gehend korrigiert wird) –
so traten zur bisherigen Praxis der Erwachsenen-Taufe nach Johannes
rasch neue Implikate aus dem Horizont des Heilsgeschehens von Kreuz und
Auferweckung Jesu Christi: zur *Neubegründung der Taufe* hinzu, gemäß Mt.
28,19 (vgl. Mk. 1,8 sowie Joh. 1,33b)(15)(16). »Johannes hat mit Wasser
getauft, ihr aber werdet mit Heiligem Geist getauft werden« (Apg. 1,5; 11,16
/ Mk. 1,8 par. / Apg. 19,1–6). Der Taufkandidat bekannte zuvor (soz. als
Voraussetzung) seinen Glauben gemäß Röm. 10,9. Die Gabe des Heiligen
Geistes (als eschatologische Gabe der Endzeit, vgl. Joel 3,1.2 / Röm. 8,23)
wurde verliehen (Joh. 3,5 / Apg. 1,5; 2,38–42; 8,14–17; 8,36–39; 10,44–48;
11,16; 19,1–7 / 1. Kor. 12,13a / 2. Kor. 1,22 / Eph. 1,13; 4,30 / Tit. 3,5) als
»Pfand der kommenden Erlösung« (2. Kor. 1,22; 5,5). Der zum Glauben
Gekommene bzw. Bekehrte wurde als »neue Schöpfung« (2. Kor. 5,17 / Gal.
6,15) erachtet und als »Neophyt« bezeichnet. Der »alte« Mensch wurde im
»Bad der Wiedergeburt« (Joh. 3,3.5 / 1. Petr. 1,3 / Tit. 3,4–8 / Justin: Apol.
I,66,1.3.10) in den Tod Jesu hineingetauft (vgl. Röm. 6,3 ff. / Kol. 2,12.20)
und wird durch Gottes Rettungshandeln auferweckt zu einem grundlegend
neuen Leben(swandel)(vgl. Eph. 2,6 / Kol. 2,12; 3,1–4) hier auf Erden in der
Freiheit von der Macht der Sünde (als der Rebellion gegen Gott)(17) und von
der Macht des Todes (vgl. Kol. 3,9–25 / Eph. 5,21–6,9) und schließlich für
die Zeit danach in Gottes neuer Welt (2. Kor. 4,10.14 / Phil. 3,10 / Eph. 2,5–7
/ Kol. 1,13; 3,1.3–4 – vgl. Barn. 11,11) zu »Miterben Christi« (Röm. 8,17).
Fortan wurde über jedem einzelnen Täufling der Name Jesu Christi (vgl.
dabei die ältere, nach 1. Kor. 1,13 naheliegende Formel; vgl. Röm. 6,3 / Gal.
3,27) ausdrücklich genannt: »Ich taufe dich *auf* den Namen Gottes, des Vaters, des Sohnes und des Heiligen Geistes.« (18)(vgl. Mt. 28,19 – Apg. 2,38;
8,16; 19,5 / Did. 7,1.3; 9,5 / Justin: Apol. I,61,10ff.). In dieser (triadischen,
wohl aus früherer Tradition stammenden) Übereignungsformel wird deutlich,
wem der Täufling gehört, unter wessen Schutz er gestellt wird, wessen Eigentum er ist, wem er überantwortet wird: nämlich Gott. Gott wird er über-

geben und zuge- bzw. übereignet – Aspekte zum jüdischen Ritus der
»*Darbringung*« bzw. der »*Darstellung und Auslösung im Tempel*« legen sich
nahe (Lk. 2,22–24 / Ex. 13,2)(19). In der Taufe wird der Täufling gemäß Mk.
1,9–11 (20) als »Sohn Gottes« (21) adoptiert (Gal. 3,26f.; 4,4–6 / Eph. 1,5 /
Apostolische Konstitutionen, 2. Buch; siehe Mt. 5,9 und Röm. 8,14, wo von
»Söhnen Gottes« die Rede ist) und mit dem Heiligen Geist begabt, »gesalbt«
(1. Kor. 1,21) und »versiegelt« (2. Kor. 1,22 / Eph. 1,13; 4,30): seitdem darf
er unter Berufung auf Jesu Namen Gott »Abba« nennen (Röm. 8,14–17 / Gal.
4,6; siehe auch Mk. 14,36 / Mt. 6,9b / Luk. 11,2b) und dem Sinne nach die
Zusage hören: »Du bist ein von Gott maßlos geliebtes Geschöpf«. Gemäß 1.
Kor. 12,13 erfährt der Getaufte die »Inkorporation in den Christusleib« und
die Aufnahme in die »communio sanctorum« (22): in die eschatologische
Heilsgemeinde. Nach der Heilszusage Phil. 3,20 (»Unser Bürgerrecht ist im
Himmel«) bildet die Taufe die Grundlage für »das christliche Bürgerrecht«
(vgl. Kol. 3,1 / Eph. 2,19 / Gal. 4,6 / Tit. 3,7 / 1. Petr. 1,4).
   Die Wassertaufe geschieht zur Vergebung der Sünden (vgl. Mk. 1,4) – die
Handauflegung (vgl. Apg. 8,17; 19,6 / 1. Tim. 4,14 / 2. Tim. 1,6 / Hebr.
6,2)(die später bei Tertullian und bei Hippolyt zum festen Bestandteil im
Taufakt wird) erfolgt als Ausdruck für die Verleihung des Heiligen Geistes
(Mk. 1,8 / Apg. 1,5; 11,16). »Diese ›Geisttaufe‹ ist .. die Gabe des heiligen
Geistes, die allein Gottes Werk ist und den Menschen erneuert zu Glauben,
Umkehr, Bekenntnis und neuem Leben, die also allein den Menschen rettet.
... Diese Geisttaufe ist streng zu unterscheiden von der ›Wassertaufe‹, also
der kirchlichen Taufhandlung, bei der ein Täufling durch einen menschlichen
Täufer im Wasser getauft wird und die eine betont menschliche Handlung ist,
nämlich ein Zeichen der Umkehr und des christlichen Bekenntnisses.« (G.
Barth: Die Taufe, 61). Beide Zeichenhandlungen: also Wassertaufe und
Geisttaufe gehören ursprünglich zusammen (vgl. Joh. 3,5 / Apg. 2,38; 8,14–
17; 9,17–19; 19,5.6 / 1. Kor. 6,11 / 12,13 / Tit. 3,5), werden aber in späterer
Zeit auseinandertreten.

»Zuerst fand die sonntägliche Zusammenkunft am Abend statt; ihre wesentlichen Inhalte waren Lesungen, Predigt, Gebete und Mahl. In der Folgezeit verlagerte sich der Gottesdienst auf den Sonntagmorgen« (23) – was
jedoch erst für die Zeit ab dem 4. Jhdt. als gesichert gilt. »Das Danksa-
gungsmahl in der Erwartung der Wiederkunft Jesu ist die einzige gottesdienstliche Feier der ältesten Zeit. Reine Wortgottesdienste kennt sie nicht.
Alles Beten, Weissagen, Verkündigen und Lehren geschieht im Rahmen der
Danksagung bei der Mahlfeier.« (24). Vergleichbar der *Synagoge* (auch
»Beth Ha Knesset« genannt, die ja durchaus als ganz schlichter Versammlungsort der »polis« angesehen werden konnte, die nicht allein in eigenen
gottesdienstlichen Gebäuden eingerichtet sein musste, sondern sehr wohl
auch in Privathäusern eingerichtet sein konnte) – trafen sich die ersten

Christen (wohl seltener unter freiem Himmel als eher meistens) in Privathäusern von Judenchristen und von Heidenchristen / Hellenisten: in der Hausgemeinde von Prisca und Aquila in Ephesus, in Korinth und vermutlich auch in Rom (1. Kor. 16,19f. / Röm. 16,5 / Apg. 18,2) – von Titius Justus in Korinth (Apg. 18,7) – von Stephanus (1. Kor. 16,15) – von Phoebe (Röm. 16,1) – von Erastus (Röm. 16,23) – von Krispus (Apg. 18,8) – von Chloe (1. Kor. 11,1) – von Gaius (Röm. 16,23) und von Philemon: zur »oikodome« (zur »Auferbauung im Herrn« – vgl. 1. Kor. 3,11–17; 14,3–5.12), zu »Brotbrechen und Gebet« (und mögen damit angeknüpft haben an die jüdische Tradition dreimaliger fester Gebetszeiten: nach Ps. 55,18). Später erhielten diese Räumlichkeiten verschiedene Bezeichnungen: »domus Dei«, »ecclesia«, »Dominicum« oder »kyriakon« (»Herrnhaus«) – wollte man eine weitere deutsche Bezeichnung wählen, so könnte es ebenso »Bethaus« heißen (bzw. »Oratorium«).

Welchen Stellenwert das *Gebet* innehat, markiert die Fürbitte für die Kranken (Jak. 5,14), für die Gefangenen (Hebr. 13,3), für die Märtyrer (Apg. 12,5), für die Apostel (Röm. 15,30 / 2. Thess. 3,1) und für andere Gemeinden (2. Kor. 9,14), für die Regierungen, für alle Menschen (1. Tim. 2,1), selbst für die Verfolger (Mt. 5,44 / Apg. 7,60). Den Stellenwert des Gebets orientiert die Didache (8,3), wenn sie dreimal täglich das Unser-Vater vorschreibt – oder *Tertullian* (*um 160 in Karthago / Rechtsanwalt in Rom / um 200 Presbyter in Karthago / + nach 222), wenn er zwei weitere Gebetszeiten vorschlägt – oder Hippolyt (+235), der zum siebenmaligem Gebet am Tage rät (25). Welche spirituelle Dimension bzw. Potenz spricht aus dieser Gebetspraxis der Christen!

»... das Wissen um die Gegenwart Jesu und das heimliche Glück des Besitzes höchster göttlicher Gnade machte das schlichteste Mahl in der bescheidensten Hütte zu einem Vorgeschmack des himmlischen Freudenfestes, das den Herrn mit den Seinen zur messianischen Tafelrunde vereinigen würde. So wurde in der Urgemeinde das Brot ›in den Häusern hin und her mit Jauchzen und Lobgesang‹ gebrochen und mit dem verlangenden Gebetsruf ›Marana tha‹, das heißt ›Komm unser Herr‹, wechselte das messianische Hosianna und flocht Gegenwart und Zukunft zusammen ... Apg. 2,46 ...« (26).

»Voller Freude wird schon jetzt gefeiert, was für das Reich Gottes verheißen ist: dass die Glieder des Gottesvolkes zusammen mit den Erzvätern zu Tisch sitzen und die Mahlgemeinschaft offen ist für die Völker, die aus allen Himmelsrichtungen herbeikommen, um am Festmahl der Endzeit teilzunehmen (vgl. Mt 8,11f./Lk 13,29 mit Jes 25,6–10a).« (27).

Das messianische Freudenmahl gründet in dem Geheimnis und Wunder der Auferweckung Jesu Christi und markiert gemäß 1. Kor. 11,24.25 und Luk. 22,19 die Keimzelle aller sich im Weiteren entwickelnden christlichen Gottesdienste – und unterscheidet sich geradezu fundamental vom jüdischen *Pessachmahl* (28), das christlicherseits ja eben nicht auf die Auferweckung

Christi, sondern bezeichnenderweise auf den Tod Jesu hin gedeutet wurde (vgl. 1. Kor. 5,7). Wollte man christlicherseits dennoch am jüdischen Pessachmahl festhalten, so müsste man an die in Jer. 16,7 bezeugte Sitte erinnern, »nach der man den Angehörigen Verstorbener das ›Trauerbrot brach‹ und sie den ›Trauerbecher trinken‹ ließ, um dadurch ihrem durch den Todesfall veranlaßten Fasten ein Ende zu setzen und sie gleichsam ins Leben zurückzurufen.« (29). Kritisch anzumerken dürfte in diesem Zusammenhang sein, dass Mahlfeiern bis in die Gegenwart hinein nun aber gerade dieser Tradition folgen: nämlich eher Trauerfeiern gleichen denn Freudenfesten. Immanuel Kant prägte dazu den Begriff: »eine traurige Unterhaltung« (in: Der Streit der Fakultäten, Suhrkamp-Werke XI, 305, A53). Ebenso kritisch sei zu hinterfragen, warum der *Karfreitag* (vom althochdeutschen Wort »chara« bzw. »kara« = laute Totenklage) als der höchste protestantische Feiertag bezeichnet werden konnte (30) – und eben nicht die Kyrios-Nacht oder der Kyrios-Tag bzw. das Osterfest. Liegt eine der Ursachen doch darin, dass in den Kirchen des Abendlandes (im Unterschied zu denen des Morgenlandes) vom jüdischen Pessach-Verständnis her das Motiv der »passio Domini« überaus stark nachwirkt – derart stark, dass das Kyrios-Freudenfest der Auferweckung dahinter merklich zurücktritt und gewissermaßen gar verblasst? Dass Paulus' »theologia crucis« (vgl. Röm. 6,3.4a / 1. Kor. 1,18.23; 2,2 / 2. Kor. 10,4a / Gal. 3,1)(so berechtigt sie in der Auseinandersetzung mit gnostischen Geist-Enthusiasten z.B. in Korinth und in Galatien damals auch gewesen sein mag) in der Folgezeit ein deutliches Übergewicht erhält gegenüber der »theologia gloriae« (etwa nach dem JohEv.)? Und welchen Beitrag haben dabei schließlich die Passionslieder von Paul Gerhardt (EG 83 – EG 84 – EG 85) und welchen die Passionsmusiken von Johann Sebastian Bach ausgeübt? Martin Kähler konnte mit Blick auf das MkEv. von »*Passions*geschichten mit ausführlicher Einleitung« (31) schreiben – müsste die Definition dagegen aber nicht richtigerweise lauten: »*Oster*geschichten mit ausführlicher Einleitung«?

Zu beachten gilt in diesem Kontext, dass beides zusammengehört (und deshalb nicht auseinander dividiert werden darf), dass das eine das andere bedingt, dass der Weg zur »theologia gloriae« bezeichnenderweise über den Weg der »theologia crucis« führt. Auch wenn die »gloria Dei« (vgl. Jean Cauvin) als »ultimus finis creationis« gilt, so will Gott gerade über das Kreuz Jesu Christi ver-herr-licht werden.

Der Enthusiasmus der Anfangszeit in seiner urchristlichen, urwüchsigen Spiritualität, Vitalität und Faszinationskraft drückt sich für die »Geliebten Gottes« bzw. für die »berufenen Heiligen« (vgl. Röm. 1,7) in dem unbändigen Herzenswunsch aus, »Deum servire«: Gott im Alltag der Welt zu dienen (»leiturgein«: Röm. 12,1 / 1. Kor. 11,1ff. – und »latreuein«: Apg. 24,14 / Phil. 3,3 / 2. Tim. 1,3) – in der »Thysia« / im geistlichen Lobopfer (Röm.

12,1 / Hebr. 13,15–16; vgl. 1. Clem. 52,1–2 / Barn. 2,10 / Ps. 51,18f.) – in der »Threskeia« / in der Gottesverehrung (vgl. Kol. 2,18) – in der Absicht, Gott zu verehren (»sebasthai«) – in der »Koinonia« (Mt. 18,20 / Apg. 2,42 / 1. Kor. 10,16) und natürlich genauso in den gottesdienstlichen Feiern:

- durch Akklamationen, durch Zwischenrufe wie »Amen« (32), »Halle-lu-JAH« oder »Hosianna« (zuerst in Ps. 118,25 als Bitte), die allesamt dem jüdischen Gottesdienst entnommen sind /
- durch Doxologien (wie in 2. Kor. 11,31 / Röm. 11,36 / Gal. 1,5 / Phil. 4,20 / Eph. 1,3 oder in 1. Tim. 1,17), durch Bekenntnisse zu dem einen Gott (1. Tim. 6,15f.), durch Christus-Hymnen (wie in Phil. 2,6–11 / Kol. 1,15–18 / 1. Tim. 3,16 / Joh. 1,1–18 / 1. Petr. 2,21–25 / Hebr. 1,3f.) /
- durch Zwischenfragen, durch Zungenrede (1. Kor. 14,26), durch freie Ansprachen, durch freie Gebete, durch Segensworte jüdischen Ursprungs (vgl. Röm. 1,7b / 1. Kor. 1,3; 16,23f. / Gal. 6,18) und durch spontane Gesänge – wobei sich alle Gemeindeglieder auf verschiedenste Weise je nach ihren Charismen beteiligten.

Gewisse Turbulenzen, die gewiss auch Anlass zur Heiterkeit geben konnten, blieben dabei sicher nicht aus. Noch gab es keine (von höherer Stelle) vorgegebene liturgische Ordnung für den Gottesdienst – noch wichen die Gottesdienstformen auch aufgrund regionaler und soziologischer Unterschiede stark voneinander ab. Neutestamentliche, wohl vorpaulinische Bekenntnistexte (wie 1. Kor. 15,3–8 und Röm. 1,3.4) und Hymnen (wie Phil. 2,5–11 / 1. Tim. 3,16 / 1. Petr. 3,18–22) sowie trinitarische Formeln (wie etwa in 2. Kor. 13,13 und in Mt. 28,19), Kyrios-Proklamationen und der eschatologische »Maranatha«-Ruf (1. Kor. 16,22 / Apk. 22,20) dürften bereits in der Frühzeit geprägt worden sein und als Grundlagen für die Gottesdienste gedient haben, ehe sie Aufnahme fanden ins neutestamentliche Bibelwerk. Lesungen aus der Thora (»aus dem Gesetz und den Propheten«) und im Weiteren aus den Briefen der Apostel (als Grundlage für die Predigt) werden schon recht bald zum festen Bestandteil der Mahlgottesdienste gehört haben – wie ebenso die Fürbitten nach 1. Tim. 2,1–7 und nach 1. Clem. 59,2–61,3 (ein Schreiben aus Rom an die gespaltene Christen-Gemeinde in Korinth, aus der Zeit um 100): für die Kirche und ihre Bewahrung (59,2) / für die Bedrängten, Kranken und Irrenden (59,3–4) / für Eintracht und Frieden zwischen allen Menschen (60,4) sowie für die Mächtigen und Regierenden (61,1). Für die ersten Christen verstand es sich von selbst, alles daran zu setzen, das Wort 1. Petr. 4,10 in ihrer je eigenen Lebensweise zu verwirklichen: »Dienet einander, ein jeglicher mit der Gnadengabe, die er empfangen hat, als treffliche Verwalter der vielgestaltigen Gnade Gottes!« (vgl. 1. Kor. 12,14–31.13,1ff. / Röm. 12,4–21 / Eph. 4,7–5,21). Ein festgefügtes und für die Christenheit verbindliches und verpflichtendes (Tauf-) Bekenntnis wie das »Nicaenum« (aus dem Jahre 325) der ungeteilten Alten Kirche (korrekt:

wie das »*Nicaeno-Constantinopolitanum*« aus dem Jahre 381, das bis heute von den orthodoxen, der römischen und den Kirchen der Reformation gemeinsam anerkannt wird) oder wie das »*Apostolicum*«: »Credo unam sanctam catholicam et apostolicam ecclesiam« (das sich aus dem »Romanum« der Jahre 125–135 heraus entwickelt haben wird) war noch nicht ›in Sicht‹, schließlich befand sich bis auf das Urbekenntnis vom *Kyrios Jesus Christus* (nach Röm. 10,9) vieles noch sehr ›im Fluss‹ der Entwicklung.

Andeutungen über die Frühgestalt der gottesdienstlichen Zusammenkünfte finden sich in Apg. 2,42 / 1. Kor. 14,26–33 / 1. Thess. 5,19 / Eph. 5,18–21 / Kol. 3,15c–17. Letztgenannte Bibelstelle spricht von »*Eucharistie*«, also von »Danksagung« (vgl. 1. Tim. 2,1; 4,4 / Hebr. 13,15) und zeigt damit an, wo die Wurzel für diesen Begriff liegt: nämlich im (jüdischen) Dankgebet bei Tisch (in der »tefilla«). Entgegen anderer Auslegungen im Laufe der Kirchengeschichte, in denen sich die Begriffe »*Eucharistie*« und »*Messe*« zu mischen scheinen und wo man im Protestantismus (im Gegensatz zu den Reformatoren bis hin zu Johannes Calvin: Institutio IV, XVIII, 16–17) aus falscher Zurückhaltung gegenüber der römischen Kirche heraus auf diese Begriffe meinte verzichten zu müssen oder zu können – liegt im Wortfeld von »*Eucharistie*« ein für die (ersten) Christen unaufgebbares gottesdienstliches Element, das nicht allein in den Gottesdiensten der römischen Christenheit Wertschätzung verdient (33).

»Lasset uns Dank sagen dem Herrn, unserem Gott« / »Das ist würdig und recht!«: Dieses Wechselwort in der Mahl-Liturgie hebt hervor, was »Eucharistie« bedeutet, und wird bis heute zwischen Liturg und Gemeinde im Gottesdienst gesprochen, teils gesungen. Mit dem Wort »*Eucharistie*« kann das Dankopfer, kann das Lobopfer, das Freudenopfer (vgl. EG 330, 6.7.1 / 447,1 / 11,2), können alle Formen und Inhalte der geistlichen Danksagung vor Gott als ›Opfer‹ in Wort und Tat in einem ganz weiten Sinn bezeichnet werden und also eine Lebenseinstellung, eine Lebenshaltung markieren (ehe es zur Konzentration dieses Begriffs auf die Herrnmahlfeier kommt; vgl. Did. IX 1,5; X 1,3; XIV 1 / Ign.Eph. XIII 1 / Justin: Apol. I 66) – so auch das »Dankopfer der Lippen« (vgl. Hos. 14,2 / Jes. 57,19 / Lev. 7,12–13 / Röm. 12,1.2 / Kol. 1,3.12; 2,7; 3,15.17; 4,2 / 1. Petr. 2,5 / Hebr. 13,15 / PsSal. 15,3–6) (bezeichnenderweise aber eben nicht das einmalige Sühnopfer Jesu am Kreuz von Golgotha zum Heil der Welt). Markus Barth kann das Mahl des Herrn (aus der Perspektive von uns Menschen) als »Aktion und Demonstration der Dankbarkeit« bezeichnen: »Dank an Gott für das, was er durch Christus getan hat, noch tut und tun wird« – und den Tisch des Herrn als »Ort der Freude« (in: Das Mahl des Herrn, 179.180) im Sinne des Liedes: »In dir ist Freude in allem Leide!« (EG 398,1.2).

In seinem Buch »Kyrios Christos« (1913) schildert Wilhelm Bousset ur-christliche Gemeinde und Gottesdienste in wohl verklärender Weise mit emphatischen Worten: »Was der KYRIOS für die ersten hellenistischen christlichen Gemeinden bedeutete, steht .. in hellen und lebendigen Farben vor uns. Es ist der Herr, der über dem christlichen Gemeinschaftsleben wal-tet, wie es namentlich im Gemeindegottesdienst, also im Kultus, sich entfal-tet. Um den KYRIOS schließt sich die Gemeinde in gläubiger Verehrung zusammen, seinen Namen bekennt sie, unter Anrufung seines Namens tauft sie, sie sammelt sich um den Tisch des Herrn Jesu; seufzt im inbrünstigen Ruf Maranatha, komm, Herr Jesu; dem Herrn ist, können wir noch hinzufü-gen, schon jetzt der erste Tag der Woche geweiht, den man sehr bald als KYRIAKE HEMERA zu bezeichnen beginnt, unter Anrufung seines Namens tut man Wunder und treibt Dämonen aus! So sammelt sich die Gemeinde als ein SOMA um den KYRIOS als ihr Haupt, dem sie im Kultus Verehrung zollt ... in den Versammlungen der Gemeinschaft, in Gottesdienst und Kultus erwuchs den Christgläubigen das Bewußtsein ihrer Einheit und einzigartigen soziologischen Geschlossenheit. Tags über etwa zerstreut, im Beruf des all-täglichen Lebens, in der Vereinzelung, innerhalb einer fremden Welt dem Spott und der Verachtung anheimgegeben, sammelten sie sich des Abends (wohl so oft wie möglich) zur gemeinsamen heiligen Weihemahlzeit. Da erlebten sie die Wunder der Gemeinschaft, die Glut der Begeisterung eines gemeinsamen Glaubens und einer gemeinsamen Hoffnung, da flammte der Geist auf und umgab sie eine Welt voller Wunder, Propheten und Zungen-redner, Visionäre beginnen zu reden, Psalmen, Hymnen und vom Geist ein-gegebene Lieder durch-tönen den Raum, die Kräfte brüderlicher Mildtätig-keit werden in ungeahnter Weise wach; ein unerhört neues Leben durchpulst die Schar der Christen. Und über diesem ganzen Gewoge der Begeisterung thront der Herr Jesus als Haupt einer Gemeinde, mit seiner Kraft in einer den Atem raubenden Greifbarkeit und Gewißheit gegenwärtig.« (34).

Die ersten Christengemeinden, ob nun in Jerusalem, Antiochia, Korinth, Alexandria oder Rom, setzten sich aufgrund ihrer gewonnenen spezifischen Glaubensinhalte und -handlungen: also aufgrund ihres entschiedenen Chris-tus-Bekenntnisses mehr und mehr von den örtlichen Synagogen-Gemeinden ab und formten eigene Positionen aus. Es war nur eine Frage der Zeit, wann, wo und wie sich anfängliche Anbindungen an die Shabbat-Gottesdienste, an die Praxis der Beschneidung, an die Speisegebote, aber auch an das Pessach-Fest auflösten. Der Weg war demnach vorgezeichnet für die Herausbildung der Feier des Christusfestes, später »*Pentecoste*« (für die fünfzigtägige Oster-zeit) oder »*Ostern*« genannt, das zunächst noch in der »*Pervigilia*« vom 16. Nissan gehalten wurde und das stets als Anamnesis an das Wunder der Auf-erweckung in der »Christmette« = »Kyrios-Nacht« begangen wurde im Glau-ben an die eigene Auferweckung am Ende aller Tage (vgl. 2. Kor. 4,14). In diesem Sinne sei dem Inhalt und Gehalt entsprechend dezidiert vom »Christusfest« bzw. vom »Christfest« zu sprechen, dieser Ausdruck also als ›terminus technicus‹ anstelle der (von seiner Herkunft her unklaren) Bezeichnung »Ostern« zu verwenden (35). Statt vom »Ostertag« wäre adaequat vom »Kyrios-Tag« oder vom »Christtag« zu sprechen bzw. statt von der »Osternacht« von der »KYRIOS-NACHT« bzw. von der »Christusnacht« oder »Christnacht«. Als berechtigte Alternative bietet sich der Ausdruck »Herrnnacht« an, so dass von der »Herrnnachtfeier« anstatt von der »Osternachtfeier« zu reden wäre (36). Denn diese, altchristliche Wurzeln freilegende Ausdrucksweise trifft den Kern des Ganzen.

Wurden jüdische Traditionen in der Anfangszeit in den ersten Christen-Gemeinden wie selbstverständlich fortgesetzt (gab es denn anderes und besseres, gab es Alternativen in heidnischen Perspektiven?) – so bedeutete die Feier der Kyrios-Nacht genetisch gesehen den ersten Schritt zur Emanzipation vom Judentum.

In der syrischen »*Didaskalia*« (aus dem 3. Jhdt.) finden sich folgende Notizen: »Am Freitag aber und am Samstag sollt ihr vollständig fasten und nichts verkosten, und ihr sollt versammelt sein und wachen und Vigil halten die ganze Nacht mit Gebeten und Bitten und Lesungen der Propheten und mit Evangeliumslesung und mit Psalmen in Furcht und Zittern bis zur dritten Stunde in der Nacht nach dem Samstag, und alsdann löst euer Fasten ... Und dann bringt eure Gaben dar, und esset und erquickt euch, und seid froh und erfreut euch.« (37).

Georg Eduard Steitz stellt fest: »In der Vigilie, welche dem Sonntag voranging, war die Gemeinde in der Kirche versammelt, es wurden die Katechumenen getauft, das Evangelium verlesen und dem Volke die Botschaft des Heiles verkündigt. Mit dem Hahnenschrei wurde die Eucharistie gehalten, das Fasten beendigt, und an die Stelle der Trauer trat Freude und Festjubel.« (37 und 38).

Auch wenn sich von »Kirche« im Sinne eines Kirchenbaus zu dieser Zeit noch nicht reden lässt, auch wenn Steitz an anderer Stelle den Begriff »Pascha« als »Collectivbegriff« benutzt (39) und sich daraus verschiedene Rückfragen ergeben – so trifft seine kurze Darstellung der später so genannten »Ostervigil« aller Wahrscheinlichkeit nach den Sachverhalt doch ziemlich genau. In einer Art von Prozession führt der Weg aus der Taufe heraus (die an einem anderen Ort vollzogen wurde) hinein in die gottesdienstliche Versammlung und hin zur Eucharistie – damit sind *die Stationen der Osternachtfeier* markiert. Jeder einzelne Ort für sich besitzt eine besondere Qualität und Dignität: Die *Taufe* im/am fließenden Gewässer erinnert an die *Mikwe* (zu dt. »Sammlung des Wassers«), an den Abstieg zum jüdischen Reinigungsbad am fließenden Gewässer (und an den Aufstieg die Treppen hinauf zum Gottesdienst in der Synagoge) – die Taufe erinnert im weiteren an die *Beschneidung* der jüdischen Jungen am achten Tag nach ihrer Geburt: daraus mag sich für die Christenheit »*der achte Tag*« als besonderer Tauftag hergeleitet haben. Berücksichtigt sein mag in diesem Kontext ebenso, dass die österliche Freudenzeit der »*Pentecoste*« (die sich vom Ostersonntag bis hin zum Pfingstsonntag erstreckt) insgesamt acht Sonntage umspannt.

Auf die Beschneidung und die damit verbundene Namensgebung hin (vgl. Luk. 2,21) folgte nach jüdischer Tradition die so genannte »*Darbringung*« im Tempel mit dem Akt der Auslösung vor Gott – Jesu Eltern hielten sich nach gut jüdischer Sitte an diese Gebote, nachzulesen in Lk. 2,21 sowie in 2,22–24 (gemäß Lev. 12,6–8 und Num. 18,15–19). Dieser Brauch findet sich in den orthodoxen Kirchen bestätigt, wenn dort das Kind am vierzigsten Tage nach der Geburt von seiner Mutter und den Paten dem Priester übergeben und von diesem vor dem Altar dargebracht wird.

Der *Taufort* (zunächst gemäß Mk. 1,5.9 und Joh. 3,23 im fließenden Gewässer, später im »*Baptisterium*«) unterschied sich demnach vom Gottesdienstort der versammelten Gemeinde. Nach dem Verständnis von Röm. 6, 3–11 liegt in der *Taufe* die Verbindung zum Tode Jesu (»mit Ihm gestorben« / »mit Ihm in den Tod getauft«), der ja bekanntlich an einem anderen Ort erfolgte als schließlich die Auferweckung aus dem Grabe heraus (»mit Ihm auferweckt, sollen auch wir in einem neuen Leben wandeln«, so Röm. 6,4) – das heißt: der Ortswechsel erweist sich als überaus bedeutungsvoll: er bezeichnet die Wegstrecke vom Tod zum neuen Leben, von der »*abrenuntatio diaboli*« (von der Absage an den Teufel) bis hin zur »*confessio fidei*« (zum eigenen Bekenntnis des Glaubens) bzw. hin zum Credo (»*in* Gott, den Vater, den Sohn, den Heiligen Geist«), von der Vergebung der Sünden bis hin zu einem Leben in Heiligkeit, in Versöhnung (2. Kor. 5,19–21: »Lasst euch versöhnen mit Gott!«). Die Taufe bezieht sich auf den Tod Jesu, die Eucharistie dagegen auf die Auferweckung Christi. Dieser Wechsel vom Tode zum Leben vollzieht sich im Wunder der Heiligen (Kyrios-) Nacht – hier allein konzentriert sich christlicher Glaube.

Erst mit Beginn der Konstantinischen Phase im 4. Jhdt. / als das Christentum 391 offiziell zur Staatsreligion erhoben wurde / als der »Sonn(en)tag« diese seine Bezeichnung und seinen gesetzlich verankerten Stellenwert erhielt, verlagerte sich auch die Gottesdienstzeit von den Abend- bzw. Nachtstunden des Samstag auf den Sonntagmorgen. Damit einher gingen gravierende Veränderungen für die Feier der Herrnnacht: der Kyrios-Nacht.

Fazit: Begrifflich konsequent wäre von der »Herrnnacht« und von der »Herrnnachtfeier« (statt von der »Osternachtfeier«) zu reden (40), vom »Herrnmahl« bzw. vom »Christusmahl« (statt vom Abendmahl), vom »Herrn(mahls)tag« (statt vom »Sonntag«), vom »Herrnfest« (statt vom »Osterfest«) – doch ob sich dieser Vorschlag gegen die Verwendung des inzwischen geprägten Ausdrucks »Ostern« je wird behaupten und durchsetzen können? Ob dadurch nicht zusätzliche Irritationen ausgelöst werden? Auch wenn ein traditionsgeschichtlicher Aufweis für den Titulus »KYRIOS« im Rahmen dieser Arbeit nicht erbracht werden kann, so soll der Anstoß zu neuem Nachdenken in dieser Sachfrage unbedingt gegeben sein. Andererseits wird in dieser Untersuchung darauf verzichtet, die an sich angemessene Terminologie »Herrnnachtfeier« bzw. »*Kyrios-Nacht*« stringent einzuführen und durchgängig durchzuhalten. An etlichen Stellen jedoch wird sich diese Ausdrucksweise in ihren entsprechenden Äquivalenten wiederfinden – nicht zuletzt in dem Titel: »Die Rezeption der Kyrios-Nacht«.

Anmerkungen

(1) – J. Roloff verweist darauf, dass die Zeitbestimmung »täglich« nach Apg. 2,46 nicht die täglichen Mahlfeiern im Blick hat, sondern sich auf den täglichen Tempelbesuch bezieht (J. Roloff: Der Gottesdienst im Urchristentum, in: H.C. Schmidt-Lauber u.a. (Hg.): Handbuch der Liturgik, 51).

(2) – J. Roloff, aaO., 51. – K.-H. Bieritz ist wohl zu widersprechen, wenn er mit Blick auf den Sonntagabend behauptet (in: Das Kirchenjahr, 61): »Die Christen setzten die Mahlgemeinschaft, die sie mit dem Herrn vor seinem Tod und nach seiner Auferstehung verbunden hatten, in Gestalt regelmäßiger Mahlfeiern am Sonntagabend fort, bis es zu einer Verlegung auf den Sonntagmorgen kam.«

(3) – *Augustinus* (Contra Cresconium I, 31,36) belegt, dass in judenchristlichen Kreisen bis ins 4. Jhdt. hinein sowohl Beschneidung als auch Taufe praktiziert wurden – unter messianischen Juden gilt diese Praxis bis heute. Bis ins Jahr 386 hinein und wohl auch darüber hinaus machten Christen in Antiochia gemeinsame Sache mit der Religion der Juden (vgl. H. Lietzmann: Geschichte der Alten Kirche, IV,106). Diese Haltung wird jedoch von *Johannes Chrysostomos* (seit 386 Prediger in Antiochia) heftig kritisiert: »Wir haben nichts mit den // Juden gemein ... Und in solcher Leute Synagoge läufst du als Christ und erhoffst dir von dort Hilfe? Du sollst dich schämen.« (zitiert nach H. Lietzmann, aaO., 106f.).

(3) – »In Ägypten und Syrien mag je eine Million Juden gesessen haben, in Palästina eine halbe Million, im übrigen römischen Reiche mindestens 1 ½ Millionen. Dann erhalten wir bei der Annahme von 55 Millionen Einwohnern des Imperiums schon 7 % Juden« – so H. Lietzmann: Geschichte der Alten Kirche, I, 70.

(4) – H. Lietzmann, aaO., I, 161.
Hubert Frankemölle vermerkt: »Die Wahrscheinlichkeit, dass die Bezeichnung ›Christen‹ in Antiochien entstanden ist, belegt die vielfache Verwendung dieser Bezeichnung in den Briefen des Bischofs Ignatius von Antiochien (um 110 n.Chr.). Neben ›Christen‹ (Ign Eph 11,2; Magn 4 / Röm 3,2 / Pol 7,3 ...) begegnet bei Ignatius von Antiochien zum ersten Mal auch das Substantiv ›Christentum; christianismos‹, und zwar mehrfach ... ›Christen-

tum‹ und ›Judentum‹ sind für Ignatius deutlich Gegenbegriffe ...« (in: Frühjudentum und Urchristentum, 31).

(5) – Nach dem Zeugnis (der Legende?) aus dem Aristeasbrief Ende des 2. Jhdt.s habe der Bibliothekar Demetrius von Phaleron im 3. Jhdt. vdZ. seinen König Ptolomaios II. Philadelphus (284–247 vdZ.) darüber unterrichtet, dass bisher eine griechische Übersetzung der hebräischen Thora fehle – woraufhin der König den Hochpriester Eleazar in Jerusalem ersuchte, 72 Gelehrte (jeweils sechs aus den zwölf Stämmen Israels) für diese Aufgabe zu schicken, die innerhalb von 72 Tagen auf der Insel Patmos vor Alexandria geleistet wurde. Die Zahl 72 wurde auf 70 abgerundet – damit erhielt die griechische Übersetzung die Bezeichnung »*Septuaginta*« (LXX). Zunächst wurde allein die Thora bzw. der Pentateuch übersetzt – später kamen weitere Schriften hinzu, schließlich auch solche, die für die hebräische Bibel nicht kanonisiert worden sind (wie z.B. die Bücher Judith und Tobit, die vier Makkabäerbücher, das Buch Jesus Sirach, die Weisheit und die Psalmen Salomos). Die Septuaginta entwickelte sich zur Bibel der Hellenisten und der Heidenchristen.

(6) – Josephus notiert die Steinigung des Herrnbruders *Jakobus* unter dem Hochpriester Ananias (47–59 ndZ.), der nach nur dreimonatiger Amtsführung durch König Agrippa abgesetzt wurde (in: Ant. XX,9, I, § 200–203).

(7) – Zum »Kaddisch« siehe S.Ph. de Vries: Jüdische Riten und Symbole, 284–287.290.

(8) – Das Herrngebet des UNSER-VATER (Mt. 6,9–13 und Luk. 11,2–4) erscheint eng verwandt mit dem »Sh'mone Esre« (dem Achtzehnbittengebet) sowie mit dem »Awinu-Malkenu«-Gebet: »Unser Vater, unser König« (innerhalb des jüdischen Neujahrsfestes) und steht damit in guter jüdischer Tradition, was nicht zuletzt die von Jesus benutzte Vater-Anrede »Abba« ausdrückt (siehe Mk. 14,36 / Röm. 8,15 / Gal. 4,6). Ob das Unser-Vater-Gebet auf Jesus von Nazareth selbst zurückgeht oder etwa auf Johannes den Täufer oder auf einen anderen Wanderprediger, muss als ungeklärt erachtet werden. Für sich genommen handelt es sich um ein rein jüdisches Gebet, in dem sich kein einziger christologischer Bezug oder Hinweis nachweisen lässt (vgl. Did. 8,2) – durch die Aufnahme ins NT (in Mt. 6 und in Luk. 11) jedoch erfährt dieses Gebet (zudem im Horizont der Auferweckung Christi) seine christologische Ausrichtung.

Zu bedenken ist, wenn die Tradition des Herrngebets nach Luk. 11,2 (im Unterschied zu Mt. 6,9) das Possessivpronomen (sprich: »das Besitz anzeigende Fürwort«) »unser« nicht enthält – wenn die Mt-Fassung (6,9) das Pronomen »unser« voranstellt (siehe die Luther-Bibel und die Zürcher Bibel) – und wenn im Sinne der Vulgata (»pater noster«) vom »VATER-UNSER« gesprochen und gebetet wird. Während die römische Kirchentradition das »VATER-UNSER« vorangebracht hat, hat sich die reformierte Tradition das »UNSER-VATER« bewahrt – ebenso Martin Luther in seiner Bibel-Übersetzung (siehe Mt. 6,9 / Luk. 11,2 / 1. Kor. 1,3 / 2. Kor. 1,2 – vgl. Mt. 6,26; 23,9 / Mk. 12,29 / Hebr. 12,29 / Röm. 16,20 / Phil. 4,20). Jeweils findet sich das Possessivpronomen vorangestellt – sollte es dagegen jeweils nachgeordnet sein, müsste es z.B. entsprechend heißen: »Herr, Herrscher unser, wie herrlich ist der Name dein« (Ps. 8,2) oder: »Gott meiniger, Gott meiniger, warum hast du mich verlassen?« (Ps. 22,2 bzw. Mk. 15,34).

Die Anrede Gottes als »Vater« gründet auf Dtn. 32,6 (»Ist ER nicht dein Vater, der dich geschaffen hat?«) – auf Dtn. 14,1 – auf Jes. 64,7 – auf Sir. 4,1 – auf Weish. Sal. 2,16ff. – und neutestamentlich u.a. auf Mt. 5,45; 6,8.9.26–29; 7,9–11; 10,29f.; 18,10.14 par., auf Luk. 15,20f. sowie bei der Anrede »Abba« auf Mk. 14,36 par. / Röm. 8,15 / Gal. 4,6.

(9) – Frieder Schulz (Synaxis, 31.34) weist im Blick auf die SANCTUS-Gesänge darauf hin, »dass diese verbreitete Melodie ihre Wurzeln im synagogalen Gesang hat. E. Werner hat ... gezeigt, daß das jüdische Lob- und // Bekenntnisgebet Alenu leshabeach la-adon hakol (= Unsere Pflicht ist es, den Herrn des Alls zu preisen) nach der gleichen Melodie gesungen wird .., so daß nicht nur der Text des Dreimalheilig, sondern auch diese Melodie Juden und Christen im Gottesdienst vereint ... Im Zeitalter der Kreuzzüge war gerade das Alenu-Gebet der Bekenntnisgesang der jüdischen Märtyrer ... Wenn die evangelische Abendmahlsgemeinde .. das Heilig anstimmt, steht es ihr wohl an, daß sie in den Gesang der jüdischen Märtyrergemeinde einstimmt und sich damit sowohl eine geerbte Schuld als auch ein bekennendes Vorbild vor Augen hält.« (siehe Christfried Böttrich: Das Sanctus, 10–36).

Alfred Rauhaus schreibt zu Jes. 6,1–5: »Das Interessante an dieser Vision ist .., dass diesmal die Serafim mit ihren Flügeln nicht den König beschützen, sondern dass sie sich selber schützen müssen. Gott ist anders als ein irdischer König. Er bedarf keines Schutzes. Aber die Serafim müssen sich mit ihren Flügeln schützen, und zwar vor der strahlenden Energie, die von Gott ausgeht. Ihr Lobgesang, das Dreimal-Heilig, ist zugleich ein überlauter Warn- und Schreckensschrei, den einer dem anderen zuruft: ›Anders, ganz anders, vollkommen anders ist der HERR Zebaoth‹.« (in: Sonntagsblatt für evangelisch-reformierte Gemeinden, 111. Jg., Nr. 23/2007, 2)(Hervorhebung im Original).

(10) – D. Krabbe: Freuet euch mit Jerusalem, 103f.

(11) – D. Kranemann: Israelitica dignitas?, 60–62.

Bernd Wander resümiert: »Es empfiehlt sich, von ›Trennungsprozessen zwischen frühem Christentum und Judentum im 1. Jahrhundert‹ zu sprechen. ... Die Rede von der Trennung der Kirche von der Synagoge ist dagegen abzulehnen. Sie ist einerseits zu sehr systematisch-theologisch bestimmt, andererseits setzt sie die Trennung regulierende Normen und Instanzen voraus, die sich aber schwer nachweisen lassen.« (in: Trennungsprozesse zwischen Frühem Christentum und Judentum im 1. Jh. n.Chr., 6).

Das Verhältnis zwischen JUDENTUM UND CHRISTENTUM lässt sich im Modell von ›Mutter(-religion) und Tochter(-religion)‹ bezeichnen (danach ist das Christentum aus dem ›Schoß‹ des Judentums hervorgegangen) – mit dem paulinischen Bild-Motiv aus Röm. 11,18 beschreiben (»Nicht du trägst die Wurzel, sondern die Wurzel trägt dich«) – oder mit der Metapher »Nähe in der Differenz« (H.H. Henrix, 14) ausdrücken. »Man kann sich .. das Judentum ohne Christentum denken – über Jahrhunderte gab es das erste ohne das zweite –, aber überhaupt nicht das Christentum ohne das Judentum – jenes hat nicht eine Sekunde ohne Judentum existiert.« (so Wolfgang Beichert, in: H.H. Henrix, 9).

Papst Johannes Paul II. äußerte bei seinem wohl historisch zu nennenden Besuch in der römischen Synagoge am 13. April 1986: »Die jüdische Religion ist für uns nicht etwas ›Äußerliches‹, sondern gehört in gewisser Weise zum ›Inneren‹ unserer Religion. Zu ihr haben wir somit Beziehungen wie zu keiner anderen Religion. Ihr seid unsere bevorzugten Brüder und, so könnte man gewissermaßen sagen, unsere älteren Brüder.« (zitiert nach H.H. Henrix, 15)(siehe dazu: Freiburger Rundbrief. Beiträge zur christlich-jüdischen Begegnung, 1985/86, 3–5). Adolf von Harnack dagegen hatte (im Jahre 1921 in seinem Buch über Marcion) formuliert: »Das Alte Testament im 2. Jahrhundert zu verwerfen, war ein Fehler, den die große Kirche mit Recht abgelehnt hat; es im 16. Jahrhundert beizubehalten, war ein Schicksal, dem sich die Reformation noch nicht zu entziehen vermochte; aber es seit dem 19. Jahrhundert als kanonische Urkunde im Protestantismus noch zu konservieren, ist die Folge einer religiösen und kirchlichen Lähmung.« (zitiert nach R. Rendtorff: Die jüdische Bibel und ihre antijüdische Auslegung, in: R. Rendtorff / E. Stegemann: Auschwitz-Krise der christlichen Theologie, München 1980, 100).

(12) – Nach Tertullian (Apolog. 39,16) finden um 200 in der Kirche Nordafrikas im Rahmen der AGAPE-FEIERN gesellige Zusammenkünfte statt – in Rom dagegen Armenspeisungen. Im bewussten Unterschied zur Eucharistie wird die Armenspeisung »Eulogia« genannt.

(13) – vgl. C. Grethlein: Grundfragen der Liturgik, 64. – Justin (Apologia I, 65) formuliert die damals gültige Erwartung: »zu taufen ist nur der Überzeugte und Zustimmende.«

(14) – R. Volp: Liturgik, Bd. I, 218.

(15) – »der neu gewonnene Gläubige wird durch die Taufe zum Christen gemacht. Da vollzieht sich an ihm das Wunder eines göttlichen Mysteriums; er taucht unter im Taufquell und stirbt damit, aber er stirbt keinen gewöhnlichen menschlichen Tod, sondern den Tod Christi. Der Tod, der einst am Kreuz von Golgatha für die Sünden der Welt geleistet ist, wird ihm zugeeignet, wird sein Tod ... Aber nicht nur negativ wird der Christ ›auf Christus getauft‹, d.h. wörtlich ›in Christus hineingetaucht‹, sondern auch positiv: ›er zieht Christus an‹, er wird in jenen geistlichen Leib eingefügt, den die gesam-

te Gemeinde bildet ... Der Sünder ist im Taufbad gestorben: der Christ, der aus dem Wasser emporsteigt, ist ein neues Geschöpf: ›das Alte ist vergangen, siehe es ist neu geworden‹, er ist nun ›in Christus‹.« (H. Lietzmann: Geschichte der Alten Kirche, I, 120).

(16) – Peter Cornehl (in: Der Evangelische Gottesdienst, 160) vermutet: »Mit hoher Wahrscheinlichkeit war Jesus Schüler und eine Zeitlang Anhänger des Täufers ... Doch dann ist Jesus seinen eigenen Weg gegangen (nach der Verhaftung des Täufers und seinem gewaltsamen Tod? Vgl. Mk 1,14; 6,14).«

Dass *Jesus von Nazareth* seine eigene *Taufe* in einem ganz bestimmten Sinn verstanden hat, drückt Mk. 10,38 aus, wenn Er Seine Jünger fragt: »Könnt ihr den Kelch trinken ... oder euch taufen lassen mit der Taufe, mit der ich getauft werde?« (vgl. Luk. 12,50). Jesu Frage richtet sich bezeichnenderweise nicht auf die bereits erfolgte Taufe durch Johannes (sonst hätte es heißen müssen: »mit der ich getauft *worden bin*«), sondern auf seine zukünftige: nämlich die in den Tod hinein! Man berücksichtige im Zusammenhang des Kelch-Wortes Mk. 10,38 Jesu Gebet in Gethsemane: »Vater, wenn es denn möglich ist, so lass diesen Kelch an mir vorübergehen ...« (Mt. 26,39.42 par.) – man berücksichtige andererseits die Frage von Karl Barth, »wie das Geschehen am Jordan und das auf Golgotha als Anfang und Ziel zusammenhängen« (in: FS Ernst Wolf, 1962, 18 – zitiert von B. Klappert in: Die Auferweckung des Gekreuzigten, 157).

Kirchenvätern wie *Cyrill* von Jerusalem zufolge wurde der Jordan zum Ort des Teufels / des Drachen und des Hades. Jesu »Hinabsteigen« (zur Taufe)(vgl. Apg. 8,38) in den Jordan entwickelten sie zum Interpretament für Jesu Gang zum Kreuz – bevor spätere Dogmatiker gemäß Phil. 2,7.8 von der »Deszendenz« Christi sprechen sollten.

(17) – Zum Verständnis von »*Sünde*« gemäß Gen. 3,5 (»eritis sicut Deus«)(vgl. dazu die Urgeschichte Gen. 1–11 und nicht zuletzt Röm. 6,23; 7,15–20) bzw. von Hamartologie (»der von Gott entfremdete Mensch«) siehe: S. Brandt u.a. (Hg.): Sünde, Neukirchen-Vluyn 1997. Michael Welker vermerkt darin: »Das Kreuz offenbart immer neu die Extremlage einer Welt, die in Sünde verstrickt ist.« (192). »Unser Streben nach Recht, nach Wahrheit, nach legitimer Macht, nach moralischer Ordnung ist immer gebrochen, korrumpierbar und korrumpiert. Es bleibt der Erneuerung und Vervollkommnung beständig bedürftig. Dies wird durch das Kreuz offenbar.« (193).

(18) – *Die Präposition »auf«* (vgl. Mt. 28,19 / Apg. 2,38; 8,16 / 1. Kor. 1,13.15; 10,2 – siehe Did. 7,1.3 – Justin: Apol. I, 61,10ff.) markiert, auf wen hin die Zueignung bzw. die Übereignung durch die Taufe erfolgt: auf Gott hin (vgl. Antwort 1 des »*Heidelberger Katechismus*«: »dass ich ..., .. Jesu Christi eigen bin« – nämlich: Eigentum). Der Täufling wird also Gott zum Eigentum übergeben. Kurt Galling verweist darauf, dass die Anrufung des

Namens in Israel als Rechtsakt verstanden worden ist (ThLZ 81, 1956, 63–70).

Vgl. dazu H. Weder: Getauft auf Jesu Namen – was bedeutet das?, RKZ, 8.9/1989, 258–261 – und: E. Hesse: Erfahrungen eines Dieners am Wort mit dem Taufen, RKZ 1/1986, 7–12. Ebenso: G. Barth: Die Taufe in frühchristlicher Zeit, 49–59.

Die Präposition »im« dagegen (vgl. Apg. 10,48) enthält gewissermaßen eine Amtsanmaßung: als ob Priester / Pfarrer »im Namen Gottes« taufen könnten! Taufhandlungen können sich allein auf den »Auftrag« Christi nach Mt. 28,19 berufen, so dass es korrekterweise heißen müsste: »Ich taufe dich im Auftrag Jesu Christi.« Von einem »Taufbefehl« oder von einem »Missionsbefehl« Jesu Christi jedoch kann evangeliumsgemäß wohl keine Rede sein.

Der orthodoxen Tradition zufolge heißt es in passiver Konstruktion: »Getauft wird XX.« In dieser Formulierung tritt der Priester in seiner Funktion »im Taufen« bezeichnenderweise in den Hintergrund zurück.

(19) – Der Brauch der so genannten »Darbringung« rekurriert auf den althergebrachten Brauch, das Erstlingskind dem Gott Moloch zu opfern (vgl. Lev. 18,21 und Gen. 22,1–18). Dieser Brauch allerdings wurde vom Gott Abrams untersagt. Seither nun oblag jedem jüdischen Vater gemäß Ex. 13,2 die Aufgabe, seinen erstgeborenen Sohn am 30. Tag nach der Geburt beim Priester im Tempel »auszulösen« (Num. 18,16), ihn also von der Opferpflicht freizukaufen und anstatt des Menschenopfers in einer kultischen Ersatzhandlung ein Tieropfer zu erbringen (vgl. Luk. 2,24 / Lev. 12,6–8).

(20) – P. Cornehl (in: Der Evangelische Gottesdienst, 159) stellt fest: »Viel spricht dafür, dass diese Szene aus nachösterlicher Sicht gestaltet worden ist.«

(21) – Der Titel »SOHN GOTTES« ist nicht im genealogischen Sinne aus einer göttlichen Zeugung heraus zu verstehen (also auch nicht in Richtung Jungfrauengeburt auszulegen), sondern aus dem Ersten Testament heraus nach Hos. 11,1 / Jer. 31,20 / 2. Sam. 7,14f. / Ps. 2,7b.8 im Sinne einer engen, innigen Beziehung: »›Sohn Gottes‹ ist derjenige, zu dem Gott in seiner unbegreiflichen Liebe in ein ganz persönliches und unverbrüchliches Vater-Sohn-Verhältnis getreten ist; ›Sohn Gottes‹ ist aber auch der, den Gott in einzigartiger Weise erwählt und in seinen Dienst gerufen hat. So schwingt in dem alttestamentlichen Sohnesbegriff ein hoheitlicher und doch zugleich ungemein inniger Klang, der auf eine einzigartige persönliche Beziehung hinweist.« (G. Kittel: Der Name ..., 119).

(22) – Biblisch-neutestamentlichem (und schließlich protestantischem) Verständnis nach gehören in die »communio sanctorum« gemäß 1. Kor. 1,2 / 2. Kor. 1,1 / Röm. 1,7 / Eph. 1,1 / 1. Petr. 2,9 alle diejenigen, die an Christus Jesus glauben und in seinem Sinne leben wollen: sie werden »HEILIGE« genannt. Innerhalb der römischen Kirche dagegen können einzelne wenige Personen posthum heiliggesprochen werden, wenn sie (zu Lebzeiten) eine

weit verbreitete Verehrung durch das gläubige Volk erfahren haben, einen entsprechenden Lebenswandel geführt haben und aufgrund ihrer Fürbitte Wunder geschehen sind. Die erste formelle Heiligsprechung durch die Amts-kirche erfolgte im Jahre 993 durch Papst Johannes XV. Das Konzil von Trient (1545–1563) formulierte: »Die Heiligen herrschen zusammen mit Christus, sie bringen ihre Gebete für die Menschen Gott dar. Es ist gut und nutzbringend, sie um Hilfe anzurufen und zu ihren Gebeten, ihrer Macht und Hilfe Zuflucht zu nehmen, um von Gott durch seinen Sohn Jesus Christus, unseren Herrn, der allein unser Erlöser und Heiland ist, Wohltaten zu erlan-gen.«

Jean Cauvin widerspricht der Überzeugung, wonach *Heilige* vor Gott zum Fürsprecher für noch Lebende werden können, und positioniert in aller Deut-lichkeit:»Was nun die Heiligen betrifft, die nach dem Fleisch verstorben sind, aber in Christus leben ... Man ruft Gott in ihrem Namen an und läßt dabei zumeist Christus beiseite! Was heißt das anders, ..., als das Amt der Fürsprache auf sie zu übertragen, das wir doch oben einzig und allein Chris-tus zugesprochen haben! Aber weiter: welcher Engel oder Teufelsgeist hat denn je einen Menschen auch nur eine Silbe von jener angeblichen Fürbitte der Heiligen kundgetan? In der Schrift steht doch nichts davon! ... Mit dieser Ratlosigkeit verunehren sie .. Christus und rauben ihm den Titel des einzigen Mittlers, der ihm vom Vater als besonderes Vorrecht gegeben worden ist und deshalb auch nicht auf jemanden anders übertragen werden darf. Aber eben dadurch verdunkeln sie die Herrlichkeit seiner Geburt und entleeren sie das Kreuz ... // ... Schließlich sind einige gar in die furchtbare Gotteslästerung geraten, die Heiligen nicht bloß als Fürsprecher, sondern als Hüter ihres Heils anzurufen!« (in: Institutio, III, 20,21.22).
Johannes Calvin unterscheidet ein *dreifaches Amt Christi:* das prophetische, das königliche und das priesterliche Amt – wobei (in letzterem) Christus als Hochpriester (gemäß Ps. 110,4 / Hebr. 4,14) die Versöhnung zwischen Gott und Mensch erwirkt und als Fürsprecher und Mittler (gemäß 1. Tim. 2,5) agiert:»Solange wir noch also Pilgrime vor Gott sind, tritt Christus ins Mit-tel, um uns Schritt für Schritt zu fester Gemeinschaft mit Gott zu führen.« (in: Institutio II, 15,5 – vgl. Calvin-Studienausgabe 1.1, 41 und 53).

(23) – C. Grethlein, aaO., 266.

(24) – *Tertullian* (um 200) empfiehlt nach dem Morgen- (Laudes) und Abendgebet (Vesper) als zusätzliche *Gebetszeiten:* Terz um 9 Uhr, Sext um 12 Uhr, Non um 15 Uhr – Hippolyt (+235) ergänzt um das Gebet zu Mitter-nacht und um 3 Uhr zur Zeit des »Hahnenschreis« in der Früh: so dass der Tageslauf durch insgesamt sieben Gebete untergliedert ist: Laudes, Prim, Terz, Sext, Non, Vesper und Komplet. Origenes (*185,+um 254) hält vier Gebete für Christenpflicht: morgens, mittags, abends und Mitternacht.

(25) – H. Lietzmann: Geschichte der Alten Kirche, I, 55.

(26) – P. Cornehl: Der Evangelische Gottesdienst, 212.

(27) – Kritisch zu hinterfragen ist Georg Kretschmars Position (in: W. Böhme (Hg.): Feiern wir das Abendmahl richtig, 43): »Die frühe Kirche hat die Stiftung des Abendmahls und damit das Herrenmahl von der Nacht des Auszugs aus Ägypten her gedeutet; die Passanacht der Rettung des Gottesvolkes wurde zum Urbild der Osternacht; das Essen des Passalammes, auch wenn es nicht in die Ordnung des christlichen Gottesdienstes eingegangen ist, bleibt hilfreicher zum Verstehen des Abendmahles ... als das Nachdenken darüber, was geschieht, wenn ich kaue und schlucke.« – Wie denn lässt sich die Ineinssetzung von Abendmahl und Herrnmahl begründen – wie denn die These, wonach die Pessachnacht das »Urbild der Osternacht« sei – wie denn die These vom Essen bzw. vom »Kauen und Schlucken«? Aus dem Duktus dieser Thesen heraus hätte die Liturgie des (achttägigen?) Pessachfestes Eingang finden müssen »in die Ordnung des christlichen Gottesdienstes«, was Kretschmars Gedanken ja immerhin nahe legen, was aber aus theologischen Gründen jedoch zurückzuweisen ist.

(28) – H.v. Soden: Die Entstehung der christlichen Kirche I, 118.

(29) – vgl. H. Vincon: Die Feste des Christentums, 59–61.

(30) – Der Begriff »LITURGIE« bedeutet aus dem griechischen Kontext heraus »ein das Volk betreffendes Werk« (etwa öffentliche Dienstleistungen, zu denen wohlhabende Bürger verpflichtet werden konnten) und meint im religiösen Sinne zunächst den Dienst des Priesters im Tempelkult – z.B. den Dienst des Zacharias (Luk. 1,23). Neutestamentlich bezieht sich »Liturgie« entweder auf den Liebesdienst, den Christen einander erweisen (vgl. 2. Kor. 9,12 / Phil. 2,25), oder auf den Aposteldienst (vgl. Röm. 15,16 / Phil. 2,17) und nicht zuletzt auf den hochpriesterlichen Dienst Christi (vgl. Hebr. 8,2.6). In frühchristlicher Zeit erhält sich der Begriff »Liturgie« von der Gemeinde in Antiochia ausgehend (vgl. Apg. 13,2 – Luther übersetzt: »Gottesdienst halten«) allein im Bereich der östlichen Kirchen als Bezeichnung für den Gottesdienst, »und zwar zur Bezeichnung des Meßgottesdienstes. In der westlichen Kirche, einschließlich der Reformation, verliert sich der Begriff auf lange Zeit gänzlich, um erst wieder Mitte des 16. Jahrhunderts hier und da zur Bezeichnung evangelischer Gottesdienstordnungen aufzutauchen, demzufolge dann etwa die preußische Agende von 1816 offiziell den Namen ›Liturgie‹ trägt.« (O. Herlyn: Theologie der Gottesdienstgestaltung, 47).

(31) – M. Kähler: Der sogenannte historische Jesus und der geschichtliche, biblische Christus – zitiert nach G. Barth: Der Tod Jesu Christi im Verständnis des Neuen Testaments, 122. Vom quantitativen Argument her ließe sich Kählers These stützen, wonach die in Mk. 11,1 beginnende letzte Woche Jesu in Jerusalem im MkEv. immerhin 241 von insgesamt 666 Versen umfasst, also 36 % des gesamten Evangeliums ausmacht (Barth, 123) – wer dagegen aber vom Christus-Ereignis der Auferweckung ausgeht, der wird anders akzentuieren und von »Ostergeschichten mit ausführlicher Einleitung« schreiben.

(32) – vgl. 2. Kor. 1,20 sowie EG 344,9: »Amen, das ist: es werde wahr« (Martin Luther 1539).

(33) – *Martin Luther* konnte 1530 äußern: »Es wäre nicht übel geredt, Wo man itzt sagte, wenn man zur Messe odder predigt gienge: Ich will zur Eucharistia gehen, das ist: Ich wil zur dancksagung gehen, nemlich zu dem ampt, da man Gott danckt und lobt jnn seinem Sacrament« (WA 30/II, 614). Luther versteht unter »EUCHARISTIE« sowohl Messe als auch Predigt – im Unterschied zur CA-Apologie, wo es heißt: »Der Väter Bücher reden von Danksagung und Dankopfer, darum nennen sie die Messe eucharistiam« (Apol CA XXIV, 66, vgl. 76). *Huldrych Zwingli* würdigt den urchristlichen Begriff der Eucharistie und nimmt ihn auf als Titel seiner Gottesdienstordnung von 1525: »Action oder bruch des nachtmals, gedechtnus oder danksagung Christi« (CR 91,1).
Im Sinne des Dankopfers schreibt *Jean Cauvin*: »Cor meum tibi offero domine prompte et sincere« (»Mein Herz gebe ich Dir, Herr, bereit und aufrichtig als Opfer hin«)(im Brief an Wilhelm Farel vom 24. Okt. 1540).
Der Begriff »MESSE« leitet sich vom lateinischen Wort »missa« her und bedeutet: »Entlassung«, kommt bereits im 4. Jhdt. auf und meint zunächst den Entlass-Segen am Schluss des Gottesdienstes, ehe sich dieser Begriff als Bezeichnung für den gesamten Gottesdienst einbürgert – vgl. W. Bousset: Kyrios Christos, 105 f.

(34) – Unabhängig von Wilhelm Boussets Buchtitel und von seinen Gedanken des Kyrios-Kults entwickelt der Autor dieser Untersuchung das, was sich als »Kyriologie« bezeichnen ließe.

(35) – Erklärt sich der Ausdruck »OSTERN« als Ableitung von der Frühlingsgöttin »Ostara«, der Göttin der Morgenröte, her, wie Beda Venerabilis (+735) meinte? – Siehe H. Vincon: Die Feste des Christentums, 69.
Eduard Riehm (Handwörterbuch, 1126) leitet die Bezeichnung ab »von der bei den alten Deutschen, besonders dem Sachsenstamm verehrten Göttin des neuen Frühlingslichtes Ostara ... Schon zu Anfang des 8. Jahrh. war der Name bei den Angelsachsen auf das sonst als Passahfest bezeichnete Fest der Auferstehung Christi übertragen worden. Luther gebraucht im A.T. nur je einmal die Ausdrücke ›Ostern‹ (4. Mos. 33,3), ›Osterfest‹ (2. Mos. 34,25) und ›Osterlamm‹ (2. Chr. 30,18) für das hebr. ›Pesach‹, dagegen übersetzt er im N.T. das entsprechende griech. Pascha überall mit ›Ostern‹ oder ›Osterlamm‹ (Marc. 15,6 steht aber im Griech. nur ›das Fest‹; 1. Kor. 5,8 nur ›festfeiern‹ und Apstlg 20,6 ›nach den Tagen der süßen Brote‹.« Das bedeutet nun aber, dass die Bezeichnung »OSTERN« alles andere als biblischen Ursprungs ist und dass sie von ihrer Herkunft her nun gar nicht in diesen zeitlichen Kontext gehört – wäre es deshalb nicht angezeigt und konsequent, auf diesen ›terminus technicus‹ ganz zu verzichten? Um der Missdeutung zu wehren? Wäre es nicht geradezu heilsam, demnach ganz bewusst vom »Christ(us)fest« zu sprechen? Denn darum geht es inhaltlich doch – und um nichts anderes!

Es geht darum, Christus (und eben gerade nicht eine »Ostara«) zu bekennen als den, den Gott aus dem Tode auferweckt hat zu neuem Leben.

Eine Alternative zum Titel »Christ(us)fest« könnte in der Bezeichnung »Kyrios-Fest« bzw. »Herrnfest« liegen – damit wären altchristliche Begriffe ganz bewusst wieder aufgenommen, quasi reaktiviert.

(36) – G.E. Steitz in: Dr. Herzog: Real-Encyklopädie, Bd. XI, 153.

(37) – G.E. Steitz, aaO., 152/153: »Während .. die römischen Christen ihr Fasten bis zum Hahnenschrei am Auferstehungsmorgen fortsetzten und erst dann die Festcommunion als den Schluß des Paschafastens und der Paschazeit ... und als den Beginn der Auferstehungsfreude ... / eintreten ließen, stellte man in der Pentapolis bereits am Samstag Abend das Fasten ein.«

(38) – zitiert von A. Baumstark in: Nocturna laus, 35.

(39) – E. Steitz, aaO., 161 – und 149: »Mit dem Namen Pascha bezeichnete die christliche Kirche im zweiten und dritten Jahrhundert die Feier des Todes Christi, seit dem vierten umfasste dasselbe die Feier seines Todes und seiner Auferstehung zugleich ...; später beschränkte sich der Begriff des Pascha ausschließlich auf das Osterfest.«

Dass die Verwendung des Wortes »PESSACH« im christlichen Kontext irritiert und deshalb zurückzuweisen ist, mag deutlich sein. Wie wohl müssen jüdische Gelehrte eine solche Redeweise interpretieren und darauf reagieren? Vielleicht sind der römischen Kirche in dieser Hinsicht Zugeständnisse einzuräumen, denn in die römische Haltung zu Israel ist erst in den letzten Jahren des Pontifikalamtes von *Johannes Paul II.* Bewegung geraten – doch im Bereich des Protestantismus muss es gerade in Zeiten des christlich-jüdischen Dialogs eigenartig berühren, wenn der Pessach-Begriff bis in die Gegenwart hinein von christlichen Gelehrten in christliche Bezüge transferiert wird: wenn dieser Begriff also, von dem sich die Alte Kirche verabschiedet hatte, in jüngster Zeit (wenn auch vereinzelt) neu bemüht wird und damit auflebt. Zu kritisieren ist also, wenn im christlichen Kontext das »Herrnmahl« als »das neue Passahmahl der Kirche« oder als »das Mahl des Neuen Bundes« bezeichnet wird (so in der LIMA-Erklärung: »Taufe, Eucharistie und Amt«, 18).

(40) – Erinnert sei in diesem Kontext an die Bezeichnung »*Herrnhut*« bzw. »Herrnhuter Brüdergemeine«.

Apostel, Presbyter, Diakone, Episkopen

In der Zeit der ersten Christen, in der der Terminus »Kirche« im institutionellen Sinne und im bau(recht)lichen Sinne (*»Kyriakon«* = »Herrnhaus« (1)) noch in gewisser Ferne lag, aber der Begriff der *»ecclesia«* (auch aufgrund von Mt. 16,18; 18,17) näherliegend war (Christus selbst erwählt durch Be-/Herausrufung seine Gemeinde) – verbreitete sich die Botschaft von Kreuz und Auferweckung Jesu Christi im Sinne der *»propagatio fidei«* zunächst (ohne ein dafür extra ausgewiesenes Amt, sondern) als »Diakonia«, also als Verkündigungs*dienst aneinander* unter den »Geliebten Gottes« und unter den »von Gott berufenen Heiligen« (vgl. Röm. 1,7) im Sinne von Mk. 9,35; 10,44 und 1. Kor. 14,26 sowie Kol. 3,16 (»lasset das Wort Christi reichlich unter euch wohnen, lehret und ermahnet *einander* mit Psalmen, Lobgesängen und geistlichen Liedern!«) sowie im Weiteren durch die Ansprachen, Zeichen und Wunder »urchristlicher Wandercharismatiker« (Gerd Theißen)(2): der *Apostel* (Paulus verkündete am Shabbat, als sei es selbstverständlich, in den Synagogogen, vgl. Apg. 13,14.42.44; 14,1; 17,2) – ehe in einer zweiten ›kerygmatischen Generation‹ Missionare ihr Erbe antraten. Gemäß Apg. 6,1–6; 15,13–22; 13,1 sowie 1. Kor. 12,28 und Eph. 4,11.12 gehören *Apostel* (»die Abgesandten«, vgl. 1. Kor. 15,7 / 2. Kor. 8,23 / Phil. 2,25) / *Propheten (auch Prophetinnen* wie z.B. die vier Töchter des Philippus – vgl. Apg. 11,27; 13,1; 15,32; 21,9f) / *Diakone (auch Diakoninnen* wie z.B. Phöbe in Korinth) und *Lehrer* (in der Didache, einer Gemeindeordnung aus dem 2. Jhdt., bereits vorausgesetzt, siehe auch Apg. 13,1 / 1. Kor. 12,28 / Eph. 4,11 / Jak. 3,1)(3)) in die erste Generation, ebenso *Evangelisten* (vgl. Apg. 21,8 / Eph. 4,11 / 2. Tim. 4,5) und *Charismatiker* (die Kranke heilten und Dämonen austrieben) – Missionare und *Presbyter* (vgl. Apg. 11,30; 14,23; 15,2.4.6.22f.; 16,4; 20,17; 21,18 / Jak. 5,14 / 1. Tim. 4,14; 5,17.19 / Tit. 1,5–6 / 1. Petr. 5,1–4 / Jak. 5,14)(4) hingegen in die zweite (vgl. 1. Clem. 42,1f.) – *Apologeten* als »defensores fidei« (mit ihrer Verkündigung im Stil der Homilie) in die dritte Generation.

Das jeweils kybernetische Charisma und spätere geistliche *Amt des Episkopen bzw. des Bischofs* (vgl. Apg. 20,28 / 1. Tim. 3,1–7 / Tit. 1,5–9), *des Presbyters* (1. Tim. 5,17–22 / Tit. 1,5–7.8–9) *und des Diakonen* (1. Tim. 3,8–13)(5) entwickelt sich in unterschiedlichen Regionen zu unterschiedlichen Zeiten auf unterschiedliche Weise unter Gebet und Handauflegung (vgl. Num. 27,18–23 und Dtn. 34,9) nach der in Apg. 13,1–3 / 1. Tim. 4,14; 5,22; 6,11–16 und 2. Tim. 1,6 sowie Did. 15,1 angedeuteten *Ordination* in aller Vielfalt alles andere als homogen – ehe es aus aller urchristlichen Vielfalt bzw. Divergenz der Charismen und »Dienste« heraus (1. Kor. 12,5 spricht gerade eben nicht von »Ämtern«, wie Luther fälschlicherweise übersetzte: »Es sind mancherlei Ämter ...«, sondern von »Diensten«) zu einer Harmonisierung und Hierarchisierung bzw. Konvergenz in der Ämterbildung in frühkatholischer Zeit (6) kommt. Anfangs wird der »*Episkopos*« (der »Aufseher«, der »Wächter« und »Hüter«, der griechische Verwaltungsbeamte) bei häuslichen Mahlfeiern eine ähnliche leitende Funktion innegehabt und ausgeübt haben wie der jüdische Hausvater (z.B. zur Eröffnung der Sederfeier; siehe auch 1. Tim. 3,4f. / Tit. 1,6–9) oder wie der Vorsteher einer Synagogen-Gemeinschaft (7). Erst in der Folgezeit wuchsen dem bisherigen Episkopos übergemeindliche Aufgaben zu (siehe 1. Tim. 3,1 / Tit. 1,9) – avancierte der Episkopos zum (zum Monarchischen hin tendierenden?) *Bischof*, der sein

Leitungsamt »in presbyterio« als »primus inter pares« ausübte, also als Vorsteher in der Gemeinschaft mit dem Presbyter-Kollegium, den Amtsträgern vor Ort (vgl. 1. Tim. 4,14), in episkopaler, presbyterialer und kollegialer Leitung. Die *Presbyter* fungierten bisher als Vorsteher und übten das Amt der Gemeindeleitung als Hirtenamt (1. Petr. 5,2.3) aus. Sie sind verantwortlich für die Fürsorge und für die Seelsorge in der Gemeinde (Jak. 5,14–16), für die Verwaltung und für die Finanzen und nicht zuletzt (als Hüter der apostolischen Tradition) für die Lehre und konkurrieren gewissermaßen mit den Diakonen. Im Sinne der Neuordnung der Ämter rückte der Presbyter auf und entwickelte sich zum pastoralen Amtsträger der Parochie, der Ortsgemeinde, zum »pastor loci« (2. Clem. 17,5). Die *Diakone* wiederum übernahmen die Aufgaben der Unterweisung, der Gemeindeverwaltung (der Gemeindekassen), der Fürsorge, der Krankensalbung, des Tischdienstes bei den Kyrios-Mahlfeiern sowie von Lesungen und Gebeten im Gottesdienst (8). Allen gemeinsam obliegt die Aufgabe nach 1. Tim. 3,9: »Sie sollen das Geheimnis des Glaubens mit reinem Gewissen bewahren« sowie nach 1. Tim. 4,12: »Du aber sei den Gläubigen ein Vorbild im Wort, im Wandel, in der Liebe, im Glauben, in der Reinheit.« Eine hierarchische Überordnung des Bischofs bzw. ein monarchischer Episkopat begegnet erstmals bei Ignatius von Antiochien (+um 115 in Rom), der der Christengemeinde ans Herz legte: »Seid eurem Bischof untertan wie Jesus Christus selbst und dem Kollegium der Presbyter wie den Aposteln Jesu Christi ... Euer ehrwürdiges, wahrhaft gotteswürdiges Presbyter-Kollegium ist mit dem Bischof verbunden wie die Saiten mit der Leier.« (Trall. II,1–2; Eph. IV, 1).

Fazit: Was die Herausbildung der Dienste als Presbyter, Diakon, Bischof für die Feier der Kyrios-Nacht bedeutet, lässt sich wohl erst für die Zeit im 2./3. Jhdt. ausdrücken, in der diesen jeweiligen Dienstleistern jeweils spezifische Aufgaben übertragen wurden. In der Zeit davor wird der Leiter der jeweiligen Hausgemeinde, im besonderen der Hausvater, die ehrenvolle Aufgabe übernommen haben, die Mahlfeier nicht nur im organisatorischen Sinne als Moderator, sondern insbesondere im geistlichen Sinne zu leiten. Wenn jemand aus dem Kreise der Apostel hinzukommen konnte, wurde er besonders begrüßt und einbezogen.

Anmerkungen

(1) – Schenkel, in: Dr. Herzog: Real-Enzyklopädie, Bd. VII, 560.
(2) – siehe G. Theißen: Studien zur Soziologie des Urchristentums, 108f.202–230. Zu den urchristlichen Wandercharismatikern zählt Theißen die Zwölf, den Siebenerkreis um Stephanus, aber z.B. auch die Gegner des Paulus (etwa in Korinth).

(3) – Die DIDACHE, »die Lehre der zwölf Apostel«, von einem ›Anonymus‹ in griechischer Sprache verfasst, stammt vermutlich aus dem Anfang des 2. Jhdt.s, entstand wahrscheinlich in Syrien in Abgrenzung von den Judäern und wurde 1875 in Konstantinopel wiederentdeckt. Sie gilt als älteste erhaltene Kirchenordnung – enthält in einem ersten Teil Anweisungen für den Katechumenenunterricht und für die Taufe (Did. 1–6) und in einem zweiten Teil eine Gottesdienstordnung (Did. 7–10), Anweisungen fürs *Fasten* (am Mittwoch und am Freitag) (Did. 8,1), fürs Gebet (das UNSER-VATER findet sich in Did. 8,2f.) und fürs Herrnmahl (Did. 14 – wobei die »verba testamenti« fehlen / wobei die Taufe einerseits und die Versöhnung mit dem Bruder andererseits Voraussetzungen für die Kommunion bilden) – beschreibt das Amt der Apostel, das der Propheten und Lehrer sowie das Amt der Episkopen und Diakonen (Did. 15) – und ermahnt zum christlichen Lebenswandel in der Perspektive der Parousia Christi.

(4) – siehe Robert Zollitsch: Amt und Funktion des Priesters. Eine Untersuchung zum Ursprung und zur Gestalt des Presbyterats in den ersten zwei Jahrhunderten, 15–20.

Das PRESBYTERamt findet seine Vorstufen in der Zeit, als Mose die Ältesten Israels zusammenruft (Ex. 3,16.18; 4,29; 12,21; 18,12; 19,7; 24,1.9 / Num. 11, 16.24; 16,25) und als Joshua die Vertreter der zwölf Stämme zum Landtag in Sichem einlädt (Jos. 24,1; 23,2). In der Zeit nach der Landnahme begegnen Älteste als Vertreter einzelner Ortschaften wie Gilead und Bethlehem (Ri. 11,3–11 / 1. Sam. 11,3–10; 16,4; 30,26–31). Darüber hinaus agieren Älteste über ganze Landschaften (Ri. 11,5 / 1. Sam. 30,27–31), über ganze Stämme (1. Sam. 30,26 / 2. Sam. 19,12) und über die Stämme Israels insgesamt (1. Sam. 8,4 / 2. Sam. 3,17; 6,3; 17,4 / 1. Kön. 8,1.3). Älteste sind es schließlich, die von Samuel die Einsetzung eines Königs einfordern (1. Sam. 8,4), der seinerseits wiederum von den Ältesten abhängig bleibt (1. Sam. 15,30 / 2. Sam. 3,17; 5,3; 17,4.15; 19,12). Auch in der Exilszeit stehen die Ältesten an der Spitze des Volkes (Jer. 29,1 / Ez. 8,1; 14,1; 20,1.3). In Zusammenarbeit mit dem Statthalter leiten die Ältesten den Wiederaufbau des Tempels in Jerusalem (Esr. 6,7f.14).

Zollitsch (in: Amt und Funktion, 18): »Spätestens seit der Seleukidenzeit (Antiochus III., 223–187 v.Chr.) gibt es in Jerusalem einen Ältestenrat ... als festumrissene, oberste jüdische Regierungsbehörde. Er ist eine Art Senat« – später »Synedrion« genannt, von Luther: »Hoher Rat« übersetzt. Nach der Zerstörung Jerusalems im Jahre 70 ndZ. formiert sich in Jawne ein neues Synedrion, bestehend aus 72 Ältesten, mit eingeschränkten rechtlichen Befugnissen. Dieses Synedrion mit seinen pharisäischen Schriftgelehrten entwickelt sich »zur hohen Schule rabbinischer Gelehrsamkeit« (19).

»Für die christliche Gemeinde, die zunächst in enger Verbindung mit dem Judentum lebt und dann, sich von der Synagoge absetzend, mehr und mehr ihre eigene Struktur aufbaut, bietet sich der gewachsene, in sich vielfältige

Begriff ›Presbyteros‹ fast von selbst an. Da diesem Begriff der Charakter der gewachsenen Autorität, des Ansehens, des Ehrwürdigen und der amtlichen Stellung eignet, empfiehlt er sich für ein wachsendes Amt, das selbst noch nicht festgelegt ist, sondern sich erst entfalten und profilieren muß.« (Zollitsch, aaO., 23). Die Presbyter sind »als eine Art Gemeindevorstand zu verstehen, der an der Leitung der Gemeinde beteiligt ist bzw. die Gemeinde leitet und auch repräsentieren kann. Sie sind auf dem Apostelkonzil an der Entscheidung der Apostel beteiligt und stehen .. in Zusammenhang mit der Entgegennahme einer Kollekte. Demnach gehören Verwaltung und Verteilung der Kollekte zu ihren Aufgaben, d.h. die Presbyter haben Funktionen auf dem Gebiet der Caritas, der sozialen Fürsorge und der damit verbundenen Finanzen, der Verwaltung der Gaben und des Vermögens.« (Zollitsch, aaO., 44).

(5) – H. Lietzmann (in: Geschichte der Alten Kirche, I, 148) notiert zu den Ämtern der »EPISKOPEN« und »DIAKONEN« (Phil.1,1): »... daß sie nicht aus jüdischem Brauch stammen, scheint sicher ... Die einfachste Annahme ist die, daß man irgendwo an einem maßgeblichen Ort – man wird gern an Antiochia denken – die Bezeichnungen frei gebildet hat. ... Episkopos heißt der ›Aufseher‹ ... so konnte man gern die Geschäftsleiter der Gemeinde nennen ... ›Diakonos‹ heißt der ›Diener‹, und zwar speziell der Aufwärter bei Tisch, der Kellner ... Die Diakonen bedienen die Gemeinde beim Herrenmahl und tragen den Abwesenden Brot und Wein ins Haus. Diese Abwesenden waren meist und regelmäßig Kranke, so daß ihr Amt die Diakonen auch mit der Krankenpflege betraute. Diese beiden Ämter wurden durch Wahl übertragen.«

Nach Homers »Ilias« XXII, 254f. werden Götter »*Episkopoi*« genannt als »Wächter über Ordnungen, die unter ihrem Schutz stehen, und über Verträge, deren Zeugen und Garanten sie sind« (Zollitsch: Amt und Funktion des Priesters, 24). Mit dem Begriff »Episkopoi« können in der griechischen Kulturwelt Aufsichtsbeamte gemeint sein, ob nun im Tempelbereich, im Bauwesen oder im Verpflegungswesen einer »polis«. – Die Septuaginta (LXX)(die griechische Übersetzung der Hebraica) übersetzt die Heeresbefehlshaber (aufgrund von Num. 31,14; 2. Kön. 11,15) mit »Episkopoi«, den Vogt (nach Ri. 9,28) entsprechend. Nach 2. Kön. 12,12 und 2. Chr. 34,12.17 werden die Bauaufseher beim Tempelbau als »Episkopoi« bezeichnet, auch die Tempelaufseher können so bezeichnet werden (vgl. 2. Kön. 11,18), genauso die Vorsteher über die Söhne Benjamins, über die Priester und die Leviten (Neh. 11,9.14.22).

Die drei Ämter: des *Episkopen* (Apg. 20,28 / 1. Tim. 4,13–16; 5,17–23), des *Presbyters* (nach Apg. 14,23; 20,17 / 1. Petr. 5,1–5 / Tit. 2,2) und des *Diakonen* (nach Apg. 6,1–7 / 1. Tim. 3,8–13) gehören als geistliche Vorbilder auf die Ortsebene der Gemeinde (während die Ämter des Apostels, Propheten und Lehrers eher wandernd-missionarischen Charakter tragen). Das Amt des

Episkopen im Sinne eines verantwortlichen Gemeindedieners und Aufsehers (nach Apg. 20,28 / Phil. 1,1 / 1. Tim. 3,2 / 1. Petr. 2,25) entwickelt sich im Laufe der Zeit zu dem des Gemeindeleiters bzw. zu dem des Vorstehers. Das Bischofsamt ragt von allem Anfang an heraus, gründet auf 1. Tim. 3,1–7 und versteht sich unter der Assistenz von Presbytern und Diakonen.

»Das Neue Testament beschreibt nicht eine einheitliche Amtsstruktur, die als Modell oder bleibende Norm für jedes zukünftige Amt in der Kirche dienen könnte ... vielmehr eine Vielfalt von Formen ... Im 2. und 3. Jahrhundert setzte sich eine dreigliedrige Struktur aus Bischof, Presbyter und Diakon als Struktur für das ordinierte Amt in der ganzen Kirche durch. In den nachfolgenden Jahrhunderten hat das Amt des Bischofs, Presbyters und Diakons in seiner praktischen Ausübung beträchtliche Veränderungen durchgemacht.« (so die Lima-Erklärungen zu Taufe, Eucharistie und Amt, 9/1984, 36).

War der *Bischof* anfänglich noch der Leiter der Ortsgemeinde, so entstand für ihn zunehmend die Aufgabe, die Aufsicht über mehrere Ortsgemeinden wahrzunehmen, also als Episkopos zu fungieren (Timotheus und Titus haben in diesem Sinne bereits agiert). Der *Presbyter* entwickelte sich daraufhin zum Leiter der einzelnen Ortsgemeinde – der *Diakon* übernahm Aufgaben der Diakonie aus der Armenpflege und aus dem Tischdienst des Siebenerkreises um *Stephanus* (gemäß Apg. 6,1–6), wobei sich diese sieben Hellenisten (als Führer einer Minderheitsgruppe bzw. einer hellenistischen Gemeinde in Jerusalem?) auf diese Aufgaben nicht allein beschränkten, sondern als Missionare und als Evangelisten wirkten (vgl. Apg. 6,8; 21,8).

Ernst Käsemann vermerkt: »Während es im NT kein wirkliches Äquivalent für unsern heutigen kirchlichen Amtsbegriff gibt, findet sich doch in der paulinischen und unmittelbar nachpaulinischen Theologie ein Begriff, der Wesen und Aufgabe aller kirchlichen Dienste und Funktionen theologisch präzis und umfassend beschreibt, nämlich Charisma.« (in: Exegetische Versuche und Besinnungen, Bd. 1, 109) – siehe dazu 1. Kor. 7,7; 12,4–6 / Röm. 12,6–8 / Eph. 4,7.11 / 1. Petr. 2,5–10.

Fälschlicherweise hat *Martin Luther* in 1. Kor. 12,5 übersetzt: »... und es sind mancherlei Ämter« – wo es doch allein um den Dienst aller aneinander im »ministerium verbi divini« geht und wo die Sentenz aus Mt. 23,8 gilt: »Einer ist euer Meister, Christus, ihr aber seid alle Brüder« (im Sinne der »Koinonia«). These IV der »Barmer Theologischen Erklärung« vom Mai 1934 rekurriert auf die sich in der Kirche inzwischen herausgebildeten Ämter, formuliert aber ganz in der Konsequenz des paulinischen Gedankenansatzes, wenn es dort heißt: »Die verschiedenen Ämter in der Kirche begründen keine Herrschaft der einen über die anderen, sondern die Ausübung des der ganzen Gemeinde anvertrauten und befohlenen Dienstes.«

Nach der »Genfer Kirchenordnung« von 1541 entwickelt *Jean Cauvin* ein vierfaches Amt für die Christenheit: das des Pfarrers, des Presbyters, des

Lehrers und des Diakonen – wobei er auch Frauen für den Diakonen-Dienst vorsehen wollte, was in den Gemeinden jedoch nicht angenommen wurde.

(6) – Den Begriff »frühkatholisch« hat Ernst Käsemann in die neutestamentliche Exegese eingebracht (in: Paulus und der Frühkatholizismus, 1963, 239–252), von der urchristlichen Phase unterschieden und begründet mit dem Ausbleiben der Parousia Christi, mit der nachlassenden apokalyptischen Erwartung und mit der Herausbildung der Ämter.

Innerhalb der »urchristlichen« Zeit (ab dem Datum der Auferweckung Christi) lässt sich zwischen einer apostolischen und einer sub-apostolischen Phase unterscheiden.

(7) – vgl. H.J. Kraus: Gottesdienst im alten und neuen Bund, 199.

(8) – Zur Entwicklung des Diakonenamtes und der Diakonie siehe Christoph Schneider-Harpprecht: Diakonik, in: C. Grethlein / H. Schwier (Hg.): Praktische Theologie. Eine Theorie- und Problemgeschichte, 733–792.

Zur anfänglichen Situation der Christen im »Imperium Romanum«

In der Regierungszeit von Kaiser Claudius, genannt »Augustus« (*10 vdZ., +54 ndZ.), sind die ersten Christen nach Rom gelangt. »Aber sie sprachen Griechisch und erschienen zunächst als Anhang der Judengemeinden, die ja ebenfalls Griechisch als Muttersprache gebrauchten. Es hat bis zur Mitte des 3. Jahrhunderts gedauert, bis die römischen Christen das Latein zur Gemeindesprache machten. ... So hat denn nun .. das Christentum in den für seine Grundlagen entscheidenden Perioden keine Einflüsse des Westens erfahren; es ist aus dem Osten herausgewachsen und als fertiges Gebilde ins Abendland gewandert.« (1).

Der römische Kaiserbiograph *Sueton* (*um 70,+um 130/140) erwähnt ein Claudius-Edikt aus dem Jahre 41/42 oder 49 mit den Worten: »Die Juden, welche, von einem gewissen Chrestos aufgehetzt, fortwährend Unruhe stifteten, vertrieb er aus Rom.« (in: De vita Caesarum, Kap. 25,4). Fraglich erscheint, ob mit dem Titel »Chrestos« Jesus Christus gemeint ist (2) – oder nicht eher ein Anführer: ob als Jude oder Juden- oder Heidenchrist, muss offen bleiben (vgl. dazu H. Conzelmann: Geschichte des Urchristentums, 96f.). Das Zeugnis Apg. 18,2 jedenfalls erwähnt, dass Priscilla und Aquila nach Korinth ausgewichen waren, weil Claudius die (Juden-?) Christen vertrieben hatte (nach Röm. 16,3 sind beide später nach Rom zurückgekehrt). Der Historiker Sueton wusste allem Anschein nach nicht genau Bescheid und könnte mit seiner Notiz den Eindruck erwecken, als sei dieser »Chrestos« selbst nach Rom gekommen. Was Sueton jedoch vermerkt, sind die Unruhen in Rom, die dadurch entstanden, dass sich etliche Juden durch die Evangeliumspredigt den Christen angeschlossen hatten und dafür aus der Synagogen-Gemeinde exkommuniziert worden waren. Aufgrund des Christus-

Zeugnisses war es demnach zu Auseinandersetzungen zwischen den Juden in den Synagogen-Gemeinden gekommen (siehe: Vita Claudii 25).

Im Jahre 62 ließ der Hochpriester Ananos d.J. den Führer der Jerusalemer Urgemeinde, den *Herrnbruder Jakobus*, (ohne die notwendige Zustimmung des Königs einzuholen) vor das Synedrion laden und dort zum Tode durch Steinigung verurteilen (vermutlich wegen angeblicher Gotteslästerung)(vgl. Josephus: Antiquitates XX, §200 – dagegen ließ nach dem Zeugnis Apg. 12,2 König Herodes Jakobus mit dem Schwert hinrichten). Diese Maßnahme wird die Christen der Jerusalemer Urgemeinde veranlasst haben, der Stadt der Kreuzigung und Auferweckung ihres HERRN den Rücken zuzuwenden, mit der Tradition der Kyrios-Feiern dort notgedrungen zu brechen und sich selber schützend in Pella im Ostjordanland niederzulassen. Dies geschah noch vor Ausbruch des jüdischen Krieges im Jahre 66 (vgl. Josephus: Ant. XX § 9,1, 256 und Bell. II, 279).

Im Jahre 70 erfolgte innerhalb des jüdischen Krieges (66–74) schließlich die Eroberung *Jerusalems* durch die Römer unter Kaiser Titus. Das höchste Heiligtum der Juden, das »Beit Hammikdasch«, wurde in Schutt und Asche gelegt – es folgten der Massen-Selbstmord (von über 900 jüdischen Männern, Frauen und Kindern) in der Festung Masada 74 und der Fehlschlag des Bar-Kochba-Aufstandes 132–135. Mit der *Tempelzerstörung* war der religiöse Mittelpunkt im Leben der Juden vernichtet und damit zugleich *das Ende des Opferkults* markiert. Das *Synedrion* wurde aufgelöst, das *Amt des Hochpriesters* aufgehoben. »Judäa wurde römische Provinz, von Syrien abgetrennt und einem Legatus pro praetore unterstellt.« (3). Die für die Juden bisher zu entrichtende Tempelsteuer floss nun in die römische Staatskasse – eine Rabbiner-Akademie in Jabne / Javne / Jamnia (nahe Jaffa)(4) ersetzte das Synedrion – eine Art Patriarch regierte die übrig gebliebenen Judäer und konnte sogar Todesurteile verhängen. Zunehmend mehr Judäer wanderten einerseits nach Pella ins Ostjordanland aus, andererseits nach Javne (wo sich in den Jahren 70–132 [dem Beginn des Bar-Kochba-Aufstandes] das Zentrum des rabbinischen Judentums hielt) und schließlich nach Babylon, wo sich ein neues Zentrum des Judentums bildete, wofür der Babylonische Talmud aus dem 5. Jhdt. (im Gegenüber zum Jerusalemer Talmud aus dem 4. Jhdt.) Zeugnis ablegen kann. Nach dem letzten jüdischen Volksaufstand unter (dem als politischen Messias angesehenen) Simon Bar-Kochba (132–135) wurde jedem Judäer das Betreten der unter Hadrian zur »*Aelia Capitolina*« umbenannten Stadt Jerusalem verboten – was das Ende in der Geschichte der Jerusalemer Urgemeinde markiert. Die Landschaftsnamen Judäa und Israel wurden durch die römische Bezeichnung »*Palästina*« (›Philisterland‹) ersetzt, was sich auch darin auswirkte, dass die Rede von den »Judenchristen« immer mehr ausblieb, dafür aber die Rede von den »palästinensischen Christen« immer stärker aufkam. Dass diese Entwicklung für Juden, Judenchristen, Heidenchristen bzw. für »Hebräer« und für »Hellenisten« (5) gravierende

Konsequenzen zeitigte, kann wohl nicht deutlich genug erwähnt werden (6). Die für das Judentum existentiell notwendigen Säulen bildeten fortan (und bilden bis heute) Thora, Synagoge, Lehrhaus und Familie.

Als im Juli 64 ein gewaltiger Brand über eine Woche lang in Rom wütete und den Großteil der Stadt in Schutt und Asche legte – machte Kaiser *Nero* (54–68) dafür die Christen verantwortlich (Tacitus: Annales XV, § 44,2; vgl. Sueton: Nero 16,1 sowie Clem. 6,1.2). »Wenn der Tiber die Mauern überflutet, wenn der Nil die Felder nicht überflutet, wenn der Himmel sich nicht rührt, wenn die Erde sich bewegt, wenn eine Seuche wütet, gleich schreit man: ›Die Christen vor die Löwen‹ (Tert., apol. 40,2).« (7). »... in / Tierfelle eingenäht wurden sie von Bluthunden gehetzt ..., in der Arena zerfleischt ..., mit Pechbinden umwickelt haben sie in den kaiserlichen Gärten auf dem Vatikan als Fackeln gebrannt. Es ist höchst wahrscheinlich, dass in dieser Verfolgung auch *Petrus* den ... Kreuzestod gefunden hat: seinen Leichnam hat man neben dem Neronischen Zirkus an der Via Cornelia bestattet.« (8).

Damit nahm die Phase von *Christenverfolgungen* ihren Anfang, die meisthin jedoch nicht ›flächendeckend‹ erfolgten und ebenso wenig gleichzeitig. »Es waren in erster Linie nicht die römischen Kaiser ..., von denen Christenverfolgungen ausgingen, und auch nicht die Behörden, sondern in sehr vielen Fällen die aufgebrachte oder aufgewiegelte Bevölkerung. Mehrfach führten im 2. Jh. Volkstumulte zur Verfolgung einzelner Christen oder ganzer christlicher Gruppen. Der Grund dafür war ein weithin verbreiteter Haß gegen die Christen ... An vielem, was römischer Brauch (mos) ausmachte, nahmen die Christen nicht teil ... // ... Vieles war den Zeitgenossen am christlichen Kultus fremd und verdächtig ... Hinzu kommt der Vorwurf der Gottlosigkeit, des Atheismus ... Es gab keine speziellen Gesetze für ein Vorgehen gegen die Christen. Ihre Behandlung lag im Ermessen der Behörden bzw. der Kaiser selbst.« (9). An verschiedenen Orten kam es punktuell zu teilweise extremen Ausartungen gegenüber hilf- und wehrlosen Christen, die schon aufgrund ihres Bekenntnisses »Kyrios / HERR Jesus Christus« (vgl. 1. Kor. 12,3 / Röm. 10,9) in höchste Gefahren geraten konnte – wurde dieses Bekenntnis doch als Affront verstanden gegenüber dem allgemein erwarteten römischen Loyalitätsbekenntnis: »Kyrios / Herr ist der Kaiser!« Was muss es angesichts dieser Lebensverhältnisse bedeutet haben, sich zum Glauben an den »Kyrios Jesus Christus« zu bekennen – und eben nicht abzuschwören, was die Römer ja immerhin unter Straffreiheit nahe legten!

»Die erste große Christenverfolgung unter Nero in Rom hatte mit dem christlichen Glauben noch wenig zu tun. Der Kaiser wälzte vor allem den auf ihn gefallenen Vorwurf der Brandstiftung auf die Christen ab. Weitere Verfolgungen erlitten Christen erst wieder unter Domitian, namentlich in Kleinasien ... und in Rom. ... Nach einer relativ ruhigen Zeit unter Nerva kam es während der Regierungszeit Trajans zur Verfolgung von Christen in Kleinasien und Syrien. Zwei prominente Vertreter von Christengemeinden – Bischof Ignatius von Antiochien und der zweite Bischof der Jerusalemer Gemeinde, Simeon – erlitten dabei das Martyrium.« (10).

Plinius Minor (*61,+um 120), römischer Senator und Anwalt, wirkte um 112 im Auftrag von Kaiser Trajan (98–117) als Legat und Statthalter in der römischen Provinz Bithynien und Pontus. Angesichts dessen Brief im Buch X an Kaiser Trajan (epist. Ad Traian 96.97) fasst Hans Lietzmann die Quellentexte folgendermaßen zusammen: Plinius »habe sich bei Personen, die ihm als Christen denunziert wurden, darauf beschränkt, sie zu fragen, ob sie Christen seien. Im Falle der Bejahung habe er sie aufgefordert, davon abzulassen, den beim Tribunal aufgestellten Bildern der Götter und des Kaisers Verehrung zu erweisen und Christus zu verfluchen. Wer das getan und dadurch sich augenscheinlich vom Christentum losgesagt habe, der sei straflos entlassen worden. Wer aber standhaft trotz mehrfacher Ermahnung bei seiner Weigerung geblieben sei, den habe er hinrichten lassen ... Übrigens habe er doch mehrfach genauere Verhöre ... angestellt ..., aber nichts anderes gefunden als einen üblen und maßlosen Aberglauben. Daher habe er auf eine Fortführung dieser Methode verzichtet und wende sich an die Entscheidung des Kaisers. Die Sache sei von Bedeutung wegen der großen Zahl der Christen.« (11). Die kaiserliche Antwort an Plinius (12) bestätigt dessen Vorgehensweise, lässt anonyme Ankläger nicht zu, betont aber die Möglichkeit zur Verhängung der Todesstrafe für jeden, der sich dem römischen Götter- und Kaiserkult widersetzt (10). Damit gerieten die Christen unter mächtigen Gewissensdruck und -zwang, ging es für sie doch um die Entscheidung: ob Leben oder Tod. Worte vermögen wohl kaum auszudrücken, welcher Respekt denen gebührt, die aufgrund ihres Christus-Bekenntnisses (»Christianus sum«) lieber in den Märtyrertod gingen – als Christus zu verleugnen! Für sie war durch die kaiserliche Maxime der *»status confessionis«* entstanden: sie konnten also entweder nur noch (Chrestos als ihren Kyrios) bekennen oder verleugnen.

Mitte des 2. Jhdt.s richtete *Aristides* (*117,+181), christlicher Philosoph in Athen, an Kaiser Antonius Pius (138,+161) die folgende Apologie (die in Form einer syrischen Handschrift 1889 im Katharinenkloster auf dem Sinai entdeckt wurde): »Sie haben die Gebote ihres Herrn Jesus Christus in die Herzen eingeprägt und halten sie. Dabei erwarten sie die Auferstehung der Toten und das Leben der zukünftigen Welt. Sie brechen die Ehe nicht, sie treiben keine Hurerei, sie geben nicht falsches Zeugnis. Sie begehren nicht, was anderen gehört, sie ehren Vater und Mutter und lieben den Nächsten. Sie urteilen gerecht. Was sie nicht möchten, das ihnen geschieht, tun sie einem anderen nicht an. Die ihnen Böses tun, denen geben sie gute Worte und machen sie sich zu Freunden. Sie sind eifrig, den Feinden Gutes zu erweisen. Sanftmütig sind sie und gütig. Von jeder gesetzwidrigen Gemeinschaft und jeder Unreinheit halten sie sich fern. Witwen übersehen sie nicht, Waisen betrüben sie nicht. Wer etwas hat, hilft dem, der nichts hat, ohne einen Vorwurf zu machen. Wenn sie einen Fremden sehen, führen sie ihn unter ihr Dach und freuen sich über ihn wie über einen wirklichen Bruder. Sie nennen einander Brüder nicht nach dem Fleisch, sondern nach dem Geist.« (15,3–7)(zitiert nach E. Lohse: Urchristentum, 138.139)(12).

Ungeachtet dieser Apologie an Kaiser Antonius Pius kam es in dessen Amtszeit aufgrund von örtlichen Problemen und aufgrund einzelner Statthalter-Entscheidungen regional begrenzt zu tumultartigen Ausschreitungen des Pöbels gegen Christen und zu verschiedenen *Christenverfolgungen* in Kleinasien – so im Jahre 156, als *Polykarp*, Bischof von Smyrna, achtzigjährig lebendig verbrannt wurde, »weil er nicht bereit war, Christus zu verleugnen und beim Genius des Kaisers zu schwören« (13) – oder im Jahre 177/178 in Vienne und in Lyon. Stets ging es um die Forderung an jeden Bewohner im »Imperium Romanum«, den römischen Gottkaiserkult mit der Verehrung von Götterbildern und -statuen einzuhalten – wo dies jedoch nicht geschah, drohten ernsthafte Konsequenzen, wie sie nicht deutlicher hervortreten konnten als unter Kaiser Decius (24–251) in den Jahren 250/251, als im gesamten Römischen Reich Christen verfolgt wurden. Wer jedoch gedacht hätte, dadurch den christlichen Glauben ausrotten zu können oder die Zahl der Christen auf ein Minimum zu reduzieren, sah sich getäuscht. Das Gegenteil trat ein: Die Zahl der Christen stieg, der Glaube gewann an Format und an Profil, an Konsequenz und an Tiefgang. Zweifellos bedeutete die römische Praxis für die Christen empfindlichste Einschränkungen, konnten sie sich doch nach außen kaum noch zu erkennen geben – mussten sie doch in den Untergrund abtauchen. Versammlungen auf öffentlichen Plätzen mussten unterbleiben, Zusammenkünfte in Privathäusern konnten nur unter Geheimhaltung erfolgen, Aufzeichnungen und auch Gottesdienst-Notizen (die in späteren Zeiten vielleicht einmal als historische Urkunden hätten dienen können) mussten vernichtet werden, missionarische Aktionen durften kaum noch stattfinden. Die verfolgte Kirche entwickelte sich zur Untergrund-Kirche.

Bemerkenswert erscheint: Die ersten Christen aus dem Kreise von Juden wie von Hellenisten saßen mehr oder weniger quasi ›zwischen allen Stühlen‹, erlitten vielfältige »Distanzierungsmaßnahmen« (14) und drohten aufgerieben oder gar zerrieben zu werden. Umso erstaunlicher aber wirkt unter diesen Konditionen ihre rasche Ausbreitung, ihre Attraktivität und Vitalität. Der Feier der (wöchentlich begangenen) *Kyrios-Nacht* (mit Taufe und Eucharistie) kommt in diesem Kontext (auch wenn darüber aus naheliegenden Gründen keine Quellentexte vorliegen (können)) eine kaum zu unterschätzende Bedeutung zu für das Glaubenszeugnis, für die Stabilität der ersten Christen und für ihren Zusammenhalt untereinander. Diese Christen bildeten von ihrer Konstitution her als »creatura verbi divini« (15) und als »Institution der Pilgerschaft« (C. Schwöbel, 224) in Erwartung der Parousia Christi und der »basileia Dei« im Verborgenen eine festgefügte Glaubens-, Anbetungs-,

Feiergemeinschaft als »Leib mit vielen Gliedern unter dem einen Haupt« (vgl. 1. Kor. 12,12 / Röm. 12,5): unter dem »Kyrios Christus Jesus« in ihrer geistlichen Mitte.

Anmerkungen

(1) – H. Lietzmann, aaO., I, 160.
Was die Ausbreitung der *Judäer* anbetrifft, notiert Josephus für die Zeit Ende des 1. Jhdt.s: »Man kann nicht leicht einen Ort in der Welt finden, welcher dieses Volk nicht beherbergt und nicht in seiner Gewalt ist. So kommt es, dass Ägypten und Cyrenaea, die in ihre Hände gefallen sind, und viele andere Städte die Sitten derselben nachahmen, der großen Schar der Juden auf ganz besondere Weise zugetan sind und mit ihnen mächtig werden, indem sie nach den überkommenen Sitten der Juden leben. In Ägypten haben sie Bürgerrechte, und ein großer Teil von Alexandria ist sogar diesem Volke besonders eingeräumt; sie haben einen eigenen Vorsteher, der ihre Angelegenheiten besorgt, ihre Händel schlichtet und ihre Kontrakte und Verträge bekräftigt, als wenn er ein selbständiger Herrscher wäre.« (Ant. XIV, 115–117).
E. Lohse vermutet: »Man wird die Zahl der Juden, die zur Zeit des Kaisers Augustus im Römischen Reich lebten, auf 4,5 Millionen – davon ½ bis ¾ in Palästina – schätzen dürfen, was einem Anteil von 7 % der Gesamtbevölkerung des Imperiums entspricht.« (in: Das Urchristentum, 17).
(2) – Diese Annahme vertritt Roman Heiligenthal (Der Lebensweg Jesu, 31f.): »Chrestus ist höchstwahrscheinlich an dieser Stelle eine Verschreibung von Christus ... // ... Für heidnische Ohren war ›Chrestus‹ als weitverbreiteter Personenname verständlicher als ›Christus‹. Man kann mit großer Sicherheit davon ausgehen, daß im Claudiusedikt kein unbekannter jüdischer Unruhestifter, sondern Jesus von Nazareth Erwähnung findet.«
(3) – H. Lietzmann, aaO., I, 188.
(4) – Auf der Synode in Jawne wurde die jüdische Bibel gegen Ende des 1. Jhdt.s kanonisiert.
Zum Synedrium in Jabne siehe L. Goppelt: Die apostolische und nachapostolische Zeit, 80f.
Johannes Chrysostomus verstand unter »Hellenisten« griechisch-sprechende Juden – demnach sind »Hebräer« hebräisch oder korrekterweise aramäischsprechende Juden (siehe B. Wander: Trennungsprozesse, 124).
(5) – H.v. Soden vermerkt dazu: »Epochemachend für die Entwicklung des Christentums zur selbständigen Religion wird der Fall Jerusalems im Jahre 70. Er entscheidet durch die von ihm herbeigeführte Auflösung der palästinensischen Urgemeinde das Übergewicht der gesetzesfreien Diasporagemeinden und wirkt zersetzend auf das ursprünglich als herrschend vorzustellende Judenchristentum. Denn um diese Zeit muß es überall – vielfach wohl schon vorher – zur gewaltsamen Ausscheidung der Christen aus den

Synagogen gekommen sein. Das Johannesevangelium spielt (9,22.12,42) auf synagogale Exkommunikation der Christgläubigen an. Nicht später als etwa 100 ist wahrscheinlich eine Verfluchung der Christen in das Achtzehngebet aufgenommen (in der 12. Bitte).« (in: Die Entstehung der christlichen Kirche I, 53). Kritisch angefragt sei, warum von Soden von »palästinensischer« Urgemeinde schreibt und eben nicht von »Jerusalemer« Urgemeinde. Sollte sich in dieser Redeweise ein Zug von »Israel-Vergessenheit« artikulieren?

(6) – zitiert nach C. Andresen: Geschichte des Christentums I, 11.

(7) – H. Lietzmann, aaO., I, 201.

(8) – K. W. Tröger: Das Christentum, 111/112.

(9) – K. W. Tröger, aaO., 113.

Kaiser Domitian (81–98) bestand darauf, als »unser Herr und Gott« angeredet zu werden, beanspruchte also göttliche Huldigung und Verehrung – und brachte damit Judäer wie Christen in Gewissenskonflikte.

(10) – H. Lietzmann, aaO., II, 154.

(11) – *Die Antwort von Kaiser Trajan an Plinius* lautet (X. 97): »Lieber Secundus, Du hast Dich bei der Behandlung der Fälle derer, die bei Dir als Christen angezeigt wurden, so verhalten, wie Du Dich verhalten mußtest. Denn eine allgemeinde Regelung, die gleichsam eine bestimmte Form hat, läßt sich nicht festlegen. Aufspüren soll man die Christen nicht; wenn sie angezeigt und überführt werden, sind sie zu bestrafen mit der Einschränkung, daß derjenige, der behauptet, kein Christ zu sein und das handgreiflich nachweist, indem er nämlich unseren Göttern opfert, aufgrund seiner Reue Verzeihung erlangt, mag er auch für die frühere Zeit verdächtig gewesen sein. Anonyme Anklagen aber dürfen bei keiner Straftat angenommen werden. Denn das gibt ein äußerst schlechtes Beispiel und paßt nicht in unsere Zeit.« (zitiert aus: Welt und Umwelt der Bibel, Nr. 10, 3. Jg., hg. vom Katholischen Bibelwerk e.V., Stuttgart 1998). Anonymen Denunziationen gegenüber Christen soll demnach nicht nachgegangen werden – im übrigen bleibt es in das Ermessen eines jeden einzelnen römischen Beamten gestellt, wie im Einzelfall zu verfahren sei.

Trajans Nachfolger Hadrian (117–138) bestätigte im Jahre 122/123 die Praxis seines Amtsvorgängers.

(12) – In einem apologetischen Brief eines unbekannten Verfassers an Diognet Ende des 2. Jhdt.s heißt es: »Auf Erden weilen sie, aber sie sind Bürger im Himmel. Sie gehorchen den erlassenen Gesetzen und mit ihrer eigenen Lebensweise überbieten sie die Gesetze. Sie lieben alle – und werden doch von allen verfolgt. Man kennt sie nicht – und verurteilt sie doch. Sie werden getötet – und doch lebendig gemacht. Sie sind arm – und machen doch viele reich. An allem haben sie Mangel – und haben doch an allem Überfluss. Sie werden beschimpft – und doch in den Beschimpfungen gepriesen. Sie werden verleumdet – und doch ins Recht gesetzt. Sie werden geschmäht – und doch segnen sie. Sie werden beleidigt – und zeigen doch Ehrerbietung. Obwohl sie

Gutes tun, werden sie wie Überltäter bestraft. Wenn sie bestraft werden, freuen sie sich, als würden sie mit Leben beschenkt (5,9–16).«(zitiert nach E. Lohse: Das Urchristentum, 140).

(13) – K.W. Tröger: Das Christentum, 114.

(14) – siehe W. Stegemann: Zwischen Synagoge und Obrigkeit, 227f.238.

(15) – vgl. *Martin Luther:* »Die Kirche macht nicht das Wort, sondern sie wird von dem Wort.« (WA 8, 491 – vgl. WA 12, 191).

»Christus (ist) mit allen Heiligen ein geistlicher Körper, ebenso wie das Volk einer Stadt eine Gemeinde und ein Körper ist, ein jeglicher Bürger ein Gliedmaß des anderen und der ganzen Stadt. So sind alle Heiligen Glieder Christi und der Kirche, die eine geistliche, ewige Gottesstadt ist. Wer in diese Stadt aufgenommen wird, von dem kann man sagen, daß er in die Gemeinde der Heiligen aufgenommen, in Christi geistlichen Leib einverleibt und zu seinem Glied gemacht worden ist.« (M. Luther: WA 2, 743, 11–17).

Die Bedeutung des Katechumenenunterrichts für die ersten Christengemeinden

Seit dem Ende des 2. Jhdt.s hatte »die Missionspredigt ... so ziemlich aufgehört .. Der Katechumenenunterricht trat an ihre Stelle, ferner die häusliche Erziehung ... und der kirchliche Gottesdienst.« (1). Inwieweit der Begriff »Predigt« oder »Homilie« zu dieser Zeit bereits angemessen sein kann (2), mag ebenso hinterfragt werden wie die Rede vom »kirchlichen«, gemeint ist wohl: vom liturgisch-verfassten Gottesdienst – wohingegen die Einrichtung des so genannten Katechumenenunterrichts (gemäß Hebr. 6,1.2 – vgl. Did. 7,1f. und 2. Clem. 17,1 sowie Justin: Apol. I, 61,2) und der Taufparänese (vgl. Did. 7,1f.) in ihrer Bedeutung für die erste Christenheit und in ihrer Auswirkung für die Rezeption der Kyrios-Nacht wohl kaum unterschätzt werden kann. In diesem Zusammenhang erhält die Taufe ihr besonderes Gewicht.

Die Aufnahme der Taufwilligen (das heißt: also der erwachsenen Taufbewerber) in den so genannten »TAUFKATECHUMENAT« erfolgte mit der »obsignatio crucis« (dem Kreuzeszeichen auf der Stirn), der »impositio manus« (der Handauflegung) sowie der »datio salis« (der Gabe des Salzes), die als Vorausgriff auf die (als Höhepunkt gefeierte) »Tauf-Eucharistie« (nach Abschluss des Taufkatechumenats und nach dem Hoch-Fest der Heiligen Taufe in der Kyrios-Nacht) bereits vorweg im Sinne eines Angeldes gewährt wurde.

Den Abschluss des dreijährigen Taufkatechumenats bildet der »*Photizomenat*«: eine Zeit der Beichte und der Buße, des Fastens und der inneren Erleuchtung, mit vielen Exorzismen und dem »nomen dare«, also der Namensgebung – wobei oftmals im Vorfeld der Taufe ein neuer Name gegeben wurde, um die »neue Kreatur« auch auf diese Weise von der bisherigen zu unterscheiden (gemäß 2. Kor. 5,17 / Gal. 6,15).

Wie sich der christliche Sonntagsgottesdienst in inhaltlichen Anleihen (was Gebete und Psalmen betrifft, aber z.B. auch das »Trishagion« in Jes. 6,3) vom jüdischen Synagogen-Gottesdienst her entwickelt hat, sein Zentrum und sein Ausgangspunkt aber von allem Anfang an in der Mahlfeier lag (siehe 1. Kor. 11,24.25 / Luk. 22,19) – so hat sich seine inhaltliche Fülle aus der *Feier der Kyrios-Nacht* gebildet. Dieser Gottesdienst-Feier kommt in mehrfacher Hinsicht für die Entstehung des Christentums herausragende, fundamentale Bedeutung zu:

- durch das verbindende Zeugnis von Kreuz *und* Auferweckung Jesu Christi, das als in sich kohärentes Heilsgeschehen in unauflöslichem Zusammenhang (und als eben nicht voneinander getrennt zu erachtendes) gesehen wird /
- durch die Verortung und Konzentrierung der Mündigen-Taufe in dieser Vigilia /
- durch den engen Zusammenhang von Katechumenat, Taufe und Eucharistie als der grundlegenden Wegstrecke eines Christenmenschen.

Das Verständnis der TAUFE leitet sich von Jesu Taufe im Jordan her (Mk. 1,9–11 / Mt. 3,13–17 / Luk. 3,21.22) und wird gemäß Mk. 16,16 und Mt. 28,19–20 auf den Kasus der Freiwilligkeits- / Gläubigen- / Mündigentaufe übertragen und mit einer triadischen Taufformel (Mt. 28,19 – vgl. Did. 7,1.3 – Justin: Apol. I, 61,10ff.)(seit dem Konzil von Constantinopel ab 381 in trinitarischer Weise) begründet. Mk. 16,16 und Apg. 10,47; 11,17 zufolge konnte es nach Überprüfung des Taufwunsches sehr wohl Hinderungs- und also auch Ablehnungsgründe für ein Taufbegehren geben, bestimmte Voraussetzungen mussten also erfüllt sein.

Wie in Jesu *Taufe*, so öffnet sich genauso für den Täufling in der Kyrios-Nacht der Himmel – er weiß sich genauso wie Jesus (vgl. Ps. 2,7 und Jes. 42,1) von Gott selbst angeredet und von IHM in der Weise der Zueignung adoptiert (nämlich: »herbeigewünscht«, so, wie der jüdische Vater in diesen Worten sein Kind annimmt) als ›Sein lieber Sohn‹ (Röm. 8,16f. / Gal. 3,27; 4,6.7; vgl. Ps. 2,7) – er wird (nach Röm. 6,3–11 – vgl. 2. Kor. 4,10 / Phil. 3,10f.) im Sinne einer »participatio« wie Jesus leiden und sterben und wie Christus auferweckt werden (und auch deshalb »Christ« heißen) – er wird im Sinne einer »restitutio« erfüllt sein vom Heiligen Geist und in einem ganz neuen Leben wandeln: schon hier auf Erden erweckt der zukünftigen Auferweckung am Ende aller Tage entgegen (nach 1. Kor. 6,11 / Eph. 5,14 / 1. Petr. 1,3–5 / Tit. 3,4–7) – und er wird im Sinne einer »incorporatio« eingegliedert in die Heilsgemeinschaft Gottes. In dieser Perspektive darf sich der Getaufte seines Glaubens sicher sein und seinen Glauben bekennen (3).

Der römische Presbyter und spätere Gegenbischof (gegenüber Bischof Kallist) in Rom namens *Hippolyt* (*160/170,+nach 235) stellt in seiner Schrift »*Traditio Apostolica*« (nach traditioneller Datierung aus dem Anfang des 3. Jhdt.s, aus dem Jahre 218 (?), möglicherweise aber erst aus dem 4. Jhdt.?) einen umfangreichen TAUFKATECHUMENAT vor (mit dem Ziel der Tauf-Eucharistie in der Kyrios-Nacht), der folgende Schritte umfasst (in Klammern finden sich die jeweiligen Kapitel-Angaben):

(XVI)   Überprüfung der durch einen Bürgen (Paten) in die Gemeinde gebrachten Bewerber, mögliche Ablehnung. Bei Annahme: Aufnahme in den Taufkatechumenat. Der Kandidat muss seine Beweggründe und seine familiären Verhältnisse darlegen sowie seinen Beruf nennen. Falls sich der Beruf nicht mit dem christlichen Glauben vereinbaren lässt, muss der Bewerber zu einem Berufswechsel bereit sein.

(XVII)   Dauer des Taufkatechumenats: drei Jahre
Lehrplan: christliches Leben; Unterweisungen durch doctores (Lehrer)
Gottesdienstteilnahme (aber keine Teilnahme an der Eucharistie)

(XX)   Zulassungsprüfung zur Aufnahme in den Taufkatechumenat mit Zeugenbefragung der »Competentes« (Bürgen / Paten). Wer die Aufnahmeprüfung bestanden hat, nimmt fortan am Wortgottesdienst teil.
tägliche Handauflegung, täglicher Einzelexorzismus (nach Mt. 12,27 / Apg. 19,13ff.), zuletzt durch den Bischof
Donnerstag: Selbstreinigung der Taufkandidaten
Karfreitag und Karsamstag: Fasten
Samstag: Versammlung der Taufkandidaten mit Gebet, Niederknien, Handauflegung und *Exorzismen* (Absagen an den Teufel) durch den Bischof, anschließendes ›Ins-Gesicht-Blasen‹ (»Exsufflatio« – unter den Worten: »Fahr aus, du unreiner Geist«), Anhauchung (»in virtute spiritus sancti«) und Versiegelung der Stirn, der Ohren und der Nase (»Ephata-Ritus« nach Mk. 7,34)
Nachtwache / Vigilia unter Lesungen, Belehrungen und Gebeten: im Vorraum der Taufkirche / des Baptisteriums

(XXI)   Taufmorgen (Zeit des »*Hahnenschreis*« um etwa drei Uhr, vgl. Mk. 13,35; 14,72):
Gebet über dem (möglichst reinen und fließenden) Wasser (vgl. Did. 7,12)
Entkleidung der Kandidaten: im Vorraum des Baptisteriums
Gebete über den Salbölen
Ölweihen
Aufstellung der Diakone: vor dem Taufbecken im *Baptisterium*

Absage an den Teufel (»abrenuntatio diaboli«)

Zusage zum Glauben (»interrogatio fidei«): feierliche Erklärung des Taufkandidaten

Salbung mit dem Öl der Befreiung

Tauffrage

Credo: »die redditio symboli« (das Aufsagen des eigenen Glaubens-bekenntnisses) vom Ambo aus (oftmals Anlass für einen eigenen Gottesdienst)

Taufakt im in der Kyrios-Nacht einmal pro Jahr geweihten Taufwasser

Taufe in der Reihenfolge: Kinder, Männer, Frauen (nach Ablegen des Schmucks)

Salbung und Übergabe des weißen Taufkleides

(XXII) In der Kirche (wo der Bischof und die versammelte Gemeinde bereits warten):

Handauflegung (»impositio manus«) nach Hebr. 6,2 – Chrisam-*Salbung* mit dem Öl der Danksagung (Luk. 4,18 / 2. Kor. 1,21f. / 1. Joh. 2,20.27) unter trinitarischem Votum – Versiegelung (2. Kor. 1,22) mit dem Kreuzeszeichen – Kuss durch den Bischof

Vaterunser

Friedenskuss

Predigt des Bischofs

Taufeucharistie mit drei Kelchen: Wein, mit Honig vermischte Milch, Wasser

Austeilung von Brot und Kelch: dreifacher Schluck aus jedem der Kelche

Selbstverpflichtung der Neugetauften / der Neophyten (4).

Das Gebet des Bischofs anlässlich der Handauflegung der Neophyten lautet:

»Herr, Gott, der du diese würdig gemacht hast,
Vergebung der Sünden zu erlangen durch das Bad der Neugeburt,
mache sie würdig, erfüllt zu werden mit Heiligem Geist
und sende auf sie deine Gnade,
auf dass sie dir dienen nach deinem Willen,
denn dir ist die Herrlichkeit,
dem Vater und dem Sohn und dem Heiligen Geist
in der heiligen Kirche jetzt und in alle Ewigkeit. Amen.« (5).

Mögen sich die einzelnen Akte im Laufe der Zeit auch einander ergänzend und erbauend herausgebildet haben – so beeindruckt nicht nur die sorgsame Binnendifferenzierung im Taufkatechumenat im 3. Jhdt., der Reichtum und die Vielfalt, sondern auch die Glaubensüberzeugung und Glaubenstiefe, der

Bekenntnisakt, die Vitalität christlicher Expression, die aus diesen Symbolen und Ritualen spricht. In welcher Würde, in welcher spirituellen Qualität wurden die Katechumenen über die Laufzeit von drei Jahren auf die Taufe vorbereitet – in welcher Würde mögen sie im Sinne einer Heiligen Hoch-Zeit in einer Lichterprozession mit Kerzen oder Fackeln in den Händen (den klugen Brautjungfern vergleichbar in ihrem Zug dem HERRN als ihrem Bräutigam entgegen, vgl. Mt. 25,1–13) unter Psalmengesang vom Baptisterium zur Kirche gezogen sein und schließlich in der Kirche die Eucharistie erlebt haben. Das war alles andere als eine Formalie, das war Herzenssache, eine Erfahrung höchster Intensität, ein das Leben fortan prägendes, ein unvergessbares Geschehen. Beeindruckend wirkt, wie viele Agenten an Unterricht, Prozession, Taufe, Gottesdienst und Eucharistie beteiligt sind – und mit welcher Würde sie ihr Amt versehen haben. In einem solchen Kontext getauft zu werden und die Eucharistie zu empfangen: das bedeutet nicht nur ein erhabenes Gefühl, sondern eine fundamentale Stärkung im Glauben, eine »Konfirmation« ohnegleichen – eine Bekräftigung dessen, dazuzugehören zur »sanctorum communio« und Glied der Gemeinde Christi im Bunde Gottes zu sein. All dies fand seine Bestätigung nicht zuletzt im Akt der »*Salbung*«*:* denn durch die der Taufe anschließend folgende Salbung mit heiligem Oel (»*Chrismation*«) erst wurde der frisch Getaufte zum »Christen«, das heißt zum »Gesalbten«. Per definitionem heißt das: Christ ist, wer gesalbt ist.

Wer nun um diesen Kontext der durch Taufe und Mahl sich konstituierenden Gemeindebildung weiß und von der Aufnahme in die Gemeinde Christi durch die Feier der »*Tauf-Eucharistie*«, der wird jeder Form einer so genannten späteren »Winkeltaufe« und »Winkelmesse« eine Absage erteilen, der Mahlfeier im Anschluss an den Predigt-Gottesdienst allerdings durchaus etwas abgewinnen können, doch andererseits Kritik üben gegenüber dem so genannten »*Gesamtgottesdienst*« bzw. gegenüber dem römischen Messgottesdienst heutiger Zeit, nicht jedoch gegenüber dem der früheren Art, wonach der Diakon an die Adresse der Ungetauften die Entlassworte richtete: »ite, missa est«, die Getauften hingegen aber zur anschließenden Eucharistiefeier einlud.

Das Amt des *Paten* / des »competentes« / des Leumundszeugen versteht sich im Sinne des Garanten bzw. Bürgen, des geistlichen Beraters und »Ziehvaters« oder auch »Beichtvaters«, der als Vertreter der Christenschar für den Taufbewerber einsteht, für dessen Aufnahme und Zulassung in den Katechumenenstand wirbt, für die Einschreibung in die Liste der Photizomenoi sorgt und nicht zuletzt den Taufwilligen zur Taufe bringt und dabei als Zeuge fungiert (6). Das Amt des Paten mag in abstrakter Weise vergleichbar sein mit dem Amt der Hebamme – geht es doch darum, dem Taufbewerber in der Phase des radikalen Umbruchs (7), der Kehrtwende (Buße) und des Herrschaftswechsels in seinem Leben beizustehen und beim Übergang / der Initiation ins neue Leben als Neophyt zu helfen.

Taufe im urchristlichen Sinn bedeutet eine Art von ›Schaltstation‹ ohnegleichen, eine grundlegend neue ›Weichenstellung‹, eine radikale Absage an die bisherige Lebensweise und an die Mächte der Finsternis, eine entschiedene Lebenswende, oftmals gar eine Trennung von der Familie (vgl. Mt. 10,35–38, aber auch Mk. 10,29f.) – einen Herrschaftswechsel, den Anfang eines vollkommen neuen Lebenswandels »in Christus« (Gal. 2,20), zu dem sich der Getaufte »per pactum« (Gregor von Nazianz) geradezu verpflichtet. Er will fortan leben »ohne Fehl' und Tadel« als »Neophyt« im Sinne von 1. Petr. 4,10. Durch das »Bad der Wiedergeburt« (vgl. Tit. 3,5) wird der Getaufte zum »photismos« (zum »Erleuchteten«), der mit allen anderen Getauften nun weiß, dass Gott sich ihnen *angelobt* hat und dass es jetzt ihre Sache ist, an diesem *Tauf-Gelübde* Gottes ihnen gegenüber festzuhalten (vgl. Martin Luther: WA 8,573ff.).

»Liest man die gesamte Schilderung bei ›Hippolyt‹ nach, so erstaunt der Reichtum an Symbolen und rituellen Vollzügen. Dadurch erfuhren die Menschen unmittelbar den Ernst und die Bedeutung der Taufe. Ein Mensch, der zwei Tage gefastet und gewacht hatte, erlebte in großer Intensität den morgendlichen Gang zum Fluss, die Waschung und die Salbungen, sowie das Abendmahl im Kreis der Gemeinde, mit Friedenskuss zum Abschluss. Die Taufe bildete so zweifellos ein zentrales Datum im Leben eines Christen, an das er sich immer wieder – wohl bei jeder Mahlfeier – erinnerte und das schließlich im Sterben Trost spenden konnte.« (8). – Die Rückfrage sei angemeldet im Blick auf den »morgendlichen« Gang zum Fluss, gefragt sei also, ob die Taufe nicht gerade in den abendlichen Stunden mit der Symbolik: »im Dunkel der Nacht« vollzogen wurde, während das Herrnmahl (nach dem »Hahnenschrei«) »im Lichte des neuen Morgens« gefeiert wurde. Erwähnenswert, zudem überraschend bleibt die Notiz, dass Hippolyt in seiner Taufordnung die Möglichkeit zur Taufe von Kindern und Kleinkindern vorsieht und dass für die, die selber noch nicht sprechen können, die Eltern sprechen sollen oder jemand, der zur Familie gehört. Nichtsdestotrotz wird zu dieser Zeit die Taufe von Kindern quantitativ gering ausfallen, und nach wie vor wird die Taufe von Erwachsenen die allgemein übliche Regel sein (9): bis sich im 5./6. Jhdt. ›das Blatt wendet‹ und schließlich gar die Säuglingstaufe zur allgemein praktizierten Regel wird.

Ein Presbyter namens *Hippolyt* (und Schüler des Presbyters und späteren Bischofs *Irenäus von Lyon* [*um 135 in Kleinasien, Schüler des Polykarp, +um 202]) übermittelt also diesen *Taufkatechumenat* aus der römischen Kirche – man kann mutmaßen, dass sich dieser Katechumenat im Laufe von Jahren und Jahrzehnten aufgebaut und ausgeformt hat. Wer Hippolyts Katechumenat auf sich wirken lässt, kann wohl nur eine ausgeformte Gottesdienst-Struktur bis hin zur Feier des Herrnmahls postulieren. Zu fragen ist sicher, wo die Anfänge dafür liegen. Wenn man aber Taufe und Herrnmahl in *einem* Gottesdienst, in *einem* gottesdienstlichen Zusammenhang wiederfinden will und nach den »fontes« dafür sucht, dann wird man auf die Quelle der später so genannten *Osternacht* stoßen bzw. zurückschließen müssen, auf diesen nächtlichen Gottesdienst, der im Anschluss an den jüdischen Shabbat in der Anamnesis der Auferweckung Christ gefeiert worden ist. Dieser Gottesdienst wird aller Wahrscheinlichkeit nach, auch wenn darüber (aus Sicherheitsgründen) keine Zeugnisse vorliegen (können), in den ersten Zeiten an jedem »ersten Tag« in den Abend- und Nachtstunden nach Ende des Shabbat gefeiert worden sein – und erst im 3. Jhdt. als jährlich etablierte *Kyrios-Nacht* situiert worden sein. In diesem nächtlichen Gottesdienst wurde getauft und kommuniziert – Taufe (in den Tod Jesu hinein) und Eucharistie (in die Auferweckung Christi hinein) bildeten hier ihre innere Einheit und Kraftquelle. Die *Taufkatechese* zog sich als »gestreckte Handlung« (Frieder Schulz) zuletzt über eine vierzigtägige Fastenzeit (10) bis hin zur Taufhandlung (in den Abendstunden: im Dunkel der später so genannten Osternacht)(erinnert sei an Jesu »descensus« / an den Abstieg in den Hades / in das Totenreich, »Scheol« genannt, vgl. Mt. 12,40 / Apg. 2,24.27 / Röm. 10,7 / 1. Petr. 3,19; 4,6 / Apk. 1,18) – wobei die Taufhandlung wiederum in der Feier der *Eucharistie* (in der Freude nach dem frühmorgendlichen »Hahnenschrei« um drei Uhr, vgl. Mk. 13,35; 14,72) ihren krönenden Abschluss fand.

Der *Plinius*-Brief (in Buch X, epist. 96) gibt dazu folgende Auskunft: »Um 100 in Bithynien und noch um 200 in Rom war es üblich, dass man die Nacht vom Sonnabend zum Sonntag für die Tauffeier bestimmte, und zwar darum, weil es die allwöchentliche Wiederkehr der Auferstehungsnacht des Herrn war.« (11). Der Plinius-Brief (im Buch X, 97) erwähnt von den Christen, »dass sie regelmäßig an einem bestimmten Tag vor Tagesanbruch zusammengekommen seien, Christus wie einen Gott miteinander durch ein Bekenntnis gefeiert und sich durch einen Eid verpflichtet hätten ..., keinen Diebstahl, keinen Raub, keinen Ehebruch zu begehen, ihr Wort nicht zu brechen, geliehenes Gut nicht abzuleugnen.« Diese Quellenangaben bezeugen die Feier der Kyrios-Nacht, bezeugen die Hoch-Zeit der Tauffeiern (und damit indirekt den Taufkatechumenat) in dieser einen Heiligen Nacht, bezeugen den Taufeid (das »sacramentum«) und die Verpflichtung, fortan als Christ zu leben und sich entsprechend zu bewähren – verdeutlichen andererseits aber auch, dass der usus dieser einen nächtlichen Tauf- und Mahlfeier in unterschiedlichen Regionen bis in unterschiedlichen Zeiten hinein geübt wurde.

Unterschiede werden sich auch in der Taufpraxis selbst eingestellt haben zwischen der ursprünglichen *Submersionstaufe* im fließenden Wasser (wobei der Täufling vollkommen untergetaucht wird) (vgl. Did. 7,1ff.) – der *Aspersions- bzw. Immersionstaufe* (wobei der bis zum Oberkörper im Wasser stehende Täufling sich selbst vermutlich dreimal untertauchte und dabei jeweils anschließend vom Täufer mit Taufwasser dreimal übergossen wurde) – und der *Infusionstaufe* (wobei der Täufling mit Taufwasser übergossen wurde). Auf die dreimalige Tauffrage (»credis?«) und die dreimalige Taufantwort (»credo«) folgte das dreifache Untertauchen bzw. Übergießen und schließlich die dreiteilige Taufformel.

»Justin berichtet über die Taufe, die auch bei ihm eine Namenstaufe (Onomataufe) ist, im 61. Kapitel seiner Apologie. Danach sind diejenigen, die das von den christlichen Lehrern im Katechumenunterricht Gesagte glauben und den ethischen Forderungen gemäß leben wollen, zum Gebet anzuhalten. Als Fastende sollen sie von Gott die Vergebung ihrer Sünden erflehen, während Gemeindeglieder mit ihnen zusammen fasten und beten (vgl. Didache 7,4).« (12).

»Anweisungen über den rechten Vollzug der Taufe finden sich in der Didache, Kap. 7: ›Was die Taufe anbelangt, so tauft folgendermaßen: Wenn ihr das alles zuvor gesagt habt (zum Taufunterricht), tauft auf den Namen des Vaters und des Sohnes und des heiligen Geistes in fließendem Wasser‹ (7,1). Ist kein fließendes Wasser vorhanden, darf in einem ›anderen Wasser‹, also in einem stehenden Gewässer oder mit Regenwasser, getauft werden. Wenn wegen des Täuflings kein kaltes Wasser verwendet werden kann, ist auch warmes Wasser erlaubt (7,2). Notfalls darf die Besprengungstaufe angewendet werden, wobei auf den Kopf des Täuflings dreimal Wasser zu gießen ist ›auf den Namen des Vaters und des Sohnes und des heiligen Geistes‹ (7,3). Vor der Taufe soll der Taufende (nur von ihm ist die Rede, nicht von einem Amtsträger) sowie der Täufling (dieser ein oder zwei Tage vorher) und auch andere Gemeindeglieder, die dazu in der Lage sind, fasten (7,4; vgl. 6,3: Erfüllung von Speisegesetzen; Enthaltung von Götzenopferfleisch). Das, was ›zuvor gesagt‹ werden soll, enthalten die Kap. 1–6 der Didache ...« (13).

Hans Lietzmann schreibt zur weiteren Entwicklung: »Dann wurde die Grenze noch enger gezogen und // die Osternacht als das Jahresgedächtnis jener Erlösungsnacht zum Tauftermin ausgewählt: wenn Zeit und Ort nicht ausreichten, konnte die ganze Freudenzeit der fünfzig Tage bis Pfingsten zur Taufe genutzt werden. Das berichtet Tertullian als die um 200 geläufige Sitte der afrikanischen Kirche.« (14). Welche Motive dazu führten, a) »dass die Grenze noch enger gezogen wurde« und b) dass die *Feier der Kyrios-Nacht* statt der bisher wöchentlich wiederkehrenden Feier (»das tut zu meinem Gedächtnis«, vgl. 1. Kor. 11,24.25 / Luk. 22,19) auf ein einziges Jahres-Datum beschränkt wurde (nämlich auf den später so genannten Karsamstag), das bleibt in dieser Mitteilung offen – mag sich jedoch einerseits durch erste Ansätze zur Bildung eines Kirchenjahres erklären, andererseits durch die politische (Bedrückungs-) Situation für die Christen im Römerreich. Letzterem allerdings widerspricht die Praxis der Taufe in der nun ausgedehnten Zeit der Pentecoste. Man wird auch in diesem Zusammenhang von zeitlich und örtlich einander divergierenden Praktiken in den verschiedenen Bereichen des Römischen Imperiums auszugehen haben.

Festzuhalten bleibt: Die Feier der urchristlichen Kyrios-Nacht wird an unterschiedlichen Orten bis in unterschiedliche Zeiten hinein unterschiedlich lange gehalten, je nach den politischen Verhältnissen und nach den (Entfaltungs-) Möglichkeiten in der jeweiligen Region.

Die Taufe eröffnete die Zulassung / die »admissio« zur Eucharistie (15) – so dass für diesen speziellen Kasus die charakteristische Bezeichnung »*Taufeucharistie*« aufkommen konnte. Konsequenterweise verdichteten sich Taufe und Eucharistie (wie ›zwei Pole in einer Ellipse‹) im Konzentrat der Kyrios-Nacht.

Wie Kreuz und Auferweckung, so gehören Taufe und Mahl ursprünglich auf das Engste zusammen. Wer getauft war, war damit aufgenommen in die »communio sanctorum«, gehörte also zur Gemeinschaft der (getauften) Heiligen und war fortan stets eingeladen an den »Tisch des HERRN«. Die Taufe bedeutete die alleinige Voraussetzung für den Empfang von Brot und Wein.

Anmerkungen

(1) – A.v. Harnack: Die Mission und Ausbreitung des Christentums in den ersten drei Jahrhunderten, 114f.

(2) – Von Origines (+254) stammt die Überzeugung, dass Gott seine Gemeinde durch die PREDIGT geistlich ernährt. Große Prediger waren im Bereich des Westens der Mailänder Bischof Ambrosius (339–397) und im Bereich des Ostens: Basilius, Bischof von Caesarea (330–379), Gregor von Nazianz (330–390), Gregor von Nyssa (ca. 335–394) und Johannes Chrysostomus (+407). Bedacht sei jedoch, dass in der Synagoge die Predigt eher selten ist, also nicht etwa an jedem Shabbat eine Predigt gehalten wird, und dass sie keinesfalls im Mittelpunkt des Gottesdienstes steht. Allerdings bildet die Predigt am Neujahrstag und am Versöhnungstag einen festen Bestandteil im synagogalen Gottesdienst.

(3) – Ein altrömisches Tauf-Bekenntnis, entstanden um 140, das dem späteren »*Apostolicum*« zugrundeliegt, findet sich zitiert in K.D. Schmidt: Kirchengeschichte, 82f. – vgl. B. Lohse: Epochen der Dogmengeschichte, 40.

(4) – in Anlehnung an C. Grethlein: Grundfragen, 191. Ob die »*Traditio Apostolica*« von Hippolyt stammt und an den Anfang des 3. Jhdt.s datiert werden kann, erscheint neuerdings nicht gesichert.

(5) – zitiert nach August Jilek: Die Taufe, in: H.-C. Schmidt-Lauber u.a. (Hg.): Handbuch der Liturgik, 290.

(6) – In der Zeit, als die Praxis der *Kleinkindertaufe* aufkam und die *Mündigentaufe* dadurch zunehmend zurückgedrängt und abgelöst wurde, verflachte das urchristliche *Patenamt* aus der Zeit des Taufkatechumenats immer mehr, bis dass es schließlich ganz erlosch. Die Aufgabe, die urchristlich die *Paten* übernommen hatten, war inzwischen wie selbstverständlich an die Eltern übergegangen. In einigen Landeskirchen findet sich das Patenamt bis

heute neu aktiviert und mit Sinn gefüllt: Danach gelten Paten (als Glieder der Gemeinde Christi) als Vertrauenspersonen des getauften Kindes, die z.B. im Fall von elterlicher Ehekrise oder gar von Scheidung von besonderer Bedeutung werden können.

(7) – Mit Blick auf Eph. 5,8 (»Einst wart ihr Finsternis, jetzt aber seid ihr Licht im HERRN«) formuliert Wilhelm Breuning: »Im Neuen Testament war die Taufe der große Wendepunkt, der das ›Einst‹ aus dem ›Jetzt‹ verbannte. Wo Taufe Bekehrung einschließt, kommt ihr zu Recht auch psychologisch das Moment des radikalen Bruchs zu. Die urchristliche Taufe konnte gar nichts anderes bedeuten als solch radikaler Bruch.« Zu Recht kann W. Breuning die Taufe als »Frucht radikaler Umkehr« bezeichnen (in: Die Bedeutung der Taufe für die Einübung im Christentum, 162 – in: H. Auf der Maur / B. Kleinheyer (Hg.): FS Balthasar Fischer).

(8) – zitiert nach C. Grethlein: Grundfragen, 192.
»Mit dem Aschermittwoch, dem Mittwoch nach dem Sonntag Estomihi, beginnt die Zeit in den Fasten, die von diesem Tage bis zum Samstag der Karwoche genau den bi- // blisch legitimierten Zeitraum von 40 Tagen umfaßt, da die Sonntage nicht als Fastentage gezählt und gehalten werden sollen.« (W. Stählin: Große und kleine Feste, 38f). Man spricht demnach nicht von Fastensonntagen, sondern von Sonntagen in den FASTEN. In der Zeit der ersten Christen und in der Ära Konstantins diente die Fastenzeit zur Vorbereitung für die Taufbewerber, die in der Kyrios-Nacht getauft werden wollten.

(9) – vgl. Joachim Jeremias: »Jüdische und christliche Taufordnungen gehen also von den Erwachsenen als dem Normalfall aus, ohne deshalb die Kinder auszuschließen.« (in: Nochmals, 37).

(10) – Die Bedeutung der *Zahl 40* unterstreicht Jesu 40-tägiges Fasten in der Wüste (Mt. 4,2) – die Dauer der Sintflut nach Gen. 8,6 (vgl. jedoch auch die Angabe Gen. 7,24; 8,4) – die Zeit Moses auf dem Horeb (Gen. 24,18) – aber nicht minder Elija in 1. Kön. 19,8.

(11) – zitiert nach H. Lietzmann, aaO., II, 126.

(12) – K.W. Tröger: Das Christentum, 105.

(13) – K.W. Tröger, aaO., 105.

(14) – H. Lietzmann, aaO., II, 127.

(15) – Georg Kretschmar formuliert (in: W. Böhme (Hg.): Feiern wir das Abendmahl richtig, 38): Die Taufe ist »Vorbedingung der Zulassung zum Herrenmahl«. – Drückt sich in dieser Formulierung nicht ›steile Dogmatik‹ aus, ein besonders ausgeprägter gesetzlicher Zug? Der anmaßende Versuch, als ob sich des Heiligen zu bemächtigen sei? – Sicher und mit voller Berechtigung klingen Inhalte des frühchristlichen Taufkatechumenats in diesem Begriff an – doch worin besteht die Bedingung nach der Vor-Bedingung zur Taufe? Kretschmar fundiert seine These mit der Begründung: »Es gibt keinen neutestamentlichen und keinen altkirchlichen Text, der etwas anderes voraus-

setzt.« Dem wäre entgegenzuhalten, dass die ersten Christen (wenn überhaupt, dann) weniger Gesetzmäßigkeiten als dagegen viel mehr freudige
Erwartungen an die Taufwilligen erhoben haben und dass sie die Heilige
Taufe als Initiation für ein freiwillig gewähltes Christenleben verstanden
haben, das zunächst zur Eucharistie in der Feier der Kyrios-Nacht hinführt
und das schließlich am Ende aller Tage auf die Eucharistie »im himmlischen
Festsaal« hinzielt.

Zur Theologie des Herrnmahles

Ausgehend von dem Ehrentitel »Kyrios« für den auferweckten Christus und
von der daraus abgeleiteten Rede vom »Kyrios-Tag« bzw. »Herrntag« (als
dem später in westlichen Breiten so bezeichneten »Sonntag«) bietet sich die
Bezeichnung »Herrnmahl« (nach 1. Kor. 11,20) geradezu an. Diese Bezeichnung unterscheidet sich in zeitlichem und vor allem in theologischem Sinne
vom »Abendmahl« – fußt dieser Titel doch (wohl auch in historischer Weise)
auf *Jesu Abschiedsmahl* von seinen Jüngern (vgl. Mk. 14,25) am Abend des
14. Nissan. Dieser Tag jüdischer Zeitrechnung beinhaltet Jesu Gebet in
Gethsemane, das nächtliche Verhör vor dem Hochpriester Kaiphas, die Über-
stellung an König Herodes (so Luk. 23,6–12), die Verurteilung durch den
römischen Präfekten Pontius Pilatus und schließlich die Hinrichtung am
Kreuz auf Golgotha sowie die Grablegung Jesu.

Die Bezeichnung »Herrnmahl« dagegen atmet den Geist der Auferweckung, kommt also vom »Oster«- bzw. vom Christus-Ereignis her – unterscheidet sich jedoch singulär vom Ausdruck »Herrenmahl« und wehrt der
missdeutlichen Auslegung eines Pluralis, als handle es sich ausschließlich um
ein Mahl von Herren. Dem wehrt die Überzeugung, dass nur einem dieser
Titulus zusteht: Christus, dem HERRN.

Unter diesen Gesichtspunkten müsste in den christlichen Kirchen statt
vom »ABENDMAHL«, wie *Martin Luther* (*1483,+1546) übersetzte, vom
»Herrnmahl« bzw. vom »Kyrios-Mahl« gesprochen werden – dagegen vom
»Abendmahl« nur in einem eingeschränkten Sinne, nämlich im Gottesdienst
z.B. am Gründonnerstag-Abend oder am Abend des Buß- und Bettages.

Die Bezeichnung »Abendmahl« fand durch Luthers Bibelübersetzung von
1522 Verbreitung und stand von Anfang an im Gegenüber zum römischen
Messopfer. *Huldrych Zwingli* (*1484,+1531) spricht 1525 vom »Nachtmahl«: Sollte er sich damit etwa auf die Eucharistie-Feier in der Kyrios-
Nacht beziehen wollen? Obwohl die Beziehung »Nachtmahl« = »Kyrios-
Nacht« sich beinahe anbietet und also naheliegend erscheint, so wird in
Zwinglis Gedanken kaum von dieser Verbindung auszugehen sein. Und doch
trägt dieser Vergleich einen zutreffenden Grundzug in sich, denn (wohl kaum
abends, sondern) nachts trafen sich die ersten Christen zur Kyrios-Feier.

Die MAHLWORTE JESU finden sich zum einen tradiert im Passionsbericht nach Mk. 14,22–24 / Mt. 26,26–29 und Luk. 22,14–20 (man berücksichtige dabei jedoch auch Jesu Brotrede in Joh. 6)(1) sowie zum anderen in der »Paradosis« nach 1. Kor. 11,23–25. Möglicherweise liegen drei verschiedene Traditionen vor (die sich jedoch wohl kaum auf eine gemeinsame Urform zurückführen lassen): 1. Kor. 11,23–25 / Mk. 14,22–25 / Luk. 22,15–20 (wobei in der Lukas-Fassung zwei verschiedene Traditionen in 22,15–18 und 22,19.20 kombiniert sind). Parallelen mögen in den Gemeinschaftsmählern von Qumran zu finden sein – zu berücksichtigen sind andererseits die insgesamt acht verschiedenen Speisungsgeschichten mit Brot und Fisch, die neutestamentlich überliefert sind (siehe Mk. 6,41–44; 8,1–9 / Mt. 14,13–21; 15,32–38 / Luk. 5,1–11; 9,10–17; 14,15 / Joh. 6,1–13; 21,10–13), aber auch die Mahlzeiten Jesu etwa mit dem Zöllner Levi (Mk. 2,15) oder mit dem Zöllner Zachäus (Luk. 19,6.7) sowie das Gleichnis von der königlichen Hoch-Zeit« (Mt. 22,1–14; 25,1–13; 8,11 / Luk. 14,16–24; 12,37; 15,23; 22,30 / Mk. 2,19 / vgl. Jes. 25,6 und Apk. 19,9). Dabei bedeutet die gewährte Tischgemeinschaft den Ausdruck hoher Wertschätzung und das untrügliche Zeichen für Vergebung, Versöhnung und Frieden. Wenn also Jesus von Nazareth im Abschiedsmahl mit seinen Jüngern dem Judas Ischarioth (der ihn später per Kuss verriet) an seinem Tisch ebenso Platz gewährt wie dem Simon Petrus (der ihn später verleugnete) und den Jüngern, die im Garten Gethsemane einschliefen (aber für ihn hätten beten sollen), und denen, die ihn später bei der Gefangennahme (bis auf Petrus) allesamt fluchtartig verließen – so spricht dies zum einen für den Frieden Christi, »der höher ist als alle menschliche Vernunft« (vgl. Phil. 4,7a), und zum anderen für Seine großzügige Einladung an uns Menschen alle an Seinen Tisch, wer und wie wir auch sind. ER hat sich von niemandem distanziert, hat keinerlei Vorbedingungen erhoben oder Vorleistungen erwartet, sondern mit jedem einzelnen Menschen (im Mahl) Gemeinschaft und Versöhnung gesucht.

Diese *Versöhnung* findet ihren höchsten Ausdruck in Jesu Kreuzestod auf Golgotha »pro nobis«. Was Menschen von sich aus nie und nimmer bewerkstelligen können, das stiftet Gott auf gnadenvolle Weise: Versöhnung zwischen Gott und Mensch und Welt. Versöhnung will gefeiert werden: Worin aber kann dies besser geschehen als in der Feier des Kyrios-Mahls? Insbesondere Paulus erhebt den Begriff der »Versöhnung« zum Leitbegriff seiner Theologie – siehe 2. Kor. 5,18–20 und Röm. 5,10–11; 11,15 (aber ebenso Eph. 2,16 sowie Kol. 1,20.22). Otfried Hofius sieht darin »die Mitte des biblischen Zeugnisses überhaupt« (2).

Auch wenn in den so genannten Einsetzungsberichten zur Mahlfeier (Mk. 14,12–16.26a par.) Pessach-Motive nicht vorkommen, so haben die Synoptiker innerhalb des Erzählrahmens dennoch versucht, das *Herrnmahl* mit der Feier des Pessachfestes in Verbindung zu bringen (wobei u.a. Hartmut Gese darauf verwiesen hat, dass in Luk. 22 zwei verschiedene Mahle miteinander verknüpft wurden). Bei Paulus dagegen liegt diese Verbindung eben nicht vor (in 1. Kor. 11,23–25 findet sich kein Hinweis auf das *Pessachfest*). In der einzigen Stelle 1. Kor. 5,7, in der Paulus vom Pessachfest redet, erwähnt er das Herrnmahl geradezu nicht. In der Frage des Textvergleichs mit 1. Kor. 11,23–25, welche Fassung also die ältere sei, hat z.B. Ulrich Wilckens für Mk. 14,22–24 votiert (in: ThNT I/2,72). Wilckens lokalisiert Jesu Worte damit (wie Jörg Jeremias) in die Szenerie des Pessachmahles – demnach hätte *Jesus von Nazareth* also noch vor seiner Hinrichtung am Kreuz mit seinen Jüngern das Pessachfest (mit seinem Höhepunkt) am SEDERABEND eröffnet und gefeiert (dagegen richten sich jedoch gravierende Gründe, die an anderer Stelle dargelegt sind). Im Übrigen wird man konzedieren müssen, dass Jesus von Nazareth bezeichnenderweise eben nicht vom (Pessach-) Lammfleisch und -blut gesprochen hat, sondern von Brot und Wein. Ein Vergleich der im einzelnen verwandten Begriffe »Leib« / »Blut« / »Fleisch« / »Testament« ergibt (auch unter der Perspektive der johanneischen »Ich-bin-Worte« Jesu vom Brot« (Joh. 6,35) bzw. vom »Weinstock« (Joh. 15,5)), dass für die ersten Christen an den so genannten »Substanzen« bzw. »Elementen« oder »Symbolen« (im deutlichen Unterschied zu späteren Zeiten) keinerlei tiefergehendes Interesse haftet. Wie auch sollte sich dies erklären, gilt doch nach wie vor die Verpflichtung von Dtn. 12,23: »Halte daran fest, *kein Blut* zu essen; denn die Seele des Fleisches ist im Blute, und du sollst die Seele nicht mit dem Fleisch essen« / »das Blut ist es, das durch die (in ihm wohnende) Seele die Sühne erwirkt« (Lev. 17,11 – vgl. Gen. 9,4 und Lev. 3,17; 7,26.27; 17,10.11). Im übrigen gilt: »Das Verbot des Blutgenusses wurde im so genannten Aposteldekret der Jerusalemer Gemeinde auch für Heidenchristen aufrechterhalten (Apg 15,20.29).« (M. Barth: Das Mahl des Herrn, 218).

Erinnert sei sodann an das abendliche *Sedermahl* zu Beginn des Pessachfestes am 15. Nissan: Der Hausvater (gewissermaßen als »episkopos«) eröffnet die häusliche Feier mit Lobspruch und »benedictio« (»Kiddusch«) über dem ersten Becher Wein, bevor der jüngste aus der Familie die erste von insgesamt vier Fragen stellt, warum in dieser Nacht alles anders ist als in allen anderen Nächten (»Ma nischtana«) – worauf der Hausvater die Exodus-Geschichte unter Berufung auf Dtn. 26,5–11 erzählt (unter Bezug auf Ex. 12,16–27; 13,8.14; 3,14 und Dtn. 6,20) und die *Pessach-Haggada* vorliest (dazu hält jeder am Tisch ein Exemplar in Händen, um mitlesen zu können). Nach den Hallelpsalmen 113 und 114 folgt der zweite Becher-Umtrunk. Die Mahlzeit beginnt mit dem Brotsegen über den drei Mazzoth, dem Brotbrechen (wie zu festlichen Anlässen üblich, also auch am Shabbat) der mittleren Mazza, der *Elevation* der Patene mit den Mazzot (unter den Worten: »Dies ist das Brot der Armut, das unsere Väter im Lande Ägypten aßen. Jeder, der hungrig ist, komme und esse«)(vgl. dagegen die so genannten »verba testamenti«) und der Austeilung – dann wird der geröstete Lammknochen (mit wenig Fleisch) aufgetragen – Bitterkräuter (die »Maror«, aus bitterem Meerrettich, Radieschen und Gartenlauch), Fruchtmus (der »Charosset«, der an den Ton zum Ziegelbrennen erinnern soll), Salzwasser und ein hartgekochtes Ei (als Symbol der Trauer?) kommen hinzu. Nach dem Dankgebet über dem dritten Becher Wein werden die Hallelpsalmen 115–118 gesungen – es folgt der Lobspruch über dem vierten Wein-Becher und der Wunsch: »Leschana Haba be'Jeruscholajim!« (»Nächstes Jahr in Jerusalem!«). Die Sederfeier abschließend werden einige Volkslieder gesungen.

An jeder Seder-Tafel findet sich ein Ehrengedeck für den Propheten Elija, der als Vorbote des Messias erwartet wird (vgl. Mal. 3,23). Wenn innerhalb der Sederfeier der Becher für jeden in der Familie viermal mit Wein gefüllt wird, so geschieht dies im Blick darauf, dass Gott nach Ex. 6,6.7 vierfach Befreiung verheißen hat: ER, der Heilige, wird sein Volk herausführen, wird erretten, wird erlösen und wird (sein Volk) annehmen.

Allgemein unstrittig dürfte sein, dass die jüdischen Fest-Inhalte von »benedictio« und Segen, von *Anamnese*, vom »neuen Bund« (Jer. 31, 31–34; vgl. Hebr. 8,8–12; 10,16–17), von Brot- und Kelch-Ritus Einfluss ausgeübt haben auf die sich entwickelnden urchristlichen Kyrios-Mahlfeiern, wenn sie sich dafür nicht sogar als konstitutiv erwiesen haben. Ob allerdings die so genannten Einsetzungsworte Jesu (die *»verba testamenti«*) für die Kyrios-Mahlfeiern als konstitutiv angesehen werden müssen, erscheint durchaus fraglich – nicht nur deshalb, weil sie innerhalb der Didache (um 100/120) keinerlei Kenntnis oder Berücksichtigung erfahren. Sicher stellen die so genannten Stiftungsworte Jesu frühchristlich geprägt gottesdienstliches Traditionsgut dar, doch wird man nicht davon auszugehen haben, dass sie von allem Anfang an das Kyrios-Mahl quasi im Sinne einer Kultformel begründet haben. Die später so genannten »Deuteworte« bzw. »verba testamenti« werden sich soz. als Extrakt aus den verschiedenen Tischreden Jesu heraus entwickelt haben (analog dem jüdischen Brauch, wonach der Hausvater auf die Fragen der Kinder Rede und Antwort steht, vgl. Ex. 12,26; 13,14).

Die paulinische Herrnmahlsparadosis nun konzentriert sich in den Worten 1. Kor. 11,23–25, die Paulus bereits der Tradition verdankt (vgl. 1. Kor. 15,3). Vers 23a lautet: »Ich habe als auf den Herrn zurückgehende Überlieferung übernommen, was ich euch überliefert habe ...« (vgl. J. Jeremias: »Das ist mein Leib ...,« 16). Ursprünglich waren Brotritus (am Anfang) und Becherritus (am Ende) (vgl. 1. Kor. 10,16) durch ein Sättigungsmahl voneinander getrennt, beide Riten bildeten gleichsam den liturgischen Rahmen – doch Paulus' wohl nur berechtigte Kritik an der Mahl-Praxis der Gemeinde in Korinth vom »unwürdigen Genuss« (1. Kor. 11,27; vgl. Jak. 2,1–4)(3) führt einerseits dahin, dass sich das bisherige Sättigungsmahl zur eigenen Gottesdienstform der »Agape« (zum einen im geselligen Stil und schließlich zum anderen im diakonischen Sinne der Fürsorge: zur Armenspeisung) entwickelt und dass andererseits Brotritus und Becherritus in der Feier der *Eucharistie* (vgl. 1. Kor. 11,24 sowie Mk. 14,23 par.) zu einem (schließlich kultisch-rituellen bzw. sakramentalen) Doppelritus zusammengezogen werden, also direkt aufeinander folgen. In den Mahltraditionen Mk. 14,22.23 und Mt. 26,26.27 findet sich bereits keine Erwähnung mehr für das anfängliche Sättigungsmahl. Zuletzt (nach Matthias Klinghardt im 3. Jhdt.) entfiel das Sättigungsmahl ganz und gar – dafür entstand eine liturgisch stilisierte Herrnmahlfeier: ohne ein urchristlich eigenes Festmahl: »Während für die anfänglichen Gestalten des Herrenmahls der Gemeinschaftscharakter und die integrative Funktion des gemeinsamen Essens und Trinkens einen entscheidenden theologischen Fokus bildete, gewann nach dem Wegfall der Mahlzeit der sakramentale Charakter und die Heilsbedeutung für die Elemente den Vorrang.« (4). Die Einsetzungs- bzw. die Stiftungsworte (später »*verba testamenti*« genannt) erhalten in diesem Zusammenhang besondere Bedeutung und können als »Konsekrationsformel« (J. Neijenhuis, 362) bezeichnet werden – wobei jedoch zu fragen ist, ob sie überhaupt zum urchristlichen Bestand der Kyrios-Mahlfeier gehört haben oder ob sie nicht bereits einen sakramentalen Zug enthalten und damit einen Teil frühchristlicher Gottesdienst-Liturgie ausmachen.

Christologische und soteriologische Interpretationen ersttestamentlicher Metaphern treten in dieser Phase der zunehmenden Sakralisierung hinzu, so

- der Deutungsversuch der Sühne (5) und des *Sühnopfers* (Jes. 53,10 / 2. Kor. 5,21 / Röm. 3,25; 5,8 / Mk. 10,45 / Eph. 5,2 / 1. Joh. 2,2; 4,10 / Hebr. 2,17) – siehe dazu die Antwort 40 im »Heidelberger Katechismus« sowie EG 44,2: »Christ ist erschienen, uns zu versühnen«, wobei der Zusammenhang zwischen ›Sünde‹ und ›Vergebung‹ einerseits, ›Sühne‹ und ›Versöhnung‹ (2. Kor. 5,19.20 / Röm. 5,10f. / Eph. 2,14–16 / Kol. 1,20) andererseits auffallen mag (wobei Gott nach 2. Kor. 5,18a.19a / Kol. 1,22 das entscheidende Subjekt bzw. der Autor der Versöhnung ist) in Anlehnung, aber auch in Abgrenzung zum jüdischen Schuld- und Sühnopfer (6)(vgl. Lev. 4,1–35; 5,1–26; 16,1–34) an »Yom Kippur« (vgl. Lev. 16,21f.30f.; 23,26–32 / Num. 29,7–11) / oder
- der Deutungsversuch des *Sündenbocks* (vgl. Lev. 16,8–22) als eines rituellen »Unheil-Fortträgers«, wonach einem Ziegenbock am Yom Kippur vom Hochpriester (in der Gefolgschaft Aarons) die Sünden des Volkes aufgebürdet wurden und dieser Bock damit in die Wüste hinausgejagt wurde, dem Wüstendämon Azazel entgegen (vgl. die Analogien in Lev. 14,2–8.48–53)(7) / oder
- der Deutungsversuch des Lösegeldes, hebr. »*kopaer*« (8)(*bzw.* »*kaphar*«) im Sinne von ›Freikauf‹ (Ex. 21,30), von ›Auslösung‹ (Jes. 43,3f.), von ›Erlösung‹ (nach Prv. 21,18 / 1. Makk. 10,33; vgl. Mk. 10,45b / Mt. 20,28 – vgl. EG 123,5: »Nur in Ihm, o Wundergaben,

können wir Erlösung haben, die Erlösung durch Sein Blut«) und der des ›Loskaufes‹ (vgl. Dtn. 15,15 / 1. Kor. 6, 19f.; 7,22.23 / Gal. 3,13; 4,5 / Tit. 2,4 / 1. Petr. 1,18f. / 2. Petr. 2,1 / Apk. 5,9f.; 14,3f.) (vor dem Hintergrund der antiken Sklavenhalter-Gesellschaft mit der Möglichkeit des Sklaven-Loskaufs)(siehe dazu B. Janowski: Sühne, 156–158.169–174) / oder

- der Deutungsversuch des *Opfer-Lammes* (nach Jes. 53,7 / Jer. 51,40 / Apg. 8,32 / Joh. 1,29.36 / 1. Petr. 1,19 / Hebr. 9,14 / Apk. 5,6.12; 7,14; 12,11; 13,8) – wobei die Priester im Jerusalemer Tempel einen Anteil vom Opferfleisch auf dem Altar empfingen (vgl. 1. Kor. 9,13; 10,18b, aber auch Hebr. 13,10) / oder

- der Deutungsversuch mit dem Begriff der *Stellvertretung*: in dem Paradoxon des für andere stellvertretend leidenden Gottesknechts nach Jes. 53 (vgl. 2. Kor. 5,14.21 / Gal. 3,13 / Joh. 10,11.13.15.17; 11,50–52; 18,14 / 1. Petr. 2,24)(9) und in der »passio iusti« (in dem Leiden des Gerechten, vgl. dazu die Ijob-Thematik, aber auch Paul Gerhardts Lied EG 84,2.4–6), in der »satisfactio vicaria«, wobei hierbei der Tun-Ergehen-Zusammenhang, also der Sünde-Unheil-Zusammenhang, nicht jedoch das göttliche Zorngericht (vgl. 1. Thess. 5,9 / Röm. 5,9) außer Kraft gesetzt wird (siehe die Satisfaktionstheorie von Anselm von Canterbury) und ebenso im stellvertretenden Sterben jüdischer Märtyrer für ihr Volk (vgl. 2. Makk. 7,37f. / 4. Makk. 6,27–29; 17,21 f.) / oder

- der Deutungsversuch des Gerechten, »der viel leiden musste, aber aus alledem half ihm der HERR« (so Ps. 34,20) – vgl. dazu das Motiv vom leidenden Gerechten, von der »passio iusti« in Ps. 22; 31; 37; 69; 140 sowie im apokryphen Buch der »Weisheit Salomos« 2,10–20; 5,1–5 / im »äthiopischen Henochbuch« (47,1f.4; 48,7; 62,12f.; 95,7; 96,8; 98,13f.; 103,5f.) / im 4. Esra-Buch 7,96; 8,27 / in der »syrischen Baruch-Apokalypse« 48,48–50; 52,5–7 – man beachte »das göttliche Muss« von Jesu Sterben nach Mk. 8,31 / Mt. 16,21 / Luk. 9,22; 17,25; 24,7.26.44.46 / Apg. 17,3 – man beachte die Sentenz des römischen Hauptmanns unter dem Kreuz Jesu: »Wahrlich, dieser Mensch war *ein Gerechter*« (Luk. 23,47)(10) – man beachte ebenso die Aussage Sach. 9,9: »Siehe, dein König kommt zu dir, ein Gerechter und ein Helfer« (wobei zu fragen sein mag, inwieweit sich das hebräische Wort »sadik« = ›gerecht‹ ausgewirkt hat auf das Priestergeschlecht der Zadokiden und schließlich auf die Gruppe der Sadduzäer) / oder

- der Deutungsversuch des wahren *Propheten*, dem ein gewaltsames Geschick bevorstand (vgl. Neh. 9,26 / Mk. 12,1–12 / Mt. 5,12; 23,28.34f. 37 / Luk. 11,47.49–51; 13,33.34 / Apg. 7,52 / 1. Thess. 2,15 – dagegen aber steht Mt. 12,41)(vgl. Josephus: Ant. IX,13,2) / oder

- der Deutungsversuch mit der Aussage von 1. Kor. 15,3 und Gal. 1,4, wonach Christus (»für unsere Sünden«)(vgl. 1. Joh. 2,2) »*pro nobis*«

als einer für uns (Röm. 5,8; 8,32 / 2. Kor. 5,21 / Gal. 3,13 / Eph. 5,2 / 1. Thess. 5,10 / Tit. 2,14 / 1. Petr. 2,21 / Joh. 3,14f.16; 15,13 / 1. Joh. 3,16) gestorben sei (dabei jedoch ist zu reflektieren, ob diese Credo-Formel »für uns« nicht eher im Sinne von »zu unserem Nutzen« zu verstehen ist denn im Sinne der Stellvertretung »an unserer Statt«)(11).

Die jeweiligen Deutungsversuche bilden den aus dem Glauben Israels vorgegebenen Interpretationsrahmen für christologische und soteriologische Prädikationen und sind in aller Zeitbedingtheit, auch unter jeweils verschiedenem historischen Kontext (bei all ihren Grenzen und Schwächen, bei allen internen Differenzierungen) eher in einem additiven Sinn (der wechselseitigen Ergänzung, der Interdependenz und der Zusammengehörigkeit) zu verstehen denn in einem exklusiven Sinn (der gegenseitigen Ausgrenzung und Absolutierung). Sie sollten als das verstanden werden, was sie sein wollen: Versuche, um anzudeuten, was im Grunde mit menschlichen Sprach-Möglichkeiten nicht adaequat auszudrücken ist, was allein als »Geheimnis des Glaubens« bekannt werden kann (12). Bei den jeweiligen Deutungsversuchen der ersten Christen lassen sich verschiedene Herkünfte und Traditionen auf dem Hintergrund eines jeweils eigenen kult(ur)historischen Spektrums eruieren, etwa aus dem aramäisch-jüdischen, aus dem judenchristlichen oder aus dem griechisch-hellenistischen Kontext heraus. Dass es dabei jeweils Berührungen und Überschneidungen gegeben haben mag, Modifikationen und Korrekturen, dies wird nicht zu leugnen sein – eine eindeutige Zuordnung auf die einzelne konkrete zeitgeschichtliche Ursprungstradition aber wird bei aller Akribie nur schwerlich gelingen. Erkennbar bleibt in all den Deutungsversuchen das ständige Bemühen der ersten Christen, vom Ereignis der Auferweckung in der Kyrios-Nacht her rückblickend ausdrücken zu wollen, was der Tod Jesu bedeutet. Gerhard Barth folgert: »Es dürfte vor allem dieser Gedanke des stellvertretend sühnenden Märtyrertodes im hellenistischen Judentum gewesen sein, der auf die Ausbildung des Sühnetodgedankens im Neuen Testament eingewirkt hat.« (in: Der Tod Jesu Christi ..., 63). »Die neutestamentlichen Zeugen ... mußten .. die in der Begegnung mit Jesus gemachte Heilserfahrung auch im Blick auf seinen Tod zur Sprache bringen. Sie taten dies, indem sie den ihnen aus dem Judentum bekannten und auch für ihre Umwelt vertrauten Gedanken der stellvertretenden Sühne zur Interpretation des Todes Jesu aufgriffen: Er hat durch seinen Tod stellvertretend für alle Menschen die Sühne geleistet, die allein die Welt aus ihrer Schuld- und Unheilsverstrickung befreien kann, er starb ›für uns‹, ›für unsere Sünden‹.« (69). Wilfried Härle vermerkt: »Nur eine solche *mehrdimensionale, metaphorische* Zugangsweise ist dem angemessen, was mit der Formel ›Heilsbedeutung des Kreuzestodes Jesu Christi‹ bezeichnet wird.« (in: Dogmatik, 328)(Hervorhebungen im Original).

Innerhalb der »Opfer«-Thematik zu bedenken ist der Unterschied, der im *Opfer-Begriff* angelegt ist und der sich im Englischen durch die Differenz von »*sacrifice*« und »*victim*« artikuliert. Der Begriff »victim« meint die Schädigung oder gar den Tod eines anderen Menschen (ob in einem Unfall, in einer Naturkatastrophe oder um des eigenen Nutzens und Gewinnes willen, aber auch im Sinne von »drangsalieren«), ohne dass das Opfer etwas dafür kann oder dieses will – während der Begriff »sacrifice« meint: »von sich aus bewusst und gewollt ein Opfer bringen«. Angesichts des Kreuzestodes Jesu von Nazareth erweist sich also wohl der Begriff »sacrifice« als der adaequate (vgl. dabei jedoch den Begriff »*sacrificium*«, der in späterer Zeit Eingang finden wird in die römische Mess-Liturgie und der das vom je einzelnen Priester jeweils neu darzubringende Opfer Jesu Christi bedeutet).

Kritisch zu fragen ist in dem Zusammenhang der Deutungsversuche nicht zuletzt, ob das Kreuzesopfer Jesu von Nazareth im Abendmahl mit der Metapher vom »*Sühnopfer*« (und mit den bereits vorgestellten weiteren ersttestamentlichen Metaphern) nicht einseitig überbetont wird (ob also Max Thurians Rede vom »Sakrament des Sühnopfers« zuzustimmen sein kann (13)) – und ob das alles entscheidende Christus-Ereignis der Auferweckung dagegen nicht unberechtigterweise in den ›Schatten‹ gerät und nivelliert wird, weil es aus dem unauflöslichen Zusammenhang im Heilsgeschehen von Kreuz *und* Auferweckung extrapoliert wird. Dabei ist es doch so, dass das Kreuz Jesu sein ›Licht‹ von der Auferweckung Christi her erhält. Im Weiteren wäre eigens zu klären, warum die ersttestamentlichen Implikate im Horizont der *Auferweckung* in den Zeugnissen der neutestamentlichen Autoren (im Vergleich zu den ersttestamentlichen Implikaten im Horizont der Opfer-Terminologie) zurücktreten.

Verschiedentlich ist versucht worden, Analogien zu ziehen und Konnexionen herzustellen a) vom Kelchwort Mk.14,24 zum Blutritus bzw. zum Opferritual nach Ex.24,3–8 (der bzw. das jedoch dem Bundesschluss zur Bestätigung und zur Bekräftigung verpflichtet ist, nicht aber dem Sühnopfer) – und b) vom *Herrnmahl* (1. Kor. 11,20) zum Opfermahl aufgrund von 1. Kor. 10,18–22 – und c) vom »Tisch des HERRN« zum Opferaltar des Priesters. Doch wirken diese Versuche im Impetus christologischer Interpretation nicht allzu konstruiert? Ferdinand Hahn resümiert, »daß in // grundlegenden christologischen Bekenntnissen und den neutestamentlichen Aussagen über das Herrenmahl die Opferterminologie nicht verwendet wird.« (14).

Innerhalb der »VERBA TESTAMENTI« fallen die Worte (1. Kor. 11,24 / Mk. 14,22 par): »Und indem sie aßen, nahm Er das Brot, dankte und *brach's* und gab's ihnen ...« Hier in dieser Situation und in dieser Reihenfolge (nach dem Lobpreis) hat also das Wort vom »*Brotbrechen*« seinen genuinen Platz, das heißt: Jesus zerbrach das Brot (wie es der jüdische Hausvater in der Feier des Sedermahles tut und wie es der römische Priester in der Elevation der Hostie (15) bis heute tut) – aber will Jesus damit zugleich ausdrücken, dass dementsprechend sein Leib »*gebrochen*« wurde (wie es z.B. in 1. Kor. 10,16 anklingt, im »Heidelberger Katechismus«, Frage 75 oder in der Schweizer Reformierten Liturgie, Bd. III, 263)(16)? Das Schriftzeugnis Joh. 19,31– 33.36 (vgl. Ex. 12,46) rekurriert doch aber gerade darauf, hervorzuheben, dass dies ja nun eben nicht geschah: dass Jesu Knochen also eben nicht gebrochen wurden bzw. werden mussten, weil er vergleichsweise frühzeitig (und nicht erst nach Tagen) den Erstickungstod am Kreuz erlitten hatte. Kritisch zu hinterfragen ist deshalb die Rede: »Christi Leib, für dich gebrochen ...« Müsste es nicht eher heißen (?): »*Jesu* Leib, für dich (dahin-) gegeben«? – Muss nicht ebenso kritisch hinterfragt werden, wie ausgerechnet der Thoratreue Jude Jesus von Nazareth zum Trinken des Blutes aufgefordert haben sollte (vgl. Joh. 6,53)? Sollte der Jude *Jesus von Nazareth* also allen Ernstes und in aller Konsequenz unter Beachtung der Thora gesagt haben können: »Dies ist mein Blut, das für viele vergossen wird zur Vergebung der Sünden« (Mt.26,28) – und: »Solches tut, so oft ihr's« (also: das Blut) trinket, zu meinem Gedächtnis« (1. Kor. 11,25)? Hat Er das so gesagt, so gemeint, so verstanden – wie es in der späteren Auslegungsgeschichte dann allerdings aber geschah (?): »Christi Blut, für dich vergossen« (vgl. 1. Kor. 11,25 / Mk. 14,24 / Mt. 26,28 / Luk. 22,20)(14)(23)? Kann es sich hierbei also überhaupt um »ipsissima verba« Jesu handeln? Man bedenke in all diesen Anfragen Lev. 17,8–10, das heißt: Bei keinem einzigen Opfermahl im alttestamentlichjüdischen Kontext wurde jemals Opferblut getrunken. Analoges gilt für das Fleisch bzw. für den Leib eines Menschen als Opferspeise (vgl. Joh. 6,52). In Relation zum Verständnis der johanneischen »Ich-bin-Worte« Jesu (die ja nun eben nicht wortwörtlich aufzufassen sind, vgl. Jesu Wort: »Ich bin die Tür« in Joh. 10,9) wird eher anzunehmen sein, dass sich in diesen frühchristlichen Interpretationen erste christologische Interpretamente wiederfinden, die nun aber aus besagten Gründen eben nicht der jüdischen Kulturwelt entstammen (können). Gewissermaßen wie in einem ›Brennglas‹ erscheint die gesamte Kreuzesthematik in diesen so genannten Einsetzungsworten (wenn man diese nicht von den Mahlfeiern des auferweckten Kyrios her liest und versteht) – dagegen aber findet sich vom Christus-Ereignis der Auferweckung keine Spur.

Wenn Jesus von Nazareth sein Kreuzesleiden vorausblickend gesagt haben sollte: »Dies ist mein Blut, das für euch vergossen wird zur Vergebung aller eurer Sünden« – wie passt dazu dann Jesu Gebet in Gethsemane (»Vater, willst DU, so nimm doch diesen Kelch von mir« – nach Luk. 22,42, vgl. Mk. 14,36 / Mt. 26,39) oder Jesu aramäischer Ausruf am Kreuzesbalken (Mk. 15,34 / Mt. 27,46): »Mein Gott, mein Gott, wozu hast DU mich verlassen?« (17)?

Was die Entwicklung der »*verba testamenti*« angeht, so wird man verschiedene Traditionsstufen unterscheiden – wobei anfangs freie (wohl kaum liturgische) Formulierungen im Sinne von: »Wie Brot bin ich: für euch« /

»wie Wein bin ich: für euch« oder: »Wie Brot bzw. wie Wein werde ich mich erweisen als Stärkung für euch« (mit Anklängen an Ex. 3,14) im Umlauf gewesen sein können – ehe diese zu jeder jüdischen Feier wie selbstverständlich gehörenden Elemente von Brot und Wein zunehmend sakralisiert (und schließlich sakramentalisiert) wurden und immer mehr aus der häuslichen Mahlfeier ›auswanderten‹. Davon wiederum zu unterscheiden ist die sich zu späterer Zeit ansiedelnde Opfer-Theologie mit ihrer Deutung von (Brot als) Leib und von (Wein als) Blut Jesu. Im naheliegenden Rekurs auf jüdisches (Mazzen-) Brot und auf den Wein (man beachte Mk. 14,25 / Mt. 26,29), also auf die Elemente, die bei keiner jüdischen Feier fehlen durften – erklärt sich, warum Jesus Bezug genommen hat auf die bloßen, beinahe alltäglichen Elemente von Brot und Wein, die in der weiteren Entwicklung allerdings in problematischer Weise verstärkt interpretiert wurden in der Linie der Kreuzes-Opfer-Theologie bis hin zur Überzeugung vom »Sühnopfermahl«. Diese These findet ihre Verortung geradezu nicht in der Anfangszeit der ersten Christen, sondern in der Folgezeit erster Sakralisierung des Kyrios-Mahles im hellenistischen Horizont unter Aufnahme jüdischer Motive aus der Opfer-Terminologie (18), um Gottes Heilshandeln in Christus Jesus zu deuten.

Weisen *Jesu Mahlfeiern* 1. mit seinen Jüngern (und nicht allein Jesu Abschiedsmahl)(Mk. 2,15f. / Luk. 14,12ff.; 15,7.22ff.) – und schließlich 2. seine Mahlfeiern nach der Auferweckung mit seinen Aposteln (Luk. 24,28–32.41–43 und Joh. 21,9–13) – und zuletzt 3. in der Perspektive als echatologisches Mahl im vollendeten Reich Gottes (vgl. Mk. 14,25/ Mt. 8,11; 26,29 / Luk. 13,29; 22,18.29f. / Apk. 19,9 / vgl. Jes. 25,6ff.) mit den damals tradierten jüdischen Mahlfeiern (u.a. mit den so genannten »Toda« / mit den Dankopfermahlzeiten aus nachexilischer Zeit (19), ebenso mit dem *Pessachmahl*) durchaus Berührungspunkte, wenn nicht gar einzelne wenige Gemeinsamkeiten (im Brot- und Kelch-Ritus) auf, so müssen die Unterschiede jedoch besonders betont werden. »Das ursprüngliche Herrenmahl war alles andere als ein Opfermahl, vielmehr eine Form gottesdienstlicher Gemeinschaft, die sehr bewusst abseits des offiziellen Kultes im Tempel wie in der Synagoge stattfand.« (20). Wenn Christen sich auf das Christus-Ereignis beziehen und das *Herrnmahl* feiern, dann feiern sie in Brot und Wein das Fest der Auferweckung und damit das Fest des (grundlegend neuen) Lebens, nicht aber das jüdische Pessachfest (mit der Schlachtung der Pessachlämmer bzw. mit Lammfleisch und -blut) – dann feiern sie eben nicht das Fest der Schlachtung des (vermeintlichen) Pessachlammes Jesus von Nazareth. Beachtung verdient ein weiterer Unterschied: der nämlich, dass alle Kommunizierenden aus *einem* einzigen Becher / aus dem einen »Kelch des Heils« (Ps. 116,13) trinken und von *einem* Brot essen, um dadurch die innige Gemeinschaft mit Christus auszudrücken. Nach dem Befund 1. Kor. 10,16 ergibt sich die Praxis des so genannten Gemeinschaftskelchs (im Unterschied zu der mit Einzelkelchen).

»Brot« erinnert als Wegzehrung (für den Weg in die zukünftige Stadt, vgl. Hebr. 13,14) an das Manna der Wüste (vgl. Joh. 6,27–35 / Apk. 2,17) – versteht sich als Zeichen für Gottes Segen und als Frucht menschlicher Arbeit, als Zeichen für all das, was zum Leben nötig ist (vgl. Luthers Auslegung im »Kleinen Katechismus« (1529) zur vierten Vaterunser-Bitte).

»Blut« gilt als »Träger des Lebens« (Lev. 17,11)(21) und als Bundeszeichen (»der neue Bund in meinem Blut«, vgl. 1. Kor. 11,25 und Luk. 22,20 nach Jer. 31,31 – dagegen sprechen Mk. 14,24 und Mt. 26,28 allein vom Bund).

»Wein« wiederum dient als Zeichen dafür, den Festcharakter zu unterstreichen (vgl. Ps. 104,15; 116,13 / Dtn. 8,7–10 / Koh. 9,7 / Prv. 31,4–7 / Mt. 11,19 / Luk. 7,34).

Die eschatologische Komponente des Kyrios-Mahls findet ihren Ausdruck in dem Bildmotiv vom zukünftigen »Hochzeitsmahl des Lammes« (Apk. 19,9) – doch lässt sich das Herrnmahl hier auf Erden bereits schon als »Vorwegnahme des endzeitlichen Freudenmahles« (22) bzw. als »Vorwegnahme der künftigen Vollendung« (23) oder als »Vorgeschmack auf Gottes kommendes Reich« bezeichnen? In diesem Kontext ist zu fragen, ob Gott nicht ganz anderes für »die Menschen Seines Wohlgefallens« (vgl. Luk. 2,14) bereithält – ob die irdische Herrnmahlfeier überhaupt etwas Ewiges vorwegnehmen kann (und wie das geschehen sollte) – oder ob sie nicht allein Vorahnungen wecken kann auf das, was kommt. Wenn das *Kyrios-Mahl* hier auf Erden solche Vorahnungen auslöst, dann ist das schon sehr viel, mehr jedoch wird und soll von Gott her wohl noch nicht möglich sein.

Paulus betont von Röm. 12,4.5 und 1. Kor. 12,12–27 ausgehend (vgl. aber auch Eph. 4,15ff.) die kommunikative Komponente des Herrnmahls (»ein Leib« / ein Organismus / eine Gemeinschaft) und kritisiert demzufolge das »Voressen« der wohlhabenden Gemeindeglieder als »Separatistenmahl« (24), vgl. 1. Kor. 11,17–22. Ernst Käsemann urteilt: »Es gibt nur ein todeswürdiges Verbrechen beim Herrenmahl, nämlich verleugnete Bruderschaft.« (25).

Auch wenn der Begriff »Sakrament« in dieser Zeit noch längst nicht geprägt ist, so wird Peter Cornehl (davon abgesehen) zuzustimmen sein, wenn er notiert: »Für die wachsenden Gemeinden war als Regelform der gottesdienstlichen Versammlung ein an Kleingruppen gebundenes Modell der eucharistischen Mahlgemeinschaft auf die Dauer nicht durchzuhalten. Wenn man das Herrenmahl als regelmäßigen Bestandteil oder gar als Mitte des Gemeindegottesdienstes erhalten wollte, war der Verzicht auf ein richtiges Sättigungsmahl irgendwann wohl unvermeidlich – schon aus räumlichen Gründen ... Ein Zwischenschritt in diese Richtung könnte die Zusammenfassung der beiden sakramentalen Teilakte Brotritus und Kelchritus und ihre Verlegung an den Anfang oder an den Schluss der Sättigungsmahlzeit gewesen sein. Ein nächster Schritt war die Transformation der Eucharistie in ein auf das Elementare konzentriertes symbolisches Mahl mit sakramentaler Bedeutung im Rahmen eines Wort und Sakrament umfassenden Gottesdienstes. Diese Entwicklung hat längere Zeit gedauert. Nach Klinghardt ist sie erst im 3. Jahrhundert vollzogen worden (1996, 495 ff).« (26).

Die älteste, erhalten gebliebene Herrnmahlsliturgie findet sich in der wohl aus Syrien stammenden *Didache* (9–10.14) aus dem 2. Jhdt., etwa aus der Zeit um 100/120 (?). Hans Lietzmann vermerkt dazu: »Noch immer ist der heilige Ritus mit einem wirklichen gemeinsamen Essen verbunden ... Erst segnet der Liturg den Kelch, dann das Brot mit kurzen Gebeten, die ihre Herkunft aus dem Formenschatz der griechischen Synagogen deutlich erkennen lassen, aber mit christlich vergeistigtem Inhalt gefüllt sind. Dann erschallt der Ruf: ›Es komme die Gnade und es vergehe diese Welt!‹ ›Hosianna dem Sohne Davids‹ antwortet die Gemeinde. Es folgt die Mahnung: ›Wenn einer heilig ist, trete er hinzu, wenn er es nicht ist, so tue er Buße. Maranatha, (Herr komm)‹. ›Amen‹ respondiert die Gemeinde, und dann treten die Getauften zur Kommunion vor den Liturgen ... wer im Streit mit seinem Nächsten lebt, versöhnt sich vorher mit ihm. Dann setzt sich // die Gemeinde zu Tisch, und es hebt das gemeinsame Mahl an. Ist es zu Ende, so spricht der Liturg ein längeres Gebet des Dankes für die gespendete geistliche Nahrung und das durch Christus gewirkte ewige Leben: es mündet aus in eine Fürbitte für die ... Kirche. Kein Wort vom Todesgedächtnis des Herrn, keine Erinnerung an das letzte Mahl des Herrn in der Nacht, da er verraten ward. Diese Liturgie steht noch ganz in der aus der Urzeit erwachsenen Tradition und ist von paulinischem Einfluß unberührt. Aber sie hat nicht mehr lange in der Kirche Bestand gehabt ... Bald ist die Autorität des Paulus so überragend geworden, dass seine Worte den Sinn und Inhalt der Feier bestimmten. Und die Verbindung des sakramentalen Mahls mit einem Gemeindeessen löste sich. Es wurde aus der doch irgendwie profan erscheinenden Nähe des täglichen Abendessens herausgenommen, auf den Vormittag verlegt und mit dem Wortgottesdienst verbunden ... Justin apol. 67,3–5 ...« (27).
Einmal abgesehen von der Voranstellung des Becherritus vor dem Brotritus (mit der denkbaren Schlussfolgerung, dass beide Riten noch gar nicht aufeinander bezogen sind) – so fehlen in diesen Angaben die so genannten »*verba testamenti*« (weil sie noch nicht zur allgemein verbindlichen Grundlage erklärt worden waren?) wie Hinweise auf den Tod Jesu und auf das Heilshandeln Gottes in Christus Jesus. Andererseits deuten diese Angaben in der Didache auf eine gottesdienstliche Zusammenkunft in den Abend-, wenn nicht gar Nachtstunden hin. Die Didache enthält Bestimmungen zur Taufpraxis (nur Getaufte sind zum Herrnmahl zugelassen, Did. 9,5) – zur Festlegung der *Fasten*tage (auf Mittwoch und Freitag – entgegen dem jüdischen Brauch von Montag und Donnerstag) – zur Einrichtung des Kyrios-Tages (Did. 14) – sowie zum *Opferbegriff,* der überhaupt erstmals in Did. 14,3 mit der Mahlfeier verbunden wird, von Mal. 1,10.11.14 her aber gerade eben nicht mit dem blutigen Opfer im Tempelkult konnektiert werden kann, sondern eindeutig im

Sinne der »eucharistia« (nach Hebr. 13,15.16) als Dank- und als Lobopfer Gott gegenüber in Wort und Tat zu verstehen ist.

Nach der Schilderung *Justins* (*etwa 100 im ehemaligen Sichem in Samaria, Gründer einer christlichen Philosophenschule in Rom, +um 165 als Märtyrer in Rom) hat sich die EUCHARISTIEFEIER bereits vom Sättigungsmahl der Agape abgehoben und zum eigenen Gottesdienst-Typus mit folgenden Elementen entwickelt (vgl. Apologie I, 67, 1–6):

–   Schriftlesung (aus der Thora: »aus dem Gesetz und den Propheten« sowie aus den »Denkwürdigkeiten«, also aus den Briefen der Apostel und aus den Evangelien
–   Predigt des Episkopos
–   Entlassung der Katechumenen, der Photizomenoi (der zur Taufe Angemeldeten), der Ungläubigen, der Kranken, der Besessenen und (der vor der Tür wartenden) Büßer: durch die Diakonen (nach einem Schlussgebet mit Kyrie-Rufen und einem Segensgebet)
–   Rezitation eines Kirchengebets durch einen Diakonen
–   Gebet des Bischofs für die Gemeindeglieder
–   Friedenskuss
–   *Offertorium* (Herbei- und Darbringung) der Dankesgaben (*Oblaten*)
–   Eucharistisches Dankgebet durch den Episkopos: Lobpreis (*Präfation*) – Anamnese –
–   *Epiklese*: Bitte um den Heiligen Geist für die ganze Feier (!)
–   Akklamationen durch Gemeindeglieder
–   Austeilung von Brot und Wein durch die Diakonen *(Kommunion)*
–   Überbringung der Gaben an Abwesende, insbesondere Kranke (durch die Diakonen)
–   Einsammlung der Kollekte für Kranke und Notleidende.

Aus der *»Traditio Apostolica«* Hippolyts hat sich das so genannte »Eucharistiegebet« entfaltet, das die eucharistische Liturgie in ihren Grundzügen bis heute bestimmt, sowohl in der Ostkirche (vgl. »die Göttliche Liturgie« nach Chrysostomos und Basilius) als auch in der Westkirche, in wesentlichen Teilen selbst in den Kirchen der Reformation. Das *Eucharistiegebet* weist folgende Grundstruktur auf:

–   *Offertorium*: Herbei- und Darbringung der Dankopfer-Gaben *(Oblationen)*
–   Eröffnungsgruß: »Der Herr sei mit euch« / »Dominus vobis cum« – »et cum spirito tuo« – (in der Westkirche: »In nomine«)
–   Eucharistischer Wechselgesang

- *Präfation:* Lob- und Dankgebet (mit dem Auftakt: »verum dignum et iustum est«)
- »Sanctus«: »Trishagion« Jes. 6,3 (seit Anfang des 4. Jhdt.s) / »Benedictus«: Luk. 1,68–79
- *»Verba testamenti«*: Einsetzungsbericht
- *Anamnese*: Gedächtnis der Heilstaten Gottes
- *Epiklese*: Bitte um den Heiligen Geist für die ganze Feier (!)
- Fürbitten
- Doxologie.

Bemerkenswert dürfte sein, dass die Unterschiede in der liturgischen Abfolge eher gering ausfallen, dies gilt für den antiochenischen Typus (mit seinen beiden »Sancti«), für den alexandrinischen Typus (mit seinen beiden Epiklesen) als auch für den westlichen Typus. *Martin Luther* hat die einzelnen Elemente (selbst die Elevation!) in der »Deutschen Messe« 1526 beibehalten, wenn auch anders gruppiert.

Auffälligerweise ist in der *Didache* von »geistlicher Nahrung« die Rede (vgl. 1. Kor. 10,3.4) – es fehlt also noch jeder Ansatz zur späteren Konsekration der Gaben: zur angeblichen Wandlung in wahrhaftig Leib und Blut Christi einerseits und andererseits zur später folgenden einseitigen Sakramentalisierung und Klerikalisierung. Auffälligerweise fehlt jede Spur von den *»verba testamenti«*. Dies mag umso bemerkenswerter erscheinen, bedenkt man, dass wohl schon Paulus selbst diese so genannten Einsetzungsworte als bereits geprägten Text vorgefunden und in diesem Sinne als Traditionsgut in den 1. Kor. (11,23b–26) eingezeichnet hat. Denn es ist wohl davon auszugehen, dass diese urchristlichen Glaubensworte recht bald zum festen Bestandteil der Mahlfeiern gehört haben. Ob allerdings Lietzmanns Schlussfolgerung: »von paulinischem Einfluß unberührt« zutrifft, erscheint fraglich – auch vor dem Hintergrund, dass sich vergleichbare Einsetzungsworte trotz diverser Unterschiede in den Evangelien bereits finden (Mk. 14,22–25 / Mt. 26,26–29 / Luk. 22,15–20), sich diese Tradition also bereits im weiteren Umlauf befand.

Sehr zu fragen ist, ob sich die Ausführungen der Didache (aufgrund der Verwendung des Begriffs »Eucharistie«) bereits auf die Mahlfeier auf den Sonntagmorgen beziehen (können) (so Rainer Volp: Liturgik I, 252) – oder ob nicht angesichts der politischen Zeitverhältnisse und der bedrängenden Situation für die ersten Christen weiterhin von abendlichen und nächtlichen Zusammenkünften jeweils nach Ende des Shabbats auszugehen ist. Wenn in Didache 14 vom »Herrensonntage« die Rede sein soll, so muss diese Begriffskombination befremden, schon deshalb, weil die Institution des »Sonn(en)tages« zu dieser Zeit noch gar nicht gegeben ist. Daraus nun aber zu folgern, dass die Christengemeinde sich bereits zu dieser Zeit am Sonntagmorgen zum Gottesdienst versammelt hat (wie Christen das heutzutage tun), geht wohl an der damaligen Wirklichkeit vorbei: schon deshalb, weil die Christen am zweiten Tag der (jüdischen) Woche wie selbstverständlich zu dieser Zeit ihrer Arbeit nachgehen mussten. Im übrigen haben sie sich zu ihren gottesdienstlichen Zusammenkünften in den Abend-, wenn nicht in den Nachtstunden getroffen: und weiter bis in die frühen Morgen hinein, bis in die Zeit des »Hahnenschreis« um drei Uhr, und gerade zu dieser Zeit das Kyrios-Mahl gehalten im Gedächtnis an die Auferweckung Christi (vgl. Apg. 20,7–12; vgl. dazu ebenso die »Epistula Apostolorum«, einen Apostelbrief aus der Zeit ca. 170 ndZ.).

Der Wortlaut aus *Didache* 9–10:
»Was die Eucharistie betrifft, so danket folgendermaßen: zuerst im Betreff des Kelches: Wir danken dir, unser Vater, für den heiligen Weinstock Davids, deines Kindes, welchen du uns kundgetan hast durch dein Kind Jesus. Dir sei Preis in Ewigkeit!
Ferner im Betreff des gebrochenen Brotes: Wir danken dir, unser Vater, für das Leben und die Erkenntnis, die du uns kundgetan hast durch Jesus, deinen Sohn. Dir sei Preis in Ewigkeit! Wie dieses gebrochene Brot zerstreut war auf den Bergen und zusammengebracht eins wurde, so laß deine Kirche von den Enden der Erde in dein Reich zusammengebracht werden, denn dein ist die Herrlichkeit und die Kraft durch Jesus Christus in Ewigkeit.
Niemand aber esse und trinke von eurer Eucharistie, außer denen, die getauft sind auf den Namen des Herrn. Denn hiervon hat der Herr gesagt: Ihr sollt das Heilige nicht den Hunden geben. Nachdem ihr euch aber gesättigt habt, danket also: Wir danken dir, heiliger Vater, für deinen heiligen Namen, dem du eine Wohnstätte bereitet hast in unseren Herzen, und für die Erkenntnis, den Glauben und die Unverderblichkeit, die du uns kundgetan durch Jesus, deinen Knecht. Dir sei Preis in Ewigkeit! Du, allmächtiger Herrscher, hast alles erschaffen um deines Namens willen, Speis und Trank hast du den Menschen gegeben zur Nießung, damit sie dir danken; uns aber hast du gespendet geistliche Speise und Trank und ewiges Leben durch deinen Knecht. Vor allem danken wir dir, weil du mächtig bist. Dir sei Preis in Ewigkeit! Gedenke, Herr, deiner Kirche, sie zu erlösen von allem Bösen, um sie zu vollenden in deiner Liebe, und führe sie, die Geheiligte, von den vier Winden zusammen in dein Reich, das du ihr bereitet hast, denn dein ist die Kraft und die Herrlichkeit in Ewigkeit. Es komme die Gnade und es vergehe diese Zeit. Hosianna dem Gotte Davids. Ist jemand heilig, der komme herzu, ist er es nicht, tue er Buße. Maranatha. Amen. Den Propheten gestattet, Dank zu sagen, soviel sie wollen.«
In *Didache* 14 steht zu lesen: »Wenn ihr am Herrensonntage versammelt seid, so brecht das Brot und dankt, nachdem ihr dabei eure Übertretungen bekannt habt, damit euer Opfer rein sei. Jeder aber, der mit seinem Gewissen im Streite liegt, soll nicht mit euch zusammentreten, bis sie sich versöhnt

haben, damit euer Opfer nicht entweiht werde. Denn so lautet der Spruch des Herrn: An jeglichem Ort und zu jeder Zeit (soll man) mir darbringen ein reines Opfer. Denn ich bin ein großer König, spricht der Herr, und mein Name ist wunderbar unter den Heiden.« (28).

Didache 15,1 vermerkt: »Wählt euch also Episkopen und Diakone. Denn sie sind es, die für euch den Dienst der Propheten und Lehrer versehen.« Mit dem »Dienst« ist u.a. die Wortverkündigung und die Leitung der Eucharistiefeier gemeint.

Bemerkenswert erscheint die stets von neuem und über allem eingebrachte Doxologie, aber ebenso, dass das Wein-Wort vor dem Brot-Wort steht – dass sich das Wein-Wort auf den Weinstock Davids bezieht, aber noch nicht auf das Blutopfer Jesu – dass keinerlei Bezug auf Jesu Abschiedsmahl von seinen Jüngern erfolgt – dass allein Getaufte mit reinem Gewissen (vgl. Mal. 1,11.12; ebenso Joh. 1,29; 4,54; 6,50f.; 13,1–20; 19,34) Zugang zur Mahlfeier haben, sofern sie vorher Vergebung gefunden haben. Nicht zuletzt fällt die eschatologische Ausrichtung auf (mit dem Ausblick auf das messianische Hochzeitsfest in der kommenden Heilszeit, vgl. Mk. 2,19; 14,25 / Mt. 22,11–13; 25,1–13 / Luk. 14,16–24). Parallelen zu jüdischen Riten liegen nahe. Vieles spricht allerdings dafür, in den Zeugnissen der Didache einen eigenen Traditionsstrang zu vermuten.

»Alte Bestandteile der Mahlliturgie sind aller Wahrscheinlichkeit nach ferner der Heilige Kuss (I Kor 16,20; II Kor 13,12) und die Ausschlussformel für die Feinde Gottes (›Wenn jemand den Herrn nicht liebt, so sei er ausgeschlossen‹: I Kor 16,22; vgl. Apk 22,15). ... Der Heilige Kuss, an dessen Stelle auch der Friedensgruß (I Kor 16,23; II Kor 13,13 u.ö.) treten konnte, bringt die Bereitschaft der Teilnehmer zum Ausdruck, sich durch das Sakrament zu verbindlicher Gemeinschaft zusammenführen zu lassen ...« (29). Einmal abgesehen davon, dass der Begriff »Sakrament« zu dieser frühen Zeit noch nicht »Fuß gefasst« hat – so wird durch den Brauch des »Heiligen Kusses« (vgl. 1. Kor. 16,20) innerhalb der Kyrios-Feier ein besonderes, ein inniges Zusammengehörigkeitsgefühl unter den Christen ausgedrückt, das seinesgleichen sucht: *Der Heilige Kuss* verbindet Menschen zu einer Gemeinschaft höchster Intensität, jedoch mit exklusivem Charakter für alle diejenigen, die noch nicht getauft sind (z.B. die Katechumenen)(vgl. Did. 9,5 / Justin: Apol. I,66,1), die noch nicht zum Glauben gefunden haben oder die den Vater Jesu Christi ablehnen – siehe das »Anathema« aus 1. Kor. 16,22, mit dem so genannte »Unwürdige« auf ihr Gewissen hin angesprochen und ggf. vom Herrnmahl ferngehalten wurden. Hier an diesem Ort: in der Feier des Kyrios-Mahls werden verschiedene Menschen »zu Brüdern und Schwestern in Christus Jesus« (›zusammengeschweißt‹) – hier vollzieht sich, was Paulus den Nachfolgern Christi mit den Worten Röm. 15,7 geraten hat: »Nehmt einander an, wie Christus uns angenommen hat: zu Gottes Lob!« Im

Herrnmahl (der urchristlichen Kyrios-Nacht) konstituiert sich Gemeinde Jesu Christi, das kennzeichnet sie, das zeichnet sie aus. Hierin gründet zugleich die diakonische Dimension von Kirche (vgl. Jesu »exemplum« nach Joh. 13,1–20) bzw. der Zusammenhang von Kultus und Ethik – wenn es in der Konsequenz von Röm 15,7 heißen kann: »Helft einander, wo ihr einander helfen könnt!« Demzufolge bestanden die *Oblationen* in freiwilligen Gaben und Spenden, die Witwen und Waisen, Kranken, Gefangenen, Zugereisten zugute kommen sollten (vgl. Justin: Apologie I, 67).

Hippolyt von Rom beschreibt die Herrnmahlfeier gegen Ende des 3. Jhdt.s mit folgenden Worten »*Traditio Apostolica*« 2,4)(30): »Zum Bischof soll der vom ganzen Volk Gewählte geweiht werden; wenn sein Name vorgeschlagen und von allen gutgeheißen worden ist, dann soll das Volk an einem Ort zusammenkommen, mit dem Presbyterium und den anwesenden Bischöfen, am Herrntag. Mit der Zustimmung aller sollen diese ihm die Hand auflegen ... Nachdem er zum Bischof gemacht worden ist, sollen ihm alle den Kuss des Friedens geben und ihn grüßen; denn er ist würdig geworden. Die Diakonen aber sollen ihm die Opfergabe darreichen, und er soll die Hände auf sie legen und mit dem ganzen Presbyterium die Danksagung sprechen: ›Der Herr sei mit euch‹. Und alle sollen sagen: ›Und mit deinem Geiste.‹ ›Die Herzen in die Höhe!‹ ›Wir haben sie beim Herrn‹. ›Lasst uns Dank sagen dem Herrn‹. ›Das ist würdig und recht‹. Und dann soll er so weiterfahren: ›Wir sagen dir Dank, Gott, durch deinen lieben Sohn Jesus Christus, den du uns in den letzten Zeiten als Retter, Erlöser und Boten deines Willens geschickt hast; er ist dein von dir untrennbares Wort, durch den du alles erschaffen hast und den du nach deinem Wohlgefallen vom Himmel in den Schoß einer Jungfrau geschickt hast; er ist darin Mensch geworden und hat sich gleichzeitig als dein Sohn erwiesen: geboren aus dem heiligen Geist und der Jungfrau. Er hat, in Erfüllung deines Willens und dir ein heiliges Volk erwerbend, die Hände ausgestreckt, da er ja litt, um jene vom Leiden zu befreien, die an dich glauben würden. Als er zum freiwilligen Leiden sich hingab, um den Tod zunichte zu machen, die Fesseln des Teufels zu zerreißen und die Hölle mit Füßen zu treten, um die Gerechten zu erleuchten, die Schranke durchzuschlagen und die Auferstehung zu verwirklichen, *nahm er Brot, dankte dir und sprach: Nehmet, esset, dies ist mein Leib, der für euch* gebrochen werden wird. *Desgleichen auch den Kelch, sprechend: Das ist mein Blut, das für euch vergossen wird. Wenn ihr das tut,* begeht ihr *mein Gedächtnis.* Eingedenk also seines Todes und seiner Auferstehung bringen wir dir Brot und Kelch dar und sagen dir Dank, weil du uns würdig erachtet hast, vor dir zu stehen und dir priesterlich zu dienen. Und wir bitten: Sende deinen heiligen Geist auf die Opfergabe der heiligen Kirche; führe alle zusammen, die an den heiligen Gaben teilnehmen, und gib ihnen daran teilzunehmen zur Erfüllung mit dem heiligen Geist, zur Bestärkung des Glaubens in der Wahrheit, so dass wir dich loben und verherrlichen, durch deinen Sohn Jesus Christus, durch welchen dir gebührt Ruhm und Ehre, dem Vater und dem Sohn mitsamt dem heiligen Geist in deiner heiligen Kirche, jetzt und von Ewigkeit zu Ewigkeit. Amen.‹« (31).

Bei einem solchen christologischen Konzentrat und Exempel damaliger Theologie, bei einer solchen Fülle von Ehrfurchtsgesten lässt sich von Hebr. 11,1 ausgehend erahnen, was »glauben« bedeutet: »überwältigt werden von unsichtbaren Realitäten«. Bei allen Anfragen, die sich ergeben (32), artikuliert sich hier ein Verständnis vom *Herrnmahl*, das im Sinne von »Eucharistie« = ›Danksagung‹ gefeiert wird und ganz neu bedacht werden mag.

Ausgehend von Röm. 12,1 und Hebr. 13,15f. ist beim OPFER-Begriff (abgeleitet vom Verbum »offere« / ›darbringen‹ und dem daraus entwickelten Begriff »*Offertorium*«) im Sinne von Num. 15,18–21 daran zu denken, dass Gott mit einem Dank- und Lobopfer als »sacrificium eucharisticum« (siehe CA-Apologie XXIV) bzw. mit dem Opfer der Liebe verehrt werden will (mit dem Blut-Opfer Jesu ist dies nun gerade nicht zu verwechseln). Paul Gerhardt hat diese Intention in den beiden ersten Dritteln seines Verses aufgenommen, im dritten Drittel jedoch verlassen, wenn er dichtete (EG 449,3): »Lasset uns singen, / dem Schöpfer bringen / Güter und Gaben, / was wir nur haben, / alles sei Gotte zum Opfer gesetzt! / Die besten Güter / sind unsere Gemüter, / dankbare Lieder sind Weihrauch und Widder, / an welchen er sich am meisten ergötzt.« In diesem Schlussteil von »Weihrauch und Widder« schlagen die alten Vorstellungen vom Opfertier leider durch. David Denicke textete dagegen 1646 ganz im Duktus des Lobopfer-Gedankens (EG 288,5): »Dankt unserm Gott, lobsinget ihm, / rühmt seinen Namen mit lauter Stimm, / lobsingt und danket allesamt! / Gott loben, das ist unser Amt!« (33).

Wenn in Röm. 12,1 und in Hebr. 13,15f. das Lob- und Dankopfer im Sinne des hingebungsvollen Gotteslobs reflektiert wird (denkbarerweise vielleicht ausgehend und initiiert von Ps. 107,21f.) – so gehört in diesen Kontext sicher auch 1. Petr. 2,5: »Lasst euch ... aufbauen ... zu einer heiligen Priesterschaft, um *geistliche Opfer* darzubringen, die Gott angenehm sind durch Jesus Christus!«

In diesem Zusammenhang mag hervortreten, welch enge Einheit die Begriffe »*Opfer(-gabe)*« und »*Eucharistie*« im Grunde miteinander bilden (34). Sie umschreiben das, was vom Menschen her als Gegengabe bestenfalls möglich ist, um auf Gottes Gabe: Seine Güte und Fürsorge zu reagieren: nämlich im geistlichen Lob- und im praktischen Dankopfer, das sich in der Ehrfurcht gegenüber Gott und in der Liebe gegenüber den Mitmenschen äußert (nach Hebr. 13,16: »Wohlzutun und mitzuteilen vergesst nicht, denn an solchen Opfern hat Gott Wohlgefallen!«). Welche Engführung liegt dagegen darin, wenn der Begriff »Opfer« allein im pecunären Sinne verstanden wird. Obwohl auch dieser Aspekt zweifellos in den Bereich der »Opfer«-

Vorstellungen hineingehört (vgl. Paulus' Bitte gemäß 1. Kor. 16,1f. um eine Kollekte für die Gemeinde in Jerusalem), so kann der Geld-Aspekt vom Zeugnis des Neuen Testaments her doch niemals ausschließlich und allein an erster Stelle stehen. Der pecunäre (und der daraus auch resultierende diakonische) Aspekt ergibt sich fast wie von selbst als Konsequenz aus der Eucharistie, nämlich aus der recht gelebten Danksagung heraus Gott gegenüber.

Im Kontext von Hebr. 13,10–16 begegnet das Wort vom Opfer-*Altar*, mit dem bezeichnenderweise das Kreuz Jesu gemeint ist (auch wenn ein Rekurs auf das Opferhandeln der Priester auf dem Altar im Jerusalemer Tempel impliziert erscheint)(vgl. auch 1. Kor. 9.13; 10,18) – so dass im Blick auf das Judentum geradezu antithetisch formuliert werden kann: »Unser Altar ist das Kreuz Jesu von Nazareth!« (vgl. Thomas von Aquino: »Dieser Altar ist entweder das Kreuz Christi, an dem Christus für uns geopfert wurde, oder Christus selbst, in dem und durch den wir unsere Gebete darbringen« (s.th. III. 83 a1 ad 2). Die Redeweise vom Altar als dem bisher so bezeichneten »Tisch des Herrn« ist erstmals bei *Cyprian* von Karthago belegt (35).

Bis heute wird meisthin übersehen, dass der Begriff »Eucharistie« auch für die römischen Christen, die von *Messe* (36), Messopfer und Priesteramt reden, etwas Neues ist – ebenso wird leicht übersehen, dass sich sowohl *Martin Luther* (*1483,+1546) als auch *Jean Cauvin / Johannes Calvin* (*1509, +1564) für den Gebrauch des Wortes »Eucharistie« aussprechen (37). Der »Heidelberger Katechismus« (1563) formuliert in Antwort 77 in Sachen »Eucharistie«: »Der Kelch der Danksagung, damit wir Dank sagen, ist er nicht die Gemeinschaft des Blutes Christi? Das Brot, das wir brechen, ist das nicht die Gemeinschaft des Leibes Christi?« (vgl. dazu 1. Kor. 10,16f.).

Falls es eines Tages zwischen der römischen Kirche, den orthodoxen Kirchen, der anglikanischen Kirche und den protestantischen Kirchen doch noch zu einer Verständigung in der Mahl-Frage kommen sollte, böte sich für die Mahl-Feier zum einen die Bezeichnung »Herrnmahl«, zum anderen die Bezeichnung »Eucharistie« geradezu an. Beide Bezeichnungen führen zurück an die ›Wurzeln‹ christlichen Glaubens und Lebens und bewahren frühchristliches Traditionsgut aus der Kyrios-Nacht.

Nach *Hippolyt*s Schilderung der Herrnmahlsfeier werden bezeichnenderweise allein »Brot und Kelch« dargebracht. Positionen wie die von einer (römisch-katholischen) Messopfer-Theologie im Sinne des Opferaktes durch den Priester: der *Transsubstantiation* von Brot und Wein – oder von (lutherischer) *Konsubstantiation* (»in, mit und unter« Brot und Wein) – oder von der *Spiritualpräsenz* nach Jean Cauvin(*1509,+1564): ›der Real- und der Virtualpräsenz Christi im Heiligen Geist‹ sind noch gar nicht im Blickfeld. Die Diskussion zur Frage vom Gehalt der Symbole und Elemente (die insbesondere die Reformatoren beschäftigt und auseinanderbringt) – der Aspekt der *Wandlung* in realiter Leib und Blut Christi (auf dem die römische Kirche beharrt und ihr Amtsverständnis fixiert) – Martin Luthers (*1483, +1546) Insistieren auf dem »*(hoc) est (corpus meum)*« bzw. auf dem: »das ist« (im Gegenüber zu *Huldrych Zwingli* (*1484,+1531))(38): all dies steht noch nicht einmal am Horizont damaligen Denkens und Glaubens. Im übrigen scheint es (damals) keinen Streit wert, sich darüber auszulassen, ob und wenn ja, in welcher Weise der auferweckte Christus real-präsent ist: Dass Er in der Wirkkraft des Heiligen Geistes gegenwärtig und wirksam ist (so Jean Cauvin), das konnte ja nur im Glauben erfahren werden – und: das wurde auch so (gemäß der Zusage Mt. 18,20) geglaubt und spürbar erfahren! Auf welche Weise Christus gegenwärtig ist, darüber sind Christenmenschen auseinander gegangen und haben bis heute nicht wieder zueinander gefunden. Das Schisma früherer Tage ist bis heute nicht überwunden. Aus diesen Verirrungen aber lässt sich wohl nur herausfinden, wenn die einseitige Fixierung auf die Elemente aufgegeben wird und wenn die Gegenwart Christi (nach Mt. 28,20) als Sein Geheimnis und als Wunder des Glaubens im Herzen vertrauensvoll angenommen wird – in der Sprache der römischen Liturgie als: »Geheimnis des Glaubens!«

Nach der »*Traditio Apostolica*« Hippolyts gliedert sich die Mahlfeier in einen liturgischen Dialog zwischen Episkopos und Gemeinde, wie er sich bis in die heutige Zeit hinein erhalten hat:

> »Der Herr sei mit euch!«-/- »und mit deinem Geist!«
> »Erhebt eure Herzen!« -/- »Wir haben sie beim Herren!«
> »Lasst uns Dank sagen dem Herrn!« -/- »Das ist würdig und recht!«

Auf die »Salutatio« hin folgen also: »Sursum corda« (39) und »Eucharistia« (in Analogie zu den Lobsprüchen / zu den Benediktionen der jüdischen Mahlfeiern) – anschließend folgen die Christus-Anamnese (zur Vergegenwärtigung der Heilstaten Gottes), die Rezitation der »verba testamenti«, die Darbringung der Dankopfer-Gaben (im »Offertorium«) und die »Epiklese« (die Bitte um die Gegenwart des Heiligen Geistes): bevor die Austeilung /die Kommunion beginnt.

Sicher wird der Begriff der »*Opfergabe*« in Hippolyts Darstellung eingebracht, doch lässt sich dieser Begriff vom Duktus her eindeutig im Sinne eines Dankopfers / der Eucharistie (40) verstehen (vgl. das Verbum »offere«, das deutlich zu unterscheiden und zu trennen ist vom »sacrificium«). Wie viele z.T. auch kämpferische und leidvolle Auseinandersetzungen hätten sich im Laufe der weiteren Kirchengeschichte ersparen lassen (!) – und wieso nur kam es andererseits zum römischen ›Überbau‹ über die schlichte, wenn auch dichte Feier des urchristlichen Herrnmahls?

Bezeichnende Formulierungen fallen in der »*Didascalia*« (einer römischen Kirchenordnung aus der Zeit um 200) auf die »*Darbringung*« (das »*Offertorium*«), die Bereit(stell)ung (die »Prosphora«) der Gaben (der »*Oblationen*«) durch Gemeindeglieder und: auf den »Priesterdienst«: wobei nach Hippolyts Verständnis Gott (!) dieser »Priesterdienst« von den Getauften erbracht wird! Was aber nur für ein Verständnis von »PRIESTER« artikuliert sich hier? Eines, das sich jedenfalls nicht auf das »Kohen«-Verständnis des Ersten Testaments berufen kann (41), das sehr wohl aber abgeleitet ist vom »*Hochpriester*« Jesus Christus (vgl. Hebr. 2,17; 3,1; 4,14.15; 5,10; 7,26; 8,1; 9,11; 10,21) – und das seine Begründung findet nach 1. Petr. 2,9.5.12 im »Priestertum aller Getauften«! Der priesterliche Dienst im Vollsinn des Wortes findet sich in Hippolyts Ordnung in der *Epiklese* wieder, in der Fürbitte des Bischofs um den Heiligen Geist über den Dank-Opfergaben von Brot und Wein, die als geistliche Nahrung »genossen« werden (vgl. den Wortlaut in Anmerkung 31).

»Der Titel Priester bzw. hiereus wird vom Neuen Testament nie den Amtsträgern der Kirche beigelegt ... Das Amt wird in der Kirche von Aposteln, Propheten, Evangelisten, Hirten, Lehrern, Episkopen, Presbytern, Diakonen ... (Eph 4,11; Tim; Tit) ausgeübt, nie aber von Priestern ... Das Amt in der Kirche ist eine Neugründung, die sich deutlich vom Opferpriestertum des Alten Bundes abhebt. Die Funktion des Priestertums Christi und des allgemeinen Priestertums besteht in Opfer und Fürbitte« (42) – nämlich im Dankopfer, in der Eucharistia. Zu unterscheiden ist also:

- der jüdische *Priester*, der im Tempel amtiert (Apg. 4,1 / Hebr. 7,27f.; 8,3–5; 9,25; 10,11)(43) /
- der jüdische *Hochpriester*, der einmal im Jahr am Tage »Yom Kippur« durch den großen Vorhang in den Raum des Allerheiligsten vortrat (Ex. 26,33 / Lev. 16,12–19 / Hebr. 9,7) /
- der heidnische Priester, z.B. der Priester des Jupiter (Apg. 14,13) /
- *Christus* Jesus *als* der eine, wahre *Hochpriester* (Hebr. 2,17; 3,1; 4,14.15; 5,1.5; 6,20; 7,26; 8,1; 10,21) nach der »Ordnung Melchisedeks« (Hebr. 5,6.10; 6,20; 7,17 – vgl. 7,1ff.; siehe Gen. 14,17–20 / Ps. 110,4), der sich im einmaligen Selbstopfer dahingegeben hat (Hebr. 9,12.14.26; 10,12) und der in das himmlische Heiligtum eingegangen ist (Hebr. 9,24) / und
- im pluralen Sinne die Christengemeinde, die Schar der Gläubigen, »das auserwählte Geschlecht, *das königliche Priestertum, das heilige Volk*« (nach 1. Petr. 2,9 – also die »communio sanctorum«), das Gott »geistliche Opfer« im Glauben (im Sinne von Röm. 12,1.2 und Hebr. 13,15) darbringt. *Martin Luther* formuliert: »Jeder, der aus der Taufe gekrochen kommt, ist damit bereits zum Priester, Bischof und Papst geweiht« (WA 6.408,11f.). *Jean Cauvin* formuliert seine »Ämter-Lehre«

ausgehend vom dreifachen Amt Jesu Christi als Priester, König und Prophet: danach entsprechen dem prophetischen Amt Christi die Pastoren, dem königlichen Amt Christi die Presbyter und dem priesterlichen Amt Christi die Diakone.

Jedes einzelne kirchliche Amt gründet in dem einen Opfer-Verständnis der Eucharistia, steht in fester Relation zum Amt Christi und erhält allein daraus seine Legitimation. Eigener Überlegungen wert ist die Frage, wie sich daraufhin das (singuläre) *Priesteramt* angesichts des Kontextes (pluraler Priesterschaft aller Getauften) innerhalb der römischen Kirche im Gegenüber (oder gar in gewisser Konkurrenz?) zum Hochpriester Christus etablieren konnte. Vermag die römische These zu überzeugen, die da lautet (?): Angefangen beim Papst, fortgesetzt beim Bischof, hat jeder einzelne Priester vor Ort (stellvertretend für Papst und Bischof und in Delegation von ihnen und in der *apostolischen Sukzession* mit ihnen) die Aufgabe, den lebendigen Christus auf Erden zu *re-präsentieren*? Und: Wäre dies überhaupt leistbar? Lebt Kirche Jesu Christi denn nicht ausschließlich und allein »in der Kraft des Geistes« (44) – ist es denn nicht Christus selbst, »der Mittler des Neuen Bundes« (Hebr. 8,6; 9,15), der Seine Gemeinde hier auf Erden »sammelt, schützt und erhält« (vgl. Antwort 54 im »Heidelberger Katechismus« von 1563)? Ist Christus etwa nicht (mehr) der alleinige Pastor, der alleinige HERR und Heiland, »dem alle Macht gegeben ist im Himmel und auf Erden« (Mt. 28,18) (?) – ist er abhängig (geworden) von irdischen Repräsentanten, von Stellvertretern Seiner selbst hier auf Erden? Die Spannung im (Konkurrenz-?) Verhältnis zwischen dem Hochpriester Christus Jesus und dem römischen Priester hier auf Erden ist sicher nicht zu verkennen.

Im Sinne der Danksagung (Eucharistie) dargebracht – konnten nach Hippolyts »*Didascalia*« selbst Blumen als *Opfergabe* dienen. In dieser Kirchenordnung findet sich nun allerdings auch folgende Notiz: Man muss »mit den wundersamen Gaben ehrfürchtig umgehen: kein Ungläubiger darf davon genießen, kein Bröckchen zur Erde fallen, dass es nicht etwa verderbe oder von einem Mäuslein gefressen werde; kein Tropfen darf verschüttet werden: ein fremder Geist könnte es auflecken und dadurch Himmelskräfte gewinnen (Didasc. Lat. p. 117 ...).« (45). Bei all den Fragen nach der Autorenschaft und nach der Datierung der Didascalia enthalten diese Anmerkungen deutliche Hinweise auf die Scheu vor dem Heiligen, aber ebenso Hinweise in Richtung Aberglauben (der sich bis heute teilweise selbst in evangelischen Gemeinden erhalten hat). Wie dicht kann beides zusammenkommen und zusammenliegen!

Während z.B. *Hippolyt* in seiner *Epiklese* das Kommen des Heiligen Geistes über die ganze Gemeinde erbittet (»in oblationem sanctae ecclesiae«, PE 81) – verlagert sich der Akzent im Zuge der Frühkatholisierung verstärkt auf die WANDLUNG der ELEMENTE. Aus der einen Feier der ganzen versammelten Gemeinde mit der persönlichen Darbringung der Dankopfer-Gaben durch viele Gemeindeglieder wird die Messopfer-Darbringung eines einzelnen, nämlich des Priesters. *Cyrill* von Jerusalem (+386) verengt die ursprüngliche Epiklese für die Gemeinde zur *Wandlungsepiklese* für die Gaben, wenn er in seiner Mystagogischen Katechese 5,7 schreibt:»Wir rufen den menschenfreundlichen Gott an, er möge den Heiligen Geist auf die Gaben herabsenden, dass er das Brot zum Leib Christi, den Wein zum Blut Christi mache. Denn alles, was der Geist berührt, ist geheiligt und verwandelt.« Auffallen muss in diesem Zusammenhang, dass *Cyrill* auf die Anamnese und auf die Zitation der »verba testamenti« verzichtet. – *Irenäus* (*um 140 in Smyrna,+202) hatte bereits vorher formuliert:»Wie das Brot von der Erde, das die Anrufung Gottes empfängt, nicht mehr gewöhnliches Brot ist, sondern Eucharistie, aus zwei Dingen bestehend, einem irdischen und einem himmlischen, so sind auch unsere Leiber, die die Eucharistie empfangen, nicht mehr sterblich, sondern haben die Hoffnung der Auferstehung zur Ewigkeit.« (adv.haer. IV, 18,5).

Ignatius, Bischof von Antiochien (+um 110 als Märtyrer in Rom zur Zeit von Kaiser Trajan), betont die Autorität des Episkopos, bezeichnet die *Eucharistie* (für die jetzt allein der Bischof zuständig ist) gar als »Medizin zur Unverweslichkeit« bzw. als »Arznei zur Unsterblichkeit« (»pharmakon athanasias«)(Ign.Eph. 20,2)(vgl. Act.Thom.135), also als ›Gegengift gegen den Tod‹, und stellt fest, dass der Christ im Empfang von Brot und Wein »das Fleisch und Blut Christi genießt«. Nach Ign.Smyrn. 8 ist es nicht (mehr) erlaubt, ohne *Episkopos* zu taufen und das Herr(e)nmahl zu feiern – das heißt, das Wirken des Bischofs gilt danach als unabdingbar erforderlich (46). An diesem Beispiel zeigt sich, wie die Auffassungen vom Mahl schon in früher Zeit divergieren, sakramentalistische Missverständnisse mit Heilsgarantie offerieren und kaum noch zusammenzuhalten bzw. zusammenzubringen sind.

Hans-Christoph Schmidt-Lauber resümiert folgerichtig:»Die Gemeindekommunion geht verloren, der Opfergedanke tritt ins Zentrum, die priesterliche Weihegewalt multipliziert das Messopfer, die Gläubigen geraten in Ungewissheit ihres Heils, die eucharistische Spiritualität beginnt aus dem Gottesdienst auszuwandern.« (47). Welche Veränderungen sich damit im gottesdienstlichen und im gemeindlichen Verständnis ergeben, dass die Gemeindefeier der Eucharistie im Sinne der *Anamnese* der Auferweckung Christi (»tut ihr das zu meinem Gedächtnis« – vgl. 1. Kor. 11,24f. / Luk. 22,19) zurücktritt gegenüber der Zentrierung auf das angeblich alles entscheidende, nämlich für alle Gläubigen heilsnotwendige Weihehandeln des *Priesters*: dies müsste bis in die heutige Zeit hinein kritisch hinterfragt werden. Aufgabe des Priesters wird es schließlich, das Opfer Jesu am Kreuz von Golgatha in jeder einzelnen Messfeier aufs Neue darzubringen bzw. zu wiederholen. Brot und Wein werden nach römischer Überzeugung wahrhaftig

Leib und Blut Christi durch die Aktion des Priesters, durch seine Konsekration. Was für eine Entwicklung hat sich bis zu diesem ›Punkt‹ ergeben, ausgehend von der freudigen Gedächtnisfeier der Gemeinde im Sinne von Anamnese, »zachar« und Eucharistie in der so genannten Osternacht. Was für eine Entfernung von der sich wöchentlich wiederholenden Feier des urchristlichen Kyrios-Mahls in der dem Shabbat folgenden Nacht tut sich hier auf! Welche Abwertung der Gemeinde einerseits, welche Aufwertung des Priesters andererseits erfolgt auf diese Weise! Spätestens in dieser »Wandlung« erfährt das Priesteramt /-tum seine Etablierung.

Jürgen Roloff ist zuzustimmen, wenn er für die Anfänge christlicher Gemeinden schreibt: »Fest steht zunächst, dass es einen christlichen Wortgottesdienst, der als Ersatz für den Sabbatgottesdienst der Synagoge gedient hätte und in Anlehnung an dessen Formen gestaltet gewesen wäre, nicht gegeben hat. ... Die Normalgestalt der wöchentlichen gemeindlichen Versammlung war die Herrenmahlsfeier!« (48). Das heißt: Bei aller Anlehnung an die jüdischen Synagogen-Gottesdienste bildete bereits in der Anfangszeit der Christenheit das Kyrios-Freudenmahl das Konstitutivum des christlichen Gottesdienstes. Christliche Wortgottesdienste dagegen mit Schriftlesung, Verkündigung und Gebet (also ohne die Feier der Eucharistie) traten erst zu späterer Zeit hinzu, wohl im 2. Jhdt. ausgehend von Fasttagsgottesdiensten in Syrien und Ägypten (vgl. Did. 8,1) – ehe sich die beiden ›Schwergewichte‹ von Predigt und Eucharistie in einer gottesdienstlichen Feier vereinigten. Diese Erkenntnis zog sich durch bis hin zu *Johannes Calvin*, der sich zusätzlich zur Predigt des Wortes Gottes für die Feier der *Eucharistie* in jedem einzelnen Sonntagsgottesdienst aussprechen sollte.

Markus Barth notiert: »Das Mahl des Herrn ist eine öffentliche Demonstration der kosmischen Weite, Breite und Tiefe der Rechtfertigung durch Christus und aus Gnade allein. Es dient einem höheren Zweck als nur der Bestätigung der Rechtfertigung und des Glaubens auserwählter einzelner oder kirchlicher Gemeinschaften. Alle, für die Christus gestorben ist, sind zu seiner Feier eingeladen, und alles, was unter der Verheißung einer neuen Schöpfung steht, darf zu dieser Feier einen Dienst leisten. Hier jubelt das Feld und was darauf steht, hier jauchzen die Bäume des Waldes und klatschen sie in die Hände, hier brechen Berge und Hügel in Jubel aus und hüpfen wie junge Lämmer, hier loben alle den Herrn, alle seine Werke (Ps 96,11–12; 98,7–8; 103,22; 114,4–7; Jes 49,13; 55,12; vgl. den apokryphen Gesang der drei Männer im Feuerofen). Unter dem Vorbehalt der vollen Offenbarung in der Wiederkunft Christi ist schon im Mahl des Herrn vieles ›sehr gut‹ (vgl. Gen 1,31).« (in: Das Mahl des Herrn, 106).

Was aber nur für eine Entwicklung (oder: Verwicklung?) spricht aus dem Apostolischen Schreiben »Mane Nobiscum Domine« (7. Oktober 2004) von *Papst Johannes Paul II.* (+2005) zum »Jahr der Eucharistie« (vom Oktober 2004 bis zum Oktober 2005), wenn der Papst dort schreibt (Kap. II): »... kraft der Realpräsenz wird der ganze und vollständige Christus in der Wirklichkeit seines Leibes und seines Blutes substantiell gegenwärtig.« (Pkt. 16). Was für eine Entfernung tut sich in dieser Aussage im Vergleich zur urchristlichen Kyrios-Nachtfeier auf – im Vergleich zu den Zeugnissen der Alten Kirche, etwa am Beispiel Hippolyts!

Festzuhalten gilt:
Mahl (»Tut ihr das zu meinem Gedächtnis«, vgl. 1. Kor. 11,24f. und Luk. 22,19) und Taufe (gemäß Mt. 28,18–20) bilden von allem Anfang an die Konstitutiva von christlichem Glauben, von christlicher Gemeinde und von christlichem Gottesdienst – wobei zu fragen ist, ob dabei nicht der Mahlfeier (in der Kyrios-Nacht) der ursprüngliche Charakter zukommt, bevor die Tauffeier hinzutritt. Aus den Mahlfeiern der ersten Christen (in der Kyrios-Nacht) heraus entwickelt sich der Typus »christlicher Gottesdienst«. Die weitere Entwicklung zeigt: »Der Gemeinschaftsgedanke (communio) fand vermehrt seine sakramentale Vertiefung: die eucharistische Gemeinschaft erhielt kultische Dimension.« (49).

Anmerkungen

(1) – Zur Brotrede Jesu in Joh. 6,26–65 (in der Jesus als Gastgeber, als Gabe, als Geber der (Hin-) Gabe Gottes, als Speise und Trank gesehen wird) siehe M. Barth: Das Christuszeugnis von Joh. 6, in: Das Mahl des Herrn, 184–267 – zur symbolisch zu verstehenden Bildrede Joh. 6,51b–58.63 und zur geistlichen (vgl. 1. Kor. 2,13–15; 10,3.4) (Nutz-) Nießung: »Wer mein Fleisch isst und wer mein Blut trinkt« (Joh. 6,54). Man beachte dabei zugleich die Bedeutung von Jesu Bildreden in den »ICH-bin-Worten« vom »guten Hirten«, vom »Weg«, vom »Weinstock«, von der »Tür«.

(2) – Otfried Hofius geht (im Gegensatz zu Cyliers Breytenbach) vom Zusammenhang von *Sühne und Versöhnung* (als wechselseitige Interpretamente) aus und formuliert: »Das Verständnis des Christusgeschehens als eines Geschehens der Sühne und Versöhnung erschließt sich nur auf dem Hintergrund des Alten Testaments – nämlich auf dem Hintergrund der alttestamentlichen Traditionen über die kultische Sühne. Die kultische Sühne ist ›ein Zu-Gott-Kommen durch das Todesgericht hindurch‹ (H. Gese).« (in: Versöhnung, 2f.). Breytenbach weist es zurück, Jesu Tod im Sinne eines Sühnopfers aus dem Ersten Testament heraus deuten zu wollen, erkennt die Rezeption vom leidenden Gottesknecht (aus Jes. 53), betont aber, dass Paulus sich in der Deutung des Todes Jesu über Jes. 53 hinaus nicht von ersttestamentlichen, sondern von hellenistischen Metaphern hat leiten lassen. Zur Kontroverse zwischen Hofius und Breytenbach siehe zum einen O. Hofius: Versöhnung – und zum anderen C. Breytenbach: Versöhnung.

(3) – Siehe G. Theißen in: Studien zur Soziologie des Urchristentums, 272–289: Die Starken und die Schwachen in Korinth« – sowie 293–317: zu 1. Kor. 11,17–34.

(4) – P. Cornehl: Der Evangelische Gottesdienst, 222.

(5) – Bernd Janowski vermerkt: »Sühne im biblischen Kontext ist mit .. Rechtskategorien nicht zu erfassen. Als zu Entsühnender steht der Mensch in einem ›irreparablen Unheilsgeschehen, irreparabel, weil es die Grenze seiner Existenz mit einschließt, er steht in der Situation, wo nichts wiedergutgemacht werden kann‹ – am allerwenigsten durch Strafe, die den Schuldigen, wenn sie ihn nicht tödlich trifft, immer bei seinem rechtswidrigen Tun behaftet. Aus der Sühne aber geht der schuldige Mensch als Entsühnter, nicht als Bestrafter hervor, denn Sühne impliziert kein göttliches Unwerturteil über den Menschen, sondern ist die von Gott gewirkte Aufhebung des von menschlicher Seite nicht aufhebbaren Sünde-Unheil-Zusammenhangs.« (in: Sühne als Heisgeschehen, 5)(die Rückfrage aber sei erlaubt: Müsste es nicht richtigerweise statt »Entsühnender«: »ein zu Sühnender« und statt »Entsühnter«: »Gesühnter« heißen?). »Gott muß nicht durch ein blutiges Opfer seines Sohnes versöhnt, gnädig gestimmt werden, es ist der Mensch, der der Sühne bedarf. Diese geschieht durch den Tod Jesu Christi, den Gott als – für den Glauben sichtbaren – ›Sühneort‹ eingesetzt hat.« (354). Gott selbst ist es, der sich mit den Menschen versöhnen will – gemäß Lev. 17,11: »Des Leibes Leben ist im Blut, und ICH (Gott) selbst habe es (das Blut, in dem das Leben ist) euch für den Altar gegeben, auf dass eure Seelen damit versühnt werden. Denn das Blut ist die Versühnung, weil das Leben in ihm ist.« (beachte dazu die vorpaulinische Tradition in Röm. 3,25f.).

Hartmut Gese definiert: »Sühne heißt nicht, Sünden, Verfehlungen, die reparabel sind, vergeben. Da sehe der Mensch selber zu; Wiedergutmachung leisten, wo dies möglich ist, ist eine Selbstverständlichkeit. Sühnen heißt nicht versöhnlich stimmen, heißt nicht vergeben sein lassen, was wiedergutgemacht werden kann. Gesühnt werden heißt, dem verdienten Tod entrissen zu werden.« (in: Die Sühne, 90f.). Demnach ist es nicht der einzelne Mensch, der Sühne erbringen kann, sondern allein Gott selbst kann diese notwendige Sühne »sola gratia« gewähren – demnach ist es ebenso wenig der je einzelne Mensch, der ein Sühnopfer darbringen und Gott damit vom Zorn(-gericht) abbringen und gnädig stimmen kann, sondern Gott selbst und ER allein muss dies tun.

Zum Auslegungsproblem der vorpaulinischen Sühne-Tradition von Röm. 3,25 (»Sühnmal« und »Sühneort«) siehe B. Janowski: Sühne, 351–354. Bernd Janowski resümiert: »so ist dieser Ort der Gottesgegenwart nach Röm 3,25 der *Gekreuzigte,* den Gott als ›Sühnmal, Sühneort‹ eingesetzt hat.« (353) (Hervorhebung im Original).

Siehe ebenso Gerhard Barth: Der Tod Jesu im Verständnis des Neuen Testaments, 37–41.

Dass es sich im Kreuzestod Jesu um »ein wirkliches Sühnopfer« handelt, betont das Tridentinum (DS 1743) und nicht zuletzt die Erklärung der Gemeinsamen Römisch-Katholischen / Evangelisch-Lutherischen Kommsssion: Das Herrenmahl, 35 (siehe dazu ebenso 101–105). Beachte dagegen Art. 24 der »Confessio Augustana« (1530).

Zum Zusammenhang von Schuld und Sühne bzw. von Verbrechen und Strafe schrieb Fjodor Dostojewski 1866 den Roman »Schuld und Sühne« (so der deutsche Original-Titel).

(6) – Zu diesem Eliminationsritus (für die Beseitigung von Gotteszorn) siehe B. Janowski: Gottes Gegenwart in Israel, 285–302 – und B. Janowski: Sühne, 211–221.268–271.

Durch den symbolischen Ritus der Handaufstemmung, durch die so genannte »semika« (Lev. 1,4 / 2. Chr. 29,23) auf den Kopf des Opfer-Tieres wurden die Sünden des Schuldigen und des nun Opfernden vor der Schächtung auf das Opfertier übertragen – wobei die Sünden durch den Akt des Tier-Opfers zunichte gemacht wurden (vgl. Lev. 16,21). Das Blut wurde im Tempel an die Hörner des Brandopferaltars und an den Vorhang vor dem Allerheiligsten gesprengt. Durch diesen für den schuldigen Menschen stellvertretend erfolgten Opfer-Ritus wurde die Sühne zeichenhaft-real bewirkt; das Blut des Opfer-Tieres diente dabei als Sühnemittel.

(7) – Die Metapher vom *»Sündenbock«* (aus Lev. 16) wird gemeinhin so verstanden, dass ein unschuldiges Tier zum Opfertier auserkoren wird, die Schuld aufgeladen erhält, in die Wüste hinausgejagt wird und so stellvertretend für einzelne Menschen die notwendige Sühne leistet, um die ge- oder gar zerstörte gesellschaftliche (Rechts-) Ordnung wiederherzustellen. Dabei ist es Gottes Aufgabe, diese (vom Menschen initiierte und via Opfertier zu leistende und leistbare) Sühne, sprich: diesen »Sündenbock« anzunehmen. Diese Auslegung berücksichtigt allerdings nicht, dass nur Gott selbst der Urheber von Sühne sein kann, dass kein Mensch und auch kein Opfertier diese notwendige Sühne erbringen kann, dass nicht Gott »versühnt« (bzw. versöhnt) werden muss (und kann), sehr wohl aber der je schuldig gewordene Mensch. Die kultische Handlung dient der Veranschaulichung, der Symbolisierung, der Symphatie und des Nachvollzugs. Die (bloße) Handlung selbst bewirkt nicht die erwartete Sühne, aber sie drückt das erwartungsvolle Bekenntnis zu dem Gott aus, der allein Sühne gewähren kann und will.

(8) – Bernd Janowski verweist auf den hebräischen Begriff *»kopaer«* (mit den Radikalen »kpr«) und betont dabei den Aspekt der (materiellen) Ersatzgabe: in Form von ›Stellvertretung‹ (vgl. Jes. 43,3b / Prv. 21,18), vom ›Tausch‹, von ›Sühne‹ und ›Sühnemittel‹ bzw. ›Sühnegeld‹ (vgl. 1. Sam. 12,3 / Ps. 49,8. 16), von ›Lösegeld (-zahlung)‹ (Ex. 21,30; 30,12 / Num. 35,31.32), von ›Bestechungsgeld‹ im Fall von Ehebruch (Prv. 6,35; 13,8) sowie von ›Loskaufung‹ und ›Auslösung‹ (eines gefangenen Soldaten (vgl. Codex Hammurabi, §32))(in: Auslösung des verwirkten Lebens. Zur Geschichte und

Struktur der biblischen Lösegeldvorstellung, 5–39, in: Gottes Gegenwart in Israel, 14f.17).

Abgesehen vom Bereich rechtlicher Bestimmungen bezieht sich der Begriff »kopaer« im theologischen Sinne auf die ›Auslösung durch Gott‹ (vgl. Jes. 43,3b.4): »An der Lösegeldaussage V. 3b ist bedeutsam, daß hier, im Unterschied zu Ex 21,30 und zu Ex 30,12, nicht der Urheber der Verschuldung, sondern der Geschädigte (Jahwe) das *kopaer* zur Auslösung des Schuldigen ... gibt. Das mit *natan kopaer* umschriebene Handeln Gottes ist Erweis seiner Liebe zu seinem Volk und deshalb *Erlösungshandeln* (vgl. ... Jes. 52,3).« (29). »Nach den ... alttestamentlichen ›Lösegeld‹-Belegen bewirkt die Gabe des *kopaer* immer die *Lösung des verwirkten Lebens aus einem den Schuldigen existentiell gefährdenden Unheilsgeschehen* – sei es, daß der Schuldige sich durch Erstattung eines begrenzten, ihm auferlegten materiellen Äquivalents auslösen kann (Ex 21,30; 30,12; bzw. sich nicht auslösen kann: Num 35,31f), oder sei es, daß nicht der Schuldige, sondern Gott das Subjekt der Auslösung, der Geber eines (inkommensurablen) *kopaer* ist (Jes 43,3f). Daß Auslösung des verwirkten Lebens inneralttestamentlich auch von dem stellvertretenden Handeln eines interzessorischen Mittlers erhofft wurde« (30), eines »angelus intercessor«, spricht aus Ijob 33,22–30 sowie 36,18 (Hervorhebungen im Original). Das heißt: Gott allein ist und bleibt Autor bzw. Akteur dessen, was Sühne und was Versöhnung ausmacht. Es geht nicht etwa darum, dass Gott durch Menschen versöhnt werden könnte oder gar müsste, sondern darum, dass Gott selbst Versöhnung durch Sühne erwirkt.

Auf die Frage aus Mk. 8,37 bzw. Mt. 16,26b: »Was kann ein Mensch geben als Gegenwert für sein Leben?« – antwortet Jesus von Nazareth mit dem Logion Mk. 10,45 bzw. Mt. 20,28: »Der Menschensohn ist nicht gekommen, dass Er sich dienen lasse, sondern dass Er diene und gebe sein Leben als Lösegeld« (bzw. als Erlösung) »für viele.« / »für alle.« (1. Tim. 2,6).

(9) – Zur Frage, wer mit dem Titulus »GOTTESKNECHT« *(Jes. 53)* gemeint ist, ob Jakob / Israel oder ob ein plurales oder ein singuläres Verständnis gemeint ist – siehe Bernd Janowski: Er trug unsere Sünden, in: Gottes Gegenwart in Israel, 313–326. Janowski notiert: »Israel, das zur Übernahme seiner Schuldverpflichtung nicht imstande ist, muß aus ihr gelöst werden, um noch eine Zukunft zu haben. Diese Befreiung kommt von einem Unschuldigen, der sein Leben in Entsprechung zum ›Plan‹ JHWHs (V. 10a.b) und als Konsequenz seines eigenen Wirkens (vgl. V. 7–9) hingibt. ›Hingabe des *eigenen Lebens* als Schuldtilgung‹ ist deshalb identisch mit der ›Übernahme der Folgen eines fremden Tuns‹. Nichts anderes will .. die Wendung vom stellvertretenden ›Tragen‹ fremder Schuld (V. 4a, vgl. V. 11b.12b) sagen.« (321)(Hervorhebungen im Original).

»Jes 53 hat diesen Vorgang der Stellvertretung in seiner ganzen Dramatik entfaltet und seine beunruhigende wie befreiende Seite aufgedeckt: er ist *beunruhigend*, weil ein Unschuldiger sich erschlagen läßt, ohne zurückzuschlagen, und alle Gewalt auf sich zieht, um ihre Macht zu brechen. Das Gesetz fortzeugender Gewalt tobt sich an dem unbedingt Friedfertigen aus und führt sich so ad absurdum. Das ist eine Wirklichkeit, die rational nicht mehr faßbar und dennoch existent ist. Und er ist *befreiend,* weil dieser Vorgang nicht einfach so hingenommen wird, sondern die wir an ihm ihre eigene Schuld erkennen. Der Schuldige erkennt, daß er schuldig ist – das ist der Anfang der Veränderung.« (Janowski, aaO., 324)(Hervorhebungen im Original).

Unter Bezug auf Jakobs Traum von der Himmelsleiter (Gen. 28,11–16) konnte *Luther* in Sachen »Stellvertretung« vom »fröhlichen Wechsel« bzw. vom »wunderbaren Tausch« reden und damit ausdrücken: Christus steigt vom Himmel herab auf die Erde, übernimmt die Schuld des Menschen, wird an seiner Statt zum Sünder – der Christenmensch dagegen steigt als »simul iustus et peccator« hinauf zu Gott – siehe Luthers Auslegung zu Röm. 3.4 in seiner Vorlesung zum Römerbrief 1515/1516 (WA 56.272,3–12.17)(WA 43.582; 15,31f.).

(10) – Im Sinne der »lectio difficilior« sprechen die Argumente für die ursprüngliche Aussage des römischen Hauptmanns in Mk. 15,39: »Wahrlich, dieser Mensch ist *Gottes Sohn* gewesen!« – die im Nachhinein allerdings korrigiert wurde: a) zunächst in die Aussage Mt. 27,54: »Wahrlich, dieser ist Gottes Sohn gewesen« – und b) schließlich in die Aussage Luk. 23,47: »Fürwahr, dieser ist ein frommer Mensch gewesen!« – Die Entstehungsgeschichte der synoptischen Evangelien mit ihrer These, wonach den Schreibern des MtEv.s und denen des LukEv.s (neben der postulierten Logienquelle) das MkEv. als Quelle vorgelegen haben soll, erfährt durch den o.a. Befund eine nicht unerhebliche Stütze.

(11) – Gemäß 4. Makk. 6,27ff. lässt der Märtyrer stellvertretend für sein Volk sein Leben (im Tun-Ergehen-Zusammenhang) als Sühne für die Sünden seines Volkes ... – dabei soll Gottes Zorngericht durch den Märtyrertod zum Stillstand kommen und die Weltordnung wieder ins Gleichgewicht zurückgebracht werden (vgl. 2. Makk. 7,37f.).

Zum Deutungsversuch der Versöhnung »pro nobis« siehe Berthold Klappert: Die Auferweckung des Gekreuzigten, 198–286.

Zu den verschiedenen Deutungsversuchen des Todes Jesu siehe G. Barth: Für uns gestorben? Unsere Verlegenheit am Karfreitag, in: Neutestamentliche Versuche und Beobachtungen, 441–454. Gerhard Barth: »Diese verschiedenen Deutungen sind wie die Speichen eines alten Wagenrades: Von verschiedenen Seiten her weisen sie alle auf die Mitte. Mit einer Speiche allein hält das Rad nicht. Aber mehrere zusammen zeigen, wo die Mitte ist.« (453).

(12) – *Karl Barth:* »Die Tatsache, daß uns vom Neuen Testament her tatsächlich mehr als ein Vorschlag zum systematischen Überdenken des pro nobis gemacht ist, mag uns in heilsamer Weise vor Augen halten, daß wir in der Dogmatik nicht vom Himmel herunter in der Sprache Gottes, sondern nur

auf Erden möglichst streng und genau in irgendeiner Menschensprache reden
können, wie das – die Uneinheitlichkeit ihrer Anschauungen und Begriffe ist
der Zeuge – schon die neutestamentlichen Schriftsteller selbst getan haben.
Die Theologie kann in allen ihren Zusammenhängen nur in Annäherungen
reden.« (in: Kirchliche Dogmatik, IV,1, Zürich 1953, 301).

Karl Barth an anderer Stelle:»Wir sollen als Theologen von Gott reden. Wir
sind aber Menschen und können als solche nicht von Gott reden. Wir sollen
Beides, unser Sollen und unser Nicht-können wissen und eben damit Gott die
Ehre geben.« (in: Das Wort Gottes als Aufgabe der Theologie, 151.160).

(13) – M. Thurian: Eucharistie. Einheit am Tisch des Herrn?, 189.

(14) – F. Hahn: Das Verständnis des Opfers im Neuen Testament, in: K.
Lehmann / E. Schlink: Das Opfer Jesu Christi und seine Gegenwart in der
Kirche, 90f.

(15) – Angesichts der Verwendung von Hostien oder *Oblaten* in den römischen Kirchen und in den lutherischen Kirchen (in den reformierten Kirchen
dagegen wird einfaches Brot verwandt) stellt sich die Frage, warum der
Priester (wie auch der lutherische Pfarrer?) die *Hostie* vor den Augen der
Gemeinde in der *Elevation* einerseits zeichenhaft zerbricht (wo Jesu Leib
doch nun gerade eben nicht ge- oder gar zerbrochen worden ist, vgl. Joh.
19,31–33) und warum der Priester dagegen andererseits den Kommunikanden die ganze, also unzerteilte Oblate in den Mund legt (damit nichts von der
Oblate =»Leib Christi« auf den Fußboden fallen kann.

(16) – Die Schweizer Reformierte Liturgie, Bd. III: Abendmahl, 263 formuliert:»Der Herr selber kommt nun zu dir (euch) in den Gaben von seinem
Tisch. Das Brot, das wir brechen, ist Gemeinschaft mit dem Leibe Christi.
Der Kelch der Danksagung ist Gemeinschaft mit dem Blute Christi. Weil es
ein Brot ist, sind wir alle *ein* Leib, denn wir sind alle des einen Brotes teilhaf-
tig. *Austeilung* Der Leib unseres Herrn Jesus Christus, für dich gebrochen,
stärke und erhalte dich in das ewige Leben. Das Blut unseres Herrn Jesus
Christus, für dich vergossen, stärke und erhalte dich in das ewige Leben.«
(kursive Hervorhebungen im Original).

(17) – Gerhard Barth weist darauf hin, dass sich Jesu Kreuzesruf (Mk.
15,34:»Mein Gott, mein Gott, wozu ...«) nicht einfach als bloßes Zitat aus
Ps. 22,2 verstehen lässt, denn dieser Schrei Jesu enthält aramäische, nicht
jedoch hebräische Worte:»Wenn aber gemeint sein sollte, daß Jesus Ps 22
oder dessen Anfang gebetet und also auswendig zitiert habe, dann müßte dies
hebräisch erfolgt sein. ... wenn ein frommer Jude in Palästina einen Psalm
auswendig lernte und zitierte, dann dürfte das ... hebräisch geschehen sein ...
Andererseits muß der Ruf Jesu in einem vormarkinischen Stadium einmal
hebräisch gelautet haben. Nur dann wird das Mißverständnis der Dabeiste-
henden einigermaßen verständlich: ›Seht, er ruft den Elia!‹ (Mk 15,35 ...).
Matthäus hat deshalb das aramäische ›eloi‹ aus Mk 15,34 in das hebräische
›eli‹ abgeändert (Mt 27,46).« (siehe G. Barth: Der Tod Jesu Christi im Ver-

ständnis des Neuen Testaments, 130). Jesu Kreuzesruf Mk. 15,34 ist nicht mit dem (kausalen) ›Warum‹, sondern mit dem (finalen) ›Wozu‹ zu übersetzen (vgl. Mk. 14,4; 1,38)(siehe G. Barth, aaO., 130).

(18) – *Rudolf Bultmann* urteilte: »Die Tatsache, daß ein Mensch gewordenes Gottwesen durch sein Blut die Sünden der Menschen sühnt, ist primitive Mythologie, die nicht existential interpretiert werden kann, sondern eliminiert werden muß.« (Zitat aus: R. Heiligenthal: Der Lebensweg Jesu, 21).

(19) – vgl. H. Gese: Zur biblischen Theologie, 107–127.

(20) – F. Hahn: Das Verständnis des Opfers im Neuen Testament, in: K. Lehmann / E. Schlink (Hg.): Das Opfer Jesu Christi und seine Gegenwart in der Kirche, 85.

(21) – Nach Lev. 17,8–10 muss sterben, wer Blut genießt.

(22) – so Gerhard Ruhbach in: W. Böhme (Hg.): Feiern wir das Abendmahl richtig, 34.

(23) – so Georg Kretschmar, in: W. Böhme (Hg.), aaO., 37.

(24) – Matthias Klinghardt erinnert an die bis auf Homer zurückgehende Praxis des so genannten *Eranos-Mahls*, wonach mitgebrachte Speisen in einer gemeinsamen Tischrunde verzehrt werden und womit gerade verhindert wird, dass einige wenige ›tafeln‹, andere jedoch zukurzkommen (M. Klinghardt, Gemeinschaftsmahl ..., 196 – siehe ebenso 289 ff.).
Ernst Käsemann verweist darauf, dass das Wort in 1. Kor. 11,27 nicht mit »unwürdig«, sondern mit »unangemessen« zu übersetzen ist (in: Exegetische Versuche und Besinnungen, Bd. I, 23).

(25) – E. Käsemann: Gäste des Gekreuzigten, in: G. Kugler: Forum Abendmahl, 54.

(26) – P. Cornehl: Der Evangelische Gottesdienst, 227.

(27) – H. Lietzmann: Geschichte der Alten Kirche, II, 120f.

(28) – zitiert nach R. Volp: Liturgik I, 253.

(29) – J. Roloff: Der Gottesdienst im Urchristentum, in: Handbuch der Liturgik, 53.

(30) – Ob die »*Traditio Apostolica*« von Hippolyt stammt und an den Anfang des 3. Jhdt.s datiert werden kann, erscheint nicht gesichert.

(31) – siehe die Zitate von Hans Lietzmann, aaO., II,123f. *aus Hippolyts* »*Didascalia*«:

»Bischof:	Der Herr sei mit euch!
Gemeinde:	Und mit Deinem Geiste!
Bischof:	Die Herzen empor!
Gemeinde:	Wir haben sie beim Herren.
Bischof:	Laßt uns dem Herren danken!
Gemeinde:	Würdig ist es und recht.
Bischof:	Wir danken Dir Gott

durch Deinen geliebten Knecht Jesus Christus, den Du in den letzten Zeiten entsandt hast uns zum Heiland und Erlöser und Boten Deines Ratschlusses, den von Dir ausgehenden Logos, durch den Du alles geschaffen hast, den Du geruht hast vom Himmel zu entsenden in den Schoß der Jungfrau, und in ihrem Leibe wurde er Fleisch und als Dein Sohn erwiesen, aus dem heiligen Geiste und der Jungfrau geboren. Deinen Willen zu erfüllen und Dir ein heiliges Volk zu bereiten, breitete er seine Hände aus, da er litt, auf daß er vom Leiden löse, die an Dich Glauben gewonnen haben.

Und als er sich überlieferte dem freiwilligen Leiden, um den Tod zu lösen und die Bandes des Teufels zu zerreißen und die Hölle zu zertreten und die Gerechten zu erleuchten und den Grenzstein aufzurichten und die Auferstehung zu offenbaren, nahm er ein Brot, dankte und sprach: ›Nehmet, esset, dies ist mein Leib, der für euch gebrochen wird.‹ Ebenso // auch den Becher und sagte: ›Dies ist mein Blut, das für euch vergossen wird. So oft ihr dies tut, begeht ihr mein Gedächtnis.‹

Indem wir also gedenken seines Todes und seiner Auferstehung, bringen wir Dir das Brot und den Becher dar und danken Dir, daß Du uns würdig geachtet hast, vor Dir zu stehen und Dir Priesterdienst zu leisten.

Und wir bitten Dich, daß Du herabsendest Deinen heiligen Geist auf das Opfer der Gemeinde. Vereinige sie und gib allen Heiligen, die davon genießen, zur Erfüllung mit heiligem Geiste, zur Stärkung des Glaubens in der Wahrheit, damit wir Dich loben und preisen durch Deinen Knecht Jesus Christus, durch den sei Preis und Ehre in Deiner heiligen Gemeinde jetzt und in alle Ewigkeit, Amen.«

(Didascalia lat. Ed. Hauler p. 106f. – Hervorhebungen im Original)

Folgende bezeichnende Abfolge lässt sich eruieren: »Salutatio« – »Anamnese« (»Wir danken Dir, o Gott ...«) – »Offertorium« (Darbringung) – »Epiklese« (»veni Sancte Spiritus«) – Doxologie.

(32) – z.B. angesichts der These von der so genannten »Jungfrau(-engeburt)« im Gegenüber zu Jes. 7,14, wo von einer »jungen Frau« die Rede ist.

(33) – vgl. diesbezüglich EG 330,6: »Ich will von deiner Güte singen, / solange sich die Zunge regt; / ich will dir *Freudenopfer* bringen, / solange sich mein Herz bewegt; / ja wenn der Mund wird kraftlos sein, / so stimm ich doch mit Seufzen ein.« (Johann Mentzer, 1704) (Hervorhebung vom Autor).
Paul Gerhardt textete im Sinne des Offertoriums in EG 37,1: »Ich steh an deiner Krippen hier, o Jesu, du, mein Leben / ich komme, bring´ und schenke dir, was du mir hast gegeben: Nimm hin, es ist mein Geist und Sinn / Herz, Seel´ und Mut, nimm alles hin / und lass dir´s wohlgefallen!«

(34) – Wie weit sich allerdings *Max Thurian* von reformierten Überzeugungen ab- und römischen Überzeugungen zugewandt hat, mag deutlich werden, wenn er unter der Überschrift »Das eucharistische Opfer« formuliert:

»Im Sinne des biblischen Begriffs Memorial ist es möglich, von der Eucharistie als von einem Opfer zu sprechen. Die Eucharistie ist ein Opfer aus drei Gründen: Sie ist die sakramentale *Präsenz* des Kreuzesopfers durch die Kraft des Heiligen Geistes und des Wortes, und sie ist die liturgische ›*Präsentation*‹ dieses Opfers des Sohnes durch die Kirche an den Vater, als Danksagung für alle seine Segnungen und als Fürbitte, er möge diese erneut gewähren. Sie ist die *Teilnahme* der Kirche an der Fürbitte des Sohnes beim Vater im Heiligen Geiste um die Zuwendung des Heils an alle Menschen und um das Kommen des Reiches Gottes in Herrlichkeit. Sie ist die *Opfergabe,* welche die Kirche ihrerseits dem Vater darbringt, vereint mit dem Opfer und der Fürbitte des Sohnes, als ihre höchste Anbetung und ihre vollkommene Weihe im Heiligen Geist.« (in: Eucharistie. Einheit am Tisch des Herrn?, 204) (Hervorhebungen im Original).

(35) – siehe dazu M. Thurian: Eucharistie. Einheit am Tisch des Herrn?, 183f.

(36) – Der Ausdruck »MESSE« meint ursprünglich den (vom Diakon erteilten) Entlass-Segen (an die Ungetauften, an die Kranken, Büßer) am Schluss des römischen Gottesdienstes und bezeichnet bis in die heutige Zeit hinein den Gottesdienst als ganzen (siehe den Terminus »Mess-Gottesdienst« bzw. »Heilige Messe«).
Wilhelm Stählin (in: Die Feier des neuen Bundes, 181) verweist darauf, dass den Worten »Ite missa est« als Subjekt das Wort »concio« / ›die Versammlung‹ hinzuzufügen sei, so dass sich als Formulierung ergibt: »Geht hin, die Gemeinde ist entlassen« (aus dem Raum des Heiligen, gesandt in die Welt).

(37) – Martin Luther: WA 12.208, 8–11 – und Jean Cauvin: Institutio Christianae Religionis, 1559, IV, 18. Vgl. ebenso: CA-Apologie XXIV.

(38) – *Dieses Wörtchen*« (»*est*« / *estin*« / *ist*«) fehlt nun aber im aramäischen Urtext der Spendeworte der paulinischen Herrnmahl-Paradosis 1. Kor. 11,23–25, weil a) Modalverben im Aramäischen unbekannt sind (das Aramäische stammt wohl aus Aram, dem alten Syrien, und galt als Umgangssprache in den Jahrhunderten nach dem babylonischen Exil) – und weil b) Modalverben deshalb also auch nicht gebräuchlich sein konnten (»da eine semitische Sprache keine Kopula kennt«, so. F. Hahn: Theologie des Neuen Testaments, Bd. 2, 541). Das Fehlen des Wörtchens »*est*« wird nun aber in der Auseinandersetzung zwischen Luther, Melanchthon, Bucer und Zwingli in Marburg 1529 bedenklicherweise ignoriert, wobei *Luther* mit Vehemenz und sogar in aller Deftigkeit auf dem Wortlaut beharrt: »*hoc est corpus meum*«. Daraufhin jedoch die In-eins-Setzung, also die Identität von Brot = »Leib« und Wein = »Blut Jesu« konstatieren zu wollen (wie es die römische *Konsekration* und *Wandlung* vorgibt und wie es Luther in der Überzeugung der *Konsubstantiation* leicht korrigiert fortschreibt), erscheint schwierig, da das Wörtchen »*est*« eine schlichte Identifikation nicht hergibt: Wie denn hätte Jesus von Nazareth

»seinen – dann doch irdischen – Leib und sein – dann doch irdisches – Blut mit seinem erst in den Tod zu *gebenden* Leib und erst zu *vergießenden* Blut ›einfach‹ in eins« setzen können (O. Weber: Grundlagen der Dogmatik II, 688)? Eher anzunehmen ist dagegen der symbolische Vergleich, wonach das Brot den Leib Jesu »bedeutet« und der Wein als Zeichen / Symbolon für das Blut Jesu steht. Diese letztere Auffassung dürfte zum einen dem biblischen Befund (vgl. Joh. 6,51 wie die weiteren »ICH-bin-Worte« Jesu im JohEv.) und zum anderen dem Verständnis der ersten Christen am ehesten nahe kommen, mehr aber nicht.

Wenn das Kelchwort lautet: »Dieser Kelch ist der neue Bund in meinem Blut« (1. Kor. 11,25 / Luk. 22,20; vgl. Mk. 14,24 / Mt. 26,28), dann ist dabei zu bedenken, dass in diesem Wort Opfer- und Bundestraditionen zusammenfließen: »Zu einem feierlichen Bundesschluß gehört das Vergießen von Opferblut; in seinem Zorn oder zur Prüfung gibt Gott einen Bitter- oder Leidenskelch zu trinken; Gottes Erwählten aber wird auch ein Kelch des Heils gereicht, und sie trinken ihn mit Freuden ...« (so M. Barth: Das Mahl des Herrn, 161).

Zwingli spricht vom »Nachtmahl«, von »Eucharistie« und von der »manducatio spiritualis« (vgl. Joh. 6,63 / dazu 6,56), sieht im Unterschied zu Luther darin jedoch kein »Heilmittel« und betont, dass es sich im Nachtmahl um kein Opfer Jesu (durch den Priester dargebracht) handeln kann, sondern allein um eine *Gedächtnis*feier an Jesu Tod und Christi Auferweckung (man bedenke dabei das ersttestamentliche Verständnis von »zachar«). Mag Luther auf dem »est« bestehen, so kann in Relation dazu dagegen an die »Ich-bin-Worte« Jesu nach dem JohEv. erinnert sein, die in Form von Bild-Worten vom »Weinstock«, vom »Brot des Lebens«, von der »Tür« sprechen. Zwingli findet bei Geert Groote (+1384)(dem Gründer der niederländischen Bruderschaft vom »Gemeinsamen Leben« und ihrer Bewegung der »Devotio Moderna« ausgehend) und bei dem niederländischen Humanisten Cornelius Hoen 1521 die Anregung bestätigt zur Auslegung von »significat« (›das bedeutet‹) und damit für seine Auslegung von »signum«, die sich auf Gen. 17,11 und auf Röm. 4,11 wie auf Augustinus stützen mag. Diese Auslegung ist nun allerdings ebenso kritisch zu hinterfragen, denn es gilt folgenden Befund zu berücksichtigen: Der Text 1. Kor. 11,24: »*hoc est corpus meum*« wird in der römischen Kirche als so genannte Wandlungsformel eingesetzt – vom griechischen Wortlaut her ist aber zu fragen, was denn mit dem »touto« / mit dem »das« gemeint ist. Als sicher gilt schon aus rein grammatikalischen Gründen heraus, aber auch aus Gründen des Textzusammenhangs, dass sich dieses »das« nicht auf »das Brot« beziehen kann. Das »das« / »hoc« / »touto« kann nicht »Brot« / »panis« / »artos« sein, denn das lateinische wie das griechische Wort sind – anders als »das« Brot in der deutschen Sprache – masculina (also Begriffe männlichen Genus'). Hätte *Jesus von Nazareth* »das Brot« gemeint und es auch noch (wie in der Elevation der römischen Messe) hochgehoben und vorgezeigt, so hätte Er »dieser« / »hic« / »outos« sagen müssen. Was aber soll dann mit dem »das« / »hoc« / »touto« angedeutet werden? Wenn also »das Brot« nicht gemeint sein kann, was dann? Das »das« bezieht sich auf ›das Ganze‹, auf den ganzen Vorgang, auf die ganze Aktion bzw. Handlung. Im biblischen Text heißt es: »Er nahm das Brot, dankte, brach es und sprach: ›Das – mein Leib für euch. Tut das zu meinem Gedächtnis!‹« (1. Kor. 11,24). Dieses »das« bezieht sich demnach auf die Abfolge der vier Verben bzw. der vier Schritte: ›das Brot nehmen, danken, es brechen, untereinander teilen‹. Zur Bekräftigung fügt Jesus hinzu: »Tut das!« Darum also geht's, das ist mit dem »das« gemeint, das ist zu berücksichtigen, »das alles ist zu tun zu Seinem Gedächtnis« (vgl. 1. Kor. 11,24.25 / Luk. 22,19)! Mit dem »das« ist letztlich die gesamte Handlung / Aktion / Mahlfeier gemeint (vgl. J. Jeremias: »Das ist mein Leib ...«, 12). Auf die Frage nach dem »dies« (»tut dies zu meinem Gedächtnis«) antwortet Markus Barth folgendermaßen: »a) Hier werden Produkte der von Gott gesegneten Natur und harter menschlicher Arbeit *gegessen* und *getrunken.* b) Hier wird aus Liebe und in großer Demut *gedient,* damit der Niedrige gestärkt und *geehrt* werde. c) Hier wird zugehört und geantwortet oder erkannt und bekannt (verkündet), was im Mittelpunkt des Glaubens steht. d) Hier lassen sich Herzen erwärmen und so mancher Mund auftun zu freudigem Jubel.« (in: Das Mahl des Herrn, 160) (Hervorhebungen im Original).

Spricht denn nicht alles dafür, dass die ersten Christen in ihren gottesdienstlichen Feiern wie selbstverständlich und ganz schlicht und einfach genau diese Schrittfolge der vier Verben (›nehmen, danken, brechen, teilen‹) praktiziert haben – und »dies« also auch im procere der Kyrios-Nacht so ›getan‹ haben? Die Frage jedoch bleibt, wie aus dem sprachlich-grammatikalischen Dilemma der *»Verba Testamenti«* (nach 1. Kor. 11,24.25 / Luk. 22,19) mit dem »touto« / »hoc« und mit dem eingelesenen »est« herauszufinden ist. Hilft der Vorschlag zu sagen (?): »das – Zeichen für meinen Leib« / »das – Zeichen für mein Blut«? Oder: »Nehmt und esst vom Brot des Lebens« / »Nehmt und trinkt vom Kelch des Heils« (siehe die Schweizer Reformierte Liturgie, Bd. III, 201f.)? Eine einseitige Fixierung auf die Elemente bzw. auf die Substanzen von Brot und Wein sowie auf das »Wie« der Realpräsenz Christi verkennt, um was es im Kyrios-Mahl grundlegend geht: um das »Dass« der Gegenwart Christi und um die Feier der Gemeinschaft mit dem auferweckten Christus! Wegweisend hätte Luthers Wort sein können bzw. könnte es bis heute sein, wenn er Christus angesichts von Brot und Wein sagen lässt: »Hier sollst du mich finden.« (WA 23,152).

(39) – Die Wendung »sursum corda« versteht Jean Cauvin dahingehend: »Erhebet eure Herzen zur verborgenen Quelle der Macht, dem Thron Gottes.« (vgl. H.A. Oberman: Zwei Reformationen, 187).

(40) – vgl. Ps. 50,14: »Opfere Gott Dank und erfülle deine Gelübde.« – Ps. 50,23: »Wer Dank opfert, der preiset mich.« – Ps. 92,2: »Das ist ein köst-

lich Ding, dem Herrn zu danken.« – Vgl. im weiteren Ps. 106,1 / Ps. 107,1.22 / Ps. 116,17 / Ps. 118,1.29 / Ps. 136,1 – aber auch Ps. 6,6: »Wer wird Dir bei den Toten danken?«

Röm. 12,1 lautet: »Ich ermahne euch ... durch die Barmherzigkeit Gottes, dass ihr eure Leiber darbringt / hingebt zum Opfer, das da lebendig, heilig und Gott wohlgefällig ist. Das sei euer vernunftgemäßer Gottesdienst.«

(41) – Die Aufgabe des Priesters in der aaronitischen Linie liegt gemäß Num. 6,23–27 darin, »den Segen zu sagen« und »den Namen des HERRN auf die Kinder Israel zu legen«, »auf dass ER sie segnet«. Der *Priester* kann also bestenfalls bitten und beten: »Der HERR segne dich« bzw. »euch« bzw. »uns« (vgl. S.Ph. de Vries: Jüdische Riten und Symbole, 34–38).

(42) – Dieses Zitat findet sich in den Lima-Dokumenten zu »Taufe, Eucharistie und Amt«, 9/1984, 39.

(43) – Bernd Wander fixiert: »Die Zahl der am Heiligtum diensttuenden Priester belief sich nach Schätzungen von Jeremias auf 7200 (= 50 pro Tag x 6 Tage x 24 Wochenabteilungen). Die Priester standen dem Rang nach unter dem Hohenpriester und den Oberpriestern, zählten aber noch nicht zum clerus minor wie die Leviten. Zu den Oberpriestern bestand eine erhebliche soziale Kluft. Die Priester bildeten eine teilweise arme und unterpriviligierte Schicht«. (in: Trennungsprozesse, 101).

(44) – vgl. Jürgen Moltmann: Kirche in der Kraft des Geistes, München 1975, 5.

(45) – Man bedenke, dass einem Juden jeglicher *Blutgenuss* verboten ist.

(46) – Ignatius: »Alle sollen die Diakone achten wie Jesus Christus, ebenso den Bischof als Abbild des Vaters, die Presbyter aber wie eine Ratsversammlung Gottes und wie eine Vereinigung von Aposteln. Ohne diese ist von Kirche nicht die Rede.« (Ign. Trall. 3,1). – »Folgt alle dem Bischof wie Jesus Christus dem Vater, und dem Presbyterium wie den Aposteln; die Diakone aber achtet wie Gottes Gebot! Keiner soll ohne Bischof etwas, was die Kirche betrifft, tun. Jene Eucharistiefeier gelte als zuverlässig, die unter dem Bischof oder einem von ihm Beauftragten stattfindet. Wo der Bischof erscheint, dort soll die Gemeinde sein, wie da, wo Christus ist, die katholische Kirche ist.« (Ign. Smyrn. 8,1f).

(47) – H.-C. Schmidt-Lauber: Die Eucharistie, in: H.-C. Schmidt-Lauber u.a. (Hg.): Handbuch der Liturgik, 220.

(48) – J. Roloff: Der Gottesdienst im Urchristentum, in: H.-C. Schmidt-Lauber u.a. (Hg.): Handbuch der Liturgik, 62.

(49) – C. Andresen: Geschichte des Christentums I, 32.

Die Entwicklung zum Kyrios-Fest

Der so genannte Osterfeststreit der *Quartodezimaner* im 2. Jhdt. drehte sich zentral um die Frage der Datierung des Osterfestes bzw. der Chronologie

(Stichwort: »14. Nissan« bzw. »XIV lunae«) und beschäftigte die Alte Kirche bis in die Konstantinische Epoche hinein, ja, im Grunde über das Konzil von *Nicaea* 325 n.Chr. hinaus (1). Erst unter Papst Johannes I. legte der römische Mönch Dionysius Exeguus (der den Kalender auf die christliche Zeitrechnung umstellte) im Jahre 525 in der Fixierung des Frühlingsanfangs auf den 21. März und in der Orientierung auf den ersten Sonntag nach dem ersten Vollmond nach Frühlingsanfang (2) die Grundlage für einen einheitlichen Ostertermin, der bis zur gregorianischen Kalenderreform 1582 allgemein Gültigkeit hatte. Bis heute allerdings divergieren die Osterfesttermine wieder zwischen den West- und den (orthodoxen) Ostkirchen, die am julianischen Kalender festhalten.

Wolfgang Huber vermerkt: »Die Osterentscheidung von Nicaea, die Konstantin unmittelbar nach Konzilsende mit solchem Nachdruck einschärfte, hatte keinen besonderen Erfolg. Auch daß wenige Jahre später die Synode von Antiochien (um // 329) in ihrem Kanon 1 die nicänische Entscheidung noch einmal wiederholte und nun (wozu man sich in Nicaea wohl noch nicht hatte entschließen können), sowohl den Laien wie allen Bischöfen, Presbytern und Diakonen, die weiterhin Ostern ›mit den Juden‹ feierten, die Exkommunikation und darüber hinaus denjenigen, die mit diesen nach ihrer Exkommunikation noch Gemeinschaft suchten, Amtsenthebung androhte, konnte der Osterfeier ›mit den Juden‹ kein Ende bereiten. Von dem Antiochener Kanon abhängig ist der achte ›Apostolische Kanon‹ über das Osterfest, der jenen präzisiert: er droht die Absetzung derjenigen Bischöfe an, die Ostern vor dem Frühlingsaequinoctium feiern. 359 berichtet Athanasius, nachdem er vorher als ursprüngliches Verbreitungsgebiet der in Nicaea abgelehnten Observanz Syrien, Kilikien und Mesopotamien angegeben hat: die Syrer gehorchten; das kann nur bedeuten, daß man in Mesopotamien und Kilikien bei dem alten Brauch blieb. Daß Athanasius das sagen will, ergibt sich auch aus seiner darauf folgenden Bemerkung: Man habe keinen formellen Konzilsbeschluß (im Sinne des Kanon 1 von Antiochien) gefaßt, weil es den Anschein gehabt habe, als würden alle gehorchen. Die Formulierung läßt erkennen, daß die Hoffnung der Väter von Nicaea, daß die Orientalen sich auch ohne Androhung der Exkommunikation dem einheitlichen Ostertermin anschließen würden, enttäuscht wurde.« (3).
Die verschiedenen Drohungen jedoch blieben als Androhungen stecken. Die fortbestehenden Differenzen in der Terminierung der Ostertage führten zu keiner Spaltung innerhalb der Alten Kirche. Allerdings löste sich der Wachstumsprozess der Christen von den jüdischen Pessach-Daten und führte zu der letztlich vom Judentum unabhängigen, aber regional divergierenden Oster-Datierung nach dem Aequinoctium. Damit hatte sich Victor I., der Bischof von Rom (189–198), gegenüber den Kleinasiaten unter Bischof Polykrates von Ephesos durchgesetzt (vgl. Eusebius: Kirchengeschichte V, 23–25).

Vor dem Hintergrund dessen, dass im Jahre 70 ndZ. der Jerusalemer Tempel durch römische Soldaten zerstört worden war, also damit auch die jährliche Pessachfeier gemäß alter Tradition an gewohntem Ort nicht mehr stattfinden konnte (sich dafür aber zunehmend in die Synagogen und in die häuslichen Feiern verlagerte) – mag es bemerkenswert erscheinen, dass sich die ersten Christen insbesondere bestimmter Regionen (Antiochien) auch in den Jahren nach 70 weiterhin am jüdischen *Pessach-Brauch* und an der Datierung der »quarta decima«, also des 14. Nissan, orientieren, demnach Ostern jeweils am 14. Nissan feierten, unabhängig davon, auf welchen Wochentag dieses Datum fiel (unabhängig demnach auch von jeglicher Sonntagsregelung: *Ostern* konnte also genauso mitten in der Woche liegen und wurde dann an Werktagen gefeiert). Dieses Vorgehen muss überraschend wirken, wenn man z.B. *Johannes Chrysostomos* (seit 386 Prediger in Antiochia) folgen will, für den das jüdische Pessach durch das Christus-Ereignis endgültig aufgehoben sei (4). Aufgrund einer Osterpredigt von Severian, Bischof von Gabala in Syrien (*vor 380,+nach 408?), in den Jahren zwischen 397 und 404 in Konstantinopel gehalten, lässt sich fragen: »Wie können die, die das wahre Lamm Gottes empfangen haben, sich in ihrem Ostertermin nach denen richten, die in ihrer Torheit immer noch nicht aufgehört haben, die Passalämmer zu schlachten?« (5). Bei aller Polemik, die sich in dieser Frage wiederspiegelt, wird deutlich, wie sich die Christenheit genetisch immer mehr vom Judentum emanzipiert und wie sich die Quartodezimaner selbst isolieren. Reste ihres Denkens lassen sich aber immerhin bis ins 5. Jhdt. nachweisen.

»Die Passa-Homilie des Bischofs Meliton von Sardes« in Lydien (+um 190)(6) wird als die älteste christliche Osterpredigt bezeichnet und gründet auf Ex. 12: mit der Interpretation, dass der jüdische Pessach-Begriff auf die Passion Jesu hin ausgedeutet wird: »Er ist das Pascha unseres Heils.« (pasch. 68f.). Meliton war Quartodecimaner und hat als solcher das quarto-decimanische Pessachfest gefeiert, nicht jedoch das »heidenchristliche« Karfreitags- und Osterfest. Der Titulus *»Paschamysterium«* begegnet erstmals bei Meliton (um 160?), der die Heilstaten Jesu der Undankbarkeit der Juden ebenso gegenüberstellt wie das Leiden Jesu dem Befreiungsjubel des Pessachfestes. Wohlgemerkt: aus seiner antijüdischen Einstellung heraus hat Meliton den Begriff vom »Paschamysterium« geprägt, der insbesondere in der römischen Liturgie über das *»II. Vaticanum«* (1962–65) hinaus Verwendung findet, verschiedentlich aber auch in der protestantischen Literatur. Dass diese Terminologie vor diesem Hintergrund kritisch abgeklopft gehört, wird sich von selbst verstehen müssen. Einer These wie der folgenden kann deshalb nur widersprochen werden: »Die alttestamentlich-jüdische Passatheologie und -liturgie ist und bleibt der authentische Verständnishorizont für das neutestamentlich-christliche Passamysterium.« (7).

Die Passa-Homilie des Meliton berichtet von einem Abendgottesdienst mit Schriftlesung, mit der Auslegung von Ex. 12 und mit anschließender morgendlicher Agape und Eucharistie.

Festzustellen bleibt: Das christliche Kyrios-Fest (bzw. Herrnfest) entsteht in zeitlicher Anlehnung an das jüdische Pessachfest, grenzt sich inhaltlich aber von diesem immer weiter ab (8). Dieser Klärungsprozess allerdings erstreckt sich über die ersten Jahrhunderte der Kirchengeschichte, bis sich die von Alexandria und später von Rom ausgehende eigene christliche Osterterminierung der »Dominicales« nach dem Frühlingsaequinoctium durchsetzt. Der Termin des Osterfestes wird jeweils auf einen Sonntag und zwar auf den ersten Sonntag nach dem ersten Vollmond nach Frühlingsanfang bestimmt. Die jüdische Terminierung des Pessachfestes vom 15.–21. Nissan steht in Spannung zur Terminierung der Quartodezimaner, die die »quarta decima«, also den 14. Nissan, als Beginn des Pessachfestes ansehen.

Anmerkungen

(1) – vgl. W. Huber: Passa und Ostern, Quartodezimanisches Passa und Osterfeier am Sonntag, 1–88.

(2) – Aufgrund dessen, dass der Frühlingsbeginn auf den 21. März fixiert ist, kann der frühestmögliche Termin für das Osterfest nur auf den 22. März fallen, sofern am festgelegten Frühlingsbeginn des 21. März zugleich Vollmond herrscht und der darauf folgende Tag, also der 22. März, ein Sonntag ist. Der spätestmögliche Termin für den Oster-Vollmond ist der 18. April. Falls dieser Tag auf einen Sonntag fällt, wird erst am darauf folgenden Sonntag das Osterfest gefeiert. Der spätestmögliche Termin für das Osterfest wäre demnach der 25. April.

(3) – W. Huber, aaO., 75f.

(4) – vgl. W. Huber, aaO., 78.

Johannes Chrysostomus versuchte mit seinen »Predigten gegen die Juden«, die Christen vom Kontakt mit Juden fernzuhalten.

(5) – W. Huber, aaO., 83.

(6) – vgl. B. Lohse (Hg.): Die Passa-Homilie des Bischofs Meliton von Sardes.

Man lasse nicht außer Acht, dass Meliton von Sardes den »Gottesmord-Vorwurf« erhob und »die Juden« für den Tod Jesu Christi verantwortlich machte (siehe H. Frankemölle: Frühjudentum und Urchristentum, 347). Was für eine Langzeitwirkung und was für ein Unrecht entfachten die ›Gottesmordthese‹ und der zitierte Blutruf Mt. 27,25: »Sein Blut komme über uns und unsere Kinder!«

(7) – so Notker Füglister: Die biblischen Wurzeln der Osterfeier, in: R. Berger / H. Hollerweger (Hg.): Dies ist die Nacht, 14.

(8) – ... auch wenn Konationen weiterhin auf der Hand liegen – z.B. in Ex. 12,14: »Und dieser Tag soll für euch ein Gedenktag werden, und ihr sollt ihn feiern als ein Fest des Herrn, von Geschlecht zu Geschlecht, als ewige Ordnung sollt ihr ihn feiern.« An diese Vorgabe können sich Juden im Blick auf das Pessachfest genauso halten wie Christen andererseits im Blick auf die Kyrios-Nacht.

Die Weiterentwicklung zum Sonntag

Bei allen Auswüchsen, die sich aufgrund des frühchristlichen presbyterial-synodalen Grundverständnisses (im Sinne eines »common sense«) konsequenterweise folgerichtig ergeben mussten – mutet der Entwicklungsprozess der ersten Christenheit dennoch (vom Bildmotiv des ›roten Fadens‹ aus gedacht) letztlich wie eine organische Entwicklung an, im Sinne der ›Evolution‹: auseinander hervorgehend, schrittweise, aufeinander aufbauend, folgend, einander bedingend.

Wie selbstverständlich haben die ersten (Juden-) Christen in Jerusalem die Glaubenstradition und -praxis der Judäer in der allerersten Zeit fortgeführt, die kultischen Gebote befolgt (ob es sich beispielsweise um die Beschneidung handelte oder um die Speisegesetze) und den *Shabbat* geheiligt (1). Additiv kam hinzu, den Tag der Auferweckung Christi (den »*ersten Tag*« der Woche, den später so genannten Sonntag) anamnetisch zu vergegenwärtigen und zu feiern, »das Brot zu brechen« (Apg. 20,7) und auf den Namen Christi hin zu taufen. Diese Handlungen und Feiern führten in der ersten Phase noch keineswegs zu einer Loslösung vom ›jüdischen Mutterboden‹ – auch aus dem Grund heraus nicht, weil das Judentum wie der Mutterleib dem ins Leben hineinwachsenden ›Wesen‹ den nötigen Schutz-, Ernährungs- und Entfaltungsraum gewährte. Auf diesen Schutz war die erste Christenheit in hohem Maße angewiesen, bedeutete es doch weiterhin höchste Gefahr für Leib und Leben, sich zu dem von Judäern Ausgelieferten und von Römern Gekreuzigten (gerade auch öffentlich) zu bekennen. Sie mussten mit Repressalien verschiedenster Art rechnen, von römischer Seite aus, aber auch von jüdischer Seite her. Wer sich zu diesem »Chrestos« bekannte, war Angriffen ausgesetzt, musste mit Bloßstellungen, Verleumdungen, Hinrichtungen rechnen. Ein Beispiel dafür liefert die Steinigung des Stephanus (Apg. 7,54–8.1)(2). Auch wenn die ersten Christen den Schutzraum der jüdischen Lebenspraxis dringend brauchten, ja geradezu davon abhängig waren – so gestaltete sich andererseits das Verhältnis zwischen *Juden und Christen* zunehmend als durchweg spannungsgeladen, ja, es drohte an einzelnen Orten durchaus zu eskalieren und auseinander zu brechen, wie sich im Fall der Exkommunikation aus jüdischen *Synagogen* zeigt, nachdem z.B. Paulus Predigtverbot erhalten hatte (3).

In dieser für sie kritischen ersten Phase nach der Kreuzigung und Auferweckung ihres HERRN konnten es sich die ersten Christen gar nicht erlauben, ihre Glaubensüberzeugungen in die Öffentlichkeit zu tragen und in der Gesellschaft vorzuleben – auch wenn »das Herz voll war und der Mund überlaufen wollte« (vgl. Luk. 6,45) / auch wenn gilt: »Christus drängt uns« (vgl. 2. Kor. 5,14) / auch wenn gilt: »wir können's ja nicht lassen ...« (Apg. 4,20). Sie waren Nachstellungen ausgeliefert, mussten z.T. gar um Leib und Leben fürchten: wie hätten sie es sich in dieser Bedrohungssituation erlauben können, schriftliche Aufzeichnungen, Urkunden etwa oder Notizen über ihre gottesdienstlichen Feiern (in der Kyrios-Nacht)(der Nachwelt?) zu hinterlegen? Zudem waren sie von der Parousia ihres HERRN überzeugt, davon also, dass der Auferweckte bald wiederkommen würde: in Herrlichkeit! Undenkbar musste es deshalb für die ersten Christen sein oder verantwortungslosleichtsinnig, ihre Auferweckungsfeiern in aller Öffentlichkeit zu gestalten und zu ihren Gottesdiensten in aller Freiheit einzuladen. Auch wenn Paulus betont: »Zur Freiheit hat uns Christus befreit« (Gal. 5,1) – so waren sie in dieser Zeit im äußeren Sinne höchst ›unfrei‹. Ihre Gottesdienste mussten aus Sicherheitsgründen im Verborgenen, teils im Untergrund, stattfinden, (wohl eher) in den späten Abend-, wenn nicht in den Nachtstunden im Anschluss an den jüdischen Shabbat (als in den ganz frühen Morgenstunden vor Beginn der Tagesarbeit): wollten sie nicht entdeckt und aufgespürt und verhaftet und angeklagt werden. Mit wechselnden Code-Zeichen verständigten sie sich untereinander, das Zeichen des Fisches (griechisch »ICHTHYS«) mag das bekannteste davon sein (übrigens bis heute). Wer dieses Zeichen kannte, fand Einlass zu den gottesdienstlichen Feiern der Auferweckung und wurde mit Kerzen (man bedenke: ›Osterkerzen‹) an den entsprechenden Gottesdienstort geleitet (vgl. heutige Osternachtfeiern in der zunächst dunklen Kirche). Der Gottesdienstort jedoch musste, ebenfalls aus Sicherheitsgründen, immer wieder gewechselt werden. Apg. 19,9 zufolge verkündigte Paulus in Ephesus im Lehrsaal der Schule des Tyrannus – in Rom in einer Scheune. Von Kirchen im Sinne von christlichen Bauwerken konnte zu dieser Zeit noch nicht einmal im Geringsten die Rede sein. Erst ab dem 4. Jhdt., nach dem Toleranzedikt von Kaiser Maximinus Daia (308,+313) im Jahre 313, kam es zu Anfängen im Kirchenbau.

In dieser prägenden Phase der ersten Christenheit entwickelte sich ein engmaschiges Netzwerk unter den Christen, nicht nur, was die interne Informationspolitik angeht. Aus allem spricht eine enorme Glaubenskraft, die Widerständen widersteht, am Glauben festhält, nichts zu fürchten scheint, einen Heldenmut ausstrahlt (4). Denn es passierte immer wieder, dass Christen entdeckt und ›aus dem Verkehr gezogen‹ wurden – nicht nur der spätere Christus-Nachfolger *Paulus* und frühere Christen-Verfolger Saulus steht dafür als Beispiel (Apg. 8,1.3). Hatten es Judäer also auf die Christus-Anhänger abgesehen und beschuldigten sie diese nicht zuletzt bei römischen

Behörden, so muss andererseits konstatiert werden, dass die Römer »die Religiösen« zunächst gewähren ließen, allerdings sehr wohl gegen Christen einschritten, wenn ihnen deren konspirative Zusammenkünfte als verdächtig und als kontroll-bedürftig aufstießen. Dann sahen sie es ggf. sehr wohl als ihre Aufgabe an, diese Zusammenkünfte aufzulösen und gegen die anwesenden Christen vorzugehen, um Ruhe und Ordnung zu bewahren bzw. wiederherzustellen. Diese Tendenz nahm zu und führte zu einzelnen, später in größerem Stil ausartenden *Christenverfolgungen*, als die Christen sich immer weiter vom Judentum absetzten, zahlenmäßig größeren Zulauf erlebten, sich dem römischen Kaiserkult widersetzten, sich weigerten, dem Kaiserbild zu opfern und dem Bilderkult zu frönen – weil sie den römischen Caesaren gemäß dem Ersten Dekalog-Gebot nicht wie einen Gott verehren konnten und weil sie sich von dieser heidnischen Bilderverehrung nur distanzieren konnten – als die Christen immer mehr der römischen Besteuerung widerstanden und sich nicht zuletzt weigerten, für die Römer Kriegsdienst zu leisten (5).

In all diesen Entwicklungen nahm die Christen-Gemeinde in Rom wohl seit dem Ende des 1. Jhdt.s eine Art von Vormacht- oder Vorreiterstellung ein, die sicher einen Grund auch darin findet, dass sowohl Paulus als auch Petrus und Johannes in dieser Stadt den Märtyrertod starben (6) – allerdings von einem »faktischen Primat in der Christenheit« (7) zu sprechen, erscheint wohl etwas verfrüht und überzogen. Sicher lässt sich festhalten, dass sich in Antiochia, in Korinth und in Rom in dieser Zeit (und wenig später in Alexandria) christliche Mittelpunktorte gebildet haben, wenn man so will: ›christliche Hochburgen‹, die gewiss von Anfang an in einer internen Spannung und Konkurrenz zueinander standen. Ein Grund dafür liegt darin, dass die Kontroverse zwischen dem Judenchristentum und dem Heidenchristentum bereits bis zum Ende des 1. Jhdt.s immer mehr verflachte (vgl. 1. Clem., um 95) – dass die (heiden-) christliche Bewegung immer stärker vom syrischen Gebiet ausging, von der griechischen Sprache und von der hellenistischen Kultur herkam – und sich erst im weiteren nach Westen hin ausdehnte und sich schließlich der lateinischen Sprache öffnete. So mag man unterscheiden zwischen einer Hellenisierung (ausgehend aus dem östlichen Bereich des Reiches) und einer Romanisierung (im westlichen Bereich des Imperium Romanum). Dass sich aufgrund dessen in den verschiedenen Provinzen unterschiedliche Traditionen (in den Gottesdienst-Liturgien, in den Festordnungen, in der Fastenpraxis etwa) ausbilden mussten, vom »Osterfeststreit« um das Jahr 190 herum einmal angefangen, erklärt sich von selbst.

Plinius Minor / der Jüngere schrieb im Anzeige-Brief / Epistula X, 96,7 an den römischen Kaiser Trajan (98–117) über seine Verhöre der Christen: »Sie beteuerten aber, darin habe ihre ganze Schuld oder ihr ganzer Irrtum bestanden, dass sie gewohnt gewesen sein, an einem festgesetzten Tag vor Tagesanbruch zusammenzukommen und unter sich wechselseitig ein Carmen

Christus als wie einem Gott (zu Ehren) zu sagen und sich mit einem Gelübde nicht zu irgendeinem Verbrechen zu verpflichten, sondern dazu, keinen Diebstahl, keine Räuberei, keinen Ehebruch zu begehen, nicht das gegebene Wort zu brechen, nicht ein zurückgefordertes Gut abzuleugnen. Sobald sie damit fertig gewesen seien, sei es bei ihnen Brauch gewesen, auseinander zu gehen und sich (erst später) wieder zusammenzufinden, um ein Mahl einzunehmen, aber ein harmloses und unschuldiges. Dies hätten sie jedoch seit meinem Edikt unterlassen, in welchem ich nach deinem (sc. Des Kaisers) Auftrag die Hetärien verboten hatte.«

Bei allen Fragen, die sich aufgrund dieser Notizen ergeben (kann mit dem »stato die« überhaupt schon der Sonntag gemeint sein? / handelt es sich um die Eucharistie oder um die Agape?) – sind zwei verschiedene zeitliche Zusammenkünfte zu unterscheiden: einmal eine in den nächtlichen Abendstunden und eine zweite in den frühen Morgenstunden. Findet sich in Plinius' Andeutungen ein Hinweis auf die Feier der Kyrios-Nacht und ein weiterer auf die später begangene Feier der Eucharistie (die nicht verwechselt werden darf mit Heräsien-Gelagen)? Diese Spuren verdichten sich, denn vom »Sonnentag« und vom »Sonntag« kann zu dieser Zeit noch keine Rede sein.

Nach guter Gewohnheit hielten es die *Apostel* und die ersten Christen so, wie es dem Beispiel Jesu entsprach: Wie Er am Shabbat in den *Synagogen*-Gottesdienst (Mk. 1,21; 6,2 / Luk. 4,16.31; 6,6; 13,10) und an den Festtagen in den Tempel ging, so hielten sie es auch. Nicht allein *Paulus* suchte die Synagogen auf, um in ihnen (wohlgemerkt) das Evangelium von Jesus Christus zu predigen, »das Wort vom Kreuz« (1. Kor. 1,18). Dass er damit in Juden-Kreisen anecken musste und Widerstand hervorrief, lag auf der Hand. Konflikte blieben nicht aus, mehrfach wurde er um seines Zeugnisses willen gefangen genommen und inhaftiert. Die Krise spitzte sich zu, bis dass man sich im Jahre 48/49 zum so genannten »*Apostelkonzil*« in Jerusalem traf und zukünftig geltende Regelungen vereinbarte (Gal. 2 / Apg. 15). Danach wurde Simon Petrus zum Judenmissionar beauftragt, Saulus Paulus zum Heidenmissionar. Die Frage, welche Geltung das jüdische Gesetz für die Heidenchristen haben solle, wozu die Heidenchristen nach den jüdischen Lebensvorgaben also verpflichtet seien, wurde im Sinne der »Freiheit eines Christenmenschen« (Luther, 1520) entschieden, sofern niemand daran Anstoß nehmen würde. Aus dieser Freiheit heraus dürfen wir annehmen, dass den Heiden zusammen mit der Freiheit von der Beschneidung und den übrigen Vorschriften des mosaischen Gesetzes auch die Freiheit vom Sabbatgebot zugestanden wurde.« (8).

Anzunehmen, dass mit der Entscheidung auf dem Apostelkonzil eine schiedlich-friedliche Regelung getroffen worden sei (9) – dürfte schwer fallen, gilt es doch zu bedenken, dass die so genannten »Heiden« in der jüdischen Diaspora im syrischen Raum großenteils Gottesfürchtige waren, die der jüdischen

Synagogen-Gemeinde nahe standen. *Judäer* lebten damals fast überall im gesamten Mittelmeerraum, sie sprachen größtenteils griechisch (ihre hebräische Bibel war bereits ca. 200 vdZ. innerhalb der Septuaginta ins Griechische übersetzt worden), sie genossen zahlreiche Privilegien, so auch das Recht zur Gemeindeversammlung / zur »qahal« am Shabbat und die Befreiung vom Kriegsdienst (vgl. Josephus: Antiquitates XIV, § 10).

Willy Rordorf (in: Der Sonntag, 35) stellt fest: »Josephus übertreibt kaum, wenn er sagt: ›... es besteht seit langem grosse Neigung zu unserer Frömmigkeit. Es gibt keine einzige griechische oder nichtgriechische Stadt, kein einziges Volk, wohin nicht die Sitte des siebenten Tages ... sich verbreitet hätte und (wo nicht) die Fasten, das Anzünden der Lichter und viele von unseren Speisevorschriften beachtet würden.‹ (c. Apionem II, 39f, 282 ...).«
Von dieser »Neigung« mussten die ersten Christen also ausgehen, von diesem kulturellen Machtfaktor in der damaligen Zeit und Welt – wie sie sich andererseits nun aber auch diese »Neigung« im eigenen Interesse zunutze machen konnten, was ja geschah. Gleichsam im Schatten des Judentums konnte das Christentum im genetischen Sinne heranwachsen, sich entfalten, zu eigener Freiheit und ›Blüte‹ finden.

Die Freiheit vom Shabbatgebot spiegelt sich auch in der Überzeugung wieder, wonach mit der Auferweckung Jesu Christi »der wahre *Shabbat*« oder »der große Shabbat« bereits angebrochen sei (10). Das heißt, der jüdische Shabbat habe ausgedient, denn: seine wahre Erfüllung in Christus schon gefunden. In diesem Zusammenhang wird Kol. 2,16f. gesehen: »Niemand soll euch richten wegen einer Speise oder wegen eines Tranks noch über bestimmte Feiertage oder Neumonde oder Sabbate. Das alles ist nur ein Schatten von dem, was zukünftig sein soll, aber leibhaftig ist es in Christus.«
Sicher wurde für die (meisten der) ersten Christen schon nach kurzer Zeit immer deutlicher, dass sie die Shabbatgebote nach jüdischer Weise nicht mit ihrem christlichen Glauben füllen und mit dem Zeugnis der Auferweckung Christi vereinbaren konnten, diese Gebote also nicht länger praktizieren konnten – aber ergibt sich daraus die Konsequenz, der jüdische Shabbat habe seine Berechtigung verloren? Anzunehmen ist, dass einige judenchristliche Gemeinden nur den Shabbat gefeiert haben, dass andere den Shabbat und anschließend den Herrntag gefeiert haben (Apk. 1,10 / Did. 14,1 / Barn. 15,9) – und dass es heidenchristliche Gemeinden waren, die statt des Shabbat den diesem folgenden »ersten Tag« als »Herrntag« setzten und feierten (11). Auffälligerweise bilden sich zu späterer Zeit unter den Christen so genannte Shabbatisten-Kreise, die dem Shabbat besondere Wertschätzung zuteil werden lassen, weil sie Jesus Christus als »HERRN des Shabbats« verehren – allerdings endet diese Phase im 4./5. Jhdt.
Eusebius (315 zum Bischof von Caesarea gewählt) vermerkt in seinem Psalmen-Kommentar zu Psalm 91 (»Commentaria in Psalmos«): »... soviel

man am Sabbat vollbringen musste, das haben wir auf den Herrntag übertragen, insofern er bedeutender ist und den Vorrang hat, insofern er der erste und wertvoller als der jüdische Sabbat ist«. – Es klingt erstaunlich, wie sich Euseb und seinesgleichen von ihrer Warte aus über den jüdischen Shabbat hinwegsetzen, wie einfach sie das Dekalog-Gebot von der Shabbatheiligung auf die Sonntagsheiligung übertragen – als ob es das Selbstverständlichste von der Welt wäre und gar neutestamentlich geboten sei. Dass dem aber nicht so ist, dass der Shabbat eben nicht ausgedient hat, dass der Shabbat eine ganz andere inhaltliche Gewichtung innehat als der Sonntag: dies scheint für manche Kirchenväter nicht von Belang zu sein. Äußern sie hier im Ansatz etwa antijüdische Einstellungen?

Athanasius, Bischof von Alexandria in Ägypten (*um 298,+373), schreibt »Über Sabbat und Beschneidung« (»De sabatis et circumcisione«) unter Pkt. 1: »... wir erhoffen den zukünftigen Sabbat der Sabbate; an ihm wird die neue Schöpfung nicht ihr Ende finden, sondern zur Offenbarung kommen und ewig feiern. Denn dazu wurde der Sabbat dem früheren Volk gegeben, dass es sowohl das Ende (der alten) wie auch den Anfang der (neuen) Schöpfung erkenne ...« – und unter Pkt. 4: »Das Ende also der ersten Schöpfung war der Sabbat, der Anfang der zweiten aber der Herrntag ...«

Hippolyt von Rom (+nach 235) formuliert in seinem Daniel-Kommentar IV, 23,2: »Der Sabbat ist Typos und Bild der kommenden Herrschaft der Heiligen, wenn sie mit Christus herrschen, wenn er vom Himmel gekommen ist«. Hier findet sich also die Rede vom ewigen Shabbat als Ziel der Heilsgeschichte Christi. Sind die Judäer mit ihrem Shabbat noch im Blick?

In den *»Apostolischen Konstitutionen«* VII, 23, 4 (einer Sammlung von Kirchenordnungen aus der Zeit um 380, die dem Presbyter *Johannes Chrysostomos* in Antiochia (?) zugeschrieben sind) ist festgelegt: »Einen einzigen Sabbat im ganzen Jahr habt ihr zu beobachten, den Sabbat der Grabes(ruhe) des Herrn, an welchem es sich ziemt zu fasten und nicht zu feiern.« Diese Regelung wurde bis in die *Kyrios-Nacht* hinein befolgt, bis dass der Hahn am Morgen um die dritte Stunde krähte. Dagegen wurde in den Pseudo-Ignatius-Briefen: An die Philipper 13 geurteilt: »Wenn einer am Herrntag oder Sabbat fastet, ausser an dem einen allein, dann ist er ein Christusmörder.« Berücksichtigt dieses Urteil, dass jeder Shabbat sogar die Zeit der Trauer unterbricht, also auch die Zeit des Fastens? Dass demnach am *Shabbat* eben nicht gefastet, sondern (Gott) gefeiert wird?

Aus der Freiheit vom Shabbatgebot haben sich in der Praxis in judenchristlichen Kreisen gottesdienstliche Feiern am Shabbat und schließlich am Abend danach ergeben – in heidenchristlichen Kreisen verstärkte sich der Trend zu gottesdienstlichen Feiern in den Abendstunden nach Ende des Shabbat. »H. Riesenfeld ... vermutet, die christliche Sonntagsfeier hätte sich zunächst nicht aus christologischen Gründen (Gedächtnis der Auferstehung Jesu), sondern aus rein pragmatischen Erwägungen eingeführt. Die Christen hätten sich nämlich am Abend des Sabbat ... versammelt, nachdem sie den Tag über am Tempel- und Synagogengottesdienst teilgenommen hatten; der Samstagabend sei die am besten gelegene Zeit für den christlichen Gottesdienst gewesen.« (12). Willy Rordorf kommentiert dazu: »Die These Riesenfelds ist sehr verlockend. Nicht nur würde sie der Samstagabendmesse ein ehrwürdiges Alter verleihen, sondern sie würde auch die älteste Gestalt der Sonntagfeier in Parallele zur Ostervigil bringen«. (13). Ob der Vergleich mit der Parallele allerdings zutrifft? Gemeint ist wohl, dass der Ursprung der späteren Sonntagsfeier in der Feier der Kyrios-Nacht liegt: diese Überzeugung Riesenfelds erweist sich als naheliegend und verifizierbar. Rordorfs »Vermutung« jedoch: »dass die frühesten christlichen Sonntagsfeiern nicht am Samstag, sondern am Sonntagabend stattfanden und auf die eucharistische Tischgemeinschaft mit dem Auferstandenen zurückgingen«, im Vergleich zu Riesenfelds These als »wahrscheinlicher« einzustufen (14) – dürfte schwer fallen. Entsprechendes gilt für Rordorfs Behauptung: »Die Sonntagsfeier wäre .. nicht rein praktischen Überlegungen entsprungen, sondern hätte von Anfang an einen christologisch-sakramentalen Bezug gehabt.« (15). Ist es dagegen nicht (eher) so, dass alle urchristlichen gottesdienstlichen Feiern ihren Grund ausschließlich und allein in dem Urereignis der Auferweckung Jesu Christi finden? »Sola resurrectione«? Hier doch liegt der entscheidende Grund für alles anschließend wachsende Christsein, für den Glauben, dass der Tod ein-für-allemal überwunden worden ist und dass Christus den Weg zum göttlichen Heil für uns Menschen eröffnet hat! Von »Tischgemeinschaft« und von »Eucharistie« zu reden, leitet sich allein von diesem christlichen und schließlich christologischen Urereignis ab.

Auslöser des Christusglaubens bzw. des Christenglaubens ist per se das einmalige Christus-Ereignis: das Geschehnis der Auferweckung Christi – das also steht an erster Stelle als »conditio sine qua non«. Wenn es nicht zum damaligen Wunder der Auferweckung gekommen wäre, wenn später so genannte Christen dieses Widerfahrnis nicht als Urgrund ihrer gottesdienstlichen Zusammenkünfte in der Nacht des 16. Nissan, also in der später so titulierten Osternacht, anerkannt hätten – dann hätte es keine »Christianos« (Apg. 11,26) gegeben, keinen christlichen Glauben, schließlich keine Kirche. Dann wäre es vielleicht und höchstens kurzzeitig im Kreise seiner ehemaligen Jünger zu Gedächtnisfeiern an Jesu letztes Mahl mit ihnen gekommen und zu Toten-Gedächtnisfeiern aufgrund seines Kreuzes, nicht aber zu christlich-sakralen Gottesdienstfeiern. Der Grund für alles sich entwickelnde Christsein liegt primär im Geheimnis der Auferweckung Jesu Christi – erst sekundär entstehen daraus gottesdienstliche Feiern, anfangs im Sinne von gemeinsamem »Brotbrechen« und von Agapefeiern in einzelnen Privathäusern. Demnach muss es wohl als verfehlt gelten, den Grund aller späteren christlichen Gottesdienste früh-sakramental in der letzten Mahlfeier Jesu vor seinem Tode sehen zu wollen (warum fanden diese Gottesdienste dann nicht am Abend des 14. Nissan statt?) oder in den Mahlzeiten nach den Erscheinungen Christi am »*erster Tag*« der Woche (vgl. Lk. 24,42) und am »*achten Tag*« (vgl. Joh. 21,26). Zudem: Nach Lk. 24,13–35 hielt der auferweckte Christus das Abendmahl mit den beiden Emmaus-Jüngern am Abend des zweiten Tages der Woche: warum fanden die ersten Mahl-Gottesdienste dann also nicht am 18. Nissan statt (sondern in der Kyrios-Nacht am 16. Nissan)? Es erscheint demnach schwierig zu sein, die Tradition der christlichen Gottesdienste allein auf die *Abendmahl*sfeiern Jesu Christi begründen zu wollen.

Die Wurzel aller christlichen gottesdienstlichen Feiern liegt im Geheimnis und Wunder der Auferweckung Christi verborgen, im Geschehen von Kreuz *und* Auferweckung. Was Christen da feiern, das sind göttliche Geheimnisse. Vieles, wenn nicht alles spricht dafür, dass diese Feiern ihren historischen (und auch ihren theologischen) Ort in der *Kyrios-Nacht* haben, in der dem Sederabend folgenden Nacht, also in der Nacht des heute so genannten Karsamstag auf Ostersonntag, im Laufe des 16. Nissan. Das Wunder der Auferweckung Jesu zum Christus muss Gott allein in dieser einen Heiligen Nacht vollbracht haben: dessen wurden sich die ersten Christen nach dem Schock der Hinrichtung immer gewisser. Auch wenn sie das, was Auferweckung bedeutet, mit eigenen Worten nicht ausdrücken, geschweige denn erklären oder gar beweisen konnten (und auch gar nicht wollten): doch *dass* ER durch Gottes Tat zu neuem Leben erweckt worden war, daran bestand für sie immer weniger Anlass zum Zweifel. Schließlich wagten sie es immer mehr, diese schier ungeheuerliche, unfassliche Botschaft zu verkünd(ig)en und schließlich gar öffentlich kundzutun, nicht selten unter Lebensgefahr (16). Aber – was damals geschehen war, das konnte nur gefeiert werden: Was also lag denn näher, als dies ausgerechnet in der Nacht der Grabesruhe Jesu zu tun, in der Nacht der wundervollen Auferweckung, in der Nacht vor dem nächsten ›Sonnenaufgang‹?

Bei aller Auferweckungsfreude mussten diese Feiern im Verborgenen erfolgen, da an den Status einer »religio licita« (einer anerkannten Religion) noch lange nicht zu denken war – schließlich drohte den ersten Christen Anfeindung und Verfolgung. Spitzel waren nicht weit und trieben ihr Werk (man denke nur an einen Saulus). Wann aber denn nun der Weg frei geworden war, aus dem Untergrund heraus in die Öffentlichkeit zu treten und den Gottesdienst aus den späten Abendstunden heraus in das Licht des Tages zu verlegen – ist zu fragen. Hieß es damit zu warten, bis dass die Zeit Kaiser Konstantin des Großen (+337) gekommen war? Bis dass das Christentum im Jahre 391 offiziell zur Staatsreligion erklärt wurde / bis dass entsprechende Gesetze zum Schutz des Sonn(en)tags erlassen wurden / bis dass der christliche Gottesdienst auf den Sonntagmorgen verlegt wurde?

Als naheliegend erscheint es wohl, dass die ersten christlichen Gottesdienste in den Nachtstunden jeweils nach Ende des Shabbat gefeiert wurden, jeweils in Bezug zum Geschehnis in der Heiligen Kyrios-Nacht. Diese nächtlichen Feiern müssen mit der Zeit allerdings nicht verborgen geblieben sein, sondern aufgefallen sein: sie konnten sogar mit Häresien (17) und Häresien-Gelagen verwechselt werden und wurden demzufolge von römischer Seite aus zuletzt verboten (einen Hinweis dazu liefert der *Plinius-Brief* aus dem Jahre 112). Die Gottesdienstfeiern mussten deshalb auf den »Sonntag«-Morgen verlegt werden (und wurden demnach also wohl bereits toleriert) – wohingegen die Abend- und Nachtfeiern aufgrund privater Initiative im häuslichen Bereich als *Agapen* (im besonderen Sinne der Armenspeisung) ihre Fortsetzung fanden.

Anmerkungen

(1) – Willy Rordorf (in: Der Sonntag, 118) schreibt von der »Wahrscheinlichkeit, dass die palästinensische Urgemeinde am Sabbat – wenigstens äußerlich – festgehalten hat ..., dass die Christen auch sonst – ... wenigstens äußerlich – im jüdischen Volksverband blieben. Sie bezahlten z.B. allem Anschein nach weiter die Tempelsteuer (Mt. 17,24–27) und behielten wohl die Beschneidung bei.« Dies gilt für die allererste Phase im Christentum, wobei die Unterscheidung zwischen »äußerlich« und demzufolge auch »innerlich« eine erste (innere) Emigration aus dem Judentum heraus bereits andeutet. Zu hinterfragen ist sicher (auch aus zeitlichen Gründen) die Bezeichnung »palästinensische Urgemeinde«, auch aufgrund dessen, dass sich diese Gemeinde doch zunächst allein in Jerusalem gebildet hat und sich dort bis nach dem Scheitern des Bar-Kochba-Aufstandes (in den Jahren 132–135 ndZ.) hat halten können. Die Bezeichnung »*Palästina*« (anstelle von Judäa) wurde von den Römern (erst) für die Folgezeit verfügt.

(2) – Willy Rordorf, aaO., 125 vermerkt zu Apg. 6–7: »... offenbar hatte Stephanus kein Blatt vor den Mund genommen, sondern in aller Öffentlichkeit die kultischen Einrichtungen des Alten Bundes angegriffen, vor allem den Tempel und das Opferwesen (6,14; 7,42–49).«

(3) – Hans Lietzmann: Geschichte der Alten Kirche, I, 135 resümiert eine Entwicklung, die sich an verschiedenen Orten in ähnlicher Weise ereignet haben wird: »Über kurz oder lang kam es zum Konflikt, man trieb die ungebetenen Lehrer aus der Synagoge hinaus, aber sie hatten inzwischen Gläubige gefunden: sie nahmen einzelne von den geborenen Juden, mehrere von den Proselyten mit. Der Kern der Christengemeinde war gebildet, und von den Proselyten führten dann Fäden zu den ernst gestimmten Heiden, die gegebenenfalls in gesteigerter Zahl einströmten und dann der Gemeinde ihren Charakter aufprägten.«

(4) – im Sinne des *Luther*-Wortes: »Glaube ist eine lebendige, verwegene Zuversicht auf die Gnade Gottes, so gewiß, daß er tausendmal dafür sterben würde. Und solche Zuversicht und Erkenntnis göttlicher Gnade macht fröh-

lich, trutzig und lustig gegen Gott und alle Kreaturen; das wirkt der heilige Geist im Glauben.«

(5) – Schwere *Verfolgungen* erlitten Christen zwischen den Jahren 249 unter Decius (249–251) und 258 unter Valerian (253–260) – zur letzten und heftigsten Verfolgung kam es im Jahre 303 unter Diokletian (299–305).

(6) – Hans Lietzmann: Geschichte der Alten Kirche, I, 111 schreibt im Blick auf den Apostel Paulus: »... sicher ist, daß er unter Nero in Rom den Märtyrertod gestorben ist und an der Straße nach Ostia begraben wurde ... 1. Clem. 5,7 ...« – und an anderer Stelle (II, 52f.): »Der Afrikaner Tertullian preist um 200 Rom glücklich, da hier die Apostel Petrus, Paulus und Johannes als Märtyrer gewirkt und mit ihrem Blute auch die ganze Summe ihrer Lehre ausgeströmt hätten.« (vgl. 1. Clem. 5,4f. – sowie Eusebius: Kirchengeschichte, 2,25).

(7) – So urteilt A.v. Harnack: Die Mission, 487.

Man bedenke, dass »das erste wahrhaftig ökumenische Konzil, das Konzil von Nicäa (325), den Ehrenprimat in der Christenheit ausdrücklich Jerusalem als Mutter aller Kirchen zugeschrieben hatte.« (H.A. Oberman: Luther, 276).

(8) – W. Rordorf, aaO., 129.

(9) – Hans Lietzmann: Geschichte der Alten Kirche, I, 107 vermerkt, »dass man in Jerusalem bald nach der Abreise des Paulus und Barnabas das sogenannte Aposteldekret beschloß und durch Rundschreiben den wichtigsten Gemeinden bekannt machte ... Das Dekret bestätigt den Verzicht auf vollkommene Judaisierung der Heidenchristen, fordert aber doch von ihnen nicht nur die Absage an jede Form außerehelichen Geschlechtsverkehrs, sondern auch den ausschließlichen Gebrauch koscheren Fleisches bei den Mahlzeiten. Denn das und nichts anderes besagt das umständlich formulierte Gebot von Götzenopferfleisch ... Apg. 15,23–29; die Erwähnung des Barnabas und Paulus entspricht nach Gal. 2,6 nicht den Tatsachen, ist also wohl spätere Redaktionsarbeit ...« Lietzmann bezeichnet es als »begreiflich, dass Paulus sich gegen diese Zumutung mit Leidenschaft zur Wehr setzte, zumal sie hinter seinem Rücken in den Gemeinden verbreitet wurde ... Sein Verhältnis zu den Uraposteln war endgültig zerstört, denn Paulus konnte die nachträgliche Korrektur des Jerusalemer Friedens durch das Aposteldekret ... nur als einen Wortbruch empfinden und wird das auch in Antiochia dem Petrus ins Gesicht gesagt haben. Aber in seinen Briefen schweigt er darüber.« (I,108). »Aber wer genauer zusieht, lernt es, zwischen den Zeilen zu lesen, und erkennt hinter den Satansdienern und Lügenaposteln und falschen Brüdern die Schatten der Großen von Jerusalem ... 2. Kor. 11,13–15.26; Gal. 2,4 ...« (I, 109).

(10) – vgl. Epiphanius: Panarion haereseon / Arzneikasten der Häresien 30, 32,6–9.

(11) – Sokrates: Kirchengeschichte V, 22: »...Was die gottesdienstlichen Versammlungen betrifft, bestehen ... Unterschiede. Während nämlich auf

dem ganzen Erdkreis die Kirchen in wöchentlicher Wiederkehr am Sabbattag die Mysterien feiern, lehnen die (Christen) in Alexandrien und Rom ab, desgleichen zu tun, ... Die Ägypter aber, die Nachbarn der Alexandriner, und die Bewohner der Thebais halten am Sabbat Gottesdienst ... um die Abendzeit und empfangen die Mysterien.«

(12) – W. Rordorf: Sabbat und Sonntag, XVI.

(13) – W. Rordorf, aaO., XVII.

(14) – W. Rordorf, aaO., XVII.

(15) – W. Rordorf, aaO., XVII.

(16) – Brachte sich nicht als erster der römische Hauptmann unter Jesu Kreuz in (Lebens-) Gefahr (?), als er nach vollzogener Hinrichtung bekannte: »Wahrlich, dieser Mensch ist Gottes Sohn gewesen!« (Mk. 15,39 – vgl. dabei die abschwächenden, die relativierenden Korrekturversuche dieser anstößigen, gotteslästerlichen, geradezu gefährlichen Behauptung in Mt. 27,54 und schließlich in Luk. 23,47)? Die Frage könnte sein, wie Pilatus auf diese Sentenz hin reagiert haben mag.

(17) – Zum Verständnis des Begriffs »Häresie« siehe G. Plasger: Die relative Autorität, 241.245–248 – siehe W. Huber: Art. Häresie. Systematisch-theologisch, TRE 14, 341–348.

»dies solis« und »dies Domini«

In den Zeugnissen des Neuen Testaments sind noch keine Angaben zum später so genannten »Sonn(en)tag« enthalten. An vereinzelten Stellen jedoch findet sich die Rede vom »ersten Tag der Woche« (Mk. 16,2 / Mt. 28,1 / Luk. 24,1 / Joh. 20,1.19 / 1. Kor. 16,1ff. / Apg. 20,7–2), der später »Herr(e)ntag« (Apk. 1,10 / Did. 14,1 / PetrEv. 8,35) genannt wird (gemeint ist jeweils der 16. Nissan), »der erste Tag nach dem Shabbat« (vgl. 1. Kor. 16,2 / Apg. 20,7), der nach jüdischer Zeiteinteilung (Gen. 1,5) abends beginnt (wenn die ersten drei Sterne am Himmel zu sehen sind). An diesem »ersten Tag« kommt zunächst durch Frauen die Botschaft auf: »Der HERR ist auferweckt!« Seine besondere Würde erhält dieser Tag (u.a. nach dem Zeugnis Barn. 15,9 aus der Mitte des 2. Jhdt.s) durch die Auferweckung Christi von den Toten. Mit dem Ausdruck »Herrntag« fand dieser Tag aus der bisher geübten, bloßen jüdischen Nummeration der Tage heraus und erhielt erstmals eine eigene, christlich geprägte inhaltliche Füllung. Innerhalb des Judentums erfährt dieser »erste Tag« bis heute trotz oder gerade aufgrund seiner Nummeration seine besondere Auszeichnung dadurch, dass Gott im »ersten Tag« mit Seinem Schöpfungshandeln begann und dass dieser »erste Tag« schließlich der erste Tag der Ewigkeit sein wird, mit dem der Weltenshabbat beginnt. Wenn man so will, lässt sich der »erste Tag« = der »Herrntag« christlicherseits als »Tag der Neuschöpfung« deuten (vgl. 2. Kor. 5,17). Der Kyrios-Tag steht also für den Beginn der neuen Schöpfung, für einen grundlegend neuen Anfang, den Gott selbst (in der Auferweckung Jesu Christi) gesetzt hat und der (in eschatologischer Dimension) auf Vollendung hin angelegt ist.

In Apg. 20,7–12 heißt es: »Am ersten Tag der Woche, als wir zum Brotbrechen versammelt waren, redete Paulus zu ihnen, da er am nächsten Morgen gehen wollte, und dehnte seine Rede bis Mitternacht aus. Es waren eine ganze Anzahl Lampen im Obergemach, wo wir versammelt waren. ... nachher predigte er noch eine geraume Weile bis zur Dämmerung, und danach zog er weg.«

Liegt in dieser Notiz ein Hinweis auf die Feier der Kyrios-Nacht in Troas? Die Lampen könnten dies andeuten, mehr jedoch noch die erwähnte Zeitangabe. Nach der jüdischen Tageseinteilung beginnt gemäß Gen. 1,5 ein jeweils neuer Tag abends nach dem Sonnenuntergang, »der erste Tag der Woche« beginnt demnach am Samstagabend – das heißt: diese Christen, denen *Paulus* »das Wort vom Kreuz« (1. Kor. 1,18) verkündigte und die miteinander »das Brot brachen«, kamen nachts zusammen zu ihrer gottesdienstlichen Feier: zum »Nachtmahl«, wie Huldrych Zwingli formuliert (und nicht zum »Abendmahl«, wie Martin Luther übersetzt). Hier, also zur Nachtzeit, wird sich die frühe gottesdienstliche Tradition der Christen gebildet haben. Wer dagegen von der römischen Tageseinteilung ausgeht, die im Unterschied zur jüdischen von Mitternacht bis Mitternacht reicht, muss sich mit dem Faktum auseinandersetzen, dass auch in den anderen Bibelstellen die jüdische Tageseinteilung vorausgesetzt ist – vgl. z.B. Luk. 23,54 (wo zur Grablegung Jesu vermerkt wird: »Es war der Rüsttag, und der Sabbat brach an.«).

Nach Willy Rordorf jedoch spielte sich diese Zusammenkunft nach Apg. 20,7ff. »sicherlich an einem Sonntagabend« (1) ab: »Zu diesem Schluss sind wir gezwungen, da in keinem urchristlichen Text je ein wöchentlicher Samstagabendgottesdienst erwähnt wird.« (2). Es bleibt anheim gestellt, ob diese Schlussfolgerung in sich schlüssig ist, also überzeugen kann oder eben nicht. Woher der »Zwang« kommt, bleibt ebenso unerklärt wie die Überzeugung des »sicherlich«. Berücksichtigt werden muss doch, a) dass über die Entstehung der ersten gottesdienstlichen Feiern letztlich keine gesicherten, historisch nachweisbaren Anhaltspunkte vorliegen (können, schon deshalb nicht, weil sich die ersten Christen vor Nachstellungen schützen mussten und sich nicht erlauben konnten, Urkunden udgl. zu hinterlassen) – b) dass viele Behauptungen zur Entstehung gottesdienstlicher Feiern (aufgrund protektionistischer Motive unter den ersten Christen) nur hypothetischen Charakter tragen können – c) dass sich aber aus vielen kleinen Detail-Informationen (wie z.B. Apg. 20,7–12) heraus im Rückschlussverfahren unter aller Vorsicht mosaiksteinartig eine ›Skizze‹ auftun mag, die in aller Behutsamkeit gelesen werden will (3).

W. Rordorf widerspricht E. Dekkers, der in Apg. 20,7ff. »das Modell der christlichen Sonntagsfeier der Anfänge« erkennt: nämlich einen »Vigilgottesdienst in der Nacht vom Samstag auf den Sonntag, daran anschliessend am frühen Morgen die Eucharistiefeier« (4) – und behauptet stattdessen: »Die christliche Sonntagsversammlung hat nach den ältesten Texten gar keine Vigilfeier gekannt.« (5). Schließlich: »Ostervigil und Sonntagabendgottesdienst entsprangen ganz verschiedenen Wurzeln.« (6). Wie aber nur steht es um den Nachweis für diese Thesen? Wie nur begründet Rordorf seine Behauptung vom Sonntag*abend*gottesdienst? Vermag dabei der Hinweis auf die Mahlfeier des Auferweckten mit den Emmaus-Jüngern am später so genannten Sonntagabend zu überzeugen (Luk. 24,36–43)? Muss nicht ganz im Gegenteil eine gemeinsame Wurzel für die »Ostervigil« und für die späteren Sonntagsgottesdienste konstatiert werden? Nämlich die der Auferweckung Jesu Christi in der Kyrios-Nacht?

Die Ausdrucksweise »HERR(E)NTAG« (Apk. 1,10 / Did. 14,1 / PetrEv. 8,35) bzw. »dies Domini« oder »Dominicus dies« oder »dies dominicae resurrectionis« (*Tertullian* *um 160,+ nach 220 – in: De or. 23) leitet sich vom griechischen Wort »KYRIOS« ab, das in der griech. Bibel-Übersetzung, Septuaginta (LXX) genannt (ca. 250 vdZ. entstanden), als Bezeichnung für den einen Gott Israels verwendet wurde und das neutestamentlich im Sinne des ältesten christlichen Glaubensbekenntnisses auf den HERRN Jesus Christus bezogen wurde. In römischer Zeit war dieser Titel auf den römischen Kaiser übertragen worden, was unzweifelhaft in Spannung zum jüdischen Verständnis des Ersten Dekalog-Gebotes und zum christlichen Verständnis des Gottessohnes zu sehen ist. Der ›Terminus technicus‹ »Herrntag« bzw. »Tag des HERRN« beinhaltet das, was sich auch in *Didache* 14,1 wiederfindet: »Wenn ihr jeweils am Herr(e)ntag zusammenkommt, brecht das Brot und dankt, nachdem ihr eure Übertretungen bekannt habt, damit euer Opfer rein sei. Jeder aber, der mit seinem Genossen einen Streit hat, soll nicht mit euch zusammenkommen, bis sie sich versöhnt haben, damit euer Opfer nicht profaniert werde.« (Bezug: Mt. 5,23f.). An der Wende zum 2. Jhdt. hat sich damit für die gottesdienstliche Feier am »Herrntag« bereits ein Zusammenhang von Sündenbekenntnis und von »Brotbrechen« gebildet. *Justin* (+ca. 165 in Rom)(7) schreibt in seiner Ersten Apologie, Kap. 67,7: »Am Herr(e)ntag kommen wir alle zusammen, weil es der erste Tag ist, an dem Gott die Finsternis und die Materie wandelte und die Welt erschuf und unser Herr Jesus Christus am gleichen Tage von den Toten auferstanden ist.« (8). Dieser ursprünglich erste Tag der Woche wird zum wöchentlich wiederkehrenden »Kyrios-Tag« bzw. zum »Herrntag«, an dem sich die Christenheit jeweils wöchentlich wiederkehrend der Auferweckung Christi vergewissert (9). In späterer Zeit wird man formulieren können: Mit jedem einzelnen »Sonntag« feiert die Christenheit »Ostern«. Daran hat sich vom inhaltlichen Verständnis her durch die Zeiten hindurch bis heute nichts geändert.

Das entsprechende Wort für »HERRNTAG« hat sich in den östlichen Regionen und Kirchen bis heute erhalten. Im Lateinischen spricht man von

»dies dominica«, im Italienischen von »domenica«, im Französischen von »Dimanche« – in den angelsächsischen Ländern dagegen heißt es »Sunday«, im Niederländischen »zondag«, im Deutschen »Sonntag«. Der ursprüngliche Sinn des Wortes hat sich leider also nur z.T. bewahren können. Amerikanische Presbyterianer allerdings betonen: »The Lord´s Day«.

Justin schildert in seiner *»Ersten Apologie«* an den Kaiser Antonius Pius ca. 150 n.Chr. die gottesdienstlichen Versammlungen der Christen am so genannten »Tag der Sonne« (den es offiziell zu dieser Zeit noch nicht gab) mit folgenden Worten – Kap. 67,3–7:
»An dem sogenannten ›Sonnentag‹ findet eine Gemeindeversammlung aller statt, die in den Städten und Landflecken wohnen. Die Denkwürdigkeiten der Apostel oder die Schriften der Propheten werden vorgelesen, solange es angeht. Wenn der, der vorliest, aufgehört hat, hält der Vorsteher eine Ansprache, worin er ermahnt und zur Nachahmung dieser schönen (Beispiele) auffordert. Darauf stehen wir alle gemeinsam auf und senden Gebete (zu Gott empor), und, wie wir gesagt haben, wenn wir mit dem Gebet aufgehört haben, wird das Brot, der Wein und das Wasser gebracht. Der Vorsteher sendet in der gleichen Weise Gebete und Danksagungen nach seinem Vermögen empor und das Volk stimmt feierlich ein, indem es das ›Amen‹ spricht. Dann findet die Austeilung statt; jeder erhält seinen Teil von dem, worüber die Danksagung gesprochen wurde, und den Abwesenden wird er durch die Diakone geschickt. Die Wohlhabenden aber und die, die es wollen, geben jeder nach seinem eigenen Gutdünken, was sie wollen. Das Ergebnis der Sammlung wird beim Vorsteher niedergelegt; er unterstützt damit Waisen und Witwen und diejenigen, die wegen Krankheit oder aus einem andern Grund bedürftig sind, ferner die Gefangenen und die Fremdlinge, die in der Gemeinde zu Gast sind; kurz und gut: er ist allen, die in Not sind, ein Fürsorger. Wir halten aber alle (diese) Gemeindeversammlung am Sonntag ab, weil er der erste (Wochen-) Tag ist, an welchem Gott durch Umwandlung der Finsternis und des Urstoffes die Welt schuf, und weil Jesus Christus, unser Erlöser, an diesem Tage von den Toten auferstanden ist. Denn am Tage vor dem Saturntag kreuzigte man ihn, und am Tage nach dem Saturntag – eben am Sonnentag – erschien er seinen Aposteln und Jüngern und lehrte sie das, was wir zur Erwägung auch euch vorgelegt haben.«
Von Justins Beschreibung her mag es nahe liegen, von der Tageszeit her eben nicht an die Abendstunden zu denken (also daran, dass die gottesdienstlichen Versammlungen nur ›unter Ausschluss der Öffentlichkeit‹ im Verborgenen stattfinden konnten) – doch ist das völlig auszuschließen? Immerhin gilt die jüdische Tageseinteilung weiterhin, wonach der »Tag der Sonne« mit dem Abend beginnt.
Handelt es sich nun bei dem, was schließlich *»Sonn(en)tag«* genannt wird, um einen *heiden*christlichen Ursprung? Oder um einen rein heidnischen? Wie

die Bezeichnung »dies solis« (10) nahe legt? – Oder entstand diese gottesdienstliche Feier nicht schon früher, also bereits im ›Schoße‹ der Jerusalemer
Urgemeinde? Aufgrund der Hinweise aus 1. Kor. 16,2 / Apg. 20,7 / und
Apk.1,10? In aller Entschiedenheit wird man wohl formulieren und fragen
müssen: Kann es denn auch nur irgendwie anders sein, als dass sich alle im
weiteren entwickelten christlichen Gottesdienste ausschließlich und allein auf
die urchristliche Feier (und damit auf das Ur-Ereignis) der Auferweckung
Christi in der Kyrios-Nacht zurückführen lassen? Kann es denn irgendwie
anders sein, als dass sich alle im Fortlauf entwickelnden christlichen Gottesdienste ihr Zentrum, ihren Ausgangspunkt, ihre geheime Mitte in der (Mahl-)
Feier der Kyrios-Nacht finden – dort, »wo die Seele des Menschen sich mit
dem Ewigen berührt« (11)?

Anmerkungen

(1) – (2) – W. Rordorf: Der Sonntag, 202.

(2) – Hans Lietzmann ist deutlich zu widersprechen, wenn er ohne Begründung einfach und lapidar feststellt: »Der Kulttag der Woche ist von Anfang an der Sonntag gewesen, und an ihm findet der eucharistische Gottesdienst statt.« (in: Geschichte der Alten Kirche, II, 129).

(3) – (6) – W. Rordorf: Der Sonntag, 202.

(7) – »Unter Mark Aurel (161–180) nahmen die Verfolgungen im Römerreich wieder zu ... In Rom erlitten Justin und seine Gefährten 165 den Märtyrertod, als sie das Opfer verweigerten und Christus nicht abschworen. Zuvor
hatte Justin selbst von Märtyrern in Rom berichtet (... vgl. 2. Apologie)« – so
vermerkt K.W. Tröger: Das Christentum, 114.

(8) – Barsedanes von Edessa (154–222): »In welchem Land wir auch sei-
en, wir nennen uns Christen um des einzigartigen Namens Christi willen und
versammeln uns am ersten Wochentag.« (vgl. W. Rordorf: Sabbat und Sonntag, 163).

(9) – H. Auf der Maur (in: Feiern im Rhythmus der Zeit, Bd. I, 37) behauptet:»Die Existenz eines christlichen Sonntags ist uns für die fünfziger
Jahre des 1. Jh. bezeugt (paulinische Gemeinden in Korinth und Troas ... (1
Kor 16,2 und Apg 20,7–12).« Diese These bedarf der Korrektur, denn sie
missachtet, dass es zu dieser Zeit noch gar nicht die Institution eines
Sonn(en)tages gibt, geschweige denn einen »christlichen«. Gemeint sein
kann nur eine gottesdienstliche Feier am Herrntag, die aller Wahrscheinlichkeit nach abends nach Ende des Shabbat stattfand.

(10) – *Tertullian* gebraucht die Bezeichnung *»dies solis«* im lateinischen
Sprachraum als erster für den »Tag der Sonne« und die Bezeichnung »dies
saturni« für den Samstag (Apologeticum 16,9–11 und: Ad nationes I,13,
CSEL 20,83).

»Den // Namen dies solis acceptierten die Väter nur zum Theil ... Andere dagegen mieden diesen Namen als eine Reminiscenz von heidnischem Klange.« (Palmer, in: Dr. Herzog: Real-Encyclopädie, Bd. XIV, 544/545).

(11) – H. Lietzmann: Geschichte der Alten Kirche, I, 53.

Von der Osternacht zum Ostersonntag

Als bemerkenswerte Entwicklung lässt sich wohl folgende Parallele eruieren: Wie sich der *Shabbat* an das jüdische *Pessachfest* anlehnte, so lehnte sich zu späterer Zeit an die Feier der *Osternacht* der später so genannte christliche »*Sonn(en)tag*« an, der allerdings anfangs bzw. schon früh »Herrntag« bzw. »Tag des HERRN« hieß (Apk. 1,10 / Did. 14,1). Für diesen so bezeichneten Tag, der erst in der Konstantinischen Ära den Titel »Sonn(en)tag« erhielt, galten in der Frühzeit der Kirche zunächst die Bezeichnung »*der erste Tag*« (der Woche) und: »*der achte Tag*«.

Dieser für die Christen »erste Tag«, der nach jüdischer Zeitrechnung mit dem Abend des 16. Nissan beginnt und der auf den Shabbat und damit auf den ersten Tag des achttägigen Pessachfestes (15.–21. Nissan) folgt – schließt die Osternacht und den Ostersonntag in einem Tag zusammen (wenn man letzteren bis hin zum Sonnenuntergang rechnet), verbindet beide also miteinander. Hier gehört demnach noch zusammen, was zusammengehört – in späterer Zeit jedoch, mit dem Aufkommen der römischen Zeitrechnung (von Mitternacht zu Mitternacht), fallen Osternacht und Ostersonntag schon rein zeitlich auseinander. Bildete ursprünglich ausschließlich und allein ein einziges Fest Grund und Mitte und Ziel allen christlichen Feierns, nämlich das Fest der Auferweckung Jesu Christi von den Toten (es gab zunächst also allein dieses einzige Hoch-Fest in der ersten Christenheit im ganzen Jahreslauf!) – so entwickelte sich in der Folgezeit ab dem 4. Jhdt. daraus eine Vielzahl christlicher Feste, die allesamt in keinem direkten Zusammenhang zu einem der jüdischen Feste stehen: Weihnachten, Epiphanias, Palmsonntag, Karfreitag, Ostern, Himmelfahrt, Pfingsten. Diese Vielzahl christlicher Feste führte schließlich zu dem, was man später »*Kirchenjahr*« nennen wird (1). In dieser Reihenfolge der Feste scheint bereits für die KYRIOS-NACHT kein Platz mehr übrig zu sein – übernahm doch der Ostersonntag vollends diese Stelle. Jeder neue, jeder einzelne später so genannte »Sonn(en)tag« vergegenwärtigt allerdings das Wunder der Auferweckung, das Wunder neuen Lebens, so dass man daraus folgern kann: ›Jeden Sonntag feiern die Christen Ostern.‹ (vgl. EG 162,1.2)(2).

Allerdings gilt zu berücksichtigen: Der Begriff »OSTERN« entstammt einer abergläubisch heidnischen Ritenwelt – und verhält sich kontrovers zum ›Sachverhalt‹ der Auferweckung Christi, müsste also gewissermaßen gar als ›kontraproduktiv‹ eingestuft werden und lässt sich demnach nicht adaequat für das verwenden, um das es im Kyrios-Fest inhaltlich geht. Während *Mar-*

155

tin Luther in seine Bibelübersetzung (aus welchem Grund?) das Wort »Ostern« (1. Kor. 5,8 / Mt. 26,2 / Joh. 2,13; 6,4; 11,55; 18,28; 19,14) bzw. »Osterlamm« (1. Kor. 5,7) einträgt, erscheint in der Zürcher Bibelübersetzung textgetreu die Wendung vom »Passah« bzw. vom »Passahmahl« (siehe Mk. 14,12–16 / Mt. 26,17–19 / Lk. 22,7–13) bzw. das Wort vom »Passahlamm« (1. Kor. 5,7). Im Übrigen notieren die Zürcher schlicht: »das Fest« (1. Kor. 5,8), wohingegen Luther »Ostern« schreibt. Im dezidierten Unterschied zu Luther formuliert die Zürcher Bibel aufgrund ihrer Quellen also anders, nämlich vom Passahmahl bzw. -lamm her – wobei, wie an anderer Stelle bereits dargelegt, auch diese Redeweise aus dem christlich-jüdischen Kontext heraus kritisch zu hinterfragen ist. Inhaltlich angemessen wäre es, vom *»Kyrios-Fest«* zu sprechen und eben nicht vom »Osterfest« (schon rein aus Gründen der Wort-Bedeutung). Nicht auszudenken wäre es, wenn Luther in seiner (ab 1522/1534) wie auch die Zürcher in ihrer Bibel-Übersetzung (ab 1529) die Bezeichnung »Kyrios-Fest« (statt »Ostern«) und »KYRIOS-TAG« (statt »Sonntag«) eingeführt hätten. Ein Schwachpunkt im Titel »Kyrios-Fest« bzw. »Kyrios-Tag« könnte darin liegen, wenn man unterstellen wollte, dass dieser »Kyrios« aus eigener Macht und Stärke heraus auferstanden sei und dass dieses Agieren zu seinem eigenen Potenziat gehörte. Doch solches Hineinlesen-Wollen erscheint alles andere als überzeugend vor dem Hintergrund, dass es kein anderer als Gott selbst war (und sein konnte), der diesen Seinen Sohn durch den Akt der Auferweckung zum Kyrios erhöht hat.

Nebenbei sei vermerkt: Das schöne Osterlied EG 100,1: »Wir wollen alle fröhlich sein / in dieser *österlichen* Zeit, denn unser Heil hat Gott bereit'!« – ließe sich leicht korrigieren, dahingehend: ›in dieser *herr-lichen* Zeit!‹

Ob sich jedoch die in sich problematischen (weil heidnischen Ursprungs) Begriffe wie *»Ostern«* und *»Weihnachten«* (3) überhaupt abstoßen lassen, schon allein in der Theologie, erscheint mehr als fraglich. Doch wenn wir uns in der Christenheit von der Bezeichnung »Ostern« verabschiedeten, spräche nichts dagegen, wenn im säkularen Bereich weiterhin vom »Osterhasen« und vom »Osterei« gehandelt würde – wenn sich die Christen von solch folkloristischen Bräuchen distanzierten und sie anderen Einflussmächten überließen.
Christian Grethlein orientiert: »Schon im 2. Jahrhundert begegnen Nachrichten von einem Jahresostern, das die jüdische Passa-Tradition aufnahm, und sich in einem längeren Prozess zu einem umfassenden Festkreis entwickelte.« (4). Fraglich bleibt, ob und wenn ja, in welcher Weise überhaupt »die jüdische Passa-Tradition« übernommen wurde (ob also nicht eher lediglich von einem Anknüpfungspunkt an den Riten jüdischer Mahlzeiten die Rede sein kann, wie sie sich aus den Mahlzeiten Jesu etwa mit seinen Jüngern nahe legen) – und: innerhalb welcher Zeiten dieses jährlich begangene Osterfest gefeiert wurde. Man wird davon auszugehen haben, dass dieses Fest

bis über die Zeit Konstantins des Großen hinaus mit der Feier der Kyrios-Nacht (in den Abend- und Nachtstunden des 16. Nissan) begann und sich hinzog bis weit nach dem »Hahnenschrei« am frühen Morgen desselbigen Tages.

Mit dem »Herrntag« beginnt die christliche Woche – während der *Shabbat* die jüdische Woche beschließt. Wer will, mag dies theologisch ausdeuten, doch heißt das: Juden müssten erst gearbeitet, erst also Leistung erbracht haben, bevor sie sich den Shabbat verdient hätten? Setzt dieser Gedanke nicht eine Art von ›falscher Werkgerechtigkeit‹ voraus? Überzeugend dagegen dürfte wohl die Interpretation wirken, die von einer Wegstrecke spricht hin zum irdischen, wöchentlich wiederkehrenden Shabbat (als Tag der Ruhe und des Gottesdienstes) und schließlich hin zum ewigen Shabbat im himmlischen Jerusalem als einer Krönung des Lebens. In diesem Sinne wird verständlich, wenn bereits im Neuen Testament Jesus Christus als »HERR über den Shabbat« gesehen werden kann (Mk. 2,28 / Mt. 12,8 / Luk. 6,5).

»*Der achte Tag*« erinnert zunächst einmal an die acht Feiertage des Pessachfestes 15.–21. Nissan (hier setzt sich also eine Parallele zum Judentum fort) – und bezieht sich andererseits aber auf die Erscheinungen des auferweckten Christus im Jüngerkreis, diesmal also auf die Begegnung mit Thomas (Joh. 20,24–29). Ob sich daraus aber eine Mahl-Tradition herleiten lässt, erscheint nicht zwingend.

War der »*Oktavtag*« anfänglich der Tag, an dem die in der Kyrios-Nacht Getauften ihr weißes Taufkleid erstmals wieder ablegten, um damit auch zeichenhaft wieder ins alltägliche Leben zurückzukehren – so entwickelte sich dieser »achte Tag« im Laufe der Zeit quasi gegenläufig zum »Tag der Taufe«: Liegt darin nicht bereits ein Zeichen dafür, dass die Feier der Kyrios-Nacht mit den Taufen vor Mitternacht inzwischen zunehmend an Bedeutung verloren hatte?

Neben der Sieben-Zahl, der Zahl der Vollkommenheit und der Ganzheit (im Judentum), verdient *die Acht-Zahl* also Beachtung. Das Gebot der Beschneidung gilt für den achten Tag nach der Geburt: Wenn nun am achten Tage nach der Auferweckung Christi getauft wurde (am »Oktavtag«), so liegt eine gewisse Parallele zum Judentum wiederum auf der Hand (5) – gilt die Beschneidung (am achten Tag nach der Geburt des Jungen) doch (übrigens bis heute) als jüdisches Bundeszeichen. Bemerkenswert ist ebenso die ganz andere inhaltliche Akzentsetzung: wenn *Origines* die Beschneidung christologisch ausdeutet (6). – Die Acht-Zahl begegnet in der Sintflutgeschichte (es waren acht Personen, die gerettet wurden: Noach und seine Frau, ihre drei Söhne und deren Frauen (Gen. 7,7; 8,16 / vgl. Justin: Dialog mit dem Juden Tryphon, 138,1). – Eine Schutzfrist von acht Tagen gilt für die Erstlingsopfertiere (Ex. 22,29 / Lev. 22,27) – sowie in den Reinigungsfristen für die

Wöchnerinnen (Lev. 12,2f.) und für Aussätzige (Lev. 14,8–11). – Darüber hinaus sei erwähnt: Jesus sprach am achten Tage des Laubhüttenfestes (so Joh. 7,37 ff.). – Schließlich wird das Pfingstereignis auf den fünfzigsten Tag nach Ostern datiert (in der Rechnung: sechs Wochen mal sieben Tage plus acht) – wonach also die »*Pentecoste*« / die österliche Freudenzeit von Ostersonntag bis Pfingstsonntag insgesamt acht Sonntage umspannt. Selbst auf architektonisch-künstlerischem Gebiet fand die Acht-Zahl bezeichnenderweise ihren Niederschlag: in christlichen Taufbecken und in *Baptisterien* (z.B. in der Thekla-Kirche zu Mailand) – manchmal wurden auch die Kirchtürme in oktogonaler Form gebaut (7).

Anmerkungen

(1) – »*Kirchenjahr*« – »Erstmals gebrauchte wohl Johann Pomarius 1589 (Postille, Wittenberg) diesen Ausdruck (Schulz, Ordnung, 361, Anm. 6)« – so schreibt Christian Grethlein: Grundfragen, 138.
Zu diskutieren dürfte sein, womit das Kirchenjahr jeweils beginnt: ob also der 1. Advent aus christologischen Gründen heraus den richtigen Einstieg markiert – oder ob das Kirchenjahr nicht korrekterweise mit dem (christlichen Ursprungs-) Datum der *Kyrios-Nacht* beginnen müsste. Man bedenke in diesem Kontext zudem, dass Jesu Auferweckung im Frühlingsmonat Nissan erfolgte, also im ersten Monat im jüdischen Jahreskalender (vgl. Esther 3,7).
(2) – Wenn H. Auf der Maur resümiert (in: Feste im Rhythmus der Zeit, Bd. I, 56): »Das atl-jüdische Pesach-Fest ist die Wurzel des christlichen Ostern« – so ist dem entgegenzuhalten, dass die »Wurzel« im Geheimnis und Wunder der Auferweckung Christi gründet und dass beide Feste: »Pesach« und »Ostern« zeitlich und inhaltlich voneinander zu trennen sind.
Wenn K.-H. Bieritz (in: Das Kirchenjahr, 61) den Sonntag »als Sabbat des Neuen Bundes« bezeichnen kann, so erscheint diese Formulierung wenig reflektiert, mischen sich darin doch verschiedene christliche und jüdische Inhalte, auch aus Jer. 31,31, die schwerlich miteinander harmonisierbar sind.
Kritisch zu hinterfragen ist ebenso, wenn B. Kleinheyer den christlichen Sonntag als »*Pascha Domini*« bezeichnet (in: H. Auf der Maur/B. Kleinheyer (Hg.): Zeichen des Glaubens, 386) – oder wenn ein Hauptmotiv aus der Theologie des »*II. Vaticanums*« im »*Pascha-Mysterium Christi*« besteht, vgl. die Konstitution »Sacrosanctum concilium«, 1963, Art. 106: »Die Taufe fügt den Menschen in das Pascha-Mysterium Christi ein.« – Dagegen ist zu betonen: Das »Mysterion Christi« besteht in Tod und Auferweckung Jesu Christi und ist aus zeitlichen und aus inhaltlichen Gründen vom »Pessach-Mysterion« deutlich zu unterscheiden.
(3) – Der inhaltlich adaeqate Ausdruck anstelle des Begriffs »WEIH-NACHTEN« (der seinen heidnischen Ursprung durch das Wort »Weihe« bereits kundtut und der an das archaische Winter-Weidewechselfest erinnert)

wäre »Epiphanias(-fest)« (das Fest der Erscheinung bzw. der Geburt Jesu) – wobei diese Bezeichnung durch die orthodoxen Kirchen (z.B. auch in Ägypten und in Armenien) mit dem Datum 6. Januar bereits belegt ist. Doch müsste das ein Problem sein bzw. bleiben? Könnte im gemeinsam gebrauchten Terminus »EPIPHANIAS« nicht ein beachtenswertes oekumenisches Signal liegen? Es spräche aus theologischer Sichtweise heraus wohl nichts gravierend dagegen, wenn in den westlichen Kirchen »Epiphanias« am 25. Dezember gefeiert würde und in den östlichen Kirchen wie bisher am 6. Januar gefeiert wird – problematisch jedoch wäre es wohl, wenn sich das bisherige Epiphaniasfest 6. Januar (= Geburtstagsfest Jesu) in Konkurrenz zum 24. Dezember reduzierte auf »das Fest der Taufe Jesu«.

»Epiphanias ist während des ganzen vierten Jahrhunderts in Rom unbekannt und begegnet erst um 430 bei Leo dem Großen als Fest der ›Magier‹ ... Dagegen ist in Mailand schon gegen Ende des vierten Jahrhunderts der Epiphaniastag so gut wie das Weihnachtsfest bekannt«, so H. Lietzmann (Geschichte der Alten Kirche, III, 323). Im Hymnus »Intende qui regis Israel« um 380 bezeugt *Ambrosius* (Bischof von Mailand, +397) das Geburtsfest Jesu (vgl. H. Förster: Die Feier der Geburt Christi in der Alten Kirche, 180). Aus einer seiner Predigten geht hervor, dass er das Epiphaniasfest als Fest der Taufe Jesu feiert. – Bis Ende des 4. Jhdt.s ist ein Weihnachtsfest weder in Alexandrien noch in Nordafrika bekannt – auch die Konzilstexte von *Nicaea* (325) nehmen darauf keinen Bezug (vgl. H. Förster: Die beiden angeblich ältesten Zeugen des Weihnachtsfestes, 29–40).

»Während Augustinus Weihnachten als eine einfache memoria der Geburt in Bethlehem der Osterfeier als dem eigentlichen sacramentum gegenüberstellt ..., spricht Leo von Weihnachten als einem sacramentum natalis Christi ...« – gemeint ist Leo I. (440–461). Das Zitat findet sich bei H. Auf der Maur in: Feiern im Rhythmus der Zeit, Bd. I., 169.

Die Quellen des Epiphaniasfestes sind zu suchen a) in Alexandria, wo der Sonnengott »Aion« mit der Göttin Osiris in Verbindung gebracht wurde: seine Jungfrauengeburt aus der Jungfrau Kore am Osiristag 5./6. Januar wurde auf Maria übertragen – b) in der heidnischen, nächtlichen Wasserweihe im Nildelta: die auf die Taufe Jesu im Jordan übertragen wurde – und c) in der Wasser in Wein verwandelnden Handlung des Dionysios: die auf Jesu Weinwunder in Kana nach Joh. 2,1–11 übertragen wurde.

Die Quellen für das christliche Weihnachtsfest am 25. Dezember führen in das Rom der Jahre 335/337 (nach der »depositio episcoporum«). Nach einer anderen römischen Quelle aus dem Jahre 354 wird das in Rom am 25. Dezember gefeierte Geburtsfest des Unbesiegten Sonnengottes (»Natalis solis invicti«) von Kaiser Aurelian 275 als römischer Feiertag eingesetzt, verchristlicht und als »Natalis Domini nostri Jesu Christi« begangen.

»Nach der Einführung des Weihnachtsfestes am 25. Dez. in Alexandrien (um 432) wandert das Inkarnationsmotiv auf diesen Tag ab, und das älteste Motiv

von der Taufe Christi bleibt als primärer Festinhalt des 6. Januar allein bestehen ... In Jerusalem feiert man an Epiphanie ausschließlich die Geburt Jesu,
so nach der frühesten bekannten Quelle (Egeria 25). Der Nachtgottesdienst
wird (auch für die Gemeinde in Jerusalem) in Bethlehem gehalten, von wo
aus man nach Jerusalem zieht (Anastasiskirche). Am Morgen versammelt
man sich zur Eucharistiefeier in der großen Konstantinsbasilika.« (H. Auf der
Maur: Feste im Rhythmus der Zeit, Bd. I, 157).
»Erst gegen Ende des 5. Jh., als Jerusalem vom Westen den 25. Dezember
übernimmt, wird dem 6. Januar auch das Thema der Taufe Jesu zugefügt ...
In Antiochien und Syrien ist Epiphanie zunächst ebenfalls das Fest der Geburt Christi ... Nach der Einführung des Weihnachtsfestes um 386/388 wird
Epiphanie aber zum Tauffest Jesu. In Cypern werden nach dem Zeugnis des
Epiphanius (374/377) gleichzeitig Geburt, Anbetung der Magier und Kana-
wunder gefeiert.« (H. Auf der Maur: Feiern im Rhyhtmus der Zeit, Bd. I,
158).
Im Westen trat an die Stelle des römischen Festes vom »unbesiegbaren Sonnengott« am 25. Dezember (dem Tag der Wintersonnenwende) das christlich
geprägte Geburtsfest Jesu (in Anspielung auf das Wort Mal. 3,20 von der
»Sonne der Gerechtigkeit« und den »Licht«-Worten Jesu nach Joh. 8,12 und
1,9) – während im Osten das ebenfalls heidnische Fest von der Geburt des
Dionysius in der Nacht 5./6. Januar verdrängt und mit christlichem Inhalt neu
gefüllt wurde. K.W. Tröger (in: Das Christentum, 107) erinnert daran, dass
die gnostischen Basilidianer in Ägypten am 6. oder am 10. Januar das Fest
der Taufe Jesu feierten, »woraus sich später das kirchliche Epiphaniasfest
entwickelte (Clemens Alexandrinus, Stromata 1, 146,1f.).«
    Bei all diesen Datierungen und Konstruktionen gilt es angesichts der Fra-
ge nach dem GEBURTSDATUM JESU zu berücksichtigen: »Jesus wurde
unter Kaiser Augustus (37 v.–14 n.Chr.) geboren (Lk 2,1), aller Wahrscheinlichkeit nach in Nazareth. Sichere Hinweise auf das genaue Geburtsjahr gibt
es nicht. Zwar bezeugen Mt und Lk übereinstimmend, Jesus sei *noch zu Lebzeiten Herodes des Großen* geboren worden (Mt 2,1ff; Lk 1,5), d.h. nach
Josephus (Ant 17,167.213; Bell 2,10) vor dem Frühjahr des Jahres 4 v.Chr.
Dieser terminus ad quem gilt zwar als wahrscheinlich, ist aber nicht unum-
stritten ... Bei Lk bereitet die zeitliche Parallelisierung der Geburt unter Herodes (Lk 1,5) mit dem Zensus des Quirinius (2,1f) Schwierigkeiten. ... Quirinius war erst ab 6 n.Chr. syrischer Statthalter.« (G. Theißen / A. Merz: Der
historische Jesus, 149)(Hervorhebungen im Original).
Ob Jesus von Nazareth *in einem Stall* draußen vor den Toren Bethlehems in
Judäa geboren wurde (vgl. Luk. 2,7), das lässt sich immerhin aufgrund von
Mt. 2,11 hinterfragen, wonach »die Weisen aus dem Morgenland« doch *ein
Haus* betraten, darin Maria mit dem Kind fanden, »ihre Schätze auftaten«
und das Kind anbeteten (Mt. 2,1–12). Dem »Armenischen Kindheits-
evangelium« entstammen *die Namen der »drei königlichen Brüder«*: »Mel-

quon, dessen Name später zu Melchior abgewandelt wurde, ist der König von Persien, Balthasar der König von Indien und Gaspar (später Caspar) der König von Arabien.« (vgl. E. Weidinger (Hg.): Die Apokryphen, 455).

Die erste Erwähnung von »*Ochs und Esel*« an der Krippe, dass sie das Jesus-Kind anbeten, findet sich im apokryphen »Pseudo-Matthäus-Evangelium« und rekurriert auf die Aussage: »Der Ochse kennt seinen Besitzer und der Esel die Krippe seines Herrn.« (nach Jes. 1,3).

Konstantins Mutter Helena ließ in den Jahren ab 325 eine fünfschiffige Basilika über der vermuteten Geburtshöhle Jesu in Bethlehem errichten, mit einer kleinen Kapelle unterhalb der Geburtskirche, die als »*Geburtsgrotte*« bezeichnet wird. Die Basilika wurde im 5. Jhdt. zerstört, durch Kaiser Justinian (527–565) jedoch wieder aufgebaut.

Der weihnachtliche Gebrauch von *Kerzen* bzw. die Symbolik des weihnachtlichen Lichtes wurzeln wohl in der urchristlichen Kyrios-Nachtfeier. Dorthin gelangte der Brauch des Kerzen-Anzündens aus der Shabbat-Feier der Juden.

(4) – C. Grethlein: Grundfragen, 139. Ähnlich äußert sich H. Auf der Maur: Feste im Rhythmus der Zeit, Bd. I, 11.56.

»Die Ausbildung eines christlichen Jahrespassa (Ostern)« nennt K.-H. Bieritz (in: Das Kirchenjahr, 48). Die Formulierung erscheint alles andere als reflektiert und differenziert und nicht verantwortbar im Respekt vor dem Judentum.

(5) – Justin der Märtyrer: Dialog mit dem Juden Tryphon, 41,4.

(6) – *Origines* schreibt im Psalmenkommentar zu Psalm 118: »Bevor nämlich der achte Tag des Herrn Jesus Christus kam, war die ganze Welt ungereinigt und unbeschnitten; als aber der achte Tag der Auferstehung Christi gekommen war, wurden wir alle insgesamt gereinigt in der Beschneidung des Christus, mit ihm begraben und mit ihm auferstehend.« Origines benutzt die *Beschneidung* als Metapher für seine These, die auf dem Boden des Judentums jedoch in sich fragwürdig ist. Die Formulierung mag überspitzt ausfallen, und doch deutet sie einen Entwicklungstrend an. Nur – wie ein urwüchsiger Baum nach seinen wilden Trieben beschnitten werden muss, musste so auch Christus ›beschnitten‹ werden?

(7) – vgl. W. Rordorf: Der Sonntag, 277.

Zweiter Hauptteil
Was geschah mit der Tradition der Kyrios-Nacht in der konstantinischen und in der post-konstantinischen Epoche? Veränderungen durch die Anerkennung des Christentums als Staatsreligion

Die Institution des Sonn(en)tags

Innerhalb der Kirchengeschichte spricht man mit Recht von der »Konstantinischen Wende«, um damit den gravierenden Umschwung und Wechsel anzudeuten, der sich innerhalb der Regierungszeit von Kaiser *Konstantin* dem Großen (*275,+337) in ersten Schritten anbahnte und der sich in der Folgezeit in weiteren Schritten bis hin zur offiziellen Anerkennung als alleinige Staatsreligion durch Kaiser *Theodosius* den Großen (+394) im Jahre 391 von Konstantinopel aus vollzog. Konstantin erließ die ersten staatlichen Sonn(en)tagsgesetze, schuf damit also überhaupt erst einmal die Grundlage und die Legitimation für die Einrichtung eines Sonn(en)tags als solchen, überführte den *»Kyrios-Tag«* / den *»Herrntag«* / den *»dies Domini«* wohlgemerkt in den *»dies solis«* (ersetzte also nicht den »dies solis« durch den »dies Domini«) und stellte darüber hinaus den »Sonn(en)-tag« unter den besonderen Schutz der Regierung. Ob Konstantin der Große nun als frommer Kaiser und als Wegbereiter des Christentums in die Geschichte eingegangen ist oder als machtpolitischer Taktierer, dies gilt unter Historikern als umstritten. Zu behaupten, Konstantin habe das Christentum favorisiert oder gar besonders begünstigt, geht wohl zu weit – eher wird davon auszugehen sein, dass Konstantin die bisherigen und letztlich kaum oder wenig erfolgreichen Christenverfolgungen als politischen Fehler erkannte und auf Zukunft hin korrigierte.

Im Jahre 306 gelangte Konstantin als Augustus des Westreiches an die Macht, nachdem Kaiser Diokletian (284–305) (zusammen mit Maximian) 305 abgedankt hatte (der das Römische Reich 293 in vier Herrschaftsbereiche aufgeteilt hatte, in denen jeweils ein Tetrarch die Regierungsgewalt ausübte). Die bisherigen Caesares Galerius und Constantius Chlorus (der Vater Konstantins) wurden daraufhin zu »Augusti« ernannt – doch als Constantius 306 verstarb, war damit der Weg frei geworden für seinen Sohn, der zunächst von Trier aus, ab 316 dann von Konstantinopel (1) aus regierte. Im Kampf um die Macht setzte sich Konstantin schließlich durch gegen seinen Schwager Maxentius (der 312 an der Milvischen Brücke fiel) und gegen Licinius (der den Ostteil des Reiches beherrschte), mit dem er sich zunächst noch 313 im so gennanten *»Mailänder Toleranzedikt«* auf die Duldung der vorhandenen

Kulte im Reich und auf den christlichen Glauben als »religio licita« hatte einigen können. Ab 324 übte Konstantin der Große die Alleinherrschaft im gesamten Römischen Reich aus und agierte zugleich als »Pontifex Maximus« über alle religiösen Kulte im »Imperium Romanum«.

In der Nacht vor der Schlacht an der Milvischen Brücke 312 soll Konstantin im Traum ein Kreuz erschienen sein. Der Legende nach soll er dabei die Stimme vernommen haben: »In diesem Zeichen wirst du siegen.« Galt das *Kreuzeszeichen* von allem Anfang an als schändlich und als verabscheuungswürdig, fand es demzufolge in den ersten Jahrhunderten keinerlei Verwendung als christliches Glaubenssymbol (die ersten Christen hatten weder Kreuz noch Kruzifix) – so wurde das Kreuzeszeichen in der Ära ab Konstantin zunächst zum politischen Feldzeichen und schließlich zum kirchlichen Siegeszeichen erhoben und fand dementsprechend Eingang in den in der Folgezeit erbauten Kirchen.

Bis ins 4. Jhdt. hinein enthält der *Sonn(en)tag* »keine dem Sabbat vergleichbare soziale Funktion für die Strukturierung des Innenlebens der christlichen Gemeinde, ihm fehlt auch die gruppenkonstitutive Abgrenzungsfunktion nach außen ...; der Sonntag ist insgesamt nicht selbst soteriologisch relevant« – so urteilt Matthias Klinghardt (2) – doch müsste er über »die soziale Funktion« hinaus nicht zugleich von kultischer Funktion schreiben? Anfangs übte die Institution des *Shabbat* aller Wahrscheinlichkeit nach soziale Funktionen aus (im Sinne eines Ruhetages gerade auch für die Tiere, für die Sklaven) – ehe kultische Funktionen (im Sinne eines gottesdienstlichen Feiertages) hinzukamen. Dass nun der später so genannte Sonn(en)tag, den es als geschützte Institution vor Beginn der Konstantinischen Ära ja noch gar nicht gab, noch keine Struktur für das Innenleben der christlichen Gemeinde liefern konnte, ließe sich diskutieren – denn immerhin hatten sich bereits feste Zeiten für das Zusammenkommen der ersten Christen in den Nachtstunden nach Ende des Shabbat etabliert. Ebenso diskutabel erscheint die These von der »Abgrenzungsfunktion nach außen« – mussten sich die ersten Christen zu ihrem eigenen Schutz doch nach außen hin abgrenzen und ihre Gottesdienste im Verborgenen abhalten. Zum Dritten mag die These von der »soteriologischen Relevanz« diskutabel sein – denn auch wenn es die Einrichtung eines eigenen Christentages bzw. Herrntages im gesetzlich geschützten Sinne eines Ruhe- und Feiertages noch nicht gab, so bedeutet dies doch noch längst nicht, dass die ersten Christen den Kyrios Christus Jesus nicht gottesdienstlich als ihren Soter und Heiland anbeten, feiern und verherrlichen konnten. Gerade das aber haben sie doch (trotz allem Widerspruch und trotz aller Anfeindungen von außen her) getan, gerade das hat sie doch zusammengeführt! Gerade darin lag doch der Skopus ihrer Zusammenkünfte!

Hatte Diokletian (299–305) durch seine Edikte im Jahre 303f. noch den Christen den Krieg erklärt, indem er ihnen jeglichen Rechtsschutz nahm, ihre

Kirchen niederreißen, ihre heiligen Schriften verbrennen und ihre Kleriker foltern und einkerkern ließ – so verfügte Galerius 311 per Edikt, der Christenverfolgung ein Ende zu setzen. Die »*Mailänder Beschlüsse*« von 313 zwischen Konstantin und Licinius verpflichteten zur Toleranz gegenüber den Christen – damit war die erste Stufe zur Umkehrung der Verhältnisse und zur Anerkennung des Christentums eingeleitet, der weitere Stufen folgten, nachdem Konstantin 324 zum Alleinherrscher im gesamten »Imperium Romanum« aufgestiegen war. »So wurde bereits im Jahr 315 durch Konstantin der Übertritt zum Judentum untersagt, im Jahr 388 wurde Christen die Heirat mit Juden verboten und, um klarzustellen, dass das jüdische Volk der Kirche untergeordnet ist, durften Juden fortan auch keine öffentlichen Ämter mehr innehaben.« (3).

Das erste Sonn(en)tagsgesetz stammt vom 3. März 321: »Dwer [sic!] Kaiser Konstantin an A. Helpidius. Alle Richter, die Bevölkerung der Städte und die gesamte Erwerbstätigkeit ... sollen am verehrungswürdigen Tag der Sonne ruhen. Die Bauern allerdings sollen frei und ungehindert der Bestellung der Felder nachgehen ...« – so wurde es laut »Codex Iustinianus« verfügt (4). Mittellose Eltern wurden so unterstützt, dass sie ihre Kinder nicht mehr verkaufen oder aussetzen mussten. Im Oktober 325 folgte das Verbot blutiger Schauspiele und Gladiatorenkämpfe in den Amphitheatern – ab 386 kam das Verbot von sonntäglichen Zirkus- und Theatervorstellungen hinzu. Im »Codex Theodisianus« (II, 8,1) sind Gerichtsverhandlungen am Sonn(en)tag verboten. Theodosius verbietet 391 per Gesetz jegliche Form heidnischen Opferkults und droht ggf. bei Übertretungen hohe Geldstrafen an.

Eusebius von Caesarea (+340) erwähnt in seiner »Vita Constantini« (IV, 18–20) den Herrntag als Ruhetag für alle Bürger im Römischen Reich und das Gebet als Gesetzesaufgabe auch für die Soldaten (IV, 19).

Fragbar ist, ob Kaiser Konstantin mit der »Institution des Sonn(en)tags« christliche Vorstellungen verfolgte oder rein politische Erwägungen verband – ob der »Sonn(en)tag« in beabsichtigter Opposition zum Judentum entstand oder dem zunehmenden Einfluss der Christen Rechnung tragen sollte. Selbst wenn man unterstellte, dass Konstantin rein politisch handelte oder als ausgewiesener Sonnenverehrer der *Sonne* mit einem »Tag der Sonne« huldigen wollte (auf Münzen ließ er sich immerhin als »Sol invictus« / als ›unbesiegter Sonnengott‹ darstellen) – so konzediert seine Entscheidung sehr wohl ein erhebliches Zugeständnis an die sich im damaligen Reich stark vermehrende und sich rasch ausbreitende Christenheit.

Die Bezeichnung »*dies solis*« (engl. »Sunday«) verrät allerdings keinerlei christlichen Ursprung oder Hintergrund. Die Bezeichnung beinhaltet die Verehrung der Sonne, knüpft an einen wie auch immer gearteten Sonnendienst heidnischer Praxis an (5) und setzt die Einführung der siebentägigen *Planetenwoche* mit dem Planetennamen »Tag der Sonne« voraus (6). Die Frage, ob die christliche Sonntagsfeier (der Planetenwoche) mit dem heidnischen Sonnenkult in Verbindung stand, etwa mit dem *Mithraskult* (7), lässt sich wohl verneinen (8). Gleichwohl wird das Motiv der Sonne übernommen und – von Mal. 3,20 ausgehend, wo von der »Sonne der Gerechtigkeit« die Rede ist – auf Christus als der »wahren Sonne« (im Gegenüber zu allen anderen Sonnengöttern) übertragen. Dabei ist zu berücksichtigen, dass im römischen *Sonnenkult* der 25. Dezember bereits in vorkonstantinischer Zeit durch Zirkusspiele als Geburtstag des »Sol invictus« (des ›unbesiegbaren Sonnengottes‹) gefeiert wurde (9). Christen machten sich also demnach (unbedenklich?) heidnische Vorstellungen zunutze, füllten die vorgegebenen ›Gefäße‹ aber mit neuem, ganz anderem Inhalt, übertrugen die Verheißung von Mal. 3,20 bzw. 4,2: »die Sonne der Gerechtigkeit« auf den Gottessohn Jesus Christus und mussten dabei erleben, wie das Missverständnisse dahingehend auslöste, dass Symbol und Sache bzw. dass Christen mit Sonnenanbetern verwechselt wurden (10).

Wilhelm Stählin kritisiert: »Wie wenig die Christen jener Zeiten es als unangemessen erachteten, die Sonne als naturhaftes Symbol des wahren Weltenlichts Christi zu ehren, wird auch daran deutlich, daß man unbedenklich die Bezeichnung ›Sonntag‹ (dies solis) für den ersten Tag der Woche, den ›Tag des Herrn‹, den allwöchentlichen Gedenktag der Auferstehung Christi, übernehmen konnte.« (11).

Das Motiv der »Sonne« begegnet in der Bibel an insgesamt 180 verschiedenen Stellen: davon entfallen 120 auf das Alte Testament (u.a. Ps. 84,12: »Gott, der HERR, ist Sonne und Schild«) – 28 auf die Apokryphen – und 32 auf das Neue Testament. Vom angegebenen Psalmwort ausgehend hätten die Christen formulieren können: ›Christus, unser HERR, ist uns Sonne und Schild!‹ Diese Wahrheit entsprach ihrem Glauben, diese Erfahrung galt es den Sonnenanbetern entgegenzuhalten (12).

Konstantin der Große mag wohl als besonderer Förderer des Christentums angesehen werden – was sich auch darin ausdrückte, dass er über 300 Bischöfe 325 zum Konzil nach *Nicaea* auf Staatskosten einlud (und im Jahre 327 nach dem Gnadengesuch des Arius von Alexandria (*280,+336) erneut). Er förderte den *Kirchenbau*: ob in Konstantinopel (wo er neben der Basilika zahlreiche Bethäuser und Märtyrerkapellen errichten ließ, aber keinerlei heidnische Opfer mehr gestattete), in Antiochia, in Rom (z.B. die Peterskirche) oder in Trier (wo er 340 eine Basilika bauen ließ, die heute noch steht). Im Zuge seines dreißigjährigen Regierungsjubiläums schließlich weihte Konstantin im Jahre 335 über dem Golgotha-Steinbruch in Jerusalem die Grabeskirche ein – seine Mutter Helena ließ über der Geburtsgrotte in Bethlehem eine Kirche erstellen.

In einem Brief an den afrikanischen Statthalter Ablabius schrieb Konstantin im Vorfeld der Synode von Arles 314: »... ich werde erst dann wirklich und vollkommen sicher sein und mich immer auf die Glück und Heil bereitwillig spendende Güte des allmächtigen Gottes verlassen können, wenn ich sehe, dass alle in den vorgeschriebenen Formen der katholischen Religion den allerheiligsten Gott mit einträchtig brüderlichem Kultus verehren. Amen.« (13). Bemerkenswert in diesem Brief ist sicher auch, dass Konstantin den Begriff »*katholisch*« verwendet und wohl im ursprünglichen Sinn versteht: als die eine, alles umfassende Kirche.

Aufgrund der Sonn(en)tagsgesetze Konstantins und seiner Nachfolger wurde das Christentum zur erlaubten und per Religionsedikt vom 28. Februar 380 zur allein gültigen Religion erklärt (und schließlich durch Justinian (527–565) endgültig zur Staatskirche, in der die *Priester* zu Staatsbeamten wurden). Die Zeit der *Christenverfolgungen* hatte ihr Ende gefunden, von nun an begann die Phase der Privilegien für das Christentum. Der Sonn(en)tag erhielt seinen rechtlichen Schutz, die Christen konnten sich ungestört und frei von der Arbeitslast am helllichten Tag zum Gottesdienst versammeln, sich in aller Öffentlichkeit zu ihrem Glauben bekennen, Glaubensdokumente (Bekenntnisse z.B. und Gottesdienstordnungen) herausgeben und andere für die Sache Gottes gewinnen. Was für eine völlig neue Situation war dadurch entstanden (!), nachdem sich die Christen von allen Anfängen an, seit der Kreuzigung und Auferweckung ihres HERRN ins Verborgene zurückziehen mussten, mit Repressalien rechnen mussten, sich oftmals nur unter Lebensgefahr zu ihrem »Chrestos« bekennen konnten, sich zu ihren Gottesdiensten nur unter Geheimhaltung in den späten Abendstunden nach getaner Arbeit versammeln konnten. Wie viel aber den ersten Christen die Glaubens- und Gebetsgemeinschaft bedeutet haben muss, mag ansatzweise daran aufleuchten, wie viele Nachteile sie schon im Vorhinein einkalkulierten, falls sie entdeckt und aufgespürt wurden. Sie haben ihren christlichen Glauben zum Kyrios (zu dem in der Kyrios-Nacht auferweckten Christus) bis dahin bekannt, dass sie eher bereit waren, in den Tod zu gehen als zu verleugnen. Die Spur der Märtyrer als der so genannten »Blutzeugen« spricht eine überdeutliche Sprache.

Eine gewisse ›Schattenseite‹ aber wird daran deutlich, dass schon frühzeitig, selbst in den Zeugnissen des Neuen Testaments (Hebr. 10,25), aber auch in der »Didache« (II 59,2f.) zum Besuch der Gottesdienste und zum Zusammenhalt in der Gemeinde ermahnt werden musste. Ob nun die *»Didascalia«* in die erste oder in die zweite Hälfte des 3. Jhdt.s datiert werden mag – sie stellt fest: »Da ihr Glieder Christi seid, dürft ihr euch also nicht selbst von der Kirche zerstreuen, indem ihr nicht zusammenkommt; weil ihr ja Christus zum Haupte habt, der gemäß seiner eigenen Verheißung gegenwärtig ist und mit euch Gemeinschaft hat, dürft ihr nicht euch selbst vernachlässigen, noch den Retter seiner Glieder berauben, noch seinen Leib spalten und zerstreuen, noch die Notwendigkeiten eures zeitlichen Lebens über das Wort Gottes setzen; sondern am Herrntag legt alles beiseite und eilt zur Kirche herbei. Denn was für eine Entschuldigung wird derjenige vor Gott haben, der sich an diesem Tage nicht zur Versammlung einfindet, um das heilbringende Wort zu hören und mit der göttlichen Speise, die ewig währt, genährt zu werden?« (II, 59,2–3)(14).

Zur Praxis der gottesdienstlichen Zusammenkünfte vermerkt *Dionysius*, Bischof von Korinth (*170), in seinem Brief an die Römer (nach Euseb: Kirchengeschichte IV, 23, 9.11): »Ferner wird von Dionysius auch ein Brief an die Römer überliefert, der an den damaligen Bischof Soter gerichtet ist ... In diesem selben (Brief) erwähnt er (sc. Dionysius) auch den Brief des Klemens an die Korinther und lässt erkennen, dass man ihn schon seit jeher nach altem Brauch bei der Gemeindeversammlung vorliest; denn er sagt: ›Heute haben wir also den heiligen Herrntag gefeiert und an demselben euren Brief vorgelesen, welchen wir gleich dem früheren durch Klemens uns zugesandten Schreiben bewahren und immer wieder zur Belehrung vorlesen werden.‹« Im Mittelpunkt der gottesdienstlichen Feier standen anfangs Taufe und Mahl, wobei sich das Gewicht zunehmend auf die Seite des Herrnmahls verlagerte. Gebet, Gesang, Schriftlesung und Predigt kennzeichnen den Gottesdienst – wobei insbesondere die Predigt in ihrem erzieherischen Charakter dazu diente, das sittlich-ethische Leben zu fördern und zu unterstützen. Dies bezeugen Schriften von Plinius an über Justin, Tertullian und Origines bis hin zu Arnobius IV.

Als Konstantin die Arbeitsruhe für den Sonnentag verfügt hatte, war damit der Weg frei geworden zur kultischen Ausgestaltung dieses Tages. Der *Sonn(en)tag* wurde »der Festtag der Woche«. Was jedoch bedeuteten diese Entscheidungen für die Shabbat(beob)achtung der Juden? Hatte der christliche Sonntag den jüdischen Shabbat nun vollends abgelöst? Oder bestand eine Art von Nebeneinander für die nächste Zeit fort?

Nachdem die Datierung des Osterfestes (auch aufgrund der Vorstellungen der *Quartodezimaner* im 2. Jhdt.) lange Zeit umstritten war, entschied das Konzil von *Nicaea* 325 im so genannten »Osterfeststreit« als Termin den jeweils ersten Sonntag nach dem ersten Vollmond, der dem Frühlingsbeginn folgt (15). Dieser Schritt bedeutete eine weitere Loslösung vom *Judentum* bzw. von den stets feststehenden Terminen des Pessachfestes (das ja auf die Tage vom 15. bis zum 21. Nissan festgelegt war), also eine zeitliche Abtrennung vom jüdischen Festkalender und zugleich eine inhaltliche Abkopplung vom Pessachfest. Sicher, beide Festtermine können im Lauf der Jahre immer einmal wieder auf gleiche Zeitdaten fallen – aber: Zeigt diese Konzilsentscheidung nicht deutlich, dass das Christentum nun ›erwachsen‹ geworden ist und sich von den ›Kindheitstagen im mütterlichen und väterlichen Judentum‹ endgültig verabschiedet hat? Was aber nun bedeutet diese neue Fakten schaffende Entwicklung für die Tradition der Kyrios-Nacht?

Als Ergebnis lässt sich festhalten:

Auch wenn sich der Sonnentag als heidnischen Ursprungs erweist, so wurde dieser bereits vorgegebene »Tag der Sonne« als »erster Tag der Woche« / als Tag nach dem Shabbat von den Christen übernommen und mit neuem, ganz anderem Bedeutungsinhalt als »Kyrios-Tag« gefüllt. Die »Sonne« wurde als Metapher benutzt und auf Christus hin ausgelegt: ER als die eine, wahre »Sonne« verstanden (16).

Zwischen der Kyrios-Nacht und dem Kyrios-Tag entsteht (nicht nur aufgrund der neuen Tageseinteilung von Mitternacht zu Mitternacht, sondern aufgrund der inhaltlichen Trennung zwischen dem Tag der Grabesruhe und dem Tag der Auferweckung) eine markante Zäsur, die das Gewicht zu dessen Gunsten auf den Kyrios-*Tag* verlagert, aber die Kyrios-*Nacht* (mit ihrem urchristlichen Zusammenhang von Tod und Auferweckung) empfindlich schwächen wird.

Anmerkungen

(1) – In *Konstantinopel* ließ Kaiser Konstantin den ersten Bau der »Hagia Sophia« errichten und schuf damit schließlich die größte Basilika der Oströmischen Kirche. Mehrmals zerstört, durch Brandanschläge, aber auch durch Erdbeben, ließ Kaiser Justinian im Jahre 537 diese Kirche durch Zehntausende von Arbeitern erneut errichten – danach wurde sie wiederum mehrmals durch Erdbeben zerstört und anschließend jeweils schöner als zuvor errichtet. Nachdem im Jahre 1453 der osmanische Anführer Sultan Mehmet II. (der den Beinamen »Fatih«, zu deutsch: ›der Eroberer‹ erhielt – und nach dem zahlreiche Moscheen auch in Deutschland benannt sind) auf seinem Pferd in die »Hagia Sophia« eingedrungen war, die Christen zusammentreiben, pfählen und köpfen ließ und damit den muslimischen Angriffen zum Sieg verholfen hatte, wurde der Halbmond an die Stelle des Kreuzes gesetzt, die Basilika in eine Moschee umgewandelt, Konstantinopel in Istanbul umbenannt. Bis ins Jahr 1935 hinein diente die »Hagia Sophia« als Moschee, seitdem wird sie als Museum genutzt.

(2) – M. Klinghardt: »... auf dass du den Feiertag heiligest« , 230.

(3) – P. Hirschberg: Die bleibende Provokation, 65.

(4) – Codex Iustinianus XII de feriis, 3 (zitiert von W. Rordorf: Der Sonntag, 160).

(5) – Eine Art von *Sonnenkult*, darauf lässt 2. Kön. 23,11 schließen, muss in Israel bereits vor der Reform des Königs Joschija (640–609 vdZ.) 622 verbreitet gewesen sein.
Das Bild des »Sol invictus« / des ›unbesiegbaren Sonnengottes‹ ließ Aurelian auf seine Münzen prägen.

(6) – »die erste greifbare Gestalt einer siebentägigen Woche finden wir in Israel ... Erst um den Beginn unserer Zeitrechnung begegnen wir einer zweiten siebentägigen Woche, der sogenannten Planetenwoche ...«, so Willy Ror-

dorf (in: Der Sonntag, 11). Rordorf äußert den »Verdacht«, »dass die Planetenwoche überhaupt erst im Anschluss an die jüdische Woche entstanden ist und die jüdische Wochenordnung mit astrologischen Vorstellungen durchtränkt hat ... Die christliche Kirche ... übernahm .. die jüdische Woche, stellte aber bald auch die Planetenwoche in ihren Dienst, indem sie deren Wochennamen zum Teil selber gebrauchte. In dieser Form, als Verschmelzung der jüdischen Woche mit der Planetenwoche, die im Raum der christlichen Kirche erfolgte, stellt sich die siebentägige Woche noch heute dar.« (11).

H. Auf der Maur stellt fest: »Die Planetenwoche entstand im griechischen Raum dadurch, daß man die sieben Planeten mit sieben aufeinander folgenden Tagen in Verbindung brachte und dieses Siebener-Schema fortlaufend wiederholte. Die Anordnung der Planeten lautete: Saturn – Sonne – Mond – Mars – Merkur – Jupiter – Venus ... Wandmalereien und Inschriften aus Pompei (Untergang 79 n. Chr.) nehmen auf die Planetenwoche Bezug. So ist die Existenz der Planetenwoche erst im 1. christlichen Jahrhundert eindeutig belegt ... Der Siebentage-Zyklus ist in den Gemeinden des 1. Jh. eindeutig bezeugt ... (vgl. 1 Kor 16,21; Apg 20,7–12; Mk 16,2 par; Joh 20,1 usw.).« (in: Feste im Rhythmus der Zeit, Bd. I, 27).

Seit Anfang des dritten Jahrhunderts ndZ. war der Brauch der *Planetenwoche* allgemein üblich geworden (vgl. W. Rordorf: Der Sonntag, 29).

»Die bei uns heute in Gebrauch stehende Siebentagewoche ist ein Gemisch von jüdischer Woche und Planetenwoche ... Noch heute tragen die einzelnen Wochentage die Namen der sieben Planetengötter oder ihrer nordischen Äquivalente. Der ursprüngliche dies solis wurde zum deutschen Sonntag ..., der dies lunau ... zum deutschen Mon(d)tag ... der dies Martis ... bekam seinen Namen vom Gott Thingus ..., daraus wurde Dienstag (engl. Tuesday); der dies Mercurii ... wurde Wotan unterstellt: vgl. engl. Wednesday (das deutsche Mittwoch ist eine neuere Schöpfung); desgleichen ist Donnerstag (engl. Thursday) vom Gott Donar abgeleitet, in Übersetzung des lateinischen dies Jovis ... und Freitag ist der Tag der Göttin Fr(e)ia, der nordischen Venus ... dies Veneris ... Der dies Saturni wurde im englischen Sprachgebrauch zum Saturday ...« (W. Rordorf: Der Sonntag, 41 – vgl. J. Grimm: Deutsche Mythologie I, 4/1875, 101 ff.). Der Mittwoch markiert die Mitte der Woche und stellt den Sonntag als ersten Tag der Woche heraus – das Wochenende nun meint allein den Samstag.

(7) – Der *Mithraskult* leitet sich von der persischen Lichtgestalt »Mithras« ab, die schließlich im Sinne eines »sol invictus« (eines ›unbesiegbaren Gottes‹) angesehen wurde. Ursprünglich vom Osten herkommend, entstand eine Mysterienreligion mit geheimen Riten und sakralen Opfern, die sich bis in den Westen des Römischen Reiches ausbreitete und dort die Sonnenanbetung einführte. Zum Ende des 2. Jhdt.s war der Mithraskult überwiegend im Westen, in Rom und in Afrika verbreitet – das Christentum dagegen mehr in den

alten Stammlanden im Osten, in Kleinasien, in Griechenland, in Ägypten und im Raum Jerusalem.

(8) – W. Rordorf: Der Sonntag, 39: »Wir haben keine direkten Angaben darüber, ob der der Sonne geweihte Tag im Mithraskult in irgendeiner Weise gottesdienstlich ausgezeichnet worden ist. Jedenfalls ist eine mithräische Sonntagsfeier nur denkbar auf der Grundlage der bereits eingeführten Planetenwoche. Da wir aber die Existenz der Planetenwoche erst gegen Ende des 1. Jahrhunderts n.Chr. nachweisen können, ist eine mithräische Sonntagsfeier zu einem noch früheren Zeitpunkt ausgeschlossen.«

(9) – »Am 25. Dezember 274 weihte man dem Sol invictus, der unbesiegten Sonne, in Rom einen Tempel, und am 25. Dezember 333, am Tage des Amtsantritts von Kaiser Constans, dem Sohn Konstantins, des ersten ›christlichen‹ Kaisers, wurde der Geburtstag des Sol invictus zum Tag der Geburt Jesu Christi bestimmt.« (K.-W. Tröger: Das Christentum im zweiten Jahrhundert, 27).

Der *Geburtstag Jesu* wurde in Rom unter Konstantin schon vor 336 am 25. Dezember gefeiert – für Alexandria ist diese Feier für das Jahr 431 bezeugt (vgl. Lietzmann: Geschichte der Alten Kirche, III, 322). Angesichts des Geburtstages des »Sol invictus« stellt sich die Frage nach dem Zusammenhang beider Geburtstage.

Bereits im 4. vorchristlichen Jhdt. bezeichnete man den 25. Dezember als Tag der Wintersonnenwende.

(10) – *Tertullian:* Ad nationes I, 13,1–5: »Andere (sc. Heiden) … glauben, die Sonne sei der Gott der Christen, weil bekannt geworden ist, dass wir unsere Gebete nach Osten gewendet verrichten und uns am Sonntag die Freude angelegen sein lassen. Und ihr, was macht ihr denn weniger? Bewegen denn nicht viele von euch, zum Aufgang der Sonne hin gewendet, ihre Lippen, im Bedürfnis, auch einmal die Himmelskörper anzubeten? Ihr seid es jedenfalls, die auch die Sonne in die Liste der sieben Tage aufgenommen und denjenigen unter euren Tagen an die Spitze gestellt habt, an dem ihr das Bad unterlasst oder auf den Abend verschiebt und an dem ihr euch die Muße und das gute Essen angelegen sein lasst. Mit diesem Tun entfernt auch ihr euch von euren zu fremden Religionsbräuchen: das ist nämlich jüdische Festsitte, Sabbat, Rüsttag, der jüdische Ritus des Lichteranzündens, das Fasten mit ungesäuertem Brot, die Gebete am Fluss; alles Dinge, die euren Göttern gewiss fremd sind. Darum … anerkennt die Nachbarschaft, ihr, die ihr uns die Sonne und ihren Tag zum Vorwurf macht: wir befinden uns nicht weit von Saturn und von euren Sabbaten.«

Tertullian versucht, ›Nachbarschaft‹ herzustellen zwischen den Christen und den Sonnenanbetern einerseits und andererseits das ›Fremde‹ zur jüdischen Religion hervorzuheben, u.a. am Beispiel der Mikwe – doch ob dieser Versuch überzeugen kann?

Man beachte darüber hinaus den (unbekümmerten?) Versuch der ›Synthese‹ zwischen dem »Sonnentag«, der »Sonne«, dem »Licht« und Christus etwa in dem Lied von Johann Olearius (1671): »Gott Lob, der Sonntag kommt herbei« (EG 162 in den Strophen 1 und 3).

(11) – W. Stählin: Große und kleine Feste der Christenheit, 65.

(12) – zitiert nach H. Lietzmann: Geschichte der Alten Kirche, III, 144.

(13) – Das spanische Provinzialkonzil von Elvira / Concilium Eliberitanum (300/302 oder 306/313) bestimmte im Kanon 21: »Wenn jemand an einem Ort niedergelassen ist und an drei Sonntagen nicht zur Kirche gekommen ist, dann soll er auf kurze Zeit ausgeschlossen werden, damit er als Zurechtgewiesener erscheine.« (vgl. H. Auf der Maur: Feste im Rhythmus der Zeit, Bd. I, 41).

(14) – so A.v. Harnack: Die Mission, 450.

(15) – »Ostern ist auf den ersten Sonntag nach dem Vollmond, der auf die Tag- und Nachtgleiche im Frühjahr folgt, terminiert und so am lunaren Zyklus orientiert« – so lautet die Feststellung von C. Grethlein: Grundfragen, 245 – während Weihnachten dem solaren Zyklus folgt.

(16) – vgl. dabei EG 34 mit dem Refrain: »Christus ist die Gnadensonne!«

Die Kyrios-Nacht in der Ära Konstantins

»Als das Christentum Staatsreligion geworden war, gab sich die Freude auch in äußeren Bezeugungen kund: Säulen von Wachs wurden in der ganzen Stadt von eigens dazu angestellten Leuten angezündet, Fackeln und Lampen verbreiteten allenthalben Tageshelle; Constantin selbst verbrachte die Nacht wachend und betend in der Gemeinde (vit. Const. IV,22). So allgemein war das Wachen in die öffentlichen Sitten übergegangen, dass selbst die Heiden sich nicht der Ruhe überließen (August. Sem. 219). Eine besondere Wichtigkeit erhielt diese Feier durch die Taufe der Katechumenen. Am Palmsonntag wurde ihnen in der Gemeinde das apostolische Symbolum feierlich übergeben ..., am Donnerstag hatten sie dasselbe in der Kirche vor dem Bischof oder den Presbytern abzulegen; in der Vigilie vor dem Auferstehungsfeste wurden sie getauft. Der Taufe selbst ging die Consecration des Taufwassers voraus. Schon die apostolischen Constitutionen haben ein darauf bezügliches Formular (VII,43), worin die Heiligung des Wassers erfleht wird, damit der Täufling mit Christo gekreuzigt ersterbe, mit ihm begraben auferstehe ... Zu Augustin's Zeit wurde das Wasser mit dem Zeichen des Kreuzes geheiligt (Tractat 118 in Ioann. Cap. 5) ... Diese Heiligung des Taufwassers hat noch heute die römische Kirche in der benedictio fontis beibehalten. Hierauf folgte die Taufe selbst durch Untertauchen in der piscina. Nach den älteren Sakramentarien wurden die Getauften durch den Presbyter aus dem Baptisterium sofort vor den Bischof gebracht, der in der Kirche seinen Sitz hatte; er gab ihnen das weiße Gewand (stola), die Kopfbinde (chrismale) und eine brennende Kerze, legte ihnen zur Ertheilung des siebenfachen heiligen Geistes ... unter Gebet die Hände auf und salbte sie kreuzförmig mit dem Chrisma. Die Neophyten nahmen unmittelbar darauf an der Messe und an der Communion Antheil, auch an den folgenden Tagen der ganzen Woche sollten sie täglich opfern und communiciren.« (1).

Komplettierend seien folgende Elemente innerhalb der *Taufhandlung* genannt: die Wasserprozession – das Kreuzeszeichen (»signatio crucis«) – der »Ephata«-Ritus (nach Mk. 7,31–35) – die Nennung des Täuflingsnamens (»nomen dare«) – die Salzgabe (»datio salis«) – die Absage an das Böse (»abrenuntatio diaboli«) – die Ganzkörper-Taufe durch Untertauchen (die Immersionstaufe) – die Salbung mit Öl – die Überreichung eines weißen Taufgewands (Albe) und eines Schals (Stola) – das Umhängen eines Kreuzes – die Übergabe einer Taufkerze (im Sinne von Joh. 8,12 und Mt. 5,14).

Der Akt der *Salbung* bezieht sich darauf, dass Könige zum Dienstantritt durch Propheten oder Priester gesalbt wurden (vgl. 1. Sam. 10,1.10; 16,13 / 2. Sam. 7,14 / Jes. 2,2–7) – dass *Hochpriester* und *Priester* für ihr Hochamt ebenso gesalbt wurden (vgl. 1. Kön. 19,16.19 / 2. Kön. 2,9–15) – und Propheten (vgl. Jes. 61,1 / Ps. 105,15 / Luk. 4,18): mit dem »Oel der Freude« (Ps. 45,5). Diesen Brauch haben die ersten Christen wohl in Anlehnung an Ex. 19,6 und im Sinne von 1. Petr. 2,5.9 als »Chrismation« auf sich übertragen (vgl. 2. Kor. 1,21; 2,14f. / 1. Joh. 2,20.27 / Apk. 1,6; 5,10; 20,6; 22,5), um dadurch ihren grundlegend neuen Status anzuzeigen: denn nur »Gesalbte« sind »Christen« (vgl. Apg. 11,26).

Die einzelnen Wegstationen und Zeremonien der *Kyrios-Nacht* wurden in der Folgezeit immer reichhaltiger ausgeschmückt und mit symbolträchtigen Inhalten versehen, gelegentlich damit wohl auch überladen und überfrachtet. Man mag kritisch von liturgischen Wucherungen oder gelegentlich sogar von liturgischem ›Wildwuchs‹ sprechen, von Handlungen, die unserem heutigen Verständnis nach überborden und ausarten – und doch wird man sich den faszinierenden Eindrücken dieser Gottesdienst-Praxis (mit ihren verschiedenen non-verbalen Gesten) wohl nicht entziehen können, die es versucht, alle Sinne im Menschen anzurühren. Bei all den verschiedenen Ausformungsvarianten, die sich z.T. üppig ausgestalteten und die in einen eigenen Gottesdienst(-typ) hätten münden können / bei aller geistlichen Potenz, die sich weit verzweigte und stets neue ›Blüten‹ hervorbrachte – war es wohl doch nur eine Frage der Zeit, wann sich die Notwendigkeit einstellt, zu reduzieren und zu konzentrieren. Diese Entwicklung in der Feier der Kyrios-Nacht aber ist zwischen den Ostkirchen und den Westkirchen höchst unterschiedlich verlaufen – was sich bis heute z.B. in der unterschiedlichen liturgischen Ausgestaltung der Gottesdienste auswirkt.

Anmerkung

(1) – G.E. Steitz in: Dr. Herzog: Real-Encyklopädie, Bd. XI, 163.

Zum Osterlobpreis / zum »Exsultet«

»Das erste Zeugnis für das Osterlob findet sich in einem Brief des Hieronymus an den Diakon Praesidius von Piacenza aus dem Jahre 384, aus dem
hervorgeht, daß zu dieser Zeit das Osterlob als Danksagung und Kerzenge-
sang fester Bestandteil der Osternacht ist. Es war Aufgabe // des Diakons, das
Osterlob vorzutragen und auch zu verfassen ... Augustin berichtet, daß auch
er eine ›laus cerei‹ verfaßt habe. Von Papst Zosimus (417–418) berichtet eine
Notiz im Liber Pontificalis, daß er den Diakonen für die Vorstadtkirchen
Roms die Osterkerzenbenediktion erlaubt habe.« (1).

Das »Praeconium paschale«, nach seinem Anfangswort »*Exsultet*« genannt, geht zurück auf eine Art von »Lucernarium« zu Beginn der Vesper. Es
handelt sich dabei um »einen hochfestlichen Eingangsgesang des Diakons,
dem sich die Weihe der Osterkerze anschloß. Später wurde vor das Exsultet
das so genannte Lumen Christi gestellt ... Erst im 8. Jahrhundert traten ganz
an den Anfang das Schlagen des neuen Feuers aus dem Stein und die Feuerweihe vor der Kirchtür.« (2).

Wie es den Diakonen anfangs noch freigestellt war, das Osterlob selbst zu
formulieren – so entwickelten sich im Laufe der Zeit demgemäß unterschiedliche Typen. Das gallikanische Osterlob, das erstmals im »Missale Gothi-
cum« (um 700) tradiert ist und das bis in die Liturgiereform von Papst Paul
VI. 1970 fast nicht verändert wurde (abgesehen von der Streichung des »Bie-
nenlobs«) – gilt als der älteste überlieferte Text, dessen Vorstufen in die Zeit
Ende des 4. und Anfang des 5. Jhdt.s in Norditalien / Südgallien zurückreichen. Zwischen fünf und fünfzehn verschiedene Schriftlesungen waren üblich. Vom »Invitatorium« stammt die Bezeichnung für das gallikanisch-
römische Osterlob: »*Exsultet iam angelica turba caelorum*«.

Neben diesem Typus entstand das gelasianische Gotteslob »Deus, mundi
conditor« / ›Gott, Schöpfer der Welt‹ (im Anfang des 5. / im Anfang des 7.
Jhdt.s) – das ambrosianische Gotteslob (5./6. Jhdt.) – das altspanische Gotteslob (6./7. Jhdt.) u.a. Dabei etabliert sich in den Grundzügen folgende Struktur: Hymnische Einleitung / »Invitatorium«: »Exsultet iam angelica turba
caelorum« – Apologie: Aufforderung zur Fürbitte für den Diakon – Osterlob
(3) – eucharistischer Wechselgesang – Präfation – Anamnese – Darbringung
– Bitte (4).

Hansjörg Auf der Maur spricht sich dafür aus, den Grund für das Osterlob
in der jüdischen Pessach-Haggada zu suchen (Feiern, 63), was aufgrund der
Konationen / der Anknüpfungspunkte in den Benediktionen und aufgrund der
Synopsis der großen Heilsgeschichte Gottes nahe liegen mag, aber nicht
muss. Sicher aber wird man von einer ›Wurzel‹ (neben anderen) des Oster-

lobs im jüdischen Pessachfest auszugehen haben, führt doch der Blick zurück in die Anfänge der Heilsgeschichte Israels und so auch in die Schöpfungs- und Exodusgeschichte.

Anfragen jedoch seien erlaubt, wenn Hansjörg Auf der Maur formuliert: »Christliches Ostern ist nicht außerhalb und neben dem jüdischen Pessach. Unser Ostern ist ein Zweig, aufgepfropft auf dem edlen Ölbaum des Pessach, wie denn auch die christliche Kirche aufgepfropft ist auf dem Stamm Israels (Röm 11,16–24).« (5). Abgesehen davon, dass die bildhafte Vergleichsspra-che eine gewisse Faszination ausübt – so muss doch wohl auch das christli-che ›Mehr‹ und ›das eigenständig Christliche‹ im Verhältnis zum Judentum betont werden. Wieso sollte »christliches Ostern« »nicht außerhalb« vom jüdischen *Pessach* und also eigenständig gedacht werden können? Inhaltlich ergeben sich doch erhebliche Differenzen (darüber sollten herbeigezogene jüdische Deutemuster als Überbrückungshilfen nicht hinwegtäuschen) – allein im zeitlichen Rahmen liegen Annäherungen vor. Widerspruch mag sich ebenso bei der These einstellen, wenn behauptet wird: »Unser Ostern ist ein Zweig, aufgepfropft auf dem edlen Ölbaum des Pessach« – und wenn Röm. 11 diesbezüglich auch noch im Sinne eines ›Scharniers‹ fungieren soll.

Fazit: In der Zeit des 4./5. Jhdt.s entwickelt sich das so genannte »Exsul-tet« zum festen Bestandteil der Kyrios-Nachtfeier – und wird später in den Osternachtfeiern der Gegenwart (in den Jahren ab 1951) eine Art von ›Re-naissance‹ erfahren.

Anmerkungen

(1) – H.-C. Schmidt-Lauber: Die Zukunft des Gottesdienstes, 398f.
(2) – C. Mahrenholz: Die Feier der Osternacht, 7.
(3) – Heinrich Zweck: Osterlobpreis, 26ff. notiert folgenden Wortlaut:

»Invitatorium:	a	Frohlocket, ihr himmlischen Chöre der Engel, frohlocket, ihr himmlischen Diener Gottes. Zum Siege eines solch großen Königs erschalle die Posaune des Heils.
	b	Freue dich, Erde, überstrahlt von solch königli-chem Glanz, und erhellt von der Pracht des ewigen Reiches sehe die Erde, daß von ihr gewichen ist das Dunkel der ganzen Welt.
	c	Freue auch du dich, Mutter Kirche, geschmückt von solch großem Lichtglanz. Von den lauten Rufen des Volkes töne wider diese heilige Halle.

Apologie:	d	Darum bitte ich euch, geliebte Brüder, die ihr die wunderbare Herrlichkeit dieses heiligen Lichtes schaut:
		Ruft mit mir zum allmächtigen Vater um sein Erbarmen,
		daß er, der mich ohne mein Verdienst,
		aus reiner Gnade, in die Schar der Leviten berufen hat, mich mit der Gnade seines Lichtes erleuchte,
		um uns das Lob dieser Kerze zu verkünden. ...
Osterlob:	1	Wahrhaft würdig und recht ist es,
	2	mit der ganzen Hingabe des Herzens und Verstandes und mit Hilfe unserer Stimme den verborgenen Gott, den allmächtigen Vater, und seinen eingeborenen Sohn,
		unseren Herrn Jesus Christus, zu preisen:
	3	Dieser hat für uns beim ewigen Vater Adams Schuld bezahlt
		und den Schuldschein der alten Sünde
		mit seinem heiligen Blut getilgt.
	4	Dies nämlich ist das Fest des (alten und neuen) Pascha: an diesem wird das wahre Lamm geschlachtet und sein Blut weihend an den Türpfosten angebracht.
	5	Dies ist die Nacht,
		in der du zuerst unsere Väter, die Söhne Israels, aus Ägypten herausgeführt
		und sie auf trockenem Pfade durch das Rote Meer geleitet hast.
	6	Dies ist die Nacht,
		die das Dunkel der Sünden durch die erleuchtende Feuersäule getilgt hat.
	7	Dies ist die Nacht,
		die heute auf dem ganzen Erdkreis alle, die an Christus glauben
		und von den Lastern der Welt und dem Dunkel der Sünde geschieden sind,
		der Gnade wiedergibt, der Heiligkeit eint.
	8	Dies ist die Nacht,
		in der Christus die Ketten des Todes zerbrach und aus dem Reich des Todes als Sieger emporstieg.
	9	Nichts nämlich hätte es uns genützt,
		geboren zu werden, wäre uns nicht
		der Erlöser zu Hilfe gekommen.

10   O wunderbare Gnade deiner Liebe zu uns!

11   O unbegreifliche Fülle der Liebe:
     um den Knecht zu erlösen,
     gabst du den Sohn dahin!

12   O gewiß unausweichliche Sünde Adams,
     die durch den Tod Christi
     vernichtet wurde!

13   O glückliche Schuld,
     die einen solch großen Erlöser
     haben durfte!

14   O glückselige Nacht,
     die allein erfahren durfte Zeit und Stunde,
     in der Christus aus dem Reich des Todes
     auferstand!

15   Dies ist die Nacht, von der geschrieben steht: ›Und
     die Nacht wird leuchten wie der Tag,
     und wie strahlendes Licht wird die Nacht mich
     umgeben.‹

16   Die heiligende Weihe dieser Nacht also
     verbannt die Verbrechen,
     wäscht ab die Schuld,
     gibt den Sündern die Unschuld,
     den Trauernden die Freude zurück,
     vertreibt den Haß,
     schafft Eintracht und beugt die Gewalten.

17   In dieser Nacht der Gnade also nimm an, heiliger
     Vater, das Abendopfer
     dieser brennenden Kerze;
     aus dem Wachs der Biene bereitet, bringt
     sie dir   feierlich die heilige Kirche dar
     durch die Hand deiner Diener ...

30   Wir bitten dich, Herr,
     daß diese Kerze, geweiht zu Ehren deines Namens,
     unablässig fortleuchte, um die Finsternis dieser
     Nacht zu vertreiben.
     Nimm die Kerze an als lieblich duftendes Opfer
     und vermähle ihr Licht mit den Leuchten des
     Himmels ...«

(zitiert nach: H.-C. Schmidt-Lauber: Die Zukunft des Gottesdienstes, 402f.
408f.414f.)
(Das so genannte »Bienenlob« umfasst die Abschnitte 17–32)

Den Auftakt in diesem Osterlobpreis bildet als Strukturelement jeweils die Wendung »Dies ist die Nacht«, ehe die Heilstaten Gottes gegenüber dem Volk Israel und durch Jesus Christus entfaltet werden. Dabei rekurriert dieses Osterlob auf das jüdische *Pessachfest* und weckt (allerdings zu hinterfragende) Assoziationen zwischen dem Blut der Pessachlämmer an den Haustürpfosten in Ägypten und dem Blut Jesu von Nazareth am Kreuzesbalken von Golgotha. Zudem wird unterschieden zwischen dem »alten« und dem »neuen Pascha«. Mit dem »neuen« soll Jesu »Durchgang« durch den Tod gemeint sein – wobei das Wort »Durchgang« den Weg vom Tod zur Auferweckung bezeichnen soll, also den Spannungsbogen als unauflösbares Ineinander begreift. Das heißt, die jüdische Pessach-Tradition wirkt über Jahrhunderte hinweg nach in christliche Glaubensüberzeugungen hinein – bis sich diese schließlich von ihren jüdischen Vorgaben absetzen und trennen.

Eine andere Fassung, eine Überarbeitung und damit *eine evangelisch vertretbare Form des »Exsultet«* findet sich in der im Auftrag der Lutherischen Liturgischen Konferenz Deutschlands von Christhard Mahrenholz herausgegebenen »Feier der Osternacht« (1961), 18–25:

>»Frohlocket nun, ihr Engel und himmlischen Heere,
>frohlocket, ihr Wunderwerke Gottes,
>hell töne, Posaune des Heiles, und preise den Sieg des ewigen Königs.
>Es freue sich auch die Erde, erhellt vom strahlenden Lichte,
>und, vom Glanz des ewigen Königs erleuchtet, erkenne sie,
>wie aller Enden die Finsternis von ihr gewichen.
>Es freue sich auch die Kirche im herrlichen Glanze solchen Lichtes,
>und der Lobgesang ihrer Kinder erfülle das Haus unseres Gottes.
>Darum, liebe Brüder,
>die ihr beim Schein des Osterlichtes zugegen seid,
>rufet mit mir an die Barmherzigkeit des allmächtigen Gottes,
>daß er, der uns zu der Schar seiner Kinder hinzugezählt hat,
>uns mit der Klarheit des Lichtes erfülle
>und unser Loblied gnädig annehme.
>Durch Jesum Christum, seinen Sohn, unseren Herren,
>der mit ihm und dem Heiligen Geiste lebet und regieret
>von Ewigkeit zu Ewigkeit. Amen.
>
>Der Herr sei mit euch / und mit deinem Geiste.
>Die Herzen in die Höhe! / Wir haben sie beim Herren.
>Lasset uns Dank sagen dem Herren, unserem Gotte! /
>Das ist würdig und recht.
>
>Wahrhaft würdig und recht, billig und heilsam ist's /

den unsichtbaren Gott und allmächtigen Vater /
und seinen eingeborenen Sohn Jesum Christum, unsern Herren /
aus Herzensgrunde zu preisen und zu loben.
Der Adams Schuld bei dem himmlischen Vater für uns bezahlet hat /
und mit seinem heiligen Blute die Sünde getilget.
Dieses ist das Fest der Ostern /
da geopfert wird unser Osterlamm: Christus /
dessen Blut die Gläubigen vor dem Würger bewahret.
Dies ist die Nacht, da du dein Volk aus der Knechtschaft befreiet /
und in das verheißene Land geleitet.
Dies ist die Nacht, da Christus die Bande des Todes zerrissen /
und aus der Hölle als Sieger erstanden.
Was wäre es uns nütze, daß wir geboren sind /
wären wir nicht erlöst und gerettet.
O wie wunderbar hat dein Erbarmen uns begnadet!
O unfassliche Huld deiner Liebe: /
Um den Knecht zu erlösen, hast du den Sohn dahingegeben.
Dies ist die Nacht,
da Christus vertreibet den Frevel und abwäscht die Sünde /
die Unschuld gibt den Gefallenen und den Trauernden die Freude.
In dieser Nacht der Gnade nimm an, Herr, heiliger Vater,
das Opfer unseres Dankes /
das wir dir danken im Lobpreis deines heiligen Namens /
und im Schmuck der Gerechtigkeit deines auferstandenen Sohnes.
Und wie der Schein dieser (der) Kerze die Dunkelheit vertreibet /
so möge das wahrhaftige Licht, Jesus Christus,
alle Menschen erleuchten /
auf daß auch die Heiden sich bekehren /
von der Finsternis zu dem wunderbaren Lichte.
So flehen wir denn zu dir, o Herre /
du wollest uns und allen Gläubigen Frieden verleihen /
uns in dieser österlichen Freude erhalten /
und uns mit deinem ganzen Volke geleiten /
daß wir aus dem Elend dieser Welt
zum himmlischen Vaterland kommen.
Durch deinen Sohn Jesum Christum, unsern Herren /
der mit dir und dem heiligen Geiste lebet und regieret /
von Ewigkeit zu Ewigkeit. Amen.«

Für einen ausführlichen Text- und Theologie-Vergleich ist hier nicht der
Ort – dazu bildet die Traditionsgeschichte des »Exsultet« ein eigenes Thema.
Unterschiede künden sich an in der Terminologie, wenn von der »Mutter
Kirche«, von der »Schar der Leviten«, vom »Lob dieser Kerze«, vom »Fest

des (alten und neuen) Pascha« und von der »heiligenden Weihe dieser Nacht« die Rede ist – während aus Luthers Bibelübersetzung das Wort vom »Osterlamm« durchklingt. Nuancen an Unterschieden finden sich im Vergleich mit der »Exsultet«-Fassung von Christhard Mahrenholz bei Wilhelm Stählin und Horst Schumann in: Die heilige Woche, Kassel, 2/1965, 97–107, wenn dort noch der Bezug zur Kerzenweihe und zum »Werke der Bienen« erhalten geblieben ist.

Im Besonderen hingewiesen sei auf die im sprachlichen und im inhaltlichen Sinne ausgearbeitete »Exsultet«-Fassung nach der Agende III der Liturgiekommission der Reformierten Kirchen in der deutschsprachigen Schweiz (in der Christus als »der wahre Morgenstern« bezeichnet wird) – und ebenso auf die Liturgie der französischsprachigen Schweiz sowie auf die nach dem gotischen Missale (jeweils abgedruckt in: Die Feier der Osternacht, hg. von der Liturgischen Kommission der Evangelischen Landeskirche in Baden, Karlsruhe 2006, 58–60 / 61 / 62–63).

Von Joachim Stalmann sowie von Heiko Frerichs und Götz Wiese stammen Überarbeitungen des »Exsultet« aus jüngerer Zeit (vgl. H. Fischer: Osternacht, 47–59).

(4) – vgl. insgesamt G. Fuchs / M. Weikmann: Das Exsultet, Regensburg 1992.

(5) – H. Auf der Maur: Die Wiederentdeckung der Osternachtfeier, 19. Entsprechendes gilt für H.-C. Schmidt-Lauber: Das Paschamysterium im Osterlob. Zur Feier der Osternacht, in: Jahrbuch für Liturgik und Hymnologie, Bd. 32, 1989, 126–142 – sowie für Heidi-Maria Stowasser: Die Erneuerung der Vigilia Paschalis, Eichstätt 1987.

Die Taufhandlung in der Ära Konstantins

In seinem Buch »De catechizandis rudibus« unterscheidet der Kirchenvater *Aurelius Augustinus von Hippo* (*354,+430) sieben Stufen des *Taufkatechumenat*s folgendermaßen:

1. Frage nach den Beweggründen des Bewerbers – Vorträge über das Christenleben.

2. Bekenntnis des Taufwilligen – Zusicherung des Heiligen Geistes.

3. Erster Exorzismus: mit der »signatio crucis« – »impositio manus« – »datio salis«.

4. (Zwei- bis) dreijährige Vorbereitungszeit auf die Taufe im Taufkatechumenat.

5. »Traditio symboli« – »redditio symboli« – Eintragung in die Liste der Taufwilligen.

6. Hochfest der Heiligen Taufe in der Osternacht und Genuss der Eucharistie.

Die Taufhandlung in der Ära Konstantins

7.   Kontemplationen in der anschließenden Woche.

Im 3. Jhdt. erfährt die Taufhandlung durch einen exorzistischen Ritus eine zusätzliche Note. Aufgabe des *Priesters* ist es nun, im Vorfeld des Taufaktes den zu Taufenden zu verschiedenen Zeiten anzublasen, um ihm die dämonischen Geister auszublasen, auf dass die Sünde weicht, der Heilige Geist einzieht und die Hoffnung auf ewiges Leben die Seele ergreift. In diesem Zeremoniell wirken naturreligiöse Mysterienkulte und -praktiken nach. Der Taufbewerber schwört dem Satan in wiederkehrenden Riten ab, erst danach kann die Taufhandlung beginnen. Dabei leistet der Taufwillige seinem neuen Dienstherrn: dem »Kyrios Jesus Christus« den Diensteid, nämlich »*das sacramentum*«, indem er das dreiteilige Glaubensbekenntnis (»Ich glaube *in* Gott, den Vater – *in* Gott, den Sohn – *in* Gott, den Heiligen Geist«) spricht. Daraufhin wird der Taufwillige vom handelnden Diakon in einem fließenden Gewässer dreimal untergetaucht. Anschließend zieht der Diakon mit den Getauften in einer feierlichen Prozession in die Kirche, wo der Bischof die frisch Getauften / die »Neophyten« durch Handauflegung, Salbung, Bekreuzigung und Kuss des Heiligen Geistes versichert und in die »communio sanctorum« aufnimmt. In der folgenden Feier der Eucharistie empfangen die (nach Joh. 3,5) Neugeborenen außer Brot und Wein einen Becher mit Milch und Honig: als Vorgeschmack auf die Himmelsspeise im zukünftigen Reiche Gottes (1).

Zum Schutz gegen Verunreinigungen des geweihten Wassers erhielt der Taufstein zusätzlich einen eigenen Deckel, denn *das in der Feier der Kyrios-Nacht geweihte Taufwasser* musste bis zum kommenden Jahr: also bis zur nächsten Kyrios-Nacht aufbewahrt werden. Einmal in der Kyrios-Nacht geweiht, musste diese Handlung bzw. dieses Wasser also ausreichen für alle folgenden Taufen in der Pentecoste und ggf. darüber hinaus bis zur nächsten Kyrios-Nacht im nächsten Jahr.

Bischof *Cyrill* von Jerusalem (+386) hat um 350 achtzehn verschiedene Katechesen in der Zeit vor der *Kyrios-Nacht* für die Taufbewerber in der Grabeskirche gehalten und für die Neophyten in der anschließenden Woche nach ihrer Taufe fünf »*Mystagogische Katechesen*« (von denen jeweils Nachschriften überliefert sind). »Die ganze erste Katechese ... mahnt, jetzt zur Beichte zu gehen, die Exorzismen fleißig zu benutzen, jegliche irdische Sorge abzutun und die 40 Tage nur zum Ringen um das Seelenheil zu verwenden, den persönlichen Feinden zu vergeben und die Seele durch biblische Lesungen zu nähren ... Catech 1,5f. ...« (2). Auch wenn die BEICHTE (3) zu dieser Zeit noch nicht instrumentalisiert (geschweige denn wie später in der römischen Kirche: sakramentalisiert) sein wird, so spricht aus den Lehrpredigten Cyrills ein tiefer seelsorgerlicher Zug, der in verschiedenen Beichtgesprächen in der »Tessarakoste« (in der vierzigtägigen Fastenzeit) im Vorfeld der Taufe seinen Niederschlag gefunden hat. Der enge Zusammenhang von *Beichte* und *Taufe* muss auffallen – bei allen Anfragen, die sich angesichts der *Exorzismen* ergeben. Befremdlich wirken dürfte folgendes Ritual: »Vor jeder Unterrichtsstunde wird an jedem Einzelnen der Exorzismus vorgenommen: sein Haupt wird mit einem Tuche verhüllt, die der Bibel entlehnten Beschwörungsformeln werden gesprochen, und der Bischof bläst ihn an: dann flieht der Dämon, die Sünde weicht und mit dem heiligen Geist zieht das Heil und die Hoffnung des ewigen Lebens in die Seele.« (4). In diesem Kontext an eine Art von rituellem Heilsautomatismus zu denken, der in der Hand von Menschen liegt und von diesen in eigener Verfügungsgewalt gesteuert werden kann: liegt wohl nicht fern. Bleibt bei diesem Aktionismus noch Raum für das souveräne Gnadenhandeln Gottes?

Cyrill von Jerusalem (Cat. Myst. 1–4) beschreibt die Feier der Kyrios-Nacht, in der die angemeldeten und seit drei Jahren vorbereiteten Taufkatechumenen getauft werden sollen. Die Taufwilligen sprechen in der Vorhalle der Taufkapelle mit dem Gesicht nach Westen gewandt: »Ich sage dir ab, Satanas, und allen deinen Werken und allem deinem Tross und allem deinem Dienst.« Mit dem Gesicht nach Osten gewandt, bekennen die Taufwilligen: »Ich glaube in den Vater und den Sohn und den Heiligen Geist und in die Taufe der Buße.« Daraufhin öffnet sich die Tür zum Baptisterium. Die Taufwilligen entkleiden sich, werden mit (dem) Oel (der Reinigung) gesalbt, sprechen das Glaubensbekenntnis, werden in der Taufwanne dreimal untergetaucht (weil Jesus drei Tage lang im Grabe lag) und tauchen dreimal wieder auf (wie Christus am dritten Tage auferweckt wurde und auferstand). Die nach Joh. 3,5 Wiedergeborenen werden erneut mit geweihtem Öl gesalbt (diesmal zur Heiligung und Vervollkommnung): auf dass sie Christen sind, nämlich Gesalbte (5). Sie ziehen weiße Kleider an als Zeichen der Reinheit und der Unschuld und verlassen damit das Baptisterium. Zusammen mit dem Bischof gehen sie in die Anastasis (6), wo der Bischof für sie betet. Anschließend ziehen die Neugetauften mit ihm in einer feierlichen Prozession in die Basilika zur Feier der *Kyrios-Nacht* (die die Fastenzeit beendet, die sich zunächst gemäß Mt. 9,15 allein auf den Karsamstag bezog, dann aber auch auf den Karfreitag und schließlich auf die gesamte Karwoche, bis dass sie sich rückwirkend schließlich auf die Vorbereitungszeit der *Tessarakoste*: auf 40 Tage ausdehnte)(7). Dort empfangen sie erstmals die Dankopfergaben von Brot und Wein, von Milch und Honig (8).

Wie der *Taufkatechumenat* (»die pastorale Institution der Urkirche«) der Tauffeier vorangeht, so folgen ihr die Taufparänesen anschließend nach. In den unmittelbaren *Kontext der Taufe* gehören: Taufbitte – Taufbegehren – Taufglaube – Taufversprechen – Taufvorsatz – Taufgelöbnis – Taufgelübde. Am Jahrestag der Taufe folgt die »renovatio promissionum baptismatis« (›die Erneuerung des Taufversprechens‹) – das bedeutet: die erste Feier der *Kyrios-Nacht* im Leben des Neophyten zieht die nachfolgend andere im jeweils nächsten Jahr wie selbstverständlich nach sich und fügt den Getauften dadurch um so fester in die Glaubensgemeinschaft der Christen / in die »communio sanctorum« / in die eschatologische Heilsgemeinde ein. Der »reditus ad baptismum«, also die Rückkehr zur eigenen Taufe bestimmt fortan das Leben und den Lebenswandel des Getauften (vgl. Hebr. 10,22.23).

Gregor von Nazianz (+390) sieht die *Taufe* als ein »pactum«, wenn er schreibt: »So muß man Wesen und Kraft der Taufe verstehen: sie ist ein Vertrag .. mit Gott über ein neues Leben, über einen Wandel ohne Tadel.« (Or 40,8: PG 36,368). Ähnlich äußerten sich Cyrill von Jerusalem (+386) in: Catech 195 (PG 33,1069) – Basilius (+379) in: De Spiritu Sancto 26 (PG 32,113) und ebenso Ambrosius (+397), wenn er die Taufkandidaten auf die »cautio« / auf die Verpflichtung hinweist (in: De sacramentis I, 2,5 – CSEL 73,17f.). Ihre Überzeugungen finden ihre Fortsetzung nicht zuletzt bei *Huldrych Zwingli* (*1484,+1531) im Wort vom »Taufbund« zwischen Gott und Mensch – bei *Jean Cauvin* (*1509,+1564) (wenn er nach 1. Kor. 1,30 unter dem Bund Gottes den untrennbaren Zusammenhang zwischen Rechtfertigung und Heiligung hervorhebt) – oder in der »Barmer Theologischen Erklärung« vom Mai 1934, wenn in der zweiten These »Gottes kräftiger Anspruch auf unser ganzes Leben« betont wird.

Nach wie vor stellt die Kyrios-Nacht mit der Feier der TAUF-EUCHARISTIE die Regel-Zeit dar für die Aufnahme eines Christen. Diese Initiation bzw. diese Kyrios-Nacht gilt als Hochfest der ganzen damaligen Kirche. Die Liturgie für die Feier der Kyrios-Nacht, wie sie aus der Zeit Ende des zweiten, Anfang des dritten Jhdt.s von *Hippolyt* ausgehend überliefert ist, wird mit geringen Ergänzungen (z.B. mit dem Akt der Fußwaschung nach Joh. 13,1–15) bis in die Zeit Ende des vierten, Anfang des fünften Jhdt.s (Ambrosius und Augustinus) fortgeschrieben (9).

Mit der Einführung der Kindertaufpraxis im 5./6. Jhdt. ändert sich an der Feier der Taufeucharistie zunächst wenig, denn wie selbstverständlich werden die bisher gültigen Formulare und Praktiken zur Taufe von Erwachsenen auf die Taufe von Säuglingen und Kleinkindern übertragen. Bis in die Gegenwart hinein hat sich die Tradition der *Taufeucharistie* in den orthodoxen Kirchen bewahrt, das heißt: der Neophyt erhält direkt im Anschluss an seine Taufe erstmals Brot und Wein: unabhängig von seinem Alter, also auch als Kind oder gar als Kleinkind und Säugling. *Martin Luther* (*1483,+1546) sah in der Säuglingskommunion allem Anschein nach keine Probleme, äußerte er doch: »Es steht aber nichts im Wege, daß auch Kindern das Sakrament des Altars gegeben werde.« (WA TR 1, Nr. 365, 157). Bei dieser Position Luthers kann nicht außer Acht bleiben, dass durch das »*IV. Laterankonzil*« 1215 (als nach der Taufe zweites Zulassungskriterium) eine Alters- und Verstehensgrenze für den Empfang des Herrnmahls vorausgesetzt wurde (10) – und dass *Martin Bucer* (*1491,+1551) sich für den Konfirmandenunterricht als eine Art von nachgezogenem Taufkatechumenat und für die Konfirmation mit der erstmaligen Feier des Herrnmahls als Höhepunkt einsetzt.

Mit der Einführung der Kindertaufpraxis im 5./6. Jhdt. ergaben sich für die Feier der *Kyrios-Nacht* gravierende Veränderungen, das heißt: a) Taufen von Erwachsenen wurden immer seltener – b) oft genug fand gar keine einzige Taufe mehr statt – c) die Feier der Kyrios-Nacht endete meist bereits vor Mitternacht. Diese Entwicklung bezeugen Hieronymus, der gallische Bischof Lupus von Troyes sowie eine Osterpredigt von Papst Leo dem Großen (11).

Auch wenn *Martin Luther* von der Praxis der Säuglings- und Kleinkindertaufe ausgeht, so bewahrt er hergebrachte Traditionen: nicht allein die des *Exorzismus* (vor der Kirchentüre), sondern auch die Sitte der *Salbung* (so noch im ersten Taufbüchlein von 1525, nicht aber mehr in der zweiten Ausgabe von 1526), der Handauflegung mit dem Unser-Vater-Gebet und der Einladung, in die Kirche einzuziehen. Dass die Kirchentüre eine Grenze zwischen unterschiedlichen Bereichen oder ›Welten‹ markiert, unterstreicht das Eingangsgebet beim Betreten der Kirche: »Der Herr behüte deinen Eingang und Ausgang von nun an bis in Ewigkeit.« (Ps. 121,8)(vgl. WA 12, 540).

Von Röm. 6,3–11 / Kol. 2,12 ausgehend wird der sündige Mensch im Wasserbad der Taufe begraben – während Jesus im Felsengrab begraben wurde. Wie Christus auferweckt wurde und auferstand, so steht der Getaufte aus dem Wasser heraus auf: zu einem neuen Leben mit Christus Jesus (vgl. Cyrill: Catech 3,12–14).

Frühem christlichem Empfinden nach erinnert der Abend an den Kreuzestod Jesu – der Morgen dagegen vergegenwärtigt die Auferweckung Christi. Die Zeit der Nacht »galt als Zeit der Gottferne, der Sünde, in der der Mensch sich ... widergöttlichen Mächten ausgeliefert sah und zum Kampf gegen sie antreten mußte. Nächtliche Gottesdienste waren Ausdruck dessen, das Wort Christi vermochte dabei die Finsternis zu erhellen und dem wachenden Christen // Kraft zu geben ... So war für den Christen, der in diesen Vorstellungen lebte, jede Nacht ein Durchgang durch den Tod in das Leben, ein österlicher Überschritt, ein Osterfest im kleinen.« (12).

»Die Kindertaufe wird zwar empfohlen als das sicherste Mittel, Leib und Seele des heranwachsenden Menschen zu heiligen, aber der Rat wird selten befolgt. Als der kleine Augustin einmal plötzlich schwer erkrankte, wurde sofort seine Taufe vorbereitet, als aber ebenso plötzlich die Gefahr vorüberging, schob man die heilige Taufe wieder auf.« (13). Das heißt: Kinder wurden soz. prophylaktisch für den Weg in die Ewigkeit getauft, wenn sie krank waren und wenn Lebensgefahr bestand – Erwachsene pflegten den Taufaufschub und ließen sich oftmals erst kurz vor Lebensende taufen (Beispiel: Konstantin der Große, der kurz nach Ostern 337 getauft wurde und am 22.

Mai 337 verstarb). »Im Taufkleid *(in albis)* zu sterben, galt als größtes Glück.« (14). Allgemein praktizierte Regel blieb zunächst noch weiterhin die Taufe von Erwachsenen in der Kyrios-Nacht, die aus dem *Taufkatechumenat* hervorgegangen waren.

Als Fazit festzuhalten ist:
Der enge Zusammenhang von Taufkatechumenat einerseits und Taufe und Eucharistie in der Kyrios-Nacht andererseits bleibt (noch) bewahrt.
Die Praxis der Mündigentaufe wird nach alledem beibehalten.
Die Sakramente erfahren eine Ausrichtung als höchste Heilsgüter der Kirche, werden geheimnisumwoben, erhalten den Schleier des Mysterions. Hans Lietzmann resümiert: »Noch ist all dies Weihen, Salben, Anblasen, Kreuzschlagen wie niederes Unterholz, über dem sich der majestätische Hochwald des eucharistischen Kultes erhebt.« (15).

Anmerkungen

(1) – vgl. H. Lietzmann: Geschichte der Alten Kirche, II, 128 (dort finden sich verschiedene Verweisstellen). Erinnert sei an die Umschreibung für das Land Kanaan als »das Land, in dem Milch und Honig fließen« (siehe Ex. 3,8.17; 13,5; 33,3 / Lev. 20,24 / Num. 13,27; 14,8; 16,13.14 / Dtn. 6,3; 11,9; 26,9.15; 27,3; 31,20 / Jos. 5,6 / Jer. 11,5; 32,22 / Ez. 20,6.15).

(2) – H. Lietzmann, aaO., IV, 94.

(3) – Die BEICHTE, korrekt bezeichnet: die Ohrenbeichte vor einem Priester im Beichtstuhl – wurde von Leo dem Großen (440–461) im 5. Jhdt. eingeführt und galt zunächst als freiwillig. Durch das IV. Laterankonzil 1215 wurde die Ohrenbeichte unter Papst Innozenz III. (1198–1216) als verbindliche Pflicht für alle erklärt (»Codex Iuris Canonici«, canon 989). Wenigstens einmal im Jahr solle ein jeder Christ im Beichtstuhl erscheinen und die Absolution durch den Priester erbitten.

(4) – H. Lietzmann, aaO., IV, 93 zu Cyrills Procatech 1–9.

(5) – Zur Myron-SALBUNG vermerkte Cyrill von Jerusalem in seiner dritten mystagogischen Katechese: »Nach dem ihr dieser heiligen Handlung der Salbung gewürdigt worden seid, werdet ihr Christen genannt (christos = der Gesalbte). Denn ehe ihr dieser Gnade gewürdigt wurdet, waret ihr dieses Christennamens eigentlich nicht würdig, sondern waret gleichsam auf dem Weg dazu.« (zitiert bei R. Volp: Liturgik I, 317).

(6) – Die »*Anastasis*« bezeichnet das Felsengrab Jesu in Jerusalem.

(7) – In der Kirche des Abendlandes wird die Tradition eines 40-tägigen Fastens (grch. der »Tessarakoste« oder lat. der »QUADRAGESIMAE«) geübt, die Athanasius von Alexandrien in seinem Osterfestbrief von 334/337 in Ägypten einführt, die in Rom seit Hieronymus 384 bezeugt ist und die schließlich genauso im Osten praktiziert wird, so auch in Jerusalem. In unter-

schiedlichen Regionen entwickeln sich unterschiedliche Fastenbräuche und Fastenzeiten.

Die *Zahl 40* findet ihre Wurzeln in der biblischen Symbolsprache: in Gen. 7,4 ff. (Sintflut: 40 Tage und Nächte) – in Jos. 5,6 (Zug durch die Wüste: 40 Jahre) – in 1. Kön. 19,8 (Elijas Weg zum Horeb: 40 Tage und Nächte) – in Jona 3,4 (Buße in Ninive: 40 Tage) und nicht zuletzt in Mk. 1,13 / Mt. 4,2 / Luk. 4,1f. (Jesus in der Wüste: 40 Tage und Nächte).

»Gregor der Große ließ die Fastenzeit am Mittwoch (später Aschermittwoch genannt) beginnen, nahm die Sonntage vom Fasten aus und bezog Karfreitag und Karsamstag ein.« (R. Volp: Liturgik I, 223). – Nach der Grundordnung des Kirchenjahres und des neuen römischen Generalkalenders (GOKJ) aus dem Jahre 1969 beginnt die »Quadragesimae« wie bisher mit dem Aschermittwoch, endet aber mit der Abendmahlsmesse am Hohen Donnerstag (Gründonnerstag) (GOKJ 28). Damit greift die Zäsur zwischen der Bußzeit und dem »*Triduum sacrum*«.

Die Einrichtung der »*Quadragesimae*« diente der Läuterung (im Kampf gegen Dämonen), der Buße und der Vorbereitung auf Gottes Offenbarung in der Heilsverkündigung in der Kyrios-Nacht: nicht zuletzt, aber gerade auch für die Taufkatechumenen. Der Verzicht auf Nahrung half andererseits Bedürftigen.

Der *Aschenritus* (mit der Auflegung der Asche für die Büßer) ist erstmals durch Regino von Prüm (+915, Trier) bezeugt (De synodalibus causis I, 295).

(8) – vgl. H. Lietzmann, aaO., III, 315f.

(9) – Alfred Ehrensperger ist wohl zu widersprechen, wenn er behauptet: »In der nachkonstantinischen Zeit des 4. Jahrhunderts wurde die Osternacht zur klassischen Taufnacht, bis sich dann vom 6. Jahrhundert an die Kindertaufe vollständig durchsetzte.« (in: Musik und Gottesdienst, 52. Jg., 1988, 50). Was da »klassisch« heißt, mag die Frage sein – richtig ist, dass von allem urchristlichen Anfang an die Taufe der Katechumenen innerhalb der Feier der *Kyrios-Nacht* als ein wesentlicher Höhepunkt im Leben des betreffenden Einzelnen und im Leben der Kyrios-Gemeinde erachtet wurde. Mit dem Einzug der *Kindertaufe* im 5./6. Jhdt., also mit dem Wechsel von der Mündigentaufe zur Unmündigentaufe einher gingen jedoch gravierende Veränderungen für die Bedeutung der Herrnnachtfeier.

Demzufolge ist auch die folgende These von Alfred Ehrensperger zurückzuweisen, die da lautet: »Die Taufe oder Taufanamnese .. ist nicht selbstverständlich in der Osternacht angesiedelt. Formen einer Tauferneuerung können .. entfallen und anderswo im Kirchenjahr Platz finden.« (in: Musik und Gottesdienst, 52. Jg., 1988, 53).

(10) – Die Vorsorge wollte und musste verhindern, dass Kleinkinder beim Verzehr des Brotes (= des »Leibes Christi«) krümeln und dass Krümel auf den Boden fallen: deswegen wurde eine Altersgrenze für die Teilnahme an der Kommunion vorausgesetzt.

(11) – vgl. H.M. Stowasser: Die Erneuerung der Vigilia Paschalis, 89.

(12) – K.-H. Bieritz: Das Kirchenjahr, 31f.

(13) – H. Lietzmann, aaO., IV, 92.

(14) – siehe Joachim Jeremias: Nochmals: Die Anfänge der Kindertaufe, 35 (Hervorhebung im Original). Jeremias verweist diesbezüglich auf die Taufe Novatians Mitte des 3. Jhdt.s (aaO., 35) und auf die Taufe von Gregor von Nazianz (*329/330), der sich erst um 360 taufen ließ (aaO., 36).

(15) – H. Lietzmann, aaO., IV, 101.

Die Feier der Heiligen Woche und des Herrntages in Jerusalem

Eine Nonne aus Südfrankreich oder aus Spanien namens *Aetheria* (oder Egeria) weilte als Pilgerin in der Zeit um 380 über drei Jahre hinweg in Jerusalem und reiste anschließend nach Antiochia und nach Konstantinopel weiter (1). Ihr Pilgerbericht gilt als das erste Dokument über *»die Liturgie der Heiligen Woche«* in Jerusalem (Egeria 30–41). Folgendes Schema ist überliefert und wird im Folgenden in den Hauptzügen wiedergegeben:

Sonntag vor Ostern:	Morgenlob – Eucharistie im Martyrion (in der Hauptbasilika)
	7. Stunde: Gottesdienst in der Eleona (in der Grotte, in der Jesus lehrte) –
	Prozession zum »Imbonon« (zur Himmelfahrtskirche)
	11. Stunde: Prozession nach Jerusalem: Gottesdienst in der »Anastasis« (mit dem Brauch des »Lucernariums«, des täglichen Lichtanzündens am Abend)
Montag bis Mittwoch:	Gottesdienste am Morgen, zur 3. und 6. Stunde sowie am Nachmittag
Donnerstag:	Morgen-Gottesdienst sowie zur 3. und 6. Stunde
	8. Stunde: 1. Eucharistie im Martyrium, 2. Eucharistie beim Kreuz
	Nachtstunde: Gottesdienst in der »Eleona« – Prozession zum »Imbonon« – Vigil
	6. Nachtstunde beim »Hahnenschrei«: Prozession zum Garten Gethsemane – Gottesdienst (Lesungstext zur Gefangennahme Jesu) –
	Prozession nach Jerusalem – Gottesdienst beim Kreuz (Text zur Verurteilung Jesu)
	Vor Sonnenaufgang: Prozession zum Zion – Station an der Geißelsäule
Freitag:	2. Stunde: Kreuzverehrung (am Kreuz)

6.–9. Stunde: Wortgottesdienst zwischen »Martyrion« und »Anastasis« (Texte: aus dem Leiden Jesu und aus alttestamentlichen Prophetenschriften) 9. Stunde: in der »Anastasis« (Text: zur Grablegung Jesu)

Samstag: Morgen-Gottesdienst sowie zur 3. und 6. Stunde Nachmittags: kein Gottesdienst

Osternacht: Vigil im »Martyrion« – Einzug derNeugetauften – Fortsetzung der Vigil – Eucharistiefeier – Prozession zur »Anastasis« – 2. Eucharistie (2).

Egeria schildert ihre Eindrücke von den gottesdienstlichen Feiern am Herrntag in der »Anastasis« / in der ›Grabeskirche‹, in deren Mitte sich die Grotte mit dem Grab Jesu befinden soll (in: Peregrinatio ad loca sancta 24,8–25,4):

»Am ... Herrntag versammelt sich vor dem Hahnenschrei in der Basilika neben der Anastasis eine so große Menge von Leuten ... gerade als wäre es Ostern; freilich draußen, wo zu diesem Zweck Lampen aufgehängt sind. Da sie nämlich fürchten, nicht rechtzeitig beim Hahnenschrei dazusein, kommen sie schon vorher und setzen sich da hin. Es werden Hymnen aufgesagt, sowie auch Antiphonen; bei jeder einzelnen Hymne oder Antiphone wird auch gebetet. Denn es sind auch immer Priester und Diakonen bei der an diesem Ort stattfindenden Vigilie dabei, wegen der Volksmenge, die sich zusammenfindet. Es ist nämlich Gewohnheit, die Kirche vor dem Hahnenschrei nicht zu öffnen. Aber sobald der erste Hahn geschrien hat, kommt der Bischof herab und tritt in die Grotte ... hinein; alle Türen werden geöffnet und die ganze Menge betritt die Anastasis, wo schon unzählige Lampen brennen. Sowie das Volk eingetreten ist, rezitiert einer der Priester einen Psalm und alle antworten; darauf wird gebetet. Auch einer der Diakonen rezitiert einen Psalm, worauf ebenfalls gebetet wird. Schließlich wird noch ein dritter Psalm von einem Kleriker rezitiert mit anschließendem dritten Gebet und Gedächtnis aller. Wenn nun diese drei Psalmen rezitiert und die drei Gebete verrichtet sind, siehe, da werden auch Weihrauchgefäße in die Grotte der Anastasis hereingebracht, so daß die ganze Basilika Anastasis von Wohlgerüchen erfüllt wird. Und dann stellt sich der Bischof innerhalb der Schranken hin, nimmt das Evangelienbuch, geht zur Türe hin und liest (den Bericht) der Auferstehung des Herrn ... Sobald er mit der Lektüre begonnen hat, geht ein solches Ächzen und Stöhnen durch die Menge, und wird so geweint, daß auch der Hartgesottenste zu Tränen gerührt werden könnte darüber, // daß der Herr für uns so viel ausgestanden hat. Nach der Lesung des Evangeliums geht der Bischof hinaus und wird unter Hymnen zum Kreuz geführt, und alles Volk (geht) mit ihm. Da wird wieder ein Psalm rezitiert und ein Gebet verrichtet. Desgleichen segnet er die Gläubigen und entläßt sie. Und wenn der Bischof hinausgeht, nähern sich alle seiner Hand (zum Kuß). Darauf zieht sich der Bischof in sein Haus zurück. Aber schon von dieser Stunde an kehren alle Mönche zur Anastasis zurück; da werden Psalmen und Antiphonen rezitiert bis zum Morgengrauen, und bei den einzelnen Psalmen und Antiphonen wird gebetet. Priester und Diakonen feiern nämlich täglich wechselweise die Vigil bei der Anastasis, mit dem Volk zusammen. Alle Laien, Männer und Frauen, die wollen, bleiben bis zum Tagesgrauen am Ort; welche das nicht wollen, kehren nach Hause zurück und legen sich zum Schlaf nieder. Bei Tagesanbruch aber hält man, weil es Herrntag ist, Einzug in die grössere Kirche, die Konstantin erbauen ließ – das ist die Kirche auf Golgotha, hinter dem Kreuz – da verrichtet man alles nach der Gewohnheit, wie es auch sonst überall am Herrntag geschieht. Mit der Einschränkung, daß nach hiesigem Brauch alle anwesenden Priester, die es wünschen, predigen; und nach ihnen allen (erst) predigt der Bischof. Diese Predigten finden deswegen an allen Herrntagen statt, damit das Volk immer in den Schriften und in der Liebe zu Gott unterrichtet wird. Bis diese Predigten vorbei sind, entsteht ein großer Verzug für die Entlassung der Gemeinde; darum findet die Entlassung nicht vor 10 Uhr oder vielleicht (sogar) 11 Uhr statt. Wenn jedoch die Entlassung der Gemeinde nach der Gewohnheit, wie es auch sonst überall geschieht, stattgefunden hat, dann begleiten die Mönche den Bischof unter Hymnengesang zur Anastasis. Sobald aber der Bischof sich unter Hymnengesang nähert, werden alle Türen der Basilika Anastasis geöffnet und das ganze Volk tritt ein; freilich nur die Gläubigen, die Katechumenen nicht. Und wenn das Volk eingetreten ist, kommt auch der Bischof herein und geht sofort hinter die Schranken der Grotte ... Zuerst wird Gott Dank gesagt, dann betet man für alle; schließlich ruft der Diakon, daß alle, so wie sie stehen, die Köpfe senken sollen; und der Bischof segnet sie, indem er innerhalb der Schranken steht. Darauf geht er hinaus. Während er hinausgeht, nähern sich alle seiner Hand (zum Kuß). So geschieht es, daß die Entlassung bis 11 Uhr oder Mittag hinausgezogen wird. Darauf beim Vespergottesdienst macht man es nach dem täglichen Brauch ...« (3)(4).

Ungeachtet gewisser Ungereimtheiten (z.B.: wie erklärt sich das Wehklagen auf die Lesung der Auferweckungsbotschaft hin?) – gibt die Schilderung der Aetheria bzw. der Egeria Einblick in die gottesdienstlichen Feiern, wie sie in der Urkirche zu Jerusalem praktiziert worden sind, nachdem die Grabeskirche von Konstantin selbst erbaut und eingeweiht worden war. Die deutlich hervortretende Ämter-Hierarchie erlaubt Rückschlüsse zum Verhältnis zwischen *Epikopos, Presbytern, Diakonen und Priestern.* Die gottesdienstlichen Feiern, die auseinander zu fallen scheinen in die *Vigilia* einerseits und in den Gottesdienst in der Morgendämmerung (nach dem »Hahnenschrei«) andererseits, erinnern an die Feier der *Kyrios-Nacht* so, als ob jeweils im Wochen-Rhythmus wiederkehrend die Kyrios-Nacht von neuem gefeiert wird. Wenn auch die Feier des Herrnmahls als Ziel- und Höhepunkt nicht eigens erwähnt wird, so muss doch wohl davon ausgegangen werden, dass sie in dem Morgen-Gottesdienst ihren festen Platz innehatte. Man möchte die Notiz (»da verrichtet man alles nach der Gewohnheit, wie es auch sonst überall am Herrntag geschieht«) in diesem Sinne verstehen.

Bemerkenswert ist darüber hinaus die Berücksichtigung der Katechumenen, das heißt: Im 3. Jhdt. hatte sich die Einrichtung eines *Taufkatechumenat*s immerhin noch erhalten, auch wenn sich für den Taufbewerber erleichternde Korrekturen eingestellt haben werden. Zu fragen mag sein, ob sich der Katechumenen-Unterricht z.B. weiterhin über drei Jahre hinweg erstreckt hat – und: wann und in welchem Zusammenhang die Bedienung der Taufe erfolgte. Wenn nicht behauptet werden will, dass sich die urchristlichen Verhältnisse des Taufkatechumenats mit der Feier der Heiligen Taufe in der Kyrios-Nacht allein in der ›Insel‹ der Jerusalemer Gemeinde bewahrt haben – so ist zu folgern, dass sich wenigstens Relikte dieser urchristlichen Praxis über die Zeit der Konstantinischen Wende hinaus in Jerusalem und an anderen Orten erhalten haben.

Was dies nun für die Tradition der Kyrios-Nacht bedeutet, sollte in aller Vorsicht geäußert werden. Bemerkenswert ist jedoch, dass die urchristliche Feier der Kyrios-Nacht in Jerusalem sich wie eine ›Keimzelle‹ gottesdienstlich weiter ausgewirkt hat – dass die nächtliche Vigilfeier und der morgendliche Gottesdienst in ihrem Zusammenhang wenigstens bis ins 4. Jhdt. hinein fortbestanden haben – und dass die Erinnerung an die urchristliche Kyrios-Nacht über die Konstantinische Ära hinaus in der gottesdienstlichen Feier der Christus-Anamnese, also in der gottesdienstlichen Rezeption der Kyrios-Nacht weiterlebte.

Anmerkungen

(1) – vgl. H. Lietzmann: Geschichte der Alten Kirche, III, 308–316. – R. Volp (Liturgik I, 279) erwähnt den Namen »Egeria« . – Siehe Georg Röwekamp (Hg.): Itinerarium Egeriae (Aetheriae), Freiburg/Basel/Wien 1995, 2/2000.

(2) – vgl. H. Auf der Maur: Feiern im Rhythmus der Zeit, Bd. I, 78.

(3) – zitiert nach W. Rordorf: Sabbat und Sonntag in der Alten Kirche (Quellensammlung), 123ff.

(4) – Jörg Neijenhuis vermerkt (in: Gottesdienst als Text, 227): »Von der Pilgerin Egeria wird zum ersten Mal eine gottesdienstliche Verwendung des Kyrie für eine Vesper in Jerusalem erwähnt. Sie berichtet, dass ein Diakon Fürbitten vorträgt und die Kinder Kyrie eleison rufen. Dabei ist das Kyrie ein Ruf, der in der antiken Welt weit verbreitet und im Sonnen- und Kaiserkult beheimatet war. So kommt dieser Ruf auch im Alten Testament (z.B. Ps 25,16) und im Neuen Testament (z.B. Mt 15,22) vor. ... Die bald nach Egerias Bericht zu datierenden liturgischen Formulare, z.B. die Constitutiones

Apostolorum, die Basilius- oder Chrysostomusliturgie, zeigen, wie das Kyrie eleison zur Ektenie verwendet wurde. Auch hier rufen wieder die Kinder das Kyrie eleison in das Gebet hinein, wobei es sich um das abschließende Gebet der Katechumenenmesse handelt, das nach der Predigt gebetet wurde. Anschließend wurden die Nichtgetauften entlassen und es begann die *oratio fidelium*, das Gläubigengebet.« (Hervorhebung im Original).

Die Kyrios-Nacht in der post-konstantinischen Epoche: von der Zeit der Kirchenväter bis ins Reformationszeitalter

Die Feier der Osternacht fand auch in der Folgezeit eine immer reichhaltigere Ausgestaltung. Georg Eduard Steitz vermerkt dazu: »Eine andere Feierlichkeit dieser Vigilie war die Weihe der Pascha- oder Osterkerze (benedictio cerei paschalis)«. Nach dem neunten Kanon der vierten Synode von Toledo in Spanien erklärte die Versammlung im Jahre 633, »daß die Kirche in der Weihe der Osterkerze das Mysterium der Auferstehung Christi begrüße, das in dieser ersehnten Nacht auf's Neue aufgehe. Ohne Zweifel wurde in der Kerze der Auferstandene selbst symbolisch angeschaut, dessen neues Leben in dem hellen Glanze der Verklärung die Nacht des Todes durchbricht ... Die Osterkerzen stehen auf einem Kandellaber und sind nicht selten von außerordentlicher Größe, eher Säulen vergleichbar (man erinnere sich der Wachssäulen zu Constantins Zeit); ihr Gewicht beträgt bisweilen einen Centner ... Unter den älteren französischen Königen wurden die Karaktere des Jahres, aus // denen man sich einen Kalender entwerfen konnte, oder der Ostercyclus, außerdem die Angabe der Regierungsjahre des Königs, des Bischofs, des Alters der Kirche ... darauf angebracht. Diese Sitte hing damit zusammen, daß mit dem Osterfeste in vielen Ländern im Mittelalter das kirchliche Jahr anfing.« (1).

»Zur Weihe der Osterkerze gehört vor Allem der Gesang des Hymnus Exultet iam angelica turba, den die Tradition auf Augustin zurückführt, der aber Gedanken enthält, welche weit über Augustin's Prädestinatianismus hinausgehen. Im Mittelalter wurde das Exultet häufig auf besondere Pergamentrollen geschrieben und kunstreich ... illustriert.« (2). – »Ein verwandter Brauch ist die Weihe des neuen Feuers ... Die Osterfeuer waren aber eine uralte heidnische Sitte der Sachsen und haben sich zum Theil noch im nördlichen Deutschland erhalten.« (3).

Wenn G.E. Steitz im Folgenden vom »großen Sabbath« schreibt, so meint er damit: die Osternacht (was sich aus dem Duktus seiner Gedanken ergibt). Auch in dieser Begriffsweise zeigt sich (übrigens im Analogon zur Verwendung des Pascha-Begriffs), dass alttestamentlich-jüdisch geprägte Begriffe in einen ganz anderen, nämlich in einen christlich gefüllten Sinnzusammenhang übertragen werden, wobei der Inhalt also ein ganz anderer ist. Diese Rede- und Vorgehensweise aus der Zeit der Alten Kirche heraus bis ins Mittelalter hinein kann im Kontext des christlich-jüdischen Dialogs in der Gegenwart wenn überhaupt, dann nur schwerlich aufrechterhalten werden, das heißt: alttestamentlich-jüdisch gefüllte Begriffe sollten dort verortet bleiben, woher sie stammen, und eben nicht mit christlichen Inhalten missverständlich überlagert werden. Nichtsdestotrotz erhebt sich die fortwährende Frage, wie es gelingen kann, die Kontinuität zu jüdischem Glauben und Denken zu bewahren: etwa im Bekenntnis zu dem einen Gott Israels, der der Vater Jesu Christi ist, oder im Glauben an den Bund, den Gott einst mit Noach, mit Abraham, mit Moshe geschlossen hat und der auch die Christen umschließt.

Steitz schreibt zur Osternacht: »Wenden wir uns nun zur Feier des großen Sabbaths, wie sie das römische Missale vorschreibt. Die Altäre, an dem Charfreitag unbedeckt, werden auf's neue bekleidet und die Horen gesprochen, nachdem zuvor die Lichter auf dem Altar gelöscht worden sind. Hierauf werden vor der Kirche mittest eines aus Stein geschlagenen Feuers Kohlen entzündet. Nach der Hora segnet der Priester das neue Feuer mit einem Weihegebete, worin Christus der Eckstein genannt wird, durch welchen Gott sein hellleuchtendes Feuer den Gläubigen geschenkt hat. Dann segnet er mit Gebet die fünf Weihrauchkörner, welche für die fünf Wundenmale der Osterkerze bestimmt sind; er beräuchert und besprengt sie dabei, wie auch das heilige Feuer selbst. Alle Lichter in der Kirche sind unterdessen ausgelöscht worden, um mit dem neuen Feuer wieder angezündet zu werden. Sobald der Klerus in die Kirche eingetreten ist, zündet der Akoluth mit einem an dem neuen Feuer entbrannten Lichte an dem Eingang, in der Mitte und am Altar nach einander die drei Kerzen an, welche der Diakon auf einem Rohre trägt, und spricht mit singender Stimme: Lumen Christi! Worauf jedes Mal respondiert wird: Deo gratias! Hierauf schreitet der Diakon zum Pulte, legt auf denselben das Messbuch und stimmt, während zu seiner Rechten der Subdiakon mit dem Kreuz und der Räucherurne, zu seiner Linken zwei Akoluthen mit dem Rohre und den in einem Gefäße liegenden gesegneten fünf Körnern stehen, den Hymnus an: Exultet iam angelica turba. Der Durchgang Israel's durch das Rothe Meer, das Werk der Erlösung, die Überwindung des Todes, das Aufsteigen des Siegesfürsten aus der Hölle und dem Grabe sind die großen Ereignisse, um deren willen diese Nacht gepriesen wird: in dem Ueberströmen des Gefühls schwingt sich der Hymnus unbedenklich über die Grenzen der Orthodoxie bis zu den supra-lapsarischen Gedanken auf: O certe necessarium Adae peccatum, quod Christi morte deletum est! O felix culpa, quae talem ac tantum meruit habere redemtorem! Nach vollendetem Gesang legt der Diakon die fünf Weihrauchkörner in die neben dem Pulte aufgepflanzte Osterkerze und spricht: In hujus igitur noctis gratia suscipe, sancte pater, incensi hujus sacrificium vespertinum, quod tibi in hac cerei oblatione solemni per ministrorum manus de operibus apum, sacrosancta reddit ecclesia, Worte, die darum so merkwürdig sind, weil in ihnen die Gedanken der Opfergebete in der Weise unverkennbar wiederklingen und weil sie deutlich zeigen, wie durchaus symbolisch der Opferbegriff war, den man noch während der ersten Hälfte des Mittelalters mit der Messe verband. Hierauf zündet der Diakonus die Osterkerze mit einem der drei Lichter auf dem Rohre an; nachdem nun auch die übrigen Lichter (mit Ausnahme der auf dem Altar stehenden) an dem neuen Feuer angezündet sind, singt der Diakon über der Osterkerze das Weihegebet, welches mit der Fürbitte für die Kirche, den Pabst, den Landesfürsten schließt. Nun werden die Lectionen, die sogenannten Prophetiae sine titulo, Abschnitte aus den historischen und prophetischen Büchern des alten Testament verlesen, deren Zahl, früher schwankend zwischen 4,14 und 24, auf 12 festgesetzt wurde. Es ist wohl zu viel gesagt, wenn Augusti meint, ›diese Lectiona gäben die ganze Prophetie, Typik und Symbolik in Grundrissen‹; allerdings ist ihre Auswahl durchaus typisch gemeint, allein // abgesehen von der ersten (1 Mos. 1 und 2,1–3.), welche die Schöpfung in diesem Zusammenhang als Typus der Erlösung nicht ohne Bezug auf die Taufe (1 Mos. 1,2) vorführt, sollen sie alle die großen Gedanken des Festes zur Anschauung bringen: das in Christo realisirte Paschaopfer (1 Mos. 22 und 2 Mos. 12.), die Auferstehung von den Todten (Ezech. 37.), die rettende Kraft der Taufe (1 Mos. 5–8. 2 Mos. 14 und 15.), die Berufung der Heiden zu derselben (Jes. 54 und 55.), die Mahnung zur Buße (Jon. 3.) und zur Bekenntnistreue bis zum Martyrium (Dan. 3.) u.s.w. Das jeder Lection angefügte Gebet enthält die Schlüssel des typischen Verständnisses; die Anordnung ist jedenfalls eine ungemein einfache und sinnige, und das Ganze gibt Zeugnis von einer Zeit, in welcher der liturgische Bildungstrieb der Kirche noch in voller schaffender Kraft stand.« (4).

Von diesem »Bildungstrieb« gibt Steitzs Schilderung deutlich Auskunft. Sie vermittelt Einblicke in die reichhaltige Ausgestaltung der *Kyrios-Nachtfeier*, in die einzelnen Aufgaben und Kompetenzen der verschiedenen Agenten und Funktionsträger, in die Zuordnung der einzelnen Ämter und Dienste und nennt biblische Texte zur Schriftlesung, auf die im weiteren noch zurückzukommen sein wird (8).

Steitz fährt fort: »Während dieser Lectionen wurden in der alten Kirche die Katechumenen zur Taufe vorbereitet. An ihre Verlesung reihte sich die benedictio fontis, die Weihe des Taufwassers für das ganze Jahr. Die Weihegebete ... sprechen die Erwartung aus, daß der Geist Gottes selbst in das Taufwasser sich hinablasse, mit ihm sich vermische, es mit geheimen Kräften befruchte ... Ausdrückliche Exorcismen gebieten im Namen des Herrn jedem unreinen Geist, jedem Zauber und teuflischen Betrug ... von dem Wasser zu weichen ... Es wird gesegnet im Namen des Vaters, der das Wasser in vier Strömen aus des Paradieses Quell ausgehen ließ über die gesamte Erde, der das bittere in der Wüste in süßes gewandelt, damit es trinkbar werde, und es dem dürstenden Volk aus dem Felsen hervorbrechen ließ; im Namen des Sohnes, der es auf der Hochzeit zu Cana in Wein verwandelt, mit seinen Füßen über dasselbe geschritten und mit ihm von Johannes im Jordan getauft worden ist; aus dessen Seiten es zugleich mit dem Blute ausgegossen und der seinen Jüngern über ihm den Taufbefehl gegeben hat. Diesen Weihegebeten ... gehen bedeutungsvolle Handlungen zur Seite: der Priester theilt mit ausgestreckter Hand das Wasser in Kreuzesform; er schlägt darüber drei Kreuze; er schöpft mit der Hand und gießt es aus nach den vier Weltgegenden, er senkt dreimal die Kerze hinein, er haucht es dreimal an, er läßt durch die Assistenten nach vollzogener Benediction das Volk damit besprengen und gießt zuletzt von dem Katechumenenöl und dem Chrisma, erst von jedem besonders, dann von beiden zusammen, einige Tropfen in Form des Kreuzes hinein, um ihm die Kraft der Wiedergeburt befruchtend mitzutheilen. Sind Täuflinge zugegen, so werden sie nach gewöhnlicher Art getauft. Erst jetzt werden auch die Lichter auf den Altären angezündet und die eigentliche Messe beginnt, aber ohne Introitus ... Es leuchtet wohl ein, daß kein Tag des ganzen Kirchenjahres im katholischen Cultus so ausgezeichnet ist und so bedeutsam hervortritt als dieser: in ihm fällt offenbar der Schwerpunkt der ganzen großen Woche und des Oster- // festes; ja, er ist die eigentliche Osterfeier, wie ja auch in der alten Kirche diese in der nächtlichen Vigilie ihren ganzen Glanz und ihren vollen Jubelklang entfaltete.« (5).

Georg Eduard Steitz formuliert daraus seine These: »Der große Sabbath bildet die Vigilie zu dem Osterfeste ...« (6). Auch wenn sich in seiner These drei Begriffe mischen, die rein zeitlich und inhaltlich voneinander getrennt werden müssen – gesagt sein kann mit anderen Worten aber dies: *Die Feier der Kyrios-Nacht* in der Form der Pervigilia als »der große Sabbath« bildet den Schwerpunkt der Heiligen Woche, die mit dem Palmsonntag beginnt und zum Höhepunkt: dem Kyrios-Fest (mit der Feier der Eucharistie) hinaufführt.

Im Rom des 7. Jhdt.s haben sich für die Feier der Kyrios-Nacht verschiedene Liturgien entwickelt, die sich auf zwei Grundtypen zurückführen lassen: auf die päpstliche Liturgie im Vatikan in gregorianischer Tradition und auf die Liturgie in den Titelkirchen mit gelasianischer Tradition, das heißt: mit einer Lichtfeier, die bereits durch den »Liber Pontificalis« im 6. Jhdt. bezeugt ist. Beide Traditionen vereinen sich im 13. Jhdt. zu einer römisch-fränkischen Mischform, die im *»Ordo missalis«* von 1243/44 überliefert ist und die *1570* im »Missale Romanum« übernommen wird, ergänzt durch Feuerweihe und Vesper. Diese Mischform von 1570 umfasst für die Kyrios-Nacht folgende Elemente:

(1)   Osterfeuer mit Feuerweihe
Lichtfeier: mit der »benedictio cerei« (mit dem Lobpreis über dem Licht beim Anzünden der Osterkerze) und den »Lumen Christi«-Rufen
Wortgottesdienst AT: Lesungen aus der Hebraica

(2)   Initiationsfeier: Prozession zum Taufbrunnen – »benedictio fontis« /
        Taufwasserweihe – »professio fidei« – Taufe durch dreimaliges Un-
        tertauchen – postbaptismale Salbung (durch den Presbyter) – Hand-
        auflegung und Stirnsalbung (durch den Bischof) – Friedenskuss
        Wortgottesdienst NT: Lesungen aus dem Neuen Testament
(3)   Eucharistiefeier (nach Einzug unter Kyrie- und »Accendite«-Rufen
        in die Kirche)
        Vesper: Psalm 103/117/118, Alleluja, Magnificat, Oratio.

Beim Entzünden der Osterkerze wird folgendes Gebet gesprochen (7):

> »Christus, gestern und heute,
> Anfang und Ende, Alpha und Omega.
> Sein ist die Zeit und die Ewigkeit.
> Sein ist die Macht und die Herrlichkeit in alle Ewigkeit. Amen.
> Durch seine heiligen Wunden,
> die leuchten in Herrlichkeit,
> behüte und und bewahre uns Christus, der Herr. Amen.«

Der *Osterfeuer*-Ritus mag sich herleiten von einem heidnischen Frühlings-
feuer in Gallien und in Irland. Der so genannte Wortgottesdienst (im 6./7.
Jhdt. eingeführt) folgt dem Grundschema: Lesung – Gebet – Gesang – Gebet.
»Dieses Grundschema wird in den verschiedenen Formen der Ostervigil je
verschieden wiederholt: vier-, sechs-, acht-, zehn-, oder zwölfmal ... daß
schon in den ältesten bekannten Dokumenten der römischen Liturgie der
Block der atl Lesungen durch die Tauffeier von den ntl Lesungen getrennt
wird.« (8).

Das in der Kyrios-Nacht geweihte *Taufwasser* wurde anfangs bis zur
nächsten Taufwasserweihe in der nächstfolgenden Kyrios-Nacht ein Jahr
später aufbewahrt und verwendet – ehe es allein in der österlichen Freudenzeit der »Pentecoste«, also in der Zeit bis zum Pfingstsonntag, Verwendung
fand. Heutzutage gehört die vor jeder Taufhandlung jeweils erneut vollzoge-
ne *Taufwasserweihe* als Voraussetzung zu jeder einzelnen Tauffeier – womit
sich die Entfernung von der ursprünglichen Kyrios-Nachtfeier deutlich artikuliert.

Die *Oster-Vesper* (am Tage nach der Kyrios-Nacht) könnte begründet sein
in Christi Abend-Mahl mit den beiden Emmaus-Jüngern (Luk. 24,29–31) und
in den abendlichen Erscheinungen Christi im Jüngerkreis einmal ohne, einmal mit Thomas (Joh. 20,19.24–26).

»Die Osternacht .. wird im byzantinischen Ritus mit einem Vigilgottesdienst ... begonnen, der von 15 Lesungen aus dem Alten Testament geprägt
wird. Der dann folgende österliche Morgengottesdienst beginnt mit einer

Lichterhandlung. Mit brennenden Kerzen zieht die Gemeinde dreimal um die dunkle Kirche. Dann wird das Auferstehungsevangelium nach Mk. 16,1–8 verlesen. Nachdem der Priester dreimal an die verschlossene Kirchentür geklopft hat, öffnet sie sich. Während das Ostertroparion (der österliche Gesang ›Christus ist auferstanden‹ ...) angestimmt wird, ziehen alle mit den brennenden Kerzen in den gottesdienstlichen Raum, wo anschließend die Messe gefeiert wird.« (9).

Der »*Ostertroparion*« enthält folgenden Wortlaut:

> »Christus ist auferstanden von den Toten,
> er hat den Tod durch den Tod besiegt
> und denen in den Gräbern das Leben geschenkt.«

Der byzantinische Typus erscheint dominiert von den alttestamentlichen Lesungen aus der Schöpfungsgeschichte und aus der Heilsgeschichte Israels. Fragbar ist, ob sich hier bereits zwei Gottesdienste aus ursprünglich einem, nämlich der »PERVIGILIA«, gebildet haben: denn die *Vigilia* wird nun unterschieden von dem Morgengottesdienst, der vermutlich zur Zeit des ersten »Hahnenschreis« beginnt. Taufen im *Bapisterium* und die anschließende Prozession der Getauften in die dunkle Kirche und in die dort versammelte Gemeinde hinein sind allem Anschein nach nicht (mehr) vorgesehen – stattdessen findet sich eine dreimalige Prozession aller Gläubigen um die dunkle Kirche herum. Der Ritus vor der Kirchentür erinnert an Jesu Grabesruhe und an seine Auferweckung »am dritten Tage«.

Als problematisch für den Gesamtzusammenhang der Kyrios-Feier wird sich erweisen, dass aus der so genannten »Pervigilia« (durch die ganze Nacht hindurch bis in die frühen Morgen hinein) zunächst nur noch eine »Vigilia« (bis längstens Mitternacht) übrigblieb – was in der Folgezeit zu einer zunehmenden Zersetzung der Kyrios-Nachtfeier führte: zunächst in die beiden ›Pole‹ von Taufe einerseits und Mahl andererseits – bis dass schließlich der zweite ›Pol‹ aus dem frühen Morgen heraus in den Oster-Gottesdienst am Ostersonntag-Vormittag verlegt wurde. Diese Entwicklung leitete eine empfindsame Schwächung der Kyrios-Nachtfeier ein.

»Seit dem sechsten Jahrhundert kommen in den Concilienakten häufige Klagen über sittliche Anstößigkeiten vor, zu welchen die Ostervigilien den Anstoß boten; da die dagegen ergriffenen Maßregeln ohne Erfolg blieben, fing man im Mittelalter an, sie erst zu beschränken, dann ganz umzugestalten. Der für sie bereits rituell festgestellte Gottesdienst wurde nun auf die Tageszeit zurückverlegt, verräth aber in allen seinen Bestandtheilen noch seine ursprüngliche Bestimmung für die Nachtfeier.« (Steitz, 165).

»War die alte Osternachtfeier eine pervigilia, die am Samstagabend begann und am frühen Ostermorgen schloß, so zeichnet sich bereits am Übergang vom 4. zum 5. Jh. vereinzelt eine Praxis ab, die die Nachtfeier wohl aus einer Kürzungstendenz schon vor Mitternacht beenden läßt. Dagegen stellt Hieronymus ca. 390 den Grundsatz auf: ut in die vigiliarum Paschae ante noctis dimidium populus dimittere non liceat.« (10).

»Aus einem Zeugnis von Gregor I. können wir deutlich sehen, daß sowohl in Spanien wie in Rom Taufe und Eucharistie vor Mitternacht beendet sind und daß für den Ostersonntagmorgen eine zweite Eucharistiefeier vorgesehen ist, bei der man voraussetzte, daß die Gemeinde vollzählig anwesend war.« (11).

Die *Osternachtfeier* wurde vom 6. Jhdt. an zeitlich vorverlegt: Begann sie ursprünglich in den Nachtstunden des 16. Nissan, am Karsamstag, und endete sie am frühen Ostermorgen, dem Oster-Sonntag – so wurde sie zunächst auf den frühen Nachmittag (im 8. Jhdt.), dann auf den Mittag (im 9. Jhdt.) und schließlich (im 14. Jhdt.) auf den Samstagmorgen (!) vorverlegt (was erhebliche Reduktionen in der Liturgie und in den Riten zur Folge hatte, die erst im 20. Jhdt. korrigiert wurden)(12). Dass diese Praxis die Feier der Kyrios-Nacht aushöhlte, muss ebenso konstatiert werden wie dies, dass diese römische Anordnung / Terminsetzung auch aus zeitlich-theologischen Gründen heraus nicht mehr nachvollziehbar erscheint. *Papst Pius V.* (1566, +1572), als Großinquisitor bekannt geworden, untersagte zuletzt 1570 jegliche Eucharistie-Feier zwischen Karsamstag-Mittag und Ostersonntag: Dieses Verbot bestand bis ins Jahr 1951 hinein und bedeutete bis dahin das Ende jeder Osternachtfeier in der römischen Kirche (sieht man einmal von der fortdauernden Praxis in einzelnen Klöstern ab).

Anmerkungen

(1) – G.E. Steitz in: Dr. Herzog: Real-Encyklopädie, Bd. XI, 163f.

(2) – G.E. Steitz, aaO., 164.

(3) – G.E. Steitz, aaO., 164.

(4) – G.E. Steitz, aaO., 165/166.

(5) – G.E. Steitz, aaO., 166/167.

(6) – G.E. Steitz, aaO., 167.

(7) – zitiert nach K.-H. Bieritz: Das Kirchenjahr, 131.

(8) – H. Auf der Maur: Feiern im Rhytmus der Zeit, Bd. I, 91.

Die *Lesungstexte* nach der gregorianischen Tradition stammen aus Gen. 1 / Ex. 14 / Jes. 4 / Jes. 54 (oder Dtn. 31) sowie Kol. 3,1–4 / Mt. 28,1–7 – und aus der altgelasianischen Tradition: aus Gen. 1 / Gen. 5 / Gen. 22 / Ex. 14 / Jes. 54 / Ez. 37 / Jes. 4 / Ex. 12 / Dtn. 31 / Dan. 3 / Kol. 3,1–4 / Mt. 28,1–7.

Im »Missale Romanum« (1570) werden die Lesungstexte aus der altgelasianischen Tradition um Texte aus Bar. 3 und Jona 3 ergänzt.

(9) – R. Volp: Liturgik I, 299.

(10) – H. Auf der Maur: Feiern im Rhythmus der Zeit, Bd. I, 83.

(11) – H. Auf der Maur, aaO., 84.

(12) – H. Auf der Maur (aaO., 108) notiert als analoge Entwicklung im Blick auf den *Karfreitag*: »Ähnlich wie für die Ostervigil zeichnet sich im Hoch- und Spätmittelalter auch für den Karfreitag eine zeitliche Vorverschiebung ab zunächst auf den Mittag ... und schließlich auf die dritte Stunde ... am Morgen ...« Mt. 27,46 par. markieren dagegen die neunte Stunde als die Todesstunde Jesu – umgerechnet bedeutet dies die Zeit von etwa 15 Uhr MEZ am Nachmittag.

Der Prozess der Verkirchlichung: auf dem Weg zur Kirche

Erste Tendenzen aus dem Wachstum der Gemeinden (»ecclesia«) heraus hin zur Evolution von Kirche (»kyriake«) und schließlich zur verfassten Kirche zeichneten sich bereits gegen Ende des 1. Jhdt.s nach den jüngeren Zeugnissen des Neuen Testaments in der Herausbildung einzelner Ämter ab und in deren Harmonisierung, die schließlich zum Frühkatholizismus und nach der Konstantinischen Wende immer mehr zur Amtskirche führte. Ein Ausdruck dafür findet sich z.B. schon in den bereits frühzeitig aufgekommenen Tauf-Formularen sowie in Hippolyts Darstellung des Taufkatechumenats.

Nimmt das Neue Testament nur am Rande und zwar allein in zwei Textstellen (Mt. 16,18; 18,17) den Begriff »*ecclesia*« auf, um das zarte Gebilde »Gemeinde« zu benennen – so ist davon der spätere Begriff »*kyriakon*« (›Herrnhaus‹) (1) zu unterscheiden, der a) mit dem Titel »Kyrios« von dem Widerfahrnis der Auferweckung herkommt (also aus nachösterlicher Zeit stammt) – der b) dem Zeugnis des Neuen Testaments aber noch fehlt bzw. fremd ist – und der c) schließlich zum Begriff »*kyriake*« / »Kirche« hinüberleitet (was bereits aus der Aussprache heraus durchklingt). Der Begriff »kyriakon« gehört demnach möglicherweise bereits in die zweite Phase der Entwicklung hinein.

Der ›terminus technicus‹ »*ecclesia katholike*« / ›katholische Kirche‹ begegnet nachweislich zuerst bei *Ignatius von Antiochia* im um das Jahr 167 verfassten Sendschreiben an die Gemeinde zu Smyrna wegen des Märtyrertodes von Polykarp (Smyrna 8,2): »Wo immer der Bischof in Erscheinung tritt, da soll (auch) die Menge sein, so wie wo Christus Jesus ist, dort (auch) die katholische Kirche ist.« (2).

Cyprian (248/249 zum »*Papst*« von Karthago gewählt, +258) (die Bischöfe von Rom, von Karthago, von Alexandria und Konstantinopel wurden damals noch »Papst« genannt) werden folgende Aussagen zugeschrieben: »Man kann nicht Gott zum Vater haben, wenn man nicht die Kirche zur Mutter hat«

(3) / »Wer sich vom Bischof trennt, trennt sich von der Kirche« / und: »außerhalb der Kirche gibt es kein Heil.« (»extra ecclesiam nulla salus est«). Seit dem Ende des 2. Jhdt.s galten die *Bischöfe* als Lehrer, Oberpriester und Richter (4), wenn nicht gar bereits als ›Stellvertreter Gottes oder Christi auf Erden‹ (5). Die Bezeichnung »PRIESTER« bürgerte sich im Christentum seit dem Ausgang des 2. Jhdt.s ein.

Es mag erstaunen, dass sich das Amt des Priesters in der frühen Christenheit überhaupt etablieren konnte – zumal der Priester-Begriff doch im Judentum besetzt und beheimatet ist mit dem Opferdienst am Altar (vgl. Hebr. 13,11) und weil er zeitlich (bis zur Tempel-Zerstörung im Jahre 70 ndZ.) und materiell gebunden ist, nämlich an die Institution des Tempels in Jerusalem und an die Etablierung des Königtums in Judäa und in Israel. Der Priester-Begriff ist zudem unter den ersten Christen eindeutig orientiert worden auf den einen, wahren *Hochpriester* hin, der da Jesus Christus heißt (Hebr. 2,7; 3,1; 4,14; 5,1.10; 9,11; 10,21) – sicherlich geschah dies in bewusst anderer Akzentsetzung und in Abgrenzung von den damals amtierenden Hochpriestern (vgl. Apg. 9,21; 19,14; 23,2; 25,2; 26,12 / Hebr. 5,1; 7,27.28; 8,3; 9,7.25), ob sie nun Kaiphas oder Hannas (Joh. 18,13.24) hießen. Bedenkenswert ist dabei ebenso, dass Jesus von Nazareth keinerlei Anweisung in Richtung auf ein mögliches Priesteramt hinterließ, sehr wohl aber den Auftrag gab: »Weidet die Herde Gottes ...« (1. Petr. 5,2f.). Damit ist der Aufgabe des »*Pastoren*« / ›des Hirten‹ (wohlgemerkt: ausgehend vom guten Hirten Jesus Christus, so Joh. 10,11.14) der Weg gewiesen, nicht aber der des Priesters. Dieses Amt erfährt erst im 3. Jhdt. seine ›Inthronisation‹ dadurch, dass christliche *Altäre* geschaffen werden: darum herum und darüber hinauf wurden in der Folgezeit konsequent Kirchenbauten im Stile von Basiliken (teils auf dem Grund und Boden von Privatleuten, teils auf Gemeindebesitz) errichtet (so dass der Altar in aller Regel seinen exponierten Platz in der Vierung der Kirchenanlage innehatte)(6).

»... seit dem Ende des 4. Jahrhunderts beginnt die Ausgestaltung der Gemeindekirchen zu Märtyrer- und Apostelkirchen, wird der Altar zum Heiligengrab und beginnt der Wettstreit, das älteste, schon von einem Apostel gegründete Kirchengebäude zu besitzen (Antiochia, Lydda, Alexandria, Jerusalem).« (7).

Im Übrigen sollte vermerkt werden: Jesus Christus hat Aufträge erteilt, aber keine Ämter eingesetzt. Christi Aufträge richten sich stets an die Gemeinschaft / an die Gemeinde / an die »*ecclesia*«, nicht aber an Einzelpersonen (wie z.B. den *Priester*). Seine Nachfolger hat Er beauftragt, in Seinem Namen gleichsam in diakonischer Handlung Folgendes zu tun:

–   »tauft« (Mt. 28, 19) – also bedient mit der Taufe.

–   »tut das zu meinem Gedächtnis« (1. Kor. 11,24.25 / Luk. 22,19) –
     also bedient mit Brot und Wein.
–   »weidet« (1. Petr. 5,2) –
     also bedient (als Hirten) mit dem Worte Gottes.

Alfred Loisys These: »Jesus verkündigte das Reich Gottes, aber gekommen ist die Kirche« (8) – erhält von diesen Aufträgen Christi zum Dienst her ihren ›Nährstoff‹. Die Frage nach den Ämtern stellt sich von hierher – also auch die, ob nicht die Aufgabe / die Beauftragung zum *Diakon* und *Presbyter* die (neben der der *Apostel)* ursprüngliche ist. Der Akt der Berufung (»unter dem Namen Jesu Christi«) steht wohl am Anfang – daraus folgte eine offizielle Beauftragung und eine geistliche Bevollmächtigung (durch Handauflegung und Segnung – vgl. Apg. 6,6 / 1. Tim. 4,14 / 2. Tim. 1,6) – daraus entwickelte sich schließlich (als Säule der Amtskirche) das jeweilige Amt und die *Ordination* (9) ins Amt hinein (bis hin zum »ministerium docendi evangelii et porigendi sacramenta« nach der »*Confessio Augustana*« / CA, Art. V, von 1530)(10). Die Aufgabe der Einführung, Beauftragung und Bevollmächtigung (der »*Introduktion*«) erfolgte ursprünglich bezeichnenderweise aus der Mitte der Gemeinde (»in medio ecclesiae«) heraus (11) – eine später von Clemens begründete und postulierte so genannte »*apostolische Sukzession*« (12) findet auf diesem ›Mutterboden‹ der *Gemeinde*bildung keine berechtigte Begründung.

Handelte es sich bei einer »*Synode*« anfänglich allein um die Versammlung der Einzelgemeinde vor Ort abseits des Gottesdienstes – so schlossen sich im Laufe der Zeit mehr und mehr Einzelsynoden zu so genannten Provinzial- oder Regional-Synoden zusammen, die sich bis ins 3. Jhdt. hinein zu größeren Konzilien erweiterten. Damit wurden Macht und Einfluss von Kirche wesentlich gemehrt, damit entstand zugleich ein Gegenüber und ein Ansprechpartner für politische Regenten. Nicht von ungefähr verlief die Entwicklung dahin, dass Konstantin der Große 325 zum Konzil von *Nicaea* drängte und einlud und von dort Entscheidungen erwartete, z.B. im bis dato herrschenden Osterfeststreit, der seit Ende des 2. Jhdt.s andauerte.

Die drei Aufträge Christi zum Dienst aneinander und zum Dienst in der Welt, nämlich: »weidet« – »tauft« (vgl. dabei die vier Schritte in Mt. 28,19) – »tut zu meinem Gedächtnis« finden sich exemplarisch verwirklicht in der Feier der *Kyrios-Nacht* und haben von alters her dort ihren Ausgangspunkt für alles weitere christliche Leben und (diakonische) Handeln.

Anmerkungen

(1) – Die Bezeichnung »*Kyriakon*« (= ›Herrnhaus‹) lässt an »Herrnhut« und damit an die »Herrnhuter Brüdergemeine« denken. ›In der Hut des Herrn‹, nämlich des auferweckten Christus kommen Christen ganz einfach im »*Herrnhaus*« zusammen und vertrauen auf Seine Zusage, dort gegenwärtig zu sein, wo sich auch nur zwei oder drei in Seinem Namen versammeln (nach Mt. 18,20). Nicht auf den Bau oder auf die Ausgestaltung des Gebäudes kommt es grundlegend an, sondern auf den »Christus praesens«.
Das Wort »*ecclesia*« lässt sich erklären mit der Wendung: ›von Christus Herausgerufene und zu Christus Hinrufende‹.

(2) – zitiert nach A. v. Harnack: Die Mission, 422.
Das Adjektiv »*katholisch*« bedeutet: ›allgemein‹ / ›alles umfassend‹ / ›auf der ganzen Erde‹ / ›universal existierend‹ – und wurde in den Wortlaut des *Nicaenum*s (325) übernommen, wenn es dort heißt: »Wir glauben ... die eine, heilige, allgemeine, apostolische Kirche.« Dieser ›terminus technicus‹ wurde bis in die Gegenwart hinein allein der *Römischen Kirche* überlassen, die ihn für sich allein beansprucht. Dabei könnten sich selbst Protestanten mit gutem Grund (wenn auch nicht »römisch«, so doch) »katholisch« nennen – und: so ungewohnt und merkwürdig, wie es klingen mag, ließe sich durchaus von »evangelisch-katholischen Christen« bzw. von »evangelisch-katholischer Kirche« sprechen. Es ist sodann zu fragen, warum die Christen und Kirchen der Reformation den Titel »katholisch« einseitig den römischen Christen und ihrer Kirche überlassen haben – und warum selbst protestantische Bischöfe heutzutage wie selbstverständlich von der »katholischen Kirche« sprechen, wenn sie damit allein die »römische« meinen.

(3) – *Cyprian*: »Habere non potest deum patrem, qui ecclesiam non habet matrem.« Ähnlich äußert sich Jean Cauvin (in: Institutio IV,1,1 und 4).
Von Cyprians Thesen aus angefangen führt die Entwicklung zur »Mutterschaft der Kirche« (in MARIA, der Jungfrau, der Miterlöserin, der »Regina Caeli«), die im Papst von Rom als dem »Heiligen Vater« repräsentiert wird, vgl. Matthias Joseph Scheeben (*1835,+1888).

(4) – vgl. Harnack, aaO., 454.
An der Spitze der Gemeinde steht der *Bischof*, unter ihm rangiert das Kollegium der *Presbyter* (aus dem der Bischof durch Wahl hervorgegangen ist), darunter folgen die *Diakone*. Irenäus erwähnt um 180 eine Namensliste der römischen Episkopen, die bis zu Petrus und bis zu Paulus zurückreicht, also die *apostolische Sukzessionslinie* begründen soll (vgl. E. Caspar: Die älteste römische Bischofsliste, 1926, 436–472).
Die Liturgiekommission des II. Vaticanums (1962–1965) formuliert in Art. 41: »Im Bischof sehe man den Hohenpriester seiner Herde, von dem das Leben seiner Gläubigen in Christus gewissermaßen ausgeht und abhängt. Daher sollen alle das liturgische Leben des Bistums, in dessen Mittelpunkt

der Bischof steht, besonders in der Kathedralkirche, aufs höchste wertschätzen.« – Aus protestantischer Warte heraus müssen sich vom biblischen Horizont her Rückfragen ergeben: so nach dem Verhältnis zwischen dem *Hochpriester* Christus Jesus und dem Hohenpriester = *Bischof*, so nach den Abhängigkeiten und Relationen.

Die Konstitution »lumen gentium«, 26 (1964) orientiert: »Jedwede rechtmäßige Eucharistiefeier steht unter der Leitung des Bischofs, dem die Pflicht übertragen ist, den christlichen Gottesdienst der göttlichen Majestät darzubringen und zu betreuen gemäß den Geboten des Herrn und den Gesetzen der Kirche.« – »Lumen gentium«, 28 ergänzt im Blick auf die *Priester*: »In den einzelnen örtlichen Gemeinden machen sie den Bischof ... gewissermaßen gegenwärtig ... Unter der Autorität des Bischofs heiligen und leiten sie den ihnen zugewiesenen Teil der Herde.« – Abgesehen davon, dass das Wort »gewissermaßen« klärungsbedürftig erscheint, so drückt »Lumen gentium« eine klare Verhältnisbestimmung zwischen *Bischof* und Priester aus: Den »Vorsitz über die gesamte Herde« führt der Bischof, der durch den einzelnen Priester vor Ort vertreten wird. Damit ist a) die römische Hierarchisierung fixiert – b) die »*apostolische Sukzession*« gewahrt – c) das Verhältnis von Eucharistie und Amt als ineinander verschränkt erklärt – und d) also nicht zuletzt die Stellung des protestantischen Pfarrers (aus römischer Sicht) ablehnend beantwortet.

(5) – vgl. Schenkel: Art. Kirche, in: Dr. Herzog: Real-Encyklopädie, Bd. VII 563.

»Der Priester waltet wirklich an Christi Statt« – dies vermerkt wortwörtlich bereits Cyprian von Karthago im 3. Jhdt. (Cyprian: Epist. 63,14; PL 4,397; ed. Hartel, Bd. 3, S. 713). Das heißt: Der Priester agiert »*in persona Christi*«, indem er die Stelle Christi einnimmt und sogar sein Abbild wird, wenn er die Wandlungsworte spricht (vgl. Thomas von Aquino: Summa theol., Teil III, q. 83, art. 1, ad 3). Demzufolge kann (nach römischem Verständnis) auch nur ein Mann ein Priester sein und eben nicht eine Frau.

(6) – vgl. Harnack, aaO., 612f., 616.

(7) – A.v.Harnack, aaO., 618.

(8) – Alfred Loisy: L´Évangeli et l´Église, Bellevue, 3/1904, 155.

(9) – »Das Wort ›Ordination‹ bezog sich .. als Priesterweihe auch auf Presbyter (= Priester) wie auf Diakone ... Das Neue Testament kennt keine Ordination, sondern lediglich die Beauftragung und Aussendung unter Handauflegung mit Fürbitten im Anschluß an jüdische Vorbilder: Apostelgeschichte 6,6; 13,13; 1. Tim 4,14; 2. Tim 1,6 ... Der Dienstauftrag (= Amt / ministerium) wurde abgeleitet von der ›heiligen königlichen Priesterschaft‹ aller Getauften (1. Petr 2,5.9).« – so R. Volp: Liturgik I, 655.

Das Mandat zur öffentlichen Wortverkündigung und zur Sakramentsverwaltung (vgl. CA V, 1530) entstammt der »vocatio spiritualis« durch Christus selbst und findet seinen Ausdruck in der Berufung durch eine konkrete Gemeinde vor Ort. Der Ordinierte versieht seinen »Dienst am Wort« als »minister verbi divini«.

(10) – *Jean Cauvin* formuliert (CA V entsprechend): Dort, wo »Gottes Wort lauter gepredigt und gehört wird und die Sakramente nach der Einsetzung Christi verwaltet werden.« (in: Institutio, IV, 1,9).

(11) – Die *orthodoxen Kirchen* bestreiten bis heute den Primatsanspruch des Papstes – schon deshalb, weil nach ihrem Verständnis alle Bischöfe (also auch der *Papst*) auf gleicher Stufe rangieren. Weder *Bischof* noch *Episkopos* noch *Presbyter* und *Diakon* können ihr Amt ausüben, wenn sie denn nicht dazu gewählt worden sind.

Von Martinus *Luther* stammt das Wort: »Was aus der Taufe gekrochen ist, das mag sich rühmen, schon als Priester, Bischof und Papst geweiht zu sein, obwohl nicht einem jeglichen ziemt, solch ein Amt zu haben.« (WA 6. 408,11–13).

Zur *Trennung zwischen Ost-Rom und West-Rom* kam es im Jahre *1054*, als sich Konstantinopel unter der Führung des Patriarchen Michael Cerularius von Rom trennte. Diese Trennung besteht bis in die Gegenwart hinein fort – auch wenn »Rom« in jüngster Zeit verstärkt neue Zugänge zu den orthodoxen Kirchen hin sucht: doch mit welcher Absicht und mit welchem Ziel?

Zur Trennung beigetragen hat der fortwährende Streit um *das so genannte* »*filioque*«, das in den griechischen Originaltexten des Nicaeno-Constantinopolitanum (381) fehlt, aber nachträglich in die lateinische Fassung eingefügt wurde, nachdem dieser Zusatz auf der dritten Synode von Toledo (Spanien) 589 offiziell gefordert worden war (siehe hierzu die VELKD-Handreichung 139/2007: Ökumenisch den Glauben bekennen. Das Nicaeno-Constantinopolitanum von 381 als verbindendes Glaubensbekenntnis. Stellungnahmen der VELKD, Hannover 2008).

(12) – Die »apostolische Sukzessionslinie« der römischen Kirche (so deren Überzeugung) führt in einer unmittelbaren Amtsnachfolge zurück bis hin zu Simon Petrus. Nach römischem Verständnis gelangen alle Nachfolger Petri, das heißt: alle Päpste, Bischöfe, Priester durch das Weihe-Sakrament in die so genannte »APOSTOLISCHE SUKZESSION«, die wohl korrekt als »*episkopale Sukzession*« bezeichnet werden müsste, weil immer nur ein Bischof einen Priester weihen kann. Doch auch »ordentlich berufene«, also ordinierte protestantische Pfarrer (vgl. CA XIV, 1530) stehen in der apostolischen Sukzession, berufen sie sich doch ihrerseits auf die Apostel und das besondere Apostelamt, das in der Geschichte der Kirche jedoch einmalig geblieben ist, weil nur Christus selbst einzelne Menschen direkt zu Aposteln berufen hatte und berufen konnte. Historisch betrachtet hat es die Amtsübertragung von den Aposteln auf die Bischöfe nicht gegeben. Die römische Tradition allerdings postuliert einen lückenlosen Zusammenhang bis hin zurück zu Simon Petrus, sieht in ihm quasi den ersten *Papst* überhaupt und versteht die Aussage im Nicaenum-Constantinopolitanum (381) (»wir glau-

ben die eine, heilige, allgemeine und *apostolische* Kirche«) exklusiv im Blick
auf die besonderen römischen Amtsträger in der Nachfolge der Apostel (oder
gar nur in der des einen Apostels namens Simon Petros?), nicht aber inklusiv
im Blick auf *alle* Christen, die sich auf das Erbe der apostolischen Väter
zurückbesinnen und berufen. Die Übergabe des Palliums an den Bischof
(eines Schultertuches, das zur Amtstracht des Bischofs gehört) unterstreicht
dabei dessen Unterordnung unter den Papst als Oberhaupt der römischen
Kirche.
Unabhängig von der historisch unzutreffenden (Re-) Konstruktion vermag
das Denkmodell der apostolischen Sukzession das apostolische Erbe wachzuhalten und die Verpflichtung aller Christen aller Konfessionen (und nicht
ausschließlich und allein der römisch geweihten Bischöfe und Priester) auszudrücken, bei der Lehre der Apostel zu bleiben. In diesem Sinne könnte das
Denkmodell der apostolischen Sukzession nach Eph. 4,1–6 als Zeichen der
Einheit und der Gemeinschaft der Kirche Jesu Christi dienen – was die römische Kirche jedoch (mit ihrem Selbstverständnis als »una sancta ecclesia«)
dadurch verhindert, dass sie die apostolische Sukzession einseitig für sich
allein reklamiert und dass sie diese den anderen Kirchen abspricht, damit also
Anlass gibt zur Spaltung innerhalb der einen Kirche Christi.
Karl Barth sieht die Einheit der Kirche in Jesus Christus begründet und gegeben (vgl. KD IV/1, 753) – und bezeichnet deshalb die Zerrissenheit »des
Leibes Christi« in verschiedene Konfessionen und Kirchen als: »ein finsteres
Rätsel, ein Skandal« (KD IV/1, 754) – womit sich die Christen nicht abfinden
dürften.

Der Rückgang der Osternachtfeier

Das Verblassen der Osternachtfeier scheint in einem fortschleichenden längeren Prozess bis ins Jahr 1570 gewissermaßen ›heimlich, still und leise‹ hinein
vonstatten gegangen zu sein, bis dass Papst *Pius V.* (1566,+1572) jegliche
Eucharistiefeier zwischen dem Karsamstag-Mittag und dem Ostersonntag
untersagt hatte. Hatte sich diese Feier ursprünglich auf das Geheimnis und
Wunder der Auferweckung Jesu Christi konzentriert, das in der dem Sederabend folgenden Nacht nach der Kreuzigung Jesu geschehen sein muss, und
Tod und Auferweckung Jesu Christi in einem großen Geschehenszusammen-
hang als untrennbare Einheit verstanden – so differenzierte sich dieses Heilsereignis in der Zeit der Alten Kirche in zwei separierte ›Topoi‹: in den des
Todes Jesu und in den der Auferweckung Christi bzw. in den des Karfreitag
und in den der Ostern. Zwischen diesen beiden ›Topoi‹ zerfiel die Osternacht
quasi in zwei Teile. Ähnliches geschah in der »Pentecoste«, als im 4. Jhdt.
der Himmelfahrtstag (mit Blick auf Mk. 16,19 / Luk. 25,50–53 / Apg. 1,1–
12) zu einem eigenständigen Feiertag erhoben wurde und den bisherigen
engen Zusammenhang der »Pentecoste«, der fünfzigtägigen österlichen Freu-

denzeit, sprengte. Seither wurde also zwischen Karfreitag, Ostern, Himmelfahrt und Pfingsten (1) unterschieden. Zusätzliche Konkurrenz entstand durch den seit dem 3. Jhdt. verbreiteten Brauch, Gedächtnisfeiern für Märtyrer einzurichten, späterhin im Weiteren für andere Heilige, und diese Feiern im gottesdienstlichen Rahmen zu begehen. Damit nun wurde der Prozess eingeleitet, der zu dem führen sollte, was man schließlich »*Kirchenjahr*« nennt.

»Gegen Ende des 4. Jh. beginnt sich die Feier der einen Osternacht auszuweiten zur Feier des ... Triduum Sacrum ... Ambrosius bezeichnet um 386 als triduum die Tage, an denen Christus gelitten hat, vom Leiden ausruhte und auferstanden ist (Ep. 23,12–13). Klassisch formuliert Augustinus um 400: sacratissimum triduum crucifixi, sepulti, suscitati (Ep. 55,14.24).« (2). Dieses erste *Triduum* (zu dem übrigens auch der »Hohe Donnerstag«-Abend gehört, weil die Tage jeweils abends beginnen) wird im Lauf der folgenden Zeiten weiter entfaltet zur »*Osteroktav*« (vom Ostersonntag ausgehend als dem dritten Tag des Triduum und dem ersten Tag der Pentecoste bis hin zum folgenden Sonntag (3)), im weiteren zu einem »*Ostertriduum*« (mit den Tagen von Ostermontag bis -mittwoch) und schließlich im Spätmittelalter zum »Leidenstriduum« (mit den Tagen: Hoher Donnerstag, Karfreitag, Karsamstag).

Der »Hohe Donnerstag« (später »*Gründonnerstag*« genannt, vom altdeutschen Wort »grienen« = ›weinen‹ abgeleitet) galt nach einem Brief von Papst Innozenz I. (401–417) an Decentius von Gubbio aus dem Jahre 416 als Tag der »reconciliatio poenitentium« / zur ›Rekonziliation der Büßer‹ / zur Büßeraussöhnung – der Karsamstag seit eh und je als Buß- und Fastentag.

Die Feier der Kyrios-Nacht wird darüber hinaus gefährdet und entwertet durch die Einführung einer eigenen Vigilfeier (im Sinne eines Vorbereitungstages) vor dem Fest »Christi Himmelfahrt« und vor dem Pfingstfest (nach dem »Missale Romanum« von 1570 wird auch die Pfingstvigil auf den Samstagmorgen vorverlegt). Hinzukommt im 7. Jhdt. ebenso die Einrichtung einer Pfingstoktav (im Gegenüber zur Osteroktav). All diese Schritte schwächen die Feier der Herrnnacht (wenn auch über einen längeren Zeitraum) nicht nur sukzessive, sie reißen sie förmlich auseinander.

Worin liegen weitere Ursachen für den *Rückgang der Tradition der Kyrios-Nacht*? – Liegt eine Ursache darin, dass die Feiern immer üppiger wurden, immer ausschweifender gestaltet wurden? Liegt ein wesentlicher Grund nicht darin, dass die ursprüngliche Einheit im Konzentrat der Kyrios-Nachtfeier verloren geht, sich auflöst in eine Art von Wegstrecke mit den Stationen Kreuz, Auferweckung, Erhöhung und Geist-Ausgießung? Meinte man, die ganze Glaubensfülle auf verschiedene Einzel-Feste verteilen zu müssen? Oder liegt der Grund in der nachlassenden ›Spannkraft‹, in der nachlassenden christlichen Expression, also darin, dass der geistliche Impetus hinter den bloßen äußeren Zeremonien zurückblieb, dass die Symbolkräfte längst die

Oberhand gewonnen hatten gegenüber den Kern-Inhalten, dass die Äußerlichkeiten des Festes längst über die Substanz gesiegt hatten? Dass die ursprüngliche Vitalität und Leuchtkraft an Potenz eingebüßt hatte?

Eine Quelle zur Kyrios-Nachtfeier lag sicher im (der Kyrios-Nacht vorausgehenden) Taufkatechumenat und in der anschließenden Taufhandlung in der Kyrios-Nacht selbst sowie in der auf den »Hahnenschrei« folgenden ›Krönung des Ganzen‹: in der Feier der Eucharistie. Als problematisch erwies es sich, dass diese ursprüngliche Einheit auseinanderfiel.

Zweifellos wirken bei diesem Prozess die Gesetze *Konstantin*s 321 ff. und *Theodosius'* 390 ff. nach, die es den Menschen leicht machten, sich (äußerlich / dem Anschein nach) als Christ zu bezeichnen, und die kaum noch Opfer im Sinne eines Glaubensgehorsams forderten. Die Zeit des »status confessionis« (mit dem Bekennen oder mit dem Verleugnen Jesu Christi) und damit die Zeit der Märtyrer war endgültig vorüber. Die Würde und ›Würze‹ der ersten Christen, im Bekennermut und im Widerstandsgeist gewachsen und gereift, waren substanziell nicht mehr so präsent und nicht mehr so wirkungsvoll und gefragt wie in den Anfangstagen, als es einen etwas kostete (manchen sogar das Leben), sich zum Glauben an diesen Auferweckten zu bekennen. Es war einfach und bequem geworden / jeder musste Christ werden – das früher ›spitze‹ Glaubenszeugnis war zusehends abgeschliffen worden. Im Blick auf die Substanz, im Blick auf die Prägekraft des christlichen Glaubens hatte sich Entscheidendes verändert und verschoben – vieles war ›flacher‹, oberflächlicher geworden. Wo schließlich jeder bzw. jede Christ war, fiel das Besondere, das spezifisch Christliche immer weniger auf. Christ zu sein, das war der Normalfall geworden (während es anfangs die große Ausnahme war). Zeichnete die Anfangszeit der ersten Christenheit (noch) Züge von einem urwüchsigen Glaubensleben aus einem ›frischen Quellgrund‹ heraus aus – so hatte die Phase der ›Beschneidung‹ des urchristlichen ›Wildwuchses‹ (im übertragenen Sinne des Wortes) durch Reglementierungen und durch den Erlass von Ämtern und Ordnungen längst eingesetzt.

Ob die *Kindertaufe* bereits in den ersten wenigen Jahren nach der Konstantinischen Wende allgemein übliche Praxis geworden ist, mag angesichts des Tatbestandes fraglich erscheinen, dass die Taufe im Laufe der Lebensjahre wenigstens vereinzelt zunächst hinausgeschoben wurde. Dennoch wird sich die Kinder- und Säuglingstaufpraxis aufgrund apotropäischer Motive recht rasch weiter und weiter ausgebreitet haben, bis dass sie sich schließlich im 6. Jhdt. voll etabliert hatte (4). Dabei dürfte *Augustin*s Begründung mit der Erbsünde(nlehre) (als auch mit der Überzeugung, wonach die Ursünde durch die Taufe Vergebung erfährt (5)) der Sitte der Säuglings- und Kindertaufe zum entscheidenden Durchbruch verholfen haben. Allerdings gilt es zu berücksichtigen, dass die östlichen Kirchen des Römischen Reiches dieser

Begründung durch Augustinus nicht folgen, sondern einen eigenen Weg wählen. Es könnte eigens untersucht werden, wie sich dies jeweils ausgewirkt hat: Eine These mag sein, dass sich die Praxis der Erwachsenen-, also die der Gläubigentaufe in der östlichen Kirche viel länger gehalten hat als in der westlichen Kirche, die zur zunehmend üblich werdenden Praxis der Unmündigentaufe schwenkte.

Fazit: Die ursprüngliche Einheit der Kyrios-Nacht mit Taufe und Mahl / mit der Anamnesis von Kreuz und Auferweckung Jesu Christi / mit der Sammlung und Sendung der Christ-Gläubigen in der Epiklese – zerfällt in einzelne, einander konkurrierende ›Topoi‹ bis hin zur »Himmelfahrt Christi« und bis hin zum Fest der »Ausgießung des Heiligen Geistes«. Dieser Entfaltungsprozess, der die Feier der Kyrios-Nacht schwächt, aber andererseits zur Bildung des Kirchenjahres (und damit zur Anamnesis verschiedener Heilstaten Gottes im Laufe des Jahres) führt, wird nicht mehr umzukehren sein.

Anmerkungen

(1) – Das griechische Wort »PENTECOSTE« übersetzt Luther in Apg. 2,1 und 20,16 mit »*Pfingsten*« und wäre um das Wort »heméra« zu ergänzen, damit es heißen kann: »der fünfzigste Tag«, gemeint ist: nach Christi Auferweckung in der Kyrios-Nacht. An diesem fünfzigsten Tag feier(te)n die Juden gemäß Lev. 23,15–21 das so genannte ›Wochenfest‹, »Schavuot« genannt. Luther titelte diesen ersttestamentlichen (!) Bibelabschnitt in seiner Übersetzung dazu sogar mit dem Ausdruck »Pfingsten«. Man berücksichtige, dass Paulus in aller Selbstverständlichkeit nach Apg. 20,16 das jüdische Wochenfest in Jerusalem mitfeiern wollte, nun aber gerade eben nicht das christliche Pfingstfest, das als »Fest des Heiligen Geistes« ja erst zu wesentlich späterer Zeit ›geboren‹ wurde, nämlich im 4. Jhdt. Anstatt die Bezeichnung »Pfingsten« zu verwenden, wäre also korrekt zu übersetzen: »der fünfzigste Tag«.

(2) – H. Auf der Maur: Feiern im Rhythmus der Zeit, Bd. I, 76.

(3) – »Seit dem 17. Jh. wird der Oktavtag von Ostern, der ›Weiße Sonntag‹, zum gemeinsamen Erstkommuniontag der Kinder.« (H. Auf der Maur, aaO., 126).

(4) – Unvermittelt, überraschend und zudem ohne jede Ausführung stellt H. Auf der Maur (aaO., 119) die unhaltbare Behauptung in den Raum: »... vom 11. Jh. an, als man begann, die Taufe an Ostern durch die Taufe unmittelbar nach der Geburt zu ersetzen.« Widerspruch verdient ebenso folgende These von H. Auf der Maur (aaO., 72f.): »erst im frühen 4. Jh. wird die Osternacht zur Taufnacht des Jahres ...« Die Anfänge dafür reichen zurück in die Zeit der ersten Christen, als wohlgemerkt Erwachsene – aus dem *Taufkatechumenat* heraus ›erwachsen‹ – sich in der *Kyrios-Nacht* freiwillig taufen ließen und erstmals im Kreise der Gläubigen das Mahl des HERRN feierten.

(5) – Diese Überzeugung nehmen in späteren Zeiten Abaelard auf (in seinem Römerbrief-Kommentar von 1137) sowie Thomas von Aquino.

Risse im altchristlichen Taufkatechumenat

Als ein erstes Beispiel für die sich bildenden Risse mag die Haltung von Kaiser *Konstantin* dem Großen selbst gelten, der seine Taufe bis kurz vor Lebensende (+337) aufschob, weil er fürchtete, den strengen Regeln für eine christliche Lebensführung nicht gewachsen zu sein. Augustinus' Mutter Monnika ließ ihren Sohn (*354) zunächst nicht taufen, erst auf eigene Initiative hin wurde Augustinus im Jahre 387 getauft. Solche Beispiele machten ›Schule‹ und fanden Nachahmer, schwächten aber den Taufkatechumenat.

Andere Risse entstanden dadurch, dass aufgrund der Konstantinischen Regelungen schließlich jeder, ob er wollte oder nicht, Christ werden musste: wenn denn schon nicht aus innerer Überzeugung heraus, so doch wenigstens dem äußerlichem ›Anstrich‹ nach. Das heißt z.B., dass jeder seine Kinder möglichst bald nach der Geburt taufen lassen musste. Die Taufe Unmündiger wird zum Regelfall. Jeder einzelne Mensch soll von Anfang an dazugehören, nämlich zur Kirche.

Durch die verbindliche *Einführung der Säuglings- und Kleinkindertaufe im 5./6. Jhdt.* fiel der Taufkatechumenat quasi in sich zusammen – nebenbei vermerkt: dadurch entfiel zugleich der Taufunterricht, die Taufparänese, die Möglichkeit zur Bildung breiter Bevölkerungsschichten, die Einführung in die Grundlagen christlichen Glaubens, die Erziehung zum christlichen Lebenswandel. Dass dies gravierende Konsequenzen nach sich ziehen musste bis hinein in die Grundeinstellung eines jeden Christenmenschen, liegt wohl auf der Hand. Wen überrascht es da, dass die innere Leuchtkraft, die innere Prägekraft, die Substanz im christlichen Glauben nachließ und erheblichen Schaden nahm?

Mit der Einführung der Kindertaufpraxis gingen weitere folgenreiche Veränderungen einher, zu denken ist dabei nicht allein an die auf einmal sprunghaft gestiegene Zahl der Täuflinge. War es bisher die bewusste, aber freiwillige Entscheidung einzelner Erwachsener, so genannter ›Mündiger‹, die Zahl der Täuflinge demnach relativ klein – so änderte sich dies durch die Konstantinischen Entscheidungen und spätestens seit der offiziellen Anerkennung des Christentums als Staatsreligion im Jahre 391 zunehmend in tiefgreifender Weise. *Säuglinge* wurden in der Folgezeit (entgegen der urchristlichen Taufzeit für Erwachsene in der Kyrios-Nacht und schließlich in der fünfzigtägigen Zeitphase nach Ostern) meisthin unmittelbar nach der Geburt das ganze Jahr hindurch bei jeder sich bietenden Gelegenheit getauft (wodurch der ursprüngliche Bezug zur Kyrios-Nacht und zur Pentecoste preisgegeben wurde) und letztlich sogar abseits von der Gemeinde (entgegen der ursprünglichen Feier *in* der ganzen Gemeinde) in so genannten »Winkeltaufen«: An dieser Sitte änderte sich bis ins Mittelalter hinein grundlegend nichts mehr. Wurde der Täufling ursprünglich (mit der Reminiscenz an Mt. 28,19, aber auch an die dreitägige Grabesruhe Jesu) durch dreimaliges Untertauchen in einem fließenden Gewässer getauft (in Form der so genannten Submersionstaufe, die bis heute im Bereich der Ostkirchen praktiziert wird) – so erfolgte die Taufe im Bereich der Westkirchen ab dem 15./16. Jhdt. in der Regel bis heute allein noch durch einfaches, aber immerhin dreimaliges Übergießen (als Infusionstaufe) (siehe die Darstellung von Lukas Cranach d.Ä. von 1547 auf dem Altarflügel der Stadtkirche zu Wittenberg) – oder seltener durch Besprengen (vgl. Lev. 14,7.16 / Num. 8,7; 19,4.13.18–21 / Ps. 51,9 / Ez. 36,25) des Täuflings mit Wasser (als Aspersionstaufe). Fortan wurden z.B. auch so genannte ›Massentaufen‹ praktiziert – nicht nur »ganze Häuser« (vgl. 1. Kor. 1,16 / Apg. 16,15.31 ff.; 18,8) ließen sich (pro forma?) taufen.

Die große Zahl der Täuflinge stellte vor verschiedene neue Herausforderungen: Wer kann taufen und wann ... Der *Bischof* allein konnte den vielen Anfragen nicht mehr gerecht werden – auch mussten weitere Tauftermine über die Osterzeit hinaus (also auch außerhalb der Kyrios-Nacht und außerhalb des ersten bzw. des achten und des fünfzigsten Tages nach der Auferweckung Christi) eingerichtet werden. Lag also der ursprüngliche Termin für die Erwachsenen-Taufe in der Heiligen Kyrios-Nacht (an einem besonderen Taufort, mit reichhaltigen Riten und Symbolen) und in einer zweiten Phase im Gottesdienst am ersten und am achten Sonntagmorgen (nach der Kyrios-Nacht) (noch im Kontext und zeitlich analog zum jüdischen Pessachfest) und schließlich in einer dritten Phase in der »Pentecoste« – so fanden die *Säuglingstaufen* schließlich an immer mehr Sonntagen im Laufe des ganzen Jahres statt, was unzweifelhaft eine Ritualisierung, aber auch eine ›Verflachung‹ der Taufhandlungen bewirken musste. Der ursprüngliche Initiationsritus im Leben eines Christen, gerade im Prozess der Herrnnacht bedient, verlor seinen Platz in der Ostervigil und schwächte damit entscheidend die Feier der Kyrios-Nacht – andere Riten wie die Taufwasserweihe (die »benedictio fontis«) oder der fortbestehende Bezug zu Teilen der (Erwachsenen-) Taufliturgie konnten diesen Verlust nicht wettmachen. Die Feier der *Kyrios-Nacht* mit ihrer ursprünglichen Prozession aus der Taufe (aus dem Baptisterium) heraus hin zur Feier der Eucharistie (hinein in die Kirche) als dem krönenden Höhepunkt des Ganzen war empfindlich beschädigt, wenn nicht gar bereits zerstört worden.

Diese gravierenden Veränderungen finden ihren Ausdruck nicht zuletzt im baulichen Bereich: die so genannte »Taufpiscina« (eine Art von Bassin) im *Baptisterium* wird durch einen Taufbrunnen in der Kirche ersetzt. Dabei sollen zu diesem Taufbrunnen möglichst drei Treppenstufen hinabführen (in der Reminiscenz an die Grabesruhe Jesu, die allerdinsg nur zwei und nicht drei Tage dauerte) – und als Zeichen dienen für das Mitsterben mit Jesus von

Nazareth und für das Mitauferstehen mit Christus (»am dritten Tage auferstanden von den Toten«).

Ein weiterer Riss im Taufkatechumenat resultiert ebenfalls aus der nun eingeführten und geübten Kindertaufpraxis: War es zunächst ›usus‹, dass allein der Bischof die Aufgabe der Taufe vornahm, so wurde im Laufe vermehrter Taufanfragen diese Aufgabe an die jeweiligen Presbyter (als Leiter der Gemeinde vor Ort) übertragen. Bei größer werdenden Gemeinden einerseits und bei der aufkommenden Furcht andererseits, das Kind müsse unmittelbar nach der Geburt bereits getauft werden, sonst könne es für das ewige Heil verloren sein – konnte der Bischof unmöglich selbst alle Taufen vornehmen, musste diese Aufgabe also delegieren. Was sich im Taufritual Hippolyts bereits andeutet, wird nun Wirklichkeit: Wasserritus und Handauflegung treten auseinander. Den Wasserritus darf nun der jeweilige *Presbyter* vollziehen, die Handauflegung (zu späterer Zeit) dagegen bleibt allein dem Bischof vorbehalten. Damit erfährt die Ämter-Hierarchie eine neue Ausformung. Dem *Bischof* gebührt das Recht zur Handauflegung und zur Salbung – aus diesem Ritus entwickelt sich schließlich der Akt der FIRMUNG und zuletzt gar das Sakrament der Firmung, wie es in der römischen Kirche bis heute gespendet wird (1–3). Amtierte der Bischof also bisher als Oberhaupt der Gemeinde und so auch als Leiter der Tauffeier, so tauften fortan die *Diakone* und *Presbyter*.

Wie Taufe und Firmung (bzw. ›Wassertaufe‹ und ›Geisttaufe‹) als ursprüngliche Einheit zusammengehörten, also Handauflegung, Epiklese und Chrisam-Salbung feste Bestandteile der Taufhandlung in der Kyrios-Nacht und schließlich in der *Pentecoste* bildeten – so wurde ursprünglich auch kein eigenes Pfingst-Mysterion ausgewiesen, galt die »Pentecoste« insgesamt doch als österliche Freudenzeit mit ihrem Abschluss »am fünfzigsten« (Tage nach Ostern). Doch wie *Taufe und Firmung* im Laufe der Zeit auseinandertreten, so gilt Analoges für das Oster- und für das Pfingstfest. Dabei entspricht die Firmung mit der Bitte um den Heiligen Geist eher dem Pfingstfest, während die Taufe eher dem österlichen Mysterion entspricht. Auch diese Differenzierung trug dazu bei, den Taufkatechumenat, die Taufe und die Taufparänesen zu relativieren.

Die Ablösung der später so genannten »Firmung« von der Taufhandlung schwächte die Taufe, denn die ursprüngliche Einheit der Taufhandlung einschließlich der Salbungen vorher und nachher (4) wurde dadurch aufgehoben – auch wenn der Bischof, um die Einheit der Kirche zu wahren (bzw. um das ›Band‹, das die Gefirmten mit der ganzen weltweiten Kirche verbinden soll, zu verdeutlichen), in seiner Person im Akt der Firmung zusammenführen und zusammenhalten wollte, was zusammen zu führen und zusammen zu halten war. Doch konnte dies gelingen? Wurde die damalige Kirche von den steigenden Taufanfragen nicht förmlich überrollt? Und musste der Taufweg mit der Firmung als seinem ›Ausläufer‹ (entgegen dem »Priestertum *aller* Gläubigen« nach 1. Petr. 2,9) in der Spitze einer ganz bestimmten Amts-Person gipfeln?

Zudem: Galt die bisher geübte *Taufe* »in den Namen Gottes, des Vaters, des Sohnes, des Heiligen Geistes« hinein nicht mehr als vollgültig? Oder bezog sich diese Praxis allein auf die bisherige Mündigen-Taufe? Musste die Säuglingstaufe dagegen nun in jedem Fall, wenn auch nachträglich, also postbaptismal, zusätzlich episkopal besiegelt werden – nachdem bisher prae- und postbaptismale Salbungen im Kontext der Erwachsenen-Taufe von Diakonen, Presbytern und Bischöfen direkt vollzogen werden konnten und auch ganz selbstverständlich vollzogen worden waren (4)? War die Taufe also auf einmal unvollständig / musste sie also erst noch vervollständigt werden durch die Firmung / war sie auf einmal abhängig geworden vom bischöflichen Wirken: also von dem bestimmten Amt eines bestimmten Menschen? Ansätze zur Hierarchie-Bildung in den einzelnen Ämtern und zur Repräsentation der kirchlichen Einheit in einer Führungsfigur sind hier bereits angelegt und werden sich im Fortlauf der Kirchengeschichte weiter ausformen.

Was bisher die Ausnahme war, wurde nun zur Regel. Aus dem urchristlichen Initiationsritus der Mündigen- / Freiwilligkeits- / Gläubigen-Taufe heraus (wobei der Glaube gemäß Mk. 16,16 und Eph. 4,5 der Taufe stets voranging) wurde nun der allgemeine Brauch der SÄUGLINGSTAUFE: und schließlich für viele eine bloße Gewohnheit für alle Säuglinge. Apotropäische Motive (für die Kinder) mögen dabei ebenso mitschwingen wie reine Nützlichkeitserwägungen (für die Eltern und Paten). Diese Wende in der Taufpraxis zeitigte jedoch erhebliche Folgen, die bis in die Gegenwart hineinreichen: denn wie der Ritus an ›urchristlichem Salz‹ (vgl. Mt. 5,13) verlor bzw. die Kraft der urchristlichen Glaubensüberzeugungen einbüßte, so entkernte sich die Taufe ihrer ureigentlichen Inhalte (vgl. Röm. 6,3–11) und erfuhr schließlich bis in die Gegenwart hinein ein ›Mehr‹ an Beliebigkeit und Individualisierung, zuweilen wohl auch an Banalisierung.

Ein letzter, den Taufkatechument ebenfalls empfindsam treffender und folgenschwerer ›Punkt‹ sei benannt: Durch die Einführung der Kindertaufpraxis ging der enge Zusammenhang im Ritengefüge zwischen Taufe und Eucharistie verloren, wie er in der Feier der Heiligen Kyrios-Nacht exemplarisch ausgestaltet worden war. Das heißt: Taufe und Eucharistie, ursprünglich in der »Tauf-Eucharistie« unmittelbar aufeinander bezogen, treten nun auseinander. Dies bedeutet eine Entwertung der *Taufe* einerseits, der *Kyrios-Nacht* andererseits, der Mahlfeier ebenso. Handelt es sich nicht sogar um eine Entwürdigung?

Zu fragen ist in diesem Zusammenhang wohl auch, welche Auswirkungen auf die Qualität der Eucharistiefeier durch die Quantität der täglichen (!)

Mahlfeier zukommt, die seit dem 9. Jhdt. im ganzen Jahr täglicher Brauch wird (5).

Diese Risse im Taufkatechumenat blieben für die Feier der *Osternacht* alles andere als folgenlos, im Gegenteil, sie trugen dazu bei, dass die Tradition der Osternacht zunehmend an Bedeutung verlor. Volkstümliche Sitten und Bräuche mit entsprechenden Symbolhandlungen konnten sich darin noch längere Zeit halten, aber die ›Kernkraft‹ der Auferweckung hatte bereits an Nachhaltigkeit verloren, nicht nur dadurch, dass die Kyrios-Nacht durch die Trennung zum Karfreitag und zum Osterfest hin (durch die Bildung des so titulierten *»Triduum sacrum«*, also durch die Vorlagerung von Karfreitag und Karsamstag) im 4./5. Jhdt. in sich auseinanderfiel und quasi gegenstandslos werden konnte. Worin denn noch lag der Sinn der Osternacht, wenn der Höhepunkt der Heiligen Taufe nivelliert worden war (und ohne Problem auch zu anderen Zeiten getauft werden konnte?) und wenn die Feier der Eucharistie genauso gut im Gottesdienst am Ostersonntag gefeiert werden konnte?

Was durch die innere Auflösung und durch die Zerfaserung bzw. Zersplitterung der Kyrios-Nachtfeier passiert ist, wozu die Trennung des inneren Zusammenhangs von Tod und Auferweckung / von Taufe und Eucharistie geführt hat, welche Folgen die Risse im Taufkatechumenat zeitigten, das lässt sich in der Folgezeit an den Auswirkungen ablesen: es bedeutete einen spürbaren Verlust an Substanz und Ausstrahlungskraft im Glaubensleben der einzelnen Christen und der jeweiligen Gemeinden.

Anmerkungen

(1) – Möglicherweise entwickelte sich die FIRMUNG aus dem Ketzertaufstreit (255–257) im 13. Jhdt. zu der sakramentalen Handlung, die allein dem Bischof zukam und von ihm für Kinder ab dem siebten Lebensjahr gespendet wurde. Die Firmung »prägt der Seele einen character indelebilis ein, vollendet die Taufe, macht mündig zum ›Vollalter Christi‹ und gilt als ›Weihe zum Laienapostolat‹.« (R. Volp: Liturgik I, 652).
»Seit .. Papst Innozenz I. im Jahre 416 generell die Reservierung der Salbung für den Bischof forderte, kann man vom eigenständigen episkopalen Sakrament der Firmung sprechen. Innozenz I. beruft sich ... auf Act 8,14: ›Offenkundig ist es nur erlaubt, dass Bischöfe – und niemand anders – an den Kindern die Konsignation vollziehen.‹ ... Die Stirnsalbung ist den Bischöfen vorbehalten, wenn diese den Geist mitteilen ..., während zuvor in der Regel Ganzkörper- und Stirnsalbung zur Taufe selbst gehörten. Durch Innozenz I. sind Grundlinien der Firmungspraxis festgelegt, die bis in die Gegenwart gelten. Nach Innozenz I. wird Priestern geradezu die Spendung der Firmung verboten.« (M. Meyer-Blanck in: Handbuch Liturgie, 482). – Ob allerdings

Apg. 8,14–20 und 19,1–7 als biblische Begründung für die Institution der Firmung geeignet und tauglich sind, wird kritisiert werden dürfen.

Kritik am Sakrament der Firmung kommt aus dem Kreise der Reformatoren. In seiner Schrift »Von der babylonischen Gefangenschaft der Kirche« (1520) lehnt *Martin Luther* die Firmung als schriftwidrig ab. Luther befürwortet stattdessen einen Katechismus-Unterricht mit Prüfung – *Huldrych Zwingli* eine Katechse mit Verhör (wie 1523 in Zürich eingeführt). Zwinglis Praxis wirkte insbesondere auf *Johannes Oekolampad* (*1482,+1531) in Basel ein, auf *Martin Bucer* (*1491,+1551) in Straßburg und auf *Erasmus von Rotterdam* (*1465,+1536), der seinerseits auf Bucer einwirkte und auf dessen »Ziegenhainer Zuchtordnung« von 1539.

Jean Cauvin verwirft die Firmung mit Verweis auf die Heilige Schrift und auf den Konsens in der Alten Kirche (in: »Institutio christianae religionis«, 1559, IV, 19,1–13).

Nach *Augustinus* ist die Handauflegung (und damit die spätere Firmung) nichts anderes als ein Gebet, also eben kein Sakrament (in: De baptismo III, 16,21 – CSEL 51,215,22–23).

(2) – »Im zwölften Jahrhundert kam es – gleichsam in einer verspäteten Konsequenz aus der Kindertaufe – zu einer weiteren tiefgreifenden Marginalisierung der Taufe. Die erste Kommunion wurde von der Taufe abgetrennt.« (C. Grethlein: Grundfragen der Liturgik, 194).

Auch wenn sich die römischen Sakramente: Kommunion, Firmung, Beichte, Ehe, Priesterweihe und letzte Ölung allesamt auf die Taufe beziehen und sich daraus herleiten: so ist zu fragen, ob dadurch das Sakrament der *Taufe* als Initiationsritus gestärkt und bekräftigt oder nicht im Gegenteil geschwächt und degradiert wird.

(3) – Im protestantischen Bereich kam es aufgrund der »*Ziegenhainer Zuchtordnung*« (1539) von Martin Bucer (*1491,+1551) zur Einrichtung eines nachgeholten Taufunterrichts mit abschließender KONFIRMATION.

(4) – Michael Meyer-Blanck vermerkt: »Der Diakon steigt mit dem Täufling ins Wasser, legt ihm die Hand auf und ruft: ›Glaubst du an Gott, den allmächtigen Vater?‹, danach taucht er ihn das erste Mal unter ...; nach entsprechenden Fragen und Antworten zu Sohn und Heiligem Geist taucht er ihn zum zweiten und dritten Mal unter. ... Der Täufling wird nach der Taufe vom Presbyter mit dem ›Öl der Danksagung‹ gesalbt, zieht sich an, geht in die Kirche und wird dort vom Bischof unter Handauflegung nochmals gesalbt: Der Bischof gießt ›Öl der Danksagung‹ in seine Hand, legt sie dem Täufling aufs Haupt und spricht: Ich salbe dich mit dem heiligen Öl in Gott, dem allmächtigen Vater, in Christus Jesus und im Heiligen Geist. Nachdem er die Täuflinge auf der Stirn bekreuzigt hat, soll er ihnen einen Kuss geben und sagen: Der Herr sei mit dir. Und der Bezeichnete soll sagen: Und mit deinem Geist. So soll er mit jedem einzelnen verfahren.« (Handbuch der Liturgik, 483).

(5) – H. Auf der Maur (in: Feiern im Rhythmus der Zeit, Bd. I., 51) notiert: »Die tägliche Eucharistiefeier wird erstmals in Afrika im 4./5. Jh. bezeugt (Augustinus, Ep. 54,2; 228,6), Ende 4. Jh. in Konstantinopel (Johannes Chrysostomus, In Eph hom. 3,4), im 6. Jh. in Gallien ... In Rom ... Vom 9. Jh. an wird der Brauch der täglichen Messe im ganzen Jahr üblich.«

Von der Beschneidung zur (Säuglings-/Kleinkinder-) Taufe

Der Initiationsritus der Beschneidung (hebräisch: der »Milah«), der am jüdischen Jungen am achten Tage nach der Geburt vollzogen wird, ihn kultfähig macht und damit letztlich bereits zur Teilnahme z.B. am Pessachfest berechtigt – fußt ersttestamentlich auf den Anweisungen und Bestimmungen nach Gen. 17,1–2.9–14.23–27 und Lev. 12,3 (1). Gemäß Ex. 4,25 sowie Jos. 5,2f. lässt sich annehmen, dass dieser Ritus aufgrund des früheren Gebrauchs steinzeitlicher Werkzeuge nicht allein in die vorexilische Epoche oder in die vorstaatliche Zeit gehört, sondern bereits in der Ära vor Abraham in Übung und wohl auch in Sitte gewesen sein mag (2). Während der Mohel die Beschneidung vornimmt, liegt der kleine Junge auf dem Schoß des Sandak bzw. des Paten (z.B. des Großvaters), dessen Knie gleichsam den Altar bzw. den Opfertisch darstellen. Bis heute versteht sich der Akt der Säuglingsbeschneidung als typisches Kennzeichen der Juden im Sinne eines »character indelebilis«. Die Bundestreue Gottes zu Seinem Volk: Sein Gnadenbund (Gen. 17,7.10; 34 / Ex. 4,24–26) findet darin einerseits seinen Ausdruck, andererseits aber ebenso die Verpflichtung eines jeden Juden, im Sinne der Thora (3) / im Sinne der »guten Anweisungen Gottes« zu leben und zu handeln. Von daher kann die Beschneidung als »Unterpfand für die Verheißung *Jahwes* an Abraham und seine Nachkommenschaft« (4) verstanden werden – ob jedoch die Bezeichnung »sakramentales Zeichen« (5) für die Beschneidung (überhaupt und wenn ja: zu dieser Zeit bereits) oder die durch Kol. 2,11 naheliegende Bezeichnung »Beschneidung durch Christus« angemessen ist, erscheint ebenso fraglich wie die Verwendung des Gottesnamens (nach dem TETRAGRAMM Ex. 3,14). Sollte der Respekt vor dem Judentum nicht dazu führen, gemäß Ex. 20,7 und Dtn. 5, 11 auf die Rede- und auf die Schreibweise des Gottesnamens generell zu verzichten und stattdessen die Umschreibung »Gott« bzw. »HERR« zu wählen, wie es Luther in seiner Bibelübersetzung konsequentermaßen tat (vgl. Ex. 3,14.15)? Sollte nicht analog dazu der ›terminus technicus‹ »Beschneidung« dort verortet bleiben, wo er herstammt (auch wenn Kol. 2,11 die christliche Kontraktion versuchen und damit die Anbindung ans Judentum herstellen will)? In der Zeit des christlich-jüdischen Dialogs mögen Christen (in allen Versuchen, die Kontinuität zu den gemeinsamen Glaubensgrundlagen dem Tanach zufolge zu wahren) behutsam mit Begriffen umgehen, deren Wurzeln im Judentum liegen.

Die *Beschneidung* wird verstanden als Stammeszeichen bzw. als Ausdruck der Gruppen- / Volkszugehörigkeit (Gen. 34 – man beachte zugleich die Strafandrohung nach Gen. 17,14) – als Konstitution der Familiengemeinschaft (Ex. 4,24–26) – als apotropäische Schutzwirkung (nach Ex. 4,24–26) – als Ausdruck der Kultfähigkeit – als Zulassung zum Pessachmahl (Ex. 12,26f.43–50) – im übertragenen, geistlichen Sinne als »Beschneidung des Herzens« (Dtn. 10,12–22; 30,1–10 / vgl. Röm. 2,28.29) – als Zeichen der Erwählung (Dtn. 10,12–15) – als begründete Jenseitshoffnung (Ez. 28,8–10; 31,18; 32,17–32). Hinzu kommt der Wunsch, »angesichts der Kindersterblichkeit dem Säugling durch die Beschneidung so früh wie möglich eine bestmögliche postmortale Existenz zuzusichern« (6). Alle diese Motive – übertragen auf die christliche Taufe (vgl. Röm. 6,1–14) – dürften einem nicht unbekannt vorkommen: bis hin zur Institution der so bezeichneten »Nottaufe« (7). Allerdings kennt das Judentum keinerlei (analog dazu) so zu nennende »Not-Beschneidung«.

Gilt der Ritus der Beschneidung nach den biblischen Vorgaben für das Judentum als ausgewiesen fundiert, so lässt sich das im Blick auf die christliche TAUFE nicht unbedingt so festschreiben. Gewiss ergeben sich Parallelen und Analogien (8), denn wie die Beschneidung die Aufnahme in die jüdische Volksgemeinschaft bedeutet, so bedeutet die Taufe die Aufnahme in die christliche Gemeinde. Allerdings ist hierbei (gerade auch im Blick auf die Beschneidung am achten Tag) die zunehmend allgemein verbindlich werdende Säuglingstaufe geradezu vorausgesetzt – was jedoch eine erhebliche Kurskorrektur gegenüber den früheren Zeiten ausmacht, in denen die freiwillig gewünschte Erwachsenentaufe als Glaubenstaufe (gemäß Mk. 16,16) praktizierte Regel war. Unabhängig davon wird man davon auszugehen haben, dass die ersten Christen der Jerusalemer Urgemeinde, die bei einigen Hellenisten ja allesamt überwiegend Judäer waren, ihre Kinder wie selbstverständlich nach vertrauter Gewohnheit in der Maxime Gen. 17,12 am achten Tage nach der Geburt haben beschneiden lassen (vgl. Luk. 2,21 / Apg. 21,20f.) – ehe die Taufe als Initiationsritus in die christliche Gemeinde und als Übereignung an Christus späterhin im Alter des Erwachsenen aufgrund eigener, freiwilliger Entscheidung zusätzlich hinzutreten konnte. Die ersten Christen, so sie von Hause aus Judäer waren, waren also zum einen (am achten Tage) beschnitten, zum anderen (in späteren Jahren) getauft worden. Dass nun ausgerechnet die Säuglingstaufe (oder zumindest die (Klein-) *Kindertaufe*) in der Jerusalemer Urgemeinde (im übrigen: zusätzlich zur Beschneidung) praktiziert worden sein sollte, dürfte als höchst unwahrscheinlich gelten. Belege für die Taufe von Säuglingen und Kindern folgen erst mit dem 4./5. Jhdt. (9).

In heidenchristlichen Gemeinden mag sich die Vorstellung von der »Beschneidung im Herzen« (nach Röm. 2,28f.) und von der »Beschneidung in

Christus« (nach dem Zeugnis von Kol. 2,11–13) im Blick auf die Erwachsenen-Taufe wiederfinden – im Kontrast zum jüdischen Brauch und in der Folge paulinischer Kritik an der jüdischen Forderung, Heidenchristen müssten sich (wenn auch bereits in fortgeschrittenem Alter) ebenfalls beschneiden lassen (vgl. Gal. 2,29; 3,24.28).

In der Phase der ersten Christenheit: ob nun innerhalb der Judenchristen oder innerhalb der Heidenchristen – wird die Erwachsenen-Taufe nach dem Tauf-Auftrag Jesu Christi in Mt. 28,19 (den »verba institutionis«) als Glaubenstaufe im Sinne von Mk. 16,16 (»Wer da glaubet und getauft wird, der wird selig werden; wer aber nicht glaubt, der wird verflucht werden«) und im Sinne von Joh. 3,5 (»Wenn jemand nicht aus Wasser und Geist geboren wird, so kann er nicht in das Reich Gottes kommen«) aus dem Muster der Johannes-Taufe (mit dem Akzent auf der »Metanoia«) heraus gängige Praxis geworden und lange Zeit (bis ins 4./5. Jhdt. hinein) geblieben sein. Versuche, die Kindertaufe aus Mk. 10,13–16 heraus begründen zu wollen und legitimieren zu können (10), wirken ebenso konstruiert wie die Hinweise auf Apg. 16,15.31–33; 18,1 und auf 1. Kor. 1,16, wonach »ganze Häuser«, sprich: Familien getauft worden sein sollen. Die Hinweise darauf, dass das »Haus« des Stephanus, der Lydia und des Gefangenen-Aufsehers von Philippi getauft worden sind, als Beweise für die Kindertaufpraxis heranziehen zu wollen, können wohl nicht recht überzeugen (11). Bedacht sein will in diesem Kontext übrigens Paulus' Aussage in 1. Kor. 7,14c, wonach die »infantes« durch ihre christlichen Eltern bereits geheiligt sind. Man wird wohl zumindest konstatieren müssen, »dass das Vorhandensein und die Taufe von Kindern in keinem dieser Fälle bewiesen oder widerlegt werden kann« (12) – man sollte also davon Abstand nehmen, in diese Bibelstellen entsprechende eigene Interessen und Wünsche hinein interpretieren zu wollen. Aus dem Ernst und aus der Würde der Heiligen Taufe für Erwachsene heraus, aber auch aus dem damaligen Generationen-Verständnis wird es schwerlich einleuchten können, zu postulieren, dass Kinder im Familienverbund einfach so ›als Mitläufer‹ mitgetauft worden wären. Bei allen Rückschluss-Versuchen und in aller Vorsicht wird dennoch festzustellen sein: Eine Kinder- und Säuglingstaufe bildete in der Zeit der ersten Christenheit: also auch in den Zeiten der Evangelienschreibung und in den ersten Jahrhunderten noch keinen eigenständigen Kasus. Für eine solche These finden sich bis heute jedenfalls keine Quellentexte.

Angaben finden sich dagegen für die im 4. Jhdt. (nachdem das Christentum zur Staatsreligion erhoben worden war) geübte Praxis, die Taufe möglichst weit hinauszuschieben (manches Mal bis kurz vor den Tod) oder wenigstens in die Zeit der ersten Kindheitsjahre zu legen. *Gregor von Nazianz* (+390) soll in einer Rede in Konstantinopel im Jahre 381 dazu geraten haben, »die Zeit von drei Jahren abzuwarten – sei es ein wenig darunter oder darüber – bis zu einem Alter, in dem sie sowohl etwas Geheimnisvolles hören als auch antworten können.« (zitiert nach Moreschini in: Grégoire: Discours, 40,28). Doch – seine Rede richtet sich an Erwachsene: an Taufkatechumenen! Die Taufe von Kleinkindern kann nach Gregor nur im Zuge einer Art von Nottaufe und damit als Ausnahme erfolgen.

Auch wenn *Tertullian* (*um 150,+um 230) (die Taufe als »sacramentum sanctificationis« sieht und demzufolge) die Praxis der Kindertaufe kritisiert, so bestätigt er allein schon durch diese Erwähnung die Praxis für die Christenheit in Nordafrika durch seine in den Jahren zwischen 198 und 204 entstandene Schrift »De baptismo« (13). Tertullian beschreibt seine Probleme damit, wie sich ein Kind in der Taufe überhaupt zu einem christlichen Lebenswandel verpflichten soll und kann, und fragt danach, inwieweit sich Paten für den christlichen Lebenswandel ihres Täuflings über Jahrzehnte hinweg verbürgen können sollen. Ob nun die *»Traditio Apostolica«* bereits aus den Anfängen des dritten Jahrhunderts stammt (und die uns überlieferte älteste Kirchenordnung darstellt oder nicht) und ob sie dem römischen Presbyter *Hippolyt* zugeschrieben werden kann oder nicht: in jedem Fall bezeugt sie den Ritus der Kindertaufe (»Traditio Apostolica« 21). Dies erfolgt auch durch die einmütige Stellungnahme der 67 Bischöfe auf der Synode von Karthago aus dem Jahre 253 mit ihrem Beschluss, die Kinder (nämlich: die Säuglinge) bereits am zweiten oder am dritten Tage nach ihrer Geburt zu taufen (und nicht erst am achten Tag) – wie nachzulesen ist in einem Brief von *Cyprian* von Karthago (+258) an den nordafrikanischen Bischof Fidus (der sich für die Parallele von Tauftag und von Beschneidungstag, nämlich am achten Tage nach der Geburt, einsetzte). Dahinter verbirgt sich wohl der (Aber-) Glaube, man dürfe den neugeborenen Kindern die Gnade Gottes nicht unnötig lange vorenthalten (14). Doch – drückt sich in dieser Denkweise und Praxis nicht die Überzeugung aus: »ex opere operato«? Wer in dem Signum der Säuglingstaufe eine Demonstration der so genannten »gratia praeveniens« erkennen will, unterliegt wohl genauso einem Missverständnis wie der, der nicht zu unterscheiden vermag zwischen der (Geist-) Taufe als »cognitio salutis« und der (Wasser-) Taufe als »causa salutis« (15).

Tertullians alles andere als von der Hand zu weisende Kritik pflanzt sich fort bis hin zu *Karl Barth* 1943, der die Praxis der *Kindertaufe* als »eine tief unordentliche Sache« bezeichnet (15) – oder zu Hans Urs von Balthasar, der in der Institution der Kindertaufe »die folgenschwerste Entscheidung aller Entscheidungen der Kirchengeschichte« sieht (16) – oder zu Kurt Aland, der in Jesu Kleinkindersegnung keinerlei Beweis für die Kindertaufe in der Zeit der Urkirche erkennen kann, aber sehr wohl gemäß Mk. 16,16 fordert, dass der Glaube der Taufe vorangehen muss (17). Barth orientiert im Blick auf den zur Taufe anstehenden Säugling: »Wenn gerade er nicht glaubt, wenn das bloß andere sind, die glauben, wie soll dann das, was beginnt, sein eigenes christliches Leben werden können?« (18). In seiner Frage geht Karl Barth wie selbstverständlich vom Glauben der Eltern aus – was aber dann, wenn dieser nicht einmal (mehr) vorausgesetzt werden kann?

Piet Schoonenberg lehnt die Kindertaufe als »ein halbes Sakrament« ab – im Unterschied zur Erwachsenentaufe, die er als »ganzes Sakrament« versteht. Seine Position drückt sich darin aus, »daß sich die Erwachsenentaufe für den christlichen Glauben ... selbst rechtfertigt, die Kindertaufe jedoch die Rechtfertigung nötig hat.« (19).

Cyprian vergleicht (wie vor ihm *Justin* der Märtyrer im zwischen den Jahren 155 und 160 datierten »Dialog mit dem Juden Tryphon«) die *Kindertaufe* mit der *Beschneidung* und spricht gemäß Dtn. 10,16 von der »circumcisio spiritalis« als der »geistlichen Beschneidung«, wobei er auf das Zeugnis von Röm. 6,1–14 rekurriert, dem Mitsterben und Mitauferwecktwerden mit Christus. Wie weit die jüdischen Denkmuster und Riten in die christliche Vorstellungswelt nachwirken, mag irritieren – sollte man meinen, der christliche Abnabelungsprozess« vom Judentum sei bereits weiter vorangeschritten oder gar schon abgeschlossen. Schließlich beurteilt *Cyprian* das jüdische Gebot der Beschneidung als christlich überholt.

In dieser Haltung spiegelt sich das Verhältnis zwischen KIRCHE und JUDENTUM, zwischen Altem und Neuem Testament. Durch Jahrhunderte hindurch herrschte im Christentum die Meinung vor, man müsse das Alte Testament als »Buch einer ständig wachsenden Erwartung« (G.v.Rad: Theologie II, 339) lesen auf die Erfüllung in Christus hin (wobei die Aussage Luk. 4,21 missdeutet wurde) – was zu dem fragwürdigen typologischen Modell von »Verheißung« (AT) und »Erfüllung« (NT) führte. Demzufolge konnte das Verhältnis zwischen Pessach und Ostern, zwischen Beschneidung und Säuglingstaufe, zwischen Judentum und Christentum, zwischen »altem und neuem Gottesvolk«, zwischen »Gesetz und Evangelium«, zwischen Synagoge und Kirche im Verhältnis von »Verheißung und Erfüllung« seinen Ausdruck finden. Das Judentum einerseits wie das Erste Testament andererseits erfuhr auf diese Weise eine Abqualifizierung und Entwertung ohnegleichen (wenn nicht gar eine Verwerfung) – für das Zweite Testament dagegen wurde eine höhere Qualität und Dignität beansprucht: so, als ob es das Heil Gottes erst, ausschließlich und allein in Christus Jesus gäbe. In einer Verzeichnung ohnegleichen wurde nach dem Sinne Marcions (+160), aber auch Adolf von Harnacks dem *gnadenlosen* Richtergott des Alten Testaments der *gnadenvolle* Jesus Christus des Neuen Testaments gegenübergestellt (bzw. dem ›Gott des Zorns‹ ›der Gott der Liebe‹, vgl. dabei Hos. 11). Statt den barmherzigen Königsgott zu bekennen, der Gerechtigkeit in Barmherzigkeit übt, der richtet, indem ER rettet (vgl. Ps. 2–72–89 – 50.73–83 – 145.146–150)(20) – wurde mit Blick auf Hebr. 10,1 das Erste Testament als »Schatten« bezeichnet: hätte man dann nicht auch konsequenterweise das Zweite Testament als ›Licht‹ bzw. als ›Sonne‹ bezeichnen müssen?

Rudolf Bultmann etwa sah die Geschichte des Volkes Israel als Geschichte des Scheiterns und der Verwerfung (21) – Israel habe ausgedient, das Alte Testament sei überholt, das Judentum »theologisch erledigt« – »Erwählung« könne nur im Neuen Bund in Christus erfahren werden.

Die bleibende Erwählung Israels, der bleibende Eigenwert des Ersten Testaments, das bleibende Potential der ersttestamentlichen Verheißungsworte, die Gefahr gerade auch des theologischen Antijudaismus wurde seit Jahrhunderten erstmals im Synodal-Beschluss der Rheinischen Landeskirche vom 11. Januar 1980 benannt: in der »Erklärung zur Erneuerung des Verhältnisses von Christen und Juden« (unter Berufung auf das Ölbaum-Gleichnis des Apostels Paulus in Röm. 9–11). Diese Erklärung weiß sich der Bundestheologie (»Gottes Bund ist nicht gebrochen«) und der Wertschätzung des Ersten Testaments verpflichtet – sie betont die Kontinuität, in der das Christentum mit dem Judentum steht (22).

Wie sich die Theologie der TAUFE im Zuge der weiteren Zeit entwickelt, wird in *Augustin*s antipelagianischer Schrift »De nuptiis et concupiscentia« aus den Jahren 420/421 deutlich, in der er seine Überzeugung von der »*Erbsünde*« (vom »peccatum originale«) formuliert. Analog der Beschneidung befreit die Taufe von der in die ewige Verdammnis führenden Erbsünde, so Augustinus. Das heißt: Die nicht von der Hand zu weisende Sorge um das postmortale Schicksal ungetauft verstorbener Kinder verhilft zunehmend zur Etablierung der Säuglingstaufe. Jedoch – dieser Begründungszusammenhang kann nicht fraglos bleiben.

»Im Sinne Augustins beschloss im Jahre 418 die 16. Synode von Karthago in ihrem zweiten Kanon: ›... Jeder, der bestreitet, dass die neugeborenen Kinder zu taufen seien, oder sagt, dass sie zwar zur Vergebung der Sünden (in remissionem quidem peccatorum) getauft würden, aber keine Ursprungssünde von Adam her annähmen (sed nihil ex Adam trahere originalis peccati), ... soll verflucht sein (anathema sit).‹« (23).

Von *Augustin* (*354,+430) aus führt scheinbar eine direkte Linie z.B. zu *Huldrych Zwingli*s »Commentarius de vera et falsa religione« (1525) und zu der Entscheidung des Rats der Stadt Zürich (1525), wonach an allen neugeborenen Kindern in den ersten acht Tagen Taufpflicht besteht. Diese Entscheidung entspricht der Synoden-Entscheidung von Karthago im Jahre 253 (!) einerseits – andererseits der »Kurpfälzer Kirchenordnung« von 1563. *Martin Bucer* (*1491,+1551) äußert: »die Alten sind für uns in dieser Sache nicht nur nachzuahmen, sondern auch auf irgendeine Weise zu übertreffen ... Daher taufen wir auch die Mädchen und die Neugeborenen, während jene nur die Knaben und diese am achten Tag beschnitten.« (Quid de baptismate, 13). Auf die Frage 74: »Soll man auch die jungen Kinder tauffen?« – antwortet der »*Heidelberger Katechismus« (1563):* »Ja: Denn sie so wol als die alten in den Bund Gottes unnd in seine gemein gehören, unnd jhnen in dem blut

Christi die erlösung von sünden, und der heilig Geist, welcher den glauben würcket, nit weniger denn den alten zugesagt wird: so sollen sie auch durch den Tauff, als des Bunds zeichen, der Christlichen kirchen eingeleibt, und von der ungläubigen Kinder unterscheiden werden, wie im alten Testament durch die Beschneidung geschehen ist, an welcher statt im neuen Testament, der Tauff ist eingesetzt.«

In seinem »Bericht auß der heyligen geschrift« vermerkt *Bucer*: »Darbey auch soll die tauffe den glauben erwecken, das denen, so rew uber ire sünd haben, die sunde abgeweschen und verzygen sind. Dann dieser glaub ist die volkommene tauffe.« (165). In diesen Worten deutet sich die geistliche Dimension der Taufe an, die Erziehung auf Christus hin (»pedagogia nostra ad Christum«), die Verpflichtung zu einem neuen Lebenswandel (Röm. 6,4) – das heißt: Die äußerliche Wassertaufe bedarf der innerlichen Geistestaufe (24), erfolgt auf späteren Glauben hin (25) und geschieht zur Vergebung der Sünden (Mk. 1,4). Ohne Glauben bleibt die Taufe unvollkommen – Entsprechendes gilt ebenso für die Beschneidung, die mehr ist als ein bloßer äußerlicher Akt. Auch hier handelt es sich also entscheidend um eine Glaubens- und Herzensangelegenheit (vgl. Dtn. 30,6). Vorausgesetzt ist in diesem Tauf-Kontext der Kinder- und Säuglingstaufe stets eine gläubige Gemeinde, ein gläubiges Elternhaus, gläubige Paten – darauf weist Theodor Haarbeck mit den Worten hin: »Die Heilsstiftung der Taufe setzt eine gläubige Gemeinde voraus. Die kleinen Kinder werden getauft aufgrund der Zugehörigkeit ihrer Eltern zur christlichen Gemeinde.« (in: Biblische Glaubenslehre, 1902, 193).

Jean Cauvin (*1509,+1564) stellt die Taufe in trinitarische ›topoi‹, wenn er formuliert: »wir empfangen die Reinigung durch das Blut Christi darum, weil der barmherzige *Vater* uns in seiner unvergleichlichen Freundlichkeit zu Gnaden hat annehmen wollen und dazu diesen Mittler zwischen sich und uns gestellt hat, damit er uns seine Gunst erwirkte. Die Wiedergeburt aber empfangen wir aus *Christi* Tod und Auferstehung nur dann, wenn wir, durch den *Geist* geheiligt, mit einer neuen, geistlichen Natur erfüllt werden. Daher steht es so, daß wir die Ursache (causam) unserer Reinigung wie unserer Wiedergeburt im *Vater,* ihren Wirkgrund (materiam) in *Christus* und ihre Wirkung (effectum) im *Heiligen Geiste* erlangen und gleichsam in Unterschiedenheit anschauen.« (Institutio IV, 15,6)(26)(Hervorhebungen im Original).
Cauvin bezeichnet die Taufe als das »Merkzeichen, mit dem wir öffentlich bekennen, daß wir zum Volke Gottes gerechnet werden wollen, mit dem wir bezeugen, daß wir zum Volke Gottes gerechnet werden wollen, mit dem wir bezeugen, daß wir mit allen Christenmenschen zur Verehrung des einen Gottes ... in Eintracht verbunden sind, und mit dem wir endlich unserem Glauben vor der Öffentlichkeit Ausdruck geben, damit nicht nur unsere Herzen das Lob Gottes atmen, sondern auch unsere Zungen und alle Glieder unseres

Leibes mit allen Zeichen, die sie von sich geben können, davon widerhallen.« (Institutio IV, 15,13).

Es mag erstaunen und wäre wohl eine eigene Untersuchung wert, in welcher Weise sich die Reformatoren auf die biblischen Texte von Mk. 16,16 und Joh. 3,5 berufen (oder wenn Luther unter Hinweis auf Apg. 8,36.37 schreibt:»Denn wo der Glaub nit ist, hilft die Taufe nit.« (27)) – wenn sie aber andererseits wie selbstverständlich und unkritisch (?) am Ritus der Säuglingstaufe festhalten. *Luther* wie *Cauvin* setzen gar bereits einen Säuglingsglauben voraus – wogegen *Karl Barth* (*1886,+1968) im Jahre 1943 kritisch vermerkt:»Wie man sich jene vorauszusetzende oder durch die Taufe zu bewirkende fides infantilis nun eigentlich vorzustellen habe, vermochte niemand anzugeben.« (28).
Resümierend lässt sich vermerken:

– Der Brauch der Kindertaufe bricht in verschiedenen Regionen zu verschiedenen Zeiten mit verschiedenen Intentionen auf, greift in unterschiedlichen ›Geschwindigkeiten‹ um sich, bis er zunehmend schließlich zur allgemein üblichen Praxis (bis in die heutige Zeit hinein) wird. Dafür jedoch braucht es im Zeitabschnitt 4./5. Jhdt. Zeiträume von wenigstens einem Jahrhundert.
– Die Kindertaufe erhält heilsnotwendigen Charakter: Kein Kind kann früh genug getauft und unter den Schutz (mantel) Gottes gestellt werden. Der Aspekt der eigenständigen Entscheidung des Taufbewerbers mit dem Wunsch zur Glaubenstaufe und dem freiwilligen Bekenntnis verliert dagegen an Bedeutung und an Gewicht. Die Entscheidung findet sich verlagert auf die ›Schultern‹ von Eltern und Paten, die als Bürgen Verantwortung übernehmen.
– Bildete anfangs das Motiv der Zueignung zu Gott und vom Hineinwachsen in den christlichen Glauben und dem eigenen Bekenntnis (vor dem Taufakt) mit einer eigenen Erklärung (»redditio symboli«) den entscheidenden Beweggrund für die christliche (Bekenntnis-) Taufe – so überlagern im Laufe der Zeit ganz andere Motive das ursprüngliche. Insbesondere das prophylaktische Motiv: ›Angst und Sorge um das zukünftige Seelenheil des Kindes‹ erhält dominierende Züge. Der apotropäische Charakter der Taufe obsiegt.
– Die Entwicklungstendenzen führen weg von der biblisch-begründeten Taufe (von Erwachsenen) nach Röm 6,3–11 und Joh. 3,5 hin zu einer Art von (Säuglings- und Kinder-) ›Taufe‹, die nach Form und Inhalt der Kleinkindersegnung wenigstens nahe kommt. Damit ergibt sich im theologischen Sinne Erklärungsbedarf für das, was biblisch Taufe bedeutet und was heute Praxis geworden ist. Ob die Säuglingtaufe durch Bibelworte wie Mk. 10,13–16 / Mt. 19,13–15 und Luk. 18,15–17 über-

haupt legitimiert werden kann (auch wenn sie sich in fast allen Agenden zur Kindertaufe wiederfinden), muss wohl sehr bezweifelt werden. Diese Verweisstellen fundieren im Gegenteil den Brauch der Kleinkindersegnung.

– Die Feier der Eucharistie bzw. des Messopfers mit den Neophyten erübrigt sich von selbst, damit entfällt der ursprüngliche Höhepunkt des gesamten gottesdienstlichen Geschehens in der *Kyrios-Nacht*. Der jetzt so ganz anders praktizierte Taufgottesdienst mit der Taufe von Säuglingen wird seines ursprünglichen Höhepunktes und seiner ›Kernkraft‹ beraubt. Das Glaubensbekenntis wird von Eltern und Paten stellvertretend für den Täufling gesprochen: ›auf Hoffnung hin‹, nämlich in dem Wunsch, dass der Täufling dieses Credo eines Tages als sein eigenes übernimmt.

– Die Institution des *Taufkatechumenat*s ›verblasst‹ und verschwindet im Gegenzug zunehmend wie andererseits die *Tradition der Kyrios-Nacht*. Damit verliert die Christenheit an urwüchsiger Strahlkraft. Der bewusst gewählte eigene Weg des Taufbewerbers zum Glauben und Bekennen, zur Taufe und zum Herrnmahl, zur Aufnahme in die Gemeinde wird durch Dritte ersetzt und übernommen. Dies mag als Entmündigung des Täuflings, als Degradierung der Taufe und als Abschied von der Kyrios-Nacht interpretiert werden.

Verschiedene Reformversuche in Sachen Taufe entstammen dem Reformationszeitalter. Waren die Tauforderungen bisher allesamt in lateinischer Sprache gehalten, so wurden sie nun verdeutscht und damit einem größeren Bevölkerungskreis verständlich gemacht. Die Menschen sollten (nicht mehr wie gehabt auf die [Heiligen-] Bilder achten, sondern) die Bibel in ihrer eigenen Sprache lesen und verstehen lernen, ebenso die Gottesdienste. Dies gilt übrigens auch für die Priester, die »die Messe lesen«, die bisher aber oft aufgrund mangelnder lateinischer Sprachkenntnisse selbst nicht verstanden haben, was sie denn da lesen.

Anmerkungen

(1) – »Die Beschneidung scheint ursprünglich ein Pubertätsritus gewesen zu sein: Gen. 17,25« – so vermerkt P. Cornehl: Der Evangelische Gottesdienst, 108.

(2) – Die Steinmesser nach Ex. 4,25 und Jos. 5,2f. mögen Hinweis sein auf die steinzeitliche oder wenigstens praehistorische Beschneidungspraxis.

(3) – Verzeichnenderweise übersetzt die Septuaginta (LXX) das, was »Thora« bedeutet, mit dem Begriff »Gesetz« und verfremdet damit das, was im Grunde heißen muss: ›(An-) Weisungen Gottes‹ / ›Gottes gute, heilsame Gebote und Lebenshilfen‹ / oder (nach Ernst Lange auf den Dekalog bezo-

gen) ›die (zehn) großen Freiheiten‹. Die Thora ist das Buch des Bundes Gottes mit Seinem Volk.

(4) – Ulrich Zimmermann: Kinderbeschneidung und Kindertaufe, 33. In gleicher Weise gilt dies für Gerhard von Rad, wenn er von »alttestamentlicher Jahweoffenbarung« schreibt (Theologie I, 128).

(5) – U. Zimmermann, aaO., 33.40: »Die Kinderbeschneidung ist seit Gottes Gebot an Abraham das sakramentale Zeichen seines unkonditionalen Gnadenbundes mit dem Einzelnen und seinem Volk Israel (Gen. 17,12f).«

(6) – U. Zimmermann, aaO., 31. Unbeschnitten verstorbene Kinder wären nach Ez. 28,10; 31,18; 32,18 ff. nur noch zu bedauern – Ähnliches gilt für ungetauft verstorbene Kinder.

(7) – Mit gutem Grund jedoch kritisiert kein anderer als *Karl Barth* die »NOTTAUFE« – dahingehend, dass es keine Not gibt, die die Nottaufe je begründen könnte. Als ob Gott sich davon abhängig machte, ob nun ein Kind getauft wird oder nicht – als ob Gott sich nicht gerade des Kindes im besonderen annimmt, das z.B. im Kontext der Geburt in Todesgefahr liegt und stirbt (vgl. Mt. 18,14)! Als ob Gott auf ein vorausgehendes Handeln und also auf eine Vorleistung von Menschen (im Sinne einer ›Werkgerechtigkeit‹?) angewiesen wäre und erst danach handlungsfähig sein sollte: Das sei ferne!
Jean Cauvin lehnt die so genannte Nottaufe mit folgender Begründung ab: »Wenn Gott die Verheißung gibt, daß er unser Gott sein will und der Gott unseres Samens nach uns (Gen 17,7), so kündigt er uns damit an, daß er unsere Kinder schon vor ihrer Geburt zu den Seinen annimmt.« (Institutio IV, 15,20). Entsprechendes gilt nach Cauvin für Kinder, die vor der Beschneidung am achten Tage verstorben sind.

(8) – Joachim Jeremias erkennt Vorstufen der Johannes-Taufe und der urchristlichen Taufe in der jüdischen Proselytentaufe (beim Übertritt ins Judentum), findet allerdings keinen Schriftbeweis dafür, wonach für einen ins Judentum übertretenden Heiden ein Tauchbad vorgeschrieben sei (in: Die Kindertaufe in den ersten vier Jahrhunderten, 34–47).

(9) – Joachim Jeremias dagegen sieht es unter Verweis auf die so bezeichnete »*Oikos-Formel*« und unter dem Aspekt der »Familiensolidarität« als »das Nächstliegende« an, dass im Falle der Taufe »ganzer Häuser« (vgl. 1. Kor. 1,16 / Apg. 16,15.31ff.; 18,8) gerade auch die Kinder mit einbezogen worden sind (in: Die Kindertaufe in den ersten vier Jahrhunderten, 24–28). Kritisch äußert sich dazu Gerhard Barth in: Die Taufe in frühchristlicher Zeit, 138–141.
Jeremias stützt seine These u.a. auch auf Apg. 2,17.38f.; 11,14 (aaO., 48f.) – doch können diese Schriftzitate seine These überzeugend begründen? Andererseits kommt Jeremias zu der Schlussfolgerung: »Paulus scheint 1. Kor. 7,14c die Taufe von Kindern christlicher Eltern nicht zu kennen« und verweist dazu auf Oscar Cullmann (siehe: Die Tauflehre des Neuen Testaments, AThANT 12, Zürich 1948, 20f.; 38f.; 47.55)(aaO., 54). Aus Apg. 21,21 fol-

gert Jeremias, »daß man um 55 n. Chr. auch in Jerusalem die christlich geborenen Kinder nicht getauft hat« (aaO., 57) – und formuliert als Ergebnis: »um
die Mitte des 1. Jh.s n. Chr. hat man in der ganzen Christenheit, sowohl im
judenchristlichen wie im heidenchristlichen Raum, aller Wahrscheinlichkeit
nach die christlich geborenen Kinder nicht getauft. Sie waren ja als Kinder
gläubiger Eltern ›in Heiligkeit‹ geboren und standen dadurch im Raum des
Heils und im Bereich der Christusgnade.« (aaO., 57)(vgl. 1. Kor. 7,14).

(10) – Vor diesem Hintergrund stellt sich die Frage, ob der Text Mk.
10,13–16 (unter Beachtung der damaligen Zeit- und Lebensverhältnisse des
Juden Jesus von Nazareth) überhaupt (schon) in den Kontext der Kindertaufe
gehört (bzw. gehören kann) oder ob dieser Text nicht geradezu im Gegenteil
(allein) den Kasus der (Klein-) KINDERSEGNUNG (im bewussten Gegenüber zur Säuglings- bzw. Kleinkindertaufe) begründet (begründen kann). Zu
fragen wäre also, mit welcher Berechtigung Mk. 10,13–16 in den Tauf-
Agenden erscheint und demnach in der Liturgie der Kindertaufe rezitiert
wird.

(11) – Joachim Jeremias verficht dagegen die These, wonach bei der Taufe »ganzer Häuser« (vgl. 1. Kor. 1,16 und Apg. 16,15.33) die gesamte Familie die Taufe empfängt, also einschließlich die dazugehörenden Kinder – und
stützt seine Überzeugung durch den Verweis auf Apg. 11,14; 16,31 und 18,8
sowie 2,38.39 (in: Nochmals, 21). Jeremias kommt zu dem Ergebnis, »daß
auch bezüglich der Kinder die urchristliche Taufpraxis derjenigen der Proselytentaufe entsprach, bei der sämtliche Kinder einschließlich der Säuglinge
mitgetauft wurden.« (aaO., 23).
Kurt Aland jedoch betont: Die Zeit vor dem 3. Jahrhundert »spricht lediglich
von der Erwachsenentaufe und schließt die Säuglingstaufe aus.« (in: Die
Säuglingstaufe, 1961, 44). Anders aber sieht es bei der Taufe von heranwachsenden Kindern aus, die erstmals durch Tertullian belegt wird: »folgen wir
Tertullian, dann ist es das Pubertätsalter«. Aland setzt also »ein gewisses
Alter« für den Empfang der Taufe voraus (aaO., 82).

(12) – so U. Zimmermann, aaO., 63.

(13) – J. Jeremias (in : Nochmals, 5) und K. Aland stimmen darin überein,
»daß die direkten Belege für die Kindertaufe erst mit Tertullian einsetzen.«

(14) – Nach der (durch *Augustinus* begründeten und im Mittelalter ausge-
bildeten) Lehre vom »limbus inferni« gelangen ungetauft verstorbene Kinder
in eine Art »Vorhölle«, aus der es kein Entrinnen gibt. Ihnen könne die Ursünde nicht vergeben werden. Diese Lehre wird in der Dogmatik der römischen Kirche seit dem II. Vaticanum (1962–1965) zurückgewiesen.

(15) – siehe K. Barth: Die kirchliche Lehre von der Taufe, Zürich, 3/1947.

(16) – zitiert nach W. Breuning in: H. Auf der Maur / B. Kleinheyer: Zeichen des Glaubens, 166.

(17) – vgl. K. Aland: Die Säuglingstaufe im Neuen Testament und in der
Alten Kirche, 68ff.

(18) – K. Barth: KD IV,4: Die Lehre von der Versöhnung. Die Taufe als Begründung des christlichen Lebens, 205.

(19) – P. Schoonenberg: Theologische Fragen zur Kindertaufe, 126f.

(20) – siehe B. Janowski: Der barmherzige Richter, in: Der Gott des Lebens, 75–133.

(21) – *Rudolf Bultmann* urteilte:»Wer in der Kirche steht, für den ist die Geschichte Israels vergangen und abgetan. Die christliche Verkündigung kann und darf die Hörer nicht daran erinnern, daß Gott ihre Väter aus Ägyptenland geführt hat, daß er das Volk einst aus der Gefangenschaft führte und wieder zurückbrachte in das Land der Verheißung, daß er Jerusalem und den Tempel neu erbaute usw. Israels Geschichte ist nicht unsere Geschichte, und sofern Gott in jener Geschichte gnädig gewaltet hat, gilt diese Gnade nicht uns.« (in: Die Bedeutung des Alten Testaments für den christlichen Glauben (1933), in: Glauben und Verstehen, Bd. I, 1933, 333).

(22) – siehe dazu Berthold Klappert: Zur Erneuerung des Verhältnisses von Christen und Juden, in: Evangelische Theologie, 40. Jg., 3/1980, 257–276. Innerhalb dieses Artikels findet sich der Rheinische Synodalbeschluss (vom Jan. 1980) ebenso abgedruckt wie die Thesenreihe zur Erneuerung des Verhältnisses von CHRISTEN und JUDEN.

Die Grundordnung der Badischen Landeskirche enthält in Art. 3 die Formulierung:»Die Evangelische Landeskirche in Baden will im Glauben an Jesus Christus und im Gehorsam ihm gegenüber festhalten, was sie mit der Judenheit verbindet. Sie lebt aus der Verheißung, die zuerst an Israel ergangen ist, und bezeugt Gottes bleibende Erwählung Israels. Sie beugt sich unter die Schuld der Christenheit am Leiden des jüdischen Volkes und verurteilt alle Formen der Judenfeindlichkeit.« (28.04.2007). In dieser wie in weiteren Erklärungen anderer Landeskirchen wird deutlich, dass die Christen an der Seite Israels stehen – anders gefasst: Die Verbundenheit der Kirche mit der Judenheit gehört zu den »signa ecclesiae«.

Galten bisher bereits aus der Zeit der Alten Kirche heraus (z.B. durch Eusebius und Johannes Chrysostomus) im Zuge der Enterbungstheorie bzw. der Substitutionstheorie (z.T. gar triumphalistische?) Thesen wie: Der Sinai-Bund ist aufgehoben, von Gott aufgekündigt / Christus sei »des Gesetzes Ende« (Röm. 10,4), das Ziel, die Erfüllung, die Hauptsumme der Thora / Israel als Volk Gottes wurde durch die Kirche abgelöst / die Kirche sei ›das neue und wahre Israel‹ / die Zerstörung des Tempels ist Folge der göttlichen Verwerfung Israels / das heutige Judentum sei einerseits eine fossile, andererseits eine legalistische Religion / das Judentum sei »eine Reliquie einer ehrwürdigen und abgetanen Vergangenheit« (zitiert in H.H. Henrix: Judentum, 100) – so wird gegenüber einer solchen Diffamierung, Disqualifizierung und Diskriminierung von Juden bzw. Judentum und andererseits gegenüber einer Israel-Vergessenheit im Kontext des christlich-jüdischen Dialogs in der Gegenwart betont:

– Gottes JA zu Israel gilt weiterhin. Der Bund Gottes mit Seinem Volk bleibt (im Gegenüber von 2. Kor. 3,6–16 und Hebr. 8,7.13) bestehen: »Hat denn Gott Sein Volk verstoßen? Keineswegs (das sei ferne)! Denn auch ich bin ein Israelit, ein Nachkomme Abrahams, aus dem Stamm Benjamin. Gott hat sein Volk nicht verstoßen, das Er einst erwählt hat«, hebt Paulus in Röm. 11,1f. hervor – und an anderer Stelle: »Gottes Gaben und Berufung können Ihn nicht gereuen.« (Röm. 11,29). Bei aller Kritik gegenüber dem Judentum blieb Paulus stets ein »Advokat Israels« in der Völkerwelt.

– Martin Bubers Aussage: »Gekündigt ist uns nicht!« (zitiert in: H.H. Henrix: Judentum, 86) gilt es zu unterstreichen (vgl. dazu auch: II. Vaticanum. Erklärung über das Verhältnis der Kirche zu den nichtchristlichen Religionen »Nostra Aetate«, Art. 4 vom 28.10.1965). /

– »Wir glauben die bleibende Erwählung des jüdischen Volkes als Gottesvolk und erkennen, dass die Kirche in den Bund Gottes mit seinem Volk hineingenommen ist« (so die Rheinische Synodalerklärung von 1980). Das heißt: Die Christen sehen sich zusammen mit dem Volk Israel hineingenommen in den Bund Gottes, belassen dabei jedoch dem Volk Israel den Titel »Volk Gottes«, reklamieren diesen Titel demnach nicht für sich, setzen sich selbst also nicht an die Stelle Israels. Zu fragen ist in diesem Kontext, ob zwischen dem Volk Israel und dem Volk der (Heiden-) Christen nicht zwei verschiedene Heilswege zu unterscheiden sind, die erst im zukünftigen Ziel der Herrlichkeit Gottes zusammenfinden. /

– Über alle Differenzen in der Messiasfrage hinaus steht es den Christen an, an der Seite Israels zu bleiben, das jüdische Volk als das *erst*erwählte zu achten, in den Juden die älteren Glaubensgeschwister zu erkennen und miteinander und voneinander zu lernen. Die EKD-Studie »Christen und Juden« aus dem Jahre 1975 hebt hervor: »Die Kirche wird es nicht unterlassen dürfen, freimütig auszusprechen, daß sie selbst des Gesprächs mit dem Judentum bedarf.« (35).

– Antijudaismus, Judenfeindschaft und Judenhass in jeder Form ist von allem Anfang an zu verwerfen und zu bekämpfen, einem »Antisemitismus der trägen Herzen« (so Hermann Maas in einem Brief an Robert Raphael Geis vom 30.12.1949 in: Dietrich Goldschmidt / Ingrid Ueberschär (Hg.): Leiden an der Unerlöstheit der Welt, München 1984, 102) gilt es zu wehren. /

– Wer »ein prinzipieller Judenfeind ist, der gibt sich als .. prinzipieller Feind Jesu Christi zu erkennen. Antisemitismus ist Sünde gegen den Heiligen Geist.« (so Karl Barth: Die Kirche und die politische Frage von heute, in: Eine Schweizer Stimme 1938–1945, Zürich 1945, 85). Jesus von Nazareth darf nicht zum »Anti-Juden« hochstilisiert werden (vgl. Adolf von Harnack) – ebenso wenig dürfen die Juden als hässliches Gegenbild zu Jesus Christus dargestellt werden. /

- Nach Röm. 11,26 geht es nicht darum, »dass sich ganz Israel bekehren wird« (nämlich zum Erlöser Jesus Christus)(so die prolongierte Fehlinterpretation), sondern darum, dass ganz Israel »gerettet« wird (so der Wortlaut im griechischen Urtext und in der Vulgata-Übersetzung). /
- Zwangsproselytismus von Juden ist mit dem christlichen Glauben unvereinbar. /
- *Judenmission* ist (nicht erst nach Auschwitz) für Christen nicht angemessen. Die Rheinische Synodalerklärung von 1980 fixiert: »Wir glauben, daß Juden und Christen je in ihrer Berufung Zeugen Gottes vor der Welt und voreinander sind; darum sind wir überzeugt, daß die Kirche ihr Zeugnis dem jüdischen Volk gegenüber nicht wie ihre Mission an die Völkerwelt wahrnehmen kann.« /
- Juden und Christen vereint »eine gemeinsame Wurzel« (vgl. Röm. 9–11) – der Glaube an den einen Gott als unseren Schöpfer, Versöhner und Erlöser – und eine gemeinsame Hoffnung auf Zukunft: auf die endgültige Erlösung am Ende aller Tage. /
- Christen haben den Glauben an diesen einen Gott verleugnet, als sie damit begannen, einen eigenständigen christlichen Gottesbegriff zu propagieren und diesen dem Gott des Ersten Testaments entgegen – oder gar an dessen Stelle zu setzen – als sie meinten, dass Juden, die Jesus Christus ablehnen, von Gott unwiderruflich verworfen seien – als sie vergaßen, dass ›der‹, der »in diesen letzten Tagen zu uns geredet hat durch den Sohn« (Hebr. 1,2), der ist, der einst durch die Propheten zu den Vätern gesprochen hat. /
- »Juden und Christen sind unlösbar verbunden. Aus der Leugnung dieser Zusammengehörigkeit entstand die Judenfeindschaft in der Christenheit. Sie wurde zu einer Hauptursache der Judenverfolgung. Jesus von Nazareth wird verraten, wenn Glieder des jüdischen Volkes, in dem er zur Welt kam, als Juden missachtet werden. Jede Form der Judenfeindschaft ist Gottlosigkeit und führt zur Selbstvernichtung.« (Diese Positionen enthält die Erklärung »Juden und Christen« vom 10. Deutschen Evangelischen Kirchentag, Berlin 1961 – zitiert nach Susanne Schütz: Robert Raphael Geis, in: W. Licharz / W. Zademach (Hg.): Treue zur Tradition als Aufbruch in die Moderne, 347f.). /
- Die fortdauernde Existenz des jüdischen Volkes, seine Heimkehr in das Land der Verheißung, die Errichtung des Staates Israel (am 14. Mai 1948), »die bleibende Erwählung Israels«: all dies ist als »Zeichen der Treue Gottes gegenüber seinem Volk« zu verstehen (so der Rheinische Synodalbeschluss von 1980). Die Errichtung des Staates Israel ist »ein ›Epoche-machendes Ereignis‹, das nach zweitausendjährigem Exil alle jüdische Existenz auf ein neues Fundament stellt.« (so urteilt Christoph

Münz: Emil Ludwig Fackenheim, in W. Licharz / W. Zademach (Hg.): Treue zur Tradition als Aufbruch in die Moderne, 165). /
– »Wir werden den christlichen Antijudaismus erst hinter uns haben, wenn es uns theologisch gelingt, mit dem jüdischen Nein zu Jesus Christus etwas Positives anzufangen.« (so Friedrich-Wilhelm Marquardt, zitiert in: P. Hirschberg: Provokation, 81).

Auch wenn in der »Hebraica« von der »Verwerfung Israels« geschrieben wird (2. Kön. 24,20 / Jer. 7,15.29 / Hos. 9,17) – so bedeutet dies nicht, dass Gott Seinen Bund mit Seinem Volk aufgekündigt hätte. Nach Jer. 31,35–40 ist es unvorstellbar und unmöglich, dass Israel vor Gott aufhöre, »ein Volk zu sein vor mir ewiglich«. Jer. 31,10 betont: »Der Israel zerstreut hat, der wird´s auch wieder sammeln und wird es hüten wie ein Hirte seine Herde.« Selbst wenn Paulus in Röm 9–11 von der Verwerfung Israels ausgeht, in Röm. 11,7.25 gar von der »Verstockung Israels« spricht, so heißt dies nicht, dass Gott Sein Volk aufgegeben hätte und dass nunmehr die Kirche (als »das wahre Israel«) an die Stelle Israels getreten sei. Diese Position jedoch vertrat der Bruderrat der Evangelischen Kirche in Deutschland immerhin noch im Jahre 1948 – wogegen jedoch die EKD-Synode in Berlin-Weißensee 1950 (bereits) eindeutig Stellung bezog.
Beachtung verdient in diesem Kontext die ÖRK-Erklärung von Sigtuna / Schweden 1988: »Die Kirchen und das jüdische Volk. Auf dem Weg zu einem neuen Verständnis«, verabschiedet von der ÖRK-Konferenz »zur Kirche und dem jüdischen Volk« (in: RKZ, 130. Jg., 3/1989, 91–93).
In anderer Weise bedenkenswert erscheint die *Position Jean Cauvins zum Verhältnis Kirche-Israel*. Johannes Calvin geht davon aus, dass der Jude Jesus von Nazareth als der Messias Israels und als der Herr der Kirche die Gemeinschaft der Kirche mit Israel begründet – dass der Bund Gottes bzw. die Bundestreue Gottes mit Israel auf ewig Bestand hat – dass im Wort vom Neuen Bund (nach Jer. 31,31) keinerlei Verwerfung Israels impliziert ist – dass die Kapitel Röm. 9–11 die Würde und das Vorrecht der Juden freilegen – dass die Unterscheidung von Gesetz (= Altes Testament) und Evangelium (= Neues Testament) nicht zu rechtfertigen ist – dass dem Volk Israel wie dem Ersten Testament für uns Christen bleibende Bedeutung zukommt (vgl. dazu den Aufsatz von H.J. Kraus: »Israel« in der Theologie Calvins, RKZ 8.9/1989, 254–258 – sowie den Aufsatz von H.J. Kraus: Die Aktualität der Theologie Calvins, RKZ 4/1990, Theologische Beilage 1.90, 3–8).
Luther wie auch *Zwingli* dagegen teilten die Überzeugung von *Aurelius Augustinus*, wonach Gottes Zorn auf dem Volk Israel laste und die »Christusmörder« zur Strafe ein unstetes Leben ohne eigenes Land führen müssten (vgl. H.A. Oberman: Zwei Reformationen, 130.208). Luthers Juden-Feindschaft erwächst aus seiner Enttäuschung über das Scheitern der *Judenmission*: In seiner Früh-Schrift von 1523 unter dem Titel: »Daß Jesus Christus ein

geborener Jude ist« war er noch davon ausgegangen, die Juden zum christlichen Glauben reizen zu können (vgl. Röm. 11,11).

In seiner Spät-Schrift: »Von den Juden und ihren Lügen« (1543) formulierte *Martin Luther,* wie diese »Teufelskinder« (WA 53.417–552; 420, 29; 1543) zu behandeln sind: »*Erstlich,* das man ire Synagoga oder Schule mit feur anstecke und, was nicht verbrennen will, mit erden uber heuffle und beschütte, das kein Mensch ein stein oder schlacke davon sehe ewiglich. ... Zum *andern,* das man auch ire Heuser des gleichen zerbreche und zerstöre. Denn sie treiben eben dasselbige drinnen, das sie in iren Schülen treiben. Dafur mag man sie etwa unter ein Dach oder Stal thun, wie die Zigeuner ... Zum *dritten,* das man inen neme alle ire Betbüchlein und Thalmudisten, darin solche Abgötterey lügen, fluch und lesterung geleret wird. Zum *vierden,* das man iren Rabinen bey leib und leben verbiete, hinfurt zu leren. Denn solch Ampt // haben sie mit allem recht verloren. ... Zum *fünften,* das man den Jüden das Geleid und Strasse gantz und gar auffhebe, Denn sie haben nichts auff dem lande zu schaffen, weil sie nicht Herrn noch Amptleute noch Hendeler, oder des gleichen sind ... Zum *sechsten,* das man inen den Wucher verbiete und neme inen alle barschafft und Kleonot an Silber und Gold, und lege es beseit zu verwaren. ... Zum *siebenden,* das man den iungen starcken Jüden und Jüdin in die hand gebe flegel, axt, karst, spaten, rocken, spindel, und lasse sie ir brot verdienen im schweis der nasen ... Denn, wie gehört, Gottes zorn ist so gros uber sie, das sie durch sanffte barmhertzigkeit nur erger und erger, durch scherffe aber wenig besser werden. Drumb immer weg mit inen.« (WA 53.523,1 – 526,16)(zitiert nach H.A. Oberman: Luther, 305f.; Hervorhebungen im Original). Oberman (306) weist darauf hin, dass in der Zitation folgende Passage meisthin weggelassen wird: »Wir müssen mit gebet und Gottes furcht eine scharffe barmhertzigkeit uben, ob wir doch etliche aus der flammen und glut erretten künten. Rechen dürffen wir uns nicht. Sie haben die Rache am halse, tausent mal erger, denn wir inen wündschen mügen.« (WA 53.522,34–37). Ob nun aber mit oder ohne diesen Vorsatz: Lässt sich ›*Luthers Sieben-Punkte-Programm gegen die Juden*‹ nicht als Aufruf zum Pogrom verstehen – und wurden seine Äußerungen nicht gerade so aufgefasst und in die Tat umgesetzt? Geschah dies nicht durch Hitlers Propagandisten und Aktionisten z.B. in der Nacht vom 9. auf den 10. November 1938?

Die »Vatikanischen Richtlinien und Hinweise« vom 1. Dez. 1974 zur Durchführung der Konzilserklärung *»Nostra Aetate«* Nr. 4 vom 28. Okt. 1965 besagen: »Das Problem der Beziehungen zwischen Juden und Christen ist ein Anliegen der Kirche als solcher, denn sie begegnet dem Mysterium Israels bei ihrer ›Besinnung‹ auf ihr eigenes Geheimnis.« (zitiert in H.H. Henrix: Judentum, 116). – Papst *Johannes Paul II.* betonte bei seinem Besuch in der römischen Synagoge am 13. April 1986: »Wir sind uns alle bewusst, dass aus dem reichen Inhalt dieser Nr. 4 der Erklärung Nostra aetate drei Punkte besonders wichtig sind ... Der erste Punkt ist der, dass die Kirche Christi ihre ›Bindung‹ zum Judentum entdeckt, indem sie sich auf ihr eigenes Geheimnis besinnt ... Die jüdische Religion ist für uns nicht etwas ›Äußerliches‹, sondern gehört in gewisser Weise zum ›Inneren‹ unserer Religion. Zu ihr haben wir somit Beziehungen wie zu keiner anderen Religion. Ihr seid unsere bevorzugten Brüder und, so könnte man gewissermaßen sagen, unsere älteren Brüder. Der zweite ... Punkt ist der, dass den Juden als Volk keine ewig währende oder kollektive Schuld wegen der ›Ereignisse des Leidens (Jesu)‹ ... angelastet werden kann ... Der dritte Punkt ...folgt aus dem zweiten. Trotz des Bewusstseins, das die Kirche von ihrer eigenen Identität hat, ist es nicht erlaubt zu sagen, die Juden seien ›verworfen oder verflucht‹ ... Im Gegenteil, das Konzil hatte zuvor ... festgestellt, dass die Juden ›weiterhin von Gott geliebt werden‹, der sie mit einer ›unwiderruflichen Berufung‹ erwählt hat.« (zitiert in: H.H. Henrix: Judentum, 117f.)(die Rede von Papst Johannes Paul II. findet sich zitiert in: Freiburger Rundbrief, 3–5)(vgl. dazu die Fürbitte »Für die Juden« in der römischen Karfreitagsliturgie im »Missale Romanum« 1970). – Besondere Erwähnung verdient nicht zuletzt die folgende Äußerung von Papst *Pius XI.* (1922-+1939) aus dem September 1938: »Der Antisemitismus ist eine abstoßende Bewegung, an der wir Christen keinen Anteil nehmen können ... Der Antisemitismus ist nicht vertretbar. Geistlich sind wir Semiten.« (zitiert in H.H. Henrix: Judentum, 61). Doch dann erreichte die staatlich verordnete und inszenierte Judenfeindschaft in der Reichspogromnacht vom 9. auf den 10. November 1938 einen ersten beschämenden Höhepunkt ... Fragen mag man angesichts dieser Position von Pius XI. nach der Autorität, nach den Konsequenzen, nach der Verbindlichkeit solcher päpstlicher Direktiven für das Leben und für das Handeln römischer Christen.

(23) – zitiert nach U. Zimmermann, aaO., 121f.

(24) – Der »Berner Synodus« von 1532 formuliert in Kap. XX: »Aber wir töuffen unsere kind also, das wir sy durch unser töuffen zur gemein gots von ussen annemen, guter hoffnung der herr werde nach seiner ewigen güte hie nach syn ampt by jnen ouch ußrichten, und sy mit dem h. geyst warhafftig töuffen.«

Zwingli unterscheidet (wie Bucer und wie späterhin Karl Barth 1943) zwischen der Wassertaufe (»ein usserlich zeichen«, das »nihil efficit«, vgl. seine Schrift von 1525: »De vera et falsa religione commentarius«, 766, 3) und der Geisttaufe. »Gott wird gebeten, er möge dem Täufling ›das liecht des gloubens in sin herzt geben, damit er sun yngelybt und mit imm in den tod vergraben werde, in imm ouch uferstande in eim nüwen läben, in dem er sin krütz, imm täglich nachvolgende, frölich trag, imm anhange mit warem glouben, styffer hoffnung und ynbrünstiger liebe.‹« (zitiert nach G. Plasger: Die relative Autorität, 265).

(25) – *Jean Cauvin* versteht die Kindertaufe als »Angeld« auf zukünftigen Glauben hin und vermerkt: »die Kinder werden auf ihre künftige Buße und ihren künftigen Glauben hin getauft; beide haben in ihnen noch keine Gestalt gewonnen, aber durch das verborgene Wirken des Geistes liegt dennoch der Same zu beiden in ihnen beschlossen.« (Institutio IV, 16,20).

(26) – zitiert nach U. Zimmermann: Kinderbeschneidung und Kindertaufe, 264 (Hervorhebungen im Original).

*Cauvin*s Titel »*Institutio Christianae Religionis*« (mit der ersten Ausgabe von 1536 aus Basel und mit der letzten aus dem Jahre 1559) übersetzt Georg Plasger mit: »Unterricht in der christlichen Gottesverehrung« (in: die-reformierten.upd@te 08.4,10). Die »Institutio« gliedert sich in vier Bücher mit insgesamt achtzig Kapiteln und bedeutet so etwas wie ein Kompendium reformierter Theologie.

(27) – WA 7,321 – zitiert nach E. Busch: Das Verständnis der Taufe und die Frage der Erneuerung der kirchlichen Taufpraxis, Teil 1, RKZ 4/1990, 118.

Inwieweit Martin Luther als Kind seiner Zeit dem mittelalterlichen Teufels- glauben verhaftet ist, zeigt folgende Aussage: »Man kann den Teufel sonst nicht verjagen, denn durch den Glauben in Christus, daß einer sage: ›Ich bin getauft, ich bin ein Christ.‹« (WAT 6, Nr. 6830; 217,26f.).

(28) – K. Barth: Die kirchliche Lehre von der Taufe, 32. – Vgl. dazu K. Barth: KD IV,4: Die Taufe als Begründung des christlichen Lebens.

Zur Feier des sonntäglichen Gottesdienstes im 4./5. Jhdt.

In einer Sammlung von acht Büchern mit Kirchenordnungen (wobei die ers- ten sechs davon aus der Zeit um 380 dem Presbyter *Johannes Chrysostomos* (+407) in Antiochia (?) zugeschrieben sind und die beiden folgenden dem Bischof *Cyrill von Jerusalem* – und mit denen Christen davon abgehalten werden, jüdische Synagogen zu besuchen und jüdische Feste zu feiern): in diesen so bezeichneten »*Constitutiones Apostolorum*« sind für den christli- chen Gottesdienst eine Vielzahl von alt- und neutestamentlichen Lesungen enthalten, ebenso verschiedene Predigten der Presbyter und des Bischofs sowie einzelne Gottesdienst-Ordnungen, die im Grundraster folgenden Ab- lauf beinhalten:

Mit dem Schluss der Bischofspredigt und mit einer Reihe von »*Ektenien*« (Fürbittegebeten mit Kyrie-Anrufungen) endet der öffentliche, das heißt der für jedermann offen stehende Gottesdienst. Die Ungetauften: die Katechu- menen, die »Photizomenoi« (die zur Taufe Anstehenden), aber auch die Kranken werden vom Diakon zum Schlussgebet (mit Kyrie-Rufen) und zum Segensgebet herbeigerufen und anschließend entlassen. Danach feiert die Gemeinde der Getauften (das heißt: der Gläubigen) das Mahl des HERRN zu Seinem Gedächtnis. Der Diakon spricht Worte eines allgemeinen Kirchengebets, der Bischof betet für die Gemeinde und endet mit dem Friedensgruß. Der Diakon ruft: »Grüßt einander mit dem heiligen Kuss«, woraufhin die Presbyter den Bischof, die Männer und Frauen einander und wechselseitig den Kuss entbieten. Die Gemeinde versteht sich als Liebesgemeinschaft Christi. Die Mahnung des Diakons erschallt, wonach kein Ungetaufter und kein Katechumen das Liebesmahl mitfeiern darf, aber auch kein Heuchler und keiner, der im Streit mit einem anderen lebt. Ein Subdiakon reicht dem Bischof und den Presbytern ein Wasserbecken zum Händewaschen, anschließend bringen Gemeindeglieder die Opfergaben von Brot und Wein zu den Diakonen, die sie ihrerseits zum Altar tragen, wo sie vom Bischof und von den Presbytern entgegengenommen werden. Nach einem weiteren Gebet wird der Bischof mit Festgewändern umkleidet. Auf ein längeres Gebet hin, das die göttliche Heilsgeschichte aus den Anfängen heraus erinnert, stimmt die Gemeinde das Trishagion (nach Jes. 6,3) an und endet mit einer Doxologie. Noch ist der Altar verhangen, da preist der Bischof das Versöhnungswerk Christi, spricht die »verba testamenti« und erbittet Gottes Heiligen Geist (Epiklese), auf dass das Brot zum Leibe und der Wein zum Blute Christi werde (Konsekration und Wandlung). Das Opfer Jesu Christi wird so begangen, als wiederhole es sich: als ereigne es sich ganz neu in dieser Feier. Nach einem Fürbittengebet des Bischofs für die Kirche öffnen sich die Vorhänge vor dem Altar (die so genannte »Denudatio«, die ›Entblößung‹ des Altars, erfolgt), und der Bischof trägt die Opfergaben zur Gemeinde. Die Austeilung beginnt unter den Worten: »Das Heilige den Heiligen!«, ehe die Gemeinde mit dem Lobpreis antwortet: »Gelobt sei, der da kommt im Namen des Herrn, Gott ist der Herr und unter uns erschienen, Hosianna in der Höhe!« Der Bischof genießt als erster die heiligen Elemente, spendet sie den Presbytern und Diakonen und reicht sie anschließend den Gläubigen, die in einer langen Schlange stehend darauf warten. Auf die Austeilungsworte des Bischofs: »Leib Christi« und des Diakons: »Blut Christi« antworten die Gläubigen mit: »Amen«. Während der Kommunionfeier singt die Gemeinde den 34. Psalm mit dem Vers: »Schmecket und sehet, wie freundlich der Herr ist – wohl dem, der auf Ihn traut!« (Ps. 34,9). Ein Dankgebet von Bischof und Diakon beschließt die Feier, ehe die Gemeinde unter dem Segen (des Bischofs) entlassen wird (1).

Die einzelnen ›Bausteine‹ der *Mahlfeier nach dem Antiochia-Typ* ergeben folgende Liturgie (wobei die Taufhandlung in diesem Regel-Gottesdienst nicht einbezogen ist – vermutlich deshalb, weil Tauffeiern allein zu bestimmten Zeiten im Kirchenjahr, nämlich innerhalb der Pentecoste begangen wurden):

Predigten der Presbyter und des Bischofs
Ektenien

Entlassung der Ungetauften wie auch der Kranken durch den Diakon mit dem Segensgebet

Eröffnung der Mahlfeier durch ein Kirchengebet des Diakons

Gebet des Bischofs: endet mit dem Friedensgruß

Aufruf des Diakons zum ›heiligen Kuss‹

Mahnung des Diakons: ›kein Ungetaufter ...‹

Reinigungsritus für Bischof und Presbyter (Handwaschung)

Darbringung (Offertorium) der Opfergaben (Oblationen) durch Gemeindeglieder zu den Diakonen

Proskomedie auf dem Rüsttisch (Prothesis) durch Diakone und Presbyter

Anlegen der Festgewänder für den Bischof

Anamnese: Dankgebet des Bischofs zur Erinnerung an die Heilsgeschichte Gottes mit seinem Volk

»Sanctus« der Gemeinde und Doxologie

»Verba testamenti«

Epiklese (»veni sancte spiritus«)

Konsekration und Wandlung der Elemente

Fürbittgebet des Bischofs (u.a. für die bereits Entschlafenen) und Unser-Vater-Gebet (?)

Ruf: »Das Heilige den Heiligen!« (»sancta sanctis«)

Denudatio (»Entblößung« des Altars)

Kommunion: zuerst der Bischof, dann die Presbyter und Diakone, dann die Gemeinde

Der Kommunikand nimmt (noch wie in der Zeit der ersten Christen) Brot und Wein mit eigenen Händen entgegen

Psalm 34

Dankgebet

Segen

Überbringung der Gaben an Abwesende, insbesondere an Kranke, durch die Diakone.

Aus den Ursprungstagen der Ostkirchen heraus entwickelt sich zunehmend die Tradition des »eucharistischen Gebets« mit: Bekenntnis, Predigt, Lehre, Hymnus, Anamnesis, Fürbitte und Epiklese (2).

Das Glaubensbekenntnis gehört in den Kontext der Taufe und wird deshalb nicht in jedem Gottesdienst der Gemeinde gesprochen worden sein – allerdings fehlen die Worte des Unser-Vater-Gebets. Ob sie sich an das Fürbittengebet des Bischofs anschließen und – weil selbstverständlich – nicht eigens erwähnt werden?

Im VIII. Buch der »*Apostolischen Konstitutionen*« entwickelt *Cyrill von Jerusalem* (*um 315, ab 348 Bischof, +386) in der vierten »Mystagogischen Katechese« seine Überzeugung vom »Leib und Blut Christi« und in der fünften sein Verständnis von der eucharistischen Liturgie. »Hier ist zum ersten Male deutlich greifbar, daß durch ... die Epiklese die Wandlung der Elemente *bewirkt* wird ... ist bei Kyrill der Ansatz zu einer solchen isolierten Betrachtung der Elemente gegeben, die sich in anderer Weise später auch in der lateinischen Messe so bedenklich durchgesetzt hat.« (3). Damit findet sich der Weg vorgezeichnet, der die KONSEKRATION und WANDLUNG der ELEMENTE in der Zitation der »verba testamenti« durch den römischen Priester konzentriert und der die bisherige Epiklese in der späteren römischen Messliturgie eliminiert. Dagegen jedoch erfolgt die Wandlung in den orthodoxen Kirchen seit den Tagen Cyrills von Jerusalem durch die Epiklese des Priesters, der Gott, den Vater, um die Wandlung der Elemente durch den Heiligen Geist bittet.

Die eucharistische Liturgie gewinnt ihre reiche Ausgestaltung aus dem byzantinischen Hofzeremoniell. ›Mit Furcht und Zittern‹ sollen die Gläubigen aufrecht stehen und den Herrn wie einen König empfangen (vgl. Apost. Konst. VIII). Mit Schaudern und Schrecken empfangen die Kommunikanden Brot und Wein. Die Scheu vor dem »Mysterion« führt in der Folgezeit immer mehr dazu, dass immer weniger Gläubige es wagen, an den »Tisch des HERRN« vorzutreten.

Bemerkenswert erscheint die herausgehobene Position des *Bischof*s. Er übernimmt die Funktion des maßgebenden und maßgeblichen Zelebranden und steht an der Spitze der Hierarchie der Kleriker (4) im Gegenüber zu den »Laien«. Das Opfergebet des Bischofs tritt an die Stelle der bisherigen »*Epiklese*«. Der Bischof ist es, der das Opfer Jesu am Kreuz (entgegen dem »ein-für-allemal« erbrachten blutigen Opfer Jesu damals am Kreuz – vgl. Röm. 6,10 / 1. Petr. 3,18 / Hebr. 9,12.28; 10,14) in jedem einzelnen Gottesdienst in seiner Bischofskirche auf unblutige Weise als Messopfer wiederholt – das »*Offertorium*« / die »Darbringung« der Dank-Opfergaben *(»Oblationen«)* von Brot und Wein durch Gemeindeglieder wirkt dagegen wie ein Relikt aus früheren Tagen. Und doch rekurriert gerade diese Handlung auf früh-christliche Praktiken und nicht zuletzt auf Jesu Worte: »Tut ihr das zu meinem Gedächtnis!« (1. Kor. 11,24.25 / Luk. 22,19).

Mag in dieser Abfolge der Mahlfeier noch sowohl die urchristliche »Darbringung« (das »Offertorium«) durch Gemeindeglieder als auch die römische *Konsekration* von Brot und Wein einbezogen sein – so wird sich in der Folgezeit der Begriff des Dankopfers / der *Eucharistie* / der Darbringung der Opfergaben (ver-) wandeln in die reine und alleinige und in jedem einzelnen Mess-Gottesdienst stets neu wiederholte Opferleistung des *Priester*s, die in der Konsekration und Wandlung ihren Höhepunkt erreicht. Zugespitzt formuliert heißt das: »Der Priester wird zum stets neuen Produzenten des Opfers Jesu« (vgl. R. Volp: Liturgik II, 1188) – wobei er damit in den Gegensatz zur Einmaligkeit des Opfers Jesu gerät. Man bedenke:

– Hier in dieser »*Wandlung*« / in dieser ›Weichenstellung‹ entwickelt sich etwas ganz Anderes: etwas, das im Unterschied zur Eucharistie als dem »Lobopfer vor Gott« biblisch nicht legitimiert werden kann.

– Die *Opferterminologie* erweist sich fortan (und bis in die Gegenwart hinein) als höchst klärungsbedürftig. Klar definiert und kirchlich verbindlich gehört von der römischen Kirche erklärt, was im Einzelnen jeweils konkret gemeint ist und was nicht: wen oder was also der römische *Priester* im Opfer »darbringt« und wen oder was eben nicht.

– Jeder einzelne römisch-katholische Priester und Bischof und Papst steht in der so genannten »*apostolischen Sukzession*«slinie, die zurückreicht bis hin zu einem Mann namens Simon Petros: doch ausgerechnet Simon Petros sollte den Anfang gesetzt haben in der *Wiederholung des Opfers Jesu*?

Es kann wohl nicht deutlich genug hervorgehoben werden, welche gewaltige Verschiebung sich hier angebahnt und schließlich bis heute ereignet hat: War der Gottesdienst urchristlich bisher die »Sache der versammelten Gemeinde«, so wird er nun zur Sache des Amtsträgers. Galt bisher: ›Er das Haupt, wir Seine Glieder‹ (EG 251,1) (nach Mt. 23,8: »ER der Meister, wir die Brüder«) bzw. Eph. 1,22; 4,15.16; 5,23 / Kol. 1,18 – so tritt nun die Unterscheidung und *Trennung zwischen Klerus und Laien* ein. Das Dankopfer / die Eucharistie wird aus den Händen der Gemeinde herausgenommen (und damit zugleich Jesu auf die Eucharistie hin bezogenes Wort an »die Seinen«: »tut *ihr* das zu meinem Gedächtnis«, vgl. 1. Kor. 11,24.25 / Luk. 22,19) – dagegen übernimmt stattdessen der *Priester* allein die Aufgabe der »Produktion des Opfers« (ggf. schließlich auch in Form einer Privatmesse), allerdings die eines Opfers ganz anderer Art: nämlich »die unblutige Wiederholung des Opfers Jesu am Kreuz von Golgotha«. Als ob das (zudem an jedem Ort dieser Welt zeitgleich) überhaupt möglich wäre oder wünschenswert sein sollte! Gottes verborgener Ratschluss bestand doch darin, diesen Einen: Seinen Sohn als einzigen an den Schandpfahl des Kreuzes auszuliefern und zu opfern, »damit alle, die an Ihn glauben, eben nicht verloren gehen, sondern zum ewigen Leben finden!« (Joh. 3,16). Wo denn steht geschrieben, dass diese einmalige Opfertat (auf die insbesondere der Hebräerbrief insistiert, vgl. Hebr. 7,27; 9,12; 10,10 – aber auch 1. Petr. 3,18) auf unblutige Weise durch die Priester weltweit (als ihre grundlegende Amtspflicht) in jedem einzelnen Mess-Gottesdienst als »sacrificium« wo auch immer stets neu wiederholt werden solle? Liegt darin eine Aufwertung oder nicht im Gegenteil gar eine Abwertung des Opfers Jesu begründet? Über diese rhetorischen Fragen hinweg ist festzuhalten: Christenmenschen ›feiern‹ eben nicht das Kreuz von Golgotha, ›feiern‹ also nicht die Opfertat Gottes an diesem einen Jesus von Nazareth – Christenmenschen feiern von allem Anfang an vor allem und über allem seit dem Ereignis in der Kyrios-Nacht das Geheimnis / das Mysterion der Auferweckung Jesu Christi als Gottes einmalige und unwiederholbare Wundertat in der Perspektive des Wortes: »ER lebt, und wir sollen auch leben!« (vgl. Joh. 14,19)! Dabei gedenken sie des Kreuzes Jesu, aber: stets aus dem weiten Horizont der Auferweckung Christi heraus! Darüber staunend, lobend und dankend, was ER für sie getan (und erlitten) hat – und was Gott für sie getan hat und tut und tun wird.

Wen überrascht es in diesem Zusammenhang (wo das zelebrierende Opferhandeln des je einzelnen Priesters in den Mittelpunkt gerückt wird), wenn schließlich selbst unter römisch-katholischen Christen das Wort »Eucharistie« (im Gegensatz zum Begriff der »Messe«) immer weniger bekannt ist und immer mehr fremd wird?

Man berücksichtige zudem den vielleicht missverständlichen oder gar missglückten Versuch der ersten Christen, sich mit der Verwendung und Übernahme des *Opfer-Begriffs* absetzen zu wollen von den jüdischen Opfer (-tier)-Vorstellungen – um damit in bewusster Abgrenzung von Mal. 1,11 vom »Dank- und Lobopfer« zu sprechen. Die Reformatoren werden sich in ihrer Zeit aber gerade auf diese urchristliche »Eucharistie« der Getauften zurückbesinnen, um sich damit von der römischen Messopfer-Tradition der Priester zu verabschieden. Die Reformatoren werden sich bemühen, ›das Rad zurückzudrehen‹, die Mahlfeier im Sinne von Hebr. 13,15 als Aufgabe an die ganze Gemeinde zurückzugeben und damit zur urchristlichen Glaubenspraxis zurückzukehren.

Nach *Cyprian* von Karthago (+258), Euseb (315 Bischof von Caesarea) und Johannes *Chrysostomos* (+407) wurde bereits im 3. Jhdt. in täglichen Gottesdiensten das Messopfer durch irdische Priester an Christi Statt als wahres und volles Opfer dargebracht (Cyprian: Ep. 63, 14, Mirbt nr. 71) – während z.B. in Alexandria und in Jerusalem allein sonntags die heiligen Mysterien gefeiert wurden. »Chrysostomus redet ganz massiv von dem schaudervollen Geheimnis des eucharistischen Opfers, von der Zunge, die vom Blut gerötet wird (in Matth.hom.82, 5 MPG 58, 743), von dem Leib, den wir in den Händen halten (in 1Kor hom. 24, 4 MPG 61, 203), von dem Blut, das Christus selbst bei der Einsetzung des A.s getrunken habe (in Matth.hom. 82, 1MPG 58, 739).« (in: RGG³, Bd. 1, 25).

Es dürfte nicht irritieren, dass sich neben diesem antiochenischen (?) Formular aus der Zeit um 380 in anderen Regionen des römischen Reiches andere Agenden Geltung verschafft haben: dies gilt für den syrischen Typus, für den byzantinischen (Konstantinopel), für den alexandrinischen (mit der Akklamation: »Deinen Tod, o HERR, verkündigen wir und Deine Auferstehung preisen wir, bis Du kommst in Herrlichkeit!«) und nicht zuletzt für die Jerusalemer Jakobus-Liturgie. Und doch fallen die Übereinstimmungen derart auf, dass man auf einen Ur-Typus zurückschließen könnte, wie er in der obigen Aufstellung der liturgischen ›Bausteine‹ angedeutet ist. Was spricht dagegen, diesen Ur-Typus in dem Ausgangspunkt des hellenistischen Christentums zu suchen, also in Antiochia?

Die gottesdienstlichen Feiern ereigneten sich in der Zeit vom 4./5. Jhdt. an durch die Förderung des KIRCHENBAUs immer weniger in Privathäusern (5), in Bethäusern, Märtyrerkapellen und so bezeichneten Titelkirchen (nach dem Namen des Hauseigentümers oder des Sponsoren) in der Anlage von dreischiffigen Hauskirchen (mit Räumen für die Katechesen, mit Aus- und Ankleideräumen, mit einer Vorhalle (zur Absage an den Satan), mit *Baptisterien* (auch Piscinen genannt) und mit Räumen für das Kyrios-Mahl) – sondern immer mehr in größeren, stattlichen, nach außen weithin sichtbaren und zunehmend prunkvoll ausgestalteten *Basiliken* im früheren Stil römischer Markthallen (in der Form eines rechteckigen Langhauses), die auch als »Thronhalle« für den König dienen konnten, aber ebenso als Gerichtssaal für die Richter. In der Apsis steht der Bischofsstuhl und der *Altar* (ursprünglich nach 1. Kor. 10,21: »der Tisch des HERRN«)(6) auf dem durch mehrere Stufen gegenüber dem übrigen ›Schiff‹ erhöhten Chorraum (unter dem sich manches Mal eine Gruft oder das Grab eines Märtyrers befand) im Zentrum der Vierung – in der Mitte der Versammlung kam der Ambo hinzu. Die Raumaufteilung erfolgte durch die Errichtung von Säulen in ein Mittelschiff und in Seitenschiffe, ggf. in ein zusätzliches Querschiff, das allein dem Klerus vorbehalten war. Das Langhaus erhielt häufig einen Vorraum von gleicher Breite, meistens mit einem Tauf-Brunnen. Diesem Vorraum vorgeordnet wurde eine kleine Säulenhalle, in der sich die Ungetauften aufhielten, aber z.B. auch Sünder und Büßer und Kranke, die die Kirche nicht betreten durften. Demnach umfasst das Kirchgebäude drei verschiedene Stationen-Teile: die Säulenvorhalle, die Vorhalle (den Ort der Reinigung) sowie die Kirche (den Ort der Christgläubigen). Den Zielpunkt dieses Weggeschehens bildet der *Altar* (auf den das durch eine Rosette gebündelte Sonnenlicht herunterstrahlt). Wenn man so will, findet sich in dieser Architektur der Weg des Menschen angelegt: aus der Finsternis der Welt heraus zum »Licht des Lebens«, zu Gott bzw. zu Christus (vgl. Joh. 8,12).

Neben dem Typus der Basilika etabliert sich aus den frühchristlichen Tauforten heraus der so genannte Zentralbau in symmetrischer Anordnung um den tiefer gelegenen Taufbrunnen herum. Diese Architektur verdichtet das gottesdienstliche Geschehen sinnenfällig auf die Prinzipialstücke von Taufstein, Tisch (des HERRN) und Ambo im Mittelpunkt der Kirche. Als Grundriss für solch einen Zentralbau gilt konsequentermaßen der Kreis, ein Quadrat oder ein regelmäßiges Vieleck, insbesondere das Achteck (im Bezug darauf, dass der »achte Tag« nach der Kyrios-Nacht als besonderer Tauftag angesehen wurde).

Konstantin wie *Theodosius* (379–395) setzten sich dafür ein, dass Glockentürme errichtet werden: die *Glocken* sollen die Gläubigen zu den Gottesdiensten herberufen (und erinnern an die Schellen nach Ex. 28,33f. und

39,25f.)(7). Im 6. Jhdt. waren im Römischen Reich fast allerorten Kampanilen zu sehen. Mit dem Aufblühen des Kirchenbaus blühen ebenso Malereien und Mosaiken auf, zunächst in abstrakten Chiffren, z.B. als Siegeskreuz oder im Symbol des Lammes (8). Auf entsprechende Gewänder für den Klerus (und auf die Status-Unterschiede) wurde zunehmend Wert gelegt (9). Theatralisch wirkende Zeremonien und Prozessionen (aus dem »Diakonikon« und aus der »Prothesis« als den beiden Sakristeien in der Basilika heraus) mit brennenden Kerzen in den Händen sollten den festlichen Charakter des Mess-Gottesdienstes hervorheben. Der Einfluss von kaiserlichem Hofzeremoniell wirkte sich zunehmend aus, beispielsweise bis in die Zeit von Papst Gregor dem Großen (590–604) hinein, der die bisherigen Traditionen ausbaut (und der mit repräsentativen Kirchenbauten glänzt). In dem so genannten »Stationsgottesdienst«, der mit Ektenien und Gesängen eröffnet wird, wird solange (herbei-) gesungen, bis dass der Bischof (das heißt: der spätere römische Papst) mit seinem Gefolge in einer Art von Triumphzug durch die Stadt mit Weihrauch- und Fackelträgern in die Kirche hineinzieht. Nachdem er Altar und Evangelienbuch mit seinem Kuss bedacht hat, begrüßt er das Volk mit dem »Dominus vobiscum«, worauf ihm das Volk mit dem »et cum spiritu tuo« antwortet. Nach Kollektengebet, Evangelienlesung und evtl. einer Homilie beginnt die Mahlfeier mit dem Offertorium (der Darbringung der Dankopfergaben), mit der Präfation (»sursum corda« / ›die Herzen in die Höhe‹) und mit dem eucharistischen Gebet – wobei zu dieser Zeit noch jeglicher Gedanke an die »Elevation der Hostie«, an die »Konsekration« / also an die (Ver-) Wandlung der Elemente (ab dem 11. Jhdt.) und an das Gedächtnis der Verstorbenen (an das »memento mori«) fehlt. Seit Gregor I. (+604) bildet das *Unser-Vater-Gebet* den Auftakt zur anschließenden Kommunion. Alle Gläubigen erhalten sowohl Brot als auch Wein. Nach dem Dankgebet entlässt der *Diakon* die Gemeinde mit den Worten: »Ite missa est« (›Geht hin, ihr seid entlassen!‹). Von diesen Worten her leitet sich der Begriff *»Messe«* ab, der schließlich als Bezeichnung für den gesamten Messopfer-Gottesdienst üblich wird.

Hatte in den ersten Christengemeinden der »Episkopos« / der Vorsteher seine Ansprache vom Vorstehersitz aus gehalten (wie es dem antiken Lehrer entsprach) – so verwendete man bald bereits ein Pult und markierte damit den Ort der Predigt. In der *Basilika* waren es drei Orte, die je nach gottesdienstlicher Situation genutzt wurden: der Episkope verließ den Vorstehersitz, um von den »cancelli« aus zu sprechen, das heißt von einer Schranke aus (die Bezeichnung »Kanzel« leitet sich davon ab) – er benutzte das Lektorium am Lettner und den Ambo für die Schriftlesungen (von »anabainein« = ›hinaufsteigen‹). Augustinus und Johannes Chrysostomos (10) mögen »die ersten Prediger gewesen sein, die nicht vom Thronos des Episkopen, sondern vom Ambo aus predigten.« (11).

Festzuhalten gilt: Wie eng es im Zusammenhang zwischen (Taufkatechumen,) Kyrios-Nacht und Mahlfeier weiterhin (nun aber bereits im Sinne der Wandlung) bestellt ist, zeigt sich deutlich am Beispiel Cyrills von Jerusalem in seinen »Constitutiones Apostolorum« und im so genannten »Stationsgottesdienst«.

Anmerkungen

(1) – vgl. H. Lietzmann: Geschichte der Alten Kirche, III, 293–299.

(2) – R. Volp (Liturgik I, 330–332) führt ein Beispiel eines eucharistischen Gebets aus, das vermutlich seine Wurzeln in der Zeit Cyrills von Jerusalem (+386) hat.

(3) – Herbert Goltzen: Eucharistie – Entfaltung, Fehlentwicklung, Wiedergewinnung des Eucharistischen Gebets im Mahl des Herrn, in: T. Sartory (Hg.): Die Eucharistie, 55 (Hervorhebung im Original). Goltzen zitiert aus der fünften »Mystagogischen Katechese« folgende Worte des Bischofs: »Nachdem wir uns selbst durch diese geistlichen Lobgesänge geheiligt haben, bitten wir dringend den menschenfreundlichen Gott, das Heilige Pneuma auszusenden auf die vorgelegten (Gaben), daß er mache das *Brot* zum *Leibe* Christi, den *Wein* aber zum *Blute* Christi. Denn was immer berührt das Heilige Pneuma, das ist gänzlich geheiligt und *verwandelt* ...« (55)(Hervorhebungen im Original).
Die Bezeichnung »Wandlungsepiklese« mag für das Zitat noch zutreffen, bis sich in den Westkirchen schließlich Epiklese und Wandlung voneinander trennen, derart, dass allein die Wandlung übrig bleibt.

(4) – Nach Euseb (Kirchengeschichte 8,43,11) unterstanden in Rom einem BISCHOF 46 Presbyter (= Pfarrer), 7 Diakone, 7 Subdiakone, 42 Akoluthen (Gefolgsleute des Bischofs), 52 Exorzisten (Charismatiker), Lektoren und Ostiarier (Kirchdiener) – vgl. H. Lietzmann, aaO., II, 256. – R. Volp (Liturgik I, 186f.): »Mit wachsender Hierarchisierung und // Aufwertung des Episkopen verfiel die Funktion der Presbyter zu der von Adjutanten.«

(5) – Hans-Josef Klauck erwähnt ein Dekret der Synode von Laodicaea aus den Jahren zwischen 360 und 370: »es darf nicht mehr von Bischöfen und Presbytern in den Häusern das Opfer abgehalten werden.« (in: Hausgemeinde und Hauskirche, 77).

(6) – »Der ›Tisch des Herrn‹ (1. Kor 10,21) war zunächst von allen Seiten her zugänglich, auch groß genug, um die Oblationen der Gemeinde abzulegen. Die Prothesis mit einem eigenen Tisch musste später diese Funktion übernehmen ... Der Begriff ›Altar‹ bürgerte sich zur Zeit Augustins unter Anspielungen auf das Alte Testament (Gen. 8,20) ein. Im Unterschied zum Osten gewann der Altar als Deponie der Märtyrergebeine und Reliquien Bedeutung.« (so R. Volp: Liturgik I, 421).

»Sowohl in der Alten Kirche wie im Osten (hier spricht man vom ›heiligen Tisch‹) wie dann in der Reformationszeit war man stolz auf den Gegensatz zu unchristlichen Opferkulten (der Begriff ›Altar‹ kommt vom lateinischen adolare = verbrennen) ...« (R. Volp, aaO., 421).

R. Volp vermerkt darüber hinaus in Sachen ALTAR: »Rechtlich wurde Stein erst durch das Tridentinum (1570) verbindlich. Der Tischaltar war schon im 12. Jahrhundert verschwunden, bis ihn die Reformation wieder zu Ehren brachte. Der Sarkophagaltar des 16. Jahrhunderts, aus dem Kastenaltar entwickelt, in dem sich die Reliquien aus der Zeit der Kreuzzüge befanden, sollte sichtbar den Gegensatz zu dem reformatorischen Anliegen demonstrieren.« (Liturgik I, 422).

Martin Luther forderte den so bezeichneten ›Mensa-Altar‹, hinter dem »der Priester sich ymer zum volck keren müsse.« (DM 1526 / WA 19,80). Wie Luther empfahlen gerade auch die Schweizer Reformatoren den Pfarrern, hinter dem »Tisch des Herrn« stehend die Eucharistie »versus populum« zu zelebrieren. Insbesondere in reformierten Kirchen(bauten) stand (und steht) der Pastor (bis heute) unter bzw. vor der Kanzel hinter dem einen schlichten Holz-Tisch in der Mitte des Gottesdienstraumes und also in der Mitte der versammelten Gemeinde und teilt von dort her Brot und Wein aus (vgl. die »Hessische Kirchenordnung« von 1526). Genau gegenüber, also genauso in der Mitte der Gemeinde befindet sich der Taufstein. In der römischen Kirche hatte sich längst der Hochaltar (mit Seitenaltären) mit dem *Tabernakel* (seit dem 12. Jhdt.) aufgebaut, der ab dem 16. Jhdt. für jede römische Kirche vorgeschrieben ist.

R. Volp urteilt zu Recht: »Obwohl im evangelischen Brauchtum die Vorstellung vom ›Tisch des Herrn‹ bis heute maßgeblich blieb, werden umgangssprachlich die Begriffe ›Abendmahlstisch‹ und ›Altar‹ nach wie vor sorglos und promiscue gebraucht (so schon die Hessische Kirchenordnung von 1574).« (Liturgik I, 423). Diese Einschätzung findet ihre Bestätigung nicht zuletzt durch die beinahe volkstümlich anmutende Rede vom so genannten »Traualtar«.

(7) – Die Quellen der *Glocken* liegen in Ostasien, in China, wohl bereits im 12. Jhdt. v.Chr. Im 8. Jhdt. v.Chr. waren sie im armenischen Hochland ›angekommen‹. Sie erfüllten häusliche, öffentliche und nicht zuletzt militärische Zwecke, dienten zur Warnung und Alarmierung und allgemein zur Information.

(8) – »Die eigentliche ›Wiege der altchristlichen Kunst‹ (seit dem 3. Jahrhundert) sind die Malereien in den Katakomben und die Sarkophagenreliefs« – so R. Volp: Liturgik I, 205. In den Katakomben fanden überwiegend Eucharistien und Agapen im Sinne von Gedächtnisfeiern für Verstorbene statt.

(9) – Bis in die Karolinger-Zeit hinein blieb die *Albe* das Gewand der Kleriker. Ursprünglich war sie das Kleid der Neugetauften. Bereits im 4. Jhdt. diente die *Stola* als priesterliches Zeichen für die Sakraments- bzw. Myste-

rienfeiern. – »Das Obergewand der Antike war das Pluviale, das sich im Laufe der Zeit zum bischöflichen Prachtgewand (Cappa pontificalis) mit reicher Ornamentik entwickelte.« (R. Volp: Liturgik I, 455). – »Die Ostkirche kennt keinen liturgischen Farbenkanon ... Der Westen, genauer: Papst Innozenz III. (1198–1216) legte den Kanon für die Paramente .. fest ...« (R. Volp: Liturgik I, 510).

(10) – Eine Osterpredigt von Johannes »Chrysostomos« findet sich in: Durch die Nacht zum Licht. Materialsammlung für die Feier der Gottesdienste in der Fasten- und Osterzeit, hg. von der Arbeitsgemeinschaft Christlicher Kirchen in Baden-Württemberg, 28f.

(11) – siehe R. Volp: Liturgik I, 435. Volp schreibt im weiteren: »Der sog. Kanzelaltar, d.h. der über dem Altar installierte Predigtort, knüpft an den hochmittelalterlichen Brauch der Predigt vom Lektorium über dem Volksaltar an ... Im 20. Jahrhundert gewinnt der volksnahe Ambo bzw. das Lesepult wieder an Gewicht.« (435). Dabei allerdings lässt sich fragen: Was wird dadurch ausgedrückt, was gewonnen, was aufgegeben? Wird die gewünschte Volksnähe dabei gewonnen, dafür aber die Dimension des ›Heiligen Ortes‹ der Evangelienlesung und der Wortverkündigung preisgegeben?

Zur Lehre von den Sakramenten

Die Terminologie »Sakrament« trägt keinerlei biblischen Ursprung. Der Begriff stammt aus dem Lateinischen (»sacramentum«), konkret: aus der römischen Militärsprache, und bedeutet: Fahneneid bzw. Diensteid (1). Auf den Fahnen (»vexilla«) der römischen Legionen findet sich als Zeichen der Adler, damit zogen Soldaten in den Krieg. Mit der Eidesleistung verpflichtet sich der Eid Leistende zu Befehl und Gehorsam gegenüber einem irdischen Regenten – wie aber nur verträgt sich dies mit der Praxis des Ersten Gebotes Ex. 20,2 / Dtn. 5,6? Wie verhält sich dazu die Anbetung eines politischen Herrschers? Aus guten Gründen verweigerten die ersten Christen dem Caesaren die Gefolgschaft, die Steuerzahlung, den Kriegsdienst – doch die Zeiten änderten sich, nachdem das Christentum (2) per Edikt und Erlass im Jahre 391 zur Staatsreligion erhoben worden war.

Hieronymus (*347,+419 in Bethlehem) übersetzte den biblischen Begriff »*Mysterion*« (aus Eph. 3,3.4: wo göttliche Geheimnisse gemeint sind, nicht aber kultische Handlungen, die später als »Sakramente« bezeichnet werden!) in der »Vulgata« (Eph. 1,9; 3,3.9; 5,32 / Kol. 1,27 / 1. Tim. 3,16 / Apk. 1,20; 17,7) mit dem inhaltlich so anders besetzten, unbiblischen Begriff »*sacramentum*«. Wie wohl erklärt sich der Befund, dass ein aus dem politischen Bereich entlehnter Begriff direkt in die christliche Theologie transferiert werden konnte? Warum wurde der sich doch unmittelbar anbietende Ausdruck »Mysterion« dagegen nicht übernommen und tradiert (3)? Mischen sich hier politische Absichten ein, wonach der verbindende und verpflichtende Charakter des »sacramentum« mit einem gar gesetzlichen ›Unterton‹ eingeführt werden soll? (4) Lässt sich sogar folgern, dass mit der Einführung der Sakramente der Freiwilligkeitscharakter der eigenen Entscheidung aufgegeben wurde, weil jeder per Verpflichtung an den Sakramenten teilhaben *musste*?

Aurelius Augustinus von Hippo (*354,+430) spricht von »signa« (die auf eine geistige Wahrheit verweisen) und von »sichtbaren Worten« / von »verba visibilia« (die auf die unsichtbare Gegenwart Gottes hinweisen) und liefert (in: Joh. Tract. 80,3) die Definition: »Accedit verbum ad elementum, fit sacramentum« (›Tritt das Wort zum Element, wird daraus Sakrament‹). Aber – liegt in dieser Definition nicht der Ansatz zu einem magischen Missverständnis vor? Ein Hang zur Zauberei? Macht eine solche Sakramentenlehre nicht den »minister verbi Divini« zum Manipulator und zum ›Herrn des HERRN‹? Müsste der Begriff »Sakrament« (nach dem Rat Huldrych Zwinglis) womöglich gar ganz aus dem kirchlichen Wortschatz getilgt werden?

Martin Luther (*1483,+1546) versteht die Buße neben Taufe und Eucharistie, sprich: dem »Sakrament des Altars«, als drittes Sakrament (vgl. »De captivitate Babylonica«, 1520) und betont die Heilsnotwendigkeit der Sakramente – ehe er schließlich festhält: »Wenn ich nach dem Sprachgebrauch der Schrift reden sollte, hätte ich nur ein einziges Sakrament und drei sakramentale Zeichen« (WA 6,501), nämlich das »unum sacramentum: Christus.« (vgl. dazu Karl Barth: KD I/2, 252; II/1, 56.58; IV/1, 326; IV/2, 42.53.59).
Luther relativiert im Verhältnis zwischen Predigt und Sakrament, wenn er schreibt: »dass alles Gottis diensts / das grössist vnd furnempst stuck ist / Gottis wort predigen vnd leren.« (DM 1526 / WA 19,78). Das besondere Gewicht, das Luther auf die Predigt legt, zeigt sich auch darin, dass er sonntags zwei Predigtgottesdienste und einen Messgottesdienst ansetzte.
Jean Cauvin / Johannes Calvin (*1509,+1564) geht von dem Zusammenhang zwischen dem »Bund der Gnade« (der nach Substanz und Inhalt des Alten und des Neuen Testaments derselbe ist) und dem Sakrament aus (von der »unio cum Christo«) und versteht unter »Sakrament«: »ein mit einem äußeren Zeichen bekräftigtes Zeugnis der göttlichen Gnade« (»divinae in nos gratiae testimonium externo signo confirmatum«, gemäß Instutio IV, 14,1), das der Bekräftigung und der Versiegelung der göttlichen Gnade dient (IV, 14,3). »Der Bund der Gnade« enthält »ein geistliches Geheimnis, durch das er die geistliche Belebung darstellt, die wir durch Christus erhalten«, und ist darum »versiegelt durch geistliche Sakramente« (Institutio II, 10,6). Im »Genfer Katechismus« von 1545 nennt Jean Cauvin das Sakrament »ein äußeres Zeichen des göttlichen Wohlwollens gegen uns, das mit einem sichtbaren Zeichen die göttlichen Gnadengaben abbildet, um in unseren Herzen Gottes Verheißungen zu versiegeln.« (Abschnitt 46, 310). Jean Cauvin könnte also durchaus vom »signum« sprechen, das »Gottes väterliche Freundlich

keit« ausdrückt. Cauvins Definition lautet: »Ein Sakrament ist ein äußeres Merkzeichen, mit dem der Herr unserem Gewissen die Verheißungen seiner Freundlichkeit gegen uns versiegelt, um der Schwachheit unseres Glaubens eine Stütze zu bieten, und mit dem wir wiederum unsere Frömmigkeit gegen ihn sowohl vor seinem und der Engel Angesicht als auch vor den Menschen bezeugen.« (Institutio IV, 14,1). Dabei betont Jean Cauvin die Vorrangstellung des gepredigten Wortes Gottes: »Das Wort Gottes muß voraufgehen und bewirken, daß das Sakrament Sakrament sei« (Institutio IV, 19,2) – und beruft sich auf Augustinus' Erklärung, wenn er im Johannes-Kommentar zu 15,1–3 mit Blick auf die Taufe schreibt: »Nimm das Wort hinweg, und das Wasser ist weder mehr noch weniger als Wasser; tritt aber das Wort zum Element, so ergibt es das Sakrament, selbst auch eine Art sichtbaren Wortes.«

Der »*Heidelberger Katechismus*« (1563) nennt in Antwort 66 Sakramente: »sichtbare heilige warzeichen und Sigill«, die aufgrund des Opfers Jesu Christi Sündenvergebung und ewiges Leben gewähren. Reformiertem Glaubensverständnis nach gilt: »Die Sakramente tragen Gott nicht in sich. Brot und Wein werden nicht verwandelt, sondern bleiben Brot und Wein. Und: das Wasser der Taufe macht Menschen nicht zu Christen.« (5).

Wurde in der Kyrios-Nacht vormals die »Tauf-Eucharistie« im Sinne eines absoluten Hochfestes gefeiert – so wird im Fortgang der Kirchengeschichte in der römischen Kirche jedoch aus der urchristlichen Taufe und Eucharistie heraus eine *Sakramentenreihe* (6) aufgebaut, die im Konzil von Ferrara (Florenz) 1439 und im »*Tridentinum*« unter *Papst Pius V.* 1570 ihre Bestätigung findet. Dazu gehören die Kommunion, die Beichte (7), das Sakrament der Ehe (seit dem »*Tridentinum*« 1570), die Priesterweihe und die Krankensalbung (seit dem 12. Jhd. als Sakrament bezeichnet und als »letzte Ölung« verstanden (8)). Ausgehend von der Taufe (als erstem Heilsmittel innerhalb der römischen ›Heilsökonomie‹) gelten die von der römischen Kirche durch Papst, Bischöfe und Priester gespendeten Sakramente nicht nur als heilsnotwendig – sie verleihen geradezu den »*character indelebilis*«. Im Sinne einer sakramentalen Handlung tritt die Firmung hinzu, die seit dem 13. Jhd. allein dem Bischof vorbehalten bleibt (9).

Johannes von Damaskus (+um 750) glaubt: »Wo das Zeichen ist, da wird auch er selbst (Christus) sein.« (Glaubenslehre IV,11). Drückt sich in dieser schlichten Gewissheit nicht etwas aus, was über all den Differenzen steht, die Christenmenschen in späterer Zeit und bis heute entzweien – etwas, was als das Entscheidende alles andere überragt? Gemäß Mt. 18,20 liegt das Zentrale doch in (dem Dass) der Präsenz Jesu Christi – die Frage nach dem »Wie Seiner Präsenz« müsste doch nachgeordnet sein und vielleicht sogar zu den »Adiaphora« (!) gerechnet werden, ist sie doch ohnehin mit Worten nicht auszudrücken, geschweige denn zu fassen und zu begreifen und zu erklären und zu demonstrieren und zu beweisen.

»Die Taufe – ein Sakrament?«, fragt Markus Barth 1951 und hinterfragt damit erstmals den Sakramentsbegriff überhaupt. Bis dahin war dies nicht geschehen, nicht einmal von seinem Vater: von Karl Barth, der Jesus Christus (wie *Luther und Cauvin*) dem Sinne nach sogar als »Ur-Sakrament« bezeichnen konnte. In dieser Tendenz bezeichnet Eberhard Jüngel (den Kyrios) Jesus Christus als das eine *Sakrament* der Kirche und Taufe wie Mahl als die beiden Feiern des einen Sakraments der Kirche (10). Kritisch zu beleuchten sein dürfte dabei allerdings die Herkunft des Sakramentsbegriffs einerseits wie die Möglichkeit zu magischen Missverständnissen der Selbstwirksamkeit andererseits. Wäre es dagegen vom theologischen Verständnis her betrachtet stattdessen nicht angemessen, jeweils von »heiligen (Wahr-) Zeichen« (vgl. das »signum« der Beschneidung in Röm. 4,11) bzw. von »heiligen Handlungen« (11) zu sprechen bzw. von »Aufträgen Jesu Christi« (nach Mt. 28,18–20 und nach 1. Kor. 11,24.25 / Luk. 22,19)? Oder wäre es (aus protestantischer Sicht) nicht sogar zu empfehlen, die Vokabel »sacramentum« (einem Vorschlag Zwinglis entsprechend) ganz fallen zu lassen und stattdessen allein von »Taufe« und »Mahl« / vom »Herrnmahl« oder »Kyrios-Mahl« bzw. von »Eucharistie« und »Mysterion« zu reden? Man kommt nicht umhin, zu konzedieren, dass der Begriff »sacramentum« zum einen nicht schriftgemäß ist und zum anderen (in der Konstantinischen Ära) politischen Interessen entspringt.

In diesem Zusammenhang mag von Bedeutung sein, dass die (eher im Hintergrund liegenden und von Paulus der Tradition entnommenen) »*verba testamenti*« nach 1. Kor. 11,23b–26 (12) mit der sie umrahmenden Kritik am unsozialen Verhalten einiger wohlhabender Gemeindeglieder in Korinth (vgl. 1. Kor. 11,17.20–22.27.29.31–33)(13) nach der Konstantinischen Wende eine Korrektur erfahren – derart, dass in Vers 29 das Wort »*unwürdig*« (das von Vers 27 stammt) nach den Codizes D (Clarmontanus, 6. Jhdt.) und G (Boernerianus, 9. Jhdt.) nachträglich eliminiert worden ist. Aus welchem Grund? – Mit dem Wegfall des Wortes »unwürdig« in Vers 29 entfällt ein wesentlicher Grund für die Maßnahmen der Kirchenzucht, wie sie in der Zeit nach *Konstantin* üblich und praktiziert worden war. Das heißt: heilsnotwendige Zuchtmittel im Sinne der Erziehung zum christlichen Glauben, wie sie in der Ära Konstantins eingeführt worden waren, verflachten. Beachtung finden möchte das Wort 1. Kor. 11,28, wonach sich jeder zunächst einmal selbst prüfen soll, bevor er an den Tisch des Herrn vortritt, und sich ggf. selbst davon ausschließen (vgl. Mt. 5,23.24 / Did. 14,1).

Zur Frage der Würdigkeit vermerkt *Cauvin*: »Die Entschuldigungen, welche manche anführen, sind doch gar zu töricht. So sagen die Einen, sie seien nicht würdig, und bleiben unter diesem Vorwand das ganze Jahr dem Tisch des Herrn fern ... An jene Ersten, welche sich hinter ihre Unwürdigkeit verschanzen, stelle ich die Frage: Wie kann euer Gewissen es ertragen, länger als ein

Jahr in so trostlosem Zustand zu verharren ... Wer sich vom Genuß des »Abendmahls« aus dem Grunde ausschließen will, weil er unwürdig sei, der darf auch nicht zu Gott beten.« (14).

Das »Missale Romanum« (1570) nimmt den Aspekt der Würdigkeit auf und fügt die Aussage des römischen Hauptmanns in Kapernaum aus Luk. 7,6–7 nach der Elevation der Hostie durch den Priester (mit den Worten: »Seht das Lamm Gottes, das hinwegnimmt die Sünde der Welt«) ein mit den chorisch gesprochenen Worten der Gemeindeglieder: »Herr, ich bin nicht würdig, dass Du eingehst unter mein Dach, aber sprich nur ein Wort, so wird meine Seele gesund« (in Luk. 7,7 heißt es allerdings: »so wird mein Knecht gesund«).

Welches Gewicht die Frage der Würdigkeit erfährt, wird nicht zuletzt hervorgehoben durch die Worte des Priesters bzw. des Pfarrers, wenn er spricht: »Verum dignum est ...« / »Wahrhaft würdig und recht ist es, dass wir Dich, ewiger Gott, immer und überall loben und Dir danken durch unseren HERRN Jesus Christus. Ihn hast Du gesandt zum Heil der Welt. Durch Seinen Tod haben wir Vergebung der Sünde und durch Seine Auferweckung das Leben. Darum loben die Engel Deine Herrlichkeit, beten Dich an die Mächte und fürchten Dich alle Gewalten. Dich preisen die Kräfte des Himmels mit einhelligem Jubel. Mit ihnen vereinen auch wir unsere Stimmen und bekennen ohne Ende: (Sanctus-Gesang).«

Viel zitiert findet sich *Luther*s Wort: »Die Taufe ist nichts nutz ohne den Glauben, sondern sie gleicht einem Brief, an dem Siegel hängen, in dem aber nichts geschrieben steht. Wer darum das Zeichen, das wir Sakrament heißen, ohne den Glauben hat, der hat bloße Siegel an einem Brief ohne Inhalt.« Man könnte an Mk. 16,16 denken (»Wer da glaubt und getauft wird, der wird selig werden; wer aber nicht glaubt, der wird verdammt werden«) – wenn denn nicht Luther wie fast alle Reformatoren von der Regel der Säuglingstaufe ausginge und mit der Formulierung »ohn' all unser Verdienst und Würdigkeit« jede fromme Vorleistung kritisierte (15). Dennoch impliziert das den Reformatoren gemeinsame Taufverständnis, dass nur aus dem Glauben der Gemeinde und darin eingeschlossen: aus dem Glauben der Eltern und Paten heraus auf den späteren Glauben des Täuflings hin überhaupt allein nur getauft werden kann.

Aus dem Jahre 1525 stammt Huldrych Zwinglis Schrift »Von dem touff, vom widertouff und vom kindertouff«. *Zwingli* (*1484,+1531) schreibt darin von »zwo cerimonien, das ist: zwey usserliche ding oder zeichen ...: den touff und die dancksagung oder widergedächtnis ... Mit dem einen zeichen hebt man uns an Gott verzeichnen: mit dem touff ...; mit dem andern sagen wir gott danck, das er uns durch synen sun erlöst hat, das ist mit dem nachtmahl des herren oder dancksagung.«

Jean Cauvin (*1509,+1564) vermerkt in seinem Kommentar zu 1. Kor. 1,13: »Bei der Taufe muß zuerst betrachtet werden, daß Gott der Vater uns, indem er uns in unverdienter Güte seiner Kirche einpflanzt, durch Annahme an Kindes Statt in die Zahl seiner Söhne aufnimmt. Zweitens haben wir, da wir zu keiner Verbindung mit ihm fähig sind außer durch Vermittlung der Versöhnung, Christus nötig, daß er uns durch sein Blut in die Gunst des Vaters versetze. Drittens: da wir durch die Taufe Gott geheiligt werden, bedürfen wir auch des Eingreifens des Heiligen Geistes, dessen Amt darin besteht, uns zu einer neuen Schöpfung zu machen.« (zitiert in: J. Moltmann: Calvin-Studien 1959, 111). Cauvin unterscheidet zwischen der »significatio« (der Bezeichnung, wenn er die Sakramente als »Abzeichen der Kirche« versteht) – der »materia« oder der »substantia« (der ›Sache‹ der Reinigung und der Wiedergeburt in Christus gemäß Tit. 3,5; vgl. Institutio IV, 15,2.5f.) – und dem »effectus« (der Wirkung bzw. dem »Werk des Geistes«) der Taufe. Die Praxis der Kindertaufe rechtfertigt Jean Cauvin dahingehend: »Die Kinder werden nicht auf Grund der Taufe angenommen, sondern die Taufe wird auf Grund der Annahme an Kindes Statt gewährt. ... // ... Die Taufe verursacht nicht etwa die Verleihung des Heils an die Kinder, sondern bezeugt das Heil, das durch die Liebe Gottes in der Kirche auch ihnen zuteil wird (Inst. IV, 16,15f.).« (siehe J. Moltmann: Calvin-Studien 1959, 124f. – siehe Inst. IV, 16,21ff.). Unter Verweis auf Mk. 16,16 kritisiert Cauvin, dass der Glaube die Voraussetzung für die Taufe sein solle – und betont stattdessen, dass die Verheißung Gottes (sich wie ein Vater über seine Kinder zu erbarmen, vgl. Ps. 103,13) der Taufe stets vorausgehe. In der Kindertaufe werde »ein Same der geistlichen Wiedergeburt« ausgesät.

»sacramenta« sind für *Cauvin* in der Denkrichtung Augustins »verba visibilia« und für *Zwingli* »zeichen, die ouch das sygind, das sy bedütend«. In dieser Definition findet sich die Kritik gegenüber dem Sakramentsverständnis Luthers – doch dabei basiert Zwinglis Überzeugung auf den neutestamentlichen Begriffen von: »das tut zu meinem Gedächtnis« (1. Kor. 11, 24.25 / Luk. 22,19) und: »Danksagung« (bzw. »Eucharistie«). Musste es dahin kommen, dass sich Luther und Zwingli in der Abendmahlsfrage 1529 in Marburg auseinander dividieren? Rückblickend möchte man urteilen: Es musste nicht so weit kommen – aber aufgrund dessen, dass Martin Luther und Huldrych Zwingli in verschiedener Hinsicht soz. in zwei verschiedenen ›Welten‹ lebten [man vergleiche daneben die ›Welten‹ von Martin Luther und von Erasmus Desiderius von Rotterdam (*1466,+1536)], war dieser ›kirchengeschichtliche Betriebsunfall‹ wohl unvermeidlich.

In seinem Taufbüchlein von 1523 vermeidet Martin *Luther* grundlegende Veränderungen zur bisherigen Taufpraxis – auch wenn er darin die deutsche Sprache einführt (16), den dreimaligen Exorzismus auf einen und das zweimalige Credo der Paten auf eines reduziert. An der »datio salis« (als Ersatz zum Empfang von Brot und Wein) hält er ebenso fest wie am so genannten »Kinderevangelium« Mk. 10,13–16, am »Effata«-Ritus, am so genannten

»Sintflut-Gebet« (17) (im Sinne von Röm. 6) sowie an der Übergabe der Taufkerze. In seinem Taufbüchlein von 1526 dagegen korrigiert Luther dahingehend, dass er Abstand nimmt von der »exsufflatio«, von der »signatio crucis« und von der »datio salis«, von den Salbungen, von der Übergabe einer Taufkerze und von der eines weißen Taufkleides (der Albe) – ein Exorzismus allerdings bleibt erhalten (18). Luthers Bemühen geht dahin, das Taufritual von mirakelhaften Zügen und von magischen Missverständnissen zu befreien, auf den Kern zu konzentrieren und die Handlung als solche auch sprachlich verständlich nachvollziehbar zu gestalten.

Wie Luther parallelisiert *Zwingli* (wie ebenso Cauvin: Institutio IV, 16,4) Taufe und Beschneidung. Zwingli versteht die Taufe als »ein sigel- oder pundts- oder pflichtszeichen«, betont den Gnadenbund Gottes, aber ebenso die Verpflichtung, zum christlichen Glauben zu erziehen. *Philipp Melanchthon* (*1497,+1560), auch als »Praeceptor Germaniae« bezeichnet, folgt Huldrych Zwingli wie Jean Cauvin, wenn er in seinen »Loci praecipui theologici« (3. Ausgabe von 1543 an) schreibt:»Wie aber die Worte uns Verheißung und Trost bieten, so fordern sie wiederum Glauben und jene Verpflichtung, dass wir diesen wahren, ewigen Gott, den Vater unseres Herrn Jesus Christus und seinen Sohn und den heiligen Geist anerkennen.« (854f.). Mit den Worten Mt. 7,16 mag das heißen:»An ihren Früchten sollt ihr sie erkennen« – es geht also darum, aus der Taufe heraus »Früchte des Glaubens« zu erbringen und in einem neuen Leben zu wandeln (Röm. 6,4).

Zwingli betont den Gnadenbund Gottes als eindeutig vorrangig, daraus jedoch leitet sich für ihn (wie ebenso für Cauvin) als nachgeordnete Konsequenz die Verpflichtung ab, zum christlichen Glauben zu erziehen. Die Taufe bedeutet die feierliche Aufnahme in die Gemeinde, gehört also in die Mitte des gemeindlichen Gottesdienstes. Für Zwingli und Cauvin gilt, was in späteren Begriffspaaren so ausgedrückt wird: ›erst das Evangelium, dann und als Folge daraus das Gesetz‹ (vgl. Karl Barth: Evangelium und Gesetz, 1935) – erst die Rechtfertigung (als Mittel), dann die Heiligung (als Zweck) – erst der »Zuspruch« (der Gnade Gottes), dann der »Anspruch« (Gottes) »auf unser ganzes Leben« (so die Barmer Erklärung, 2. These, 1934) – oder: ›erst der Indikativ, dann und daraus der Imperativ‹ bzw.: erst die »actio Dei«, dann und daraus aber auch die »reactio hominis«. Das Gottesdienst-Verständnis mag sich in der Formel ausdrücken:»actio Dei est, ut reactio hominis erit«. Die »reactio hominis« nun kann bestenfalls in der »*eucharistia*« Gott gegenüber bestehen.

Von Zwingli, Cauvin und Melanchthon aus führt dieser Gedankenweg weiter zu *Martin Bucer* (*1491,+1551) hin, der den Exorzismus ebenfalls beseitigt, allerdings an der »signatio crucis« festhält. Bucer formuliert die pädagogische Aufgabe (19), die die nachgezogene Taufunterweisung zum Konfirmandenunterricht in seiner »*Ziegenhainer Zuchtordnung*« von 1539 ausformt. Die Spannung zwischen dem Konfirmandenunterricht (wohlge-

merkt: damaliger Zeit) im Sinne des Katechismus-Unterrichts (etwa nach
Luthers »Kleinem Katechismus« 1529) und den Katechismus-Predigten einerseits und dem urchristlichen Taufkatechumenat andererseits gehört eigens
thematisiert. An dieser Stelle sei aber daran erinnert, dass der *Taufkatechumenat* der Taufe (in der Kyrios-Nacht) vorangeht und zu ihr sukzessive aufbauend als Höhepunkt hinführt – während der Konfirmandenunterricht der
Taufe (an beliebigen Sonntagen vollzogen) nachfolgt bzw. nachfolgen kann,
aber nicht muss, je nachdem, ob sich der betreffende Getaufte dazu bereiter-
klärt oder nicht. Die Spannung findet ihren Ausdruck schließlich im Verhältnis zwischen Taufe und Konfirmation.

Jean Cauvin versteht die *Mahlfeier* dahingehend: »Durch Jesus Christus
bringen wir Lobopfer dar, die ›Frucht der Lippen, die seinen Namen bekennen‹ (Hebr. 13,15) ... durch ihn bringen wir uns selbst und all das Unsere
dem Vater dar. Er ist unser Hoher Priester, der in das Allerheiligste des
Himmels eingegangen ist und uns den Zugang eröffnet. Er ist unser Altar, auf
den wir unsere Opfergaben legen ...« (Institutio von 1560, IV, 18,17). Damit
bleibt Cauvin ganz in der Linie des urchristlichen Glaubens: mit der Rede
vom Lobopfer, also von der Darbringung der Dankopfergaben (dem »Offertorium«, das Luther allerdings aus Gründen angeblicher »Werkgerechtigkeit«
eliminiert) und im Bekenntnis zu Gott, dem Vater. Vollkommen konsequent
verwendet Cauvin den Ausdruck »Eucharistie«.
Den sonntäglichen *Mahl-Gottesdienst*, der in Genf entgegen dem Betreiben
Cauvins allein viermal im Jahr stattfand (20), unterteilt er in folgende ›Stufen‹:

> Predigt
> Fürbitten – Unser-Vater – Apostolicum
> Einsetzungsbericht: 1. Kor. 11,23–29
> *Exhortation* (Mahnung zur Selbstprüfung / Ausschluss grober Sün-
> der und Verächter)
> »Sursum corda« – Präfation
> Austeilung unter Gemeindegesang (Psalm 138)
> Dankgebet
> Aaronitischer Segen.

Die Schlichtheit dieses Formulars besticht und erklärt sich aus dem bewusst gewählten Kontrast zu allem »schaubühnenhaften Prunk« (Institutio
IV, 15,19) in den römischen Kirchen und zu allem »Imponiergehabe« der
Priester. Die schlichte Gestaltung will unterstreichen, dass die Mahlfeier des
»Christus praesens« hier auf Erden ihren Anfangsplatz hat, dass die zukünftige Feier im Himmelreich noch aussteht, dass der irdische Jesus wie der auferweckte Christus in aller Einfachheit und Demut Seine Nachfolger im Mahl

stärken und senden will zum Dienst der Liebe in gerade dieser gefährdeten Welt. In der Konzentration auf das Wesentliche findet sich ebenso *Cauvins Taufformular* in der schlichten Abfolge:

Gebet der versammelten Gemeinde über dem Täufling
Credo
Verheißungen der Taufe
Taufe gemäß Christi Auftrag in Mt. 28,19
Dankgebet.

Dabei lassen diese Formulare durch ihre bewusste Zentrierung genügend Freiheit zur eigenen liturgischen Ausgestaltung des Gottesdienstes für die Gemeinde vor Ort. Im Mittelpunkt der protestantischen Gottesdienste (insbesondere nach der Prägung Zwinglis und Cauvins, die sich an die mittelalterliche Form des oberdeutschen Prädikanten-Gottesdienstes anlehnen) steht immer mehr die Predigt als Garant des lebendigen Gotteswortes: als Quelle, Norm und Richtschnur – im deutlichen Unterschied zur römischen *Messe*, die auf die Predigt verzichten kann, aber keinesfalls auf die Messopfer-Feier, die die Mitte des römischen Gottesdienstes ausmacht und dafür unverzichtbar ist. Die Messfeier macht also das entscheidende Kriterium aus – und nur der im römischen Sinne geweihte *Priester* innerhalb der apostolischen Sukzession ist berechtigt, »das Opfer Christi darzubringen« (vgl. dagegen Hebr. 9,12.28; 10,14). Predigt einerseits (aufgrund der Reformation in der jeweiligen Muttersprache) und Messopfer andererseits (in der lateinischen Sprache mit dem Zug zur Uniformität bis hin zum »*II. Vaticanum*« 1962–1965) entwickeln sich zu den maßgeblichen Unterscheidungskriterien zwischen dem evangelischen und dem römischen Gottesdienst-Typus (bis in die Gegenwart hinein). Diese Überzeugung verschafft sich nicht zuletzt im *Kirchenbau* Ausdruck: Im Gegenüber zum Hochaltar der römischen Kirchen entwickeln sich typische protestantische Predigtkirchen mit der aufgeschlagenen Bibel auf dem »Tisch des HERRN« (als dem einen Kennzeichen) und mit der Kanzel (als dem anderen) an der Seiten-Mitte des Kirchenschiffs und mit den Bänken davor, im Rund oder im Rechteck angeordnet. Bezeichnenderweise versammelt sich die protestantische Christenschar (als »Priestertum aller Gläubigen« bzw. als »königliche Priesterschaft«, vgl. 1. Petr. 2,5.9) zum Empfang von Brot und Wein hinter dem Lettner ausgerechnet gerade in dem Bereich, der in der römischen Kirche allein dem Priestertum vorbehalten bleibt.

Was bedeutet dies unterschiedliche Sakramentsverständnis und die Reduktion der Zahl der Mahlfeiern für die Tradition und für die Feier der Kyrios-Nacht? Wird sie in protestantischen und insbesondere in reformierten Kirchen (mit ihrer Konzentrierung auf die Predigt und mit ihrer Abkehr von Bildern und Kerzen) überhaupt noch ›Wurzeln‹ schlagen können?

Die Tradition der Kyrios-Nacht (mit ihrem Konzentrat auf die Auferweckung Jesu Christi in der Mahlfeier) erfährt eine empfindliche Schwächung dadurch, dass die Zahl der Mahlfeiern in den Kirchen der Reformation schließlich auf vier Feiern pro Jahr (und damit also auf eine im Vierteljahr) beschränkt wird.

Anmerkungen

(1) – vgl. Wilhelm Gesenius: Lexikon lateinisch-deutsch, Leipzig 1837 – und: »Der kleine Stowasser. Lateinisch-deutsches Schulwörterbuch«, bearbeitet von Dr. Michael Petschenig, München 1971, 437. Adolf von Harnack äußert dazu (Die Mission, 430): »›Sacramentum‹ war .. ein militärisches Wort (›Fahneneid‹); somit empfanden sich alle abendländischen Christen als Soldaten Christi (man vergleiche besonders Tertullians Schrift De corona milit.).« Siehe dazu E. Hesse: Sakrament und Fahneneid, RKZ 4/1985, 87f.

(2) – Das Wort »Christentum« findet sich nicht in der Bibel, auch nicht in den Schriften der Apostolischen Väter. Es stammt von *Ignatius von Antiochien* (aus dem 2. Jhdt.), in dessen Briefen dieser Ausdruck sieben-mal Verwendung findet. Soll dieser Autoritätsbegriff, der in die Konstantinische Ära passt, die Stelle der Autoritätsperson Jesus Christus übernehmen?

(3) – »Der Begriff ›Mysterium‹ statt ›Sakrament‹ will auf die unabgeschlossene Fülle göttlicher und auf den zugleich begrenzten Erfahrungsraum menschlicher Möglichkeiten hinweisen ... Obwohl die Siebenzahl der Sakramente – anlässlich der Unionsverhandlungen auf dem Konzil von Lyon (1274) – auch von griechischen Theologen akzeptiert wurde, ist der Bereich der orthodoxen Mysterien viel umfassender ... Grundlegend sind nach wie vor Taufe und Eucharistie; der Umgang mit dem Wasser ... Exorzismus, Salbung und Ordination werden stets in engem Zusammenhang mit der Taufe erwähnt ...« (R. Volp: Liturgik I, 313). Zu den *sieben Mysterien* kommen die *Myronsalbung* als eigenes Mysterion hinzu (mit geweihtem Olivenöl und Balsam wird der Getaufte zeichenhaft mit dem Heiligen Geist versiegelt, vgl. 2. Kor. 1,2f. / 1. Joh. 2,20) und das Gebetsöl, mit dem insbesondere Kranke gesalbt werden.

(4) – Im *Plinius*-Brief an Kaiser Trajan über die Christen-Verhöre findet sich die bezeichnende Formulierung: die Christen hätten sich »durch ein sacramentum verpflichtet« (X, 96.97).

(5) – W. Herrenbrück und H. Klüver (Hg.): Festschrift »125 Jahre Evangelisch-reformierte Kirche«, 50.

(6) – Heribert Schützeichel (in: Calvins Kritik an der Firmung, 125–135, in: H. Auf der Maur / B. Kleinheyer: Zeichen des Glaubens, 124) geht von einer »Hierarchie der Sakramente« aus, wobei Taufe und Mahl »die Haupt- und Grundsakramente« darstellen.

Karl Rahner sieht in der (römischen) Kirche das Ur-Sakrament – wohingegen Karl Barth bezeichnenderweise in Christus Jesus das Ur-Sakrament erkennt.

(7) – Im »IV. Laterankonzil« 1215 wurde die BEICHTE zum Sakrament erhoben. *Zwingli* und *Cauvin* ließen die Ohrenbeichte allein im Sinne eines seelsorgerlichen Gesprächs gelten, ohne dass die Absolution zugesprochen werden kann – *Luther* dagegen verband die Beichte mit dem Abendmahl und empfahl, sich vor dem Gang zum Abendmahl persönlich dazu anzumelden und über seinen Glauben Rechenschaft abzulegen (vgl. WA 12,215).

(8) – »Erst seit dem 12. Jahrhundert ist die Krankensalbung zum Sterbesakrament geworden, das die Priester vornehmen müssen. Die Vorstellung von der sog. ›letzten Ölung‹ hat sich seitdem in der römisch-katholischen Kirche festgesetzt, .. aber seit dem 2. Vaticanum soll die Krankensalbung wieder ihren Gemeinschaftscharakter im Rahmen einer Eucharistiefeier gewinnen.« (R. Volp: Liturgik I, 666).

(9) – Möglicherweise entwickelte sich die FIRMUNG aus dem Ketzertaufstreit (255–257) im 13. Jhdt. zu einer sakramentalen Handlung, die allein dem Bischof zukam und von ihm für Kinder ab dem siebten Lebensjahr gespendet wurde. Die Firmung »prägt der Seele einen character indelebilis ein, vollendet die Taufe, macht mündig zum ›Vollalter Christi‹ und gilt als ›Weihe zum Laienapostolat‹.« (R. Volp: Liturgik I, 652). War die Aufgabe zu taufen Sache der Presbyter und der Diakone, so wurde die Aufgabe zu firmen Sache des Bischofs. In den Ostkirchen dagegen verblieben Taufe und Firmung in ihrem ursprünglichen Zusammenhang, das heißt: die Firmung folgt direkt auf die Taufe. Als Problem stellt sich die Frage: Bedeutet der Akt der Firmung in der römischen Kirche nicht eine Schwächung, Degradierung oder Entwertung der Taufe?

Während *Luther, Zwingli, Cauvin* der Firmung jegliche sakramentale Bedeutung absprechen (Cauvin bezeichnet die Firmung als Beleidigung und Verletzung der Taufe, vgl. Institutio IV, 19,8.13) – so betont *Martin Bucer* diese »sakramentale Zeremonie der Handauflegung« und prägt dafür sogar folgende Einsegnungsformel: »Nimm hin den heiligen Geist, Schutz und Schirm vor allem Argen, Stärke .. und Hilfe zu allem Guten, von der gnädigen Hand Gottes, des Vaters, Sohnes und heiligen Geistes.« (vgl. R. Volp: Liturgik I, 653). Es mag auffallen, dass sich genau diese Formel in späteren agendarischen Formularen zur *Konfirmation* wiederfindet.

Von »sakramentalen Handlungen« (wie z.B. der Firmung) zu unterscheiden sind die so genannten »Sakramentalien‹, also Segenshandlungen an Gegenständen wie Häusern, Autos, Brücken usf.

(10) – E. Jüngel: Das Sakrament – was ist das?, in: Ev. Theologie 26/1966, 320–326.334–336.

(11) – Unter »*Heilige Handlungen*« lassen sich subsumieren: alle Kasualien, so auch die Konfirmation (vgl. die Firmung), die Trauung, die Krankensalbung, nicht zuletzt die Ordination (vgl. die Priesterweihe). Wenn die römi-

sche Kirche wie ebenso die orthodoxen Kirchen vom Begriff der »(sieben) Sakramente« Abstand nehmen und das Priesteramt relativieren könnten, wäre auf dem Weg zu einem oekumenischen Miteinander wohl vieles gewonnen. Otto Weber schlägt den Begriff der »Verkündigungshandlungen« vor, fragt aber selbstkritisch, ob damit der Sakramentsbegriff verdrängt werden könne (in: Grundlagen der Dogmatik, Bd. II, 656).

(12) – Nach Peter Cornehl (in: Die Welt ist voll von Liturgie, 205) »stehen die Verba Testamenti nicht zur Disposition. Der biblische Wortlaut der Einsetzungsworte ist die verbindliche Grundlage evangelischer Abendmahlsfeiern. Im übrigen sind bei der Deutung des Geschehens alle theologischen Reduktionismen abzulehnen.« Damit übt Cornehl Kritik an oekumenischen Abendmahlsfeiern auf dem Ersten Oekumenischen Kirchentag in Berlin 2003 sowie im Blick auf das Feierabendmahl beim Frankfurter Kirchentag 2001. In aller Entschiedenheit tritt Cornehl für die Zitation von 1. Kor. 11,23 ff. ein.

(13) – Zur Thematik und Problematik von 1. Kor. 11,17ff. siehe O. Hofius: Herrenmahl und Herrenmahlsparadosis. Erwägungen zu 1Kor 11,23b–25 in: Paulusstudien (WUNT 51), Tübingen, 2/1994, 203–240. Siehe zudem M. Welker: Was geht vor beim Abendmahl?, 83–88.

(14) – J. Calvin: Das Abendmahl des Herrn, 20.

(15) – Luthers Konflikt mit seinem älteren Kollegen an der Wittenberger Universität, Prof. *Andreas Bodenstein von Karlstadt*, entzündete sich nicht zuletzt daran, dass Karlstadt als Pfarrer in Orlamünde die Bilder aus den Kirchen entfernte und sich weigerte, die Kindertaufe zu praktizieren.

(16) – Erst mit dem »II. VATICANUM« (1962–1965) ist innerhalb der römischen Kirche die Muttersprache in einem jeden Land als Gottesdienstsprache freigegeben. Jüngere Tendenzen innerhalb der römischen Kirche führen durch die Freigabe von Papst *Benedict XVI.* im Jahre 2007 jedoch dazu, dass in jedem Land Gottesdienste auch wieder in Form der vorkonziliaren Messe in lateinischer Sprache gefeiert werden dürfen. Liegt darin ein Zugeständnis an die Organisation von »Opus Dei«? An die so genannten Traditionalisten?

(17) – *Luthers Sintflutgebet« (1523)* lautet: »Der du hast durch die Sintflut nach deinem gestrengen Gericht die ungläubige Welt verdammt und den gläubigen Noah selbacht nach deiner großen Barmherzigkeit erhalten ... damit dies Bad deine heilige Taufe zukünftig bezeichnet und durch die Taufe deines lieben Kindes, unsers Herren Jesu Christi, den Jordan und alle Wasser zur seligen Sintflut und reichlicher Abwaschung der Sünden geheiligt und eingesetzt: Wir bitten durch dieselbe deine grundlose Barmherzigkeit, du wollest diesen N. gnädiglich ansehen und mit rechtem Glauben im Geist beseligen, daß durch diese heilsame Sintflut an ihm ersaufe und untergehe alles, was ihm von Adam angeboren ist und er selbst dazu getan hat, und er, aus der Ungläubigen Zahl gesondert in der heiligen Arche der Christenheit trocken und sicher behalten, allzeit brünstig im Geist, fröhlich in Hoffnung,

deinem Namen diene, auf daß er mit allen Gläubigen deiner Verheißung ewigs Leben zu erlangen würdig werde durch Jesum Christum, unsern Herrn. Amen.«

(18) – E. Bartsch (in: Die Sachbeschwörungen der römischen Liturgie) geht von der Tatsache aus, dass die römische Liturgie nicht nur Beschwörungen des Teufels kennt, sondern dass auch Wasser, Salz, Oel und andere Dinge vom *Priester* beschworen werden. Bartsch untersucht Methoden und Wirkweisen der Beschwörungen und formuliert Ziel und Zweck der einzelnen Beschwörungen.

Dass Martin Luther an Exorzismen festhält und am Kampf gegen den Teufel, erklärt sich über »die wilde Wut des Teufels, der überall und ohne Unterlaß den Sohn Gottes zu vernichten sucht: ›umb den ists zuthun‹, denn seine Geburt und sein Tod sind das Erlösungswerk Gottes.« (WA 43,582,13)(H.A. Oberman, Luther, 176f.).

(19) – *Martin Bucer* (in: »Grund und ursach auß gotlicher schrifft«, 1524, 261) vermerkt, dass »wir auß meinung, wie die heiligen vatter ire kinder beschnitten haben, sye tauffen der zuversicht, sye sollen heilig und kinder gottes sein, dadurch uns selb ursach zu geben, sye Christum dester fleissiger zu leren und inen auch, sobald sye zu verstand kumen, solcher lere dester ernstlicher nachzukomen ... dann wir mit allem fleiß bezeugen, der wassertauff mach nit selig, sonder allein der geistlich tauff Christi, den dieser bedeutet und umb den man betten sol.«

(20) – Wie *Luther* hätte *Cauvin* gerne an der sonntäglichen Feier von Wort und Sakrament festgehalten, auch wenn er eine reduzierte Messform befürwortete. *Zwingli* dagegen setzte für den Hauptgottesdienst eben nicht an der vorgegebenen Messtradition an, sondern entwickelte aus dem »Pronaus« / aus der spätmittelalterlichen Predigtliturgie heraus den eigenständigen Kanzelgottesdienst. Für die Abendmahlsfeier legte er nach den Jahreszeiten vier Sonntage im Jahr fest.

»Das 4. Laterankonzil 1215 musste die jährliche Osterkommunion zur Pflicht machen (DS 812), so dass am Ausgang des Mittelalters die einmalige Kommunion die Regel war und selbst in Klöstern kaum mehr als viermal im Jahr kommuniziert wurde. Die Scheu vor der Kommunion mag durch die Forderung einer besonderen Vorbereitung mit Fasten und Beichte sowie durch die Furcht vor einer Versündigung wegen ungenügender Würdigkeit gefördert worden sein ...« – so H.C. Schmidt-Lauber: Die Eucharistie, in: H.C. Schmidt-Lauber u.a. (Hg.): Handbuch der Liturgik, 207.

Schritte zur Degradierung der Taufe

Galt die Taufe von den Anfängen der Christenheit her

- als das Hoch-Fest im Leben eines Menschen, der im Sinne Jesu Christi leben will,
- als das grundlegende Mysterion in der Feier der Kyrios-Nacht,
- als das Eingangstor zur Eucharistie, die nicht oft genug gefeiert werden kann –

so traten im Laufe der Zeit Veränderungen ein, die erhebliche Folgen nach sich zogen. Erinnert sei an die so genannte »Konstantinische Wende«, die dazu führte, dass das Christentum im Jahre 391 schließlich aus einer verfolgten Kirche zu einer Volkskirche wurde. Galt bisher die Praxis der Gläubigentaufe, so führte die neue Entwicklung zunehmend hin zur Säuglings- und *Kleinkindertaufe* als allgemein gültige Regel. Von der Gläubigen- / Mündigen- / Freiwilligen- / Bekenntnis-Taufe Erwachsener führte der Weg hin zur Ungläubigen- / Unmündigentaufe von Säuglingen und Kleinkindern durch den Wunsch von Eltern und Paten. Aufgrund dessen, dass nun alle Säuglinge und Kleinkinder zur Taufe anstanden, sah sich der *Bischof* immer weniger in der Lage, alle zur Taufe angemeldeten Kinder und Säuglinge selbst zu taufen – diese Aufgabe fiel auf die *Presbyter* und *Diakone* zurück. Der Akt der Handauflegung, sprich: der Segnung jedoch sollte allein dem Bischof vorbehalten bleiben – also schuf man (in der Westkirche) den Extra-Akt der FIRMUNG, die zu späterer Zeit und schließlich im Kindesalter von sieben Jahren vollzogen wurde. Gehörten ursprünglich *Taufe* und Handauflegung / Segnung zusammen, so fielen beide Handlungen nun auseinander: Sollte darin nicht eine Marginalisierung der Taufe zu erkennen sein? Oder erfährt die Taufe erst durch das nachträgliche Handeln des Bischofs als des herausgehobenen Geistlichen in der Firmung ihre volle inhaltliche Blüte und Fülle, Bedeutung und Gültigkeit? Muss also erst der Bischof die Taufe ›vollenden‹? Und – weitergefragt: wovon denn ist die Taufe abhängig: vom Tun und Handeln von kirchlichen Funktionsträgern – oder nicht davon, dass Gott selbst und kein anderer einen Menschen durch das Zeichen und Siegel der Taufe zu Seinem Kind adoptiert?

Die Degradierung der Taufe beginnt in dem schleichenden Prozess der Differenzierung:

- Führte ursprünglich ein dreijähriger *Taufkatechumenat* zum Initiationsfest der Taufe im feierlichen Gottesdienst in der *Kyrios-Nacht* (am ersten Tag nach dem Shabbat) und anschließend direkt fortlaufend zum Initiationsfest der Eucharistie nach dem »Hahnenschrei« am frühen Morgen (des später so genannten Sonn(en)tages) – so traten im Laufe der Zeit Taufe und Eucharistie auseinander wie andererseits (Kleinkinder-) Taufe und Taufkatechumenat. Was dies allein zum Beispiel für die Bildung der Menschen damals an negativen Folgen bedeutet haben muss, lässt sich wohl kaum hoch genug einschätzen. Der ›Motor‹ der Bildungskultur und des Schulwesens fing an zu ›stottern‹, bis er zuletzt für die weiteren Zeiten ganz ausfiel.

– Bildeten anfänglich Taufkatechumenat, Taufe und Eucharistie in der Feier der Kyrios-Nacht als dem absoluten Höhepunkt im Leben des je einzelnen Christen und im Leben der Gemeinde eine in sich geschlossene Einheit – so zersplitterte / so zerstückelte diese Einheit zunehmend durch die Ausdifferenzierung der Kyrios-Nacht in den Karfreitag vorher und in den Ostersonntag nachher. Das Leiden Jesu und die Auferweckung Christi traten in zwei je eigene Heilsereignisse auseinander. Der Karsamstag mit der Feier der so titulierten *Osternacht* als ursprünglichem Kern und als die Mitte des christologischen Heilsgeschehens verlor an Bedeutung und blieb schließlich ›auf der Strecke‹. Mündige wurden immer weniger und immer seltener getauft, kaum noch in der Kyrios-Nacht – Unmündige dagegen wurden eben nicht mehr ›zu nachtschlafener Stunde‹ getauft, sondern im Gottesdienst am Sonntagvormittag. Damit wurde die Feier der Kyrios-Nacht von innen heraus ausgehöhlt.

– Stellte die urchristliche Gläubigentaufe in der Kyrios-Nacht das so genannte ›non-plus-ultra‹ im Leben eines Menschen dar und den grundlegenden Einstieg in ein ganz neues Leben mit einem entsprechend anderen Lebenswandel / und galt diese Taufe im vollen Sinne des Wortes als voll-gültig – so wurde innerhalb der römischen Kirche die Taufe von Säuglingen und Kleinkindern zum Sakrament des Anfangs, das aber nachträglicher Ergänzungen bedurfte. Der Akt der Handauflegung und damit der Segnung trat aus der Taufe heraus – der Akt der *Firmung* kam hinzu, dazu eine Reihe von Sakramenten, die das Christenleben strukturieren und schließlich mit dem Sterbesakrament als dem Sakrament des Endes hier auf Erden beschließen sollen. Das kirchlich-sakramentale Handeln durch *Priester* und *Bischöfe* tritt entscheidend hinzu und wird fortan als heilsnotwendig eingestuft.

Auch wenn sich die sechs folgenden Sakramente und die zusätzlichen sakramentalen Handlungen allesamt auf die Taufe am Anfang eines Christenlebens beziehen mögen und die Taufe quasi ausbauen und aufwerten *sollen* – so tragen sie doch dazu bei, die Gläubigentaufe zu schwächen, zu degradieren, abzuqualifizieren und zu entwerten. Die Unmündigentaufe dagegen bedarf dringend der Ergänzung, gerade durch eine Art von Taufkatechumenat, von Kommunion- und Firmunterricht bzw. Konfirmandenunterricht und schließlich durch das eigene Credo – wobei der Unterschied in den gegenläufigen Prozessen zu beachten ist: Führte der frühere Taufkatechumenat zur

(Mündigen-) Taufe (in der Kyrios-Nacht) hin, so führt der nachgeholte Konfirmandenunterricht (abseits jeglicher Kyrios-Nacht) von der (Unmündigen-) Taufe weg.

Zum Verständnis des Kyrios-Mahls

In seiner Vorrede zur »Deutschen Messe« 1526 (WA XIX, 44, 70–113) äußert sich *Martin Luther* in seiner Schrift »Eine Weise, christliche Messe zu halten und zum Tische Gottes zu gehen« aus dem Jahre 1524 folgendermaßen: »Wir wollen die Messe jetzt für uns nehmen als ein Sakrament oder Testament oder als eine Danksagung, wie sie dem griechischen Wort Eucharistia nach heißt, oder wollen sie nennen Tisch oder des Herrn Abendmahl oder ein Gedächtnis des Herrn oder des Volks Kommunion oder sonst, wie es uns gefällt mit einem anderen christlichen Namen allein, daß man sie kein Opfer oder Werk nennen und diesen teuren Schatz mit solchem Greuel nicht beflecken.«

Luther verstand unter der Bezeichnung »Deutsche Messe« (DM) einen Gottesdienst mit Predigt und Mahlfeier – in heutiger Zeit ließe sich adaequat von »Evangelischer Messe« sprechen.

Der ›terminus technicus‹ »MESSE« leitet sich her von dem seit dem 4. Jhdt. belegten Entlassungswort: »ite, missa (dimissio) est«, das ursprünglich am Schluss des Wortgottesdienstes stand und mit dem der Diakon die Katechumenen, die Taufbewerber, die Büßer, die Kranken (vor dem Gottesdienst der Eucharistiefeier für die getauften Gläubigen) aus der Kirche mit einem Schluss-Segen entließ. In aller Konsequenz müsste es sich demnach verbieten, die Eucharistiefeier als »Messe« zu bezeichnen. Nichtsdestotrotz hat sich dieser Ausdruck eingeführt als Bezeichnung für einen zweiteiligen Gottesdiensttypus, der aus einem Wort- und Sakramentsgottesdienst besteht bzw. aus Wort und Eucharistie. Zu diskutieren wäre, ob der ›terminus‹ »Messgottesdienst« (auch wenn er römisch-katholisch besetzt ist) nicht ebenso im protestantischen Bereich Eingang finden kann, um den nicht unstrittigen Begriff »*Gesamtgottesdienst*« zu ersetzen (1).

Luther kann verschiedenste Bezeichnungen für das »Sakrament des Altars« zusammentragen und nebeneinander gelten lassen – bis auf eine Ausnahme: vom *Mess-Opfer*, das der Priester in jedem Messgottesdienst / in jeder Messe von neuem auf unblutige Weise wiederholt und »darbringt«, distanziert er sich scharf (WA 6,364,14; 365,23) – in der praktischen Konsequenz, dass Luther alle Mahl-Gebete streicht und allein die »*verba testamenti*« stehen lässt, die für ihn »promissio« und »testamentum« bedeuten (WA 6,520,22). Dennoch hält er an der »*Elevation der Hostie*« fest und stellt den *Kerzen*- und Weihrauchgebrauch frei.

Im Jahre 1526 spricht sich Martin Luther für drei Sonntagsgottesdienste aus: für die Mette (um fünf oder sechs Uhr), für die Messe (um acht oder neun

Uhr) und für die Vesper (nachmittags). Werktagsmessen lehnt er ab, aber für Werktagsmetten und -vespern (mit Predigten über biblische und über Katechismus-Texte) spricht er sich deutlich aus.

Vor dem Gang zum Altar empfahl Luther eine Art von Glaubensverhör: »daß man niemand zum Sakrament gehen lasse, man fragt ihn denn zuvor und erkunde, wie sein Herz steht, ob er auch wisse, was es sei und warum er hinzugehe.« (WA 12,477). Die »Confessio Augustana« (1530) formuliert in Art. XXV zur Beichte: »... diese Gewohnheit wird bei uns gehalten, das Sakrament nicht zu reichen denen, so nicht zuvor verhört und absolviert sind.«

Luther bezeichnet als »unwürdig«, wer »keine Gnade und Absolution begehrt, noch dächte, sich zu bessern« (»Großer Katechismus« 1529). Glaubensverhör, Beichte und Sündenvergebung gelten als zu erfüllende Vorbedingung für alle Getauften, um das »Sakrament des Altars« überhaupt empfangen zu können. Wie aber nur lässt sich diese Praxis, die in ihrem Buß-Ernst bis in die Gegenwart hinein nachwirkt, biblisch begründen bzw. voraussetzen? Der Nachweis dafür findet sich nicht im Abschiedsmahl Jesu von seinen Jüngern vor seiner Hinrichtung am Kreuz von Golgotha (wenn erinnert wird, dass ein Judas Ischarioth und ein Simon Petros wie die anderen Jünger auch ohne jegliche Vorbedingung und ohne jede Vorleistung daran teilgenommen haben) – der Nachweis findet sich genauso wenig in den Freudenmahlen der ersten Christen nach dem Widerfahrnis der Auferweckung Christi. Wie erklärt sich dann aber Luthers (Über-?) Betonung der »theologia crucis« (2) und sein Angriff auf die »theologia gloriae« aus dem Glauben an den »Deus iustificans« (3) heraus? Diese eingeforderte Buß-Praxis findet ihre Stütze jedenfalls nicht bei den ersten Christen, die abends nach getaner Arbeit im Schutz von Privathäusern nun gerade deswegen zusammenkamen, um in geradezu messianischem Jubel ein eucharistisches Freudenmahl in der »memoria Christi« / in der Anamnesis an die Kyrios-Nacht zu feiern.

Luthers »Deutsche Messe« von 1526 enthält (unter nachträglichen Ergänzungen durch den Autor dieser Untersuchung zu den Liedangaben) folgendes Grundmuster als einfache Form (im Gegenüber zu seiner voll ausdifferenzierten lateinischen »Formula Missae« von 1523):

Introitus (Lied oder Psalm)
Dreimaliges »Kyrie eleison« (aber kein »Gloria«)
Kollektengebet
Epistellesung (im 8. Ton gesungen)
Gemeindelied (z.B.: »Nun bitten wir den Heiligen Geist« – EG 124,1–4)
Evangelium (im 5. Ton gesungen)
Nicaenum (z.B. als Lied: »Wir glauben Gott im höchsten Thron« – EG 184,1–5)
Predigt
Bereitung der Elemente / Darbringung der Gaben

Unser-Vater
Abendmahlsvermahnung
»verba testamenti« (im 1. Ton gesungen: im Vaterunserton, also im Gebetston)
Brotritus mit Elevation und Distribution / Austeilung: erst die Männer, dann die Frauen (dabei wird das deutsche »Sanctus« gesungen)
Kelchritus mit Elevation und Distribution / Austeilung: erst die Männer, dann die Frauen (dabei wird das deutsche »Agnus« gesungen)
Dankgebet
Aaronitischer Segen.

Martin Luther weiß zu unterscheiden und zu trennen zwischen dem »beneficium«, nämlich der allein von Gott selbst geschenkten »Wohltat« (vgl. Philipp Melanchthons Insistieren auf den »beneficiae«)(4), und dem »sacrificium«, nämlich dem vom Priester zu erbringenden Opfer. Luther sah sich genötigt, zu intervenieren, da im römischen MESSKULT das einmalige Opfer Jesu am Kreuz von Golgatha (Röm. 6,10 / Hebr. 7,27; 9,12.26. 28; 10,10 / 1. Petr. 3,18) durch die stets neue Wiederholung bzw. Darbringung durch den amtierenden *Priester* (so die Canones der XXII. Sitzung des »*Tridentinums*« 1545–1563) bestritten und geleugnet wird. »Nach dem Dogma der römisch-katholischen Kirche opfert der Priester in der Messe in der Kraft seiner Weihegewalt den auf dem Altar gegenwärtigen Opferleib und das auf dem Altar gegenwärtige Opferblut Jesu Christi in einer wahren Opferhandlung Gott dem Vater auf und vollzieht damit in jeder Messe ein wirkliches Sühnopfer, das bewirkt, daß Lebende – ohne daß sie bei der Messe anwesend zu sein brauchen oder kommunizieren – und Tote bei Gott Barmherzigkeit und Gnade erlangen für ihre Sünden und Strafen und für mannigfache Nöte.« (5). Peter Brunner vermerkt dazu: »Es soll .. von uns nicht übersehen werden, daß diese Aufopferung des Leibes und des Blutes Christi, die nach katholischer Lehre in jeder Messe geschieht, in den Kapiteln des Dekretes der XXII. Sitzung in eine Beziehung zu dem einmaligen blutigen Opfer Christi am Kreuz gesetzt wird, für die auch der Begriff der Repräsentation gebraucht werden kann. Auch die Identität der Opfergabe (der eine Christus) und in gewisser Hinsicht auch die Identität des Opferpriesters (Christus durch den geweihten Priester) wird hier festgehalten ... kein Theologe der römisch-katholischen Kirche kann an der oben wiedergegebenen Lehre der Canones 1–3 dieser Sitzung vorbei ... Verstehen doch auch diese Kapitel den Stiftungsbefehl so, daß Christus den geweihten Priestern den Auftrag gibt, ihn unter den sichtbaren Zeichen der Gestalten von Brot und Wein in jeder Messe Gott aufzuopfern. ... Der Einspruch der Reformatoren richtet sich nicht nur gegen den Wildwuchs dieser Missstände im ausgehenden Mittelalter, sondern er richtet sich letztlich genau gegen die in den Canones der XXII. Sitzung von Trient fixierten Lehre, deren Bestreitung mit dem Gewicht des *anathema* versehen ist.« (6). Protestantische Kritik verdient nicht zuletzt der Begriff der »Repräsentation« – das heißt doch: der geweihte Priester »re-präsentiert« in jeder neuen Messfeier das Opfer Jesu. Was bedeutet dieses Verständnis im Kontext der Real- und Virtualpräsenz Christi?

Leidenschaftlich-vehement tritt *Martin Luther* ein für das »Ein-für-alle-Mal« und für die Allgenügsamkeit und für die Vollständigkeit des einmaligen Sühnopfers Jesu (das also keine Ergänzung oder Vervollständigung oder Wiederholung durch priesterliches Handeln braucht, also keinerlei Agieren von Sakralfunktionären). Dem Artikel 24 der »Confessio Augustana« (1530) zufolge sei aus der Messe »ein Jahrmarkt« gemacht worden. In den »Schmalkaldischen Artikeln« von 1537 konnte Martin Luther die römische Messe als »der größte und schrecklichste Gräuel« und als »päpstliche Abgötterei« bezeichnen (II. Teil, 2)(7). In der Sache liegt Luther damit ganz auf der Linie des *»Heidelberger Katechismus«* (1563), wenn Kurfürst Friedrich III. von der Pfalz in *Antwort 80* formuliert: »Und also ist die Messe im Grunde nichts anderes denn eine Verleugnung des einigen Opfers und Leidens Jesu Christi und eine vermaledeite Abgötterei.« (8).

Markus Barth urteilt: »Der einmalige Tod Jesu Christi am Kreuz schafft so vollkommen Sühne und Versöhnung, daß er es nicht nötig hat, durch fortgesetzte Opferakte aktualisiert, abgebildet oder in Kraft gesetzt zu werden. Dementsprechend ist seine Fleischwerdung am Weihnachtstag und sein Wirken in der Gestalt eines Menschen so einzigartig und ewig gültig, daß Reinkarnationen am Tisch des Herrn überflüssig sind.« (in: Das Mahl des Herrn, 214).

Als »allerschädlichstes Jahresfest« bezeichnete Martin Luther 1527 das FRONLEICHNAMSFEST, das Papst Urban IV. (1261–1264), zuvor Erzdiakon in Lüttich, am 11. August 1264 als »festum corporis Christi« (als ›Fest des Leibes Christi‹) in der Enzyklika »Transiturus de hoc mundo« als allgemeines Kirchenfest für die römische Kirche eingeführt hatte. Die Anregung für dieses Fest stammt aus einer Vision der Augustiner-Nonne Juliana von Lüttich – 1246 wurde dieses Fest durch Bischof Robert als besonderes Fest der Eucharistie im Bistum Lüttich eingeführt. Dabei jedoch steht primär nicht der Lobpreis, die Verherrlichung, die Anbetung Gottes im Vordergrund – sondern die Verehrung und Anbetung des in Christi Leib verwandelten Brotes in Form der Hostie in einer öffentlichen Sakramentsprozession. Galt es anfangs noch als »Hochfest des Leibes *und* des Blutes Christi« – so bleibt schließlich allein das »Hochfest des Leibes Christi« übrig. Die ursprüngliche Feier mit Brot *und* Wein für alle Kommunizierenden wurde bereits zurückgedrängt: daran hat sich innerhalb der römischen Kirche bis in die Gegenwart hinein in aller Regel nichts geändert. Gegen diese Praxis aber protestierten z.B. seitens der »Böhmischen Brüder« der Priester und Rektor der Prager Karls-Universität *Jan Hus* (*um 1370,+6. Juli 1415 in Konstanz auf dem

Scheiterhaufen) sowie späterhin alle Reformatoren, die sich für die Kommunion (Austeilung) »in beiderlei Gestalt« (»sub utraque« und nicht »sub una specie«) nach der Vorgabe Jesu einsetzen sollten.

»Daß der Christ kraft der Abendmahlsgemeinschaft mit Christus zusammen mit seinem Nächsten ein ›Kuchen‹ wird« (9), verdeutlicht Martin *Luther* in einer Abendmahlspredigt – in einem Abendmahlslied von 1524 heißt es dementsprechend in der 10. Strophe: »Deinen Nächsten sollst du lieben, dass er dein genießen kann, wie dein Gott an dir getan.« Was Luther in diesen ›steilen‹ Gedanken gemeint hat, findet sich in der »Newe Zeytung von den Widertaufferen zu Münster« aus dem Jahre 1535: »Wie sich Christus für mich gegeben hat also wil ich mich für dich geben.« – und in folgendem Zitat: »Weil das Abendmahl ein Sakrament der Liebe ist, darum soll einer des anderen Last tragen ... Indem der Christ das Abendmahlsbrot empfängt, nimmt er die Kraft des Leibes Christi zu sich; umgekehrt nimmt zugleich Christus die Sünde auf sich. Genauso geht es mit den Christen untereinander: Der glaubende Christ gibt sich dahin in die Not des Bruders und lässt sich sozusagen essen; umgekehrt ernährt sich der Bruder vom Glauben des Spenders. So sind sie ›ein Kuchen mit Christo‹ und ein Brot untereinander.« (10). Das Wort Gal. 6,2 wird in Luthers Worten zwar aufgenommen, aber in besonderer Weise zugespitzt: nämlich in der Hingabe an den Nächsten, die bis zum eigenen *Opfer* führen kann. Bei allem Wagnis dieser Gedanken stellt sich nicht zuletzt die problematische Anfrage: Soll (und kann denn überhaupt) ein Bruder dem anderen zum *Christus* werden? Bedeutet *Jesu Opfer* am Kreuz von Golgotha nicht ein-für-allemal ein unwiederholbares und durch nichts zu ersetzendes und von keinem anderen Menschen je zu erbringendes Opfer der Versöhnung (2. Kor. 5,19) mit Gott?

Die Kontroverse um das Mahl des HERRN spitzt sich im Verhältnis zwischen *Martin Luther und Huldrych Zwingli* zu, als sich beide im Blick auf das Verständnis der »verba testamenti« angesichts des Wortes »est« bzw. »significat« innerhalb des Marburger Religionsgesprächs im Oktober 1529 auseinander dividieren (und Zwingli die Tränen in die Augen sprangen). Doch – die Frage sei erlaubt: Musste es zu diesem ›kirchengeschichtlichen Betriebsunfall‹ kommen? Gab es nicht eine Fülle von Gemeinsamkeiten selbst im Verständnis des Herrnmahls?
Zwingli wehrte zusammen mit Luther jeglichen Gedanken der Wiederholbarkeit des Opfers Jesu Christi bzw. seine Fortsetzung durch sakramentales priesterliches Handeln ab – kritisierte unter Joh. 6,63 »das Fleischfressen« – betonte gegenüber Luther, dass die »geistliche Nießung« die Hauptsache ist – und setzte sich in Zürich dafür ein, dass aus dem priesterlichen Hochamt (nun wieder wie urchristlich) eine schlichte Gemeindefeier der getauften Gläubigen wurde. Statt des Altars fand sich nun ein mit weißem Leinentuch gedeck-

ter Holz-Tisch mit hölzernern Schüsseln, ungesäuertem Brot und hölzernen Bechern: alles ohne Prunk und Pracht, aber »suber und rein«. Zwingli lehnte allen Sakramentalismus entschieden ab und votierte mit gutem Grund dafür, in der kirchlichen Theologie und Praxis auf die Verwendung des Begriffs *Sakrament* gänzlich zu verzichten. Zwingli führte übrigens als erster das *Apostolicum* anstelle des bisher üblichen Nicaenums in den Gottesdienst ein (11).

Zwinglis Abendmahlsverständnis findet sich ausgedrückt in folgenden Worten: »Und so ist dieses Wiedergedächtnis eine Danksagung und ein Frohlocken dem allmächtigen Gott wegen der Guttat, die er uns durch seinen Sohn bewiesen hat, und welcher in diesem Fest, Mal oder Danksagung erscheint, sich bezeugt, daß er deren sei, die da glauben, daß sie mit dem Tod und Blut unseres Herren Jesus Christus erlöst sind.« (in: Aktion und Brauch des Nachtmahles, 15,10–15)(12).

Martin Bucer folgt Zwingli im Verständnis der geistlichen Speise: »Der Leib Christi ist über die Welt der Sinne und der Vernunft erhaben; also kann ihn eigentlich nur der Glaube fassen.« (zitiert in: H. Feld: Das Verständnis des Abendmahls, 117). Cauvin erkennt im Abendmahl eine ›geistliche Sache‹ (»spiritualis res«) und lehnt demnach wie Bucer die »manducatio impiorum« (den Empfang von Brot und Wein durch die Ungläubigen) gemäß Joh. 6,56.63 ab.

Luther folgt der Tradition aus dem »IV. Laterankonzil« von 1215 (wonach die Substanzen gewandelt werden, die Akzidentien jedoch, also die äußerlichen Merkmale von Brot und Wein, erhalten bleiben) und vertritt soz. die substantielle Realität Christi in der Wandlung der Elemente einer jeden einzelnen Mahlfeier und demzufolge die räumliche Ubiquität bzw. die Ubipräsenz Jesu Christi auf Erden (13). Wie aber verhält sich dazu »Christi Himmelfahrt« (vgl. Apg. 1,11?) wie ebenso die »manducatio impiorum« bzw. die »manducatio indignorum«? Im Unterschied zu Luther sehen Melanchthon, Zwingli, Oekolampad, Bucer und insbesondere Cauvin in Brot und Wein reale (Heils-) Zeichen für die Spiritualpräsenz Christi: sie also glauben die »praesentia Christi in Spiritu sancto« und sprechen von der »manducatio spiritualis«.

Gemeinsam verbindet alle Reformatoren die Glaubensüberzeugung der Virtualpräsenz Christi »in, mit und unter« Brot und Wein: so die »formula concordiae« von 1577 in Art. VII (oder die »Confessia Augustana Variata« von 1540 in Art. X, die Jean Cauvin unterzeichnen konnte). *Cauvin* (als Vertreter der zweiten Generation unter den Reformatoren) betont die Spiritualpräsenz Christi und kann so dazu beitragen, das substantielle Missverständnis der »verba testamenti« zu überwinden und ein personales Verständnis der Deuteworte zurückzugewinnen, geht es doch nicht um die Elemente, nicht um die Substanzen, nicht um die Symbole, sondern um den *Kyrios* Christus

Jesus. ER allein ist Gastgeber, ER allein bittet zu Tisch. ER allein ist die Mitte der Mahlfeier.

Grundlinien gemeinsamer reformatorischer Theologie drücken sich aus in den einzelnen »soli«: »soli Deo gloria«, »solus Christus«, »sola gratia« (›allein die unverdiente Gnade‹), »sola fide« (Gott verlangt keine Vorleistungen, auch keine kommerziellen)(14), »sola scriptura« (15) – und bedeuten im Minimum so etwas wie eine protestantische Anfrage an die römische Theologie. Die Predigt des Wortes Gottes in den Mittelpunkt des Gottesdienstes zu stellen, ist ebenso das gemeinsame Anliegen der Reformatoren wie ihr Bestreben, sich vom Messopfer-Handeln des Weihepriesters radikal zu distanzieren und andererseits die Kommunion »unter beiderlei Gestalt«: »sub utraque«, also mit Brot und Wein für alle Gläubigen zurückzugewinnen (16). Während sich Martin *Bucer* in Straßburg für die sonntägliche Mahlfeier einsetzt, ebenso Johannes Oekolampad in Basel und Jean Cauvin in Genf (nach der »Genfer Kirchenordnung« 1561 soll das »coena Domini« sonntäglich oder wenigstens einmal im Monat gefeiert werden) – schreibt Huldrych *Zwingli* in Zürich die Zahl der »Nachtmahl«-Feiern auf vier im Jahr fest (17). Dadurch erhielt einerseits der Predigtgottesdienst (mit der Kanzel-Predigt) besondere Dignität, andererseits das »Nachtmahl«.

»GOTTESDIENST« verstehen die Reformatoren als Dienst Gottes an uns Menschen, als Sein Geschenk und Seine Gabe (»beneficium« / »donum«) – und zugleich als Gottes Aufgabe an uns Menschen, Ihm zur Ehre zu leben: »soli deo gloria« (Jean Cauvin)(18). Das einzige und beste, was Menschen ihrem Schöpfergott je darbringen« können, sind entsprechend Röm. 12,1 und Hebr. 13,15f. im Sinne des Gotteslobs / der »Eucharistie« Dank(-) und Lob (-opfer/-gaben). Was *Martin Luther* zur Einweihung der Torgauer Schlosskapelle 1544 äußerte, mag als klassische protestantische Definition von Gottesdienst gelten: »das unser lieber Herr selbs mit uns rede durch sein heiliges Wort, und wir widerumb mit jm reden durch Gebet und Lobgesang.« (WA 49,588). Drückt sich darin nicht das urchristliche Verständnis von Gottesdienst aus, auch im Sinne von Röm. 12,1f.? Das, was aus der Tradition der *Kyrios-Nacht* heraus »*Eucharistie*«, nämlich »Danckopffer« bzw. »Danksagung«, heißt (vgl. 1. Kor. 11,24 / Mk. 14,23 / Mt. 26,27 / Luk. 12,19; aber auch Mk. 14,22 / Mt. 26,26)?

Römischem Verständnis nach empfängt der römisch-katholische Christ (bis heute) in der Kommunion leibhaftig Jesus Christus selbst, wenn er nach *Konsekration* und TRANSSUBSTANTIATION (19) (in der Rezitation der »verba testamenti« erfolgt) durch das stets neu zelebrierte *Opferhandeln des Priesters* als »Re-präsentant Christi« Brot (nämlich die Oblate) empfängt (20). Dass es sich in den konsekrierten Gaben wahrhaft und nur noch um Christi Leib und Blut handelt (und nicht mehr in Wirklichkeit nur um Brot und Wein), dies wird nicht zuletzt daran deutlich, mit welcher Ehrfurcht die übriggebliebenen konsekrierten Gaben nach dem Ende der Kommunion geachtet werden und wie mit ihnen umgegangen wird.

Römisch-katholische Christen dürfen das Sakrament des Altars nur von einem geweihten Priester empfangen, der in der Linie der apostolischen Sukzession steht. In diesem priesterlichen Agieren manifestiert sich die römische Kirche. Die Darbringung des Opfers Christi ist an das Weihepriestertum gekoppelt. Voll(gültig)e Eucharistiegemeinschaft ist nur möglich bei voll (gültig)er Kirchengemeinschaft.

Lutherischem Verständnis nach gilt: »Die Gemeinde ... empfängt ... den wahren Leib und das wahre Blut Christi.« (21). – »Die Gemeinde hat ein Recht darauf, daß sie in der Kommunion den Herrn in den Gaben empfängt.« (22). – »Wo immer in einer Abendmahlsfeier der Eindruck erweckt wird, daß nicht Christi Leib und Blut, sondern nur schlicht Brot und Wein ausgeteilt werden, werden Menschen in Versuchung geführt, den Leib des Herrn nicht von irdischer Nahrung zu unterscheiden und das Brot, das vom Himmel gekommen ist, mit irdischem Brot zu verwechseln.« (23). – »Gib, daß wir unter diesem Brot und Wein deines Sohnes wahren Leib und Blut im rechten Glauben zu unserem Heil empfangen, da wir jetzt nach seinem Befehl sein eigen Testament also handeln und brauchen.« (24).

Wohl nicht nur *reformiertem Verständnis nach* müssen sich angesichts der römischen wie auch der lutherischen Position gegenüber verschiedenste Fragen stellen, nicht nur die nach dem »Recht« der Gemeinde – oder die nach der Fixierung auf die *Elemente* bzw. Substanzen – oder die, ob die *Sakramente* »ex opere operato« wirken. Zu hinterfragen ist ebenso die lutherische Überzeugung von der Ubiquität *Christi* (wonach Christus also in Leib und Blut lokal-punktuell und zugleich auch zeitgleich überall zerstreut auf Erden gegenwärtig, nämlich res-präsent sei und nicht leibhaftig in die Himmel aufgehoben sei) und nicht zuletzt die Überzeugung von der »manducatio impiorum« (wonach auch ein Ungläubiger, der unwürdig kommt, wahrhaft Leib und Blut Christi genießt). Urchristliches Verständnis vom *Kyrios-Mahl* setzt ganz andere Akzente aufgrund anderer Glaubensinhalte, welche sich in der Anamnesis, in der Eucharistie, im Offertorium, in der Epiklese Ausdruck verschaffen wollen. Hätten sich die ersten Christen in ihrem Glauben getraut zu schreiben (?): »Das heilige Abendmahl ist das Mahl, dessen Geber und Speise Christus selbst ist«? (25).

Reformiertem Verständnis nach gilt: »Das Abendmahl ist der ecclesia viatorum zwischen Himmelfahrt und Parusie gegeben. Es geschieht im A. keine die Verkündigung überbietende Fortsetzung oder Wiederholung des ›Einmal-Geschehenen‹ noch eine Vorwegnahme des Eschaton. Realpräsenz ist zugleich Spiritualpräsenz.« (26). Brot bleibt Brot, Wein bleibt Wein. Es geht um die Real- und Vitualpräsenz Christi, die in den Wahrzeichen und Siegeln von Brot und Wein geglaubt wird. Christus allein ist der Herr, der Einladende, der Gastgeber, »die geheime Mitte« des Herrnmahls (27). Christus allein lädt ein und gewährt Gastfreundschaft. Alle, die an Ihn glauben und die sich erwartungsvoll an Ihn wenden, will Er an Seinem Tisch vereinen, um sie zu stärken und zu ermutigen, um sie aufzurichten und zu trösten, um sie zu segnen und zu senden (zum diakonischen Dienst in der Welt). Die Gemeinde der Getauften sammelt sich direkt um den »Tisch des HERRN« und wartet nicht (mehr) vor einer Chorraum-Schranke oder vor einem Lettner, das heißt: Die Schranken sind gefallen – »der Vorhang im Tempel ist zerrissen« (vgl. Mk. 15,38 / Mt. 27,51 / Luk. 23,45) – die Getauften finden unmittelbaren Zutritt in das »Allerheiligste«, also zum »Tisch des HERRN« – der allein für den Priester und sein Agieren ausgesparte Bereich des Altars besteht nicht mehr, sondern ist für alle Getauften offen zugänglich.

Wie viel an Annäherung und an Verständigung wäre zwischen den in der Mahl- und in der Ämterfrage divergierenden Kirchen möglich, wenn sie zu urchristlichen Glaubensüberzeugungen zurückfänden – wenn die römische Kirche die Lehre von der *Transsubstantiation* nicht mit aller Entschiedenheit verteidigen müßte (28) – und wenn die verschiedenen Kirchen zum einen eine Verständigung darin erzielen könnten, die Gegenwart Christi als nicht zu erklärendes »mysterium fidei« gelten zu lassen (29), und wenn sie zum anderen den neutestamentlichen Begriff der *»Christus-Anamnese«* (vgl. 1. Kor. 11,24.25 / Luk. 22,19) (bzw. den ersttestamentlichen Begriff von »zachar« oder von »Zachor«) wiederentdeckten und als Schlüsselbegriff einführten. »Anamnesis« meint die lebendige Vergegenwärtigung früherer Heilstaten Gottes durch bestimmte symbolträchtige Zeichenhandlungen, derart, als sei man selbst damals dabeigewesen beim Auszug aus Ägypten / als hätte man selbst in den Laubhütten gesessen / als hätte man wie die Apostel damals Brot und Wein vom auferweckten Christus selbst empfangen. Zugleich beinhaltet der Begriff der »Anamnesis« die eschatologische Perspektive auf das zukünftige Heil Gottes, den Ausblick auf Seine »Doxa« (bzw. auf Seine »kabod«) in Ewigkeit. Brot wie auch Wein (!) im anamnetischen und im eucharistischen Sinn zu empfangen und im messianischen Freudenmahl zu feiern: rekurriert einerseits auf urchristliches Verständnis und auf urchristliche Praxis (ausgehend von der Kyrios-Nacht) – und könnte andererseits befreiend und beglückend wirken im Verständnis der in Herrnmahlstheologie und -praxis geschiedenen Kirchen.

Die presbyterianische Liturgie im »Book of Common Order of the Church of Scotland« (1940) formuliert dagegen im Sinne des *Offertorium*s so: »Wir bringen uns dir mit Leib und Seele dar zum lebendigen und heiligen Dienst und bitten dich, du wolltest das Opfer unseres Lobpreises und unserer Danksagung jetzt annehmen in der Gemeinsamkeit mit allen Erwählten, die im Himmel und auf der Erde den Leib deines Christus bilden. Vollende in uns dein Heilswerk und führe in der Welt den Plan deiner Liebe aus, die sich kundgetan hat in Jesus Christus, unserem Herrn.« (zitiert nach R. Volp: Liturgik II, 1191). Damit steht dieses Gebet ganz in der Traditionslinie der Urchristenheit (im Sinne des »Lobopfers«, vgl. Hebr. 13,15), die sich Fortsetzung verschafft hat bis in die Theologie der Reformatoren hinein. Specifica allerdings lösten Abkapselungen und Abspaltungen aus, die die Kirchen der Reformation über Jahrhunderte hinweg voneinander trennen sollten: bis dass es schließlich zu grundlegenden Vereinbarungen in den »*Arnoldshainer Abendmahlsthesen*« von 1957 (30) und in der »*Leuenberger Konkordie*« von 1973 (mit der Lehrübereinkunft zwischen den reformatorischen Kirchen Europas über Taufe, Abendmahl und Christologie und mit der Erklärung der Kirchengemeinschaft) kam (31). Die »*Konvergenz-Erklärung von Lima*« (1982) zu »Taufe, Eucharistie und Amt« schließlich enthält das Bekenntnis: »Der Heilige Geist macht im eucharistischen Mahl den gekreuzigten und auferstandenen Christus für uns wahrhaft gegenwärtig.« (Lima 1982, 22).

Die Tradition der täglichen Mahlfeier hielt sich insbesondere im Mönchtum – während in einem gegenläufigen Prozess die Scheu vor dem täglichen Genuss und die Sorge vor einer Art von ›Inflation‹ dazu führte, dass in den Kirchen der Reformation (32) »das Mahl des HERRN« allein an vier Sonntagen innerhalb des Jahres gefeiert wurde. Wer Brot und Wein empfangen wollte, musste sich vorher dafür anmelden und in entsprechende Listen eintragen (lassen) und konnte danach erst zum Mahl zugelassen werden (oder aber auch nicht). Nicht von ungefähr verwickelte sich die *Mahlfeier* zu einem Ritus für besonders Fromme.

Wer dabei nun aber auf die urchristliche Feier von Taufe und Mahl in der Kyrios-Nacht zurückblickt, der mag die bisherige Entwicklung in Verständnis und Praxis des Kyrios-Mahles mit Befremden registrieren.

Anmerkungen

(1) – Der Ausdruck »Messe« findet im protestantischen Bereich nicht zuletzt Eingang durch die so genannte »*Thomas-Messe*«, die erstmals im April 1988 mit Olli Valtonen in der Agricola-Kirche in Helsinki gefeiert wurde und die seither über die Grenzen Finnlands hinaus zunehmend Verbreitung erfuhr: als »Gottesdienst für Suchende und Zweifelnde« (vgl. T. Haberer: Die Thomasmesse). In der Bundesrepublik hat ein erster derartiger Gottesdienst im Jahre 1993 in Winsen an der Luhe stattgefunden.

(2) – Für Martinus Lutherus gilt (in der Übersetzung von H.A. Oberman: Luther, 262): »Allein das Kreuz Christi erschließt Gottes Wort; das Kreuz bringt die einzig echte Theologie« – nach AWA 2,389, 15f.; Auslegung von Ps. 6,11: »Crux Christi unica est eruditio verborum dei, theologia sincerissima.«

(3) – siehe H.A. Oberman: Zwei Reformationen, 57.

Nachdem Luther die Paulus'-Worte Röm. 1,17 ganz neu zu sehen gelernt hatte, konnte er schließlich schreiben: »Nun fühlte ich mich ganz und gar neu geboren: Die Tore hatten sich mir aufgetan, ich war in das Paradies selber eingetreten.« (WA 54, 179–187).

(4) – Philipp Melanchthon betonte: »christum cognoscere est beneficia eius cognoscere.« (in: »Loci Communes« 1521, CR 21,85).

(5) – Peter Brunner in: M. Thurian: Eucharistie. Einheit am Tisch des Herrn, XXXVII.

(6) – Peter Brunner, aaO., XXXVIII (Hervorhebung im Original).

(7) – Erweist sich *Luther* anfangs noch als überzeugter Romanist, der sich weigert, den PAPST als *Antichrist* zu bezeichnen – so kehrt sich seine Sichtweise schließlich ins genaue Gegenteil um und in die Aufgabe, das katholische Erbe gegen papale Entstellungen zu schützen und zu bewahren. Am 24. Februar 1520 hatte Luther seinem Freund Georg Spalatin mitgeteilt, dass der Papst der lang erwartete »Widerchrist« (vgl. 1. Joh. 2,18.22 / 2. Joh. 7) sei: »Die Angst treibt mich so um, daß ich kaum noch zweifele, der Papst sei im eigentlichen Sinne jener Antichrist, den die Welt nach allgemeiner Auffassung erwartet.« (zitiert nach H.A. Oberman: Zwei Reformationen, 121.140. 142.291).

Heiko A. Oberman urteilt: »Im Grunde war Luther weniger der erste Protestant als ein katholischer Reformator, der sich berufen fühlte, den römischpapalen Einbruch in die Schatzkammer der katholischen Kirche abzuwehren.« (in: Zwei Reformationen, 140).

(8) – Ulrich Beyer notiert (in: Die 80. Frage des Heidelberger Katechismus, RKZ 3/1991, 89–94), dass die *Antwort 80 im »Heidelberger Katechismus«* erst in der Zweitauflage eingetragen ist und nicht in der Erstauflage von 1563. Auf Anordnung des Kurfürsten Friedrich III. von der Pfalz wurde sie aller Wahrscheinlichkeit nach von Caspar Olevianus verfasst – als Entgegnung auf die *»Tridentinum«*-These: »der sich jetzt durch den Dienst der Priester Opfernde ist derselbe, der sich damals am Kreuz hingegeben hat.« (siehe H. Denzinger: Euchiridion, 940). Damit wird eine Identität vom Kreuzesopfer Jesu und dem MESSOPFER des Priesters postuliert und die Bedeutung des Priesteramtes herausgestellt. Die Kritik bezieht sich auf die Insuffizienz, wonach das einmalige Opfer Jesu am Kreuz von Golgotha ungenügend sei und der täglichen Wiederholung (auf Anordnung Christi?) im Messopfer auf sakramentale Weise durch den Priester bedürfe. Der Vorwurf der »Abgötterei« richtet sich gegen die Anbetung und Verehrung der Elemente.

Ferdinand Hahn stellt fest: »Zunächst ist unbestreitbar, daß im Neuen Testament an keiner Stelle Opferbegriffe auf das Herrenmahl angewandt werden ... Das ursprüngliche Herrenmahl war alles andere als ein Opfermahl ... Im Vordergrund stand die Abgrenzung gegen jede Art eines kultisch-rituellen Opfers. Dem entspricht, daß in grundlegenden christologischen Bekenntnis-

sen und den neutestamentlichen Aussagen über das Herrenmahl die Opfer-
terminologie nicht verwendet wird.« (zitiert in: U. Beyer, RKZ 3/1991, 93).

In seinem Aufsatz: »Ein Schritt nach vorn – Die neue Fußnote *zur 80. Frage
des Heidelberger Katechismus*« (in: RKZ 8/1994, 230–233) zitiert Ulrich
Beyer die Fußnote in der Fassung von 1977 und die Neufassung von 1994
nach den Beschlüssen vom Moderamen des Reformierten Bundes – und betont den bis dato vorhandenen Unterschied zwischen dem römischen *Messopfer* (als Sühnopfer) und der evangelischen *Mahlfeier*.

(9) – *Martin Luther* betont den diakonischen Aspekt des Abendmahls (und
schärft die Gewissen) mit den Worten: »Man findet viele Leute, die gerne
mitgenießen, aber nicht mitentgelten wollen. Das heißt, sie hören gerne, daß
in diesem Sakrament ihnen Hilfe, Gemeinschaft und Beistand aller Heiligen
zugesagt und gegeben wird. Aber sie wollen nicht wiederum auch Gemeinschaft halten, wollen nicht dem Armen helfen, die Sünder dulden, für die
Elenden sorgen, mit den Leidenden mitleiden, für die andern bitten, wollen
auch nicht der Wahrheit beistehen, der Kirche und aller Christen Besserung
mit Leib, Gut und Ehre suchen ... Das sind eigennützige Menschen, denen
dieses Sakrament nichts nutzt. Ebenso wie der Bürger unerträglich ist, der
von der Gemeinde Hilfe, Schutz und Freiheit erwartet und der doch wiederum für die Gemeinde nichts tun und ihr nicht dienen will. Nein, wir müssen
der andern Übel wieder unsere Übel sein lassen, wenn wir wollen, daß Christus und seine Heiligen unser Übel ihr Übel sein lassen sollen. Dann wird die
Gemeinschaft vollkommen und geschieht dem Sakrament genug. Denn wo
die Liebe nicht täglich wächst und den Menschen so verwandelt, daß er mit
einem jeden Gemeinschaft hat, da ist dieses Sakraments Frucht und Bedeutung nicht.« (WA 2. 747, 26 – 748.4).
Vgl. Luthers Sermon von 1519 (WA 2.748,18) – seine Predigt von 1523
(WA 12.488, 9f. und 490,1) sowie die Predigt von 1528 (WA 30/1, 30,34).

(10) – vgl. Sermon 1519 (WA 2.745, 33f.) – Predigt 1523 (WA 12. 488,
15ff.) – Predigt 1524 (WA 15.503,6) – Predigt 1528 (WA 30/I 27, 11 und
20,20f.).

(11) – siehe Karl Halaski: Die Zwinglische Gottesdienstordnung und die
Abendmahlslehre Zwinglis im Rahmen dieser Gottesdienstordnung, RKZ
12/1982, 317–319.
Das »*Apostolicum*« wird zum Bekenntnis der Westkirche (und wird von den
orthodoxen Kirchen bis heute nicht als Glaubensbekenntnis anerkannt und
übernommen) – das »*Nicaenum-Constantinopolitanum*« (381) bleibt das der
Ostkirche. Es könnte eine (oekumenische) Anregung wert sein, dieses (gegenüber dem ersten Nicaenum von 325 zweite) Nicaenum jeweils in den
Festgottesdiensten der Zweiten Feiertage (also am zweiten Ostertag, am
zweiten Pfingsttag, am zweiten Weihnachtstag) anstelle des Apostolicums in
die protestantischen Gottesdienste einzubeziehen.

Zum so genannten »Apostolikumsstreit der Jahre 1827 ff.« siehe G. Plasger: Die relative Autorität, 88–110.

(12) – Eingedeutscht wurde diese Aussage Zwinglis von G. Plasger in: Solches tut zu meinem Gedächtnis, 40 (dort findet sich die detaillierte Quellenangabe: Zwinglis sämtliche Werke, Bd. IV (CR 91), Leipzig 1927, 15,10–15). Vgl. G. Plasger: Die relative Autorität, 267.

(13) – Der reformierten Kritik gegenüber der lutherischen Überzeugung von der »*Ubiquität des Leibes Christi*« antworteten so genannte »Gnesio-Lutheraner« wie Joachim Westphal (*1510,+1574) an die Adresse der Reformierten gerichtet mit der Formel vom »*Extra-Calvinisticum*«, das Karl Barth in den Antworten 47 und 48 des »Heidelberger Katechismus« ›klassisch ausgedrückt‹ findet, in denen er jedoch einen ›theologischen Betriebsunfall‹ erkennt (siehe G. Plasger: Die relative Autorität, 77–79). Im Hintergrund steht die Überzeugung, wonach Christus nach der Aufnahme in die Himmel (Mk. 16,19 / Luk. 24,51 / Apg. 1,2.9–11) nicht mehr körperlich, sondern (in lutherischer Rückfrage: »nur noch« bzw. »allein« oder »lediglich«?) geistlich gegenwärtig ist. Philipp Melanchthon wurde von Gnesio-Lutheranern als »Crypto-Calvinist« bezichtigt.

(14) – Auch wenn Martin Luther in seiner Übersetzung das Wörtchen »allein« aus Gründen der Pointierung in seine Übersetzung von Röm. 3,28 (»So halten wir nun dafür, dass der Mensch gerecht werde ohne des Gesetzes Werkes, allein durch den Glauben«) ergänzt hat, so ergeben sich nicht allein im Blick auf das Judentum erhebliche Fragen (z.B. unter dem Stichwort der »Werkgerechtigkeit«) an die Übertragung der geprägten Formulierung der Rechtfertigungsbotschaft, wenn die »Bibel in gerechter Sprache« (BgS) schreibt: »Nach reiflicher Überlegung kommen wir zu dem Schluss, dass Menschen aufgrund von Vertrauen gerecht gesprochen werden – ohne dass schon alles geschafft wurde, was die Tora fordert.« (BgS, 2086).

(15) – Nach dem Prinzip »*sola scriptura*« gilt: Allein die Heilige Schrift gilt als »norma normans« und bildet die »unica regula ac norma«. Zu prüfen wird jeweils sein, was schriftgemäß ist bzw. »was Christum treibet« (Martin Luther). Die Autorität der Schrift ist deutlich zu unterscheiden von der (römischen Kirchen-) Tradition, die sich daneben soz. als ›zweite Säule‹ herausgebildet hat und gegenüber der Heiligen Schrift höhere Autorität beanspruchen kann. Mit Erschrecken reagiert *Luther* auf die Einstellung der »Romanisten«, wonach der *Papst* in seinem Amt unfehlbar sei und erhaben über die Konzilien und über die Heilige Schrift. Luther sieht darin »die widerchristliche Verkehrung aller kirchlichen Lehre« (siehe H.A. Oberman: Luther, 50f.) und schreibt im Juni 1520: »So lebe denn wohl, unseliges, verlorenes und lästerliches Rom; der Zorn Gottes ist über dich gekommen.« (WA 6.329, 17f.).

(16) – Die »*Confessio Augustana*« (1530) formuliert das (als *Definition* dienende) protestantische KIRCHENVERSTÄNDNIS in Art. VII mit den

Worten: »Est autem ecclesia congregatio sanctorum, in qua evangelium pure docetur et recte administrantur sacramenta«.

Jean Cauvin drückt sein Kirchenverständnis so aus: »überall, wo wir annehmen, daß Gottes Wort lauter gepredigt und gehört und die Sakramente nach der Einsetzung Christi verwaltet werden, läßt sich auf keinerlei Weise daran zweifeln, daß wir eine Kirche Gottes vor uns haben.« (Institutio IV, 1,9, 691). Gemäß der Lehre von der *Konkomitanz* (aus dem 13. Jhdt.) wurde den so genannten »Laien« der Kelch entzogen, aus der Sorge heraus, es könnte das »Blut Jesu Christi« verschüttet werden. Die Laien empfingen fortan (und empfangen bis heute) in der römischen Kirche lediglich Brot bzw. Oblate als »Christi Leib« durch die Hand des Priesters direkt in den Mund gelegt (nach römischer Überzeugung als vollgültige und völlig ausreichende Kommunion »sub una«).

(17) – Zu behaupten, *Zwingli* habe die Zahl des Nachtmahls auf lediglich vier im Jahr reduziert – ignoriert die Tatsache, dass diese Einrichtung gegenüber der spätmittelalterlichen Praxis bereits eine Ausweitung (!) bedeutete.

(18) – im Sinne des Wortes Luk. 2,14: »Gloria in excelsis Deo / et in terra pax hominibus bonae voluntatis« (»Ehre sei Gott in der Höhe / und auf Erden Frieden den Menschen, die guten Willens sind«).

Im *»Genfer Katechismus«* (1545) schreibt Jean Cauvin: »Welches ist nun aber die wahre und rechte Erkenntnis Gottes? Diejenige, bei welcher ihm die angemessene und geschuldete Ehre erwiesen wird.« – »In welcher Weise wird er dann recht geehrt? Wenn wir all unser Vertrauen auf ihn setzen, wenn wir uns bemühen, ihm mit unserem ganzen Leben zu dienen, indem wir seinem Willen gehorchen, wenn wir ihn in allen Nöten anrufen und unser Heil, und was wir sonst an Gutem nur wünschen können, bei ihm suchen, und endlich, indem wir mit Herz und Mund ihn als alleinigen Urheber alles Guten anerkennen.« (siehe: Calvin-Studienausgabe, Bd. 2: Gestalt und Ordnung der Kirche, Neukirchen 1997, 1–135,17).

(19) – Die Lehre von der TRANSSUBSTANTIATION im Sinne der Wesensverwandlung begegnet erstmals bei Alexander von Hales (+1245) und setzt sich im Zeitalter der Hochscholastik im 13. Jhdt. bei fast allen Theologen durch – siehe Albertus Magnus (+1280), Thomas von Aquin (+1275) und Bonaventura (+1274). *John Wicliff* (+1384) dagegen lehnt diese Lehre in aller Entschiedenheit ab (ebenso die in der römischen Kirche 1139 eingeführte *Zölibat*spflicht) und betont die Notwendigkeit, zur Lehre der Alten Kirche zurückzukehren. Seiner Überzeugung nach bleiben Brot und Wein das, was sie sind – sie werden spiritualiter empfangen. Wicliffs Eucharistielehre wurde auf dem Konstanzer Konzil 1415 verurteilt (Wicliff selbst damit drei Jahrzehnte nach seinem Tode exkommuniziert). Wicliffs Überzeugungen dürften *Jan Hus* (+1415 in Konstanz) in seinem theologischen Denken und in seiner Forderung zur Rückkehr in die Praxis der Urkirche (und damit zur Kommunion »unter beiderlei Gestalt«: also »sub utraque«) beeinflusst haben.

Die lutherische *Konsubstantiation*slehre betont die Gegenwart Christi »in, mit und unter« Brot und Wein.

Wilhelm Stählin vermerkt: »Die lutherische Kirche ist sich mit der römisch-katholischen Kirche darin einig, daß – so heißt es in der Augsburgischen Konfession, Art. X – im Heiligen Abendmahl der Leib und das Blut Christi wahrhaftig gegenwärtig sind und ausgeteilt werden an alle, die diese Speise empfangen ... Die Lehre von der ›transsubstantiatio‹ besagt, daß Brot und Wein durch das Wort des Priesters in den Leib und das Blut Christi verwandelt werden; die Lehre von der ›consubstantiatio‹ besagt, daß Brot und Wein nicht aufhören, Brot und Wein zu sein, daß aber ›in, mit und unter‹ diesen irdischen Zeichen zugleich die himmlischen Gnadengüter gegenwärtig sind und ausgeteilt werden. Beide Varianten der Sakramentstheologie versuchen das Geheimnis der sakramentalen Gegenwart des Herrn mit einem Ausdruck zu beschreiben, der auf dem Begriff der substantia fußt ... // ... Die Lehre von der transubstantio ist auf dem Laterankonzil von 1215 zur offiziellen Lehre der römisch-katholischen Kirche erhoben worden.« (in: Katholisierende Neigungen, 34 f.).

Ist es nicht so, dass der Begriff der »Substanzen« in ›theologische Sackgassen‹ führt – dass es im Kyrios-Mahl eben nicht hauptsächlich um die Substanzen von Brot und Wein geht, auch nicht um die Frage nach dem ›Wie‹ Seiner Präsenz? Entscheidend ist doch, *dass* der Kyrios Christus Jesus in der Kraft Heiligen Geistes als der Lebendige präsent geglaubt und spürbar erlebt wird!

(20) – Im Glauben der Ostkirchen bzw. der *orthodoxen* Christen dagegen erfolgt die Wandlung im Eucharistiegebet: in der Epiklese.

Zur Terminologie des Opfers im Kontext des »Tridentinums« (in der 22. Sitzung) siehe O. Müller: Die Eucharistie als Mahlopfer und Opfermahl, in: J.B. Metz u.a. (Hg.): Gott in der Welt, FS Karl Rahner, Bd. II, 121–134.

(21) – M. Seitz, in: W. Böhme (Hg.): Feiern wir das Abendmahl richtig, 19.

Dieter Schellong erwähnt, »wie Luther verschütteten Abendmahlswein von der Jacke einer Frau ableckte und das Futter heraustrennen und verbrennen ließ; ebenso veranlaßte er, daß der Stuhl, auf den auch etwas geflossen war, abgehobelt und daß die Späne verbrannt wurden.« (in: Warum Christen ihre Kinder nicht mehr taufen lassen, 123).

(22) – G. Kretschmar, in: W. Böhme (Hg.), aaO., 49 – und 58: »Wenn ich Leib und Blut Christi empfange ...« – Gerhard Ruhbach prägt den Begriff der »Mundkommunion« und geht aus vom »›hand- oder mundgreiflichen‹ Empfangen des Herrn« (in: W. Böhme (Hg.), aaO., 30 f.).

(23) – These drei der »fünf Karlsruher Abendmahlsthesen« vom Nov. 1983 (zitiert nach: W. Böhme (Hg.), aaO., 13). – These vier lautet: »Indem Jesus Christus sich selbst, seinen Leib und sein Blut der Gemeinde austeilt,

270

fügt er sie zu einem Leib zusammen, dessen Haupt er selber ist.« (zitiert nach: W. Böhme (Hg.), aaO., 14.

(24) – VELKD-Agende I, Berlin 1955, 71 f.

(25) – G. Kretschmar in: W. Böhme (Hg.): Feiern wir das Abendmahl richtig, 37.

(26) – W. Kreck, RGG/3, Bd. 1, S. 37 ff.

(27) – Karl Halaski stellt in seinem Aufsatz: »Zum Mahl des Herrn« die unterschiedlichen Positionen im Verständnis des Herrnmahls einander gegenüber, vom römischen Mess-Verständnis aus angefangen bis hin zu Jean Cauvin (in: RKZ 4/1985, 95–97).

(28) – In der Enzyklika von Papst Paul VI. unter dem Titel »Mysterium fidei« von 1965 heißt es: »Man kann nicht dulden, daß jeder auf eigene Faust die Formeln antasten kann, mit denen das Konzil von Trient das eucharistische Geheimnis zu glauben vorgelegt hat ... Act. Apost. Sed. 57, 1965, 758.« (zitiert in H. Feld: Das Verständnis des Abendmahls, 125).

(29) – *Jean Cauvin*: »Das Geheimnis des heiligen Abendmahls ist zu erhaben, um mit dem Verstand erfaßt oder mit Worten ausgedrückt zu werden. ... Daher bleibt endlich nichts anderes übrig, als daß ich in die Bewunderung dieses Geheimnisses ausbreche, das weder mein Verstand völlig zu bedenken noch meine Zunge darzulegen imstande sind, noch mein Herz genugsam begreifen kann.« (Institutio IV 17,7).

(30) – Das Mahl des Herrn. 25 Jahre nach Arnoldshain, Votum des theologischen Ausschusses der Arnoldshainer Konferenz, Neukirchen-Vluyn 1982.

(31) – In der Reformierten Heimstätte Leuenberg in der Nähe von Basel wurde 1973 die so bezeichnete »LEUENBERGER KONKORDIE« vereinbart, die heutzutage als Gründungsdokument für die »Gemeinschaft Evangelischer Kirchen in Europa« (GEKE) bezeichnet werden kann, zu der mittlerweile 105 verschiedene protestantische Kirchen gehören. Die »Leuenberger Konkordie« markiert das Ende der kirchentrennenden Lehrverurteilungen zwischen den Kirchen der Reformation, formuliert die Basis für die innerprotestantische Oekumene, vertritt das Glaubensmodell von der einen Kirche Jesu Christi in den vielen Kirchen (wie es urchristlichen Zeiten entspricht), also das Modell von der »Einheit in der Vielfalt«, und drückt vom Fundamentalkonsensus: »Kyrios Christos Jesus« ausgehend die Anerkennung aus für verschiedene Gestalt(ung)en von Kirche und sowie für verschiedene Glaubensausprägungen, -bekenntnisse und -traditionen, ohne eine davon absolut zu setzen. Dem ›Geist von Leuenberg‹ widerspricht, wenn sich eine Kirche ausschließlich und allein als die einzig wahre und allein seligmachende Kirche Jesu Christi versteht und darstellt und den anderen das Kirche-Sein abspricht.

Georg Plasger notiert: »Die Leuenberger Konkordie nimmt die jeweiligen Unterschiede in den verschiedenen evangelischen Konfessionen wahr, verschweigt sie nicht, historisiert sie nicht und harmonisiert sie auch nicht. Aber sie fragt danach, inwieweit das bisher Bekannte im Abendmahlsverständnis noch eine kirchentrennende Funktion haben kann. Die Gemeinsamkeit wird nun nicht durch eine einfache Relativierung bisheriger Unterschiede gewonnen, sondern durch die Entdeckung, daß Jesus Christus selber die Gemeinschaft im Abendmahl herstellt (vgl. Thesen 15, 16, 18 und 19) – er also der Gastgeber und wir die Gäste sind. Daß die Gäste unterschiedliche Verständnisse vom Abendmahl haben, ist dadurch nicht aufgehoben oder in Frage gestellt. Aber ihre je unterschiedliche Auffassung begründet nicht das Abendmahl und also auch keine Kirchentrennung.« (in: Die relative Autorität, 240).

(32) – Diese Praxis gehört vor dem Hintergrund des Wortes »Reformation« eigens bedacht: Meint dieser Ausdruck denn etwa nicht die Rückkehr zu den Idealen der Anfänge und zum Vorbild in der Urchristenheit, damit also nicht auch zum *täglichen* und später *wöchentlichen* »Brotbrechen«? Und schlussendlich den Rekurs zur Feier der Heiligen Kyrios-Nacht?

Formulierung eines Zwischenstandes

Adolf von Harnack resümierte: »Das ganze vorconstantinische Zeitalter ist .. die embryonale Epoche der Kirche. Erst durch Constantin ist sie zur Welt geboren.« (1).

So viel diese These auch aufgrund der bisherigen Darstellung in dieser Arbeit für sich beanspruchen könnte – so macht sie gleichermaßen deutlich, was für eine einschneidende Zäsur innerhalb der Kirchengeschichte die »Konstantinische Wende« bedeutet. Hinter dieser zeitlichen Zäsur zurück blieb die »*ecclesia*«, ›die Schar der (von Christus) Herausgerufenen und der (ihrerseits andere zu Christus hin) Herausrufenden‹ – es folgte die Zeit der Kirche, die sich zunehmend zur frühkatholischen Amtskirche ausformte, mit unterschiedlichen Ausprägungen und Traditionen, sei es im Ostteil oder im Westteil des damaligen Römischen Reiches. Vieles ging in diesem Wechsel-Prozess verloren (vieles wurde sicher auch neu gewonnen). Deutlich sei dies am Beispiel der *Osternachtfeier*, die in der post-konstantinischen Zeit zunehmend verflachte und die schließlich (bis auf wenige Ausnahmen in einzelnen Klöstern) sogar ganz verschwand. Diese Genese muss dabei sehr wohl vor dem Hintergrund gesehen werden, dass der *Feier der Kyrios-Nacht* ursprünglich zentralste Bedeutung zukam: bildete sie doch die (wenn auch geheime) Keimzelle und das Herzstück aller gottesdienstlichen Feiern unter den ersten Christenmenschen. Die Kyrios-Nacht war einst der Ort, wo sich Christen konstituierten – mit gutem Grund vergegenwärtigten sie wöchentlich am »ersten Tag« nach dem Shabbat, dem später so genannten »Herrntag« und dem ab der Ära Konstantins so genannten »Sonn(en)tag«, das Geheimnis und Wunder der Auferweckung Christi in einer gottesdienstlichen Feier im

Untergrund von Privathäusern und später zeitweise in so bezeichneten »Katakomben«. In dieser Heiligen Nacht des 16. Nissan damaliger Zeit wohl vom Jahr 30 ndZ. ausgehend fand der *Taufkatechument* gemäß Mt. 28,19 (»macht zu Jüngern«) in der Heiligen Taufe seinen Abschluss und in der erstmaligen Feier des Herrnmahls seinen absoluten Höhepunkt: Diese Ereignisse bedeuteten nicht nur für die Katechumenen und für die späteren Täuflinge, sondern genauso für die partizipierende Gemeinde das, was nur als »Hoch-Zeit« im Leben eines Christen beschrieben werden kann.

Im Laufe der Jahre und Jahrzehnte und Jahrhunderte jedoch entfernte sich die Christenheit zunehmend vom Hochfest der Heiligen Kyrios-Nacht: Damit allerdings ging etwas verloren, was sich im Laufe der späteren Zeit an Intensität und Hingabe nicht mehr wiedergewinnen ließ und lässt. Bei aller Freiheit, bei allen Privilegien, die den Christen durch die Konstantinischen Gesetze ab 321 eingeräumt worden waren, bei aller kulturellen Blüte auch, die sich in den Folgejahren entfaltete und die sich z.B. im Kirchbau Ausdruck verschaffte – muss auch vermerkt werden, dass etwas ›auf der Strecke geblieben‹ ist, nämlich von der Urkraft des christlichen Glaubens, die sich gerade in der Feier der Kyrios-Nacht im Ereignis der Tauf-Eucharistie artikulierte. Kreuz und Auferweckung / Taufe und Herrnmahl / Finsternis und Licht / Tod und Leben / Trauer und Jubel lagen in dieser Nacht dicht beieinander und waren geheimnisvoll ineinander verwoben – bis daraus zunächst (jeweils) zwei ›Pole‹ wurden, die einander gegenüberstanden und die sich im Prozess zum Kirchenjahr noch weiter in verschiedene ›Topoi‹ (bis hin zum Fest der »Ausgießung des Heiligen Geistes«) auseinanderdividieren sollten. Hier hat sich etwas getan, etwas verschoben, etwas ereignet, was im späteren Lauf der Kirchengeschichte nicht mehr zurückgenommen werden konnte – oder etwa doch? In den Jahren ab 1951?

Am Beispiel der Kyrios-Nacht lässt sich fragen und präzisieren: Was ist im Laufe dieser Entwicklung, im Laufe der Zeiten und der Generationen an Glaubensgut bedauerns- und beklagenswerterweise verloren gegangen, was ist (aus welchem Grund) aufgegeben worden, welche ›Spitzen‹ haben sich abgeschliffen, was ist übersehen und vergessen worden, was wurde geringgeachtet und was für überflüssig erachtet, was wurde belächelt und bespöttelt, was wurde missdeutet und missverstanden, was ist (im gesunden Sinne gedacht) auch abgestoßen worden? Anders gefragt: Worin ist die urwüchsige, die urchristliche Signatur der Kyrios-Nacht(feier) in ihrer Vitalität, Expression und Prägekraft erhalten geblieben und bis in die Gegenwart hinein wiederzuerkennen? Wie also verhält es sich mit der »Rezeption der Kyrios-Nacht« in den Jahren ab 1951?

Anmerkung

(1) – A.v. Harnack: Die Mission, 958.
Peter Cornehl stellt die These auf (in: Der Evangelische Gottesdienst, 308):
»Erst mit der Konstantinischen Wende ist das Christentum ›erwachsen‹ geworden.« Doch ist dieser These nicht zu widersprechen? Etwa angesichts des
urchristlichen Bekennermuts in Zeiten von Verfolgung und Martyrium –
angesichts dessen, dass der Taufwillige seine eigene »confessio fidei« formulieren und vortragen musste? Dass allein Erwachsene getauft werden konnten, die gemäß Mt. 28,19 vorher bereits ›zu Jüngern gemacht‹ worden waren?

Dritter Hauptteil
Wie entstand die sog. Renaissance der Kyrios-Nacht?
Was führte zur Wiederentdeckung der Kyrios-Nacht?
Wie wird sie in heutiger Zeit gefeiert?
Verschiedene Liturgien der Osternacht

»Die Feier der Osternacht und mit ihr der festliche Lobgesang des Exsultet ist in den Kirchen des Abendlands in den letzten fünfzig Jahren zu neuem Leben erwacht. Während die ›mater omnium vigiliarum‹ seit dem Mittelalter im Abendland – auf den Karsamstagmorgen vorgezogen und damit ihrer altkirchlichen zentralen Aussagekraft beraubt – ein Schattendasein fristete, wurde die Feier der Osternacht zuerst in den evangelischen Kirchen wiederentdeckt. In einer Denkschrift der Niedersächsischen Liturgischen Konferenz und des Berneuchener Kreises aus dem Jahr 1934 wirbt Wilhelm Stählin dafür, aus der ›überquellenden Fülle des Karsamstagsritus im Missale und in der Ostkirche und aus zum Teil auch reformatorischen Quellen die Ordnung für den Gottesdienst zusammenzustellen, der in der Osternacht oder zur Stunde des Sonnenaufgangs am Ostermorgen gehalten werden sollte.‹ Eine erste agendarische Verwirklichung erscheint im Jahre 1936. Es folgen verschiedene Privatentwürfe, bis die Feier der Osternacht 1960 fester Bestandteil des deutschsprachigen lutherischen Agendenwerkes wird.« (1).

»In anderen evangelischen Kirchen zeigt sich eine parallele Entwicklung. Obwohl die liturgische Bewegung in der römisch-katholischen Kirche schon im 18. Jahrhundert die Bedeutung der Osternacht als des eigentlichen Höhepunktes des liturgischen Jahres erkannte (P. Guéranger / Solesmes) und seit den zwanziger Jahren dieses Jahrhunderts ihre Erneuerung forderte (Pius Parsch / Klosterneuburg, Odo Casel, Romano Guardini, Louis Bouyer / Paris), brachten erst die Dekrete von 1951 und 1956 und vollends die nachkonziliare Liturgiereform im Messbuch Pauls VI. 1970 die Verwirklichung dieser Bestrebungen. Heute wird in allen römisch-katholischen und in vielen evangelischen Gemeinden die Feier der Osternacht unter großer Beteiligung der Gläubigen gehalten und dabei (zumeist auch) das altkirchliche Osterlob gesungen.« (2).

Die maßgeblichen Anstöße zu den Liturgie-Reformen der römischen Kirche innerhalb des 20. Jhdt.s stammen von Ildefons Herwegen (aus »Maria Laach«), von Romano Guardini (aus dem Kreis »Burg Rotenfels«), von Pius Parsch (aus Klosterneuburg bei Wien,+1954) und von A. M. Roguet (aus dem »Centre de Pastorale Liturgique« in Paris). Besonders hervorzuheben sind dabei die Vorarbeiten von Odo Casel (+1948) aus »Maria Laach«. Weit-gehend entgegen kam diesen Reform-Vorstößen dabei *das Dekret von Papst Pius XII.*(*1876/1939-,+1958): »De solemni vigilia Paschali instauranda« vom 9. Februar 1951 – mit der Vorgabe, dass die Ostervigil nicht vor Mitter-nacht beginnen dürfe. Bis dato galt die von Papst *Pius V.* (*1504,+1572) im Jahre 1570 verhängte römische Regelung, wonach jegliche Eucharistie-Feier zwischen Karsamstag-Mittag und Ostersonntag untersagt war: damit hatte sich »die Feier der Kyrios-Nacht de iure und de facto erledigt.

»Am 10. Mai 1946 gab Pius XII. der Ritenkongregation den Auftrag, die konkreten Möglichkeiten einer allgemeinen Liturgiereform, damit auch der Osterliturgie, zu prüfen.« (3). Das Ergebnis wurde am 30. Dezember 1948 vorgelegt und bedeutet für die Feier der Kyrios-Nacht: »Für die Ostervigil wird die Rückverlegung vom Karsamstagmorgen in die Osternacht beantragt, zudem eine Revision der Benedictio Cerei vorgesehen, eine Verminderung der zwölf auf vier atl Lesungen und die Einführung einer Taufgelübdeerneue-rung ... // Der Osterzeit soll der Charakter der Freudenzeit zurückgegeben werden. Die Einheit der Fünfzig Tage wird insofern betont, als die Strei-chung der Vigilien und Oktaven von Himmelfahrt und Pfingsten beantragt wird.« (4).

Hansjörg Auf der Mauer notiert *zur Erneuerung der Osternacht 1951*: »Diese durch Dekret der Ritenkongregation am 9.2.1951 ad experimentum für ein Jahr promulgierte Reform wurde 1952 für drei weitere Jahre erneuert, dann aufgenommen in den ordo Hebdomadae Sanctae instauratus von 1956 ... und schließlich rezipiert in der Editio typica 1962 des ›Missale Romanum‹. Bedeutsam an dieser ersten Reform ist das Verständnis der Ostervigil: Sie ist die mater omnium sanctarum vigiliarum, sie ist die Hauptfeier (und nicht mehr Vorfeier) von Ostern ... Der Zeitpunkt der Osternachtfeier wird auf Mitternacht festgesetzt (1952: Möglichkeit einer Antizipation, aber nicht vor 20 Uhr). Die Struktur der Feier bleibt im großen und ganzen gleich der von Mrom 1570. Einzelne Strukturelemente werden gerafft: z.B. nur noch eine Oration zur Feuerweihe, die atl Lesungen werden gemäß dem gregoriani-schen Schema auf vier reduziert (Gen 1 – Ex 14 – Jes 4 – Dtn 31), bei der Eucharistiefeier entfallen das Stufengebet, die Vesper nach der Kommunion und das letzte Evangelium (Joh 1). Andererseits wachsen drei bedeutsame Elemente neu hinzu: Anzünden von Kerzen der Assistenz und der Gemeinde bei der Lumen-Christi-Prozession, Eröffnung der Möglichkeit, nach der Taufwasserweihe zu taufen, und die Erneuerung des Taufgelübdes der gan-zen Gemeinde (als muttersprachiges Element gemäß regionaler Regelung) ... // ... 1952 wird an die Kommunion eine verkürzte Osterlaudes angehängt ..., offenbar als Ersatz für die weggefallene Vesper.« (5).

Mit dieser römischen Reform wurde die *Revitalisierung der* urchristlichen Feier der *Kyrios-Nacht* eingeleitet. Nicht genug, dass die *Herrnnacht* als »mater omnium vigiliarum« hervorgehoben wird – auch die Voran- bzw.

Vorrangstellung der *Ostervigil* als christliche »Hauptfeier von Ostern« verdient besonderen Respekt. Wird damit doch zugleich ausgedrückt, dass die Herrnnachtfeier am Karsamstag soz. ›an erster Stelle‹ steht (und eben nicht der Oster-*Sonntag*-Gottesdienst). Diese Rezeption der Kyrios-Nacht dreht ›das Rad der Geschichte‹ gleichsam auf die Anfänge zurück und konzentriert auf das »Mysterion der Heiligen Nacht«, auf das Geheimnis und Wunder von Tod und Auferweckung Jesu Christi. In diesem »Mysterion der Heiligen Nacht« liegt die Mitte, der Ausgangspunkt, das Herzstück des christlichen Glaubens und der christlichen Gottesdienste überhaupt – wenn auch verborgen – begründet.

Innerhalb der römischen Kirche nahm das Pontifikat von Papst *Pius XII.* (*1876,+1958) mit der *Wiedergewinnung der Osternachtfeier (im Jahre 1951)*(die bis dahin nur noch in einzelnen Klöstern im Verborgenen stattgefunden hatte), mit der Erneuerung der Karwochen-Liturgie (1955) und mit der Öffnung zur Volkssprachlichkeit im Gottesdienst (6) wesentliche Impulse aus der innerkirchlichen Reformbewegung auf, die den Weg wiesen zur Liturgiereform im »Zweiten Vatikanischen Konzil« 1962–1965.

Dabei ist jedoch zu fragen: Was will man mit der Wiederentdeckung bzw. der Revitalisierung der Osternachtfeier erreichen? Will man zurück »ad fontes«? Ist das überhaupt möglich? Kann es gelingen, die frühchristliche Kyrios-Nacht aus dem Erbe der ersten Christen zu erneuern? Sind da nicht beträchtliche Einschränkungen und Zugeständnisse zu machen (und dies nicht nur im Blick auf einen dreijährigen *Taufkatechumenat*)?

In einer Zeit,
- in der Kirchenräume als heilige Orte ganz neu entdeckt und wahrgenommen werden und in der in ein Gemeindezentrum integrierte Kirchenräume nachträglich sakralisiert werden /
- in der der Begriff von »Kirchenpädagogik« aufgekommen ist und damit der Versuch, Kirchenbesuchern den Kirchenraum in seiner Ausgestaltung, in seiner Atmosphäre, in seiner gegenständlichen ›Sprache‹ nahezubringen und zu erklären /
- in der nach alternativen Gottesdienstformen gefragt und gesucht wird /
- in der Zeichen und Symbole im Gottesdienst neu zu sprechen beginnen und die Kraft der Liturgie ungeahnt neu erfahren wird /
- in der die Liturgiewissenschaft die »Semiotik« (die Zeichenlehre und die Symbolsprache) neu entdeckt /
- in der die tiefe Weisheit der urchristlichen Tradition als kostbarer Schatz neu gehoben werden mag und die Fundamente des Glaubens freigelegt werden sollen /
- in der christliche Gottesdienste als (messianische) Freudenfeste ersehnt sind:

in einer solchen Zeit wächst der Feier der *Kyrios-Nacht* aus unterschiedlichen Perspektiven heraus besondere Bedeutung zu. Ob und wenn ja: inwieweit dabei Christmetten am Heiligabend, 24. Dezember, als Vorbild gedient haben mögen, dies müsste eigens untersucht werden.

Die Neu-Entdeckung der Kyrios-Nacht kommt dabei aber wohl nicht einer ›Evolution‹ gleich im Sinne einer organisch fortlaufenden Weiterentwicklung aus den urchristlichen Anfängen heraus – nein, sondern eher einer Art von ›Mutation‹ durch einen ganz großen Entwicklungssprung über Jahrhunderte hinweg.

Schon deshalb mag man konstatieren: Die Feier der Osternacht in heutiger Zeit muss und wird ein anderes ›Gesicht‹ tragen als die der ersten Christen damals – und lässt sich auch nicht erklären durch das ›Mutter-Tochter-Verhältnis‹: schon deshalb nicht, weil ja die direkte Anknüpfung: nämlich die ›Nabelschnur‹ fehlt. Der Nachweis für diese Thesen soll im Folgenden erbracht werden.

Anmerkungen

(1) – H.-C. Schmidt-Lauber: Die Zukunft des Gottesdienstes, 395. Schmidt-Lauber verweist (395) auf die »*Dessauer Ostervigil von 1566*«, die bereits am Karsamstag um 10 Uhr gehalten und im reformatorischen Sinne verändert wurde und auf die Luther und Melanchthon positiv reagierten. *Luther* begrüßt insbesondere das »Exultet chorus Angelicus«. (vgl. Boes: Die ev. Ostervigil, 89ff.).

(2) – H.-C. Schmidt-Lauber: Die Zukunft des Gottesdienstes, 396.

(3) – H. Auf der Maur: Feste im Rhythmus der Zeit, Bd. I, 129.

(4) – H. Auf der Maur, aaO., 129f.

(5) – H. Auf der Maur, aaO., 130f.

(6) – vgl. C. Grethlein: Grundfragen, 109.

Zu berücksichtigen gilt in diesem Kontext allerdings, dass Papst *Benedict XVI.* mit seiner Anordnung »Motu propio« (»aus eigenem Antrieb«) unter dem Titel »Summorum Pontificium« vom 7. Juli 2007 (ohne vorher, wie in Liturgiefragen bisher üblich, die Konsultation mit den Bischöfen der Welt zu suchen) a) für die Wiedereinführung der alten tridentinischen Messordnung in lateinischer Sprache (und damit gegen den damaligen Konzilsbeschluss mit 2147 Ja- und 4 Nein-Stimmen) einen einseitigen Beschluss gefasst hat – und dabei b) faktisch auch alttestamentliche Lesungen eliminiert – und c) auch dafür votiert, dass der Priester eben nicht mehr »versus populum« zelebriert. Mit dieser Entscheidung fällt Benedict XVI. hinter die Entscheidung des »II. Vaticanums« 1962–1965 zurück in die Zeit des »I. Vaticanums« aus dem 16. Jhdt. Dieses päpstliche Votum zur Zulassung lateinischer Messen in den römisch-katholischen Gottesdiensten bedeutet einerseits eine Zeitenwende zurück in die Vergangenheit und andererseits wohl ein Zugeständnis an die so genannten »Traditionalisten«, die die lateinische Messe und damit also »die Reform der Reform« schon seit längerem fordern. Diese Traditionalisten haben sich insbesondere in der »*Priesterbruderschaft St. Pius X.*« (im Kürzel: »FSSPX«) unter ihrem Gründer, dem französischen Erzbischof Marcel Lefebvre (*1905,+1991), zusammengeschlossen und feiern ihre Gottesdienste prae-konziliar in Form der lateinischen Messe. Im deutschen Sprachraum unterhalten die Traditionalisten heutzutage fast fünfzig Gemeindezentren.

Kritik wurde nicht zuletzt von jüdischer Seite laut, denn die von Benedict XVI. reaktivierte lateinische Messordnung erlaubt, für die Bekehrung der Juden zu beten, die von »obaecatio« (›Verblendung‹) geprägt sind und »in tenebris« (›in Finsternis‹) wandeln.

Die Feier der Osternacht in der Tradition der Evang. Michaelsbruderschaft

»Die Anfänge von *Berneuchen*« (1) sind aus der Begegnung von Vertretern freier Jugendbünde und kirchlicher Jugendarbeit herausgewachsen nach einem ersten Treffen im Januar 1923 im Schloss Angern bei Magdeburg. General von Viebahn lud die Vertreter zu weiteren Treffen auf sein Rittergut »Berneuchen« (in der Nähe von Neudamm in der Neumark nordöstlich von Berlin) ein und gewährte der Gruppe über fünf Jahre hinweg von 1923 bis 1927 Gastfreundschaft für ihre Jugendkonferenzen – bis zu seinem Tode (neunzig-jährig) 1928. In diesen Jahren traf sich ein Kreis von sieben oder acht Männern (dazu gehörten Adolf Köberle, Karl Bernhard Ritter und *Wilhelm Stählin*) zu eigenen Konferenzen im Gutshaus – und auch zu den Tagzeitengebeten morgens, mittags und abends in der Dorfkirche. In den Jahren 1928 und 1929 kam die Gruppe im Gutshaus Hans von Wedemeyers auf Pätzig bei Königsberg zusammen (u.a. mit Paul Tillich). Aus Sorge um den inneren Zustand der Kirche trat sie für den Versuch ein, zur Erneuerung der evangelischen Kirche beizutragen. Davon Zeugnis gibt erstmals das »Berneuchener Buch« von 1926 mit dem Titel: »Vom Anspruch des Evangeliums auf die Kirchen der Reformation«. Im Herbst 1929 fand die erste öffentliche Tagung der Berneuchener in Schulpforta statt, Paul Tillich hielt den Vortrag zu »Sakrament und Seele«.

Um die Träger der Berneuchener Arbeit in einer festen Arbeitsgemeinschaft zusammenzuschließen, vereinigten sich im September 1931, an »Michaelis«(2), dreiundzwanzig Männer in der Marburger Universitätskirche. Als Dienstgemeinschaft für die Kirche sucht die Bruderschaft die Einheit von »Martyria« (Glaubenszeugnis), »Leiturgia« (gottesdienstliches Leben) und »Diakonia« (Dienst der Nächstenliebe) zu verwirklichen. Die Urkunde bzw. Verfassung – von Ludwig Heitmann, Karl Bernhard Ritter, Wilhelm Thomas und Wilhelm Stählin verfasst – bedeutete bis dahin etwas vollkommen Neues: Aus geistlicher Not heraus wurde die Stiftung einer evangelischen Bruderschaft geboren. Schließlich wurde die »Regel« und also die Ordnung gemeinsamen Lebens unter dem Namen des Erzengels St. Michael hinzugefügt (den Martin Luther »Gottes Schlag-Drein« genannt hatte): damit war die »Evangelische *Michaelsbruderschaft*« ins Leben gerufen. Besondere Bedeutung erlangte das »Helferamt«, also die Seelsorge an den Brüdern – der »Schildbruder« (im geistlichen Sinne, nicht etwa im heidnisch-kriegerischen wie in Ostafrika, woher die Bezeichnung stammt) – das »Tagzeitengebet« (vgl. das »Evangelische Tagzeitenbuch« aus dem Jahre 1967) – der Psalmengesang (nach den acht gregorianischen Psalmtönen) – das alljährliche »Michaelsfest« – und nicht zuletzt die Meditationsübungen »Stufen eines geistlichen Pfades«.

Gleichzeitig wurde neben der Bruderschaft 1931 der zunächst so genannte »Berneuchener Kreis« und später (im Zuge der nationalsozialistischen Propaganda, um sich von Begriffen wie »Gau« und »Kreis« abzusetzen) der nunmehr so genannte »Berneuchener Dienst« gegründet – als eine relativ lose Gemeinschaft, in der sich all die Personen sammeln konnten, die sich der Bruderschaft und ihrer Arbeit innerlich verbunden fühlten. Seit 1964 besteht dieser »Dienst« als eingetragener Verein. Die Brüder gehörten diesem Kreis bzw. Dienst an – ein Ratsmitglied der Bruderschaft übte die Leitung des »Berneuchener Kreises« bzw. »Dienstes« aus. Die Bruderschaft veröffentlichte seither (unter der Schriftleitung von *Wilhelm Stählin*, *1883,+1975) jeweils ein Jahrbuch unter dem Titel »Das Gottesjahr« – und führte darin die so bezeichneten »Wochensprüche« ein, die inzwischen allgemein Eingang in die Agendenwerke fanden – wohingegen jedoch die so genannten »Monatssprüche« Ablehnung erfuhren, weil die Zeiteinheit eines Monats als nicht kultfähig erachtet wurde. Die Bruderschaft editierte darüber hinaus (zunächst unter der Federführung von Wilhelm Thomas, anschließend unter der Herausgeberschaft von Wilhelm Stählin) die Zeitschrift »Evangelische Jahresbriefe«, die in den ersten Jahren eine eigene Bibellese-Ordnung enthielt und die seit 1952 (zunächst unter der Schriftleitung von Erich Müller-Gangloff) unter dem Titel »Quatember« (bis heute) erscheint. Die Bruderschaft veranstaltete andererseits »geistliche Wochen« und lud zu Freizeiten ein, die in den Kriegsjahren bis ins Jahr 1943 hinein durchgeführt werden konnten. Was allerdings bisher fehlte, das war ein eigenes Tagungshaus an einem festen Ort – bis dass sich schließlich das ehemalige Dominikanerinnen-Kloster »Kirchberg« (bei Sulz am Neckar)(im Jahre 1237 gegründet, nachdem 1216 der Dominikaner-Orden entstanden war) fand, allerdings in einem höchst sanierungsbedürftigen Zustand. Im Mai 1956 fiel in Ulm die Entscheidung für das Wagnis »Kloster Kirchberg«. Seit dem Jahre 1958 hat sich diese Einrichtung als Herberge und als geistliches Zentrum für die drei Berneuchener Gemeinschaften: für die »Evangelische Michaelbruderschaft«, für den »Berneuchener Dienst« und für die »Gemeinschaft St. Michael« (mit derzeit insgesamt etwa eintausend Männern und Frauen im deutschen Sprachraum, die sich in verschiedenen Regional-Konventen begegnen) bewährt und halten können.

Die Frage, »ob wir nicht mit unserer Bruderschaft bei den ›Deutschen Christen‹ Anschluß suchen sollten« (3) – beschäftigte die Bruderschaft, die sich ›als legitime Erbin des Luthertums‹ verstand und bisher eher im Stillen und im Verborgenen wirkte, bis sie sich am 1. Juni 1933 in einem Schutzbündnis mit der Sydower Bruderschaft um Pfarrer Schulz in Barmen verband, das jedoch aufgrund unterschiedlicher theologischer Prägung nur kurzzeitig bestand. »Bei den Deutschen Christen wären wir ein Fremdkörper gewesen; aber wir waren es im Grunde auch bei der Bekennenden Kirche« (4) – bis dass der Eindruck entstand, daß wir ›aus dem Protestantismus ausgewandert‹ seien.« (5). Drückt sich in dieser Feststellung der Berneuchener eine selbstkritische Note aus?

»Im Jahre 1935 erschien dann unsere große schöne Ausgabe der ›Deutschen Messe‹ (wie wir sie zunächst in Anlehnung an Luther nannten); sie war damals ein völliges Novum im Bereich der Evangelischen Kirche in Deutschland, und sie hat uns durch etwa 15 Jahre als das eigentliche Band unseres gottesdienstlichen Lebens gedient. Ich bin überzeugt, daß ohne das Vorhandenseins dieses unseres bruderschaftlichen Werkes die Arbeit der Lutherischen liturgischen Konferenz nicht so schnell zu einer Ordnung des lutherischen Vollgottesdienstes (in der Agende I für lutherische Kirchen und Gemeinden) geführt hätte« – notiert Wilhelm Stählin (6).
Ludwig Heitmann, Karl Bernhard Ritter und Wilhelm Stählin kritisieren in ihrem Vorwort zur zweiten Auflage, dass die Feier des *Herr(e)nmahl*es entgegen der Tradition der Alten Kirche zum Anhängsel an die Predigt bzw. an den Hauptgottesdienst degradiert wurde und zu einem »liturgischen Torso« verkam – sie kritisieren ebenso die enge (lutherische) Verbindung zwischen *Beichte* (mit Absolution) und Abendmahl als eine Fehlentwicklung und votieren für die Eigenständigkeit beider.
Die (Evangelische) *Messe* wird eröffnet durch ein Fürbittgebet füreinander, erst danach werden die Altarkerzen entzündet, erklingt die Orgel. Es folgt ein Eingangslied der Gemeinde (etwa ein Psalm) oder ein »Introitus«-Gesang des Chores mit anschließendem trinitarischen »Gloria«, danach ein »Kyrie« und das zweite »Gloria«: »Ehre sei Gott in der Höhe!« Es folgt die »Salutatio« und das Kollektengebet. Das Wochenlied hat zwischen der Epistel- und der Evangeliums-Lesung seinen Platz. Auf einen daran jeweils anschließenden Bibelvers als Spruch nach der Schriftlesung wird bewusst verzichtet. Wenn eine Predigt gehalten wird, so wird sie von einem Lied zuvor und danach gerahmt. Damit endet der Wortgottesdienst, und nach frühchristlicher Ordnung verlassen Kinder und andere nicht vollberechtigte Glieder der Gemeinde (wie z.B. die früheren Katechumenen) das Gotteshaus. Die Feier

des Herr(e)nmahles beginnt mit dem Friedensgruß und dem Fürbittgebet (in das einzelne Gemeindeglieder mit Namen genannt wie auch die bereits im Glauben Verstorbenen mit einbezogen sind, vgl. 1. Kor. 15,29) und setzt sich fort im »Offertorium« / im Opfergang der Gaben (7)(wobei zwei Ministranden unter Gebetsworten zuletzt Brot und Wein herbeibringen) – im »Credo«, im Hochgebet in Form der »Eucharistie« / der Danksagung: mit »Präfation«, »Sanctus«, den »verba testamenti«, der »Anamnesis«, EG 99 (in der Pentecoste), der »Epiklese« (»Sende Deinen Heiligen Geist herab auf Deine Gemeinde und heilige diese vergänglichen Güter der Erde zur himmlischen Speise!«) – dem »Brotbrechen«, der »Elevation« von Kelch und Brot, dem »Maranatha«-Ruf und dem Vaterunser – im Mahl: mit dem »sancta sanctis«, dem »Agnus Dei«, der Austeilung (beginnend beim Liturgen) mit den *Spendeworte*n: »Der Leib Christi bzw. das Blut Christi bewahre dich zum ewigen Leben« – und schließt im Dank: mit dem Johannes-Prolog Joh. 1,1–16, der Schluss-Kollekte, dem Sendungswort, dem Danklied und dem Segen (8).

In der Liturgie der »Deutschen Messe« 1935 hat die Berneuchener Bruderschaft (jüdische: im Trishagion und) urchristliche Traditionen aufgenommen und bewahrt – zum Beispiel in der Trennung zwischen dem Wortgottesdienst und der Herrnmahlfeier, in der Aufnahme der »Anamnese« und der »Epiklese«, insbesondere aber mit dem »Opfergang« bzw. dem »Offertorium« im Sinne der Darbringung der Dankopfergaben (der Oblationen u.a. in Form der Kollekte) und des (geistlichen) Lobopfers. Keinerlei Spur oder Andeutung findet sich zur Konsekration der Elemente, zur römischen Transsubstantiation oder zur lutherischen Konsubstantiation – keinerlei Fixierung auf die Elemente von Brot und Wein als Ausdruck der Gegenwart Christi, etwa auf *Luthers »(hoc) est (corpus meum)«*. Dass ER als Herr, als Gastgeber, als Heiland wirksam ist, das wird im Glauben schlichtweg vorausgesetzt – ohne ergebnislos offen nach dem ›Wie‹ Seiner Präsenz zu fragen. Wie viele Differenzen, wie viele Verwundungen und Schismata hätten sich innerhalb der Kirchengeschichte vermeiden lassen, wäre das urchristliche Offertorium konserviert worden – und wie viel an Annäherung und an Verständigung zwischen den Konfessionen wäre bis heute möglich (gewesen), wenn, ja wenn die »Berneuchener Messe« akzeptiert und übernommen worden wäre oder werden würde. Dagegen jedoch erheben sich bis dato Widersprüche und Widerstände: von römischer Seite aus (u.a. angesichts des Priesteramtes), aber auch von lutherischer Seite aus (im Blick auf das Mahl- und Amtsverständnis)(»semper reformanda«?) – derart, dass die »Berneuchener Messe« bedrängt und unterdrückt wohl nach wie vor keine ausreichende Gelegenheit erhält, über den doch engen Kreis der Berneuchener Bruderschaft mit etwa 300 Mitgliedern und über den Berneuchener Dienst mit etwa 290 Mitgliedern (Stand jeweils: 2007) hinaus aufzublühen.

Innerhalb der *Herr(e)nmahlfeier* spricht der erste Helfer (!) bzw. Ministrand (und nicht der Pfarrer bzw. Priester): »Lasset uns danksagen dem Herrn / der uns darreicht das tägliche Brot / Er gibt den Samen / und läßt ihn aufwachsen aus dem Schoße der Erde / Er segnet das Korn mit den Kräften der Sonne / Er läßt es reifen / und teilt es aus zur Nahrung / für uns geopfertes Leben. Lob und Preis sei Ihm / dem Heiligen / dem Erbarmer / der auch Seines Sohnes nicht verschonet hat / sondern hat Ihn für uns alle gegeben / das Brot, das vom Himmel kommt / und gibt der Welt das Leben.
Der Pfarrer nimmt das Brot ... und spricht: Christus spricht: Ich bin das Brot des Lebens / Wer von diesem Brote essen wird / der wird leben in Ewigkeit ...«
Der zweite Helfer spricht: »Lasset uns danksagen dem Herrn / der uns darreicht die Frucht des Weinstocks / Er hat es also geordnet, daß der Weinstock wurzelt im Erdreich / und aufwächst zum Licht / Er läßt Seine Sonne scheinen / und die Reben am Weinstock tragen Frucht / Er wandelt den Stoff der Erde in den Saft der Traube / und der Wein empfängt in der Läuterung Kraft und Feuer. Lasset uns Ihn loben und anbeten / der gepflanzt hat Seinen heiligen Weinstock Jesum Christum / und läßt ihn wachsen über die ganze Erde / und Seine Reben tragen Frucht ohne Ende.
Der Pfarrer nimmt den Wein und spricht: Christus spricht: Ich bin der Weinstock / ihr seid die Reben / Wer in mir bleibt und Ich in ihm / der bringt viel Frucht.« (9).
Der Pfarrer beschließt das *Offertorium* mit folgenden Gebetsworten: »Herr, dreieiniger Gott / wir bringen herzu diese Deine Gaben / das Gedächtnis zu feiern der Menschwerdung / des Leidens und Sterbens und der Auferstehung unseres Herrn Jesu Christi / auf daß wir in Deiner heiligen Kirche den Anbruch der neuen Schöpfung erfahren und preisen. ... Herr, alles ist Dein, was im Himmel und auf Erden ist / Du hast alles erschaffen um Deines Namens willen / und allen Menschen Speise und Trank gegeben, sie mit Dankbarkeit zu genießen / Nimm an das Opfer // unseres Dankes: Nimm, was wir haben und sind / Wir bringen Dir dar unseren Leib und unsere Seele / und alle Kräfte unseres Gemütes. ... Herr, erhöre unser Gebet / und verleihe uns / daß wir Dich allezeit loben und preisen mögen.« (10).
Nicht zuletzt verdienen die *Spendeworte* der Berneuchener besondere Beachtung, wenn es da heißt: »Der Leib Christi bzw. das Blut Christi bewahre dich zum ewigen Leben.« Wer hierin nun aber eine In-Eins-Setzung von Brot = »Leib« und Wein = »Blut Jesu Christi« erkennt, geht wohl fehl.

Wilhelm Stählin schreibt in seinen Lebenserinnerungen: »Ostern 1933 waren wir, von Wilhelm Thomas eingeladen, in seinem Pfarrdorf Bremke bei Göttingen und feierten dort zum ersten Male die Osternacht. Viel einzelnes von jedem ersten Versuch hat sich im Lauf der Jahre verändert, bis wir endlich (1951) der Feier der »Heiligen Woche« eine feste Gestalt geben konnten;

immer neue Prüfung und Erprobung an den verschiedenen Orten vor allem in der herrlichen Michaelskirche in Schwäbisch-Hall und in Soest, dann (zweimal) in Bundorf ... waren vorangegangen, ehe wir es wagten, die gewonnenen Erfahrungen in literarischer Form dem allgemeinen Gebrauch anzubieten.« (11).

Nach dem Vorschlag
der Evangelischen Michaelsbruderschaft (1983) enthält
die Ordnung zur Feier der Osternacht
für ihren Duktus folgende Elemente (12):

Nacht der Gebetswache (gemäß Ex. 12,42) zuvor (?)
Osterfeuer
Kein Glockengeläut
Die Gemeindeglieder erhalten am Eingang jeweils eine Kerze überreicht
> *I. in der dunklen Kirche*
Stille – Lesung aus Gen. 1,1–2,4a – Gebet – Stille
Votum
Lichtfeier: Entzünden der Osterkerze (13)
Einzug unter dem Lobpreis: »Christus, unser Licht!« // »Gelobt sei Gott!«
Die Osterkerze wird auf den dafür vorbereiteten Kerzenständer gestellt
Lob des Christuslichts (»Exsultet«)
Austeilung des Osterlichts an die Gemeinde / Illumination der Kirche
Lied
Lesungen: aus Gen. 6–8 – aus Ex. 14.15 (jeweils umrahmt von Stille, Gebet und Gesang – wobei der Lobpreis »Christus, unser Licht« jeweils um einen Ton höher angestimmt wird)
> *Tauffeier:* Taufgedächtnis – Segnung des Taufwassers – Lesung aus Röm. 6 – aus Joh. 3,5 (derweil wird das Taufwasser ins Taufbecken gegossen und im Folgenden mit dem Kreuzeszeichen bezeichnet, bevor es in die vier Himmelsrichtungen gesprengt wird) – Credo
Lied:» Ich bin getauft auf Deinen Namen« (EG 200,1–5)
Taufe(n)
evtl. Kurzpredigt
»Kyrie-« und »Gloria«-Anrufungen – Gebet (in gesungener Form) – »Halleluja«-Gesang
Oster-Evangelium: Matth. 28,1–7 (in gesungener Form vorgetragen)(14)

Osterruf: »Der Herr ist auferstanden!« // »ER ist wahrhaftig auferstanden!« (dreimal angestimmt, jeweils einen Ton höher angesetzt)
Lied: »Christ ist erstanden« (EG 99), dazu erklingt die Orgel und läuten die Glocken – danach werden die Kerzen der Gemeindeglieder gelöscht
Predigt
Lied / Chorgesang
»Erkennt euch in dem Herrn ...« – Friedensgruß – »Gebt einander ein Zeichen des Friedens«
Fürbitte

> *Eucharistiefeier:* Einsammeln der Dankopfergaben (Kollekte), derweil wird ein Lied gesungen – Dankgebet über den Gaben – Präfation – Dankgebet – »verba testamenti« – Anamnese – Vaterunser – »Agnus Dei« – »Salutatio« – »sursum corda« – »Wahrhaft würdig und recht ...« – »Sanctus« – Austeilung – Dankgebet
Sendung und Segen (15)

> *II. Auferstehungsfeier auf dem Friedhof*
> *III. Osterfrühstück im Gemeindehaus*
> *IV. Festgottesdienst in der Kirche*

Alexander Völker setzt den Beginn der Herrnnachtfeier auf 4 Uhr 30 oder auf 5 Uhr (wohlgemerkt am Ostersonntag) an (und übergeht dabei die Nachtstunden des Karsamstag, in denen sich das Wunder der Auferweckung Christi ereignet haben muss) und fragt, »ob man nach gefeierter Osternacht nicht eher einen Gottesdienst am Abend des Ostertages hält und erst mit dem Zweiten Festtag zur gewohnten Ordnung zurückkehrt.« (16). Dieser Vorschlag könnte sich auf die Emmaus-Geschichte (Luk. 24,13–35) beziehen, die auf den Abend des 17. Nissan zu datieren ist, und fände hierin seine Argumentation.

Nach evangelischer Ordnung
sind folgende *Texte zur Lesung* vorgeschlagen:

Gen. 1,1–5.26–28a.31a (aus der Schöpfungsgeschichte)
Gen. 6,5–8.13a.14a.18b.19.22; 7,17.19.21.23b.24;8,1(10b–12)14a.18a.20–22
(aus der Sintflut-Geschichte)
Ex. 14,10.11a.13a.14.21–23.27–28.; 15,1–2a.6a.13a
(aus der Exodus-Geschichte)
Jes. 55,1a.3.5–12a (das Heilsangebot Gottes)
Ez. 37,1.(4–6.10a)11–14 (von der Auferweckung der Totengebeine)
Röm. 6,3–11 (Taufe in den Tod und in die Auferweckung Christi hinein).

Die Liturgie der
Osternachtfeier im »Kloster Kirchberg« (2007)
gestaltet sich folgendermaßen (17):

Kein Glockengeläut
> Eröffnung der *Lichtfeier im Freien* (oder im Vorraum zur Kirche)
Auftaktwort – Lesung aus Gen. 1 – Stille – Gebet
Entzünden des Osterfeuers
Votum
Gebet zur Segnung der Osterkerze – Entzünden der Osterkerze am Osterfeuer
> *Prozession zur Kirche* mit Osterkerze und Triangel-Kerzenständer
an der Kirchentüre: Wechselgesang »Christus, Licht der Welt« //
»Gott sei ewig Dank!«
die erste Kerze am Triangel-Kerzenständer wird entzündet
> *Einzug in die Kirche* – vor den Altarstufen: Wechselgesang: »Christus, Licht der Welt« // »Gott sei ewig Dank!«
die zweite Kerze am Triangel-Kerzenständer wird entzündet – die Osterkerze auf den Kerzenständer gestellt
Wechselgesang: »Christus, Licht der Welt« // »Gott sei ewig Dank!«
die dritte Kerze am Triangel-Kerzenständer wird entzündet
»Exsultet«
Entzünden der Altarkerzen – von dort aus verteilen Mitwirkende das Licht in die Gottesdienst-Gemeinde, die Gemeindeglieder reichen es ihrerseits weiter
Lesungen: aus Gen. 6–8 – aus Ex. 14.15 – aus Jes. 55 – aus Ez. 37 – aus Röm. 6 (jeweils anschließend: Stille und Gebet)
evtl. (kurze) Predigt
Tauferneuerung (falls keine Tauffeier stattfindet): Prozession zum Taufstein – Lesung aus Joh. 3,5 – Wasser ins Taufbecken gießen – die Osterkerze wird in das Taufwasser hineingesenkt – das Taufwasser wird in die vier Himmelsrichtungen gesprengt – Credo – Troparion (Ein-Strophen-Gesang aus der orthodoxen Liturgie)
Im Falle einer *Taufe* holt der Pfarrer die Eltern mit ihrem Kind an ihren Plätzen ab und führt sie zum Taufstein: Segnung des Kindes mit dem Zeichen des Kreuzes – Gebet vor der Taufe – Tauffrage zunächst an die Eltern, dann an die Paten – Namenfrage – Taufe unter Handauflegung – Entzünden der Taufkerze an der Osterkerze – Übergabe der Taufkerze an einen der Taufpaten – die Eltern knien vor dem Altar nieder zum Segensgebet – Tauf-Troparion (derweil wird die Gemeinde mit Taufwasser besprengt)
Ostermesse: Kyrie-Anrufungen bzw. -Litanei – Gloria: »Ehre sei Gott in der Höhe« – Lobvers: »Wir loben Dich, wir sagen Dir Dank«

– Salutatio: »Dominus vobiscum« – Gebet: »Gott, Du Quell allen Lebens ...«

Osterruf (im Wechselgesang): »Der Herr ist auferstanden, Halleluja!« // »ER ist wahrhaftig auferstanden, Halleluja!«

(nach Mt. 28,1ff.)(möglichst in gesungener Form vorgetragen)

Osterruf (im Wechselgesang): »Der Herr ist auferstanden, Halleluja!« // »ER ist wahrhaftig auferstanden, Halleluja!«

Erstmals Glockengeläut – derweil (erstmals mit Orgel-Begleitung): EG 99

Löschung aller Handkerzen durch die Gottesdienstteilnehmer

Sammlung des Dankopfers – unter Liedgesang

Dankgebet über den Gaben – der Kirchdiener bringt Brot und Wein

Gabengebet: »Vater im Himmel, wir bringen Brot und Wein, Gaben Deiner Liebe und Zeichen des Heils, das wir in diesem Mahl empfangen. Nimm diese Gaben an und in ihnen unser Leben, dass wir verwandelt werden durch die Auferstehung Deines Sohnes. Das bitten wir durch Ihn, Christus, unsern Herrn.«

ggf. Weihrauch über den Gaben und in die Gottesdienstgemeinde hinein

Salutatio: »Dominus vobiscum« – Präfation – »sursum corda« – Sanctus: »benedictus qui venit« – »verba testamenti« – »Geheimnis des Glaubens« – »Deinen Tod, o Herr, verkünden wir und Deine Auferstehung preisen wir, bis Du kommst in Herrlichkeit!«

Anamnese – Epiklese: »Sende herab auf uns und diese Gaben den Heiligen Geist; schenke uns Anteil an Christi Leib und Blut und lass uns eins werden in ihm.«

Fürbittgebet – Vaterunser – Friedensgruß

»sancta sanctis« – »Agnus Dei«

Austeilung / Kommunion

»Danket dem Herrn, denn ER ist freundlich, Halleluja!«

Dankgebet

> *Gang zum Friedhof:* unter Liedgesang
> *vor dem Friedhofstor:* Lesung 1. Kor. 15,3–11

Sendung und Segen

Lied

Bemerkenswert erscheint der Stationen-Gang in den verschiedenen Prozessionen bis hin zum Friedhofstor (von einem denkbaren Gang auf den Friedhof und an die Gräber findet sich keine Notiz) – bemerkenswert in anderer Weise und wohl auch diskutabel erscheint:

- die Sitte des *Osterfeuers*, die einem heidnischen Frühlingsbrauch entstammt und mit dem Austreiben des Winters zu tun haben mag /
- der Ritus des (häufigen) Kreuzschlagens (18) /
- der Ritus, Taufwasser in die vier Himmelsrichtungen zu sprengen und auch die Gottesdienst-Gemeinde mit Taufwasser zu besprengen /
- die spezielle Segnung des Kindes vor der Taufe /
- der Einsatz von *Weihrauch* über den Gaben und an die Gemeinde.

Nicht von der Hand zu weisen sind dabei kritische Rückfragen an die Berneuchener Bruderschaft nach den Motiven dafür, warum sie als bewusst evangelische Bruderschaft auf diese Anleihen aus der Tradition der römischen Kirche wie der orthodoxen Kirche zurückgreift, damit zumindest Irritationen auslöst – und ob sie sich selbst durch solche Anleihen nicht zwischen ›verschiedene Stühle‹ setzt. Dass der Gebrauch von *Weihrauch* kanaanäischem Kult entstammt und mit seinem wohlriechenden Duft (wie die Gebete aufsteigend) die (heidnischen) Götter gnädig stimmen soll, sei ebenso vermerkt wie dies, dass es zur Zeit des Jerusalemer Tempels einen speziellen Räucheropferaltar gab – dass gemäß Mal. 1,11 »Gottes Namen an allen Orten geräuchert werden solle« (»meinem Namen wird reine Opfergabe verbrannt«, so übersetzt die Zürcher Bibel) – und dass andererseits (römischen) Kaisern und später Bischöfen mit Weihrauch gehuldigt werden sollte.

Kritisch zu hinterfragen ist ebenso die (Kleinkinder-) Segnung im Zeichen der Handauflegung vor Beginn der Taufhandlung: nicht nur, weil damit zwei ursprünglich zusamengehörende Kasus (die allerdings in genau umgekehrter Reihenfolge praktiziert wurden und die später im Zuge der Firmung auseinandertreten sollten) nun zu einem zusammengezogen werden.

Ein Vergleich der vorgestellten Liturgien der Michaelsbruderschaft zur Osternachtfeier weist Unterschiede aus schon allein durch den Ortswechsel, aber auch in der Abfolge, z.B. in der *Anordnung des »Exsultet«* und der Lesungen – wobei angesichts eines heilsgeschichtlichen Spannungsbogens im Gottesdienstgeschehen dafür zu votieren ist, die alttestamentlichen Lesungen im Eingangsteil zu konzentrieren und das »Exsultet« als Bindeglied in ›Brückenfunktion‹ zum Kontext der Osterbotschaft zu verorten.

Wer in der Gegenwart nach der Tradition und nach der Rezeption der Kyrios-Feier bzw. der Osternacht fragt, der wird nicht umhinkommen, sich an der Liturgie der Osternacht der Berneuchener Bruderschaft zu orientieren. Es wird nicht überraschen, dass das Muster der Berneuchener als Vorlage dient(e) für weitere liturgische Entwürfe bis hinein zu Agenden einzelner Landeskirchen. Es ist der Evangelischen Michaelsbruderschaft zu danken, dass sie das Erbe der urchristlichen Kyrios-Nachtfeier wiederentdeckt und wiederbelebt hat und die Osternacht aufgrund eigener Gottesdienst-Erfahrungen wieder zum (liturgischen) Höhepunkt im Kirchenjahr entfaltet hat. Es mag erstaunen und erfreuen, dass die Tradition der Kyrios-Nacht (reaktiviert im Schutzraum einer evangelischen Bruderschaft) nach einer Zwischenzeit von knapp fünfhundert Jahren schließlich erneut Eingang gefunden hat in die Liturgie der römischen Kirche wie in die Liturgien verschiedener protestantischer Kirchen.

Anmerkungen

(1) – vgl. W. Stählin: Via Vitae, 313–321.

(2) – »Michaelis« gilt seit dem Konstanzer Konzil von 813 als kirchlicher Feiertag zu Ehren des Erzengels Michael und wird auch Erzengelfest oder Engelweihtag genannt.

(3) – W. Stählin, aaO., 329.

(4) – W. Stählin, aaO., 332.

(5) – W. Stählin, aaO., 336.

(6) – W. Stählin, aaO., 337.

(7) – *Martin Luther* hat das »Offertorium« wohl im Sinne einer menschlichen Vorleistung missverstanden (und eben nicht als geistliches Lob- und Dankopfer) und demnach verurteilt und aus seiner »Deutschen Messe« von 1526 eliminiert.

(8) – vgl. Die Ordnung der Deutschen Messe, hg.v. Berneuchener Kreis, 7–38.

(9) – Die Ordnung der Deutschen Messe, aaO., 17.

(10) – Die Ordnung der Deutschen Messe, aaO., 18f.

(11) – W. Stählin: Via Vitae, 348.

(12) – Die Aufstellung orientiert sich an den Angaben von Alexander Völker: Die Feier der Osternacht, Kassel 1983. Nuancen an Unterschieden finden sich in: Wilhelm Stählin / Horst Schumann: Die heilige Woche, Kassel, 2/1965, 81–115.

(13) – »Ursprünglich ist die Osterkerze .. erst während des Lobgesangs entzündet worden« (also während des Exsultet), »wie der lat. Text und ältere Ordnungen dies zeigen.« (so A. Völker: Die Feier der Osternacht, 22).

(14) – vgl.: Die Feier der Osternacht, im Auftrag der Lutherischen Liturgischen Konferenz Deutschlands, hg.v. C. Mahrenholz, 36–41.

(15) – Die ausführlichen Texte samt Instruktionen bzw. Regieanweisungen zur Feier der Osternacht im Rahmen der Evang. Michaelsbruderschaft finden sich bei Alexander Völker: Die Feier der Osternacht, 31–74.

(16) – A. Völker: Die Feier der Osternacht, 9.

(17) – Die Aufstellung folgt der bis heute praktizierten Liturgie der Osternachtfeier im »Kloster Kirchberg«.

(18) – Der Ritus des *Bekreuzigens* und die Sitte, dem Täufling ein Kreuzzeichen auf die Stirn zu geben, mag im Kontext der Auferweckung Christi diskutabel sein, schließlich gründet christlicher Glaube nicht auf dem Kreuz Jesu, sondern auf der Auferweckung Christi. Zudem sei einerseits daran erin-

nert, dass das Zeichen des Kreuzes bzw. der Ritus des Bekreuzigens in der Konstantinischen Ära aufkam und damit politischem Ursprung entstammt – andererseits sei daran erinnert, dass reformierte Christen und Kirchen bewusst auf das Zeichen des Kreuzes verzichten, zum Ausdruck dafür, dass reformierte Christen, insbesondere Hugenotten und Waldenser, geradezu unter dem Zeichen des Kreuzes durch die römische Kirche verfolgt wurden.

Der Ritus des Bekreuzigens findet sich belegt im apokryphen »Nikodemus-Evangelium«, wenn es dort im Abschnitt: »Die Auferweckung Adams und der übrigen Toten« heißt: »da segnete der Heiland den Adam an der Stirne mit dem Zeichen des Kreuzes.«

Martin Luther empfiehlt die Selbstbekreuzigung (und Selbstsegnung) in seinen Anweisungen für das Morgen- wie für das Abendgebet (vgl. seinen »Kleinen Katechismus« 1529), wenn er z.B. für das Morgengebet schreibt: »Des Morgens, so du aus dem Bette fährst, sollst du dich segenen mit dem heiligen Kreuz und sagen: Des walt Gott Vater, Sohn, heiliger Geist, Amen. Danach kniend oder stehend den Glauben und Vaterunser ...«

Die Feier der Osternacht nach den Reformen des II. Vaticanums

Nach der Konstitution des »II. Vaticanums« (1962–1965)(1) über die Heilige Liturgie unter dem Titel »Sacrosanctum Concilium« (SC) rückt das *»Triduum Sacrum«* mit der Osternachtfeier in der Mitte ins Zentrum des ganzen Kirchenjahres, das heißt: diese drei Tage bilden den Höhepunkt des gesamten Kirchenjahres (GOKJ 19) und finden ihren Mittelpunkt in der Osternacht (SC 5 und 106; vgl. GOKJ 19), die als »Mutter aller Vigilien« gilt (GOKJ 20). Die Liturgiekonstitution des »II. Vaticanums« formuliert in Art. 109 zur *Quadragesimae*: »Die vierzigtägige Fastenzeit hat die doppelte Aufgabe, ... durch Tauferinnerung oder Taufvorbereitung ..., durch Buße der Gläubigen ... auf die Feier des Pascha-Mysteriums vorzubereiten.« Bei aller Kritik an der Prägung sowie an der Verwendung des Begriffs »Pascha-Mysterium« (warum ist denn nicht adäquat vom Christus-Mysterion die Rede?) lässt sich auch in dieser Passage deutlich der römische Rekurs vermerken, in dem Grundzüge des altchristlichen Taufkatechumenats durchklingen.

Nach der Grundordnung des Kirchenjahres und des neuen römischen Generalkalenders (GOKJ) aus dem Jahre 1969 »erwartet die Kirche« in der Osternacht »nächtlich wachhaltend die Auferstehung des Herrn und feiert sie in heiligen Zeichen« (GOKJ 21).

Hansjörg Auf der Mauer orientiert: »Beginn nicht vor Einbruch der Dunkelheit bzw. Ende nicht vor dem Morgengrauen des Sonntags. Damit ist der abendliche, mitternächtliche und frühmorgendliche Ansatz ... möglich. Die Grundstruktur ist identisch mit der Feier von 1570 bzw. 1951 (Lichtfeier – Wortgottesdienst – Tauffeier – Eucharistiefeier), jedoch mit zwei Verbesserungen: ... Vor allem .. unterbricht die Tauffeier nicht mehr den Wortgottesdienst, sondern steht an dessen Schluß ... Die Lichtfeier ist im großen und ganzen gleich geblieben (Segnung des Feuers – Lumen-Christi-Prozession – Osterlob), ... die Segnung der Osterkerze entfällt, und das Exsultet wird deutlicher als das große Osterlob hervorgehoben .. (jedoch gibt es eine Kurzform des Exsultet).« (2).

Das »Missale Romanum« von 1570 hatte folgende ›Stationen‹ unterschieden: Feuerweihe – Anzünden der »Candela« am Osterfeuer – Anzünden der dreiarmigen Kerze im Zuge der »Lumen-Christi«-Prozession – Anzünden der Osterkerze: »benedictio cerei« – Illumination der Kirche – Wortgottesdienst mit alttestamentlichen Lesungen – Taufwasserweihe, Einsenken der Osterkerze ins Taufwasser, Taufe – Wortgottesdienst mit neutestamentlichen Lesungen – Eucharistiefeier (3).

Nach der Liturgiekommission des *»II. Vaticanums«* sind folgende ›Stationen‹ unterschieden:

– Segnung des Osterfeuers – Oration: »benedictio cerei« – Entzünden der Osterkerze am Osterfeuer
– Prozession zur Kirche: alle Mitwirkenden entzünden ihre eigene Kerze an der Osterkerze – mit der brennenden Kerze in der Hand wird das »Exsultet« gesungen
– Wortgottesdienst in der Kirche: mit neun Schriftlesungen (wobei Ex. 14 als obligatorisch gilt), die jeweils gerahmt sind von Gesang und Gebet – »Gloria« – Psalm 118 – Oster-Evangelium
– Taufe / Taufwasserweihe / »abrenuntatio diaboli« und »confessio fidei« bzw. Tauferneuerung / Tauflied
– Eucharistiefeier (4).

Für den Einzelteil des so genannten Wortgottesdienstes sind sieben alttestamentliche *Lesungstexte* z.T. in Kurzfassungen vorgeschlagen:
  Gen. 1,1–2,2 (Schöpfungsgeschichte)
  Gen. 22,1–18 (Abraham vor der Opferung Isaaks)
  Ex. 14,15–15,1 (der Durchzug durchs Schilfmeer)
  Jes. 54,5–14 (das neue Jerusalem)
  Jes. 55,1–11 (das Heilsangebot Gottes)
  Bar. 39–15.32–4,4 (die Quelle der Weisheit)
  Ez. 36,16–17a.18–28 (neues Herz und neuer Geist) –
sowie folgende aus dem Neuen Testament:
  Röm. 6,3–11 (Taufe in den Tod und in die
  Auferweckung Jesu Christi hinein)
  Mt. 28,1–10 / Mk. 16,1–7 / oder Luk. 24,1–12
  (als Oster-Evangelium).

Die alttestamentlichen *Lesungstexte* können dabei auf drei oder zwei reduziert werden, wobei jedoch auf Ex. 14 nicht verzichtet werden darf. Wenn
denn nun Ex. 14 als unabdingbar dazugehört, so ließe sich mutmaßen: ›Dies
gilt nur für den, der die Pessach-Tradition unbedingt bewahren und hochhal-
ten will, der den fragwürdigen Bezug zwischen »altem« und »neuem« Pessach herstellen will.‹ Unter der Perspektive jedoch, dass Ex. 14 als ein Text
neben anderen die Heilsgeschichte Gottes mit seinem Volk Israel vergegenwärtigen soll, mag Ex. 14 als ein Textvorschlag dienen: fakultativ, aber nicht
konstitutiv bzw. normativ.

Die Initiationsfeier folgt dem Grundschema von 1951: Litanei – Taufwasserweihe – Taufe – Erneuerung des Taufversprechens.

Die Eucharistiefeier setzt – als Novum – sogleich mit der Gabenbereitung
ein.

Im Sinne einer Aufwertung der *Osternachtfeier* ist wohl zu verstehen, dass zu
Himmelfahrt und zu Pfingsten keine Vigilien und keine Oktaven mehr vorgesehen sind – und dass die österliche Freudenzeit der »Pentecoste« (beginnend
mit dem Ostersonntag und schließend mit dem Pfingstsonntag) als Einheit
und als besondere Taufzeit zurückgewonnen wird.

Hansjörg Auf der Maur kritisiert wohl zu Recht den im »*Missale Romanum*«
von *1570* übernommenen »spätmittelalterlichen Brauch, nach der Evangeli-
umsverkündigung die Osterkerze auszulöschen, der gerade darum so bedenklich und unsachgemäß ist, weil er das theologisch falsche Verständnis der
Himmelfahrt als Abschied unterstreicht und die Einheit der Pentecoste sichtbar zerstört.« (in: Feiern im Rhythmus der Zeit, Bd. I, 121).

Das Missionsdekret des II. Vaticanums »ad gentes« erklärt in Art. 14:
»Wer den Glauben an Christus von Gott durch die Kirche empfangen hat,
soll durch liturgische Zeremonien zum Katechumenat zugelassen werden.
Dieses besteht nicht in einer bloßen Erläuterung von Lehren und Gebeten,
sondern in der Einführung und genügend langen Einübung im gesamten
christlichen Leben, wodurch die Jünger mit Christus, ihrem Meister verbunden werden. Die Katechumenen müssen also in passender Weise in das Geheimnis des Heils eingeweiht werden: durch die Übung ihres Lebenswandels
nach dem Evangelium und durch eine Folge von heiligen Riten soll man sie
stufenweise in das Leben des Glaubens, der Liturgie und der liebenden Gemeinschaft des Gottesvolkes einführen. Endlich werden sie durch die Sakramente der christlichen Initiation von der Macht der Finsternis befreit; mit
Christus sterben sie, werden sie begraben und erstehen sie; sie empfangen
den Geist der Kindschaft und feiern das Gedächtnis des Todes und der Auferstehung des Herrn mit dem ganzen Gottesvolk. Es ist zu wünschen, daß die
Fasten- und Osterliturgie so erneuert werde, daß sie die Katechumenen zur
Feier der österlichen Geheimnisse bereitet, bei deren festlicher Begehung sie
durch die Taufe für Christus wiedergeboren werden. Um diese christliche

Initiation im Katechumenat sollen sich aber nicht bloß Katechisten und Priester kümmern, sondern die ganze Gemeinde der Gläubigen, besonders aber die Taufpaten, so daß den Katechumenen von Anfang an zum Bewusstsein kommt, daß sie zum Gottesvolk gehören.«

Wer diesen Artikel unvoreingenommen wie auch zeitunabhängig auf sich wirken lässt, wird meinen, das ›Rad der Zeit‹ sei hier innerhalb der römischen Kirchengeschichte erfolgreich zurückgedreht aus der Zeit des »II. Vaticanums« 1962ff. heraus zurück in die Zeit des urchristlichen Taufkatechumenats, als sich Erwachsene freiwillig für die Taufe als Glaubenstaufe entschieden, für die Aufnahme (-prüfung) zum *Taufkatechumenat* durch Bürgen / Paten / »Competentes« angemeldet wurden und ggf. für die dreijährige Vorbereitungszeit zur späteren Taufe in der Kyrios-Nacht zugelassen wurden. Doch wer assoziiert ad hoc, dass es sich bei dieser Textquelle um einen Konzilstext aus dem »II. Vaticanum« (1962–65) handelt? Also um einen Text aus einer Zeit, in der die *Säuglingstaufe* längst zum praktizierten Regelfall geworden ist?

Seit dem Spätmittelalter unterscheiden die Formulare in der römischen Tauf-Liturgie (im Unterschied zu den Zeiten vorher) zwischen einer Erwachsenentaufe und einer Säuglingstaufe vom sprachlichen und vom inhaltlichen Anforderungsprofil her – so dass Art. 14 nur die Schlussfolgerung nahe legen wird, dass allein eine Erwachsenentaufe im Blick ist. Der »Ordo baptismi parvulorum« vom 15. Mai 1969 könnte diese Annahme stützen, denn danach soll kein Erwachsener zur Taufe zugelassen werden, wenn nicht mindestens zwei Paten zur Verfügung stehen. Bei der Taufe eines Kleinkindes möge ein Pate dazugehören, der als Vertreter der Kirche die Eltern in der Glaubenserziehung ihres Kindes in subsidiärer Weise unterstützen soll, ohne dabei die Stellung der Eltern einzunehmen (wie dies im Mittelalter der Fall sein konnte).

Bei aller denkbaren Freude über die Reaktivierung des Taufkatechumenats und über die Würdigung des Patenamtes ergeben sich Fragen danach, wie denn die Katechumenen »in passender Weise in das Geheimnis des Heils eingeweiht werden« – und danach, ob bei diesen römischen Ausführungen nicht alles auf die Feier der Kyrios-Nacht hinzielt. Begrüßenswert erscheint die Auflage, dass die Feier der Taufe und insbesondere die Vorbereitung darauf eine Sache der ganzen Gemeinde sein soll.

Im Jahre 1970 haben die Liturgischen Institute Salzburg-Trier-Zürich eine »Handreichung für die Anpassung an die zur Zeit geltenden Bestimmungen der Liturgie am Palmsonntag, Gründonnerstag, Karfreitag und für die neue Osternachtliturgie« vorgelegt unter dem Titel: »Die Liturgie der Karwoche und Osternacht«. Dabei folgt die Osternachtliturgie »ad experimentum« der Vorlage der Liturgiekommission des »II. Vaticanums«. Auf einzelne Besonderheiten sei im Folgenden hingewiesen:

- Von Ex. 12,42 abgeleitet gilt die *Kyrios-Nacht* als Nacht der Gebetswache für Christus. Gemäß Luk. 12,35–40 (ergänzend aber auch Mt.
  25,1–13) warten, wachen und beten die Christgläubigen mit brennen-
  den Lampen in den Händen: bereit für die ›Hoch-Zeit‹, bis dass der
  Bräutigam kommt.
- Während das »*Exsultet*« vom Diakon gesungen wird, stehen alle Got-
  tesdienstteilnehmer und halten die brennenden Kerzen in ihren Händen.
- Im Gebet nach der obligatorischen Schriftlesung Ex. 14,15–15,1 wird
  »das Rote Meer als Vorbild der Taufe« bezeichnet (5).
- Nach dem Oster-Evangelium wird eine Homilie gehalten.
- Im Falle einer anstehenden *Taufe* stellen die Paten die (erwachsenen)
  Katechumenen der versammelten Gemeinde zunächst vor – Kleinkin-
  der werden von ihren Eltern oder Paten zum Taufstein getragen.
- Der Priester segnet das *Taufwasser* u.a. mit folgenden Worten: »Gott,
  du hast in den Wassern der Sintflut unsere Wiedergeburt vorgebildet,
  damit ein und dasselbe Wasser die Sünde tilge und heiliges Leben we-
  cke. Gott, du hast die Söhne Abrahams trockenen Fußes durch das Rote
  Meer hindurchgehen lassen, damit das Volk, aus der Knechtschaft Pha-
  raos befreit, ein Bild werde für das Volk der Getauften ... Durch deinen
  Sohn, o Herr, steige hinab in dieses Wasser die Kraft des Heiligen
  Geistes.« (6).
- Nach der dreimaligen Frage nach der »abrenuntatio« folgt die dreigliedrige Credo-Frage und schließlich die Tauffrage – der Taufakt – die
  Chrisam-Salbung und die Überreichung des weißen Taufkleides. Dabei
  spricht der Priester: »N., Du bist eine neue Schöpfung geworden und
  hast Christus angezogen. Das weiße Kleid ist Zeichen dieser Würde.
  Mögest Du diese Würde makellos für das ewige Leben bewahren. Wort
  und Beispiel der Angehörigen helfe dir dabei. Amen.« (7).
- Falls keine Tauffeier stattfindet, erneuern alle Gottesdienstteilnehmer
  ihr Taufgelübde durch die Absage an den Teufel und durch das Bekenntnis ihres christlichen Glaubens. Anschließend besprengt der Priester die Gemeinde mit dem gesegneten Taufwasser.
- Zur Eucharistiefeier sollen Brot und Wein von den Neophyten herbei-
  getragen werden. »In dieser österlichen Messfeier können, wenn es der
  Ordinarius erlaubt, alle Gläubigen die Eucharistie unter beiden Gestalten empfangen.« (8). Im Gabengebet heißt es u.a.: »... mache uns heute
  zu einem Opfer, das dir wohlgefällt.« (9).

Deutlich hervortritt der in der römischen Liturgie hergestellte enge Bezug
zwischen dem *Pascha-Mysterium* und dem *Christus-Mysterium* (der Kyrios-
Nacht), so dass schließlich allein nur noch vom »Paschamysterium« gesprochen werden kann, obwohl das Christus-Mysterium gemeint ist. Wie an anderer Stelle dieser Untersuchung bereits ausführlich dargelegt, sollte aus sachli-

chen und aus zeitlichen Gründen, aber auch aus Gründen einer dem Judentum gegenüber freundlichen Theologie auf die Übernahme der Pascha-Tradition zur Deutung des Christus-Ereignisses bewusst verzichtet werden. Adaequat ist vom »Christus-Mysterium« zu reden.

Begrüßenswert wäre es – »wenn es der Ordinarius erlaubt« –, dass auch die römischen Mitchristen jeweils Brot *und Wein* empfangen dürfen.

Anmerkungen

(1) – Papst Johannes XXIII. (1958–1963) eröffnete das »*Zweite Vatikanische Konzil*« am 11. Oktober 1962, nachdem 2540 ›Konzilsväter‹ in den Petersdom in Rom eingezogen waren. Das Konzil endete nach vier Sitzungsperioden am 8. Dezember 1965. Insgesamt sechzehn Dokumente wurden verabschiedet. Die Konstitution über die Liturgie eröffnete eine Reform des Gottesdienstes und die Einführung der jeweiligen Volkssprache (anstelle des bisher gepflegten Latein) in der Messfeier. Für die Aussöhnung mit dem Judentum schuf das Konzil die Grundlage.

(2) – H. Auf der Maur: Feiern im Rhythmus der Zeit, Bd. I, 134.

(3) – vgl. H. Auf der Maur, aaO., 88.

(4) – Jürgen Lenssen (in: Osternachtgottesdienst (I)) verquickt die römische Liturgie mit Elementen aus dem Judentum: mit einem jüdischen Lobpreis, mit der Frage des jüdischen Kindes (nach der Pessach-Haggada 4), mit den vier Nächten aus dem Buch der Erinnerungen, mit den Kerzen des Siebenarmigen Leuchters – wohlgemerkt im ersten Teil, dem so genannten Wortgottesdienst (in: Ostern. Gottesdienstpraxis, Serie B, 1986, 106–119). Dabei ist zu fragen, mit welchem ›Übernahmerecht‹ diese Anleihen aus dem Judentum erfolgen.

(5) – Die Liturgie der Karwoche und der Osternacht 1970, hg.v. den Liturgischen Instituten Salzburg-Trier-Zürich, 54.
Von der Typologie in 1. Kor. 10,1–4 ausgehend, ist die Taufe in Relation gesetzt zum Durchzug durch das Rote Meer und das Herrnmahl in Relation zur Manna-Speisung und zur Felsträinkung (vgl. F. Hahn: Theologie des Neuen Testaments, Bd. 1, 280f.).

(6) – Die Liturgie der Karwoche und der Osternacht 1970, aaO., 60f.

(7) – vgl.: Die Liturgie der Karwoche und der Osternacht 1970, aaO., 64.

(8) – Die Liturgie der Karwoche und der Osternacht 1970, aaO., 72.

(9) – Die Liturgie der Karwoche und der Osternacht 1970, aaO., 67.

Die Osternacht in der Feier der Brüder von Taizé

Die oekumenisch ausgerichtete Bruderschaft von *Taizé* reicht in ihren Anfängen zurück bis in das Jahr 1940, als sich der reformierte Studentenpfarrer *Roger Louis Schutz-Marsauche* (*12.05.1915,+16.08.2005), Sohn eines reformierten Schweizer Pfarrers und einer Französin, 1939 ordiniert – aus Genf auf Bitten einiger Kriegerwitwen in dem vom Aussterben bedrohten Dorf Taizé nördlich von Cluny in Burgund, der Heimat seiner Mutter, (nahe der damaligen Demarkationslinie) niederließ, mit geliehenem Geld ein baufälliges, leerstehendes Herrenhaus kaufte und sich dort um Kriegsflüchtlinge, vor allem um Juden, kümmerte. Später kamen desertierte deutsche Kriegsgefangene hinzu. 1942 allerdings musste Schutz selbst vor der Gestapo in die Schweiz fliehen und konnte erst 1944 zurückkehren. Zu Ostern 1949 verpflichteten sich die ersten (sieben) Brüder (1) per Gelübde im Sinne der Seligpreisungen (Freude, Einfachheit, Barmherzigkeit) zum gemeinsamen Leben a) in Ehelosigkeit – b) in Gütergemeinschaft in einfachen, bescheidenen Wirtschaftsverhältnissen – und c) im Gehorsam unter ihrem Prior. Die ersten Brüder stammten aus protestantischen Kirchen, damit war also dem Wunsch von Roger Schutz entsprechend eine Mönchsgemeinschaft innerhalb des Protestantismus gegründet. Ihre Maxime lautet in Anlehnung an die Tradition der Benediktiner (2): »ora et labora ut reguet« (›bete und arbeite, damit Christus herrscht‹). Ab 1969 (mit der offiziellen Erlaubnis des Pariser Erzbischofs) schlossen sich erstmals römisch-katholische Brüder an. Seit Pfingsten 1948 nutzen die (damals protestantischen) Brüder die romanische Dorfkirche (mit Erlaubnis des Bischofs) als »Simultaneum«, ein kirchengeschichtliches Novum. Heute umfasst die »*Communauté de Taizé*« über einhundert Brüder aus verschiedenen christlichen Konfessionen (wobei die meisten inzwischen der römischen Kirche angehören, ein paar wenige sind Priester, derzeit sind es drei / aus den orthodoxen Kirchen stammt bisher keiner der Brüder), aus mehr als zwanzig Ländern. Die Kommunität stellt ein ›Unikum‹ dar, schon deshalb, weil sie in einem kirchensoziologischen ›Niemandsland‹ lebt. Acht junge Brüder bereiteten sich im Jahre 2007 auf ihre Profess vor. Die Brüder nehmen keine Spenden, Erbschaften oder Geschenke an, sie verzichten auf materielle Absicherungen – ihren Lebensunterhalt bestreiten sie sich selbst durch den Ertrag ihrer eigenen Arbeiten. Sie wirken über Taizé hinaus in ›sozialen Brennpunkten‹ dieser Erde, in Manhattan ebenso wie in Kalkutta oder in Afrika. An diesen Orten mag sich die von der Bruderschaft gewollte Verbindung zwischen »Kontemplation und Kampf« (im Sinne eines demokratischen Sozialismus) besonders auswirken.

Ausgelöst u.a. durch die Baracken-Bauarbeiten von Studenten innerhalb der Aktion »Sühnezeichen / Friedensdienste« – fanden im Laufe der Jahre ab 1957/58 zunehmend mehr Jugendliche zu den »Quellen des Glaubens« nach Taizé. Wöchentlich, von Sonntag zu Sonntag, finden dort so bezeichnete

»*Jugendtreffen*« statt, zu denen inzwischen vermehrt auch ›Veteranen‹ pilgern. Unter den Gästen finden sich Vertreter aus bis zu siebzig verschiedenen Nationen zum »Konzil der Jugend« ein. Im Rahmen des so genannten »Pilgerwegs des Vertrauens auf der Erde« lädt die Bruderschaft seit 1978 alljährlich in den Tagen zwischen Weihnachten und Neujahr zu Europäischen Jugendtreffen in einer der Metropolen ein, an denen bis zu über 80.000 Personen teilnehmen. In anderen Kontinenten wird zu anderen Zeiten zu ähnlichen Treffen eingeladen.

Dreimal täglich begegnen sich die Brüder zum gemeinsamen Gebet: anfangs in der alten romanischen Dorfkirche, seit dem neuen Kirchbau 1962 in der Versöhnungskirche (die ab 1990 in drei Bauschritten erweitert wurde und die von drei orthodoxen Zwiebeltürmen geziert wird). Die Gottesdienste werden grundlegend bestimmt von den liturgischen Gesängen und Liedern, für die *Jacques Berthier* (*1923,+1994) mit 284 Kompositionen den bis heute gültigen Grundstock schuf.

Seit 1966 wohnen im unmittelbaren Nachbardorf Ameugny Schwestern aus dem belgischen Orden St. André (einer vor 750 Jahren gegründeten römisch-katholischen Ordensgemeinschaft). Die etwa zwanzig Schwestern vor Ort übernehmen verschiedenste Aufgaben innerhalb der Gemeinschaft von Taizé und kümmern sich nicht zuletzt um die Gäste (-gruppen) aus aller Welt.

Im Jahre 1950 versuchte Roger Schutz mit verschiedenen Petitionen an Papst *Pius XII* (1939,+1958) letztlich erfolglos, das Dogma »von der leibhaften Aufnahme *Maria*s in den Himmel« zu verhindern. Innerhalb des Pontifikalamtes von Papst *Johannes XXIII.* (1958,+1963) wurde Roger Schutz zusammen mit *Max Thurian* als Beobachter 1962 zum »II. Vatikanischen Konzil« eingeladen. In den letzten Jahren zeichnet sich zunehmend eine unverkennbare Annäherung der »Communauté« an die römische Kirche ab, was sich nicht zuletzt darin ausdrückt, dass täglich in der Krypta der Versöhnungskirche um 7 Uhr 30 eine römische Messfeier allein für römisch-katholische Mitchristen beginnt, in der die Elemente konsekriert werden, die später in den Mahlfeiern in der Versöhnungskirche in der großen Gottesdienst-Gemeinschaft von Brüdern den Gästen gereicht werden. Irritieren wird,

– wenn der *Weihrauch*-Kessel um den Altar (aus Schamott-Steinen errichtet) im Chorraum der Versöhnungskirche geschwenkt wird (allerdings vor Beginn und nicht während des Sonntagsgottesdienstes) /
– wenn der Sonntagsgottesdienst jeweils als Eucharistiefeier im Sinne eines *Hochamt*es von einem auswärtigen Priester zelebriert wird und dabei Oblate wie Wein (!) für jeden, der will, gereicht werden /

–   wenn Frère Roger 2005 beim Requiem für Papst *Johannes Paul II.* auf
    dem Petersplatz in Rom vom damaligen Kardinalsdekan Joseph Rat-
    zinger (und heutigen Papst *Benedict XVI.*) soz. ›vor aller Welt‹ als ers-
    ter die Heilige Kommunion empfing (»Rom« wenige Tage darauf je-
    doch in einem neuerlichen Dokument unmissverständlich hervorhob,
    dass die römische *Messe* ausschließlich und allein nur für römisch-
    katholische Mitchristen bestimmt ist und nicht für Christen anderer Re-
    ligionsgemeinschaften) /
–   wenn *Frère Roger* nach dem Attentat auf ihn am 22. August 2005 in
    einem Gottesdienst unter Federführung von Kardinal Walter Kasper in
    Taizé neben der romanischen Dorfkirche erwartungsgemäß schlicht,
    aber in römischem Ritus beigesetzt wurde /
–   wenn die Bruderschaft (nun unter der Führung des Katholiken Frère
    Alois Löser) weiterhin den Kurs der »Additionstheologie« steuern will,
    um damit alle konfessionellen Unterschiede zu überbrücken, dann aber
    doch klar und unmissverständlich römisch-katholisch agiert und dies in
    Rücksichtnahme auf das katholische Frankreich, das katholische Bur-
    gund, die katholischen Umlandgemeinden begründen will.

Bei allem jedoch möchte die Bruderschaft von Taizé als inzwischen welt-
weite Bewegung ihrem eigenen Anspruch nach als »Ferment der Versöhnung« zwischen den getrennten Kirchen und seit 1989 bis hin zu den orthodoxen Kirchen wirken. *Roger Schutz* trat dafür ein, seinen eigenen evangelischen Ursprungsglauben mit dem der römisch-katholischen Kirche zu
versöhnen. In seiner eigenen Person mag dies gelungen sein.
   Die Theologie der Bruderschaft orientiert sich am »Geist der Bergpredigt
Jesu«. Man ist auf Ausgleich bedacht und auf Harmonie, man meidet die
theologische Auseinandersetzung, Dissonanz und Diskurs, scheut gar jede
Art von Kontroverstheologie, man sucht dagegen den Weg einer »Additions-
und Konvergenz«-Theologie (3), tendiert dann aber doch bzw. schreitet voran (zurück?) zur römischen Kirche.

   Die *»Communauté de Taizé«* orientiert sich in ihren Gottesdiensten in
wohl eher lockerer Weise am Muster der »Heiligen Woche« (von Sonntag zu
Sonntag) und an der altkirchlichen Tradition des *»Triduum Sacrum«*, das
heißt: 1.) der (Kar-) Freitag erhält seine besondere Akzentuierung durch das
Gebet vor der auf dem Fußboden liegenden Kreuz-Ikone mit der aus der
Orthodoxie stammenden Tradition, die Stirn auf das Kreuz zu senken (womit
die Brüder beginnen und Gäste folgen können) – 2.) der Abendgottesdienst
am (Kar-) Samstag erhält seine Akzentuierung durch die Lichtfeier aus der
Tradition der Kyrios-Nacht (wobei jeder Teilnehmer am Gottesdienst in der
nur schwach beleuchteten Versöhnungskirche eingangs eine dünne, weiße
Kerze empfängt) und durch die feierliche Illumination der Kirche – und 3.)

durch die Eucharistiefeier am (Oster-) Sonntagmorgen (Beginn 10 Uhr), in der für jeden, der will, die Oblate gereicht und der Kelch (mit Wein) zur Intinktion von Brüdern entgegengehalten wird. Die *Kommunion* erfolgt also (entgegen der allgemeinen römischen Praxis) »sub utraque« / ›unter beiderlei Gestalt‹ in Form einer simultan verbundenen Eucharistiefeier für Christen verschiedener Konfessionen.

Im Eingangsbereich zur Versöhnungskirche finden sich auf einem am Brett angehefteten Din-a-3-Blatt in verschiedenen Sprachen abgefasst folgende Hinweise:
»Am Ende des Morgengebets besteht die Möglichkeit, die in der Eucharistie-feier« (gemeint: im Messgottesdienst 7 Uhr 30 in der Krypta) »konsekrierten Gaben zu empfangen, sie werden von Brüdern ausgeteilt. Der Tabernakel befindet sich neben der Marienikone.
Wer aus den Kirchen der Reformation kommt, hat die Gelegenheit, jeden Tag am Ende des Morgengebets das Abendmahl zu empfangen; es wird beim Kreuz rechts neben der Auferstehungsikone von Jugendlichen ausgeteilt. Es finden regelmäßig evangelische Abendmahlsgottesdienste statt.
Die göttliche Liturgie für die Orthodoxen wird zu den Zeiten gefeiert, in denen ein orthodoxer Pfarrer anwesend ist.
Am Ende des Morgengebets stehen an verschiedenen Stellen in der Kirche Jugendliche mit kleinen Körben und teilen gesegnetes Brot aus. Jeder kann es zu sich nehmen; wer sich nicht für vorbereitet hält, die Gegenwart Christi in der Eucharistie zu empfangen, wer nicht getauft ist, die Kinder, alle, die aus verschiedenen Gründen nicht zur Kommunion gehen.« (Quelle: Taizé, Versöhnungskirche).

Bemerkenswert fallen in diesen Instruktionen die vorgenommenen Unterschiede auf, die unverkennbare Herabstufungen artikulieren. Die Unterschiede wirken eher trennend denn verbindend, widerstreben also der vorausgesetzten Intention der Versöhnung der Taizé-Bruderschaft. Unterschieden wird zwischen »konsekrierten Gaben« und »gesegnetem Brot« – zwischen dem römischen *Priester* und dem »orthodoxen *Pfarrer*« (müsste es nicht korrekterweise »orthodoxer Priester« heißen?) – zwischen dem, was Priester, was Brüder, was Jugendliche (!) darreichen. Wie lassen sich diese Differenzierungen mit dem postulierten »Geist von Taizé« vereinbaren?

Zum Thema »*Osternacht*«: Legt man zugrunde, dass die »Communauté de Taizé« mit der Lichtfeier am Samstagabend (Beginn: 20 Uhr 30) bewusst deutliche Bezüge zur urchristlichen Feier der Kyrios-Nacht herstellt – so muss befremden, wenn innerhalb des Kirchenjahres ausgerechnet im Jahresdatum der Osternacht in der Versöhnungskirche von Taizé (!) entgegen wohl allen Erwartungen keinerlei Osternacht und also keinerlei Lichtfeier stattfindet. Stattdessen bleibt in Taizé gerade auch in dieser Heiligen Nacht der Altar ›abgeräumt‹, es brennen keine Kerzen, allein der Text Ijob 19,25: »Ich weiß, dass mein (Er-) Löser lebt« wird verlesen. Erst im *Mess-Gottesdienst am Ostersonntagmorgen* (Beginn um 10 Uhr) wird die Osterkerze im Chorraum der Kirche im Kreis der Brüder feierlich entzündet und anschließend mit dem Ruf »Lumen Christi« in die Kirche hineingetragen – werden alle weiteren Kerzen entzündet – leuchtet das Osterlicht auf – wird das »Exsultet« gesungen (das wie der »Lumen-Christi«-Ruf nun aber eben nicht in den österlichen 10-Uhr-Gottesdienst gehört, sondern nach urchristlicher Tradition in die Feier der Kyrios-Nacht)! Fragwürdig aufstoßen dürfte aber auch die Praxis, dass die *Osterkerze* allein bis zum Feste »Christi Himmelfahrt« ihren Platz in der Versöhnungskirche innehat – für die anschließende Zeit danach jedoch fehlt sie: warum? Mit welcher theologischen Begründung? Soll Christi Licht denn etwa nicht in jedem einzelnen Gottesdienst hell erstrahlen? Wie es der Titel einer Musik-CD aus Taizé selber formuliert (?): »Hell brennt ein Licht«? (4). Stellt sich angesichts dieser Art von »Osternacht« in Taizé nicht wie von selbst die Frage, die da lautet: Bricht die Bruderschaft auf diese Weise nicht die ansonsten durch das ganze (Kirchen-) Jahr hindurch von ihr selbst mehr oder weniger bewahrte Tradition der Kyrios-Nachtfeier (auch wenn der Bezug zur Taufe im Sinne einer Tauferinnerung und -erneuerung fehlt)? Stellt diese Taizé-Gottesdienst-Praxis nicht eine Art von ›Stilbruch‹ und von Selbstwiderspruch dar?

Befremdlich wirken muss allerdings wohl ebenso, dass (abgesehen von der eigentlichen Osternacht) in der Lichtfeier eines jeden Samstagabend in Taizé keine *Eucharistie* gefeiert wird – entgegen der frühchristlichen Tradition, wonach alles auf die Feier der Kommunion als vorläufigen Zielpunkt in der Kyrios-Nacht zulief. In dieser vom Jahrestermin her eigentlichen »Osternacht« jedoch, die in der Taizé-Bruderschaft im Grunde aber ausfällt und die stattdessen die Grabesruhe Jesu immer noch zum Inhalt hat – kann es geschehen (wie zu anderen Zeiten im Jahreslauf wohl auch, insbesondere anlässlich von Marienfesten), dass einer der Brüder seine Profess ›in abgeräumter Kirche‹ feiert, also sein »Lebensengagement« für die Bruderschaft erneuert: Diese Profess aber erinnert an die »professio fidei«, die der Taufkatechumen nun aber gerade vor seiner Heiligen Taufe in der Kyrios-Nacht ablegt, bevor er erstmals im Sinne eines eigenen persönlichen Hoch-Festes die Heilige Kommunion im Kyrios-Mahl empfängt.

Schlussfolgernd lässt sich formulieren: Taizé feiert »Ostern« erst im Gottesdienst am Ostersonntagmorgen ab 10 Uhr (der mit einem mehrsprachigen Ostergruß des Priors endet) – und (irritierenderweise) nicht (!) in der *Osternacht*.

Wäre es nicht zu wünschen, dass die Brüder von Taizé diese ihre eigene Gottesdienstpraxis selbstkritisch reflektieren und ggf. korrigieren? Dass sie, um also die urchristliche Feier der Kyrios-Nacht wiederzugewinnen, die Osternachtfeier als den einen Höhepunkt im Laufe des Kirchenjahres gestalten? – In gewisser Weise bewegen sich die Brüder von Taizé bis heute gottesdienstlich in einer Art von ›Experimentierfeld‹ (genannt sei die gleichzeitige Austeilung der konsekrierten Elemente wie die von Brot und Wein in ein- und demselben Kirchenraum): Wie die Brüder also vor Jahren ein hinduistisches Oellicht (in Konkurrenz zur Osterkerze?) eingeführt und inzwischen wieder eliminiert haben – so könnten sie durchaus auch in anderer Weise Korrekturen vornehmen und durchführen. Gewisse ›Ungereimtheiten‹ stellen Fragen an die Brüder und suchen nach Antworten.

Die folgende *Gottesdienst-Analyse*
stützt sich auf das »Triduum« der Tage 14.–16. September 2007:

> *(Kar-) Freitag: Abendgebet / Gebet vor dem Kreuz*
> *(Beginn 20 Uhr 30)*

– sanfte Orgelmusik (von einer CD) zur Einstimmung – der Kirchenraum: nur schwach beleuchtet – erste Brüder ziehen ein in ihren langen Alben, knien sich auf den Boden, setzen sich z.T. auf eine kleine Kniebank – die Kreuz-Ikone liegt in der Mitte der Kirche am Boden, beleuchtet von zwei Kerzen.
– Glockengeläut.
– 20 Uhr 35: Beginn des Gottesdienstes mit einem ersten »Halleluja«-Gesang: 101 – »Singt ein Danklied dem Herrn.« (5).
– Lied 68: »Alleluia«, singt die Gemeinde – »Ich preise Gottes Wort und fürchte mich nicht«, singen einzelne Brüder in verschiedenen Sprachen dazwischen.
– Körperdrehung aller Brüder zur Schriftlesung hin: Mt. 9,19–29 (ertönt mehrsprachig aus dem hinteren Teil der Kirche).
– Liedblatt 211: »I call with all my heart, Lord, answer me.«
– Erneute Körperdrehung zurück mit Blick in den Chorraum.
– Lied 008 (unter Keyboard-Begleitung): »Wach auf, erheb dich vom Schlaf, steh auf, erheb dich von den Toten« (einer der Brüder singt in der Oberstimme einen anderen Text).
– Schweigen – Stille – eigene Meditation: über die Zeit von sieben Minuten.
– Lied 088: »Kyrie eleison« – einzelne Brüder singen dazwischen einzelne Gebetsanliegen im Sinne der (urchristlichen) Kyrie-Anrufungen.
– Lied 064 (unter Keyboard-Begleitung): »Es gibt keine größere Liebe, als wenn einer sein Leben für seine Freunde hingibt.«
– Gebet zu Jesus Christus.
– Lied 055: »Da pacem cordium« / »Gib den Frieden des Herzens« (Kanon).
– Gemeindelied 142 (unter Keyboard-Begleitung): »Bleib mit deiner Gnade bei uns« – derweil treten fast alle Brüder zur Kreuz-Ikone vor

und legen sich dort gebeugt nieder, den Kopf auf den Fußboden ge-
senkt oder die Stirn (nach russisch-othodoxem Ritus) auf das Kreuz gelegt, um ihre Verbundenheit mit dem Gekreuzigten auszudrücken. Die
Brüder verharren vor der Ikone für einige Minuten, ehe sie sich aufrichten und sich in großer Schar gemeinsam dem vorderen Ausgang der
Versöhnungskirche rechts vom Chrorraum nähern. Sie öffnen damit
den Weg zum Kreuz für alle Gäste, die in die Mitte der Kirche vorkommen wollen. Ein kleinerer Kreis der Brüder verbleibt im vorderen
Teil mittig in der Kirche.

- Gemeindelied 002 (unter Keyboard-Begleitung): »Wait for the Lord,
  whose day is near« (dazu erklingt abwechselnd die Oberstimme einer
  Frau und eines Bruders).
- Einzelne Brüder stellen sich an den Außenwänden der Kirche auf und
  sind bereit zur persönlichen Ansprache.
- Lied 134 (unter Keyboard-Begleitung): »Herr, du behütest meine Seele
  und kennst mein Herz. Führe mich auf dem Weg der Ewigkeit.«
- 21 Uhr 25: erste Gäste erheben sich und gehen zum hinteren Ausgang
  der Kirche.
- Gemeindelied 012: »De noche« / »In dunkler Nacht woll'n wir ziehen,
  lebendiges Wasser finden. Nur unser Durst wird uns leuchten ...«

>   *(Kar-) Samstag, Morgengebet (Beginn 8 Uhr 15)*

- Die Kreuz-Ikone steht wieder an ihrem gewohnten Platz vor dem Chorraum vorne rechts.
- Oblaten (auf Patenen) und Wein (in Kelchen) finden sich auf einem
  langgezogenen Seitentisch vor dem Chorraum vorne links gerichtet,
  von Tüchern eingehüllt.
- Erste Brüder erscheinen in ihren Alben, nutzen ihre Kniebank.
- Glockengeläut.
- Lied 048: »Crucem tuam adoramus Domine, resurrectionem tuam lau-
  damus Domine.«
- Orgel: »Halleluja«-Gesang der Gemeinde – Brüder-Gesang von Psalm
  139a.
- Körperdrehung zur Schriftlesung im hinteren Teil der Kirche: 1. Kor.
  9,16–19.
- Liedblatt, Lied 200 (unter Orgel-Begleitung): »My life is in your hands,
  deliver me, o Lord, let your face shine on your servant« (Brüder-
  Gesang).
- Körperdrehung zurück mit Blick in den Chorraum.
- Wiederholung der Schriftlesung, allerdings in anderen Sprachen als
  vorher.

- Lied 123 (unter Keyboard-Begleitung): »Ich preise den Herrn, denn er hört meine Stimme. Der Herr ist meine Kraft, mein Herz vertraut ihm.«
- Schweigen – Stille – eigene Meditation: etwa sieben Minuten.
- Lied 088: Kyrie-Gesang der Gemeinde – einzelne Brüder singen Fürbitten in Form von Kyrie-Anrufungen.
- Gemeindelied 146: »Our Father in heaven, hallowed be your name …«
- Gemeindelied 023: »Laudate omnes gentes« – derweil treten etliche Brüder vor, um Patenen und Kelche in Empfang zu nehmen.
- Gebet eines Bruders vor dem Mahl: »Brot und Wein wurden Dir in der Eucharistie dargebracht, sie sind nun Dein Leib und Dein Blut.«
- Mehrsprachig / gleichzeitig: »Herr, ich bin nicht wert, dass du unter mein Dach gehst, aber sprich nur ein Wort, so wird meine Seele gesund.« (vgl. Mt. 8,8).
- Austeilung: jeweils ein Bruder reicht die Oblate, ein zweiter hält den Kelch zur Intinktion durch jeden einzelnen Kommunikanden – derweil Lied 053: »Dona la pace« / »Gib Frieden, Herr, dem, der dir vertraut.«
- Nach der kurzen und schlichten Mahlfeier: Lied 044: »Adoramus te o Christe« – die Brüder beschließen die Kommunion im kleinen Kreis vor dem Chorraum.
- Gemeindelied 056: »Sanctum nomen Domini« (leise, sehr verhalten gesungen) – derweil ziehen die Brüder wie gehabt unter der Führung ihres Prios Alois am Chorraum vorbei aus der Kirche hinaus.
- Gemeindelied 144: »Eat this bread, drink this cup, come to him and never be hungry« – derweil kümmern sich zwei Brüder um die übriggebliebenen konsekrierten Elemente und geben sie in den Tabernakel zurück.
- Gemeindelied 018: »Confitemini Domino, quoniam bonus« / »Dankt dem Herrn, denn er ist gut.«
- 9 Uhr 05.

> *(Kar-) Samstag, Mittagsgebet (Beginn 12 Uhr 20)*

- Klassische Musik, von einer CD eingespielt.
- Glockengeläut.
- Gemeindelied 025: »Gloria in excelsis Deo«.
- Lied 068: »Alleluia«-Gesang als Refrain für die Gemeinde, dazwischen singen einzelne Brüder verschiedene Gebetsanliegen.
- Schriftlesung (mehrsprachig): 1. Tim. 2,4 – »Gott will, dass allen Menschen geholfen werde und sie zur Erkenntnis der Wahrheit kommen.«
- Gemeindelied 007 (unter Keyboard-Begleitung): »Vertraut dem Herrn allezeit. In Freude haltet euch bereit!«
- Schweigen – Stille – Raum für eigene Meditation: Zeit von sieben Minuten.

- Gebetsbitte an den Heiligen Geist.
- Gemeindelied 012: »De noche« / »In dunkler Nacht woll'n wir ziehen, lebendiges Wasser finden. Nur unser Durst wird uns leuchten ...« (vgl. das Schlusslied am Freitagabend).
- Gemeindelied 031: »Jubilate Deo« (als Kanon etwas lauter, aber immer noch verhalten gesungen) – derweil Auszug der Brüder unter Führung des Priors aus der Kirche.
- 13 Uhr.
- Gemeindelied 018: »Confitemini Domino, quoniam bonus« / »Dankt dem Herrn, denn er ist gut.« (Wiederholung des Schlussliedes vom Morgengebet).

> *(Kar-) Samstag, Abend- / Nachtgebet / Osternacht*
> *(Beginn 20 Uhr 30)*

- Eingangs liegen im Vorraum der Versöhnungskirche dünne weiße Kerzen bereit.
- Klassische Musik zur Einstimmung (von einer CD aus eingespielt).
- Eine Eucharistiefeier ist nicht vorgesehen.
- Glockengeläut (wäre es liturgisch nicht angemessen, gerade zu Beginn dieses Gottesdienstes ganz bewusst auf das Geläut zu verzichten und aus der Stille (und aus dem Dunkel) heraus zu beginnen?).
- 20 Uhr 35.
- Lied 094: »Alleluia«.
- Lied 068: »Alleluia 4« als Antwort / Refrain der Gemeinde gesungen, einzelne Brüder singen in verschiedenen Sprachen Gebetstexte.
- Körperdrehung der Brüder zur Schriftlesung: Mt. 9,35–38.
- Liedblatt – Lied 212 (unter Orgelbegleitung): »Your word, o Lord, for ever stands firm in the heavens.«
- Körperdrehung der Brüder zurück mit Blickrichtung in den Chorraum.
- Schriftlesung in deutscher und in anderen Sprachen: »Die Ernte ist groß, aber wenige sind der Arbeiter« (Mt. 9,37).
- Gemeindelied 004 (unter Keyboard-Begleitung): »Ubi caritas« (insgesamt vierzehn-mal gesungen).
- Stille – Schweigen – Raum für eigene Meditation: sieben Minuten.
- Lied 088: »Kyrie«-Gesang der Gemeinde, dazwischen mehrsprachige Kyrie-Anrufungen durch einzelne Brüder.
- Lied 110: »O Jungfrau Maria, aus dir wurde (Christus, der Gott) ist, geboren, freue dich, du Begnadete, der Herr ist mit dir. Du bist gesegnet unter den Frauen, und gesegnet ist die Frucht deines Leibes: der Retter unseres Lebens, welchen du geboren hast.«
- Mehrsprachiges Gebet.

- Gemeindelied 024 (unter Keyboard-Begleitung): »Singt dem Herrn ein neues Lied« (zwölf-mal gesungen) – derweil wird das Kerzenlicht durch Kinder in die Kirche hineingetragen, vom Mittelgang herkommend, bis dass schließlich alle Kerzen in der Gemeinde zur Lichterfeier entzündet sind.
- Lied 121 (Keyboard): Die Gemeinde singt den Refrain: »Lobet Gott, ihr Länder, o lobet Gott, ihr Völker, o Gottes Liebe hat kein Ende. Alleluja« – während im Wechsel eine Frauen- und eine Männerstimme Zwischentexte singen.
- Gemeindelied 134 (unter Keyboard-Begleitung): »Herr, du behütest meine Seele und kennst mein Herz. Führe mich auf dem Weg der Ewigkeit« (vgl. Freitag-Abendgebet), zwölf-mal gesungen. Derweil (21 Uhr 20) ziehen etliche Brüder vor dem Chorraum zur Kirche hinaus, Prior Alois und einige andere verbleiben im vorderen Teil der Kirche.
- Die russisch-othodoxe Kreuz-Ikone wird von zwei Brüdern in die Mitte der Kirche getragen und dort über einem eigens aufgestellten Ständer aufgerichtet zum Zeichen der Auferweckung Jesu Christi, größere Kerzen werden dazu gesetzt (und sind schon von der Mehrzahl her nicht zu verwechseln mit der Osterkerze). Einige Brüder und Gäste nutzen die Gelegenheit, um zum Gebet vorzukommen.
- Gemeindelied 118 (Keyboard): »In resurrectione tua« (elf-mal gesungen).
- Lied 054 (Keyboard): »Gott aller Liebe, Quelle des Lebens«.
- Einzelne Brüder verteilen sich an den Außenbereichen der Kirche, bereit zur persönlichen Ansprache.
- Gemeindelied 031: »Jubilate Deo« (siebzehn-mal gesungen).
- Gemeindelied 012: »De noche« (vgl. Freitag-Abendgebet und Samstag-Mittaggebet).
- Gemeindelied 142: »Bleib mit deiner Gnade bei uns.«
- 21 Uhr 45.

> *(Oster-) Sonntag, Eucharistiefeier (Beginn 10 Uhr)*

- Klassische CD-Musik zur Einstimmung.
- Eine Gäste-Gruppe von elf Männern in Albe und grüner Stola nimmt vorne links nahe der Marien-Ikone und dem Tabernakel Platz, der Priester aus dieser Gruppe wird das Hochamt gestalten. Die Elemente befinden sich bereits auf dem Altar, einem Gebilde aus mehreren Schamottsteinen, in deren Öffnungen Kerzen brennen.
- Glockengeläut bis 10 Uhr.
- Gemeindelied 101: »Singt ein Danklied dem Herrn« (trinitarisches Danklied).
- Priester: Votum – Schuldbekenntnis (6).

- Liedblatt, Lied 350: »Kyrie«-Gesang der Gemeinde, »Kyrie«-Anrufungen durch einzelne Brüder.
- Liedblatt, Lied 351: »Gloria-Deo«-Refrain der Gemeinde, ein Bruder singt mehrsprachig verschiedene Zwischentexte.
- »Gloria«-Gebet (6) – die Gemeinde antwortet mit einem »Amen«-Gesang.
- Kehrtwendung der Brüder zur Schriftlesung im hinteren Teil der Kirche: ein Wort aus dem 1. Tim.
- Lied 068: »Alleluia«-Refrain der Gemeinde, ein Bruder singt Zwischentexte.
- Der Priester schreitet durch den Mittelgang der Kirche in den hinteren Teil zur Schriftlesung Luk.15,1–3.11–24 (in französischer und englischer Sprache). Die Gemeinde erhebt sich.
- »Alleluia«-Gesang.
- Kehrtwendung der Brüder zur Blickrichtung Chorraum, der Priester geht zurück hinter den Altar im Chorraum.
- Schriftlesung aus Luk. 15 in deutscher und in anderen Sprachen.
- »Alleluia«-Gesang im Wechsel zwischen der Gemeinde und einem der Brüder.
- Gebet der Brüder, bezogen auf die Schriftlesung, mehrsprachig.
- (Anstelle einer Predigt) Stille – Schweigen – Raum für eigene Meditation: für die Zeit von sieben Minuten.
- Eröffnung des Hochamtes durch den Priester: Präfation – Gabengebet – zweites Hochgebet – »verba testamenti« (6).
- Liedblatt, Lied 356: »Veni Domine« / »Deinen Tod verkünden wir, deine Auferstehung preisen wir. Komm, Herr Jesus!«
- Liedblatt, Gemeindelied 357: »Mitte tuum Spiritum!« (Epiklese).
- Fürbittgebet durch den Priester, u.a. für die im Glauben bereits Verstorbenen (6).
- Elevation.
- Gemeindelied 146: »Our Father in heaven, hallowed be your name ...«
- Lied 358: »Agnus Dei« = »Dona nobis pacem« (der Titel passt nicht zum Inhalt).
- Priester: »Agnus-Dei«-Gebet (6) – endet mit dem gemeinsam gesprochenen Wort: »Herr, ich bin nicht würdig, dass Du eingehst unter mein Dach, aber sprich nur ein Wort, so wird meine Seele gesund.« (vgl. Mt. 8,8).
- Gemeinde-Lied 004 (unter Keyboard-Begleitung): »Ubi caritas« – derweil holen Brüder vom Altar Patenen und Kelche – Austeilung und Intinktion.
- Lied 064: »Es gibt keine größere Liebe, als wenn einer sein Leben für seine Freunde hingibt« (vgl. Freitag-Abendgebet).

- Kelche und Patenen werden zurückgebracht und auf dem Seitentisch vorne links abgestellt – die übriggebliebenen konsekrierten Elemente werden in den Tabernakel gegeben.
- Priester: Dank- und Segensgebet zur Entlassung (6) – Bekreuzigungsritus.
- Gemeindelied 024 (unter Keyboard-Begleitung): »Singt dem Herrn ein neues Lied« (vgl. Osternacht), erstmals kräftigerer Gesang, elf-mal. Zwischentexte werden von einer Frauen- und einer Männerstimme im Wechsel gesungen.
- Lied 121: (Keyboard): Die Gemeinde singt schwungvoll-fröhlich den Refrain:»Lobet Gott, ihr Länder, o lobet Gott, ihr Völker, o Gottes Liebe hat kein Ende. Alleluja« (vgl. Osternacht) – derweil zieht Frére Alois mit Kindern voran nach vorn zum Ausgang der Kirche, die Brüder folgen.
- 11 Uhr 05.
- Frére Alois bedankt sich bei den Zelebranden und verabschiedet sie am Seitenausgang vorne links vor dem Chorraum.
- Gemeindelied 023 (unter Keyboard-Begleitung): »Laudate omnes gentes« (verhalten gesungen).
- Gemeindelied 050: »Nada te turbe« (»Nichts beunruhige dich, nichts ängstige dich: wer Gott hat, dem fehlt nichts. Gott allein genügt«).

Bei allem von den Brüdern gewollten und insbesondere a) durch das Gebet vor dem Kreuz am (Kar-) Freitagabend – und b) durch die Lichtfeier sowie das Aufrichten der Kreuz-Ikone in der Mitte der Kirche am Samstagabend – und c) durch die herausgehobene Eucharistiefeier am (Oster-) Sonntagmorgen hergestellten Bezug zum so genannten »Triduum sacrum« erheben sich verschiedenste Anfragen zur Gottesdienstgestaltung an die Bruderschaft. Diese Anfragen lauten:

- Warum findet sich die Kreuz-Ikone (die im Abendgebet am Freitagabend symbolträchtig auf dem Fußboden in der Mitte der Kirche abgelegt ist), zum Morgengebet am Samstagmorgen bereits wieder am ansonsten gewohnten Platz vor dem Chorraum aufgerichtet? So dass der Eindruck entstehen könnte, Christus sei bereits am Samstagmorgen auferweckt? Müsste die Kreuz-Ikone liturgisch-stimmig denn nicht bis in den Nachtgottesdienst am (Kar-) Samstag (Beginn: 20 Uhr 30) auf dem Fußboden liegend verbleiben und erst innerhalb (!) dieses Osternacht-Gottesdienstes wiederum ebenso symbolträchtig aufgerichtet werden?
- Warum werden im Gebetsgottesdienst am Samstagmorgen (zur Zeit der Erinnerung an die Grabesruhe Jesu) Oblate und Wein zur Intinktion dargereicht?

– Warum wird im Zuge der Lichtfeier am Samstagabend: in der so genannten Osternacht nicht die *Eucharistie* gefeiert? Die doch gerade dort ihren genuinen Platz hätte bzw. haben müsste?

Grundsätzliche Anfragen richten sich ebenso auf die Liedauswahl, wenn z.B. im Abendgebet am (Kar-) Freitag (nach dem Tode Jesu) das Lied 142 angestimmt wird (das in die Liturgie des »Hohen Donnerstag« hineingehört): »Bleib mit deiner Gnade bei uns ...« – oder das Lied 134, das sich vom Inhalt her gegen den Zeit-Kontext sperrt. Ebenso zu hinterfragen sind z.B. die Lieder 200 und 123 im Gebetsgottesdienst am (Kar-) Samstagmorgen – und das Lied 110 (von der Jungfau Maria) am (Kar-) Samstagabend.
Diskutiert sein mag, ob der Taizé-Gottesdienst am (Kar-) Freitagabend gleich mit zwei verschiedenen »Halleluja«-Gesängen eröffnet werden muss – auch vor dem Hintergrund, dass wir Christen ja immer schon vom Herrntag bzw. vom Christus-Ereignis herkommen und dass so auch der von uns gottesdienstlich begangene Karfreitag in all seinem Dunkel sein Licht längst von der »Oster-Sonne« her erhalten hat.

Beeindruckend wirkt das Innere des Kirchenraumes, der nur mit wenigen kleinen Lampen beleuchtet ist, die Atmosphäre, die Phase der siebenminütigen Stille (die höchstens durch gelegentliches Husten einzelner weniger unterbrochen wird)(wobei die Stille den Platz der Predigt einnimmt), die Ausstrahlungskraft der Brüder – und insbesondere der liturgische Gesang. Fast ist man geneigt, zu behaupten, die Taizé-Gottesdienste leben allein von den gefühlsbetonten, zu Herzen gehenden Liedern, die langsam und leise, eher verhalten als kräftig-freudig angestimmt und gesungen werden (und die ihren Lauf um die Welt längst angetreten haben). Der Orgel kommt lediglich untergeordnete Funktion zu (sie dient allein zur Begleitung des Psalmengesangs) – das Keyboard unterstützt die Gemeindelieder. Die ›warmen‹ Kurz-Text-Lieder kreisen in der steten Wiederholung und mögen sogförmig in die (Tiefe der) Meditation hineinführen (wollen).
Bemerkenswert erscheint, dass keiner der Brüder, nicht einmal der Prior, eine tragende oder gar eine bestimmende Rolle innerhalb der Gebetsgottesdienste übernimmt – sondern dass das gottesdienstliche Geschehen von der Bruderschaft als ganzer gestaltet wird. Regiehafte Erläuterungen zum Ablauf und zu einzelnen gottesdienstlichen Handlungen fehlen im Gottesdienst selbst ganz, fallen im Aushang an der Anschlagtafel eher spärlich aus und werden außerhalb des Gottesdienstes im Begrüßungskreis nach der Ankunft in Taizé und im Kontext der morgendlichen Bibelarbeiten angeboten. Problematisch wirkt der offene Schlussteil der Gebetsgottesdienste (jeder geht, wann er will), wenn auf eine eigene Segensbitte expressis verbis verzichtet wird. Ist der Zuspruch des Segens für die Brüder in Taizé etwa an die Funktion des Priesters gebunden?

Fragen möchte man unter der propagierten oekumenischen Offenheit der Brüder von Taizé, warum nicht auch (einmal) ein protestantischer Pfarrer die Eucharistie bzw. die Mahlfeier im Gottesdienst am Sonntagmorgen gestalten kann (und nicht allein gelegentlich am späteren Samstag-Nachmittag abseits in der alten romanischen Dorfkirche). Die denkbare Begründung, man befinde sich im römisch-katholischen Frankreich, vermag wohl nicht immer zu überzeugen. Fragen könnte man andererseits nach der ›Vatikanischen Toleranzschwelle‹, muss es doch wohl erstaunen, dass »Rom« bis in die Gegenwart hinein für die Gottesdienste in Taizé toleriert, dass auch evangelische Christen wie selbstverständlich vom *Priester* konsekrierte Elemente empfangen können (was vom Vatikan aus ja generell unter Verdikt steht) – dass sowohl Brot als auch Wein gereicht werden (also die Austeilung unter beiderlei Gestalt« erfolgt) – und dass die Versöhnungskirche von allem Anfang an ohne offiziellen römischen Einspruch als so bezeichnetes »Simultaneum« genutzt werden kann (ohne dass sie dadurch ent-weiht wird?).

Anmerkungen

(1) – Der reformierte Schweizer Theologe *Max Thurian* (*1921,+1996) aus Genf war einer der ersten sieben Brüder, die sich mit *Roger Schutz* zur »*Communauté de Taizé*« zusammenschlossen. Thurian war zusammen mit Schutz als Konzilsbeobachter eingeladen zum »Zweiten Vatikanischen Konzil« 1962. Maßgeblich beteiligt war er bei der Abfassung und bei der Verabschiedung der »Konvergenzerklärungen von LIMA« 1982. Thurian konvertierte zum römischen Glauben und ließ sich 1987 in Neapel zum Priester weihen.

(2) – Der *Benediktiner-Orden* (mit heutzutage etwa 1.500 Benediktinern im deutsch-sprachigen Raum) wurde durch Benedikt von Nursia (*um 480,+547) in Mittelitalien gegründet unter der Maxime »ut in omnibus glorificetur Deus« (›auf dass Gott in allem verherrlicht werde‹) und in der Lebenseinstellung: »ora et labora« (wonach alle menschliche Arbeit nur dann bleibenden Wert erhält, wenn sie durch das Gebet geheiligt wird).

(3) – In diesem Kontext ist zu berücksichtigen: a) die Theologie der »Konvergenz-Erklärungen von *Lima*« / Peru (1982), die (wohlgemerkt) unter der Leitung des Taizé-Bruders Max Thurian beraten und beschlossen wurden – und b) der Unterschied zwischen Konvergenz und Konsens. Dabei mag die Konvergenz eine (alles andere als unwichtige) Vorstufe auf dem Weg zum Konsensus sein – doch bleibt zu fragen: 1. ob die beteiligten Kirchen und Konfessionen in der reklamierten Konvergenz verbindlich ›mit einer Zunge‹ sprechen (also mit gleichen Worten de facto und de iure auch wirklich Gleiches meinen und sagen) – und 2. ob eine denkbarerweise erreichte Konvergenz zwischen den verschiedenen Kirchen und Konfessionen nicht einen

oekumenischen Konsensus vortäuscht, der aber noch gar nicht erreicht ist bzw. der gar nicht erreicht werden kann.

(4) – Musik-CD: »Hell brennt ein Licht. Gesänge aus Taizé«, Christophorus digital 77165, Heidelberg 1994.

(5) – alle im Weiteren angegebenen Lieder finden sich nach den entsprechenden Nummern im Liederheft: Gesänge aus Taizé, 2007.

(6) – Ordinario Della Messa, Milano 2000.

Die Ordnung der Osternacht in den Reformierten Kirchen der Schweiz (1983)

Die Liturgiekonferenz der Evangelisch-reformierten Kirchen der deutschsprachigen Schweiz gab im Jahre 1983 einen eigenständigen Liturgie-Band III: »Abendmahl« heraus. Damit ist innerhalb der Schweiz erstmals der Versuch unternommen worden, sich auf überkantonaler Ebene um die Abendmahlsfrage zu bemühen.

Es mag überraschend sein, dass ausgerechnet die reformierten Kirchen der Schweiz sich dem Prozess der *Osternacht* (zudem: vergleichsweise frühzeitig) öffneten und dass sie dabei die Impulse aus der Evangelischen *Michaelsbruderschaft* aufnahmen. Eine landeskirchliche Osternachtfeier in der reformiert geprägten Schweiz wurde erstmals 1973 in Zürich-Wittikon (mit Gerhard Traxel) gefeiert (1) – in den Folgejahren regelmäßig zunächst in der Reformierten »Tagungsstätte Leuenberg« (in der Region Basel-Land) – schließlich seit Beginn der achtziger Jahre in verschiedenen Gemeinden der deutschsprachigen Schweiz. Das von der Liturgiekonferenz 1983 vorgelegte Formular enthält folgende Elemente:

I.   *Alttestamentliche Lesungen:* aus Gen. 1 – (aus Gen. 6–8) – aus Ex.14.15 – aus Ez. 37
       (nach dem Schema: Überschrift – Schriftlesung – Stille – Gebet – Stille)

II.   *Lichtfeier, Osterevangelium, Osterlob:*
       Einzug mit der brennenden Osterkerze, dazu »Lumen-Christi«-Gesang
       Osterevangelium (Mt. 28,1–8 oder Mk. 16,1–8)
       Lied: »Christ ist erstanden«
       »Exsultet« einschl. Kerzen-Gebet (auch in kürzerer Form) mit »Halleluja«-Zwischenrufen der Gemeinde (2)

III.   *Predigt, Taufe/Taufgedächtnis, Dank für die Zeugen*
       Predigt
       Gemeindelied / Instrumentalmusik
       Taufe / Taufgedächtnis
       Röm. 6,3–4

	Bittgebet
	Lied: »Ich bin getauft auf deinen Namen«
	Dankgebet für die Zeugen
IV.	*Österliche Mahlfeier*
	»Salutatio« – »Sursum corda« – Präfation – »Sanctus« – Epiklese –
	»verba testamenti« – »Geheimnis des Glaubens« – »Deinen Tod, o
	Herr ...« – Unser-Vater-Gebet – »Agnus Dei«
	Kommunion
	Fürbittgebet
	Mitteilungen
	Lied: »O herrlicher Tag, o fröhliche Zeit«
	Sendung und Segen (3).

Wird reflektiert, dass der Kerzengebrauch in reformierten Gemeinden bis in die Gegenwart hinein kritisch beäugt werden kann – so erscheint es um so bemerkenswerter zu sein, dass diese Liturgie-Vorlage innerhalb des »Exsultet« ein eigenständiges *Osterkerzen*-Gebet enthält (vgl. dazu die »Benedictio cerei« der römischen Liturgie). Darüber hinaus verdient das »Dankgebet für die Zeugen« als Versuch einer reformierten Heiligen-Litanei besondere Beachtung, in dem auch MARIA (4) eigens erwähnt wird.

Alfred Ehrensperger hinterfragt, »ob es richtig ist, den Lichtritus so einseitig an die Botschaft vom Ostergeschehen anzubinden, statt die ganze Feier damit zu beginnen« (5) – und votiert demnach für den Ort des »*Exsultet*« zu Beginn der Herrnnachtfeier (6). Dagegen mag man einwenden, dass ja immerhin die *Osterkerze* im Zuge der »Lumen-Christi«-Prozession ausdrucksstark in die dunkle Kirche hineingetragen wird und dass dadurch Christi Wort von Joh. 8,12 symbolhaft aufstrahlt, das da heißt: »ICH bin das Licht der Welt. Wer mir nachfolgt, der wird nicht in der Finsternis wandeln, sondern das Licht des Lebens haben!«

Nach Heinrich Zweck wie Hansjörg Auf der Maur liegt die Vermutung nahe, dass das »Exsultet« / der Osterlobpreis seinen liturgischen Ort nach dem Wortgottesdienst und vor der Tauffeier innehat (7).

Alfred Ehrensperger skizziert an anderer Stelle folgenden *Prozessionsweg* (8) (und lokalisiert dabei das »Exsultet« an dem Ort, der auch seitens der Liturgiekonferenz vorgesehen ist): Die Teilnehmenden versammeln sich zu nächtlicher Stunde am Osterfeuer und führen von dort aus brennende Fackeln mit sich. Sie ziehen gemeinsam an verschiedene Stationen im Ort, zum Beispiel zum Rathaus, zum Krankenhaus, zum Alten- und Pflegeheim, zum Marktplatz, zum Friedhof – wo jeweils eine kurze Besinnung gehalten wird mit Gebet, Stille und Gesang. Der Demonstrationszug führt zurück zur Kirche, wo die Feier der Osternacht in der zunächst dunklen Kirche beginnt. Vom »großen Osterlicht« ausgehend werden alle Kerzen von Mensch zu

Mensch entzündet. Es bildet sich ein Lichterzug, der in den Chorraum der Kirche zieht, wo alle Kerzen, in Ständern oder Sandkisten aufgestellt, ein großes Lichtermeer bilden. Danach folgt die Wortverkündigung mit sechs bis acht fast ausschließlich ersttestamentlichen Lesungen aus der Heilsgeschichte Gottes mit Seinen Menschen, mit seinem Volk Israel. Die Lesungen werden jeweils gerahmt mit Stille und Gebet und Gesang. Nach dem Osterjubel des »Exsultet« schließt sich die Taufe bzw. die Tauferinnerung an, die vielleicht auch Glaubenszeugnisse bereits Getaufter enthält. Eine Ansprache oder Osterpredigt entfällt. Den Höhepunkt der Ostervigil bildet die Eucharistiefeier bzw. die Abendmahlsfeier »im frühen Morgengrauen« – im Falle von oekumenischen Nachtfeiern die Agapefeier als »Teilete«.

Anfragen an diese Prozessionsstruktur melden sich hinsichtlich der Absage an die Predigt (angesichts der reformierten Predigt-Tradition) – hinsichtlich der *Agapefeier* (kann sie eine überzeugende oder befriedigende Zwischenlösung auf dem Weg zur Oekumene darstellen?) – wie auch hinsichtlich des aufgezeigten Stationen-Weges. Vorschlag könnte sein, den Weg quasi zu verlängern, nämlich mit einer frühmorgendlichen Besinnungsstation am Friedhofstor und auf dem Friedhof (unter Mitwirkung des Posaunenchors) und mit einem anschließenden Osterfrühstück im Gemeindehaus – bevor dann ein weiterer Festgottesdienst am Ostermorgen in der Kirche beginnt. Auf diese Weise entsteht ein Spannungsbogen voller Dynamik, der im Grunde zurückreicht in die »Heilige Woche« zuvor und der hineinreicht in die Zeit der »Pentecoste«.

Die Erläuterungen zur Feier der *Osternacht* (1983) für die Reformierten Kirchen der deutschsprachigen Schweiz schließen mit der folgenden Erklärung: »Die Osternachtfeier ist ein Gottesdienst, für den sich sehr wohl eine ökumenische Durchführung denken läßt. Wenn man die österliche Mahlfeier nicht weglassen will, wird man ihre Gestaltung einer der beiden beteiligten Konfessionen überlassen, deren Verantwortliche darüber zu entscheiden haben, ob und in welcher Weise sie den Teilnehmern aus den anderen Konfessionen eucharistisches Gastrecht gewähren oder sie gar zur Mitwirkung in der Liturgie und beim Austeilen der Kommunion einladen wollen oder können.« (9). Diese Erklärung, die eine oekumenische Osternachtfeier für denkbar hält, fußt allem Anschein nach auf dem Vorurteil, wonach sich beide großen Konfessionen ›auf gleicher Augenhöhe‹ in aller Freiheit begegneten, sich in den verschiedenen Ämtern wechselseitig anerkannt hätten und wonach (gut reformiert gedacht) in den Gemeinden vor Ort in eigener Verantwortung eigenständig entschieden werden könnte, wie zu verfahren sei. Diese Erklärung (so wünschenswert sie aus protestantischer Situation heraus vielleicht auch sein mag) verkennt nicht zuletzt die bis heute auf römischer Seite bestehenden Problemherde der *Interzelebration* und der *Interkommunion* (die nach römischem Verständnis jeweils eindeutig ausgeschlossen sind).

312

Auch wenn Hansjörg Auf der Maur (10) wie Markus Jenny (11) für eine *oekumenische Osternachtfeier* votieren, in der »eucharistisches Gastrecht« gilt (verträgt sich der Rechtsbegriff mit dem Evangelium der *Eucharistie?*) und eine wechselseitige Mitwirkung von Pfarrer und *Priester* – so stehen diese Voten eindeutig im Widerspruch zum bisher geltenden römisch-katholischen Kirchenrecht, das allerdings für Protestanten nicht bindend sein kann. Heißt: Evangelische Christen können römisch-katholischen Mitchristen auch in Zukunft sehr wohl eucharistische Gastfreundschaft einräumen!

Anmerkungen

(1) – vgl. J. Baumgartner: Die Rückgewinnung der Osternachtfeier in den reformierten Kirchen der Schweiz, in: Ecclesia orans, 5. Jg., 1988, 177–217.

(2) – Eine behutsame Übertragung des »EXSULTET« enthält die Osternacht-Liturgie der deutschsprachigen Schweiz im folgenden Wortlaut:

> »Frohlocket im Himmel, ihr Engel!
> Jubelt,
> ihr Wunderwerke Gottes!
> Blast die Posaune zum Sieg des Höchsten!
> Nun freue dich auch, du Erde,
> im strahlenden Licht des ewigen Königs!
> Siehe, wie allerorten das Dunkel gewichen ist.
> Auch du freue dich, Mutter Kirche,
> umkleidet vom leuchtenden Glanz des Höchsten,
> und der Lobgesang aller erschalle im Hause unseres Gottes!
>
> Dies ist die Nacht, o Herr,
> in der du Israel aus der Bedrückung befreit
> und dein Volk trockenen Fußes durch das Meer geführt hast.
> Dies ist die Nacht,
> in der die leuchtende Feuersäule
> das Dunkel der Sünde vertrieben hat.
> Dies ist die Nacht,
> in der Christus die Bande des Todes zerriss
> und aus der Tiefe als Sieger emporstieg.
> Wie wunderbar begegnet uns dein Erbarmen!
> O unfassbare Liebe des Vaters,
> um den Knecht zu erlösen, gabst du den Sohn dahin.
> O glückbringende Schuld,
> welch großen Erlöser hast du gefunden!
>
> Dies ist die Nacht, die leuchtet wie der Tag.

Der Glanz dieser heiligen Nacht vertreibt den Frevel,
wäscht ab die Schuld,
bringt die Verirrten zurück, schenkt Trauernden Freude.
Weit verscheucht er den Hass,
einigt die Herzen und beugt die Gewalten.
O wahrhaft selige Nacht,
da sich der Himmel mit der Erde
und Gott sich den Menschen verbindet!
So bitten wir dich, Herr:
Lass diese Kerze uns zum Zeichen werden.
Sie leuchte uns, die Finsternis der Nacht zu vertreiben.
Sie leuchte fort, bis der Morgenstern erscheint,
der wahre Morgenstern, der nicht untergeht.
Christus, der von den Toten erstanden
fröhlich leuchtet dem Menschengeschlecht.«

(zitiert nach: Die Feier der Osternacht,
hg. von der Liturgischen Kommission der Evangelischen Landeskirche in
Baden, 2006, 58f.).

(3) – Liturgie, Bd. III: Abendmahl, hg. von der Liturgiekonferenz der E-
vangelisch-reformierten Kirchen der deutschsprachigen Schweiz, 121–143.
Die »Reformierte Liturgie« (1999), hg. im Auftrag des Moderamens des
Reformierten Bundes in der BRD, sieht *Schriftlesungen* aus Gen. 1, aus Gen.
6–8 (jeweils in Auswahl) und aus Ez. 37,1–4 vor und schlägt darüber hinaus
folgende Texte (zur Auswahl) vor aus: Ex. 12,1–14 – Jes. 54,7–14 – Jes.
55,1–13 – Threni 3,(1–16)17–40 – Ez. 36,17–36 – Jona 2 – Jona 3. Zur Tauferinnerung wird Röm. 6,3–5 angegeben und als Osterevangelium Mt. 28,1–8
(16–20). Bezeichnenderweise wird in der »Reformierten Liturgie« (aus
Rücksicht auf das Judentum) auf die Zitation von Ex.14,15–15,1 verzichtet –
wohingegen diese Bibelworte aus der Pessach-Geschichte in der Tradition
der römischen Kirche, aber auch in der Tradition der Michaelsbruderschaft
als unabdingbar dazugehören, also konstitutiv sind.

(4) – Man bedenke in diesem Kontext die (aus dem Zeugnis des Neuen
Testaments heraus unbegründbare) bis in die Gegenwart hineinreichende
Marienverehrung und -verherrlichung in der römischen Kirche (die Rosen-
kranzgebete, die Marienwallfahrtsorte, die Marienfesttage), den »*Magna-
mater-Kult*«, die Dogmen, die MARIA (entgegen ihrer eigenen Aussage in
Luk. 1,38: »Siehe, ich bin des HERRN Magd«) in den Typos der Himmels-
königin hochstilisieren und sie zumindest in den Rang der Mit-Erlöserin (zur
»Co-Redemptrix«) erheben und die (angefangen 1854 unter Papst Pius IX.
im Dogma »von der unbefleckten Empfängnis« Marias durch ihre Mutter
Anna) bisher in der »leibhaftigen Himmelfahrt«, also in der »Assumptio«
Mariens (Papst Pius XII. am 1.11.1950) gipfeln – man bedenke aber auch ein

Weihegebet aus dem Jahre 1622, in dem Maria als »domina, patrona et advocata« angebetet wird. Das apokryphe »Protevangelium des Jakobus« nennt Joachim und Anna als reiche und fromme Eltern Marias, bezeichnet Joseph als Witwer (»Söhne habe ich bereits und bin ein alter Mann«), Maria dagegen als sechzehnjähriges Mädchen – und dient insgesamt (ebenso) der Verherrlichung Marias (wie das Pseudo-Matthäusevangelium). Wie verhalten sich zu diesen Angaben die Informationen aus Mk. 6,3 / Mt. 13,55 und aus Joh. 2,12; 7,2, wo von Brüdern Jesu die Rede ist?

Das Dogma von der biologisch verstandenen *Jungfrauengeburt* ignoriert die Grundlagen von Mk. 6,3, von Mt. 12,46; 13,55, von Luk. 2,48; 3,23; 4,22 sowie von Joh. 2,12; 7,3.5.10 und von Gal. 4,4 und nicht zuletzt die korrekte Übersetzung von Jes. 7,14 (wo es heißen muss: »eine junge Frau wird schwanger ...«). Selbst wer in den so genannten Weihnachtsgeschichten nach Mt. 1,18ff. und nach Luk. 1,26ff.; 2,1–7 Hinweise auf die postulierte Jungfrauengeburt finden will, der wird koncedieren müssen, dass beide Evangelien im hellenistischen Kulturkreis entstanden sind und sich (bei allen Bezügen auf die Hebraica, so vor allem Mt.) an griechisch denkende Gemeinden richten, an Gemeinden, die mit der griechischen Kultur vertraut sind oder denen griechisches Denken zumindest nicht fern und fremd ist und in denen die Metapher von einer »Jungfrauengeburt« ja nun eben nicht im rein biologischen, sondern übertragen im geistigen Sinne verstanden wird. Origines (*185 in Alexandria,+254) allerdings reklamierte die »unverletzte Jungfräulichkeit Marias« vor, in und nach der Geburt Jesu. Dem theologischen Verständnis nach betont die These von der so genannten Jungfrauengeburt die Einzigartigkeit Jesu. Was aber bedeutet dies alles für die Aussage im Apostolicum: »geboren von der Jungfrau Maria ...«? Müsste es nicht heißen: ›geboren von der jung' Frau Maria‹?

Die Petition für ein abschließendes Dogma mit Maria als »Miterlöserin, Mittlerin aller Gnaden und Fürsprecherin des Gottesvolkes« wurde 1993 im Rahmen eines so bezeichneten »Marienbegehrens« auf den Weg gebracht. Ein solches Dogma würde Maria verabsolutieren – es widerspräche nicht nur der Aussage in 1. Tim. 2,5: »Denn es ist ein Gott, es ist auch ein Mittler zwischen Gott und den Menschen, der Mensch Christus Jesus« – es würde die Lehre von der Dreifaltigkeit zur »Vierfaltigkeit« erweitern.

Am 8. Dezember 1854 verkündete Papst *Pius IX.* das Dogma »von der unbefleckten Empfängnis Marias« (von der »immaculata conceptio Mariae«) und schuf damit die Grundlage für eine *Mariologie* mit folgenden Überzeugungen: »Wie niemand zum höchsten Vater gelangen kann außer durch den Sohn, so kann niemand zu Christus gelangen außer durch die Mutter.« (DH 3274). »Denn schon damals, da sie sich als Magd des Herrn zum Beruf einer Mutter anbot oder als sie sich im Tempel mit ihrem Sohn zusammen zum Opfer weihte, wurde ihr aufgrund dieser doppelten Handlung das gleiche Los wie ihm zuteil, nämlich auf schmerzvolle Weise für die Menschen Sühne zu leisten.« (GZ, n.88). »Und in ihrem unsäglichen Schmerz ergänzte sie, was an den Leiden Christi noch fehlt (Kol. 1,24) ...« (GZ, n.160). Im Mutterschmerz unter dem Kreuz Jesu opfert sich Maria beinahe selber mit auf und nimmt am Tod des Sohnes – an seinem Erlösertod« teil (VApS 75, n.18) – zitiert nach: Deutsches Pfarrerblatt, 9/2007, 474–479. Ist es schlussendlich also Maria, die das Erlösungswerk ihres Sohnes »vollbracht« und vollendet hat? Wie verhält sich dazu die so genannte »Pieta«, die künstlerische Darstellung Marias mit dem Leichnam Jesu auf ihrem Schoß?

DH = Heinrich Denzinger: Enchiridion symbolorum definitionum et declarationum de rebus fidei et morum / Kompendium der Glaubensbekenntnissse und kirchlichen Lehrentscheidungen (Lat.-Dt.), hg. von Peter Hünermann, Freiburg i.B. 1991.

GZ = Rudolf Graber / Anton Ziegenaus (Hg.): Die marianischen Weltrundschreiben der Päpste von Pius IX. bis Johannes Paul II., Regensburg, 3/1997.

VApS = Verlautbarungen des Apostolischen Stuhls, Bonn 1975 ff.

(5) – A. Ehrensperger: Die Osternachtfeier, in: Musik und Gottesdienst, 52. Jg., 1988, Heft 2, 54.

(6) – Heinrich Zweck verweist (in: Osterlobpreis und Taufe, 364) darauf, dass erst im frühen Mittelalter die Lichtfeier ganz an den Anfang rückte, also noch vor den Wortgottesdienst zu stehen kam.

(7) – vgl. H. Zweck, aaO., 382 – und: H. Auf der Maur: Die österliche Lichtdanksagung, 40.

(8) – A. Ehrensperger: Liturgie als Weg, 182.

(9) – Liturgie, Bd. III, Abendmahl, aaO., 378.

(10) – H. Auf der Maur: Die Wiederentdeckung der Osternachtfeier, 19.

(11) – M. Jenny in: Liturgie, Bd. III, Abendmahl, aaO., 378.

Die Feier der Osternacht nach der Vorlage der Badischen Landeskirche (1988 / 2006)

Im Jahre 1988 erschienen seitens der Liturgiekommission der Evang. Landeskirche in Baden erstmals »Ordnungen für die Feier der Osternacht« in Form einer Loseblattsammlung, die zunächst zur Erprobung bestimmt waren – bis dann im Jahre 2006 von dieser Kommission als leicht ergänzte Überarbeitung eine Broschüre herausgegeben wurde unter dem Titel »Die Feier der Osternacht«. Darin sind zwei variable Modelle (Ordnung A und Ordnung B) nach dem einen tradierten Grundstrukturmodell der Osternachtfeier vorgestellt, das in den folgenden fünf Einheiten – so die These – überliefert sei:

1. Lichtfeier mit Lichtruf und Osterlob (»Exsultet«).
2. Lesungen im Wortteil
3. Tauffeier – Tauferinnerung mit Epistel und österlichem »Halleluja«
4. Oster-Evangelium samt Osterjubel

5. Feier des Freudenmahles (1).

Wenn diese Abfolge als Grundstrukturmodell der Osternachtfeier postuliert wird, was zunächst einmal bewiesen werden müsste (2) – so erhebt sich im Grundsätzlichen die Frage nach dem Ort des »*Exsultet*«, das nach der Schweizer Agende Bd. III: »Abendmahl« (1983) ja eben nicht im Kontext der Lichtfeier liegt, also im Eingangsteil des nächtlichen Gottesdienstes, sondern eine Art von ›Scharnierfunktion‹ wahrnimmt, indem es den Teil der ersttestamentlichen Schriftlesungen bündelnd zusammenfasst und gleichzeitig hinüberlenkt zu den Schriftlesungen aus dem Neuen Testament: zur Botschaft vom Christusgeschehen der »Heiligen Nacht«, also zum Oster-Evangelium.

Im Zweiten erhebt sich die Frage nach dem Ort der Tauffeier bzw. der *Tauferinnerung*. Muss denn nicht auch in diesem Fall wiederum aus theologischen Gründen heraus umgruppiert werden, wo doch die Botschaft Röm. 6,3–5 aus der Botschaft Mt. 28,1–10 hervorgeht? Also das Geschenk der *Taufe* erst aus dem Christus-Ereignis heraus folgen kann? Also die »confessio fidei« (die ihren genuinen Platz als Vorstufe zur Taufe innehat) in ihrer inhaltlichen Stringenz erst auf die Oster-Botschaft folgen kann? Die badische Vorlage kann sich in ihrem Duktus auch diesbezüglich auf die Osternacht-Liturgie der Evangelischen Michaelsbruderschaft stützen, nicht jedoch auf das römische Formular nach dem »II. Vaticanum«, nicht auf die Osternacht-Agende der Reformierten Kirchen der deutschsprachigen Schweiz (1983) und auch nicht auf die Osternacht-Liturgie im Ergänzungsband zum Württembergischen Gottesdienstbuch (2007). Im Übrigen sollte die ursprüngliche Einheit von Taufe (bzw. Tauferinnerung) und (direkt anschließendem) Mahl in der (urchristlichen) Kyrios-Nachtfeier beachtet und beibehalten und eben nicht in zwei voneinander separierte ›Topoi‹ auseinandergezogen werden.

Weitere Fragen ergeben sich,

– wenn seitens der Badischen Liturgie-Kommission die Behauptung in den Raum gestellt wird: »Die Wurzel der Osternachtfeier liegt in der *Passah-Nacht*« und wenn diese These mit Verweis auf Ex. 12,42 begründet werden soll (in: Die Feier der Osternacht, 2006/VIII) – wo doch die Wurzel der Kyrios-Nachtfeier und allen christlichen Glaubens ausschließlich und allein im Geheimnis und Wunder der Auferweckung Christi am 16. Nissan (und eben nicht in der Pessachnacht des 15. Nissan) liegt. Die oben zitierte Behauptung trifft also weder im zeitlichen noch im inhaltlichen Sinne. /

– wenn »das Wasser beim Taufen in Gebrauch genommen und geheiligt« wird (so zu lesen in: Die Feier der Osternacht, 2006, XII). Steht diese Handlung etwa nicht in Zusammenhang mit der römischen *Taufwasserweihe* – und wenn ja, in welchem mit welcher (protestantischen) Begründung? /

– wenn von der christlichen *Taufe* ausgesagt wird: »Sie bedeutet zugleich, dass wir eingepflanzt sind in das Erbe Israels.« (in: Die Feier der Osternacht, 2006, XII). Enthält diese Formulierung nicht synkretistische Züge, die um der Sache willen zurückgewiesen werden müssen, nämlich gerade um ›das Erbe Israels‹ zu bewahren? Um die paulinische Aussage Röm 11,18 zu beachten und zu würdigen, die da lautet (?): »Nicht du« (= Christentum) »trägst die Wurzel, sondern die Wurzel« (= *Judentum*) »trägt dich« (= Christentum)? /

– wenn (zudem ohne Begründung) angefügt wird: »Eine sogenannte ›Erneuerung des Taufgelübdes‹ ist nicht angebracht.« (in: Die Feier der Osternacht, 2006, XII). Wenn darauf verzichtet wird, erfährt die so genannte *Tauferinnerung* dann nicht eine erhebliche Reduktion bzw. Amputation? Wenn die Taufe zum einen als Bund Gottes mit dem jeweiligen Menschen und zum anderen als Bund des jeweiligen Menschen mit Gott erachtet wird, dann geht es doch wohl auch darum, dass dieser bereits getaufte Christ sein damals gegebenes Taufversprechen Gott gegenüber erneuern kann (wie es erste Christen jährlich wiederholend in der Feier der Kyrios-Nacht ganz bewusst taten). Und nun sollte gerade die Erneuerung des Taufgelübdes innerhalb der Feier der Herrnnacht und innerhalb der so genannten Tauferinnerung a priori ausgeschlossen bleiben? /

– wenn die Fürbitten (nach Osterruf und Friedensgruß bereits *vor* der Mahlfeier und) nicht (stattdessen) im Anschluss an das Herrnmahl vorgetragen werden: wo doch die Fürbitten die sich aus dem Herrnmahl ableitende diakonische Komponente als Ethik des Liebesmahls enthalten und hervorheben (vgl.: Die Feier der Osternacht, 2006, 16).

Anmerkungen:

(1) – Ordnungen für die Feier der Osternacht, hg. von der Liturgischen Kommission der Evangelischen Landeskirche in Baden, VIII – bzw.: Die Feier der Osternacht, IX. Nach Ordnung B dagegen folgt die Lichtfeier mit dem »*Exsultet*« (erst) auf den Eingangsteil der alttestamentlichen Lesungen und findet ihren Platz vor dem Taufteil und vor der Oster-Verkündigung mit dem Oster-Evangelium, woran sich die Mahlfeier anschließt. Auch diese Anordnung erweist sich als diskutabel.

(2) – Im Begleitwort verweist die badische Liturgie-Kommission ausdrücklich auf die Agende der Liturgiekommission der deutschsprachigen Schweiz, ändert die Abfolge ihrerseits jedoch entscheidend im Blick auf die Stellung des »*Exsultet*« und im Blick auf den Taufteil – und folgt damit der Tradition der Evangelischen Michaelsbruderschaft.

Die Rezeption der Kyrios-Nacht in der Karlsruher Jakobus-Gemeinde

Die Feier der *Kyrios-Nacht* erfreut sich in der Karlsruher Jakobus-Gemeinde wachsender Nachfrage und wird seit Jahren von einem Team von Mitwirkenden (u.a. von Kirchenältesten und Jugendlichen) vorbereitet und gestaltet. Dass dieser Gottesdienst schon vom Typus her ein besonderer ist und zudem vom Christus-Ereignis her den liturgischen Höhepunkt innerhalb des Kirchenjahres markiert, muss eingangs wohl eigens betont und erläutert werden. Regie-Anweisungen (zu Beginn des Gottesdienstes) mögen sich auf ein Mindestmaß beschränken, um die Atmosphäre dieser Lichtfeier nicht zu belasten. Der Gottesdienst lebt vom Geheimnis und Wunder der Christus-Nacht mit ihrer nur zu glaubenden Botschaft und findet seine Akzentuierung durch Riten und Symbole, die nicht erklärt, sondern vollzogen werden wollen. Der Gottesdienst in der Kyrios-Nacht gehört wohl zu denen, die die Sinne in besonderer Weise ansprechen, die Wärme und Herzlichkeit ausstrahlen und Gefühle zulassen. Eröffnet werden kann die Kyrios-Nachtfeier in der dunklen Kirche mit folgenden

Gedanken zur *Einstimmung*:
»Unterwegs von der Dunkelheit zum Licht –
unterwegs vom Tief der Trauer ins Hoch der Hoffnung –
unterwegs von Jesu Tod zu neuem Leben:
so sammeln wir uns in dieser Heiligen Nacht
im Namen Gottes, des Vaters, des Sohnes, des Heiligen Geistes!
In dieser Nacht, da der Morgen der neuen Schöpfung aus dem Dunkel des Grabes aufsteigt – in dieser Nacht hören wir von den großen Taten Gottes. Wir treten ein in ein mächtiges Geschehen, das Himmel und Erde und alle Zeiten umspannt. Die Ereignisse von Kreuz und Auferweckung markieren die Eckpfeiler, hier liegt der innerste Punkt, der Brennpunkt, in dem sich alles zusammenzieht und konzentriert. Wir erinnern uns an die Geschichte Gottes mit Seinen Menschen – erinnern uns an die Geschichte Israels und andererseits an die Geschichte Jesu Christi. Wir denken an Gottes Zeichen in den Wolken: an den Regenbogen – an die Bewahrung im Schilfmeer – und andererseits an den Weg Jesu hinauf ans Kreuz von Golgotha, mehr noch: an seine wundervolle Auferweckung. Wir wollen auf unsere eigene Taufe zurückblicken, unseren Glauben bekennen und XX in diesem Gottesdienst auf den Namen Gottes hin taufen. Wir wollen das Mahl unseres HERRN feiern und uns hineinziehen lassen in das Geschehen, das die dunkle Nacht in einen hellen Morgen verwandelt!
Dies ist die Nacht, die auf der ganzen Erde alle, die an Christus glauben, von der Finsternis scheidet. Dies ist die Nacht, in der alle, die sich verloren fühlten, in das Reich der Gnade heimgeführt werden. Dies ist die Nacht, in der

Christus die Ketten des Todes sprengte und als Sieger auferstand: damit alle »das Leben und volle Genüge haben!« (Johannes 10,10).

>>Ubi caritas et amor / ubi caritas, Deus ibi est!« (Taizé)

Die Osternacht ist ein Gottesdienst der Zeichen. Durch verschiedene Zeichen hindurch soll die Auferweckung Jesu Christi gedeutet werden. Das Licht ist dabei ein besonderes Zeichen: Zeichen für Christus selbst! So wie die Osterkerze Schritt für Schritt in unsere dunkle Kirche getragen wird, so möchte auch Christus in unsere Kirche und in unsere Herzen einziehen und uns mit Seinem Lichtglanz erfüllen!
Die Osterkerze wird schließlich zum Tisch des HERRN getragen. Von dort aus werden alle anderen Kerzen in der Kirche entzündet – Zeichen dafür, dass von Christus alles Licht herkommt – und Zeichen dafür, dass Finsternis und Tod ihre Schatten verlieren.« (1).

Die Feier der Kyrios-Nacht am Karsamstag,
22. März 2008, Beginn 22 Uhr

(Hinweise: kein Glockengeläut – dunkle Kirche – Teelichter brennen unter sechs Stühlen zum Mittelgang hin: in der ersten, mittleren und letzten Stuhlreihe – Kerzen brennen auf dem Betonsockel links und rechts in der Kirche – die Teelichter auf dem Holzkreuz am Boden brennen noch nicht – kein Blumenschmuck.
Alle Mitwirkenden begrüßen die ankommenden Personen und überreichen eine Kerze samt Schutzbecher, Gesangbuch und Taizé-Liedblatt – jede(r) wird einzeln per Kerze in die dunkle Kirche geleitet).

Osterkerze:	Hr. N.
Triangel:	Hr. B.

I. Eröffnung im hinteren Teil der Kirche

	Beginn der »Lumen-Christi«-Prozession mit dem Wechselgesang: »Christus, unser Licht!« (Hr. N.) – alle Mitwirkenden: »Gelobt sei Gott!« (derweil wird die Osterkerze entzündet)
Pfr.:	Worte zur Einstimmung (dazwischen: »Ubi caritas« (Taizé))
Lied:	»Lobsingt, ihr Völker alle« (Taizé)
Pfr.:	Votum und Salutatio
Lied:	»Laudate omnes gentes« (Taizé)

II. Ersttestamentliche Wortverkündigung

Fr. W.:	Auftaktwort zu Gen. 1
Hr. Z.:	Lesung aus Gen. 1,1–27.31

U.: Gebet / Oration

Wechselgesang: »Christus, unser Licht!« (Hr. N.) – alle Mitwirkenden: »Gelobt sei Gott!« (derweil wird die erste Kerze am Triangel-Leuchter von der Osterkerze her entzündet)

Prozession in den Mittelgang:

D.: Auftaktwort zu Ex. 14

Fr. Z.: Lesung aus Ex. 14,21–31

L.: Gebet / Oration

Wechselgesang: »Christus, unser Licht!« (Hr. N.) – alle Mitwirkenden: »Gelobt sei Gott!« (derweil wird die zweite Kerze am Triangel-Leuchter von der Osterkerze her entzündet)

(alle nehmen Platz – Hr. N. begleitet Pfr. mit der Osterkerze, Hr. B. mit dem Triangel-Leuchter)

III. Lob des Christuslichts« / Lichtfeier

Prozession zum Tisch des Herrn:

Pfr.: Gebet / Oration

Lied: »Meine Hoffnung und meine Freude ...« (Taizé)

Pfr.: »Exsultet« (gesprochen)

Osterruf: »Der HERR ist auferstanden: Halleluja!« (Hr. N.) – alle: »ER ist wahrhaftig auferstanden: Halleluja!« (derweil wird die dritte Kerze am Triangel-Leuchter von der Osterkerze her entzündet)

(anschließend werden alle Kerzen im Chorraum, auch die auf dem Holzkreuz am Boden, von der Osterkerze her entzündet – danach wird das Licht in die Gemeinde weitergetragen. Dabei erklingt erneut das

Lied: »Meine Hoffnung und meine Freude ...« (Taizé)

IV. Oster-Evangelium

Hr. N.: Mt. 28,1–7a

EG 99: »Christ ist erstanden ...« (Orgel – Glocken)

Pfr.: Homilie

V. Taufe bzw. Tauferinnerung und Taufgelöbnis

Prozession zur Taufschale:

Hr. B.: Lesung aus Röm. 6,3–5.8

Pfr.: Gebet / Oration

Apostolisches Glaubensbekenntnis

Pfr.: Homilie

Pfr.: Taufe (einer Konfirmandin)

Tauferinnerung

EG 200,1.2.4 »Ich bin getauft auf Deinen Namen«

VI. Mahlfeier

Pfr.: Präfation

EG 185,4: »Agios o theos ...«

Pfr.: Einsetzungsworte / »verba testamenti«

»Wenn wir denn nun von diesem Brot essen ..., dann warten wir in Vorfreude auf Gottes kommendes Reich!«

»Sanctus«

Pfr.:   Epiklese

»Erkennt euch in dem HERRN als Brüder und als Schwestern. Keiner sei gegen den anderen, keiner sei ein Heuchler. Helft einander, wo ihr einander beistehen und helfen könnt – und nehmt einander an, wie Christus uns angenommen hat: zu Gottes Lob!«

»Agnus Dei«

»Deinen Tod, o HERR, verkünden wir und Deine *Auferweckung* preisen wir, bis Du kommst in Herrlichkeit!«

Friedensgruß bzw. -geste (in die Gemeinde tragen: Prozession hin und her)

Kommunion / Austeilung von Brot und Wein

Lied: »Lobe den HERRN, meine Seele« (Taizé)

VII. Sammlung, Sendung und Segnung

Pfr.:   Schlussgebet mit Fürbitten und Vaterunser

EG 106,1–5   »Erschienen ist der herrlich' Tag«

Abkündigungen: Kollekte: GAW

        Einladung zu den nächsten Gottesdiensten

        Einladung zur anschließenden Agape in den Gemeinderäumen

Segen

Orgel-Nachspiel

Folgende Hinweise seien ergänzend angefügt:

– Beim Stationengang durch die dunkle Kirche wird jeweils ein Zwischenhalt für eine weitere Lesung eingelegt und dabei jeweils eine weitere Kerze am Triangel-Leuchter (als Symbol für die Trinität) entzündet.

– Es handelt sich nicht um Nuancen von Unterschieden, wenn in der Jakobus-Liturgie die Wortverkündigung (mit Texten aus der Heilsgeschichte Israels) auf das *»Exsultet«* und auf die Lichtfeier zuläuft (entsprechend der Liturgie der Liturgiekonferenz der ev.-ref. Kirchen der deutschsprachigen Schweiz 1983), wenn also das »Exsultet« an hervorgehobener Stelle eine Art von ›Scharnier‹ bildet zwischen den Texten aus der Heilsgeschichte Israels und dem Oster-Zeugnis – wenn die drei Einheiten von Schriftlesung, Stille, Gebet und Gesang in der Prozession durch den Mittelgang der Kirche etappenweise ihr Ziel im Chorraum finden: vor dem Tisch des HERRN – und wenn von diesem Ort ausgehend erst: von der *Osterkerze* herkommend schließlich alle Kerzen der Gottesdienstteilnehmer ihr Licht empfangen.

- Die Orgel schweigt und erklingt erstmals zum Osterlied EG 99, der »Osterpredigt des Organisten« (2).
- Wünschenswert ist die *Taufe* von einem einzelnen oder von mehreren Konfirmanden, die noch nicht getauft sind – oder von Erwachsenen.
- Das *Offertorium* (z.B. im Herbeibringen von Kelch und Patene, von Brot und Wein) sei als Aufgabe von Gemeindegliedern im Vorfeld einer jeden einzelnen Mahlfeier und im Beispiel der Kyrios-Feier als Aufgabe von Mitwirkenden zu entdecken – diese Bewusstseinsarbeit in der Gemeinde zu leisten, steht noch aus, soll aber aufgenommen werden.
- Die Gottesdienst-Teilnehmer treten zur *Eucharistiefeier* mit den brennenden Kerzen (im Becher) zum Tisch des Herrn vor und stellen die Kerzen vor dem Empfang von Brot und Wein auf dem Holzkreuz auf dem Fußboden ab, bilden schließlich einen großen Schlusskreis um den Tisch herum und nehmen zuletzt ihre Kerze wieder auf, bevor sie damit wieder an ihren Sitzplatz gehen (um damit zeichenhaft »Christi Licht« in die Welt hinauszutragen).
- Das Holzkreuz auf dem Fußboden liegt dort seit Beginn des Gottesdienstes am Gründonnerstag-Abend und enthält insgesamt zwölf (Tee-) Lichter (als Zeichen für die zwölf Jünger Jesu) – wobei diese Lichter im Gottesdienst am Karfreitag verloschen sind (zum Zeichen dafür, dass die Jünger ihren HERRN und Meister verlassen haben).
- Der gesamte Gottesdienst kommt ohne elektrisches Licht aus, der Kirchenraum findet seine Illumination allein durch die Kerzen (wie schon damals bei den ersten Christen).
- Die Kyrios-Nachtfeier erstreckt sich über einen Zeitraum von etwa zwei Stunden bis zur Mitternacht hin und findet anschließend ihre Fortsetzung in Form einer *Agape-Feier* als geselliges, fröhliches Beisammensein im angrenzenden Gemeindezentrum.

Die Kyrios-Feier in der Jakobus-Gemeinde kann durchaus als im weiteren Sinne ›ausbaufähig‹ bezeichnet werden, doch ist dies sicher auch eine Frage an das Team und an die Zahl der Mitwirkenden. Wünschenswert könnte es sein, die Feier der »Heiligen Woche« insgesamt als Weg-Geschehen auszugestalten (zum Beispiel den Abendmahlsgottesdienst am »Hohen Donnerstag« mit einer Nachtwache fortzusetzen) und so auch die Feier der Kyrios-Nacht mit weiteren Stationen zu strecken. Denkbar wäre eine Art Nachtwache bzw. Vigil (von Jugendlichen?) und nicht zuletzt eine Prozession im Morgengrauen zum Friedhof und ein daran anschließendes Osterfrühstück im Gemeindehaus, bevor der Sonntagsgottesdienst um 10 Uhr in der Kirche beginnt.

Anmerkungen

(1) – H.-G. Krabbe: Gottesdienstbuch zum Kirchenjahr, 111f.

(2) – so H. Fischer: Osternacht, 42.

Eine Synopsis der vorgestellten Liturgien zur Kyrios-Nacht

Eine ›Topographie‹ der Feier der Kyrios-Nacht mit ihren Konstanten und Variablen zu erstellen, erscheint als ein ebenso schwieriges Unterfangen wie dies, eine ›Archäologie‹ zu konstruieren. Bei aller Freude über die Rezeption der Kyrios-Nacht / bei allen Versuchen zur Revitalisierung dieses Urfestes der Christenheit / bei aller Kreativität, Flexibilität und Spontanität zur Gestaltung dieser gottesdienstlichen Feier – gilt es, ein gewisses Maß zu beachten, denn: »Die Ordnungen der Gottesdienste sind nicht beliebig.« (1). Jeder einzelne Gottesdienst steht in einem Bezugsrahmen zeitlicher Art zum Vorher und zum Nachher mit anderen Gottesdiensten in ein- und derselben Ortskirche und zugleich in einem Bezugsrahmen geographischer Art, wenn annähernd zeitgleich an den verschiedensten Orten dieser Erde z.B. die Kyrios-Nacht gefeiert wird. Dies setzt voraus, dass christliche Gottesdienste überall als solche erkannt werden können und dass z.B. besondere Gottesdienste wie die Osternachtfeier in ihrem eigenen Typus ebenfalls (wieder-) erkannt werden können. Zudem: »Die Agenden enthalten Handlungsanweisungen für den Vollzug der Gottesdienste, die für die betreffende Gemeinschaft verbindlich sind ... Nur was eine deutliche Gestalt hat, kann prägen. Die Beliebigkeit in der Form signalisiert Beliebigkeit in der Sache. Doch ... Welches Maß an Flexibilität muss eine Ordnung bewahren, wie viel Spontanität muss sie zulassen, um noch lebendig zu sein?« (2).

Diese Frage drückt Spannung aus, die Spannung zwischen Tradition und Innovation: Der eine ›Pol‹ enthält die Sorge, das überlieferte Traditionsgut bewahren zu wollen und vor aller Anpassung an den Zeitgeist in Schutz zu nehmen, will zugleich aber die Sterilisierung und die Verkrustung jeglichen Gottesdienstes verhindern – der andere ›Pol‹ befürchtet »die Musealisierung des Gottesdienstes als Relikt der Vergangenheit« und erwartet »eine stärkere Öffnung für die Gegenwart.« (3). Gefragt ist also nach der Balance zwischen Tradition und Innovation. Beim Blick zurück in die Anfänge der *Herrnnachtfeier* kann das ›Quirlige‹, das Impulsive, der Jubel nicht verborgen bleiben, die unbändige himmlische Freude, die hinausdrängen will und die gerade in der Anfangszeit bis ins 4. Jhdt. hinein aus Sicherheitsgründen wenigstens nach außen verschiedentlich doch sehr gebremst sein musste.

Eine Synopsis verschiedener Liturgien der Kyrios-Nachtfeier wird bei aller Vielfalt in den Ausformungsvarianten als durchgehende Konstitutiva die Abfolge und Signatur von Lichtfeier, von (ersttestamentlicher) Wortverkündigung, von »Exsultet«, von Oster-Evangelium, von Tauffeier bzw. Tauferneuerung und von Eucharistiefeier reklamieren (wobei Lichtfeier und Wortverkündigung durchaus ineinander verschränkt sein können, während Taufe bzw. Tauferneuerung und Eucharistie direkt aufeinander folgen) – ohne damit auf eine ur- und frühchristliche Ur-Form aller Herrnnachtfeiern rekurrieren zu wollen, denn die wird und kann es schon damals nie gegeben haben bei all den örtlichen, kulturellen, personellen, soziologischen und zeitpolitischen Verschiedenheiten in frühester Zeit. Ein markiger Unterschied zur Anfangszeit liegt unzweifelhaft im Fehlen eines ausgewiesenen *Taufkatechumenat*s und *Photizomenat*s und in all dem, was damit zusammenhängt: erinnert sei an die dreijährige Vorbereitungszeit, an die Zeit zum Abschluss des Taufunterrichts (mit den Exorzismen und mit der »abrenuntatio diaboli«) wie an das christliche Initiationsfest der Heiligen Taufe, das in der (direkt anschließenden) erstmaligen Eucharistiefeier seinen absoluten Höhepunkt erreicht – vgl. dazu den Taufkatechumenat in der Schilderung *Hippolyt*s (+nach 235) in seiner Schrift »*Traditio Apostolica*« (die nach traditioneller Datierung aus dem Anfang des 3. Jhdt.s, möglicherweise überarbeitet und ergänzt aus dem 4. Jhdt. stammt).

Anmerkungen

(1) – P. Cornehl: Der Evangelische Gottesdienst, 64.

(2) – P. Cornehl, aaO., 64,

(3) – P. Cornehl, aaO., 63.

Die Elemente der Osternacht-Feier

Von allem ur- und frühchristlichen Anfang her hat sich die Feier der *Kyrios-Nacht* als das Ur-Fest der Christenheit etabliert, von dem her alle weiteren Gottesdienste und Feste im Lauf des Kirchenjahres jeweils ihr ›Licht‹ erhalten. Dieser urchristliche und schließlich altkirchliche Gottesdienst-Typus mag wie damals, so auch heute als die geheime Mitte, als das Herzstück und als der Höhepunkt allen gottesdienstlichen Feierns gelten (bei aller Konkurrenz und Popularität durch die Christnacht-Feiern am Abend und in der Nacht des 24. Dezember). Mit seinen Symbolen und mit seinen Prozessionen, mit seinen rituell-nonverbalen Handlungen vermag diese Gottesdienstart der Kyrios-Nachtfeier Emotionen zu wecken und die Sinne in besonderer Weise anzurühren – und nimmt Menschen damals (die meisthin noch nicht schreiben und lesen konnten) wie Menschen heute (die unter einer Flut von Worten und von Informationen leiden) in ein höchst liturgisches Geschehen hinein. Gekennzeichnet wird die *Herrnnacht-Feier* durch eine liturgische Weg-Strecke mit Lichtfeier, mit Wortverkündigung, mit Tauf(erneuerungs-)feier und mit Eucharistiefeier, auf die der gesamte nächtliche und frühmorgendliche Gottesdienst im Sinne einer »Pervigilia« zuläuft. Wo immer es realisierbar zu sein erscheint, möchte das Kyrios-Fest (wieder) als »Ganznacht-Feier mit Prozessionscharakter« (1) gestaltet werden und seine geheime Mitte innerhalb des gesamten Osterfestkreises und des gesamten Kirchenjahres mit seiner Dynamik und mit seiner Dramatik als Kulminationspunkt vom vorösterlichen, vierzigtägigen Fasten (der »Quadragesimae«) aus angefangen bis hin zur »Pentecoste« (zum Pfingstfest) am fünfzigsten (Tag) danach von neuem finden. Diesen liturgischen Weg gottesdienstlich auszugestalten (2), bedeutet eine hohe Herausforderung.

Die *Kyrios-Nachtfeier* ist gekennzeichnet durch besondere Akzente: durch die Symbolik des Lichts und der Kerzen – durch die Lichtfeier inmitten einer nächtlichen Stille in einer dunklen Kirche – durch die Kontraste: aus dem Dunkel ins Licht / aus der Nacht in den Morgen / aus dem Tod in neues Leben / aus der Trauer in unbeschreibliche Freude / aus dem Zweifel in die Kraftquelle und Gewissheit des Glaubens. Bedeutet dieser Gottesdienst nicht so etwas wie ein ›Kraftfeld‹ ganz eigener Art, das niemanden unberührt lassen wird?

Bei allen Unterschieden innerhalb der Liturgien zeichnet sich ein Grundmuster in der Komposition mit Konstanten und Variablen ab – mit folgendem Ablauf-Schema:

I. draußen vor der Kirche am bereits brennenden Osterfeuer:
  – Begrüßung – Gebet – Entzünden der Osterkerze – Prozession zur Kirche
II. in der Kirche:
  – Eröffnung: Einführung
  – Drei ersttestamentliche Schriftlesungen, gerahmt jeweils von einem Präfamen vorweg, danach folgen Gebet und Wechselgesang (»Laudate omnes gentes« / »Christus, unser Licht!« – »Gelobt sei Gott!«): u.a. Gen. 1,1–2,4a – aus Gen. 6–8 – Ex. 14,12–14.19–20 – Jes. 55,(1–2)3–9(10–11) – Ez. 36,16–28
  – nach jeder Schriftlesung wird jeweils eine Kerze am Triangel-Kerzenleuchter (als Zeichen für die göttliche Dreifaltigkeit) entzündet
  – Einzug des Christuslichts – »Lumen-Christi«-Prozession (durch den Mittelgang der Kirche)
  – *»Exsultet«* (möglichst in gesungener Form vorgetragen)
  – Gebet
  – *Oster-Evangelium:* Mt. 28,1–10 (evtl. in gesungener Form vorgetragen)
  – Wechselgruß: »Der Herr ist auferstanden!« // »ER ist wahrhaftig auferstanden!«
  – Lied EG 99: »Christ ist erstanden ...« (›volle‹ Orgel – ›volles‹ Glockengeläut)
  – Von der Osterkerze ausgehend werden die Altarkerzen und anschließend alle Kerzen im Kirchenraum und die der Gottesdienstbesucher entzündet
  – (Predigt / Homilie)

- Lied
- *Taufe* (von Erwachsenen, von Konfirmanden)
- Präfamen zur 5. Lesung: Röm. 6,3–11
- Gebet – Taufgedächtnis – Erneuerung des Taufgelübdes – Credo – Tauffrage – Taufe
- Lied: »Ich bin getauft auf Deinen Namen« (EG 200,1–6)
- Gloria-Gesang
- *Eucharistie:* Offertorium – Präfation – Anamnese – Gabenbereitung – »Sanctus« – Einsetzungsworte – Bekenntnisruf: »So oft ihr von diesem Brot esst und aus diesem Kelch trinkt, verkündigt ihr den Tod des Herrn, bis dass Er kommt!« – »Agnus Dei« – »Geheimnis des Glaubens!« (1. Kor. 11,26) – Epiklese – Besinnung: »Herr, ich bin nicht wert, dass Du unter mein Dach gehst, aber sprich nur ein Wort, so wird meine Seele gesund« (vgl. Mt. 8,8) – Friedensgruß
- Kommunion / Austeilung (möglichst im Kreis um den »Tisch des Herrn« herum)
- Dankgebet – Fürbitten – Unser-Vater
- Lied EG 100,1–5: »Wir wollen alle fröhlich sein in dieser österlichen Zeit ...«
- Abkündigungen
- Sendung und Segen

III. Agape im Gemeindezentrum
IV. Prozession zum Friedhof
- Station mit Meditation am Friedhofstor – Auferstehungsfeier auf dem Friedhof (Mitwirkung vom Posaunenchor)(3)

V. Osterfrühstück im Gemeindezentrum
VI. Festgottesdienst in der Kirche:
- Feier des Herrnmahls

Modelle nach Form und Inhalt für die heutige Gestaltung der Herrnnachtfeiern finden sich in der Literatur reichhaltig (4) und wollen als Vorlage dienen für eigene Ausführungen und Variationen in der jeweiligen Ortsgemeinde.

Bewahrt und gepflegt bleiben sollte in jeder Hinsicht die urchristliche Einheit von Taufe und Mahl in der Feier der Kyrios-Nacht. Wenn denn keine Tauffeier ansteht (die Taufe von Säuglingen und Kleinkindern wird in aller Regel in dieser Nachtzeit nicht erfragt werden und sollte aus Gründen urchristlicher Reminiszenz mit Blick auf die Tradition der Katechumenentaufe unterbleiben) – so mag die *Tauferinnerung* und die Erneuerung des Taufgelübdes besondere Beachtung finden. Auf keinen Fall jedoch sollte in dieser Christ-Nachtfeier auf den Taufbezug und auf das Glaubensbekenntnis verzichtet werden, das ja gerade in dieser Feier der Kyrios-Nacht seinen genuinen ›Sitz‹ bzw. Herkunftsort innehat.

327

Geradezu anbieten dürfte sich die *Taufe* (mit anschließender Handauflegung) von (noch nicht getauften) Konfirmanden wie von Erwachsenen in der
Feier der Kyrios-Nacht (5). Nachzudenken wäre über den Akt der *Salbung* an
den Neophyten, der in diesen Kontext der Versiegelung (vgl. dazu 2. Kor.
1,22 / Eph. 1,13; 4,30) hineingehört. Wünschenswert und erstrebenswert
kann es nur sein, in dieser heutigen gottesdienstlichen Feier möglichst viele
Bezüge zur damaligen ur- und frühchristlichen Feier herzustellen und entsprechende Inhalte aufzunehmen: bei allem Innovations-Bemühen um Osternachtfeiern in neuer Gestalt mit vielen Varianten verdient die Traditionspfle-
ge ein besonderes Augenmerk. Ein Transfer aus der damaligen Zeit in die
heutige Zeit hinein jedoch wird und kann nicht gelingen – trotzdem gilt es,
die vorhandenen Anknüpfungspunkte wiederzuentdecken und die urchristliche Signatur der Kyrios-Nacht neu zu pflegen. Dadurch mag ein gewisses
Maß an Kontinuität gewährleistet sein und bleiben. Bei aller Vielfalt in der
Gestaltung wird es allerdings problematisch, wenn heutige gottesdienstliche
Feiern mit denen der ursprünglichen Form lediglich noch die Bezeichnung
»Osternacht« gemeinsam haben. Wachsam-kritisch zu beobachten bleibt das
in der Gegenwart sich ausbildende breite Spektrum verschiedenster Arten
von Osternachtfeiern, aber auch der z.T. größer werdende und wachsende
Abstand zu den ur- und früh-christlichen Feiern der Kyrios-Nacht.

Die *Leseordnung* für die römische Messfeier (1969) weist der Ostervigil
heute neun verschiedene Lesungen zu, darunter sieben aus dem Alten Testament (die bis auf zwei gekürzt werden dürfen) und zwei aus dem Neuen
Testament. Dazu gehören: Ex. 14,15–15,1 / Röm. 6,3–11 / sowie ein Evangelium: im Lesejahr A Mt. 28,1–10 – im Lesejahr B Mk 16,1–8 – im Lesejahr
C Luk. 24,1–12 (vgl. P.C. Bloth: Perikopen, in: Handbuch der Liturgik, 726).
Die »Reformierte Liturgie« (1999), hg. im Auftrag des Moderamens des
Reformierten Bundes in der BRD, sieht Schriftlesungen aus Gen. 1, aus Gen.
6–8 (jeweils in Auswahl) und aus Ez. 37,1–4 vor und schlägt darüber hinaus
folgende Texte (zur Auswahl) vor: Ex. 12,1–14 / Jes. 54,7–14 / Jes. 55,1–13 /
Threni 3,(1–16)17–40 / Ez. 36,17–36 / aus Jona 2 / aus Jona 3. Zur Tauferinnerung wird Röm. 6,3–5 angegeben und als Osterevangelium Mt. 28,1–8(16–
20). Bezeichnenderweise wird in der »Reformierten Liturgie« auf die Zitation
von Ex. 14,15–15,1 aus Rücksicht gegenüber der (jüdischen) Pessach-
Tradition verzichtet. Gerade die ersttestamentlichen Texte wollen hervorheben, dass das Christus-Geschehen der Kyrios-Nacht seinen Ort innerhalb der
großen Heilsgeschichte Gottes innehat, die mit der Schöpfung in den Anfängen von Himmel und Erde (Gen. 1,1–2,4a) begonnen hat und die auf die
Neuschöpfung nach dem Ende aller Tage im himmlischen Jerusalem zuläuft
(Apk. 21).
Der Inhalt der Kyrios-Nachtfeier liegt darin, dass Christus als »das Licht
der Welt« (Joh. 8,12) im Sinne der Eucharistie (vgl. 1. Tim. 4,4) angebetet

(6), verehrt und gefeiert wird und dass der einzelne Christ von diesem einen »Licht« her sein eigenes »Licht« für Zeit und Ewigkeit erhält. Die einzelnen Elemente des Herrnnacht-Gottesdienstes haben dabei die Funktion, diesem Inhalt zu dienen.

Anmerkungen

(1) – A. Ehrensperger: Liturgie als Weg, 182.

(2) – Wenn Peter Cornehl (in: P. Cornehl, M. Dutzmann, A. Strauch (Hg.): In der Schar derer, die da feiern, 117) im Blick auf die Osternachtfeier von einer »Prozeßliturgie« spricht, um wie viel mehr gilt dies für die gesamte Zeitspanne im Osterfestkreis.

(3) – Nicht allein im Blick auf mögliche Anregungen zur Gestaltung einer Ostermorgenfeier auf dem Friedhof verdient »Die Ostermorgenfeier in der Herrnhuter Brüdergemeine« besondere Beachtung – in: Durch die Nacht zum Licht. Materialsammlung für die Feier der Gottesdienste in der Fasten- und Osterzeit, hg. von der Arbeitsgemeinschaft Christlicher Kirchen in Baden-Württemberg, 30–34.

(4) – siehe: H. Fischer: Osternacht, Hannover, 4/1989 – vgl. F. Holze: Phantasievoll Gottesdienst feiern, Göttingen 1992, 110–126 – vgl. E. Domay mit seinen Materialbüchern zum Thema »Ostern« – vgl. W. Riewe: Die Feier der Osternacht, Studienbrief A 48 in: Brennpunkt Gemeinde, 1/1996 (mit dem Formular ›Aufgabenverteilung‹, 10) – vgl. H. Nitschke (Hg.): Ostern, Gütersloh 1978, 31–43 – vgl. B.-K. Schweitzer: Leben aus der Osternachtbotschaft, in: Ostern feiern, Das Missionarische Wort, Neukirchen-Vluyn, 1/1991, 24–27 – vgl. H. Osterhuis' Osternachtliturgie in: Im Vorübergehen, Freiburg i.B. u.a., 1969, 307–356 / ebenso: H. Osterhuis: Dein ist die Zukunft, Freiburg i.B. u.a., 1992, 84–105 – vgl.: Die Feier der Osternacht, hg. von der Liturgischen Kommission der Evangelischen Landeskirche in Baden, Karlsruhe 2006.

Auffällig ist, dass sich in den »Göttinger Predigtmeditationen«, im »Deutschen Pfarrerblatt«, in den »Homiletischen Monatsheften« (Verlag »Vandenhoeck & Ruprecht«), in der Reihe »Gottesdienstpraxis« (Gütersloher Verlagshaus) wie ebenso in der »Werkstatt für Liturgie und Predigt« (Verlag »Bergmoser + Höller«) bisher keine Gottesdienst-Materialien zur Vorbereitung der Herrnnachtfeier befinden.

(5) – Christhard Mahrenholz (in: Die Feier der Osternacht, 6) ist nur zuzustimmen, wenn er schreibt, »daß die Osternachtsfeier wie kein anderer Gottesdienst Gelegenheit zum Vollzug von Erwachsenentaufen bietet. Die neue Taufordnung der Vereinigten Evangelisch-Lutherischen Kirche Deutschlands weist auf die Möglichkeit hin, erwachsene Taufbewerber zu Beginn der Vorfasten- oder Fastenzeit als Katechumenen anzunehmen, sie in der Osternacht zu taufen und sie dann sogleich am Mahl des Herrn teilnehmen zu lassen.

Welcher Tauftag wäre (neben dem Epiphaniasfest) passender als Ostern! Und welch neue Bedeutung gewinnt dann die Fastenzeit als Rüstzeit auf die Taufe für die Taufbewerber und für die ganze Gemeinde!«

(6) – nach Mt. 2,2: »Wir sind gekommen, um ihn anzubeten« (so lautete übrigens das Motto des römischen Weltjugendtages 2005 in Köln).

Die Feier der Kyrios-Nacht in der Gegenwart

Zu Ostern 2008 fanden im Einzugsgebiet der »Badischen Neuesten Nachrichten« in der Region Karlsruhe in insgesamt 69, davon in 36 evangelischen und in 33 römisch-katholischen Kirchen 41 Osternachtfeiern statt, das entspricht einem Anteil von 59,42 %. Lediglich in 28 Kirchen (also 40,58 %) fanden keine eigenen Osternachtfeiern statt – wobei zu berücksichtigen ist, dass in einzelnen dieser Gemeinden (stattdessen) zu insgesamt zehn Auferstehungsfeiern auf dem Friedhof eingeladen wurde. Bei den 28 Kirchen handelt es sich um 15 evangelische und um 13 römisch-katholische Gemeinden – bei den 41 Gemeinden (in denen zur Osternachtfeier eingeladen worden war) handelt es sich um 21 evangelische und um 20 römisch-katholische Gemeinden. 30 Osternachtfeiern begannen am Karsamstag in den Abendstunden, davon 11 in evangelischen und 19 in römisch-katholischen Kirchen – und 11 Osternachtfeiern begannen am frühen Morgen des Ostersonntags, davon 10 in evangelischen Kirchen und allein eine in einer römisch-katholischen Kirche (1).

Sicher sind diese Angaben alles andere als repräsentativ zu nennen, also nicht übertragbar in alle anderen Regionen der bundesdeutschen Kirchenlandschaft – und dennoch dürfte sich aus diesen Zahlen ein bestimmter Trend abzeichnen, nämlich der, dass die »Tradition der Osternacht« in der Gegenwart in vielen, wenn nicht gar in den meisten evangelischen und katholischen Gemeinden ›angekommen‹ ist und rezipiert wird. Bedenkt man dabei, dass die Feier der Osternacht in der Liturgie-Bewegung der römisch-katholischen Kirche erst mit Beginn der fünfziger Jahre wiederentdeckt wurde und dass in der evangelischen Christenheit diese Feier aufgrund der Impulse aus der »Evangelischen Michaelsbruderschaft« (»Die Heilige Woche«, 1951) ›neues Leben‹ erfuhr – so handelt es sich um einen beachtenswerten liturgiegeschichtlichen Vorgang. Im Unterschied zur Entwicklung der Kyrios-Nacht in den ersten Jahrhunderten bis hin zur »Konstantinischen Wende« und darüber hinaus bis ins Jahr 1570 hinein (2), die sich vereinfacht ausgedrückt vielleicht im Sinne der ›Evolution‹ verstehen lässt – bedeutet dieser Neuansatz so etwas wie eine ›Mutation‹, also einen Entwicklungssprung. Wie nun erklärt sich dieses Phänomen?

In den Nachkriegsjahren schuf die Einführung der »Agende I« der »VELKD« (1955)(3): »Der Hauptgottesdienst mit Predigt und Heiligem Abendmahl« (mit dem Untertitel: »Evangelische Messe«)(4) im Bereich der

evangelischen Landeskirchen zu einer gewissen Uniformierung der gottesdienstlichen Abläufe (mit den beiden Typen »Messform« und »oberdeutsche
Form«) – ehe sich neuere Differenzierungen breit machten und in den sech-
ziger Jahren »Gottesdienste in neuer Gestalt« auslösten (wie z.b. »das politische Nachtgebet« in Köln 1968). Das *Herr(e)nmahl* wird in seiner Feier-
Gestalt in einem bis in die Gegenwart hinein fortdauernden Prozess wiederentdeckt. Die Kirchentage haben dazu beigetragen, nicht zuletzt die so genannten »Feierabendmahle« am Freitagabend, wie sie vom Nürnberger Kirchentag 1979 ausgingen (5). Der Aspekt des gemeinschaftlichen Feierns
erhielt dabei eine besondere Note (ausgedrückt z.B. im gemeinsamen *Brotbrechen*«), aber ebenso der Aspekt der Weltverantwortung im Sinne des
Miteinander-Teilens oder im Sinne von »Brot-für-die-Welt« (seit 1959)(6).
Die sozial-diakonische Komponente des Kyrios-Mahls erhielt dabei einen
tragenden Akzent – andererseits wurde der enge Zusammenhang zwischen
Kommunion und Kommunikation oder zwischen Mahlgemeinschaft und
Mahlzeit ganz neu entdeckt. Die Rückbesinnung auf die Mahlfeier Jesu
Christi, die Erfahrung der Gemeinschaft am »Tisch des Herrn«, die Gemeinschaft der Kommunikanden untereinander bewirken vermehrte Mahlfeiern in
den Gottesdiensten der Gemeinden – zur Regel wurde vielerorts: mindestens
einmal im Monat (wie es schon Dietrich Bonhoeffer im Finkenwalder Predi-
gerseminar angeregt und gehalten hatte). Man möchte meinen: Es entstand
eine ganz neue Abendmahlsbewegung, die herausführte aus der lutherischen
Fixierung auf die Substanzen und auf die Vergebung der Sünden (Mt. 26,28)
und die zurückführte bis hin zu den urchristlichen Elementen von Eucharistie, Anamnese, Offertorium, Epiklese sowie zur eschatologischen Perspektive
(»bis dass ER kommt«, vgl. 1. Kor. 11,26). Doch kann diese neue Hinwen-
dung zur Mahlfeier überhaupt anknüpfen an die urchristlichen Feiern der
ersten Zeit?

An verschiedensten Orten sind bis in die Gegenwart hinein verschiedenste
Versuche unternommen worden, *die urchristliche Feier der Kyrios-Nacht*
zurückzugewinnen, zu revitalisieren und zu reaktivieren – unter den heute
gegebenen, veränderten Möglichkeiten. Es muss erfreuen, mit welchem Einsatz, mit welcher Phantasie, mit welchem Enthusiasmus und mit welcher
Ernsthaftigkeit sich Gemeindeglieder zusammen mit ihren Pfarrerinnen und
Pfarrern bzw. mit ihren Priestern in die Bewegung der Christus-Nacht einbringen und sich auf einen Gottesdienst ganz anderer Art einlassen. Wie zu
den Zeiten der ersten Christen werden sich dabei je nach Ort und Situation, je
nach Kultur und Tradition auch in heutiger Zeit unterschiedliche Akzente
ausprägen, die ihr eigenes Recht erhalten und doch unverkennbar in den
großen Liturgie-Strom der »Heiligen (Kyrios-)Nacht« hineingehören. Dabei
mögen sich auch in der Gegenwart unterschiedliche Versuche herauskristalli-
sieren, die nicht gegeneinander ausgespielt werden wollen, die aber sehr wohl

abgeklopft, überprüft und kritisiert werden müssen, wenn sie sich in den Traditionsstrom der Kyrios-Nachtfeiern einreihen wollen.

Eine so genannte ›Stationen-Feier‹ kann sich im Sinne der »*Pervigilia*« an folgenden Orten ereignen und sich als »gestreckte Handlung« über mehrere Stunden hinweg vollziehen:

1. Lichtfeier am Osterfeuer
2. Wortgottesdienst in der Kirche mit Lesungen, Gesängen, Gebeten: bis 24 Uhr
3. um 4 Uhr: Prozession zum Friedhof mit einer Meditation dort (Posaunenchor?)
4. Gespräche am Osterfeuer
5. um 6 Uhr: Tauf- und Eucharistiefeier in der Kirche (7).

An diesen Pervigilia-Entwurf richtet sich die Frage, warum die *Taufe* (als Herrschaftswechsel verstanden, als Übertritt in den Herrschaftsbereich Christi) nicht auf 24 Uhr (den Tageswechsel) datiert wird – und warum die *Eucharistie* nicht zur Zeit des »Hahnenschreis« um 3 Uhr morgens gefeiert wird – und warum die Exkursion zum Friedhof nicht im frühen Morgen um 5 Uhr oder um 6 Uhr erfolgt. Um der inneren Kohärenz der Pervigilia willen wird das Verhältnis von Prozessionen und Exkursionen zu bedenken sein, also die Frage, ob ein häufiger Ortswechsel (mit den Exkursionen: Osterfeuer – Kirche – Friedhof – Osterfeuer – Kirche) nicht als die Einheit störend empfunden werden muss. Ein Stationen-Gang: Osterfeuer – Kirche – Friedhof (mit verschiedenen Prozessionen innerhalb der Kirche: der »Lumen-Christi«-Prozession, der Prozession zum Taufstein, der zur Gabenbereitung) könnte den Weg-Charakter der Herrnnachtfeier (auch aus Gründen der Übersichtlichkeit) mehr als ausreichend akzentuieren.

Innerhalb seines Artikels: »Die längste aller Nächte. Zumutungen der Osternacht« stellt Peter Cornehl

die Osternachtfeier 1991 aus der Hamburger Hauptkirche
St. Katharinen

vor (8), die im Sinne einer *Pervigilia* am Karsamstag um 22 Uhr begann und am Ostermorgen gegen acht Uhr endete. »Das Grundkonzept der liturgischen Dramaturgie« (Cornehl) gliedert sich dabei in die folgenden vier Hauptteile:

I. Prozession auf dem Kreuzweg der Gegenwart
   Station mit einem aktuellen politischen Thema
   Station mit einem gesellschaftlichen Problem
   Station mit einer persönlich-privaten Thematik

Station ›unter dem Kreuz‹ in liturgisch gebundener Form
II.   *Nächtliches Konzert mit Lesungen*
III. *Wachen in der dunklen Kirche*
      mit Andachten jeweils zur vollen Stunde im Altarraum
IV.   *Osterlichtfeier*
      mit biblischen Lesungen, Taufgedächtnis, Osterlachen und
      Eucharistie (9).

Innerhalb der vier Kreuzwegstationen werden verschiedene Taizé-Lieder als Prozessionslieder gesungen. Die Osterlichtfeier selbst orientiert sich stärker an den tradierten Inhalten, beginnt mit drei alttestamentlichen Lesungen (aus Gen. 1 / aus Ex. 14.15 / aus Ez. 37) in der nun dunklen Kirche und mit dem Einzug der Mitwirkenden: mit der Osterkerze, mit dem Altarkreuz, mit Altarkerzen, Bibel, Blumen und Abendmahlsgerät. Nach dem Wechselgesang: »Christus, Licht der Welt« werden die Altarkerzen und alle weiteren Kerzen bis hin zu denen aller Gottesdienstteilnehmer von der *Osterkerze* her entzündet. Auf den Osterruf hin ertönt erstmals (wieder) die Orgel, wobei die Gemeinde das Osterlied singt: »Christ ist erstanden« (EG 99). Danach folgen die neutestamentlichen Schriftlesungen: aus Mk. 16 und aus 1. Kor. 15. Anschließend ist die *Tauffeier* vorgesehen, in jedem Fall ein Taufgedächtnis mit Wasser-Meditation und Glaubensbekenntnis. In einem eigenständigen Teil der Nachtfeier begeben sich alle Gottesdienstteilnehmer Osterlieder singend auf den so genannten »Osterweg« rund um die Kirche herum, bevor in der Kirche eine kurze Osteransprache (keine Predigt) anhebt, die Anlass gibt zum Osterlachen. Die Eucharistiefeier endet mit Lied und Segen – zum Osterfrühstück wird eingeladen. Rückfragen ergeben sich, a) wenn Leidenssituationen aus heutiger Zeit in Beziehung gebracht werden zum Leiden Jesu und dabei Vergleiche angestellt oder zumindest angeregt werden – b) wenn auf den befreiend wirkenden Charakter der Lichtfeier bereits am Anfang des Gottesdienst-Prozesses verzichtet wird (der ja schon gleich etwas vom Evangelium erahnen lässt), wenn also mit eher bedrückenden Informationen und Erlebnissen eröffnet wird – c) wenn das *»Exsultet«* keinerlei Berücksichtigung erfährt, das doch den Lobpreis über Gottes Heilsgeschichte ausdrückt.

Die oekumenische Osternachtfeier 2005
in der evangelisch-reformierten Kirche von Münchenbuchsee
(im Kanton Bern)

orientiert sich an den Stundenschägen der Kirchturmuhr und beinhaltet folgende Stationen:

21 Uhr: Bußfeier (mit Vergebungszuspruch) am Osterfeuer (das die ganze Nacht hindurch brennt)

22 Uhr: gemeinsame Mahlzeit: Einnahme einer Fastensuppe im Kirchgemeindehaus

23 Uhr: Segensfeier einschließlich Salbung
24 Uhr: Pilgertanz und Pilgerschritt in den neuen Morgen (ab 23 Uhr 50)
1 Uhr: mit lautem Trommeln wird das Böse »vertrieben«
2 Uhr: Singen (u.a. Taizé-Lieder) »gegen die Nacht«
3 Uhr: Lichtbilder / Texte / Besinnung / Lesung
4 Uhr: Schweigemarsch zum Friedhof
5 Uhr: der Ruf: »Wie lange noch?« (Psalmen und Musik)
6 Uhr: Entzünden der Osterkerze am Osterfeuer – Prozession mit der Osterkerze in die dunkle Kirche – Lichtfeier – Darstellung des Osterevangeliums in einem kleincn Osterspiel – Taufe bzw. Tauferinnerung (je nach Konfession tauft der Priester oder der Pfarrer bzw. die Pfarrerin)
7 Uhr: Frühstück

Abschließend wird die *Eucharistie* in der römisch-katholischen Kirche und das *Herr(e)nmahl* in der evangelisch-reformierten Kirche gefeiert.

Im Kirchgemeindehaus besteht innerhalb der Nacht die Möglichkeit, eine eigene Osterkerze zu gestalten, Osterbilder auf Seide zu malen oder Osterkarten zu schreiben – aber auch die Möglichkeit, in der Teestube zu verweilen oder: die Stille im Meditationsraum zu suchen – wie ebenso, im Ruheraum kurzzeitig zu schlafen. Im Weiteren besteht die Möglichkeit, sich jeweils zum neuen Glockenschlag einzufinden und neu hinzuzukommen oder sich zurückzuziehen und sich zu verabschieden. Der *Stundenschlag der Glocke* erlaubt also gleichsam die Zäsur, zu kommen und zu gehen. Dass das Team der Mitwirkenden als ›harter Kern‹ die gesamte Kyrios-Nachtfeier durchhält, wird erforderlich sein (10).

So überzeugend wie das Stunden-Schema auch wirkt – so ergeben sich andererseits Fragen dahingehend, warum gerade in einer reformierten Gemeinde auf den Wortgottesdienst (mit den ersttestamentlichen Lesungen), also auf den Rekurs auf die Heilsgeschichte Gottes mit Seinem Volk Israel verzichtet wird – und dahingehend, warum die Salbung in einer reformierten Gemeinde unter dreimaligem Kreuzeszeichen erfolgt (wo doch die reformierte Kirche gerade aus historischen Gründen als unter dem Kreuz verfolgte Kirche vom Kreuzeszeichen bewusst Abstand nimmt). Als diskussionsbedürftig einzuschätzen sein wird das Theaterspiel (zudem, wenn es an die Stelle des Oster-Evangeliums tritt) und sicher ebenso der Ritus mit dem »Trommeln gegen das Böse«. Als bedauerlich-bedenklich aufstoßen wird, wenn Christen aus einer römisch-katholischen und aus einer evangelisch-refomierten Gemeinde die ganze Nacht über zur gemeinsamen Osternachtfeier zusammengefunden haben, aber am frühen Morgen getrennt auseinander gehen: einmal zur Messfeier, zum anderen zur Herrnmahlfeier. Dieser Riss mitten hinein in die »Pervigilia« muss empfindlich schmerzen und fordert Problemlösungen geradezu heraus. Bedeutete die Feier der Eucharistie in der urchristlichen Kyrios-Nacht den in der Freuden-Gemeinde gemeinsam erreichten Ziel- und Höhepunkt allen Feierns, so muss heute angesichts der fortwirkenden Trennung zwischen den beiden großen christlichen Konfessionen nach anderen Lösungen Ausschau gehalten werden als nach dem getrennten Auseinandergehen. Ob eine gemeinsame Agape-Feier zum Abschluss der Kyrios-Nachtfeier allerdings eine tragfähige Alternative sein kann? Wenn man anschließend doch wieder getrennte Wege geht, weil (von »Rom« aus) gehen muss? Wäre es dann nicht ehrlich-konsequent, gerade aus Gründen des Respekts vor der Haltung Roms auf »oekumenische Osternachtfeiern« (vorerst noch?) zu verzichten? Protestantische Ungeduld wird sich nun gerade auch in den von »Rom« klar abgesteckten Positionen von »Eucharistie und Amt« wohl nicht als Schlüssel zum Erfolg erweisen.

Ein anderer Gestaltungsversuch, zeitlich auf den frühen
Ostersonntag-Morgen
beschränkt, mag folgende Inhalte und Strukturen
berücksichtigen:

– Eine Stunde vor Sonnenaufgang: Beginn in der dunklen Kirche
– In die Stille hinein fragt ein Kind nach dem Sinn des Zusammenseins: »Warum sind wir heute morgen so früh in die Kirche gekommen?« – Antwort: »Weil wir uns an die Nacht erinnern, die die Welt veränderte.«
– Erzählung der Ostergeschichte
– Osterruf
– Entzünden der Osterkerze
– Lied: »Christ ist erstanden!«
– Entzünden der Altarkerzen
– Taufgedächtnis und Taufe
– Mahlfeier: »Das Mahl der Berufenen« (7).

Bei allen Variationen sind drei verschiedene *Grundttypen der Kyrios-Nachtfeiern* voneinander zu unterscheiden:

1. die aus der urchristlichen Zeit stammende Form der »*Pervigilia*«, die sich von den Nachtstunden bis in den frühen Morgen erstreckt –
2. die bereits reduzierte Form in den Abend- und Nachtstunden des Karsamstag allein –
3. die ebenfalls reduzierte Form allein in den frühen Morgenstunden des Ostersonntag.

Ob Peter Cornehl darin zuzustimmen ist, wenn er behauptet, für die evangelischen Osternachtfeiern sei der frühe Ostersonntagmorgen die Regel, während für die römisch-katholischen Osternachtfeiern die Nachtstunden des

Karsamstag die Regel seien (11), wäre eigens zu überprüfen – in jedem Fall jedoch leiden die ›Kurzfassungen‹ unter einem gewissen ›Defizit‹ innerhalb der weit gespannten Prozessliturgie, wobei jedoch zu berücksichtigen ist, dass die Pervigilia erhebliche Anforderungen nicht zuletzt physischer Art an alle Teilnehmenden stellt. Bei der Frage zwischen Variante 2 und 3, ob also am Karsamstag oder am Ostersonntag zu terminieren sei, mag das Votum aus Gründen der urchristlichen Tradition wie aus Gründen der Eigenständigkeit des Kyrios-Nacht-Gottesdienstes für den Karsamstag ausfallen, gerade auch, um nicht zu dicht in Konkurrenz zum 10-Uhr-Festgottesdienst am Ostersonntagmorgen zu geraten.

Besonderes Augenmerk verdient die erläuternde Einführung zu Beginn in die Feier der Osternacht als einen Gottesdienst eigener Art und so auch die Vorbereitung der Gemeinde auf diesen Gottesdienst (vielleicht im Gemeindebrief), und dies nicht nur dann, wenn eine »Pervigilia« geplant ist.

Bei allem Verständnis für die menschlichen Gestaltungswünsche eines Gottesdienstes wird jeweils zu bedenken sein, dass ein jeder GOTTESDIENST aus menschlicher Perspektive heraus »etwas Außerordentliches« ist, »die unmögliche Möglichkeit« (Karl Barth) – »der Ort der Begegnung mit dem lebendigen Gott« (Peter Cornehl)(12) – mit dem, »was uns unbedingt angeht« (Friedrich Schleiermacher) – mit dem »Geheimnis der Welt« (Eberhard Jüngel) – mit der »alles bestimmenden Wirklichkeit« (Wolfhart Pannenberg). »Nicht zu erzeugen haben wir Gott, sondern ihn zu bezeugen«, schreibt *Karl Barth* allen Verkündigern ins Stammbuch (13). Kann es dabei aber dann die Aufgabe von »Kultexperten« sein, »Gottesdienste ... kompetent zu zelebrieren«, wie Peter Cornehl erwartet (14)? »Alles kultische Handeln steht in jedem Augenblick vor der Alternative zwischen Gottesdienst und Götzendienst«, schreibt Cornehl an anderer Stelle (15). Dem ist ebenso zuzustimmen wie dem, wenn er es »Perversion« nennt, »sich der göttlichen Wirklichkeit zu bemächtigen, das Unverfügbare verfügbar zu machen ... Diese Form der Manipulation des Heiligen verletzt das Wesen des Kults.« (16). Das klingt so, als ob es Menschenwerk bzw. das Werk von (selbsternannten) »Kultexperten« sein könnte, sich des Göttlichen / des Heiligen / des Transzendenten (manipulativ) zu bemächtigen – ist es aber denn nicht so, dass sich Gott als »der ganz Andere« (Karl Barth) immer wieder und erst recht solchen Angriffen zum Schutz für den Menschen entzieht? Steht hinter diesem Versuch von Menschen nicht das Bestreben, selbst (wie) Gott sein zu wollen – das also, was die Bibel »Sünde« nennt?

In der Vorbereitung einer *Kyrios-Feier* wird es darauf ankommen, den beteiligten Personen zu verdeutlichen, welchen Beitrag verschiedenste Menschen zum Gottesdienst-Geschehen einbringen können – und welchen (sie) eben nicht (einbringen können, sollen, müssen). Denn wenn es zur Begegnung mit dem lebendigen Gott kommen soll, so kann darum nur im Gebet ersucht werden: in der glaubensvollen Erwartung, dass Gott selbst in Christus

Jesus gemäß Mt. 18,20 gegenwärtig ist (EG 165,1) und dass ER selbst den Gottesdienst zu Seiner Sache macht. Wenn dies geschieht, dass Gott in Seinem Geist Menschen anrührt, bewegt, begeistert: dann können Menschen in ihrer Reaktion auf die souveräne »actio Dei« bestenfalls nur in »Eucharistia« antworten: »anbeten und in Ehrfurcht vor Ihn treten«, »sich innigst vor Ihm beugen« (Gerhard Tersteegen, 1729 – EG 165,1). Wo nun allerdings die Möglichkeiten des Menschen zu hoch angesiedelt werden, derart, dass ein Gottesdienst in der Verfügbarkeit oder in der Manipulationskraft von Zelebranden angesiedelt wird, da steht dieses Unternehmen von Anfang an ›unter einem schlechten Stern‹. Deshalb sind z.B. so genannte »Charismatiker« kritisch zu befragen, was sie denn alles in so genannten ›Charismatischen Gottesdiensten‹ in welcher und in wessen Kompetenz initiieren, aktivieren, mobilisieren bis hin zur Glossolalie (vgl. 1. Kor. 14) und zu Krankenheilungen. *Gottesdienst* – recht verstanden – ist keine Selbstinszenierung bestimmter Personen, keine (Vereins-) Veranstaltung und auch keine (Theater-) Aufführung, die auf Beifall (-sklatschen) hin angelegt ist – sondern potentes Geschehen im Geiste Gottes, virtuale Kommunikation von, durch und zu Gott. Dass Gott allein geehrt wird (Jean Cauvin / Johann Sebastian Bach) und dass Menschen im Sinne der urchristlichen »Eucharistie« hoffen und handeln, um IHN zu verherrlichen: dies macht Grund, Sinn, Zweck und Ziel menschlichen Agierens sowohl im sonntäglichen Gottesdienst als auch im Gottesdienst im Alltag der Welt aus. Dass Gott selbst Menschen in Dienst nimmt, sammelt, sendet und segnet – kann nur der ›Gebetswunsch mit begründeter Hoffnung‹ sein: im Gottesdienst der Kyrios-Nacht wie in jedem anderen Kasus menschlichen Lebens.

Anmerkungen

(1) – Quelle: »BNN«/»Badische Neueste Nachrichten«, Tageszeitung für die Region Karlsruhe, Ausgabe vom 22.03.2008.

(2) – Im Jahr 1570 hatte Papst Pius V. per Erlass jede Eucharistiefeier zwischen Karsamstag-Mittag und Ostersonntag untersagt und damit de facto jede Osternachtfeier aufgehoben.

(3) – Die »Vereinigte Evangelisch-Lutherische Kirche Deutschlands« / »VELKD« (mit Sitz in Hannover) wurde am 8. Juli 1948 gegründet und bildet den Zusammenschluss von acht lutherischen Landeskirchen. Die »AGENDE I« für die lutherischen Kirchen wurde 1955 gedruckt, die für die unierten Kirchen 1959. Seit 1980 liefen Verhandlungen zwischen den verschiedenen Landeskirchen, eine gemeinsame Agende für die Kirchen der »EKU« (also für die unierten Kirchen in der »Evangelischen Kirche der Union«), der »VELKD« und der »VELK in der DDR« zu erstellen. Im Frühjahr 1989 wurde im Blick auf die »Erneuerte Agende« ein so genannter »Vorentwurf zur Erprobung« freigegeben, nachdem 1986 die Gottesdienstordnungen

nochmals überarbeitet und mit einem Frageraster zu Stellungnahmen verabschiedet worden waren. Zum 1. Advent 1999 konnte das »Evangelische Gottesdienstbuch« als verbindliche und gemeinsame Agende für alle Gliedkirchen der VELKD und der EKU eingeführt werden.

(4) – Der Begriff »Hauptgottesdienst« findet sich erstmals in der Preußischen Agende von 1822.

(5) – siehe G. Kugler: Forum Abendmahl, Gütersloh 1979.

(6) – In den so genannten »Lorenzer Ratschlägen« vom »Forum Abendmahl« 1979 ist formuliert: »Brot und Wein, die wir am Tisch Jesu empfangen, machen uns hungrig und durstig nach Gottes kommender Gerechtigkeit. Wir können nicht Gäste des Gekreuzigten sein, ohne solidarisch zu leben wie er.« Die folgende Anmerkung sei allerdings erlaubt: Müssten diese Sätze nicht aus der österlichen Perspektive heraus formuliert werden? Müsste die Rede also nicht lauten: »am Tisch Christi« und: »Gäste des Auferweckten«? Im lutherisch-katholischen Dokument »Das Herrenmahl« (1979) heißt es: »Wer in die Gemeinschaft mit dem Herrn hineingenommen ist, muß mit ihm gegen die Mauern der Feindschaft vorgehen, welche Menschen gegeneinander errichten: Mauern der Feindschaft zwischen Stämmen, Nationen, Rassen, Klassen, Geschlechtern, Generationen, Konfessionen, Religionen.« (Zitat aus der Accra-Erklärung von 1974 – aufgenommen in: Das Herrenmahl, hg. von einer gemeinsamen römisch-katholisch / evangelisch-lutherischen Kommission, Paderborn / Frankfurt a.M., 3/1979, Nr. 28,22).

(7) – vgl. R. Volp: Liturgik I, 518.

(8) – P. Cornehl in: P. Cornehl, M. Dutzmann, A. Strauch (Hg.): In der Schar derer, die da feiern, 120–133.

(9) – P. Cornehl, aaO., 121.

(10) – Quelle: Deutschschweizerische Liturgiekommission: Osternachtfeiern (V Ba2–05).

(11) – P. Cornehl in: P. Cornehl, M. Dutzmann, A. Strauch (Hg.): In der Schar derer, die da feiern, 118.

(12) – P. Cornehl: Der Evangelische Gottesdienst, 40.

(13) – K. Barth: Das Wort Gottes und die Theologie, 122.

(14) – P. Cornehl: Der Evangelische Gottesdienst, 65.

(15) – P. Cornehl, aaO., 67.

(16) – P. Cornehl, aaO., 66.

Zur Zukunft der Osternachtfeiern

»Die Kunst, Gott zu feiern« – unter diesem Titel veröffentlichte Rainer Volp seine zweibändige »Liturgik«. Er schreibt: »Ob jemand fähig ist, Räume für das Wachsen des Spirituellen zu schaffen, hängt ... an der Kunst, Gott zu feiern.« (1). »Kunst« hat mit ›Können‹ zu tun und mag Menschenwerk sein – ob allerdings Menschen überhaupt je und jemals dazu in der Lage waren und sind, »Gott zu feiern«? Überheben sich Menschen nicht maßlos, wenn sie Gott feiern *wollten*? Martinus Luther formulierte in aller berechtigten Demut in anderem Zusammenhang: »Wir sind es doch nicht ...«: wie recht er damit doch hat!

Sicher und mit voller Berechtigung ist zu fragen, ob und wie Menschen dazu beitragen können, »Räume für das Wachsen des Spirituellen zu schaffen« – ob sie also Gottes Heiligem Geist hindernd entgegenwirken oder ob sie alles tun, um geistliches Wachstum zu ermöglichen und zu fördern. Dabei wird das urchristliche Gebet nicht fehlen dürfen, das da lautet: »Maranatha« / »o HERR, komm!« / ›Belebe und begeistere uns!‹

Aus dem Gebet heraus öffnen sich Räume für spirituelle Erfahrungen: dies gilt für jeden einzelnen Gottesdienst und so genauso für die Feier der *Kyrios-Nacht*. Aus dem Gebet heraus in den Gottesdienst ziehen und darauf vertrauen, dass Gott selbst diesen Gottesdienst zu Seiner Sache macht: das ist als allererstes angesagt. Als zweites: dass Gott Menschen in Seinen Dienst nimmt, also durch einzelne Menschen hindurch andere anrührt und anspricht. Dass Gott in allem in der Wirkkraft des Heiligen Geistes erfahren wird, darauf kommt es an. Dies allerdings können Menschen nicht ›machen‹, auch nicht in der gelungendsten »ars celebrandi« – aber dass dies geschieht: dass Menschen hineingezogen werden in die Dimension des Heiligen, darum dürfen und sollen sie Gott im erwartungsvollen Gebet bitten. ER will sich von uns Menschen bitten lassen, aber ER will zugleich mitten unter uns gegenwärtig (Realpräsenz) und wirksam (Virtualpräsenz) sein! In dieser Perspektive sollen und dürfen wir Gottesdienst feiern, nicht zuletzt den besonderen Gottesdienst der urchristlichen *Kyrios-Nacht* mit seinen Heiligen Handlungen, mit seiner reichhaltigen Symbolik auf Transzendenz hin, mit seinem so eigenen Mysterion. Christen dürfen und sollen gerade auch in dieser »Heiligen Nacht« göttliche Geheimnisse feiern: in der lobpreisenden Anamnesis über Gottes bisheriges Heilshandeln in all den »beneficiae Dei« – im Eucharistischen Gebet (als einem »Kranz von Gebeten«), im römischen Ritus: »Hochgebet« genannt – in der hoffnungsvollen Epiklese um Gottes Heiligen Geist für die Gemeinde (ausgedrückt mit nach oben geöffneten Händen und mit dem Ruf: »Maranatha«) – in der vertrauensvollen Gewissheit der Gegenwart Christi bzw. als Affirmation, also als Vergewisserung und Bestärkung im Glauben – im Offertorium der Oblationen und in der Eucharistie – in der erwartungsvollen Perspektive der Parousia Christi am Ende aller Tage.

Ein erster Höhepunkt in der Kyrios-Nachtfeier liegt in der Feier der Heiligen *Taufe* – bilden Taufe und Mahl doch die ›Pole‹ bzw. die ›Brennpunkte‹ dieses Gottesdienstes. Zu fragen ist sicher nach den Orten, speziell nach dem Taufort, der ja ursprünglich außerhalb und unterhalb der Kirche lag, *Baptisterium* genannt, an einem fließenden Gewässer errichtet (man denke an Speyer am Rhein)(2). Dem Abstieg ins Baptisterium (urchristlich zum Diakon)(siehe Röm. 6,3.4a.5a: »in den Tod Christi hinein getauft«) folgt schließlich der

Aufstieg in die Kirche (siehe Röm. 6,4b.5b: »mit Christus auferweckt, sollen auch wir in einem neuen Leben wandeln«) zum Kyrios-Fest (urchristlich mit dem Bischof). Die Frage: warum wurden in früheren Zeiten die Kirchen in Flussnähe gebaut (?) – erfährt auf diese Weise ihre Antwort.

Beachtens- und befolgenswert erweist sich die Wegstrecke mit ihrer so eigenen Symbolik / die Prozession aus dem Baptisterium heraus hinauf zur Kirche und in die Kirche hinein / dieses Weggeschehen vom Tod zum Leben, von der Finsternis zum Licht. Nicht von ungefähr findet die *Osterkerze* hier ihren ›Brennpunkt‹ – bis ins 10. Jhdt. hinein wurde sie dem Neophyten bzw. den Paten in der Kyrios-Nacht beigegeben für den Weg vom Baptisterium zur Kirche, also für den Weg aus der Taufe heraus in die Eucharistie hinein.

Das Mahl der Versöhnung (2. Kor. 5,19.20), das seinen Anfang genommen hat in der Feier der Kyrios-Nacht, beginnt mit dem *Offertorium* / mit der (orthodoxen) »Proskomedie« / mit der Darbringung der *Oblationen* (sprich: von Brot und Wein, von Früchten aus Feld und Flur, von Blumen, von persönlichen Briefen ggf. mit eigenen Nöten und nicht zuletzt mit der Darbringung der Opfer-/ Kollektengelder im Klingelbeutel) in einer feierlichen Prozession zum noch zu deckenden »Tisch des HERRN«. Diese Aktion ist (nicht Sache des Kirchdieners, sondern) Sache der ganzen Gemeinde, die sich in ihrer Gesamtheit als Schar von *Ministranden* (im »ministerium Dei«) innerhalb des Gottesdienst-Geschehens versteht und die sich in diesem einen Gebetsruf vereint weiß: »Lass uns ein lebendiges Opfer sein zum Lob deiner Herrlichkeit« (so die Lima-Erklärung »Taufe, Eucharistie und Amt« (1982) – ›lass uns ein lebendiges Dankopfer sein‹ (im Sinne von Röm 12,1). Wie von selbst schließen sich gleichsam organisch der Friedenswunsch an (»Nehmt einander an, wie Christus uns angenommen hat: zu Gottes Lob«, vgl. Röm. 15,7), der Friedensgruß (»Christi Friede sei mit dir«) und die Friedensgeste (evtl. in Form einer Umarmung oder gar eines Heiligen *Kuss*es): zum Ausdruck wechselseitiger Würdigung und Wertschätzung. Wen wird es überraschen, wenn die Gruppe der so Kommunizierenden nach dem Empfang von Brot und Wein am »Tisch des HERRN« mit einem wechselseitigen Händedruck auseinandergeht, wenn sie konkrete Fürbitte hält und anschließend gemeinsam das Unser-Vater spricht, wenn die Doxologie am Schluss einer solchen Nachtfeier steht und der Segen Gottes erwartet wird?

Die Frage nach dem *Zeitdatum* zum Beginn *des Kyrios-Festes* verdient Beachtung. Es ist davon auszugehen, dass die ur- und frühchristlichen Feiern ihren Ausgangspunkt (weniger in den Abend- als) in den Nachtstunden des Karsamstag genommen haben – dass die Tauffeiern im Zeitpunkt des Tageswechsels (also zur Zeit der Mitternacht) erfolgten – und dass die Eucharistiefeier zur Zeit des »Hahnenschreis« um 3 Uhr am Sonntagmorgen begonnen wurde. In Zeiten, als die (nächtlichen) Taufen von Erwachsenen immer mehr ins Schwinden gerieten und schließlich gänzlich ausblieben, wurden die Feierlichkeiten der Kyrios-Nacht oftmals bereits vor Mitternacht beendet. Nun allerdings den Ausgangspunkt für die Kyrios-Feiern in den frühen Morgen des Ostersonntags zu verlegen, widerspricht der urchristlichen Tradition und Rezeption und muss unter diesen Gesichtspunkten bedacht und entschieden und wohl zurückgewiesen werden. Denkbar sein könnte eine Zweiteilung der frühchristlichen Kyrios-Feiern in heutiger Zeit: Denn wie in Zeiten des 4./5. Jhdt.s die Herrnnacht auseinanderfiel in den Karfreitag einerseits und in den Ostersonntag andererseits, so könnte man heutzutage darüber diskutieren, einen ersten Teil der Kyrios-Feierlichkeiten (den des Wortgottesdienstes und den der Taufe bzw. der Tauf-Erneuerung) in die Nachtstunden des Karsamstag und einen zweiten Teil (den der Eucharistiefeier) in den (frühen) Ostersonntagmorgen zu verlegen (3). Doch – würde eine solche Praxis der Zweiteilung bzw. der ›Zellenteilung‹ nicht das (erneute) Ende des Kyrios-Festes auslösen?

Unter diesen Erwägungen überzeugt wohl allein die Entscheidung für ein kompaktes Entweder-oder: entweder die Kyrios-Nacht im gesamten Zusammenhang in den Nachtstunden des Karsamstag zu feiern oder alternativ dazu in den frühen Morgenstunden des Ostersonntag. Ein Votum für die Nachtstunden des Karsamstag respektiert dabei a) die Zeitphase der Auferweckung Jesu Christi – b) die urchristliche Tradition – c) die Eigenständigkeit des Karsamstag – und wehrt dem Verfall der Kyrios-Nacht zugunsten des (10-Uhr-) Festgottesdienstes am Ostersonntag. Bei der Entscheidung für die Oster*nacht*feier am frühen Morgen des Ostersonntags wäre der Sinn der Herrnnachtfeier zur Disposition gestellt – das Urdatum des christlichen Glaubens beiseitegeschoben – das Urfest der Christenheit aufgehoben! Die einzelnen Stationen im Gesamt-Prozess innerhalb der (nächtlichen) Herrnnachtfeier (mit der abschließenden Auferweckungsfeier im Morgengrauen auf dem Friedhof) würden dadurch aus dem Bogen des bisherigen Miteinanders, mehr noch: aus dem engen Zusammenhang der göttlichen Heilsgeschichte von Kreuz und Auferweckung herausgenommen und separiert zu einzelnen gottesdienstlichen Feiern im Nebeneinanderher – der ursprüngliche Spannungsbogen innerhalb der Kyrios-Nacht würde dadurch gesprengt – die Feier der Kyrios-*Nacht* empfindlich reduziert und beschädigt.

Diese Gesichtspunkte wie zum anderen die Tatsache, ›dass *oekumenische Osternachtfeiern* unter römischen Problemen leiden‹ – könnten eine Krise der Osternachtfeiern bewirken, die schließlich das neuerliche Ende jeglicher Osternachtfeiern bedeuten könnte. Um dies zu verhindern, braucht es einerseits eine Rückbesinnung auf die urchristlichen Anfänge und andererseits eine klare Analyse über dem, was heute machbar, wünschenswert oder aber auch unrealistisch einzuschätzen ist. Die Augen vor den derzeitigen Problemen zu verschließen, hilft nicht. Um der Ausdifferenzierung, der Zersplitterung und der Zerfaserung der tradierten Osternachtfeier nun aber wirksam zu begegnen, hilft wohl allein eine klare Entscheidung zugunsten der (urchristlichen) Kyrios-Feiern in den Nachtstunden des Karsamstag – wobei die Feiern um 22 Uhr beginnen und kurz nach Mitternacht beendet sein mögen, bevor sich eine Agape im Sinne eines fröhlichen Beisammenseins anschließen kann.

Anmerkungen

(1) – Rainer Volp: Die Kunst, Gott zu feiern, Liturgik, Bd. II, 907.

(2) – Aus diesem Kontext heraus wäre zu diskutieren, wie eine einmal jährlich stattfindende Tauffeier zu beurteilen ist, die (bei allen Reminiszenzen an die Johannes-Taufe im Jordan) am nahegelegenen Flusslauf oder auch in einem (Bagger-) See veranstaltet wird – ohne dass sich daran ein Gottesdienst in der Kirche anschließt. Pastoral-sorgsam wird zu prüfen sein, ob eine solche ausgegliederte Tauffeier aus folkloristischen Motiven heraus oder um einer gewissen Effekthascherei willen geschieht und in diesem Sinne missverstanden werden kann.

(3) – C. Mahrenholz' Behauptung: »Nun werden aber die Hauptgottesdienste am Ostertage in der Regel ohne Sakramentsfeier gehalten« (in: Die Feier der Osternacht, 5), was zum Schutz der Osternachtfeier dienen könnte – widerspricht die wohl durchgängige Gemeindepraxis, die gerade im Festgottesdienst am Ostersonntag die Eucharistie bzw. die Mahlfeier als Höhepunkt einbezieht und die diese damit aus der Feier der Kyrios-Nacht herausholen könnte. Auf eine solche Weise würde die Herrnnachtfeier jedoch eines ihrer zentralen Inhalte beraubt und entleert werden.

Anmerkungen zur heutigen Taufpraxis

Zwischen der urchristlichen Glaubens- / Bekehrungs- / Freiwilligkeits- / Entscheidungs- / Mündigentaufe (aufgrund von Mk. 16,16 und von Joh. 3,5) und der heutigen Taufpraxis liegen erhebliche Unterschied: derart, dass sich die Frage erhebt, ob der Terminus »*Taufe*« den jeweiligen Kasus-Situationen überhaupt gerecht werden kann. Lässt sich also ein- und-derselbe Begriff theologisch sauber verwenden in höchst verschiedenen, einander sogar widerstrebenden Zusammenhängen und Zeitbezügen? Müsste nicht eine differenziertere, wenn nicht gar eine ganz andere Terminologie bemüht werden? Und müssten nicht zuletzt Theorie und Praxis der *Kleinkinder-Segnung* vor dem Horizont der neutestamentlichen Zeugnisse neu bedacht und gewichtet werden – auch wenn die römische Kirche aufgrund ihrer Sakramenten-Lehre aus dem Verständnis der Taufe als Einstiegssakrament und als Initiationsritus für Säuglinge und Kleinkinder wohl nie wird aussteigen können? Sollte eine falsch verstandene Rücksichtnahme auf die römische Tradition / sollte ein Zugeständnis an die römische ›Heilsökonomie‹ / sollte der vermeintlich gemeinsame oekumenische Anknüpfungspunkt »Taufe« gegenüber dem biblisch-neutestamentlichen Zeugnis dominieren / sollten sich die protestantischen Kirchen angesichts der Taufproblematik also in einer Art ›Kniefall vor Rom‹ beugen und sich damit vom eigenen Prinzip des »sola scriptura« distanzieren, wenn nicht gar verabschieden?

Um der eigenen Glaubwürdigkeit willen gehört über die Taufproblematik und in diesem Kontext über die Frage der *Kleinkinder-Segnung* (aufgrund Mk. 10,13–16) neu nachgedacht. Wie in der »Reformierté Kirche von Frankreich« 1951 mit einer so bezeichneten *Darbringung*sliturgie bereits eröffnet und seit 1960 in Genf Brauch, sollte als ein erster Schritt taufwilligen Eltern gegenüber die Möglichkeit zur Kleinkinder-Segnung (statt zur Kleinkinder-Taufe) sehr wohl offeriert werden (an die sich zu späterer Zeit als Ziel die Taufe anschließen mag). Denn wer die Beweggründe zur Taufe eines Kindes hinterfragt / wer berücksichtigt, warum das Bibelwort Ps. 91,11 den ›absoluten Spitzenreiter‹ unter den Taufsprüchen ausmacht, der wird erahnen, dass die Eltern in der Tiefe ihrer Seele auch bei aller Diffusität ihrer religiösen Einstellung im Grunde die Segnung ihres Kindes wünschen und erbitten bzw. begehren, nicht aber die Taufe (im engeren Sinn der Bedeutung). Zu fragen ist, ob Eltern, die den Segen für ihr Kind erbitten, darüber hinaus nicht ggf. gar das Sakrament der Taufe ›aufgenötigt‹ wird – ebenso ist zu fragen, was das unzweifelhaft drastische Bibelwort aus Mt. 7,69 (»Perlen vor die Säue werfen«) in diesem Kontext wohl bedeuten mag. Warum also sollten Eltern mit ihrem neugeborenen Kind nicht (wie selbstverständlich?) zur Danksagung (»Eucharistie«) und Fürbitte zur Kirche kommen können? Äußert sich darin nicht ein menschliches Grundbedürfnis, die Geburt eines Kindes im religiösen Sinne zu feiern und das Kind segnen zu lassen? – Unter Würdigung dieser Motive dürfte das Tor zur Kleinkindersegnung bereits weit aufgestoßen sein. Mit einer entsprechenden kirchenamtlichen bzw. sanktionierten Entscheidung wäre (allerdings im Gegenüber zur römischen Kirche) allen Beteiligten gedient, nicht zuletzt der Glaubwürdigkeit kirchlichen Handelns, das sich auf die Urkunden des neutestamentlichen Zeugnisses und damit auf die Glaubenstradition der ersten Christen berufen will.

Innerhalb der Kleinkindersegnung lässt sich im Blick auf die Aktion der Eltern unterscheiden zwischen dem Akt der bloßen »*Darbietung*« und (demgegenüber) dem Akt der »*Darbringung*« (man vergleiche dabei den entsprechenden Akt im Judentum), zu dem die Fürbitte und die Verpflichtung der Eltern zur christlichen Erziehung ihres Kindes gehören (1).

Die Kleinkinder-Segnung gemäß Mk. 10,13–16 wäre missverstanden, wenn sie als Alternative zur Taufhandlung eingeschätzt würde – denn in diesem Fall bedeutete dies eine Degradierung sowohl der Segnung einerseits wie der Taufe andererseits. Recht verstanden, wäre die Taufe aufgrund der vorgezogenen Segnung allein aufgeschoben, die Segnung fände ihr Ziel in der später nachgezogenen Taufe. Ein Kind, das im frühen Alter (lediglich?) gesegnet worden ist, wird dadurch noch nicht »Glied am Leibe Christi« bzw. in der christlichen Gemeinde, kann aber im heranwachsenden Alter sehr wohl

in einen evangelischen Kindergarten gehen wie am Religions- und Konfirmandenunterricht teilnehmen (und möglicherweise vor dem eigenen Ja-Wort
zur Konfirmation vorher in der *Osternacht* getauft werden wollen). Für die
Eltern und Paten entfiele im Falle der Kleinkinder-Segnung die so genannte
Eltern- bzw. Patenverpflichtung (wie bei der Säuglingstaufe) zur Erziehung
des Kindes im christlichen Glauben, was unterschiedlich beurteilt werden
mag: befürwortend aus Gründen der Aufrichtigkeit, wenn Eltern und Paten
etwas versprechen sollen, was sie evtl. nicht einlösen (können oder wollen) –
während dagegen der Wunsch steht, dass Eltern (und Paten?), die ihr Kind
zur Segnung dargebracht haben, nun auch alles versuchen werden, ihr Kind
zum christlichen Glauben zu führen und zu erziehen. Dass den *Paten* (als den
urchristlichen Bürgen für die christliche Erziehung und Begleitung des Katechumenen und des Neophyten in der Kyrios-Nacht und darüber hinaus) in
diesem Zusammenhang besondere Bedeutung zukommt, kann nur unterstützt
werden.

Zu begrüßen wäre es, wenn die Kleinkinder-Segnung und die Säuglingstaufe gleichberechtigt nebeneinander gelten könnten (vgl. die *LIMA-
Erklärung* in T 12 K)(8), liegen doch für beide Riten überzeugende Beweggründe vor – und wenn beide Möglichkeiten zur Entscheidung für die Eltern
offen in den Raum gestellt sind: nicht zuletzt im Blick auf diejenigen unter
den christlich eingestellten Eltern, die sich zunächst mit gutem (biblischen)
Grund allein für die Segnung ihres Kindes aussprechen und die sich von
Herzen wünschen, dass ihr Kind eines Tages gemäß biblischem Vorbild für
sich selbst die eigenständige Entscheidung zur Taufe treffen wird.

Exegetisch-theologisch konsequent wäre es, wenn in den Agenden bzw.
Liturgien für die Säuglingstaufe der Text Mk. 10,13–16 eliminiert wird und
keinerlei Berücksichtigung (mehr) findet.

Was den Ort für die Kleinkindersegnung in der Kirche angeht, so kann es
nicht der Taufstein sein, um klar und deutlich zu machen, dass es sich eben
nicht um eine Taufe handelt. Es ist also alles zu tun, um zu verhindern, dass
Kleinkindersegnung und Taufe miteinander verwechselt werden können.
Die Kleinkindersegnung sollte pfarramtlich in einem eigenen Kirchenbuch
registriert werden.

Aus Gründen der Redlichkeit ist nun aber nicht zu verschweigen, dass die
so genannten *Tauffragen* an Eltern und Paten heutzutage alles andere als
unproblematisch sind – auch vor dem Hintergrund, dass wir Menschen gemeinhin mehr versprechen, als wir halten (können). Um der Menschenwürde
willen, um der Ernsthaftigkeit willen: um Eltern und Paten in ihrem Amt zu
würdigen und ernstzunehmen, erweist sich die Tauffrage als sinnvoll. Zwei
Beispiele für außer-agendarische Tauffragen seien angeführt:

»Liebe Eheleute XX und XY – wollen Sie Ihrem Kind ZZ liebevolle, aufrichtige Eltern sein, es im Geiste Jesu Christi erziehen und ihm die Liebe auch dann bewahren, wenn es Ihnen Sorgen und Enttäuschungen bereitet, so antworten Sie bitte: ›Ja, mit Gottes Hilfe!‹ Liebe Paten AA und BB – wollen Sie als Glieder der Gemeinde Jesu Christi diesem Kind mit Verständnis und Güte nahe sein, ihm ein Beispiel darin geben, was es heißt, in dieser Welt als Christ zu leben, so antworten Sie bitte: ›Ja, mit Gottes Hilfe!‹« (2).

»Ohne Glauben ist die Taufe nutzlos, wie ein Brief ohne Inhalt. Wenn wir in der Kirche Jesu Christi taufen, dann geschieht dies in dem Wunsch und in der Hoffnung, dass christlicher Glaube auch in diesem Kind Wurzeln schlägt. Diese Hoffnung lebt entscheidend auch davon, dass Sie als Eltern und Paten den Weg des Glaubens für Ihr Kind vorausgehen und schließlich mit Ihrem Kind mitgehen. Deshalb frage ich Sie: Wollen Sie alles in Ihren Möglichkeiten Liegende tun, damit dieses Kind in den christlichen Glauben hineinwachsen kann und ein lebendiges Glied der Gemeinde Jesu Christi wird? Wenn dies Ihr Wunsch und Wille ist, so antworten Sie bitte: ›a, mit Gottes Hilfe!‹« (3).

Die Tauffragen rekurrieren auf christlichen Glauben und setzen diesen voraus: im Falle der Säuglingstaufe bei den Eltern und Paten – im Falle der Freiwilligkeitstaufe bei dem Taufbewerber (und zwar derart, dass dieser möglichst seine eigene »confessio fidei« vor versammelter Gemeinde spricht, wie es die Taufkatechumenen in ur- und frühchristlicher Zeit gehalten haben). Grenzen für (»ein Recht auf«) die Taufe sind dort erreicht, wo entweder kein überzeugendes Taufbegehren (durch die Eltern), kein Taufglaube und kein Taufversprechen (zur christlichen Erziehung) vorliegt. In solchen Fällen ist ein Taufaufschub zu erwägen.

Wenn nun jemand aus der Kirche ausgetreten ist und keiner der ACK-Mitgliedskirchen (4) angehört: wie wollte sich derjenige als Glied der Gemeinde Jesu Christi ausgeben können und christliche Erziehung bzw. christlichen Lebenswandel versprechen wollen?

Die *Tauffeier* soll generell (von seelsorgerlich begründeten Ausnahmefällen abgesehen) innerhalb des so genannten *Hauptgottesdienst*es am Sonntagmorgen (als dem wöchentlich wiederkehrenden Oster-Sonntag) innerhalb der Gemeinde erfolgen und wird im Falle der *Säuglingstaufe* vor der Predigt stattfinden (damit sich die Mutter mit ihrem Kind im Falle übermäßiger Unruhe zurückziehen kann) – im Falle der *Mündigentaufe* wäre dagegen anzuraten, dass die Tauffeier nach der Predigt erfolgt und vor der Eucharistie: damit der Neophyt gemäß urchristlicher Tradition gleich direkt anschließend an seine Taufe erstmals Brot und Wein empfangen kann, so, wie es von allem

Anfang an in der Kyrios-Nacht in der so genannten Tauf-Eucharistie gehalten wurde.

Im Blick auf die orthodoxen Kirchen äußert die LIMA-Erklärung (1982) zur Taufe unter Pkt. 20, 16: »Manche Kirchen sind der Auffassung, daß die christliche Initiation unvollständig ist ohne die Versiegelung der Getauften mit der Gabe des Heiligen Geistes und die Teilnahme am heiligen Abendmahl.« Das heißt: *Die orthodoxen Kirchen* haben an der ur- und frühchristlichen Praxis der so genannten *Tauf-Eucharistie* (aus der Phase der Kyrios-Nacht) durch die Zeit der Kirchengeschichte hindurch bis in die Gegenwart hinein festgehalten – und dies auch für die Zeit, nachdem sie den Ritus der Säuglingstaufe übernommen hatten. Seither wird die Tauffrage an die Stellvertreter des Täuflings gerichtet – der Getaufte erhält eine winzige Partikel der Hostie – zuletzt wird er mit Myrrhen gesalbt und versiegelt. Dies bedeutet, dass sich der separierte Brauch der *Firmung* (wie in der römischen Kirche eingeführt) von selbst erübrigt. Im Weiteren sei verwiesen auf das Votum, das da lautet:»Getauft wird XY« – der (orthodoxe) Täufer selbst tritt damit (im Gegenüber zum westkirchlichen Votum: »*Ich* taufe XY auf den Namen Gottes ...«) bezeichnenderweise in den Hintergrund zurück.

Die *Tauffeier* gliedert sich in der Regel in folgenden *Ablauf*: Ansprache – Einsetzungsworte (Zitation von Mt. 28,18–20) – Credo – Ermahnung – Tauffrage – Verpflichtung – Gebet –Votum (»ich taufe dich *auf* den Namen Gottes, des Vaters, des Sohnes, des Heiligen Geistes«) (5) – Taufakt – Taufspruch – Segenswort (6).

Der Tauffeier *vorausgehen* wird ein ausführliches Taufgespräch (möglichst in der Wohnung der Taufeltern), vielleicht sogar ein gemeindliches Tauf(eltern)-Seminar (über drei, vier Abende hinweg mit der freiwilligen Selbstverpflichtung zur Teilnahme?) in der Maxime urchristlicher Reminiszenz – und *nachgehen* sollte a) innerhalb eines jeden Kirchenjahres ein *Taufgedächtnisgottesdienst* (möglichst in der Zeit der Pentecoste)(7) und b) innerhalb des Kindergottesdienstes ein Erinnern an den Tauftag des je betreffenden Kindes. Auch auf diese Weise wird die Feier der Heiligen Taufe die ihr zustehende Aufwertung bzw. Hochschätzung zusätzlich erfahren.

Zu begegnen ist jenem Trend, den Rainer Volp berechtigt kritisiert, wenn er schreibt:»Die gewöhnlich geringe Größe der Taufschale und ihr zur Bedeutungslosigkeit zurückgestufter Ort ist eine noch junge Erscheinung. Beides symbolisiert den geringen Wert, den die Kirchen heute der Taufe im Leben der Gemeinde zubilligen.« (in: Liturgik I, 421). Diese Problem-Anzeige nun fordert zu sichtbaren Korrekturen heraus, will den *Taufort* als einen besonderen Ort der Würde innerhalb der Kirche herausheben bzw. zurückgewinnen und in Relation sehen zum ebenfalls besonderen Ort der Würde innerhalb der Kirche: nämlich zum »Tisch des Herrn«. Wie die Kanzel als Ort der Verkündigung des Gotteswortes, so verdienen genauso diese beiden Orte äußersten Respekt. Im Sinne des urchristlichen *Offertoriums* wird es mehr als nur ein Gestus sein, wenn zur Tauffeier die Taufschale von der Familie des Tauflings mit Blumen (der Danksagung) geschmückt wird.

Die Konvergenz-Erklärungen der Kommission für Glauben und Kirchenverfassung im Oekumenischen Rat der Kirchen unter dem Titel »Taufe, Eucharistie und Amt« (1982)(8), veröffentlicht unter dem Kürzel der »LIMA-Erklärungen« – verstehen die *Taufe* als Verwurzelung in Jesu Tod und Auferweckung (nach Röm. 6,3–5 und Kol. 2,12), als »Eingliederung in Christus«, als »Reinwaschung von Sünde« (nach 1. Kor. 6,11), als »Exodus aus der Knechtschaft« (nach 1. Kor. 10,1.2), als »neue Geburt« (nach Joh. 3,5 / Tit. 3,5), als Aufnahme in den »Neuen Bund«, als »Gabe Gottes« und als »Hingabe an den Herrn« (9) – sowie als »Zeichen des Reiches Gottes und des Lebens der zukünftigen Welt« (10).

Wie die Taufe als einigendes Band zwischen den verschiedenen Kirchen anerkannt sein mag (gemäß Eph. 4,4–6: »ein Herr, ein Glaube, eine Taufe«) – und wenn auch inzwischen elf der in der ACK zusammengeschlossenen insgesamt sechzehn verschiedenen Kirchen am 29. April 2007 im Magdeburger Dom ein Dokument zur wechselseitigen Anerkennung der Taufe feierlich unterzeichnet haben: so regen sich bis dato nicht zu leugnende Differenzen bei der *Amtsfrage*, bleibt doch das Amtsverständnis zwischen den Konfessionen bis dato kontrovers: In den *orthodoxen Kirchen* wie in den Kirchen der Reformation begründet die Taufe das Amt – in der *römischen Kirche* dagegen fußt das Amt innerhalb der »Sukzession des apostolischen Amtes« auf dem Sakrament der Priesterweihe durch den Bischof.

Angesichts der ACK-Dokumentation vom 29. April 2007 ließe sich fragen, ob diese Erklärung wohlgemerkt aus römischer Perspektive heraus nicht eine Art von ›Betriebsunfall‹ darstellt – fixiert sie doch damit de facto (›durch die Hintertür‹ hindurch?) die Anerkennung anderer christlicher Kirchen als Kirchen (im Vollsinn des Wortes?) und ebenso die Anerkennung protestantischer Pfarrer (zumindest) in ihrem (Tauf-) Dienst, auch wenn diese nicht in der »apostolischen Sukzessionslinie« nach römischen Verständnis stehen. Ließe sich diese Anerkennung im Kontext der Taufe nicht im konstruktiven Sinne als ›protestantisches Einfallstor in die römische Domäne‹ verstehen und als Eröffnung weiterer oekumenischer Schritte auf einem Weg zueinander hin, der die Bezeichnung »Oekumene« schlussendlich verdient? Eigens zu überlegen wird sein, ob ein solches ›Einfallstor in die römische Domäne‹ aus protestantischer Warte heraus gut ist und gewollt wie gewünscht sein kann, ob und wenn ja: welche protestantische Position dabei berücksichtigt und gestärkt, welche gefährdet oder gar aufgegeben würde.

Wenn nun mit dem Dokument vom 29. April 2007 der Initiationsritus der Taufe zwischen verschiedenen Kirchen und Konfessionen wechselseitig anerkannt ist, so sollten dabei jedoch die Unterschiede im Taufverständnis nicht nivelliert werden. Unterschiede bestehen nach wie vor im Verständnis der »Heiligen«: Wenn denn neutestamentlichem (1. Petr. 2,9.10) und wenn protestantischem Verständnis gemäß die »communio sanctorum« geglaubt wird, so umfasst diese Gemeinschaft alle Getauften, die ja durch das Ereignis der Taufe in den Stand der »familia Dei« bzw. in den der »familia sanctorum« gehören – im römischen Verständnis allerdings bezieht sich der Begriff der Heiligen allein auf einzelne wenige ›Personen‹, die posthum erst Jahrzehnte später durch eine Entscheidung im Vatikan zu Heiligen erklärt worden sind (11).

Im Sinne der Abstraktion und unter rein formalen Aspekten beurteilt, schließt sich an das Sakrament bzw. Gnadenmittel der Heiligen Taufe eine römische Sakramentenreihe (bzw. protestantisch eine Reihe »Heiliger Handlungen«) an: angefangen mit der Heiligen Kommunion, fortgesetzt mit dem Sakrament der Firmung und später dem Sakrament der Ehe bis hin zum Sakrament der Krankensalbung (oftmals als »letzte Ölung« bezeichnet). Mögen formal auch gewisse Übereinstimmungen konstatierbar sein (vgl. Konfirmation und Trauung), so müssen die inhaltlichen Unterschiede doch gewichtet werden, die sich nicht zuletzt am Amt des Priesters festmachen. Von daher mag es umso erstaunlicher berühren, dass sich die römische Kirche überhaupt bereitgefunden hat, die Taufe in »anderen Kirchen« (?) bzw. Konfessions- und Religionsgemeinschaften anzuerkennen: Drückt die römische Kirche damit nicht zumindest indirekt eine Anerkennung aus für das Amt des protestantischen Pfarrers und der protestantischen Pfarrerin?

Zusammenfassend sei notiert: Die Rückbesinnung auf neutestamentliche Zeugnisse wie auf ur- und frühchristliche Traditionen (wie in der Feier der Kyrios-Nacht) wird zu einer Aufwertung der Heiligen Taufe im Sinne der Verantwortungstaufe führen und die Heiligkeit der Taufe in ihrem Zuspruch und in ihrem Anspruch erahnen lassen. Dieser Rekurs wird einerseits zu einem eigenständigen Ritus der Kleinkinder-Segnung beitragen und andererseits eine wachsende Bedeutung für den Ritus der Erwachsenentaufe (12) bewirken, wie dieser in der Feier der Kyrios-Nacht von allem Anfang an vorgelebt wurde.

Anmerkungen

(1) – Kritisch äußert sich K. Barth: KD IV/ 4, 213.

(2) – H.-G. Krabbe: Taufbrief an Eltern und Paten, hg. vom Evang. Pfarramt der Jakobus-Gemeinde, Karlsruhe 2004.

(3) – Diese Tauffrage gilt als Vorschlag für die beabsichtigte Neuauflage vom »Taufbrief für Eltern und Paten«, aaO.

(4) – Das Kürzel »ACK« bedeutet den Zusammenschluss aller christlichen Kirchen innerhalb der Bundesrepublik in einer verbindlichen Arbeitsgemeinschaft.

(5) – Das Votum des Täufers zur Taufe kann im Grunde nur lauten: »Ich taufe dich *auf* den Namen Gottes, ...«, um dadurch den eingeleiteten Eigentumswechsel und Herrschaftswechsel zu konkretisieren, tritt der Getaufte doch durch die Heilige Taufe in den Machtbereich Christi hinein (siehe dazu E. Hesse: Erfahrungen einer Dieners am Wort mit dem Taufen, RKZ 1/1986, 7–12).

Antwort 1 auf Frage 1 im »*Heidelberger Katechismus*« (1563) bekennt, »daß ich ... meines getreuen Heilandes Jesu Christi eigen« (vgl. Eigentum) »bin.« Im Taufvotum zu behaupten: ›ich taufe dich *im* Namen Gottes‹, könnte als eine Amtsanmaßung des Täufers ausgelegt werden.

(6) – Rainer Volp kritisiert »eine .. Abfolge, die wortreich erklärt, statt klärend zu wirken ... durch die Zeichen selbst« (in: Liturgik I, 612) und wendet sich damit gegen (eine Fülle von) Regieanweisungen während des Gottesdienst-Vollzugs. Denn vieles, wenn nicht alles Entscheidende und Grundlegende von dem, was im Gottesdienst geschieht, lässt sich nicht erklären, bleibt bestenfalls nur zu glauben.

(7) – »Die Feier des Taufgedächtnisses«, so lautet der Titel für eine Liturgische Handreichung, die vom Amt der »VELKD« im Auftrag der »VELKD«-Kirchenleitung 2007 herausgegeben wurde und die die besondere missionarische wie oekumenische Chance der *Taufgedächtnisfeier* betont. An weiterer Literatur sei genannt: Taufgedächtnis feiern. Praktisch-liturgische Hilfen, hg. vom Oekumene-Fachausschuss der Evang.-luth. Kirche in Bayern, München 1987 – Reiner Blank / Christian Grethlein (Hg.): Einladung zur Taufe-Einladung zum Leben, Stuttgart 1992 – Nürnberger Gottesdienst-Institut (Hg.): Taufgedächtnis, Nürnberg 2001.

(8) – Diese KONVERGENZ-ERKLÄRUNGEN sind das Ergebnis eines fünfzigjährigen Studienprozesses, der zurückreicht bis hin zur »Ersten Weltkonferenz für Glauben und Kirchenverfassung« in Lausanne im Jahre 1927. Fast zweihundert Kirchen haben offizielle Stellungnahmen dazu beim Oekumenischen Rat der Kirchen in Genf *(ÖRK)* eingereicht. In der Tagung vom 2.–16. Januar 1982 wurden diese Erklärungen in LIMA (Peru) unter dem Vorsitz des Taizé-Bruders *Max Thurian* (*1921,+1996) von der ÖRK-Kommission für Glaube und Kirchenverfassung beschlossen und schließlich als so genannte »LIMA-Texte« herausgegeben (die in über 31 verschiedene Sprachen hinein übersetzt worden sind). Ihr Inhalt sind die theologischen Konvergenzen, auf die sich die Mitgliedskirchen des ÖRK auch mit Vertretern der römischen Kirche und anderer Nicht-Mitgliedskirchen im Sinne eines Minimal-Nenners (bzw. des kleinsten gemeinsamen Nenners) in Bezug auf Taufe, Eucharistie und Amt haben verständigen können. Unter dem Begriff der Konvergenz (jedoch nicht unter dem Begriff des Konsensus) formu-

lieren sie also Gemeinsamkeiten im Glauben und Leben, im Lehren und Handeln der verschiedenen Kirchen zu den Themen von »Taufe, Eucharistie und Amt« so allgemein wie nur irgend möglich. Ungeklärte Kontroversfragen finden sich als angehängter Kommentar zu den jeweiligen Einzelpunkten. Kritik erfuhren die »Lima-Texte« nicht zuletzt im Blick auf die vorgegebenen Erklärungen zum Thema »Amt«: durch den Aufsatz von L.S. Mudge: Die Konvergenzerklärungen von Lima aus der Sicht eines reformierten Theologen, RKZ 8/1983, 206–210.222 – durch die Erklärung vom Moderamen des Reformierten Bundes, RKZ 9/1984, 249f. – durch den Aufsatz von Alan P.F. Sell: Einige Reformierte Stellungnahmen zu Taufe, Eucharistie und Amt, in: RKZ, 5/1987, 140–146 – und durch Albrecht Holthuis: Lima – eine »verheißungsvolle Konvergenz« oder »unannehmbar«?, RKZ 11/1989, 333–337). Die Stellungnahme der »Arnoldshainer Konferenz« findet sich in: RKZ, 126. Jg., 12/1985, 328–329.

Alfred Ehrensperger resümiert: »Der Limatext verbindet und vermischt problemlos fast alle Traditionen und wahrt so – scheinbar – jedermanns Besitzstand. ... So wird durch solche Konvergenzerklärungen vielleicht doch nicht so viel erreicht, wie man erwartet und manchmal gegen außen deklariert.« (in: Gottesdienst ..., 55).

Georg Plasger vermerkt: »Es wird keine volle Kichengemeinschaft erwartet, sondern es ist eine Konvergenzerklärung, mit der die Kirchen aufeinander zugehen wollen. Verfahren wird so, daß der größte gemeinsame Nenner aller kirchlichen Auffassungen gesucht wird, das, was darüber hinaus an Unterschieden bleibt, wird nicht aufgenommen. Hinzu kommt, daß zwar des öfteren mit biblischen Zitaten argumentiert wird, aber ... der Eindruck da ist, daß man sich nicht wirklich auf biblische Texte beruft. Es wird also bei durchaus vorhandenen Unterschieden nicht versucht, diese aufzuarbeiten oder zu benennen, sondern sie einfach – für diese Erklärung – zu ignorieren. Das aber hat Folgen. Denn das, was an Gemeinsamkeiten benannt werden kann, wird von den unterschiedlichen Kirchen, da sie daneben noch Unterschiedliches bekennen, auch unterschiedlich verstanden. Gleiche Worte garantieren noch kein gleiches Verständnis ... Das Lima-Dokument zeigt nicht die Kirche auf dem Weg zur Einheit ...« (in: Die relative Autorität, 240). Sodann ist zu fragen, ob die Konvergenz-Erklärungen von LIMA den oekumenischen Prozess wahrhaft vorangebracht haben – oder ob sie nicht lediglich eine Bestandsaufnahme dessen enthalten, was ist. Kann ein denkbares Urteil aus späterer historischer Perspektive heraus betrachtet einmal lauten (?): Die »LIMA-Erklärungen« haben keinen Fortschritt auf dem Weg zur Oekumene gebracht, sondern im Gegenteil gar einen Rückschritt eingeleitet?

Eine Einführung zur Entstehung der LIMA-Erklärungen liefert Eberhard Mechels unter dem Titel: »Taufe, Eucharistie und Amt« in: RKZ, 2/1984, 48–50.

Unzweifelhaft bezeichnen die Konvergenz-Erklärungen von LIMA einen Meilenstein innerhalb der Kirchengeschichte – ist es damit (nach der Zeit der altkirchlichen Konzilsbeschlüsse) doch erstmals gelungen, die Vertreter unterschiedlichster Kirchen bis hin zur römischen Kirche auf eine gemeinsame ›Plattform der Verständigung‹ zu vereinigen und die Fixierung einer Minimalkonvergenz zwischen den verschiedenen Konfessionen zu erreichen. Allerdings bleibt zu fragen: Was geht wann wie weiter – und: Haben die »LIMA-Erklärungen« überhaupt die Aussicht auf weitergehende Rezeption, wenn sie die in der oekumenischen Diskussion vorliegenden und ›brennenden‹ Konfliktpunkte ausklammern? Erweisen die Konvergenz-Erklärungen dem oekumenischen Anliegen einen hilfreichen Dienst, wenn sie (allein?) die Konvergenz im Sinne einer Bestandsaufnahme festschreiben, den Prozess selber aber nicht oder nur kaum voranbringen? Findet der ÖRK die Kraft zu einer längst erforderlichen vertiefenden Weiterarbeit? Was wird aus den Impulsen, die von »LIMA« ausgegangen sind? Oder drohen die Konvergenz-Erklärungen zu einem ›sanften Ruhekissen‹ zu verkommen, weil 1982 im Grunde allein Konvergenz formuliert wurde, zur notwendigen theologischen Weiterarbeit am Dissens (und hin zu denkbarem Konsens) bisher jedoch der Mut und der Atem fehlt?

(9) – vgl. die Konvergenz-Erklärungen von Lima, 9/1984, 9.

(10) – vgl. die Konvergenz-Erklärungen von Lima, 9/1984, 11. Diese klaren biblischen Aussagen hinterfragt die Antwort vom Moderamen des Reformierten Bundes angesichts dessen, dass sich diese Aussagen auf die allgemein übliche Säuglingstaufe beziehen sollen (und eben nicht auf die Entscheidungs- / Verantwortungs- / Mündigentaufe, wie es dem neutestamentlichen Zeugnis jedoch entspricht). Siehe RKZ 9/1984, 250.

(11) – Wenn im Apostolicum dem Wortlaut nach von der »Gemeinschaft der Heiligen« gesprochen wird, so ist damit nach römischem Verständnis einerseits und nach biblisch-protestantischem Verständnis andererseits Verschiedenes gemeint: einmal sind mit »Heiligen« die posthum durch eine Vatikansentscheidung dazu Erklärten gemeint, zum anderen dem biblischem Verständnis von 1. Petr. 2,9.10 entsprechend alle Getauften.

(12) – siehe dazu die Broschüre: »Erwachsenentaufe als pastorale Chance. Impulse zur Gestaltung des Katechumenats«, hg. von der Deutschen Bischofskonferenz, Bonn 2001.

Zur Theorie und Praxis des Konfirmandenunterrichts

Daniel Friedrich Schleiermacher orientierte: »Die Kindertaufe ist nur eine vollständige Taufe, wenn man das nach vollendetem Unterricht hinzukommende Glaubensbekenntnis als den letzten noch dazugehörigen Akt ansieht.« (in: Der christliche Glaube, 2/1960, 208). Mit dieser Überzeugung ist ein Defizit der Säuglings- und Kleinkindertaufe markiert, das durch den Konfirmandenunterricht und durch die *Konfirmation* behoben werden soll, wenn der Säugling bzw. das Kleinkind zum Jugendlichen geworden ist und in eigener Entscheidung freiwillig das eigene JA-Wort zur damaligen Taufe nachholt und damit die Entscheidung von Eltern und Paten zu seiner Taufe selbst bestätigt. In der Konfirmation handelt es sich demnach nicht um eine Art von Tauferneuerung, sehr wohl aber um die eigene Taufbestätigung und Taufverpflichtung. Denn der Konfirmationswillige verspricht im Akt der Konfirmation vor der versammelten Gemeinde, fortan bewusst als Christ leben zu wollen. Er geht das »pactum« ein (Gregor von Nazianz): willigt ein in den Bund Gottes, den Gott mit ihm bereits in der Taufe geschlossen hat, und schließt nun auch seinerseits gleichsam einen ›Lebens- und Arbeitsvertrag‹ mit Gott – verspricht, als Gottes Bündnispartner hier auf Erden agieren zu wollen – und legt ein (nachgezogenes Tauf-) Gelübde vor Gott ab, wobei die Gemeinde als Zeuge dient.

Dem durch die *Einführung der Säuglings- und Kleinkindertaufe im 5./6. Jhdt.* auf Seiten des Menschen entstandenen Defizits versuchte *Martin Bucer* (*1491,+1551) mit der Einführung von Konfirmandenunterricht und Konfirmation in der »*Ziegenhainer Zuchtordnung*« von 1539 zu begegnen. Bis in die Gegenwart hinein hat sich daraus innerhalb der verschiedenen Landeskirchen eine höchst unterschiedliche Praxis entwickelt: erwähnt sei der *Praeparanden*-Unterricht im ersten Jahr, der *Katechumenen*-Unterricht im zweiten Jahr mit der Konfirmation als öffentlichem Abschluss (im Gegenüber zum lediglich halbjährigen *Konfirmandenunterricht*) – die Konfirmanden-Prüfung am Sonntag zuvor vor versammelter Gemeinde (im Gegenüber zu einem eher ›lockeren‹ Konfirmandengespräch) – die eigene »confessio fidei« (im Gegenüber zum gemeinsam in der Gruppe gesprochenen Credo) – der erste Abendmahlsgang nach der »admissio« (im Gegenüber zur Einladung an alle getauften Kinder und so auch an alle Konfirmanden nach entsprechender Vorbereitung) und nicht zuletzt das Datum der Konfirmation, das zwischen dem Sonntag »Judica« (der innerhalb der Badischen Landeskirche bis heute als der traditionelle Konfirmationssonntag gilt), dem Sonntag »Palmarum« (innerhalb der reformierten Kirchen) und z.B. dem Sonntag »Jubilate« differiert. Erkennbar bleibt (immer noch?) im Ansatz der Bezug zum frühchristlichen *Taufkatechumenat* – auch wenn durch das vorgezogene Konfirmationsdatum in die Passionszeit hinein der Bezug zur *Kyrios-Nacht* verloren gegangen ist. Falls das Konfirmationsdatum (1) auf einen Sonntag nach Ostern fällt – sollte die Taufe von bis dato nicht getauften Jugendlichen, die aber zur Konfirmation anstehen, in der Feier der Kyrios-Nacht erfolgen.

Stellt die Taufe die Grund-Ordination für den Christenstand dar, so mag die Konfirmation als »Ordination für den christlichen Laienstand« (J.F. Höfling im 18. Jhdt.) verstanden sein. Auf die »Benedictio«: also die (Bitte um) Einsegnung hin bestätigt die Gemeinde: »Du bist getauft, du bist von Gott adoptiert« (vgl. Mk. 1,11 / Mt. 3,17 / Luk. 3,22) bzw.: »du bist wie wir ordiniert« (in urchristlicher Tradition ordiniert zur Eucharistia).

Anfragen und Probleme (die im Rahmen dieser Arbeit nicht vertieft werden)
– betreffen die Sakramentalisierung der Konfirmation (im Akt der so genannten »Einsegnung«)(in Analogie zum Sakrament der Firmung innerhalb der römischen Kirche), womit das Sakrament der Heiligen Taufe eine Reduktion und Entwertung erfährt /
– betreffen Fragen der »admissio« zum Herrnmahl (wenn bereits kleine Kinder zum »Abendmahl mit Kindern« eingeladen werden) /
– betreffen die Entwicklungskrisen in Kindheit und Adoleszenz (sollte das Konfirmationsalter von derzeit vierzehn Jahren auf elf Jahre vorgezogen werden oder generell freigestellt sein?) /
– betreffen das Verhältnis zwischen Konfirmation und Jugendweihe (wie sie im Bereich der früheren DDR praktiziert wurde) /
– betreffen Probleme der weiteren Begleitung über die Phase der Konfirmation hinaus (vgl. Mt. 28,20a) /
– betreffen das (in der Regel allein bis zur Konfirmation verstandene) Patenamt (das jedoch über das Datum der Konfirmation hinaus ausgeübt werden sollte).

Lohnenswert wäre es, dem für alle Beteiligten und Agierenden geistlichen Gewinn bringenden Unternehmen vom »Erwachsenen-Katechumenat« bzw. vom »Konfirmandenunterricht für Erwachsene« oder von »Glaubenskursen für Erwachsene« oder gar einem »gemeindlichen Gesamtkatechumenat« (2) ein eigenes Kapitel zu widmen. Die Vorstufen dazu liegen im *Taufkatechumenat* Hippolyts von Rom (im 3. Jhdt.) mit der Feier der Kyrios-Nacht als Höhepunkt. Glaubenskurse und Bibelseminare sollten (wieder) zum Grundbestand einer jeden Gemeinde gehören und möglichst in die Zeit der »Quadragesimae« terminiert werden.

Anmerkungen
(1) – Von der urchristlichen Theologie aus kann das Konfirmationsdatum im Grunde wohl nur *nach* dem »Urfest der Christenheit«, »Ostern« genannt, liegen. Anvisiert werden sollte also ein Sonntag nach Ostern. Weniger geeignet erscheint dabei allerdings aus Gründen oekumenischer Rücksichtnahme der Sonntag »Quasimodogeniti« zu sein, der in der römischen Liturgie als »weißer Sonntag« bezeichnet wird und die Feier der Erstkommunion beinhaltet. Anbieten dürfte sich demnach ein Sonntag ab »Misericordias Domini«.
(2) – siehe F. Stinder: Was heißt Gesamtkatechumenat? Begründung, Verständnis und konkrete Formen eines allgemeinen Gemeindeunterrichts, in: RKZ, 124. Jg., 7/1983, 184–186.

Anmerkungen zur heutigen Herrnmahlspraxis

»Es wird vielleicht eine von den dem Protestantismus gestellten Entscheidungsfragen der nächsten Zukunft bilden, ob es gelingt, den evangelischen Gottesdienst seiner von Luther und Calvin intendierten Ganzheit entgegenzuführen, d.h. jene unsinnige Trennung von Predigt und Sakrament aufzuheben und ihre natürliche Zusammenordnung wiederherzustellen« – so äußerte *Karl Barth* (1). Diese Trennung verschärfte sich in der Folge der Reformation und führte schließlich dazu, dass sich der römische Gottesdienst zum Sakramentsgottesdienst ent- bzw. verwickelte und der protestantische Gottesdienst zum reinen Predigtgottesdienst. Wer dabei jedoch nach den Ursprüngen christlicher Gottesdienste zurückfragt, der wird weniger auf die jüdischen Synagogen-Gottesdienste aufmerksam werden als viel mehr auf die Mahlfeiern der ersten Christen in der Kyrios-Nacht und dabei auf deren Vorläufer: der wird nämlich an die Tischgemeinschaft Jesu mit seinen Jüngern anknüpfen und an die Mahlgemeinschaften des auferweckten Christus. Das, was heutzutage als »Predigt« bezeichnet wird, formte sich erst im Laufe der Zeit aus. Am Anfang steht das Tun der Gemeinde in der gemeinsamen Mahlfeier (»tut ihr das zu meinem Gedächtnis«, vgl. 1. Kor. 11,24.25 / Luk. 22,19) – ehe sich das geistliche Amt des *Presbyters* und des *Episkopen* herausschält und damit auch die Aufgabe zu predigen und der Herrnmahlfeier vorzustehen. Als sich die ersten Christen in Privathäusern zu Brotbrechen und Gebet trafen, wird es wie selbstverständlich die Aufgabe des Hausvaters gewesen sein, einleitende, abschließende, aber auch verkündigende Worte zu sprechen. Was lag dabei wohl näher, als aus vorgegebenen Schriften zu zitieren wie aus denen der Hebräischen Bibel, aber auch aus den Briefen der Apostel? Wenn man so will, dürften die Hausväter die ersten »Botschafter an Christi Statt« (vgl. 2. Kor. 5,20) gewesen sein (aber nicht in dem Sinne, als könnten sie Christus ersetzen oder repräsentieren) und die ersten Prediger des Evangeliums von der Versöhnung (nach 2. Kor. 5,17–21).

Beim Blick »ad fontes« wird es auch innerhalb der protestantischen Theologie (-geschichte) darum gehen, den ursprünglichen Extrakt der ersten christlichen *Mahlfeiern* freizulegen, die sich anfangs bezeichnenderweise auf die *Kyrios-Nacht* (16. Nissan) konzentrierten, also auf die Zeit nach dem Ende des Shabbat (bzw. des Sederabends beim Pessachfest), und die wöchentlich wiederkehrend als Anamnesis der Auferweckung Christi gefeiert wurden. Dieses Christus-Ereignis: als »Ur-Fest aller Feste« konnte gar nicht oft genug gefeiert werden: was also lag näher, als dies genau in der Zeit der Kyrios-Nacht bis in den frühen Morgen hinein zu tun? Hier in dieser »Heiligen Nacht« liegt die Keimzelle des christlichen Glaubens und der christlichen Gottesdienste.

Wenn Christen heutzutage zum GOTTESDIENST am Sonntagmorgen zusammenkommen, so möge im Bewusstsein ganz neu deutlich werden, dass sich jeder einzelne Gottesdienst zentral auf das Geheimnis und Wunder der Auferweckung Christi in der Kyrios-Nacht bezieht, das wohl nur im Sinne der urchristlichen »Eucharistie«: nämlich der (Ernte-) Danksagung »recht und würdig« im Sinne eines Dankfestes beantwortet werden kann. Jeder einzelne christliche Gottesdienst kann vom Menschen aus bestenfalls »Eucharistia« sein: also Danksagung (gemäß 1. Tim. 2,1; 4,4 / Hebr. 13,15) für alle Wohltaten Gottes (für alle »beneficiae Dei«) vom Schöpfungshandeln aus angefangen über Sein Versöhnungshandeln am Kreuz bis hin zu Seinem Erlösungshandeln am Ende aller Tage. »Gott loben« und danken, »das ist unser Amt« (EG 288,5) – das ist »Eucharistia« als Lebenseinstellung, als Lebenshaltung – darin besteht das »Priestertum aller Getauften« (nach 1. Petr. 2,5.9.12) – darin besteht das Amt der ganzen Gemeinde und damit zugleich das Amt eines jeden einzelnen Christen (und nicht allein und vor allem das des dazu in frühchristlicher Zeit gewählten Diakonen, Presbyters oder Episkopen – und das des bis in die heutige Zeit hinein bestellten Priesters bzw. Pfarrers), sowohl im Gottesdienst als genauso im Alltag der Welt. Wie der Gottesdienst als »Eucharistie« in heutiger Zeit zur Sache der ganzen versammelten Gemeinde (und nicht allein zu der des dazu beauftragten bzw. ordinierten Amtsträgers) im urchristlichen Sinne wieder werden kann, darüber ist neu nachzudenken. In diesem Kontext verdient wohl besondere Beachtung, was mit dem ›terminus‹ »Offertorium« angedeutet sein will: die Darbringung der Dankesgaben (*Oblationen*) aller Gemeindeglieder zum »Tisch des HERRN«. Dies kann wohl nur im Rahmen einer feierlichen Prozession erfolgen, an die sich die Feier des Kyrios-Mahls mit der Austeilung von Brot und Wein als den Heiligen Zeichen der Liebe Gottes und der Fürsorge Christi (als Seiner Diakonie) anschließt.

Der Erklärung der Gemeinsamen Römisch-Katholischen / Evangelisch-Lutherischen Kommission unter dem Titel »Das Herrenmahl« zufolge lehrt die katholische Kirche, daß der ›ganze und unversehrte Christus‹ gegenwärtig wird durch die Umwandlung des ganzen Wesensbestandes (Substanz) des Brotes und des Weines in den Wesensbestand (Substanz) des Leibes und Blutes Christi.« (32)(vgl. Tridentinum, DS 1641). »Diese ›wunderbare und einzigartige Wandlung nennt die katholische Kirche sehr treffend Wesensverwandlung (Transsubstantiation)‹.« (32)(vgl. Tridentinum, DS 1652).

In protestantischer Perspektive bedenklich aufstoßen müssen (ebenso) Passagen im Messbuch von Papst *Paul VI.* (1963-,+1978) für die römische Kirche aus dem Jahre 1970 (deutsch 1975), in dem es im vierten Hochgebet heißt: »So bringen wir dir seinen Leib und sein Blut dar, das Opfer, das dir wohlgefällt und der ganzen Welt Heil bringt.« Im Votiv-Hochgebet »Versöhnung« folgt die Formulierung: »Wir bringen dir dar, was du uns gegeben hast: das Opfer der Versöhnung.« Einmal abgesehen davon, welche Verzerrung biblischer Heilsbotschaft sich in diesen Sentenzen ausdrückt – so muss die Spannung zwischen dieser römischen Position (zumal des »wir«) und dem urchristlichen Offertorium auffallen und irritieren. Wie weit hat sich die römische Kirche mit diesen Überzeugungen vom ›Mutterboden‹ der ersten Christengemeinden entfernt! Besteht Anlass zu der Erwartung, dass »Rom« von solchen Positionen jemals abrückt und zu urchristlichen Traditionen zurückfindet?

Es wäre nur zu wünschen und zu begrüßen, wenn die Position vom Rat des Schweizerischen Evangelischen Kirchenbundes 2004 Allgemeingut unter den Kirchen und Konfessionen sein könnte, die da lautet (in: Das Abendmahl in evangelischer Perspektive): »Weil das Geheimnis der Präsenz Jesu Christi das Verstehen der Kirche überragt, verzichten die Kirchen darauf, sie entweder allein räumlich, als an die eucharistischen Gaben gebunden, oder allein erinnernd und geistlich zu beschreiben. Die Frage nach der Art und Weise der Gegenwart Jesu Christi ist deutlich hinter die Feststellung getreten, daß er im Abendmahl tatsächlich präsent ist.« (SEK, Abendmahl 1.2./12).

In dieser Linie votieren die Konvergenz-Erklärungen von LIMA und die so genannte »LIMA-Liturgie« – letztere wurde von Max Thurian eigens für die Feier der Eucharistie entworfen (und erstmals am 15. Januar 1982 in Lima gefeiert gemäß dem Verständnis des Wortes »leitourgia« = »Dienst des Volkes«). Doch nicht allein das Generalvikariat von München-Freising verweist 1984 darauf, dass die LIMA-Liturgie nicht Bestandteil der Konvergenzerklärungen ist und dass sie nicht für die römische Feier der Eucharistie verwendet werden darf – gemäß Art. 22 der Liturgiekonstitution, wonach gilt: »Das Recht, die Heilige Liturgie zu ordnen, steht einzig der Autorität der Kirche zu. Diese Autorität liegt beim Apostolischen Stuhl und nach Maßgabe des Rechts beim Bischof.« (2). Es gilt also, die vom »II. Vaticanum« (1962–1965) eingeforderte Einhaltung der »Unitas substantialis Ritus Romani« zu bewahren.

Die anfängliche LIMA-Begeisterung erhielt wohl manchen ›Dämpfer‹, nicht zuletzt dadurch, dass auch in protestantischen Kirchen die LIMA-Erklärungen und die LIMA-Liturgie auf dem Boden der Gemeinden nicht die Rezeption erfuhren, die sich ihre Autoren gewünscht haben, sondern dass sie eher ein ›Schattendasein‹ führen. In LIMA wurde der Versuch einer (durchaus zu hinterfragenden) ›Additions- und Konvergenztheologie‹ unternommen, wobei die Konfliktpunkte bewusst ausgespart blieben bzw. bleiben sollten. Vertreter der großen orthodoxen, der römischen, der anglikanischen, der lutherischen, der reformierten (der presbyterianischen) Kirchen versicherten sich gegenseitig, »man wolle nichts anderes als die ›Realpräsenz‹ des Herrn bekennen und feiern. Nur in der Beschreibung der Kausalität, der Modalität, der Lokalität und des Effekts dieser Präsenz gibt es geheime oder offen ausgesprochene Unterschiede. Diese haben sich einstweilen weder exegetisch noch historisch noch liturgisch auflösen lassen. Einer der Hauptgründe, warum die Kommunion, also die Gemeinschaft mit Christus und untereinander durch Anteil an den Heilsgütern, immer noch ein Mittel und ein Zeichen ein- und gegenseitiger Exkommunikation ist, besteht in der vorhandenen Uneinigkeit über die Art der Gegenwart Christi. Diese Uneinigkeit und ihre Folgen sind in der Tat ›real präsent‹, wie und wo immer das Mahl gefeiert wird« – so urteilt Markus Barth (in: Das Mahl des Herrn, 86).

Wer auf die Anfänge der christlichen Gottesdienste zurückblickt und daraus Konsequenzen für heutige Gottesdienste ziehen will, der wird neben dem Bezug zum Mahl und dem Ausblick auf die Parousia Christi (vgl. 1. Kor. 11,26) den Bezug zur Taufe zu bedenken haben. Bei allen nur berechtigten Anfragen an die volkskirchliche Taufpraxis von Säuglingen und Kleinkindern wird in jedem einzelnen Gottesdienst so etwas wie ein *Tauf-Gedächtnis* nicht fehlen dürfen, um den urchristlichen Spannungsbogen von der Taufe bis hin zum Mahl (in der Kyrios-Nacht) zu wahren. Dabei gilt es sehr wohl zu bedenken, dass sich ›das Rad der Geschichte‹ nicht zurückdrehen lässt, dass also der Weg zurück zur Gläubigen- / Mündigen- / Erwachsenen-Taufe in urchristlicher Qualität nicht realisierbar erscheint – und doch sollte die Erinnerung und die Vergewisserung der *Taufe* nicht fehlen: nicht zuletzt im Sinne Martin Luthers, der gerade in Zeiten der Anfechtung (sich selbst tröstend) mit Kreide auf seinen Tisch geschrieben haben soll: »Baptismus sum!« / ›Ich bin getauft!‹

Luther empfahl vor dem Gang an den »Tisch des HERRN« eine Art von Glaubensverhör, nämlich: »dass man niemand zum Sakrament gehen lasse, man fragt ihn denn zuvor und erkunde, wie sein Herz steht, ob er auch wisse, was es sei und warum er hinzugehe.« (WA 12,477). Im »Großen Katechismus« (1529ff.), in der »Vermahnung zur Beichte« bezeichnet Luther es als »unwürdig«, wer »keine Gnade und Absolution begehrt, noch dächte, sich zu bessern.« Die »Confessio Augustana« von 1530 (CA XXV) formuliert zur Beichte: »diese Gewohnheit wird bei uns gehalten, das Sakrament nicht zu reichen denen, so nicht zuvor verhört und absolviert sind.«
Diese lutherischen Überzeugungen sehen die *Beichte* mit Absolution (-szusage)(3) als Vorbedingung für den Empfang von »Christi Leib und Blut in, mit und unter« Brot und Wein vor – und wirken sich bis in die Gegenwart hinein als belastend und bedrückend empfunden aus. Aus der einseitigen Fixierung auf Buße und Sündenvergebung (4) erklärt sich der bis heute nachwirkende Ernst (und eine gewisse Verkrampftheit) in der Mahlfeier und die Tendenz zur (auch in protestantischen Kreisen so genannten) »Winkelmesse«. Dabei aber sollte nicht übersehen werden: Nur in Mt. 26,28, also in einer einzigen neutestamentlichen Textstelle wird die Vergebung der Sünden als Gabe und Wirkung des Blutes Jesu bezeichnet – nur Mt. 26,28 bezieht sich auf das Todesopfer Jesu (5). Zu fragen ist daher: Bleibt die lutherische Tradition nicht über Gebühr der Engführung bzw. der Konzentration auf Kreuz und Sündenvergebung verhaftet und ignoriert sie damit nicht fast das

Faktum, das Geheimnis und Wunder der Auferweckung Christi? Wie die ersten Christen in der Feier der *Kyrios-Nacht,* so feiern wir Christen doch (gerade eben nicht das Opfer Jesu am Kreuz von Golgotha, sondern) die Auferweckung des *Kyrios*! Wie in urchristlichen Tagen in der Rezeption der Kyrios-Nacht, so haben Christenmenschen bis heute allen Grund, ein messianisches Freudenmahl in Eucharistie eschatologisch-erwartungsvoll in Vorfreude auf Gottes kommendes Reich hin in Form einer zuversichtlichen Tisch- (aber nicht: Kult-) Gemeinschaft zu feiern – deshalb doch kommen sie zusammen (und nicht, um ein »Leichenmahl« zu halten, eine Trauerfeier zu veranstalten oder um ein Totengedächtnismahl zu begehen). Zu fragen ist also: Wo bleibt der Aspekt von »Ostern«, wo bleibt der Aspekt freudig-fröhlicher Eucharistie? Wo bleibt der »communio«-Gedanke (der der Gemeinschaft zwischen Gott und Mensch und der Gemeinschaft der Menschen untereinander)? Wo bleibt der Aspekt herrlicher Aussichten auf Gottes kommendes Reich? Und: Wie zeigt sich, und wie wird spürbar, dass es sich dem Charakter nach um ein Festmahl handelt?

Sorgfältig wird »vor Gott und den Menschen« abzuwägen sein im Blick auf die Quantität und auf die Qualität der Herrnmahlfeier(n). Dabei gilt es einer Inflation der Mahlfeiern (zu jedem sich bietenden möglichen Anlass) ebenso zu wehren wie einer Minimation (etwa auf vier Termine pro Jahr wie zu Zeiten Zwinglis in Zürich). Pastoral sorgfältig wird abzuwägen sein, inwieweit sensible Rücksichtnahmen auf alles und jede(n) die Mahlfeier bis zur Perversion ins Unwürdige verleiten. Einer Banalisierung der Eucharistie-Feier im Stile von ›Bankett und Brunch‹ oder einer Inszenierung als »heiterer Lebensfeier« (Klaus-Peter Jörns) gilt es ebenso zu widerstehen wie der Einführung von reinen *Kinderabendmahlsfeiern* (im Unterschied zu: »Mahlfeiern *mit Kindern*« – siehe die Kommunionkinder) (6). Probleme ergeben sich,

– wenn jeder willkommen ist, wenn das seelsorgerliche (!) Instrument der »Kirchenzucht« bedenkenlos ›über Bord geworfen‹ wird und wenn jeder wie selbstverständlich soz. ad hoc Brot und Wein empfangen kann (unabhängig von seiner Glaubenseinstellung und von seiner Lebensweise) – zu denken ist dabei nicht nur an die so genannten »Massenkommunionen Unbekehrter« (wie Kritiker der Kirchentagsbewegung vorwerfen) /

– wenn alle Zulassungsbedingungen fallen und die Mahlfeier für alle geöffnet wird / wenn diese Forderung mit Jesu Mahlzeiten mit Zöllnern und Sündern begründet werden soll (dabei jedoch steht die urchristliche Kyrios-Mahlfeier eben nicht in ungebrochener Kontinuität zu den vorchristlichen Mahlzeiten Jesu) /

– wenn die biblische Reihenfolge von Taufe (als Voraussetzung) und Mahl (gemäß Apg. 2,41.42) ignoriert wird /

- wenn Nicht-Getaufte zur Mahlfeier eingeladen werden (denn dies wertet einerseits die Taufe, andererseits das Mahl ab) /
- wenn einer »*Exhortation*«, sprich: einer Abendmahlsvermahnung (z.B. in den Worten: »Keiner sei gegen den anderen, keiner sei ein Heuchler ...«)(vgl. Kol. 3,13 – aber auch Mt. 5,23.34 / Did. 14,1) generell der Abschied erteilt wird /
- wenn die Mahlfeier im Anschluss an den (Haupt-) Gottesdienst in der Form eines Anhangsgottesdienstes oder in einer Art von »Winkelmesse« (als »missa privata«) für besonders Fromme und selbsternannte Gerechte ›angeboten‹ oder auch vom Priester allein (als »missa solitaria«) gehalten wird /
- wenn vom Heilshandeln Gottes in Jesu Kreuz und in Christi Auferweckung »pro nobis« nicht dezidiert die Rede ist, wenn also die grundlegende Bedeutung von Kreuz und Auferweckung verkannt wird /
- wenn die göttliche ›Brücke‹ zwischen Vergebung der Sünden und ewigem Leben eingerissen wird, wenn die Macht der Sünde und die Kraft der Rettung negiert werden soll, wenn die Botschaft von der göttlichen Rechtfertigung des Sünders allein aus Gnade zum Verstummen gebracht wird /
- wenn die Armut und Erbärmlichkeit des Menschen einerseits und die Herrlichkeit Gottes andererseits geleugnet wird /
- wenn auf die Zitation der »verba testamenti« verzichtet wird /
- wenn stattdessen ›eine lockere Erzählung‹ aufgeführt wird /
- wenn Klaus-Peter Jörns den seiner Meinung nach notwendigen »Abschied vom Sühnopfermahl« (Gütersloh 2007) meint einläuten zu müssen und das Kriterium der »Lebensdienlichkeit« über alle biblischen Inhalte stellen will, um sich damit u.a. von der seiner Überzeugung nach althergebrachten Opfer-Thematik zu verabschieden (lässt Marcion einmal mehr grüßen?) /
- wenn das Kreuzesopfer Jesu außer acht bleiben soll, weil der Anblick des Kreuzes (nicht nur für Schüler in bayrischen Schulen) nicht mehr oder nur noch schwer zu ertragen sei (vgl. das am 10. August 1995 veröffentlichte Kruzifix-Urteil des Bundesverfassungsgerichts vom 16. Mai 1995 über Kreuze in staatlichen Schulen und Klassenzimmern)(7).

Anderweitige Anfragen melden sich: beim Verzicht auf die Kelch-Kommunion für römische Mitchristen (8) – bei der Verwendung von Oblaten statt Brot (wenn da etwas auf den Boden herunterfallen sollte oder wenn ›gekrümelt‹ wird) – bei der Praxis der »Intinctio« (9) – oder wenn von römischer Seite aus die Möglichkeit zu »eucharistischer Gastfreundschaft« allein in seelsorgerlich gebotenen Ausnahmefällen eingrenzend eingeräumt wird (10).

Klärungsbedürftig sind auch folgende Anliegen (die im Rahmen dieser Arbeit nicht vertieft werden können):

- die Verwendung von Traubensaft und Trauben: aus Rücksichtnahme auf Alkoholkranke wie auf Kinder (die Richtlinie der EKD sieht die Feier mit Wein als Regel vor, die mit Traubensaft als Ausnahme)(für die römische Kirche bedeutet diese Frage allerdings kein Problem, da die Austeilung ja »sub una specie« erfolgt) /
- die Einführung von Einzelkelchen, die dem Wort vom »Gemeinschaftskelch« (1. Kor. 10,16) widersprechen und die gelegentlich voller Ironie mit »Schnapsgläsern« verglichen werden (dieses Problem kennt die römische Kirche ebensowenig, solange die ›Kommunion‹ »unter beiderlei Gestalt« allein dem Priester vorbehalten bleibt) /
- die Praxis der *Agape-Feiern*: Stellen sie eine überzeugende oder zumindest eine befriedigende Zwischenlösung dar auf dem denkbaren Weg zu einer gemeinsamen Mahlfeier von Christen verschiedener Konfessionen? Oder wirken sie nicht eher verschleiernd und alles andere als hilfreich und wünschenswert? – Muss aus Gründen urchristlicher Mahltraditionen heraus nicht in aller Deutlichkeit zwischen der Herrnmahlfeier und der (urchristlichen) Agape-Feier (als Armenspeisung einerseits und als geselliges Beisammensein andererseits) unterschieden, nämlich: getrennt werden? Wäre demnach nicht eine Absage zu erteilen an all die vermeintlich oekumenischen Agape-Feiern, zu denen am Buß- und Bettag als besondere Geste bzw. Gäste römische Mitchristen in einzelne protestantische Kirchen extra eingeladen werden?
- das Problem der *Interzelebration* bzw. das der *Konzelebration* (11) und der *Interkommunion*: Beide Handlungen setzen nach römischem Verständnis eine umfassende (wohl nur römische) Kirchen- und Eucharistie-Gemeinschaft voraus. Einseitige Vorgriffe aus dem Bereich der reformatorischen Kirchen heraus schaden, nützen nicht und verkennen nicht zuletzt das Verständnis der »apostolischen Sukzession«, in der der einzelne *Priester* ja nie allein dasteht und nie allein handeln kann, sondern stets abhängig ist von römischen Vorgaben. Wer unter diesen römischen Amts-Prämissen z.B. für die Weihe von Frauen zum Priesteramt eintreten wollte, verkennt die römischen Konditionen. Als hilfreiche Maxime auf eine oekumenische Zukunft hin erscheint folgende Richtschnur wegweisend zu sein: ›nicht etwas voraussetzen, was (noch) nicht ist bzw. (noch) nicht oder nie sein kann.‹ Erfreulicherweise hält die »*Charta Oecumenica*« (Strasbourg 2001) die divergierenden Kirchen dazu an, »dem Ziel der eucharistischen Gemeinschaft entgegenzugehen« – doch heißt das: ausschließlich und allein ›unter dem Dach‹ der römischen Kirche?
- die Regelungen in den Fällen von konfessionsverschiedenen Ehen: Wirken denkbare Zwischenlösungen im Sinne einer (über »Notfälle«

hinaus ausgedehnten) »eucharistischen Gastbereitschaft« als überzeugendes Zugeständnis (10) – oder nicht eher hindernd auf dem Weg zur Oekumene?

– die römische Messopfer-Theologie und -Praxis im »Hochamt«: Kann es gelingen, zum ur- und früh-christlichen Verständnis von »Eucharistia« (nach 1. Tim. 2,1; 4,4 und Hebr. 13,15) und »Opfer« (nach Röm. 12,1.2 und 1. Petr. 2,5), nämlich vom »Offertorium« der Gläubigen zurückzukehren, ohne dass damit die ›Säulen der römischen Kirche‹ (mit ihrem priesterlichen Amtsverständnis) in sich selbst zusammenfallen?

– die Integration des Dankopfers (im Sinne der Darbringung der (Ernte-) Dankgaben einschließlich der Kollektengelder), das im Eingangsteil der Eucharistiefeier seinen Platz finden muss (gemäß EG 229,1–3: »Kommt mit Gaben und Lobgesang!« – siehe ebenso EG 165,2: » ... Herr, vernimm / unsre Stimm', / da auch wir Geringen / unsre Opfer bringen!«).

Erinnert sei in diesem Zusammenhang an eine Übereinkunft aus der oekumenischen Konferenz von *Montreal 1963* zwischen den Vertretern der protestantischen, anglikanischen und orthodoxen Kirchen, in der es heißt: »Die Eucharistie, Gottes Gabe an seine Kirche, ist Sakrament der Gegenwart des gekreuzigten und verherrlichten Christus – ›bis er wiederkommt‹; durch sie ist das Kreuzesopfer, das wir verkündigen, in der Kirche wirksam. In der Eucharistie werden die Glieder des Leibes Christi in der Einheit mit ihrem Haupt und Erlöser gefestigt, der sich am Kreuz für sie geopfert hat. Durch ihn, mit ihm und in ihm, unserem Hohenpriester und Fürsprecher, opfern wir dem Vater in der Kraft des Heiligen Geistes unser Lob, unseren Dank und unsere Fürbitte.« (12).

Max Thurian, Bruder aus Taizé, vermerkt: »Die Eucharistie ist das Geschenk der realen Gegenwart Christi; in ihr bringt jeder Christ sich selbst gemeinsam mit dem himmlischen Fürsprecher als lebendiges, heiliges und angenehmes Opfer dar.« (13). Diese reale Gegenwart Christi erkennt Thurian in Brot und Wein – allerdings bricht die alte Streitfrage nach dem Wie der Realpräsenz Christi, die vielleicht überwunden schien, von neuem auf, wenn Thurian einerseits formuliert: »Brot und Wein zeigen die reale Gegenwart Christi unter uns an« (14) – und wenn er andererseits »Brot und Wein« als »wirksame Zeichen der realen Gegenwart *von Leib und Blut Christi*« (15) bezeichnet. Wäre eine grundlegende Übereinkunft zwischen allen christlichen Konfessionen einschließlich der römischen nicht erzielbar, wenn der unlösbaren Frage nach dem Wie der Gegenwart Christi in der Mahlfeier endgültig der ›Laufpass‹ gegeben würde und wenn dem allein nur zu glaubenden Zeugnis vom Dass der Gegenwart Christi das nötige Vertrauen geschenkt würde? Die bisherigen Dissonanzen und Diskrepanzen zwischen den verschiedenen Kirchen in dieser Frage erweisen sich als »schwere, immer

weniger oder kaum vertägliche Kost.« Sollten neue Annäherungen im Mahlverständnis also nicht möglich sein (16)?

Im Dokument: »Das Herrenmahl« (von der Gemeinsamen Römisch-
katholischen und Evangelisch-lutherischen Kommission 1978 herausgegeben) findet sich die Formulierung: »Gemeinsam bekennen katholische und
lutherische Christen, daß Jesus Christus im Herrenmahl ›als der Gekreuzigte
gegenwärtig ist, der für unsere Sünden gestorben und für unsere Rechtfertigung wieder auferstanden ist als das Opfer, das ein für allemal für die Sünden
der Welt dargebracht wurde.‹ Dieses Opfer kann weder fortgesetzt, noch
wiederholt, noch ersetzt, noch ergänzt werden; wohl aber kann und soll es je
neu in der Mitte der Gemeinde wirksam werden.« (H 56).

Gerhard Ruhbach verweist auf ein weiteres Problem, wenn er notiert: »die
Verweigerung der Abendmahlsgemeinschaft unter Christen verschiedener
Konfessionen« bedeutet »eine schwer zu ertragende Herausforderung an die
Kirche« (17). Dabei mag kritisch gefragt werden: an welche Kirche? An die
protestantischen Kirchen? Allem Anschein nach und von ihrem Selbstverständnis als »Weltkirche« her hat die römische Kirche mit ihrer Ablehnungs-
haltung gegenüber den Christen der Reformationskirchen weniger ein Problem. Doch auch hier stellt sich die Frage: Lässt sich diese römische Blockade
auf Dauer weiterhin aufrechterhalten? Verträgt sie sich mit dem Geist der
Bergpredigt, mit dem Geist des Evangeliums, mit dem Geist Jesu Christi?

Die Vollversammlung des Reformierten Weltbundes erklärte *1954* in
Princeton: »Als reformierte und presbyterianische Kirchen bezeugen wir
unseren Mitchristen, daß wir uns verpflichtet wissen zur gegenseitigen Anerkennung des Amtes, der Sakramente und der Mitgliedschaft aller Kirchen,
welche nach der Schrift Jesus Christus als Herrn und Heiland bekennen. Wir
laden die Glieder aller dieser Kirchen zum Tische unseres gemeinsamen
Herrn ein und heißen sie freudig willkommen.«

Anmerkungen

(1) – K. Barth in: KD I/2, 853 (1938) – und in: Gotteserkenntnis, 1938,
199.

(2) – siehe Reiner Kacynski: Fragen und Überlegungen zur Lima-Liturgie
aus katholischer Sicht, in: H. Riehm: FS Frieder Schulz, 58–69.

(3) – In der reformierten Tradition spricht man von »offener Schuld« und
meint damit das Bußgebet mit Sündenbekenntnis und Absolutions*bitte* im
Sinne des »Kyrie eleison«.

(4) – Man vergleiche dabei das lutherische Problem der einseitigen Fixierung und Engführung auf die *Elemente* bzw. *Substanzen* von Brot und Wein
(bzw. Luthers Insistieren auf dem »(hoc) est (corpus meum)« im Gegenüber
zu Huldrych Zwingli (1529) im Verständnis des Herrnmahls – und wird bedenklich fragen müssen: Liegt darin nicht ein materielles Missverständnis

vor? Geht es im Grundlegenden und im Entscheidenden nicht um ganz anderes, nämlich um die Gegenwart des Kyrios, um Seine Realpräsenz (als Spiritualpräsenz) und um Seine Virtualpräsenz, die ja bestenfalls nur geglaubt werden kann? Es geht doch nicht um die Elemente, sondern um das »Dass« der Gegenwart Christi. Und die darf und soll und kann nur geglaubt und gefeiert werden.

Und es geht andererseits eben nicht ausschließlich und allein nur um die »Vergebung der Sünden« als eigentliche Gabe des Sakraments (so Luther im »Kleinen Katechimus« 1525, zum Fünften Hauptstück im zweiten Artikel) – sondern zuallererst um die Gemeinschaft mit Christus (und von daher abgeleitet um die Gemeinschaft der Getauften untereinander). Wo die Gemeinschaft mit Christus (im Sinne des HERRN) *herr*scht, da herrscht in zweiter Linie u.a. auch Vergebung und Versöhnung.

(5) – Zu berücksichtigen ist allerdings auch, dass die Johannes-Taufe zur »Vergebung der Sünden« erfolgte (Mk. 1,4 / Luk. 3,3).

Kritisch zu reflektieren ist in diesem Kontext die lutherische Tradition der *Mahlfeier am Karfreitag* (!), die den Charakter eines Totengedächtnismahles annimmt, die jedoch biblisch-urchristlich nicht gedeckt werden kann.

(6) – Zur Frage der Teilnahme von Kindern erklärt die »VELKD« am 28.10.1977: »Es bestehen keine grundsätzlichen Bedenken, getaufte Kinder, die das Grundschulalter erreicht haben, am Heiligen Abendmahl teilnehmen zu lassen, wenn dies begehrt wird und nach Unterweisung seelsorgerlich verantwortet werden kann.« Biblisch begründbar erscheint die Teilnahme von Kindern in Begleitung ihrer Eltern sicher nicht, wohl aber biblisch vertretbar (vgl. dazu 1. Kor. 7,14)(vgl. G. Theißen: Sakrament und Entscheidung, in: H. Riehm: FS Frieder Schulz, 385).

Mit dem »*IV. Laterankonzil 1215*« war nach der Taufe als Zulassungskriterium zur Mahlfeier die Altersgrenze des siebten Lebensjahres eingeführt worden, später galt das 10. (Jean Cauvin) bis 14. Lebensjahr als Grenzmarke für das Verstehen dessen, worum es im Herrnmahl geht. Papst Pius X. (1903–1914) setzte das Erstkommunionalter 1910 auf das siebte Lebensjahr fest.

Mit dem »*Tridentinum*« *(1546–1563)* war verfügt worden: »Si quis diserit parvulis ... necessariam esse Eucharistiaecommunionem: anathema sit« (›Wenn jemand behaupten sollte, den Kleinen sei« vor dem Erreichen des Mindestalters die Teilnahme an der Eucharistie heilsnotwendig: der sei verworfen‹). Auch wenn Augustinus (bedingt durch seine Erbsündenlehre) die Eucharistie für Kinder hat fordern müssen / auch wenn in den orthodoxen Kirchen bis heute die gerade getauften Säuglinge in der Tauf-Eucharistie mit einem Silberlöffel etwas Wein erhalten – so gilt in der römischen Kirche bis heute die Grenze im »anno discretionis«, also im siebten Lebensjahr eines Kindes.

(7) – siehe: »Der Kruzifixbeschluss im Urteil der Kirchen«, in: Materialdienst des Konfessionskundlichen Instituts Bensheim, 46. Jg., 5/1995, 85–86
(samt Beilage).

(8) – Georg Plasger (in: Solches tut zu meinem Gedächtnis, 43) weist darauf hin, dass in der römischen Kirche kein Verbot für den so genannten »Lai-
enkelch« fixiert worden ist. Der Kelch wird an die Gläubigen jedoch nicht
weitergegeben wegen der Gefahr des Verschüttens von Wein bzw. des Ver-
tropfens, also vom »Blute Jesu«. Wegen der Gefahr des ›Verkrümelns‹ wird
kein Brot gereicht, sondern die Oblate wird vom Priester selbst dem Gläubigen direkt in dessen Mund gelegt.

(9) – Die »Intinctio« muss bereits vor dem Jahre 675 praktiziert worden
sein, wurde sie doch in der Synode von Braga (675) offiziell zurückgewiesen
(siehe J. Neijenhuis: Gottesdienst als Text, 376).
Wurde die Praxis der »Intinctio« (wobei der Kommunikand selbst die Oblate
empfängt oder gar nimmt und anschließend in den Wein-Kelch eintaucht,
selbst also agiert) innerhalb der Badischen Landeskirche jahrelang untersagt
– so räumt der Synodalbeschluss vom 24. April 1999 diese Möglichkeit in
Baden inzwischen ein.

(10) – Nachdem CIC can. 844 § 4 ordert: »Wenn Todesgefahr besteht oder
wenn nach dem Urteil des Diözesanbischofs bzw. der Bischofskonferenz eine
andere schwere Notlage dazu drängt ...« (siehe: »Päpstlicher Rat zur Förderung der Einheit der Christen« vom 25. März 1993) – gewährt die römische
Kirche in seelsorgerlich begründeten Ausnahmefällen die so genannte »eucharistische Gastbereitschaft«. In der Enzyklika »Ecclesia de Eucharistia«
(2003) erwähnt Papst *Johannes Paul II.* »das schwerwiegende geistliche
Bedürfnis«, ohne dabei allerdings zu erläutern, was darunter zu verstehen sei.

(11) – Das Problem der so bezeichneten »Interzelebration« zeigt sich u.a.
dann, wenn der protestantische Pfarrer das Brot mit- und darbringen will und
der römische Priester den Wein ...

(12) – zitiert nach M. Thurian: Die eine Eucharistie, 19.

(13) – M. Thurian, aaO., 41.

(14) – M. Thurian, aaO., 26.

(15) – M. Thurian, aaO., 12.

(16) – Kritisch äußert sich E. Mechels in: Taufe, Eucharistie und Amt.
Konvergenzerklärung der Kommission für Glauben und Kirchenverfassung
des ÖRK – Die Eucharistie, RKZ 4/1984, 108–109.

(17) – G. Ruhbach in: W. Böhme (Hg.): Feiern wir das Abendmahl richtig, 32.

Oekumene als Perspektive?

Das Problem dürfte wahrlich kein Einzelfall sein, aber in der Osternachtfeier
2007 fand im gemeinsamen Gemeindezentrum der evangelischen Versöh-

nungsgemeinde und der St. Thomas-Morus-Gemeinde in Karlsruhe-Oberreut im Unterschied zu den Jahren zuvor erstmals keine Osternachtfeier mit Eucharistie und Abendmahl statt, sondern (lediglich) ein reiner Wortgottesdienst, weil es vor einem Jahr »Verwirrungen beim Empfang des Abendmahls« gab. Im Gemeindebrief beider Gemeinden heißt es dazu: »Die Vorgaben von der römisch-katholischen Kirche sind leider immer noch oft so, dass Ökumene vor allem in der Abendmahlsgemeinschaft noch nicht möglich ist.« (1).

Im Mai 2007 hat der Kölner Erzbischof Julius Kardinal Meisner angesichts des bevorstehenden 31. Deutschen Evangelischen Kirchentages vom 6.–10. Juni 2007 in Köln (mit Blick auf die Erfahrungen beim Ersten Oekumenischen Kirchentag in Berlin 2003, wo römisch-katholische Christen zum evangelischen Abendmahl gingen) die römisch-katholischen Mitchristen (via Pressemitteilung) dazu angehalten, nicht am evangelischen Abendmahl teilzunehmen. In der Begründung wurde lediglich darauf verwiesen, dass diese Maxime gängige Sentenzen nur bestätige.

Rechtzeitig vor dem Ersten Oekumenischen Kirchentag in Berlin hatte Papst *Johannes Paul II.* (1978-,+2005) in der Verlautbarung »Ecclesia de Eucharistia« (17.04.2003) (*Maria als »eucharistische Jungfrau«* bezeichnet und) den Katholiken das evangelische Abendmahl verboten. Damit hat Rom unmissverständlich auf die Frage geantwortet, »warum gemeinsame Eucharistiefeiern vatikanisch tabu bleiben.« (2).

Von alledem her stellt sich die Frage von selbst: Wie nur soll unter diesen Vorgaben (eine gemeinsame Mahlfeier und) eine *oekumenische Osternachtfeier* in den Gemeinden vor Ort Aussicht auf Gelingen und Aussicht auf Zukunft haben? Wenn aus Gründen der Aufrichtigkeit allein der Rückzug zum reinen Wortgottesdienst übrig bleibt – ist es dann nicht angezeigt, von einer oekumenisch ausgerichteten Osternachtfeier bewusst Abstand zu nehmen und dafür in jeder Gemeinde jeweils eine eigene Osternachtfeier: wohlgemerkt mit Eucharistie bzw. mit der Feier des Herrnmahls zu gestalten? Bleibt – bei aller Enttäuschung – denn eine andere Entscheidung übrig, die überzeugen kann?

Der Aufbruch hin zu einem Mehr an Oekumene, der sich protestantischerseits in der Zeit nach dem »*II. Vaticanum*« (1962–1965) in der Bundesrepublik z.T. euphorisch äußerte und Ausdruck erhielt in den Uppsala-Formeln (1968) von »Einheit in der Vielfalt« und von »versöhnter Verschiedenheit«, ist seitens der römischen Kirche zwischenzeitlich deutlich ›ausgebremst‹ worden. Dass der Weg der so genannten »Konvergenz-Oekumene« (vgl. dabei die »LIMA-Erklärungen«) nicht weiterführt, sondern in eine ›Sackgasse‹ geraten ist, müssen wohl auch die Befürworter und Verfechter der oekumenischen Bewegung im Kreise der Protestanten nach diversen sie enttäuschenden und brüskierenden Erfahrungen einräumen. Wen wird es da überraschen, wenn sich mittlerweile (an die Adresse des Oekumenischen Rates der

Kirchen in Genf) Fragen aufdrängen wie diese: Was kann die oekumenische
Bewegung (weltweit) heutzutage (noch) bewirken, wo die römische Kirche
(die in Genf von Anfang an ja lediglich den Beobachter-Status wahrgenommen hat) längst den Rückzug eingeläutet hat? Hat sich »*der Oekumenische
Rat der Kirchen*« (1948 in Amsterdam gegründet mit inzwischen über 342
protestantischen, anglikanischen, orthodoxen und altkatholischen Kirchen aus
über 120 Ländern) inzwischen überdauert und zum ›Auslaufmodell‹ entwickelt? Wie tief steckt der ÖRK in der Krise – und wer kann wie mit welchen
Aussichten kurieren?

Wenn Rainer Volp aus dem Vergleich zwischen den Ostkirchen, der römischen Kirche und den protestantischen Kirchen formuliert:»Trotz konfessio-
neller Distanzen in der Vergangenheit weist das Abendmahl zunehmend
Konvergenzen auf« (Liturgik I, 641) – so mag sich diese Feststellung auf die
Wiederentdeckung des »Offertoriums‹ (auch in seiner diakonischen Funktion) beziehen wie auch darauf, dass in evangelischen Kirchen vermehrt »das
Mahl des HERRN« bzw. das *Kyrios-Mahl* gefeiert wird. Doch bei aller wün-
schenswerten Annäherung zwischen den Konfessionen muss beachtet bleiben, wo die Differenzpunkte liegen: in der Frage des *Priester*amtes (des »of-
ficiums«) sowie in der Frage der Konsekration / der (Ver-) *Wandlung der
Elemente im Messopfer (im »sacrificium«).* Sicher wäre bereits viel gewonnen, wenn sich die römische Kirche dem urchristlichen »Offertorium« zu-
wenden und sich von der unblutigen Wiederholung des Opfers Jesu in jedem
einzelnen Mess-Gottesdienst abwenden könnte. Doch wird das je geschehen?
Wird sich die römische Kirche von diesen Traditionen jemals lösen können?
Wäre das nicht auch zu viel erwartet angesichts des Jurisdiktionsprimats des
*Papst*es und angesichts des Dogmas von der »päpstlichen Unfehlbarkeit in
Fragen des Glaubens und der Sittenlehre« (innerhalb des *»I. Vaticanums«
1870/1871* formuliert)(3) – nach der Annahme der Konstitution »Pastor ae-
ternus«, die den Universalepiskopat und die Infallibilität des Papstes am 18.
Juli 1870 endgültig festschrieb? – Wird es andererseits dahin kommen, dass
die römische Kirche die protestantischen Kirchen wahrhaft als Kirchen anerkennt (also die abqualifizierende Bezeichnung von bloßen »Religionsgemeinschaften« für die evangelischen Kirchen aufgibt) und die evangelischen
Pfarrerinnen und Pfarrer als »Amtsschwestern und -brüder« anerkennt? Wird
es je dahin kommen? Unzweifelhaft wäre es bereits ein erheblicher Fortschritt, wenn in der Ämterfrage gegenseitiger Respekt zu gegenseitiger Ak-
zeptanz führen könnte – doch wird das je gelingen abseits der postulierten
»apostolischen Sukzession« (4) und abseits der Anerkennung des Papstes?
Für die Zukunft der so genannten »*Oekumene*«, die noch nicht ist, aber vielleicht ja noch werden mag – bedeutete es einen enormen Schritt nicht zuletzt
im Blick auf die (von Rom getrennten) Ostkirchen, wenn sich der *Papst* als
»Bischof von Rom« (neben anderen Bischöfen bzw. Patriarchen) verstehen

und in diesem Sinne amtieren kann. Doch – erscheint dies auch nur annähernd realistisch zu sein?

Kann nun also Hans-Christoph Schmidt-Lauber zugestimmt werden, wenn er behauptet (?): »Endlich darf der Streit um das Opfer im Gottesdienst als beigelegt bezeichnet werden. Kaum ein römisch-katholischer Theologe vertritt (mehr) die Theorie eines Opferhandelns der Kirche im Unterschied ... zum ..« Ein-für-alle-mal (Ergänzung des Autors) »des Kreuzesgeschehens. Die aus der Frühzeit der Kirche stammende Formel offerimus tibi bezeichnet nichts anderes als das Gegenwärtigwerden Christi und seines Opfers für uns ... und somit seine Realpräsenz.« (5). – Ist da ein großer Wunsch oder gar eine große Illusion zum ›Vater des Gedankens‹ geworden? Soll hier etwas in vorauseilender oekumenischer Sehnsucht vorweggenommen werden, was aufgrund der römischen Tradition gar nicht erwartet werden kann? Regt sich hier ›protestantische Ungeduld‹, zudem am falschen Platz, die die römische Seite überfordert? – Bis in die jüngste Zeit hinein mangelt es eben nicht an eindeutigen Klarstellungen zur Frage der gemeinsamen Mahlfeier aus der römischen ›Hierarchie-Zentrale‹ – und es wäre wohl auch nur ein frommer Wunschtraum, die frühere Kontrovers-Theologie um das Messopfer von der Zeit *Gregor des Großen* im Jahre 590 an inzwischen als ad-acta-gelegt zu erachten. Eine solche Haltung bzw. Einschätzung nimmt die römische Position und Glaubensüberzeugung wohl nicht gebührend ernst und zeigt damit Schwächen auf für den aufrechten Dialog zwischen den beiden großen Konfessionen, die alles andere als hilfreich sind. Unbestritten dürfte den Kirchen der Reformation das Recht zustehen, protestantische Anfragen an die römische Kirche zu richten – doch erreichen diese Anfragen den Kern einer Kirche, die sich selbst als »Weltkirche« versteht? Muss die römische Kirche ihrem Selbstverständnis nach überhaupt auf protestantische Wünsche und Anliegen eingehen? Oder muss man nach vielen Annäherungsversuchen nicht ehrlicherseits konstatieren, dass sich viele Kommissionen über Jahre und Jahrzehnte hinweg allein im Rahmen kirchendiplomatischer Höflichkeiten begegnet sind? Gilt diese Vermutung nicht geradezu exemplarisch für die »GoF« / für »die Gemeinsame offizielle Feststellung«, die am 11. Juni 1999 unterzeichnet wurde – nachdem von »Rom« aus die »GE« / »die Gemeinsame Erklärung zur Rechtfertigungslehre«, die am 1. November 1998 in Augsburg nach fünfzehn Jahren Gremien-Arbeit feierlich hätte unterzeichnet werden sollen, eben nicht unterzeichnet worden war? »Rom« unterschrieb also nicht und ließ im Gegenzug fragen, »ob denn die Beschlüsse lutherischer Synoden überhaupt kirchliche Autorität beanspruchen könnten.«

Die jüngsten römischen »*Antworten*« vom *10. Juli 2007* sehen allein und ausschließlich in der römischen Kirche »die einzige wahre Kirche Christi« und formulieren das Ziel, dass die in der römischen Kirche bereits gegenwärtige »Fülle der katholischen Kirche ... zunehmen muss in den Brüdern und

Schwestern, die nicht in voller Gemeinschaft mit ihr stehen.« Wer hierin ein oekumenisches Dialog-Angebot der römischen Kirche (die ja darauf gar nicht angewiesen ist und die dazu wohl auch kaum je die Initiative ergreifen wird) erkennen kann, dürfte sich wohl getäuscht sehen.

Die Vatikan-Erklärung »*Dominus Jesus*« (6. August / 5. September 2000), vom damaligen Kardinal Joseph Ratzinger (*1927) verfasst und von *Papst Johannes Paul II.* ausdrücklich bestätigt, gesteht den protestantischen Kirchen klassizifierend allein den degradierenden Status von »Religionsgemeinschaften« zu (den *orthodoxen Kirchen* dagegen immerhin den Status von »kirchlichen Gemeinschaften«, denen jedoch eines der Wesensmerkmale von »Kirche« fehlt: nämlich die Anerkennung des Papstes) – reklamiert jedoch für die römische Kirche, die allein wahre und alleinseligmachende Kirche Jesu Christi zu sein: »Die eine und einzige Kirche Jesu Christi ist nur und ausschließlich in der durch den Papst gekennzeichneten Kirche verwirklicht.« Das heißt: Alle anderen so genannten (!) Kirchen sind im eigentlichen Sinne, wohlgemerkt aus der Perspektive Roms, überhaupt keine Kirchen. »Nur und ausschließlich« die römische Kirche allein stiftet den Gläubigen (also den Katholiken) das göttliche Heil durch die Priester und Bischöfe im Auftrag des Papstes. Nur die römische Kirche allein wirkt als Heilsmittlerin, als »mediatrix salutis«: ohne sie und außerhalb von ihr gibt es kein Heil, keine Rettung, keinen Zugang zu Gott (vgl. dagegen 1. Tim. 2,5: wonach allein und ausschließlich ein Mittler agiert, nämlich Christus Jesus). »Es gibt also nur eine einzige Kirche Christi, die in der katholischen Kirche subsistiert und vom Nachfolger Petri und von den Bischöfen in Gemeinschaft mit ihm geleitet wird.« (6). Überzeugt in diesem Kontext eine Position, die besagt (?): Bestritten wird in den Vatikan-Papieren lediglich, dass all die anderen Kirchen keine Kirchen im *römischen* Sinne seien? Würde »Rom« also die reformatorischen Kirchen etwa als »Kirchen eines anderen Typs« (so der Vorschlag von Kardinal Walter Kasper) anerkennen? Bis dahin jedenfalls scheint es noch ein sehr langer Weg zu sein!

Protestanten könnten sich an *Luther*s Wort erinnern: »Päpste und Konzilien können irren« (in: »Von Conciliis und Kirchen« 1539)(7) – und mit einem gesunden Selbstwertgefühl das Leitwort betonen: »evangelisch – aus gutem Grund«. Sie könnten hervorheben, nicht darauf angewiesen zu sein, dass ihnen der Vatikan den Status als Kirche im Vollsinn des Wortes zugesteht. Wie auch sollte »Rom« dazu kommen (?), denn dies ließe sich nicht nur als Zugeständnis, sondern als ›Verrat an der eigenen Sache‹ / an der eigenen Glaubensüberzeugung interpretieren. Muss es demnach also nicht als vermessen gelten, eine solche Anerkennung vom Vatikan zu erwarten? – Selbstbewusste Protestanten werden sich vom *Papst* in Rom jedoch nicht absprechen lassen, Kirche Jesu Christi zu sein (schließlich ist Christus allein der eine wahre Herr der Kirche und nicht der Papst in Rom). Sie werden darauf verweisen, nicht abhängig zu sein vom Urteil, von der Anerkennung und Bestätigung des Papstes von Rom. Sie könnten formulieren: ›Wir brauchen die römische Kirche nicht, um Kirche Jesu Christi zu sein. Christus allein ist nötig als der, »der Seine Gemeinde sammelt, schützt und erhält« (»*Heidelberger Katechismus*«, Antwort 54).‹ Protestanten werden im Glaubensbekenntnis mit neuer Entschiedenheit betonen: »Ich glaube die heilige christliche Kirche« (und nicht: »die heilige katholische Kirche« – gemeint: die römische Kirche). Protestanten werden sich an die dritte These der »Barmer Theologischen Erklärung« (vom Mai 1934) erinnern und bekennen: »Einer allein ist der HERR, Ihm allein wollen wir dienen.« Protestanten möchten selbstbewusst genug sein, zu ihren eigenen, biblisch (!) begründeten Glaubensüberzeugungen zu stehen – und frei genug, auch weiterhin mit katholischen Mitchristen zusammen zu arbeiten, wenn diese es wollen und vom Gehorsam gegenüber Papst, Bischöfen und Priestern her können. Nach wie vor sollten Katholiken evangelischerseits in evangelischen Kirchen »eucharistische Gastfreundschaft« genießen und am Herrnmahl teilnehmen dürfen – nach wie vor sollten so genannte »oekumenische Wortgottesdienste« sowie auch »oekumenische Trauungen« stattfinden können: wenn denn »Rom« nicht selbst die katholischen Mitchristen zurückruft.

Wenn denn nun die Vatikan-Erklärung »*Dominus Jesus*« »die eine und einzige Kirche Jesu Christi nur und ausschließlich in der durch den Papst gekennzeichneten Kirche verwirklicht« sieht – so stellt sich in diesem Zusammenhang einmal mehr die Frage nach der Legitimierung des *Papstamt*es und nach dem Anspruch, wonach der Bischof von Rom »utriusque unitatis principium et visibile fundamentum« sei. Der Bezug auf Mt. 16,18 wirft Fragen (zwischen der Verwendung von »Petros« bzw. »Petra«) auf, wenn Jesus im Blick auf den Jünger namens Simon sagt: »Du bist der Stein« (Maskulinum: ›der zum Felsen = Gott (!) Gehörende‹)(vgl. Joh. 1,42) – aber im Folgenden ausführt: »aber auf diesen Felsen« (Femininum: ›diesen Felsen = Gott (!) will Ich meine Gemeinde bauen!‹ Die Bezeichnung »Petros« bezieht sich also auf Gott (!): »Auf Gott will Jesus Christus Seine Gemeinde bauen» (vgl. diesbezüglich 1. Kor. 10,4: wo mit dem »geistlichen Felsen«: Christus gemeint ist – und 1. Petr. 2,4.7 sowie Eph. 2,20). Zudem sollte der Kontext von Mt. 16,18 nicht unerwähnt bleiben, wenn Jesus nach 16,23 zu Simon sagt: »Geh weg von mir, du Satan! Du bist mir ärgerlich, denn du meinst nicht, was göttlich, sondern was menschlich ist!« – Was das so genannte »*Amt der Schlüssel*« (8) betrifft, so wird man mit Mt. 16,19 und 18,18 sowie mit Joh. 20,23 festhalten müssen, dass dieses Amt von Jesus *allen* Jüngern und damit schließlich der ganzen Gemeinde aufgetragen ist, nicht aber einer Person allein (mit der alleinigen Absolutionsgewalt), auch nicht dem Simon allein, geschweige denn dem (Ersten) *Papst* (und seinen Nachfolgern: den Bischöfen und Priestern). Berücksichtigt gehört in diesem Zusammenhang nicht zuletzt Jesu Wort in Joh. 14,6 (»ICH bin der Weg, die Wahrheit und das

Leben! Niemand kommt zum Vater, es sei denn durch mich!« / vgl. das reformatorische Bekenntnis: »solus Christus«) sowie die Passage Mt. 23,8, die da lautet: »EINER ist euer Meister, Christus; ihr aber seid alle Brüder!« Und Mt. 23,9 – denn bei der Rede vom »Heiligen Vater« kann doch wohl nur Gott selbst gemeint sein!

Man wird nicht umhin kommen, zu konstatieren, dass sich eine wie auch immer ausgestaltete Sonderstellung eines Bischofs von Rom aus der Historie heraus nicht begründen lässt, ebenso wenig aus dem biblisch-neutestamentlichen Fundus – dass Petrus aus dem neutestamentlichen Zeugnis heraus nicht zum Ersten Papst hochstilisiert werden kann, nicht zum Stellvertreter Christi auf Erden, nicht zum sichtbaren Oberhaupt der Kirche, nicht zum Begründer einer apostolischen Sukzessionslinie – und dass die römischen Bischöfe der ersten Jahrhunderte allesamt keine herausragende, geschweige denn eine Primatsfunktion ausübten (was sich nicht zuletzt darin zeigt, dass der Bischof von Rom nicht einmal am Konzil von *Nicaea* 325 teilnahm). Das heißt: den Primatsanspruch des Papstes von Rom und eine lückenlose *apostolische Sukzessionslinie* anmelden zu wollen (wonach *Benedict XVI.* der 265. Nachfolger Petri sei), wirft Probleme auf. Dieser Primatsanspruch lässt sich nur abseits der Heiligen Schrift allein durch die römische Kirchentradition und zudem frühestens ab dem 4./5. Jhdt. begründen. Eine eigene Antwort wert wäre die Frage, wie sich der *Zölibat* (9) begründen läss – wenn denn nun die apostolische Sukzessionslinie bis hin zu Simon Petros zurückreichen will bzw. auf ihm aufbauen soll, wo doch Simon Petrus schließlich verheiratet gewesen sein muss (vgl. Mk. 1,30 / Mt. 8,14 / Luk. 4,38).

Problematisch aufstoßen muss wohl auch der Vorstoß der Landesbischöfe Johannes Friedrich (Bayern) und Ulrich Fischer (Baden)(10), wenn sie evangelischerseits dem Papst den so genannten »Ehrenprimat« zubilligen wollen. Ob sich katholische Mitchristen damit überhaupt anfreunden können / ob der Vatikan diese Reduktion befürworten kann / ob Protestanten darin nicht einen ›Verrat an der eigenen Sache‹ erkennen? Verkennt dieser Vorschlag nicht die römischen Realitäten?

Am *29. Juni 2007* erschien das *Vatikan-Dokument:* »Antworten auf Fragen zu einigen Aspekten bezüglich der Lehre über die Kirche«, verfasst von der römischen Glaubenskongregation unter der Leitung des Präfekten William Kardinal Levada und gutgeheißen von Papst *Benedict XVI.* (2005ff.) Darin reklamiert die römische Kirche für sich einmal mehr, im Vollsinn Kirche Jesu Christi zu sein (die eine einzige Kirche Jesu Christi »subsistiere« allein in der katholischen Kirche, »die vom Nachfolger des Petrus und von den Bischöfen in Gemeinschaft mit ihm geleitet wird«)(11) – darin wird den Kirchen der Reformation nach der Erklärung *»Dominus Jesus«* im Jahre 2000 (12) erneut der Titel bzw. Status als »Kirche« abgesprochen (13): aufgrund der fehlenden apostolischen Sukzession im Weihesakrament (das die römische Kirche mit den *orthodoxen Kirchen* verbindet, die jedoch die Unterordnung unter die Autorität des Papstes in Rom ablehnen / müssen). Nach römischen Verständnis werden die protestantischen Kirchen aufgrund dieses Mangels bzw. Makels im sakramentalen Priestertum (des »defectus ordinis« bei den protestantischen Pfarrerinnen und Pfarrern) immer defizitär sein und bleiben, denn ohne sakramentales Priestertum gibt es keine »vollständige Wirklichkeit (substantia) des eucharistischen Mysteriums.« Deshalb können »die aus der Reformation des 16. Jahrhunderts hervorgegangenen Gemeinschaften nach katholischer Lehre nicht ›Kirchen‹ im eigentlichen Sinn genannt werden« (siehe Pkt. 5 der römischen Erklärung). Reformatorischem Verständnis nach jedoch ersetzt die Taufe das besondere Weihesakrament, das heißt: Taufe und Priesterweihe sind miteinander identisch. *Luther* notierte: »Was aus der tauff krochen ist, das mag sich rumen, das es schon priester, Bischoff und Bapst geweyhet sey.« (WA 6.408,11f.): »zwischen einem allgemeinen inneren Taufpriestertum und einem besonderen äußeren Amtspriestertum« ist demnach nicht zu unterscheiden. »Denn diese Unterscheidung basiert auf der Reservierung bestimmter geistlicher Vollmachten auf einen besonderen Stand.« (14).

Die »LIMA-Erklärung« formuliert: »Die Kirchen sollten es .. vermeiden, ihre spezifischen Formen des ordinierten Amtes direkt auf den Willen und die Einsetzung durch Christus selbst zurückzuführen.« (FO – A11).

Walter Kasper resümiert zu den »LIMA-Erklärungen«: »Bezüglich der Taufe kann man insgesamt von einem Konsens sprechen. Bezüglich der Eucharistie ... bleiben aber noch viele Fragen offen ... Beim Amtsteil bleiben ... die Fragen am deutlichsten offen, besonders bei der Frage der apostolischen Sukzession. Die Frage des Petrusamtes wird ganz ausgeklammert. Also: Eine sehr erfreuliche, weitreichende Konvergenz, ein deutlicher Schritt nach vorne, aber kein Konsens.« (15).

Der Vatikan rechtfertigt die Lehre, wonach die von Christus gegründete Kirche nur in der römischen Kirche weiter besteht, mit der »Sorge um die Wahrung der Einheit und der Einzigkeit der Kirche.« Keiner Diskussion wert ist dabei die Frage, ob denn Jesus Christus überhaupt (eine) Kirche gegründet hat oder eben nicht – und: wer »das Haupt« ist – und: welche Funktion dem (selbsternannten) »Stellvertreter Christi auf Erden« zukommt (2. Kor. 5,20 bezieht sich eben nicht auf eine (herausgehobene) Einzelperson, sondern auf alle an Christus Glaubenden, deren Aufgabe darin besteht, Christi Botschafter in der Welt zu sein: mehr nicht und nichts anderes).

Unter diesen Signalen aus Rom verbleiben für die protestantischen Christen und Kirchen (bei allen Beteuerungsversuchen nach dem Motto: ›der Prozess der Oekumene sei unumkehrbar, weil das Verbindende alles Trennende überwiege‹) im Grunde allein zwei Wege:

– der Weg weg von einer vermeintlich erreichbaren »Lehrkonsens-Oekumene« (so Eberhard Jüngel), der Weg weg von einer so genannten »Schummel-Oekumene« oder von einer so genannten »Kuschel-Oekumene« (so Kurienkardinal Walter Kasper in der 3. Europäischen Oekumenischen Versammlung in Sibiu 2007) hin zu der so genannten *»Rückkehr-Oekumene«*: also zurück in den ›Mutterschoß‹ der römischen Kirche (16)(was die Aufgabe des reformatorischen Erbes bedeutete) – oder

– der Weg der Gelassenheit und der Nüchternheit, illusionslos voranzuschreiten und das vor Ort an Gemeinsamkeiten Mögliche innerhalb der Gemeinden auszuloten und bei allen Divergenzen: Konvergenzen und Kooperationen zu versuchen – ohne dabei die eigene Glaubensidentität zu verleugnen. Dabei sollte die Mahlfrage ebenso zurückgestellt werden wie die Amtsfrage. Konstruktiv-kritische An- und Rückfragen werden jedoch dort erlaubt und erwünscht sein, wo sich unterschiedliche Gesprächspartner als dialogfähig erweisen.

Der in der Gegenwart aufgebrachte Begriff der *»Rückkehr-Oekumene«* lässt fragen, ob nicht zurückzukehren sei zur urchristlichen Weise und Weite der Oekumene. Haben die in der Gegenwart geprägten Formulierungen wie »Einheit in der Vielfalt«, wie »Versöhnte Verschiedenheit«, wie »Eucharistische Gastfreundschaft« nicht dort ihren Ursprungsort? Und müsste die römische Kirche in dieser Konsequenz nicht ihrerseits zu den »Anfängen der Oekumene«: nämlich zu den Anfängen der Kirchengeschichte zurückkehren – also Abstand nehmen vom (Weihe-) Priestertum, vom Primatsanspruch, vom Unfehlbarkeitsdogma, von der Lehre der Transsubstantiation – und also wahrhaft zurückkehren »ad fontes«: zuletzt also zurück bis hin zu den Quellen der *Kyrios-Nacht*? – So utopisch und so unrealistisch wie das klingen mag: aber dies wäre ein maßgeblicher Schritt der »Rückkehr-Oekumene«, die diese Bezeichnung wahrlich verdient. Doch – lassen sich die ›Uhren‹ überhaupt zurückstellen?

Nichtsdestotrotz erhebt sich die Frage, mit welchem Recht heutzutage der ›Terminus technicus‹ »Oekumene« (vor allem und fast stets zunächst aufgrund von Initiativen aus der protestantischen Christenheit) bemüht wird – und ob dieser Terminus nicht voreilig ge- bzw. missbraucht wird, um etwas vorzutäuschen, was nicht (mehr – und: was noch nicht) ist. Deshalb wäre zu überlegen, ob vom Begriff der »Oekumene« in der Gegenwart nicht Abstand zu nehmen sei. Andernfalls mag man von »oekumenischer Bewegung« sprechen, deren Ziel echte Oekumene bedeutet. Die Behauptung, »der Weg sei (schon) das Ziel«, nimmt alle ernsthaften Bemühungen um eine echte zukünftige (?) Oekumene wohl nicht gebührend ernst.

Missverständnissen ausgesetzt bleibt ein Begriff von »Oekumene«, wenn dadurch suggeriert werden soll, dass (schon damals) unter den (ersten) Christen in Sachen Glauben vollkommene Einheit und Einmütigkeit geherrscht haben soll bzw. herrschen müsste. Man wird vom Gegenteil auszugehen haben, nämlich von Anfang an von einer bunten Vielfalt von Glaubenspraktiken und schließlich -traditionen (die sich nicht zuletzt in den Zeugnissen der Evangelien wiederspiegelt) – allerdings lässt sich wohl eine gemeinsame, verbindliche und verbindende Basis konstatieren, die sich artikulieren konnte im Eph.-Wort 4,2–6. Darin sind die Konstitutiva christlichen Glaubens zu erkennen – im Unterschied zu diversen »Adiaphora« mit ihrem je eigenen Recht, ohne dass diese den Rang von für alle verbindlichen Statuten erhielten. In der dem Verständnis von Toleranz innewohnenden Bedeutung des Wortes ließen sich Unterschiede in der Art zu glauben aushalten, ohne sich wechselseitig das Christsein absprechen zu müssen. Sollte es auch angesichts weiter fortbestehender Differenzen zwischen der römisch-katholischen Kirche, den orthodoxen Kirchen und den Kirchen der Reformation für alle diese Kirchen aus dem Geiste Jesu Christi heraus nicht verpflichtend sein, »eine Kultur wechselseitigen Respekts« (Wolfgang Huber)(17) zu entwickeln und zu pflegen? »Eine Kirche, die sich durch einen Ausschließlichkeitsanspruch von den anderen Kirchen separiert, könnte nicht mehr ökumenisch genannt werden.« (17).

Blieb es bisher oftmals den Gemeinden an der Basis selbst überlassen, was in Sachen Oekumene initiiert und aktiviert wird (und kam dazu meisthin der Anstoß von seiten der Protestanten) – so lassen sich trotz aller Rückschritte aus »Rom« in der Bewegung der Kirchen aufeinander zu: hin zu einer Oekumene, die diese Bezeichnung wirklich verdient, gewisse wegweisende Signale nicht verkennen:

– zum Beispiel die vielen oekumenischen Gottesdienste in Stadt und Land, die längst zu einer Art von Selbstverständlichkeit geworden sind: seien es die oekumenischen Schulgottesdienste, die oekumenischen Gottesdienste zum »Weltgebetstag der Frauen« oder die oekumenischen Gottesdienste am 2. Pfingsttag, aber auch die oekumenischen Arbeitskreise auf Ortsebene /

– zum Beispiel die von der Evangelischen Landeskirche in Baden und von der Erzdiözese Freiburg mit dem 1. April 1974 eingeführte »Gemeinsame kirchliche *Trauung nach Formular C*« für konfessionsverschiedene Paare unter Beteiligung der Pfarrer beider Kirchen (die bisher jedoch in keiner anderen der EKD-Gliedkirchen rezipiert worden ist) /

– zum Beispiel die am 29. April 2007 im Magdeburger Dom von elf verschiedenen (bei insgesamt sechzehn möglichen in der ACK miteinander zusammengeschlossenen Kirchen) Vertretungen der Evangelischen Kirche in Deutschland, der römisch-katholischen Bischofskonferenz sowie von Vertretern orthodoxer, anglikanischer, methodistischer, altkatholischer, altorientalischer und freier Kirchen unterzeichnete »*Erklärung zur wechselseitigen Anerkennung der Taufe*« /

- zum Beispiel die *»Charta Oecumenica«,* die am 22. April 2001 in Straßbourg von der »Konferenz Europäischer Kirchen« (»KEK«) und vom »Rat der Europäischen Bischofskonferenzen« (»CCEE«) mit »Leitlinien der Zusammenarbeit der christlichen Kirchen in Europa« und damit zugleich für die Zusammenarbeit der Gemeinden vor Ort verabschiedet wurde /
- zum Beispiel die zwischen der Erzdiözese Freiburg und der Badischen Landeskirche getroffene Vereinbarung »Sasbach 2007«, wonach in einer oekumenischen Arbeitsgruppe die Möglichkeiten zu weiterer »arbeitsteiliger Oekumene« (Robert Zollitsch: Pastorale Leitlinien, 2005) ausgelotet werden sollen /
- zum Beispiel wurde (ebenfalls 2007) zwischen der Caritas der Freiburger Erzdiözese und der Diakonie der Badischen Landeskirche in der so genannten *»Charta Oecumenica Socialis«* für die Bundesrepublik Deutschland erstmalig eine Rahmenvereinbarung zu engerer Kooperation abgeschlossen /
- zum Beispiel: Was den bisher konfessionell getrennt erteilten *Religionsunterricht* betrifft, so wurde am 1. März 2005 die »Vereinbarung zwischen der Evangelischen Landeskirche in Baden, der Evangelischen Landeskirche in Württemberg, der Erzdiözese Freiburg und der Diozese Rottenburg-Stuttgart zur konfessionellen Kooperation im Religionsunterricht an allgemein bildenden Schulen« unter Vorgaben, Voraussetzungen und Genehmigungsvorbehalt verabschiedet. Damit werden mit Beginn vom Schuljahr 2005/2006 z.B. im Bereich der Grundschulen Möglichkeiten eröffnet, vor Ort »oekumenische Religion« zu unterrichten (wobei eine evangelische Lehrperson erstmals auch römischekatholische Schülerinnen und Schüler unterrichten darf – wie umgekehrt ebenso).

Mit diesen kirchlichen Entscheidungen werden weitere Versuche zur Annäherung zwischen den beiden Großkirchen unternommen und in den kirchenoffiziellen Rang emporgehoben – was angesichts des römischen ›Gegenwinds‹ nicht kleingeredet, sondern als ›zartes Pflänzlein‹ kontinuierlich weiter gepflegt werden sollte.

»Eines sollte deutlich gesagt werden: Die eigentliche Oekumene beginnt erst dort, wo Kirchen sich als Kirchen im Sinne des gemeinsamen Glaubensbekenntnisses anerkannt haben. Alle anderen Formen des wechselseitigen Respekts, der Zusammenarbeit, aber auch des gemeinsamen Gebets um die Einheit sind Schritte auf dem Weg zur echten Oekumene und bilden erst eine Vorstufe derselben.« (18). So sehr dieser Satz von Ulrich H.J. Körtner Zustimmung verdient – so muss andererseits wohl mit Martin Stöhr betont werden, dass »ökumenische Begegnungen ohne Beteiligung von Juden ... unvoll-

ständig sind, weil sich christlicher Glaube ohne die jüdische Wurzel ... falsch
– unbiblisch – entwickelt.« (19).

Für Irritationen gesorgt hat in diesem Kontext die Neu-Formulierung der
»*Karfreitagsfürbitte für die Juden*« durch Papst *Benedict XVI.* vom 7. Juli
2007 (und damit die ›Rehabilitation‹ der entsprechenden Passage aus dem
»Römischen Messbuch« von 1962), wenn es da heißt: »Lasst uns auch beten
für die« (nach dem Missale Romanum von 1570: »perfidis judaeis« / für die
»perfiden«, also »treulosen«) »Juden, auf dass Gott, unser Herr, ihre Herzen
erleuchte, damit sie Jesus Christus als den Retter aller Menschen erkennen ...
Allmächtiger, ewiger Gott, der du auch die Juden« (im Wortlaut von 1570
steht stattdessen: »die jüdische Untreue«) »nicht von deiner Erbarmung aus-
schließt, erhöre unsere Gebete, die wir ob der Verblendung jenes Volkes vor
dich bringen. Mögen sie das Licht deiner Wahrheit, das Christus ist, erkennen
und ihrer Finsternis entrissen werden ...« (20).
Muss diese päpstliche Intervention nicht als Rückschritt in allen bisherigen
Versuchen oekumenischer Dialoge kritisiert werden und als Rückfall hinter
die Grundsatz-Erklärung »Nostra Aetate« aus dem »*II. Vaticanum*« (1965),
also als Restauration in die prae-konziliare Zeit, zudem als Rückfall in anti-
jüdisches Denken, in antijüdische Aktionen? Als Diffamierung der Juden?
Sollte diese Fürbitte etwa nicht als Bekehrungsversuch oder als indirekter
Aufruf zur *Judenmission* (21) interpretiert werden können? Haben die Lehren
aus der Erfahrung der Shoa denn keine ›Wurzeln‹ schlagen können? Dass die
(durch Papst Benedict XVI. korrigierte) Fürbitte für die Juden bezeichnenderweise auf einen so hochsensiblen Tag wie den Karfreitag gelegt wird
(wobei nicht nur *Meliton von Sardes* einst den Vorwurf erhob, die Juden
seien »Gottesmörder«), wäre eigens zu thematisieren. Festzustellen ist: Die
durch Papst Benedict XVI. neuformulierte »*Karfreitagsfürbitte für die Juden*« wird trotz aller dadurch ausgelösten Kritik nicht revidiert. Die Antwort
lautet: »Roma locuta« / ›Rom hat entschieden.‹
    Ganz anders dagegen lautet der Synodalbeschluss der Evangelischen Kir-
che im Rheinland 1980: »Wir glauben, daß Juden und Christen je in ihrer
Berufung Zeugen Gottes vor der Welt und voreinander sind. Darum kann die
Kirche ihr Zeugnis dem jüdischen Volk gegenüber nicht wie die Mission an
der Völkerwelt wahrnehmen.«

Obwohl das »*Herrnmahl*« (bzw. das Kyrios-Mahl) aus verschiedenen Perspektiven und mit verschiedenen Interessen römischer-, evangelischer- und
biblischerseits ›de fide‹ als Sakrament der Einheit gewollt sein mag (gemäß
Joh. 17,21: »auf dass sie alle eins seien«) – so erweist es sich trotz aller Ein-
ladungen evangelischerseits de facto bis dato als Sakrament der Trennung.
Das Einheits-Wort Eph. 4,5 konzentriert auf: »Ein HERR, ein Glaube, eine
Taufe« – man möchte fortsetzen und anfügen: ›ein Mahl‹, doch auffälliger-

weise fehlt diese Ergänzung. Sicher läge eine Über-Interpretation darin, unterstellen zu wollen, dass schon damals in Sachen Mahl verschiedene Praktiken üblich waren, die sich gegenseitig widersprachen – andererseits jedoch mag bewusst auf die Ergänzung in Eph. 4,5 verzichtet worden sein, um keinerlei Parallele zum jüdischen Pessach-Mahl aufkommen zu lassen, zu dem Distanz entstanden war. Festzustellen bleibt von daher: Gemeinsame Mahlfeiern (im Sinne einer Interzelebration und Interkommunion) erscheinen in schier unerreichbare Ferne gerückt.

Für auf weitere Zukunft hin denkbare *»oekumenische Osternachtfeiern«*, die zum Kyrios-Mahl hinführen wollen, folgt aus alledem: sie sind auf unabsehbare Zeit aufgrund des römischen Verdikts nicht möglich, weil verboten, also illegal bzw. nicht erlaubt. Bisher bereits oekumenisch ausgerichtete Osternachtfeiern mit »Nachtmahl« (Huldrych Zwingli) und mit Eucharistie erhalten von daher im Nachgang eine ›kritische Note‹.

Was jedoch bedeutet diese Verfahrensweise Roms beispielsweise für die seit Jahrzehnten oekumenisch ausgerichteten und jeden Samstag neu anberaumten *Osternachtfeiern* in der oekumenischen Bruderschaft von *Taizé*? Eine gewisse erste Korrektur wurde innerhalb der Bruderschaft dahingehend eingeleitet, dass seit einigen Jahren bereits an jedem einzelnen Morgen in der Frühe ein rein römisch-katholischer *Mess-Gottesdienst* in der Krypta der Versöhnungskirche von Taizé gehalten wird. Stehen nun aber für die Bruderschaft von Taizé von »Rom« aus weitere Konsequenzen und Korrekturen ›ins Haus‹? Lassen sich diese vor Ort durchsetzen – oder lösen solche nicht im Gegenteil neue Irritationen aus, die zu einem noch größeren Schaden führten, als wenn man die Brüder von Taizé wie gehabt weiterhin tolerierend und stillschweigend gewähren ließe? »Rom« wird so oder so antworten.

Neu zu würdigen sei eine Erklärung, die Vertreter der Ostkirchen bei der »Oekumenischen Vollversammlung des Ökumenischen Rates der Kirchen« *1954 in Evanston* zur Einheit der Kirche(n) verabschiedeten – mit dem Wortlaut: »Wir sind der Überzeugung, daß einzig die Rückkehr zum Glauben der alten, einzigen und unteilbaren Kirche der sieben Oekumenischen Konzilien, d.h. zu dem gemeinsamen, reinen und unverfälschten Erbe, die ersehnte Wiedervereinigung aller getrennten Christen herbeiführen kann.«

Anmerkungen

(1) – Gemeindebrief der Evang. Versöhnungsgemeinde und der St. Thomas-Morus-Gemeinde in Karlsruhe-Oberreut, Ausgabe Ostern 2007.

(2) – vgl. Deutsches Pfarrerblatt 12/2004, 636ff.

(3) – Im Zusammenhang damit, Luthers »95 Thesen« vom 31. Okt. 1517 als ketzerisch zu entlarven (vgl. H.A. Oberman: Luther, 206), nimmt der ranghöchste päpstliche Kurialtheologe und spätere Richter im Prozess gegen

Martin Luther: der Dominikaner Silvester Mazzolini aus Prierio das spätere *»Dogma von der päpstlichen Unfehlbarkeit«* (im *»I. Vaticanum«* 1871) gewissermaßen vorweg, wenn er die uneingeschränkte Papstgewalt festschreibt (damit u.a. den Ablasshandel rechtfertigt) und 1518 erklärt: »Der Papst ist ... unfehlbar, ›wenn er in seiner Eigenschaft als Papst eine Entscheidung trifft‹. Seine Lehre ist ›die unfehlbare Glaubensregel, von der auch die Heilige Schrift ihre Kraft und Autorität bezieht.‹ Ein Konzil kann sich zwar anfänglich täuschen, nicht aber im Endergebnis, wenn der Papst die Konzilsbeschlüsse autorisiert hat.« (H.A. Oberman: Luther, 205; vgl. 50.230).

(4) – Die »LIMA-Erklärung« verweist auf den »Unterschied zwischen der apostolischen Tradition der ganzen Kirche und der Sukzession des apostolischen Amtes«, wie es in der römischen Kirche postuliert wird (in: Taufe, Eucharistie und Amt, 42) – und sieht in der »apostolischen *Tradition«* einen Ausdruck der Kontinuität mit den ersten Christen, eine *»Sukzession in der Apostolizität«*, wie sie das Nicaenum 325 artikuliert: »Wir glauben die eine, heilige, allgemeine, *apostolische* Kirche.«

Im Sinne einer Wegweisung »zur gegenseitigen Anerkennung der ordinierten Ämter« formuliert die »LIMA-Erklärung«: »Unter den Fragen, an denen besonders gearbeitet werden muß, wenn sich Kirchen auf die gegenseitige Anerkennung der Ämter zubewegen, ist die der apostolischen Sukzession von besonderer Bedeutung. Kirchen können in ökumenischen Gesprächen ihre jeweiligen ordinierten Ämter anerkennen, wenn sie sich gegenseitig gewiß sind in ihrer Absicht, das Amt vom Wort und Sakrament weiterzugeben in Kontinuität mit der apostolischen Zeit. ... Kirchen, die die bischöfliche Sukzession bewahrt haben, werden gebeten, sowohl den apostolischen Inhalt des ordinierten Amtes der Kirchen anzuerkennen, die eine solche Sukzession nicht bewahrt haben, als auch die Existenz eines Amtes der episkope in verschiedenen Formen in diesen Kirchen.« (in: Taufe. Eucharistie und Amt, 48). So hilfreich die Unterscheidung a) zwischen einer *»apostolischen Sukzession«* in der Tradition der Kirche und b) in der Sukzession des (römischen) Amtes auch sein mag – so bleibt die Frage, ob sich die römische Kirche dieser Differenzierung öffnen und anschließen kann und ob sie von ihrem Selbstverständnis und Anspruch her zur Anerkennung anderer Ämter (wie dem des protestantischen Pastoren bzw. Pfarrers) und anderer Kirchen finden kann.

Kritik verdient die Behauptung, die Apostel hätten Bischöfe als ihre Nachfolger eingesetzt und diese wiederum hätten später ihrerseits Bischöfe eingesetzt und aus dieser ununterbrochenen Kette von Amtsübertragungen leite sich die »apostolische Sukzession« her – richtig dagegen ist nach dem Zeugnis des Neuen Testaments, dass die Apostel ihrerseits *keine* Nachfolger eingesetzt haben, dass die Aufgabe des Apostels noch keinerlei Amt bedeutete, einmalig war und nur direkt von Christus selbst den vormaligen Jüngern und dem Saulus aus Tarsus verliehen wurde. Eine (lückenlose) *»apostolische*

Sukzession« muss als Fiktion zurückgewiesen werden. Kritik verdient ebenso die Behauptung, durch den Akt der Weihe und durch die Aufnahme in die »apostolische Sukzession« würde *der Priester* (im Vergleich zu den übrigen Getauften) in einen herausgehobenen geistlichen Stand versetzt. In diesem Sinne aber liegt der am 14. März 2000 von der Vollversammlung der Deutschen Bischofskonferenz eingeführte so genannte »*Treueid*« (die »Professio fidei« und das »Iusiurandum fidelitatis«), mit dem angehende Priester, Diakone, Professoren verpflichtet werden, sich zu uneingeschränkter Loyalität zu Bischof und Papst zu bekennen (nach dem »*II. Vaticanum*« jedoch war die [heidnischem Ursprung entstammende] Eidesleistung im Jahre 1967 gänzlich abgeschafft worden, gemäß Mt. 5,33–37 / Jak. 5,12 / Sirach 23,9). Erwartet wird die vollkommene Zustimmung zu der Glaubenslehre, die das päpstliche Lehramt mit unfehlbarer Autorität als ›geoffenbart‹ vorlegt – aber genauso die Zustimmung zu den Lehräußerungen von Papst und Bischöfen, denen keine Endgültigkeit zukommt. In der »Professio fidei« ist u.a. zu bekennen: »Fest glaube ich auch alles, was im geschriebenen oder überlieferten Wort Gottes enthalten ist und von der Kirche als von Gott geoffenbart zu glauben vorgelegt wird, sei es durch feierliches Urteil, sei es durch das ordentliche und allgemeine Lehramt. Mit Festigkeit erkenne ich auch an und halte an allem und jedem fest, was bezüglich der Lehre des Glaubens und der Sitten von der Kirche endgültig vorgelegt wird. Außerdem hange ich mit religiösem Gehorsam des Willens und des Verstandes den Lehren an, die der Papst oder das Bischofskollegium vorlegen, wenn sie ihr authentisches Lehramt ausüben, auch wenn sie nicht beabsichtigen, diese in einem endgültigen Akt zu verkünden.« Innerhalb des so genannten »Treueids« findet sich u.a. folgende Selbstverpflichtung: »In christlichem Gehorsam werde ich dem Folge leisten, was die Bischöfe als authentische Künder und Lehrer des Glaubens vortragen oder als Leiter der Kirche festsetzen.« (Quelle: Amtsblatt der Diözese München und Freising – zitiert in der Zeitschrift »Publik-Forum«, Jg. 2000, Nr. 13, S. 30f.).

(5) – H.-C. Schmidt-Lauber u.a.: Handbuch der Liturgik, 32.

(6) – vgl. VapS = Verlautbarungen des Apostolischen Stuhls, 148, n. 17, Bonn 1975 ff.

(7) – In aller Schärfe konnte *Martinus Lutherus* (nicht allein gegen die Juden: »Von den Juden und ihren Lügen«, 1543 – nicht allein gegen die Bauern: »Wider die räuberischen und mörderischen Rotten der Bauern«, 1525 – sondern ebenso) gegen die »Romanisten« Position beziehen, wenn er im Sommer 1520 formulierte: »Wenn wir Diebe mit dem Galgen, Räuber mit dem Schwert, Häretiker mit dem Feuer strafen, warum wehren wir uns nicht mit allen Waffen um so mehr gegen diese Drahtzieher des Verderbens, diese Kardinäle, diese Päpste, diesen ganzen Dreckhaufen des römischen Sodom, die unablässig die Kirche Gottes zerstören und waschen unsere Hände in ihrem Blut ...« (WA 6.347, 22–28).

(8) – »*Das Amt der Schlüssel*« erklären zum Sakrament: CA XI und XII – Apologie XIII,4 – Luthers»Kleiner Katechismus«.

(9) – Nach der rechtlichen Anerkennung des Christentums als Staatsreligion im 4. Jhdt. kam die Diskussion nach Einführung der »*Zölibatspflicht*« auf, die schließlich im Jahre 1139 (aber nicht in Form eines Dogmas) sanktioniert wurde – allerdings nur im weströmischen Reich. Eine Zölibatspflicht besteht nicht im oströmischen Reich, nicht in den Kirchen der Reformation, nicht in der altkatholischen Kirche, nicht in der anglikanischen Kirche. In den orthodoxen Kirchen müssen allein die Bischöfe unverheiratet sein.

(10) – siehe in der Zeitschrift»Standpunkte«, Karlsruhe, 10/2007, 34.

(11) – Der PAPST in seinem postulierten Selbstverständnis als »Nachfolger Petri« mag sich nicht nur an der Bibelstelle Mt. 16,18 orientieren, sondern auch daran, dass es ausgerechnet dieser Simon war, der dem bereits verhafteten Jesus von Nazareth zwar immerhin noch in den Innenhof des Hochpriester-Palastes gefolgt war, seinen HERRN und Meister dort aber (dreimal) kläglich verleugnete, »ehe der Hahn (dreimal) krähte« (vgl. Mk. 14,29–31.66–72 / Mt. 26,33–35.74f. / Luk. 22,31–34.54–62). Der »Hahn« auf den protestantischen Kirchturmspitzen will nun geradezu an diese Geschichte erinnern und darauf hinweisen: ›Du, denk an den HERRN, bekenne dich zu Ihm und verleugne ihn nicht, weder durch Wort noch durch Tat.‹

(12) – Die päpstliche Erklärung »*Dominus Jesus*« formulierte im Jahre 2000: »Die kirchlichen Gemeinschaften ..., die den gültigen Episkopat und die ursprüngliche und vollständige Wirklichkeit des eucharistischen Mysteriums nicht bewahrt haben, sind nicht Kirchen im eigentlichen Sinn.« – Darf dabei kritisch hinterfragt werden, ob die beiden Forderungen nach dem Episkopat und nach dem eucharistischen Mysterium im wohlgemerkt: ursprünglichen Sinn (!) von der römischen Kirche selbst überhaupt eingelöst werden? Hat sich die römische Kirche nicht von diesen selbst postulierten Vorgaben von Anfang an entfernt? Man berücksichtige, dass die römische Kirche im Laufe ihrer Entwicklung u.a. das Sakrament der *Priesterweihe* (im Gegenüber zum ursprünglichen Episkopat) sowie das Sakrament des *Messopfer*s (im Gegenüber zur ursprünglichen Eucharistie) ab dem 6. Jhdt. herausgebildet hat.

(13) – »Den Gemeinschaften, die aus der Reformation des 16. Jahrhunderts hervorgegangen sind«, wird damit einmal mehr bescheinigt, dass sie »nach katholischer Lehre nicht ›Kirchen‹ im eigentlichen Sinn genannt werden« können. Nach römischer Überzeugung kann es im Vollsinn des Wortes keine ›Kirchen‹ geben, sondern allein eine einzig und allein: nämlich die (römisch-) katholische. Unter diesem Absolutheitsanspruch reicht es wohl nicht, wenn man sich protestantischerseits (als ›Augenwischerei‹) mit der These begnügen wollte, es sei lediglich erklärt worden, die reformatorischen Kirchen seien nicht Kirche im römischen Sinn. Die römische Position verdeutlicht einmal mehr, dass im Kirchenverständnis und im Amtsverständnis

im Verhältnis zu den Kirchen der Reformation gravierender Dissens besteht. Eine ›Brücke‹, die diesen ›Graben‹ überwinden könnte, ist derzeit nicht in Sicht.

(14) – J. Rohls: Einigung im Amtsverständnis? Anmerkungen zum Lima-Papier, RKZ 2/1985, 38.

(15) – zitiert nach Reiner Kaczynski: Fragen und Überlegungen zur Lima-Liturgie aus katholischer Sicht, in: H. Riehm: FS Frieder Schulz, 67.

(16) – Römisches Selbstverständnis drückt sich nicht zuletzt aus in dem Grundsatz: »Niemand kann Gott zum Vater haben, der nicht die römische Kirche zur Mutter hat.«

(17) – W. Huber: Ökumenische Perspektiven, in: Materialdienst des Konfessionskundlichen Instituts Bensheim, 59. Jg., 01/2008, 002.
Michael Weinrich stellt fest: »Die Ökumene hat m.E. nur dann eine relevante Perspektive, ... wenn sich in ihr die Kirchen als Orte des Fragens und des Suchens zusammenfinden und eben nicht als Anstalten zur Verteidigung von verschiedenen Traditionsbeständen.« (in: Ökumene am Ende? Plädoyer für einen neuen Realismus, 139f.).

(18) – U.H.J. Körtner: Kirchliche Identitäten im Wandel, Deutsches Pfarrerblatt 9/2007, 481.

(19) – M. Stöhr in: P. Lapide: Ökumene aus Christen und Juden, 6.

(20) – Im März 2008 erhielt diese Fassung der »*Karfreitagsfürbitte für die Juden*« folgende Korrektur: »Lasst uns auch beten für die Juden, auf dass Gott, unser Herr, ihre Herzen erleuchte, damit sie Jesus Christus als den Retter aller Menschen erkennen ... Allmächtiger, ewiger Gott, der du willst, dass alle Menschen gerettet werden und zur Erkenntnis der Wahrheit gelangen, gewähre gnädig, dass beim Eintritt der Fülle der Völker in deine Kirche ganz Israel gerettet wird.«
Nach der Gottesdienstreform von 1970 lautet dagegen das »*Karfreitagsgebet für die Juden*«: »Lasst uns auch beten für die Juden, zu denen Gott, unser Herr, zuerst gesprochen hat. Er bewahre sie in der Treue zu seinem Bund und in der Liebe zu seinem Namen, damit sie das Ziel erreichen, zu dem sein Ratschluss sie führen will ... Allmächtiger, ewiger Gott, du hast Abraham und seinen Kindern deine Verheißung gegeben. Erhöre das Gebet deiner Kirche für das Volk, das du als Erstes zu deinem Eigentum erwählt hast. Gib, dass es zur Fülle der Erlösung gelangt.« Dieses Gebet von 1970 steht ganz im Zeichen des christlich-jüdischen Dialogs und atmet den Geist des »II. Vaticanums« (1962–65) mit Papst Johannes XXIII., der immerhin bereits 1959 die Verurteilung der Juden als »treulos« aus dem Fürbittgebet eliminiert hatte, ja, der alle judenfeindlichen Passagen aus den römischen Gebetbüchern entfernen ließ.

(21) – Der Begriff »*Judenmission*« gehört differenziert a) einmal in die Mission von Christen gegenüber Juden – und b) zum anderen in die Mission von Juden gegenüber Christen. Gemäß Gen. 12,5 / Jes. 2,1–4 / Micha 4,1–5 /

Jes. 49,1–6 / Mt. 23,15; 28,18–20 und Luk. 2,30f. gibt es eine »missio judaica« als dienende Mission im Sinne der Sendung und Berufung Israels in die Völkerwelt hinein: zum Lobe des einen, einzigartigen, unvergleichlichen Gottes. Wer allerdings aus den Worten Mt. 28,18–20 den Auftrag von Christen zur Judenmission ableiten wollte, pervertiert Christi Wort an Seine Nachfolger unter den Juden.

»Judenmission« von Christen gegenüber Juden wird von Juden als Angriff empfunden auf jüdisches Leben, löst aufgrund bestimmter geschichtlicher Erfahrungen bis heute Angst und Schrecken aus, kränkt und empört, verstärkt das »antijudaistische Trauma«, wird als Versuch christlicher Vereinnahmung empfunden, wehrt sich gegen die Überzeugung, wonach es Christenpflicht sei, Israel zu retten. Gemäß Röm. 11,26 erwartet das Volk Israel seine Rettung von (Seinem) Gott her. In protektionistischem Sinne hat der Staat Israel im Jahre 1978 das so genannte »Antimissionsgesetz« in Kraft gesetzt.

Ergebnisse und Schlussfolgerungen / Thesen im engeren Umkreis der Kyrios-Nacht

Aus der Fülle von Ergebnissen, Schlussfolgerungen, Thesen
seien exemplarisch folgende ausgewählt
und an dieser Stelle zusammenfassend genannt:

- Der Gekreuzigte wird der Auferweckte – wobei der Auferweckte der Gekreuzigte ist und bleibt.
- Im Akt der Auferweckung identifiziert und offenbart sich Gott in dem Gekreuzigten, indem ER IHN zum HERRN / zum Kyrios und zum Christus erhöht hat.
- Ausgehend vom Axiom der Auferweckung Jesu Christi durch Gott, den Schöpfer und Vater in den Himmeln, artikuliert sich in der Christus-Offenbarung Gottes Immanenz in der Welt und in ihrer Geschichte.
- Das Christus-Ereignis bildet die »conditio sine qua non« bzw. die »prima causa et ultima« und wirkt konstitutiv für den christlichen Glauben.
- Nur weil Gott Ihn (aus dem Tode) auferweckt hat, konnte Jesus Christus (ins Leben hinein) auferstehen.
- Die theologische Rede von der »Auferweckung Jesu Christi von den Toten« gründet in dem Glauben, dass *Auferweckung* ausschließlich und allein »actio Dei sui generis« ist.
- Die bereits einer späteren Phase entstammende theologische Rede von der »Auferstehung Jesu (Christi)« enthält (gegenüber der der Anfangsphase entstammenden Rede von der »Auferweckung Christi«) bereits weitergehende christologische Interpretation (aus der zweiten Generation?).

- Über die *Entstehung und Entwicklung der christlichen Osternachtfeier* gibt es bis heute keine gesicherten Anhaltspunkte, geschweige denn Quellentexte, die als Beleg dienen könnten. Bei aller Vorsicht im Versuch von Rekonstruktionen darf jedoch als wahrscheinlich angenommen werden, dass sich die erste Christenheit innerhalb der judenchristlichen Gemeinde zu Jerusalem nach der Entdeckung des Geheimnisses der Auferweckung Jesu Christi am Abend nach Beginn des Pessachfestes, also nach dem Sederabend, am 16. Nissan in den Anfangsjahren (bis zum Beginn des jüdischen Krieges 66), vielleicht gar täglich, wohl aber zum mindesten wöchentlich wiederkehrend zur Feier der Kyrios-Nacht sammelte und darin stets erneuernd des Todes und der Auferweckung Christi gedachte im Sinne der Anamnesis.
- *Die Wurzel aller christlichen gottesdienstlichen Feiern* liegt im Geheimnis und Wunder der Auferweckung Christi verborgen, im Heilsge-

schehen von Kreuz *und* Auferweckung. Was Christen da feiern, das sind göttliche Geheimnisse. Vieles, wenn nicht alles spricht dafür, dass diese Feiern ihren historischen Ort und ihren theologischen Kern: ihren ›Geburtsort‹ in der Kyrios-Nacht haben, in der dem Sederabend folgenden Nacht, also in der Nacht des heute so genannten Karsamstag auf Ostersonntag, im Laufe des 16. Nissan.

– In der Kyrios-Nacht ist der Ursprung des christlichen Glaubens zu finden – die Kyrios-Nacht bedeutet geradezu das Geburtsdatum des christlichen Glaubens.

– Die Keimzelle aller christlichen Gottesdienste liegt in der Feier der Kyrios-Nacht begründet.

– Die ersten Christen haben sich nach getaner Arbeit zu ihren gottesdienstlichen Zusammenkünften in den Abend- und Nachtstunden nach Ende des Shabbat getroffen: und weiter bis in die frühen Morgen hinein, in die Zeit des »Hahnenschreis« um drei Uhr, und zu dieser Zeit das Kyrios-Mahl gehalten im Gedächtnis an die Auferweckung Christi (vgl. Apg. 20,7–12).

– Mahl (»Tut das zu meinem Gedächtnis«, vgl. 1. Kor. 11,24.25 und Luk. 22,19) und Taufe (gemäß Mt. 28,18–20) bilden von allem Anfang an die Konstitutiva christlichen Glaubens, christlicher Gottesdienste und christlicher Gemeinde – wobei zu fragen ist, ob dabei nicht der Mahlfeier (in der Kyrios-Nacht) der ursprüngliche Charakter zukommt, bevor die Tauffeier hinzutritt. Aus den Mahlfeiern der ersten Christen (in der Kyrios-Nacht) heraus entwickelt sich christlicher Gottesdienst.

– Statt von »Osternacht« wäre von »Kyrios-Nacht« zu reden bzw. von »Christusnacht« oder von »Christnacht«.

– Konsequentermaßen müsste das *Kirchenjahr* (nicht mit dem 1. Advent, sondern) mit der Kyrios-Nacht beginnen.

– Die vorgelegte Arbeit versteht sich im Sinne der *Kyriologie*.

– Wie sich der *Shabbat* als Gedächtnistag der Schöpfung etabliert hat, so hat sich der *Herrntag* als Gedächtnistag der Auferweckung Christi etabliert.

– Wie das *Pessachfest* auf das jüdische Urfest der Befreiung aus Ägyptenland rekurriert – so rekurriert das *Kyrios-Fest* auf das Christus-Ereignis der Versöhnung in Kreuz und Auferweckung.

– Fand *Jesu Abschiedsmahl* von seinen Jüngern zur gleichen Zeit statt wie das jüdische Pessachmahl, also am Sederabend 15. Nissan? Auch wenn die Theologie in den synoptischen Evangelien diesen Transfer leisten will / auch wenn sich der Osterfeststreit der Quartodezimaner im 2. Jhdt. genau an dieser Frage der Datierung bzw. der Chronologie entzündete (ob also Jesus am 14. Nissan, deshalb die Bezeichnung, das Pessachlamm mit seinen Jüngern gegessen habe oder eben nicht) – so widerspricht diese Annahme nicht nur der Chronologie des JohEv.s, sondern mehr noch den historischen Gegebenheiten der damaligen Zeit.

- *Jesu Abschiedsmahl* von seinen Jüngern lässt sich nur auf den Abend des 14. Nissan datieren, bevor noch am gleichen Tag zur sechsten Stunde seine Hinrichtung folgte.
- Die Tradition der Osternachtfeier hat sich zwar in unmittelbarer zeitlicher Nähe zum jüdischen *Pessachfest* herausgebildet, ihr zeitlicher Beginn allerdings liegt in der dem Sederabend folgenden Nacht des 16. Nissan, in der später so bezeichneten Nacht von Karsamstag auf Ostersonntag.
- Christen feiern kein Pessachfest und essen kein Pessachlamm, sie feiern auch nicht (in tiefer Trauer) die »memoria passionis«, auch nicht (bis in die Gegenwart verlängernd) Jesu einmaliges Abschiedsmahl, sondern voller Freude: die »memoria Christi« / das Mahl des HERRN / das Mahl des auferweckten Kyrios / das Mahl der Versöhnung in eschatologischer Perspektive auf Fortsetzung (vgl. Mk. 14,25) hin, auf Erlösung am Ende aller Tage und schließlich auf Vollendung hin. Und das ist nun doch etwas ganz anderes als das Pessachfest bzw. -mahl, das die wundersame Errettung von Hebräern aus Ägyptenland anamnetisch memoriert.
- An keiner Stelle im Neuen Testament werden Opferbegriffe auf das (Verständnis vom) Herrnmahl übertragen. Das von den ersten Christen gefeierte Herrnmahl war alles andere als ein (Sühn-) Opfermahl, alles andere als ein Pessachmahl, alles andere als ein Gedächtnismahl an Jesu Abschiedsmahl.
- Das christliche Kyrios-Fest (bzw. Herrnfest) entsteht in zeitlicher Anlehnung an das jüdische Pessachfest, grenzt sich inhaltlich aber von diesem immer weiter ab.

- Die Einrichtung des so genannten *Katechumenenunterricht*s kann in ihrer Bedeutung für die erste Christenheit wohl kaum unterschätzt werden.
- Die *Taufe* bezieht sich auf den Tod Jesu, die *Eucharistie* dagegen auf die Auferweckung Christi. Dieser Wechsel vom Tode zum Leben vollzieht sich im Wunder der Heiligen (Kyrios-) Nacht – hier allein konzentriert sich christlicher Glaube an das Heilsgeschehen Gottes in Christus Jesus.
- *Taufe* im urchristlichen Sinn bedeutet eine grundlegend neue Weichenstellung, einen Herrschaftswechsel, eine radikale Absage an die bisherige Lebensweise und an die Mächte der Finsternis, eine radikale Lebenswende – den Anfang eines grundlegend neuen Lebenswandels »in Christus« (Gal. 2,20), zu dem sich der Getaufte per »pactum« (Gregor

von Nazianz) geradezu verpflichtet. Er will fortan leben »ohne Fehl' und Tadel« als Neophyt im Sinne von 1. Petr. 4,10.

- Der *Taufkatechumenat* zog sich als »gestreckte Handlung« (Frieder Schulz) zuletzt über eine vierzig-tägige Fastenzeit (die Quadragesimae) bis zur Taufhandlung (in den Abendstunden: im Dunkel der so genannten Osternacht) hin, die wiederum in der Feier der Eucharistie (in der Freude nach dem frühmorgendlichen Hahnenschrei um drei Uhr) ihren krönenden Abschluss fand.
- Dass und wie Taufe und Mahl ursprünglich auf das Engste zusammengehören, belegt die Tauf-Eucharistie in der Kyrios-Nacht.
- *Taufe und Eucharistie* verdichteten sich (wie zwei Pole in einer Ellipse) im Konzentrat der Kyrios-Nacht.

- Im Sinne der Anamnese vergegenwärtigt sich die urchristliche Gemeinde das Heilshandeln Gottes in Kreuz und Auferweckung Jesu Christi und antizipiert daran derart, dass sie Jesu Gebot: »tut ihr das zu meinem Gedächtnis« (1. Kor. 11,24.25 / Luk. 22,19) auf das messianische *Freudenmahl* überträgt.
- Unstritig dürfte sein, dass die jüdischen Fest-Inhalte von »benedictio« und Segen, von Anamnese, von Brot- und Kelch-Ritus Einfluss ausgeübt haben auf die sich entwickelnden urchristlichen Kyrios-Mahlfeiern, wenn sie sich dafür nicht sogar als konstitutiv erwiesen haben.
- »Jede Eucharistiefeier kann als Kind der Osternacht bezeichnet werden.« (H.-C. Schmidt-Lauber: Die Zukunft des Gottesdienstes, 407).
- *Das messianische Freudenmahl* gründet in dem Geheimnis und Wunder der Auferweckung Jesu Christi – und unterscheidet sich geradezu fundamental vom jüdischen *Pessachmahl*, das christlicherseits ja eben nicht auf die Auferweckung Christi, sondern bezeichnenderweise auf den Tod Jesu hin gedeutet wurde (vgl. 1. Kor. 5,7).
- In den christlichen Kirchen müsste (statt vom »Abendmahl«, wie Luther übersetzte) vom »Herrnmahl« bzw. vom »Kyrios-Mahl« gesprochen werden.
- Jesus von Nazareth ist eben nicht das eine wahre Pessachlamm (!), auch wenn dies in christlich-theologischen Interpretationen bis heute prolongiert und propagiert wird.
- An keiner Stelle im Neuen Testament werden *Opferbegriffe* (aus dem Fundus des Ersten Testaments) als Interpretamente auf das Herrenmahl prolongiert und angewandt. Im Gegenteil: Die neutestamentlichen Autoren grenzen sich gegen jede Missdeutung des Todes Jesu nach der Art eines kultisch-rituellen Opfers ab. Das ursprüngliche Herrnmahl war alles andere als ein Opfermahl. In den grundlegenden christologischen Bekenntnissen und neutestamentlichen Aussagen über das Herrnmahl wird die Opferterminologie dezidiert nicht verwendet.

– Die Feier der Kyrios-Nacht leitete den ersten Schritt zur *Emanzipation vom Judentum* ein.

Soweit einzelne Thesen aus dem Ersten Hauptteil.
Es folgen wenige Hauptthesen aus dem Zweiten Teil:

– Erst mit Beginn der Konstantinischen Phase im 4. Jhdt. / als das Christentum 391 offiziell zur Staatsreligion erhoben wurde / als der »Sonn(en)tag« diese seine Bezeichnung und seinen gesetzlich verankerten Stellenwert erhielt, verlagerte sich auch die Gottesdienstzeit von den Nachtstunden des Samstag auf den Sonntagmorgen. Damit einher gingen gravierende Veränderungen für die Feier der Herrnnacht: der Kyrios-Nacht.

– Nach wie vor stellt die Kyrios-Nacht mit der Feier der Tauf-Eucharistie die Regel-Zeit dar für die Aufnahme eines Christen. Diese Initiation bzw. diese Kyrios-Nacht gilt als Hochfest der ganzen damaligen Kirche. Die Liturgie für die Feier der Kyrios-Nacht, wie sie aus der Zeit Ende des zweiten, Anfang des dritten Jhdt.s von Hippolyt ausgehend überliefert ist, wird mit geringen Ergänzungen (z.B. mit dem Akt der Fußwaschung nach Joh. 13,1–15) bis in die Zeit Ende des vierten, Anfang des fünften Jhdt.s (Ambrosius und Augustinus) fortgeschrieben. Mit der Einführung der *Kindertaufpraxis im 5./6. Jhdt.* jedoch ergaben sich Veränderungen auch für die Feier der Kyrios-Nacht, das heißt: a) Taufen von Erwachsenen wurden immer seltener – b) oft genug fand gar keine einzige Taufe mehr statt – c) die Feier der Kyrios-Nacht endete meist bereits vor Mitternacht.

– Mit dem Einzug der Kindertaufe im 5./6. Jhdt., also mit dem Wechsel von der Mündigentaufe hin zur Unmündigentaufe einher gingen gravierende Veränderungen für die Bedeutung der Herrnnachtfeier.

– Durch die Einführung der Kindertaufpraxis ging der enge Zusammenhang im Ritengefüge zwischen Taufe und Eucharistie verloren, wie er in der Feier der Heiligen Kyrios-Nacht exemplarisch ausgestaltet worden war.

– Die Osternachtfeier wurde vom 6. Jhdt. an zeitlich vorverlegt: begann sie ursprünglich am Abend des 16. Nissan, am Karsamstag, und endete sie am frühen Ostermorgen, dem späteren Oster-Sonntag – so wurde sie zunächst auf den frühen Nachmittag (im 8. Jhdt.), dann auf den Mittag (im 9. Jhdt.) und schließlich (im 14. Jhdt.) auf den Samstagmorgen (!) vorverlegt (was erhebliche Reduktionen in der Liturgie und in den Riten zur Folge hatte, die erst im 20. Jhdt. korrigiert wurden). Dass diese Praxis die Feier der Kyrios-Nacht aushöhlte, muss ebenso konstatiert werden wie dies, dass diese römische Anordnung / Terminsetzung auch aus zeitlich-theologischen Gründen nicht mehr nachvollziehbar erscheint. *Papst Pius V.* (*1504,+1572), als Großinquisitor bekannt geworden, *untersagte zuletzt 1570 jegliche Eucharistie-Feier zwischen Karsamstag-Mittag und Ostersonntag:* Dieses Verbot bestand bis ins Jahr 1951 hinein und bedeutete bis dahin das Ende jeder Osternachtfeier in der römischen Kirche (sieht man einmal von der fortdauernden Praxis in einzelnen Klöstern ab).

– Eine *Quelle zur Osternachtfeier* lag sicher in dem der Osternacht vorausgehenden Taufkatechumenat und in der anschließenden Taufhandlung in der Osternacht selbst sowie in der auf den »Hahnenschrei« folgenden ›Krönung des Ganzen‹: in der Feier der Eucharistie. Als problematisch erwies es sich, dass diese ursprüngliche Einheit durch die Bildung des »Triduum sacrum« auseinanderfiel.

– Gravierende Veränderungen haben sich im gottesdienstlichen und im gemeindlichen Verständnis dadurch ergeben, dass die Gemeindefeier der Eucharistie im Sinne der Anamnese der Auferweckung Christi (»tut ihr das zu meinem Gedächtnis« – vgl. 1. Kor. 11,24.25 / Luk. 22,19) zurücktritt gegenüber der Zentrierung auf das angeblich alles entscheidende, nämlich für alle Gläubigen heilsnotwendige *Weihehandeln des Priesters.* Was für eine Entwicklung hat sich bis zu diesem ›Punkt‹ ergeben, ausgehend von der freudigen Gedächtnisfeier der Gemeinde im Sinne der Eucharistie in der so genannten Kyrios-Nacht. Was für eine Entfernung von der sich wöchentlich wiederholenden Feier des urchristlichen Kyrios-Mahles in der dem Shabbat folgenden Nacht tut sich hier auf! Welche Abwertung der Gemeinde, welche Aufwertung des Priesters erfolgt auf diese Weise! Spätestens in dieser »Wandlung« erfährt das Priesteramt/-tum seine Etablierung.

– Im Laufe der Jahre und Jahrzehnte und Jahrhunderte jedoch entfernte sich die Christenheit zunehmend vom Hochfest der Heiligen Osternacht: damit allerdings ging etwas verloren, was sich im Laufe der späteren Zeit an Intensität und Hingabe nicht mehr wiedergewinnen ließ und lässt. Bei aller Freiheit, bei allen Privilegien, die den Christen durch die Konstantinischen Gesetze ab 321 eingeräumt worden waren, bei aller kulturellen Blüte auch, die sich in den Folgejahren entfaltete und die sich z.B. im Kirchbau Ausdruck verschaffte – muss auch vermerkt werden, dass etwas ›auf der Strecke geblieben‹ ist, nämlich von der Urkraft des christlichen Glaubens, die sich gerade in der Feier der Kyrios-Nacht artikulierte. Kreuz und Auferweckung / Taufe und Herrnmahl / Finsternis und Licht / Tod und Leben / Trauer und Jubel lagen in dieser Nacht dicht beieinander und waren geheimnisvoll ineinander verwoben – bis daraus im »Triduum sacrum« verschiedene ›Pole‹ bzw. ›loci‹ wurden, die einander gegenüberstanden.

Zuletzt einige Thesen aus dem Dritten Hauptteil:

– Bis ins Jahr 1951 hinein galt die von Papst Pius V. (*1504,+1572) im Jahre 1570 verhängte römische Regelung, wonach jegliche Eucharistie-Feier zwischen Karsamstag-Mittag und Ostersonntag untersagt war: damit hatte sich die Feier der Kyrios-Nacht de iure und de facto erledigt.

– *Mit der römischen Liturgie-Reform aus dem Jahre 1951* wurde die Revitalisierung der urchristlichen Feier der Kyrios-Nacht eingeleitet. Nicht genug, dass die Herrnnacht als »mater omnium vigiliarum« hervorgehoben wird – auch die Voran- bzw. Vorrangstellung der Ostervigil als christliche *»Hauptfeier von Ostern«* verdient besonderen Respekt. Wird damit doch zugleich ausgedrückt, dass die Herrnnachtfeier am Karsamstag soz. an erster Stelle steht (und eben nicht der Oster-Sonntag). Diese Rezeption der Kyrios-Nacht dreht ›das Rad der Geschichte‹ gleichsam auf die Anfänge zurück und konzentriert auf das »Mysterion der Heiligen Nacht«.

– »Die Feier der Osternacht und mit ihr der festliche Lobgesang des Exsultet ist in den Kirchen des Abendlands in den letzten fünfzig Jahren zu neuem Leben erwacht. Während die ›mater omnium vigiliarum‹ seit dem Mittel-alter im Abendland – auf den Karsamstagmorgen vorgezogen und damit ihrer altkirchlichen zentralen Aussagekraft beraubt – ein Schattendasein fristete, wurde die Feier der Osternacht *zuerst in den evangelischen Kirchen wiederentdeckt.*« (H.-C. Schmidt-Lauber).

– Wer in der Gegenwart nach der Tradition und nach der Rezeption der Kyrios-Feier bzw. der Osternacht fragt, der wird nicht umhinkommen, sich an der Liturgie der Osternacht der Evangelischen *Michaelsbruderschaft* zu orientieren. Es wird nicht überraschen, dass das Muster der »Berneuchener« als Vorlage dient(e) für weitere liturgische Entwürfe bis hinein zu Agenden einzelner Landeskirchen. Es ist der Evangelischen Michaelsbruderschaft zu danken, dass sie das Erbe der urchristlichen Kyrios-Nachtfeier wiederentdeckt und wiederbelebt hat und die Osternacht aufgrund eigener Gottesdienst-Erfahrungen wieder zum (liturgischen) Höhepunkt im Kirchenjahr entfaltet hat. Es mag erstaunen und erfreuen, dass die Feier der Kyrios-Nacht (reaktiviert im Schutz-raum einer evangelischen Bruderschaft) nach einer Zwischenzeit von knapp fünfhundert Jahren schließlich erneut Eingang fand in die Liturgie der (römischen) Kirche.

– Es muss wohl sehr irritieren, wenn sogar noch heutzutage »das christliche Hauptfest Ostern« als *»das christliche Passa«* bezeichnet wird oder als »erneuertes Passamahl«. Auf solche Terminologie und Sprachregelung sollte bewusst verzichtet werden, nicht nur, weil sie leicht missdeutbar ist, sondern vor allem im Respekt vor dem Judentum und im Sinne einer Israel gegenüber freundlichen Theologie.

- Christlicherseits sollte aus Respektsgründen gegenüber dem Judentum die Rede vom »Erlösungspascha« bzw. vom »*Passahmysterium*« aufgegeben werden.

- Einer Annexion, einer Okkupation, einer *Christianisierung jüdischer Begriffe* gilt es in aller Entschiedenheit zu wehren.

- Der Prozess zunehmender *Emanzipation von den Deutemustern aus dem Judentum* für Jesus Christus und für den christlichen Glauben erwies sich für das Christentum als eine Frage der Zeit.

- Bei aller Anlehnung an die jüdischen Synagogen-Gottesdienste bildete bereits in der Anfangszeit der Christenheit das *Kyrios-Freudenmahl* das *Konstitutivum* des christlichen Gottesdienstes.

- Christen gedenken im *Herrnmahl* an das Opfer Jesu, aber stets aus dem Glauben an die Auferweckung Jesu Christi heraus.

- Sollte die Eucharistie im urchristlichen Sinn der Christus-Anamnese, des *Offertorium*s und der Epiklese wiederentdeckt werden, läge darin ein großes Potential zur Verständigung zwischen den Konfessionen über alle Dissonanzen hinweg. Die Frage aber lautet: Handelt es sich bei dieser These lediglich um eine protestantische Illusion, die am divergierenden Ämter-Verständnis der verschiedenen Konfessionen scheitert und zerschellen muss?

- »Die Eucharistie ... ist der Gottesdienst der Gemeinde des neuen Bundes ... Alle anderen Gottesdienste wie Predigtgottesdienst, Andacht, Gebetszeiten sind Ausgliederungen dieses einen Gottesdienstes, die von ihm herkommen und zu ihm hinführen.« (H.-C. Schmidt-Lauber: Die Zukunft des Gottesdienstes, 197).

- Wenn der Begriff der »*Oekumene*« bemüht und im Vollsinn des Wortes zitiert werden soll, dann wird er wohl am ehesten noch Gültigkeit reklamieren und beanspruchen können *in der ur- und frühchristlichen Zeit*. In der Gegenwart kann dieser Begriff wohl nur äußerst sparsam und behutsam verwendet werden, wenn denn nicht bestimmte Dissonanzen verschleiert und ›falsche Tatsachen‹ vorgetäuscht werden sollen.

- Der in der Gegenwart aufgebrachte Begriff der »*Rückkehr-Oekumene*« lässt fragen, ob nicht zurückzukehren sei zur urchristlichen Weise und Weite der Oekumene. Haben die in der Gegenwart geprägten Formulierungen wie »Einheit in der Vielfalt«, wie »Versöhnte Verschiedenheit«, wie »Eucharistische Gastfreundschaft« nicht dort ihren Ursprungsort? Und müsste die römische Kirche in dieser Konsequenz nicht ihrerseits zu den Anfängen der Oekumene: nämlich zu den Anfängen der Kirchengeschichte zurückkehren – also *Abstand nehmen vom (Weihe-) Priestertum, vom Primatsanspruch*, vom Unfehlbarkeitsdogma, von der

Lehre der Transsubstantiation – und also wahrhaft zurückkehren *»ad fontes«:* zuletzt also zurück bis hin zu den Quellen der Kyrios-Nacht?

– Im Verständnis des *Herrnmahls* ist der Unterschied zwischen dem römischen *Messopfer* (als Sühnopfer vom Priester dargebracht) und der evangelischen *Mahlfeier* (im urchristlichen Sinn) zu berücksichtigen. Es wäre ein falsches Verständnis von Oekumene, wollte man diese Unterschiede nivellieren.

– Zu wünschen ist, dass Menschen in der Feier der Kyrios-Nacht nicht nur etwas spüren von der Faszination und *Vitalität der ursprünglichen Kyrios-Nacht,* sondern zu den Quellen des christlichen Glaubens finden und darin Hoffnung und Halt, Orientierung und Zuversicht für ihr je eigenes Leben gewinnen.

– Die Tradition der Kyrios-Nacht (der bisher allgemein so bezeichneten Osternacht) verdient es, für Liturgie und Kirche rezipiert zu werden. Es gilt, das Erbe der urchristlichen Kyrios-Nacht wachzuhalten und ins Heute zu transferieren – das Geschenk der Heiligen Taufe wertzuschätzen – die Gegenwart Christi in Wort, Taufe und Mahl zu feiern.

– *Die Tradition der Osternacht* ist inzwischen in vielen, wenn nicht gar in den meisten evangelischen und katholischen Gemeinden ›angekommen‹.

»Kommt und lasst uns Christum ehren / Herz und Sinnen zu Ihm kehren / singet fröhlich, lasst euch hören / wertes Volk der Christenheit!

Sünd' und Hölle mag sich grämen / Tod und Teufel mag sich schämen / wir, die unser Heil annehmen / werfen allen Kummer hin!

Sehet, was hat Gott gegeben / Seinen Sohn zum ew'gen Leben / dieser kann und will uns heben / aus dem Leid ins Himmels Freud'!«

(Paul Gerhardt, 1666 – EG 39,1–3)

Verzeichnisse

Abkürzungsverzeichnis

Folgende Abkürzungen finden Verwendung:

Biblische Bücher

Gen.	Genesis	Mt.	Matthäus
Ex.	Exodus	Mk.	Markus
Lev.	Leviticus	Luk.	Lukas
Num.	Numeri	Joh.	Johannes
Dtn.	Deuteronomium	Apg.	Apostelgeschichte
Jos.	Josua	Röm.	Römer-Brief
Ijob	Ijob	1./2. Kor.	1./2. Korinther-Brief
Ps.	Psalmen	Gal.	Galater-Brief
Jes.	Jesaja	Eph.	Epheser-Brief
Jer.	Jeremia	Phil.	Philipper-Brief
Ez.	Ezechiel	Kol.	Kolosser-Brief
		1./2. Thess.	1./2. Thessalonicher
		1./2. Tim.	1./2. Timotheus-Brief
		Tit.	Titus-Brief
		Phm.	Philemon-Brief
		1./2. Petr.	1./2. Petrus-Brief
		1.–3. Joh.	1.–3. Johannes-Brief
		Hebr.	Hebräer-Brief
		Jak.	Jakobus-Brief
		Jud.	Judas-Brief
		Apk.	Johannes-Apokalypse
		Did.	Didache
		Barn.	Barnabasbrief
		1. Clem	1. Clemensbrief

Weitere Abkürzungen

aaO.	an anderen Orten	n.Chr.	nach Christus
AT	Altes Testament	ndZ.	nach der Zeitenwende
bzw.	beziehungsweise	NT	Neues Testament
EG	Evang. Gesangbuch	parr.	Parallel (stellen)
EKG	Ev.Kirchengesangbuch	u.a.	unter anderem
FS	Festschrift	usf.	und so fort
ggf.	gegebenenfalls	uvam.	und verschiedenes anderes mehr
Hg.	Herausgeber	vdZ.	vor der Zeitenwende
hg.v.	herausgegeben von	vgl.	vergleiche
INRI	Jesus Nazarenus Rex Ioudaiorum	WA	Weimarer Ausgabe
Jhdt.	Jahrhundert	z.B.	zum Beispiel
JvN	Jesus von Nazareth	z.T.	zum Teil
MkEv	Markus-Evangelium		

Stichwort-Verzeichnis

Begriffe, die im laufenden Text *kursiv* gedruckt sind, wie Begriffe, die innerhalb der Anmerkungen in Kapitälchen erscheinen, finden sich in diesem Verzeichnis:

Namen-Verzeichnis

Namen, die im laufenden Text kursiv gedruckt sind, wie Namen, die innerhalb der Anmerkungen in Groß-Buchstaben erscheinen, finden sich in diesem
Verzeichnis:

Literatur

Bibelwerke

Biblia Hebraica, hg.v. Rudolf Kittel, Stuttgart 1973

Novum Testamentum Graece, hg.v. Erwin Nestle und Kurt Aland, Stuttgart 1971

Luther-Bibel: Die Bibel nach der Übersetzung Martin Luthers, Stuttgart 1985

Zürcher Bibel: Die Heilige Schrift des Alten und des Neuen Testaments, Zürich 1982 (ZB 1931)

Zürcher Bibel, Zürich 2007 (ZB 2007)

Bibel in gerechter Sprache, hg.v. Ulrike Bail u.a., Gütersloh 3/2007

Die Apokryphen. Verborgene Bücher der Bibel, hg.v. Erich Weidinger, Augsburg 2005

Gesangbücher

Evangelisches Gesangbuch. Ausgabe für die Evangelische Landeskirche in Baden, Karlsruhe 1995

Evangelisches Gesangbuch. Ausgabe für die evangelisch-reformierte Kirche, Gütersloh / Bielefeld / Neukirchen-Vluyn 1996

Gesangbuch der Evangelisch-reformierten Kirchen der deutschsprachigen Schweiz, Zürich 1998

Primär-Literatur
Historiker, Apostolische Väter, Apologeten, Kirchenväter

JOSEPHUS, Flavius: Jüdische Altertümer / Antiquitates, Ant. XIV,10 – XVIII, 64 (3,3) – XX, 200 (9,1)

JOSEPHUS, Flavius: De Bello Iudaico – Der jüdische Krieg. Griechisch und deutsch, hg.v. O. Michel und O. Bauernfeind, München, 2/1962

JOSEPHUS, Flavius: Geschichte des Jüdischen Krieges, Gütersloh o.J.

TACITUS, Cornelius: Annales, XV, 44

Die Didache, hg.v. Hans Lietzmann, Berlin, 4/1936

Didascalia et Constitutiones Apostolorum, Bd. I und II, hg.v. F.X. Funk, Paderborn 1905 / 1964

Eusebius Caesareensis: Kirchengeschichte, Darmstadt 1967

Eusebius von Caesarea: De solemnitate paschali

Eusebius Caesareensis: Vita Constantini

Hippolytus Romanus: Traditio Apostolica 2; 4

Iustinus Martyr: Apologia (I) 67

Iustinus Martyr: Dialogus cum Tryphone Iudaeco 41,4–138,1

Nazianz, Gregor von: Reden, Bd. I, München 1928

Gregorius Nazianzenus, Oratio 45

Origines: In Euangelium Matthaei Commentarii Tomoi, ser. 86 45

Sokrates, Historia ecclesiastica V

Sueton: De vita Caesarum

Tertullianus: Apologeticum. Verteidigung des Christentums, München, 2/1961

Tertullianus: Ad uxorem

Tertullianus: De ieiunio

Sekundär-Literatur

ALAND, Kurt: Die Säuglingstaufe im Neuen Testament und in der Alten Kirche, Theologische Existenz NF 86, München 1958, 68ff. / München 1961

ALAND, Kurt: Die Reformatoren. Luther. Melanchthon. Zwingli. Calvin, Gütersloh 1976

ALAND, Kurt: Die Reformation Martin Luthers, Gütersloh 1982

ALBERTZ, Rainer: Religionsgeschichte Israels in alttestamentlicher Zeit, Göttingen 1992

ANDRESEN, Carl: Geschichte des Christentums, Bd. I: Von den Anfängen bis zur Hochscholastik, Stuttgart / Berlin / Köln / Mainz 1975

ANDRESEN, Carl / RITTER, Adolf Martin: Geschichte des Christentums I/1. Altertum, Stuttgart / Berlin / Köln 1993

Arbeitsgemeinschaft Christlicher Kirchen in Baden-Württemberg (Hg.): Durch die Nacht zum Licht. Materialsammlung für die Feier der Gottesdienste in der Fasten- und Osterzeit, Stuttgart 1995

Arbeitsgemeinschaft Missionarische Dienste (Hg.): Das missionarische Wort, Themenheft: Ostern feiern, Neukirchen-Vluyn, 1/1991, S. 18–33

Das Mahl des Herrn. 25 Jahre nach Arnoldshain, Votum des theologischen Ausschusses der Arnoldshainer Konferenz, Neukirchen-Vluyn 1982

AUF DER MAUR, Hansjörg: Die österliche Lichtdanksagung. Zum liturgischen Ort und zur Textgestalt des Exsultet, in: Liturgisches Jahrbuch 21/1971, 38–52

AUF DER MAUR, Hansjörg: Feiern im Rhythmus der Zeit, Bd. I: Herrenfeste in Woche und Jahr, Regensburg 1983

AUF DER MAUR, Hansjörg: Die Wiederentdeckung der Osternachtfeier in den abendländischen Kirchen des 20. Jh., in: Bibel und Liturgie, 60. Jg., 1987, Heft 1, 2–20

AUF DER MAUR, Hansjörg / KLEINHEYER, Bruno (Hg.): Zeichen des Glaubens. Studien zu Taufe und Firmung, Balthasar Fischer zum 60. Geburtstag, Zürich / Freiburg 1972

BARTH, Gerhard: DIE Taufe in frühchristlicher Zeit, BThSt 4, Neukirchen-Vluyn 1981

BARTH, Gerhard: Der Tod Jesu Christi im Verständnis des Neuen Testaments, Neukirchen-Vluyn 1992

BARTH, Gerhard: Neutestamentliche Versuche und Beobachtungen, Waltrop 1996 (darin u.a.: Das Herrenmahl in der frühen Christenheit, 67–134)

BARTH, Karl: Das Wort Gottes und die Theologie. Gesammelte Vorträge, München 1924

BARTH, Karl: Die kirchliche Lehre von der Taufe, Zürich-Zollikon, 1943

BARTH, Karl: KD IV,1: Die Lehre von der Versöhnung, Zürich 1953

BARTH, Karl: KD IV,4: Die Lehre von der Versöhnung. Die Taufe als Begründung des christlichen Lebens, Zürich 1967

BARTH, Markus: Das Mahl des Herrn. Gemeinschaft mit Israel, mit Christen und unter den Gästen, Neukirchen-Vluyn 1987

BARTSCH, Elmar: Die Sachbeschwörungen der römischen Liturgie, Heft 46 der Liturgiewissenschaftlichen Quellen und Forschungen, Münster 1967.

BAUMANN, Arnulf H. (Hg.): Was jeder vom Judentum wissen muß, im Auftrag des Arbeitskreises ›Kirche und Judentum‹ der Vereinigten Evangelisch-Lutherischen Kirche Deutschlands und des Nationalkomitees des Lutherischen Weltbundes, Gütersloh, 6/1991

BAUMGARTNER, Jakob: Die Rückgewinnung der Osternachtfeier in den reformierten Kirchen der Schweiz, in: Ecclesia orans, 5. Jg., 1988, 177–217

BAUMSTARK, Anton: Nocturna laus. Typen frühchristlicher Vigilienfeier und ihr Fortleben vor allem im römischen und monastischen Ritus, Münster i.W. 1957

BAUS, Klaus: Von der Urgemeinde zur frühchristlichen Großkirche. Handbuch der Kirchengeschichte, Bd. 1, Freiburg / Basel / Wien 1962

BECKER, Hansjakob: Eine Nacht der Wache für den Herrn. Die Paschavigil als Ursprung und Vollgestalt des christlichen Stundengebetes, in: Liturgische Blätter, Nr. 64.65, 1997, 7–39.

BECKER, Jürgen: Die neutestamentliche Rede vom Sühnetod Jesu, in: Beiheft 8 der Zeitschrift für Theologie und Kirche, Tübingen 1990, 29–49

BEN-CHORIN, Schalom: Bruder Jesus. Der Nazarener in jüdischer Sicht, München, 13/1991

BEN-CHORIN, Schalom: Paulus. Der Völkerapostel in jüdischer Sicht, Juni 1980

BERGER, Klaus: Theologiegeschichte des Urchristentums. Theologie des Neuen Testaments, Tübingen / Basel, 2/1995

BERGER, Klaus: Wer war Jesus wirklich?, Stuttgart 1995

BERGER, Rupert / HOLLERWEGER, Hans (Hg.): Dies ist die Nacht. Hilfen zur Feier der Osternacht, Regensburg 1979

BERGHOLZ, Thomas: Art. Sonntag«, in: Theologische Realenzyklopädie, Bd. 31, Berlin / New York 1999, 449–472

BERNER, Wolf Dietrich (Hg.): Ostern. Verkündigung, Liturgie, Feier – in: Dienst am Wort, Bd. 79, Göttingen 1998

Berneuchener Kreis (Hg.): Die Ordnung der Deutschen Messe, Kassel, 1/1926, 2/1935

BETZ, Johannes: Die Eucharistie in der Didache, in: Archiv für Liturgiewissenschaft, Bd. 11, Regensburg 1969, 10–39

BEYER, Ulrich: Die 80. Frage des Heidelberger Katechismus, RKZ, 132. Jg., 3/1991, 89–94

BEYER, Ulrich: Ein Schritt nach vorn – Die neue Fußnote zur 80. Frage des Heidelberger Katechismus, RKZ, 135. Jg., 8/1994, 230–233

BIEDER, Werner: Das Abendmahl im christlichen Lebenszusammenhang bei Ignatius von Antiochia, in: Evangelische Theologie, 16. Jg., 1956, 75–97

BIERITZ, Karl-Heinrich: Das Kirchenjahr. Feste, Gedenk- und Feiertage in Geschichte und Gegenwart, München, 6/2001

BIERITZ, Karl-Heinrich: Art. Kirchenjahr« in: RGG 4, Bd. 4, Tübingen 2001, Sp. 1202–1203

BIERITZ, Karl-Heinrich: Liturgik, Berlin / New York 2004

BILLERBECK, Paul: Ein Tempelgottesdienst in Jesu Tagen, ZNW 55, 1964a, 1–17

BILLERBECK, Paul: Ein Synagogengottesdienst in Jesu Tagen, ZNW 55, 1964b, 143–160

BLANK, Josef: Meliton von Sardes. Vom Passa. Die älteste christliche Osterfeier, Reihe Sophia, Bd. 3, Freiburg i.B. 1963, 26–41

BLANK, Reiner / GRETHLEIN, Christian (Hg.): Einladung zur Taufe – Einladung zum Leben. Konzept für einen tauforientierten Gemeindeaufbau, Stuttgart 1992

BLINZLER, Josef: Der Prozeß Jesu. Das jüdische und das römische Gerichtsverfahren gegen Jesus Christus auf Grund der ältesten Zeugnisse, Regensburg, 3/1960

BLUM, Georg Günter: Eucharistie, Amt und Opfer in der alten Kirche, in: Oecumenica, Jahrbuch für ökumenische Forschung, Gütersloh, Jg. 1966, 9–58

BÖHME, Wolfgang (Hg.): Auferstehung – Wirklichkeit oder Illusion?, in: Herrenalber Texte 34, Karlsruhe 1981

BÖHME, Wolfgang (Hg.): Feiern wir das Abendmahl richtig?, in: Herrenalber Texte 60, Karlsruhe 1985

BÖTTRICH, Christfried: Das »Sanctus« in der Liturgie der hellenistischen Synagoge, in: Jahrbuch für Liturgik und Hymnologie, Bd. 35, Göttingen 1996, 10–36

BORNKAMM, Günther: Jesus von Nazareth, Stuttgart / Berlin / Köln / Mainz, 12/1980

BORNKAMM, Heinrich: Luther. Gestalt und Wirkungen, Gütersloh 1975

BRANDT, Sigrid / SUCHOCKI, Marjorie / WELKER, Michael (Hg.): Sünde. Ein unverständlich gewordenes Thema, Neukirchen-Vluyn 1997

BRANDT, Sigrid: Opfer als Gedächtnis. Zu einem evangelischen Verständnis von Opfer, Münster 1999

BRAULIK, Georg / LOHFINK, Norbert: Osternacht und Altes Testament. Studien und Vorschläge, Frankfurt a.M. / Berlin / Bern / Bruxelles / New York / Oxford / Wien, 2/2003

BREYTENBACH, Cyliers: Versöhnung. Eine Studie zur paulinischen Soteriologie, Neukirchen 1989

BROX, Norbert: Tendenzen und Parteilichkeiten im Osterfestkreis des 2. Jahrhunderts, in: Zeitschrift für Kirchengeschichte, 83. Jg., 1972, 291–324

BOUSSET, Wilhelm: Kyrios Christos. Geschichte des Christusglaubens von den Anfängen des Christentums bis Irenäus, FRLANT 21, NF 4, Göttingen 1913

BUKOWSKI, Peter: Erwägungen zur Auferstehungspredigt auf dem Hintergrund der Theologie Karl Barths, in: RKZ, 129. Jg., 7/1988, 205–211

BUKOWSKI, Peter u.a. (Hg.): Reformierte Liturgie. Gebete und Ordnungen für die unter dem Wort versammelte Gemeinde, hg. im Auftrag des Moderamens des Reformierten Bundes, Wuppertal/Neukirchen-Vluyn 1999, 580–582

BULTMANN, Rudolf: Theologie des Neuen Testaments, UTB 630, Tübingen, 7/1977

BUSCH, Eberhard: Das Verständnis der Taufe und die Frage der Erneuerung der kirchlichen Taufpraxis, Teil 1, RKZ, 131. Jg., 4/1990, 116–120

BUSCH, Eberhard: Das Verständnis der Taufe und die Frage der Erneuerung der kirchlichen Taufpraxis, Teil 2, RKZ, 131. Jg., 5/1990, 145–150

BUSCH, Eberhard: Gotteserkenntnis und Menschlichkeit. Einsichten in die Theologie Johannes Calvins, Zürich 2005

BUSCH, Eberhard u.a. (Hg.): Calvin-Studienausgabe (CStA), Bd. 1,1–5,2, Neukirchen 1994–2007

CALVIN, Jean: Institutio Christianae religionis, Neukirchen-Vluyn, 4/1986

CALVIN, Johannes: Das Abendmahl des Herrn, Barmen, 2/1909

CASEL, Odo: Art und Sinn der ältesten christlichen Osterfeier, in: JLW 14, 1934 – Münster i.W., 2/1979, 1–78

CZECH, Joachim / LOTH, Heinz-Jürgen / TRZASKALIK, Friedrich / TWORUSCHKA, Udo: Judentum, Frankfurt a.M. / München 1978

Communauté de Taizé (Hg.): Gesänge aus Taizé, F-Taizé

CONZELMANN, Hans: Geschichte des Urchristentums, Göttingen 1969

CONZELMANN, Hans / LINDEMANN, Andreas: Arbeitsbuch zum Neuen Testament, Tübingen, 3/1977

CONZELMANN, Hans u.a.: Zur Bedeutung des Todes Jesu. Exegetische Beiträge, Gütersloh, 2/1967

CORNEHL, Peter: Die Welt ist voll von Liturgie. Studien zu einer integrativen Gottesdienstpraxis, Stuttgart 2005

CORNEHL, Peter: Der Evangelische Gottesdienst – Biblische Kontur und neuzeitliche Wirklichkeit, Bd. I: Theologischer Rahmen und biblische Grundlagen, Stuttgart 2006

CORNEHL, Peter / DUTZMANN, Martin / STRAUCH, Andreas (Hg.): In der Schar derer, die da feiern – Göttingen 1993

CULLMANN, Oscar: Urchristentum und Gottesdienst, Zürich, 4/1962

CULLMANN, Oscar: Der Ursprung des Weihnachtsfestes, Zürich/Stuttgart, 3/1963

DANKBAAR, Willem F.: Calvin. Sein Weg und Werk, Neukirchen-Vluyn, 2/1966

DEEG, Alexander (Hg.): Der Gottesdienst im christlich-jüdischen Dialog. Liturgische Anregungen, Spannungsfelder, Stolpersteine, Gütersloh 2003, 106–108

DEEG, Alexander: Gottesdienst in Israels Gegenwart – Liturgie als intertextuelles Phänomen, in: Liturgisches Jahrbuch, 54. Jg., 2004, Heft 1, 34–52

DEEG, Alexander (Hg.): »dass er euch auch erwählet hat«. Liturgie feiern im Horizont des Judentums, Leipzig 2006

DE VRIES, S.PH.: Jüdische Riten und Symbole, Wiesbaden, 5/1988

DIETZFELBINGER, Christian: Vom Sinn der Sabbatheilungen Jesu, in: Evangelische Theologie, 38. Jg., 4/1978, 281–298

DELLING, Gerhard: Art. Abendmahl« II. Urchristliches Mahlverständnis, in: Theologische Realenzyklopädie, Bd. 1, Berlin / New York 1977, 47–58

DENZINGER, Heinrich: Enchiridion symbolorum definitionum et declarationum de rebus fidei et morum / Kompendium der Glaubensbekenntnissse und kirchlichen Lehrentscheidungen (Lat.-Dt.), hg.v. Peter Hünermann, Freiburg i.B. 1991

Deutsche Bischofskonferenz (Hg.): Erwachsenentaufe als pastorale Chance. Impulse zur Gestaltung des Katechumenats, Bonn 2001

DINKLER, Erich: Taufe im Urchristentum, RGG³, Bd. VI, 629–638

DOMAY, Erhard / NITSCHKE, Horst (Hg.): Ostern. Predigten, Gottesdienste, Osternachtfeiern, in: Gottesdienstpraxis, Serie B, Gütersloh 1986, 106–127

DOMAY, Erhard (Hg.): Ostern, in: Gottesdienst Praxis, Serie B, Gütersloh 1992, 17–31. 63–68.132–137

DOMAY, Erhard (Hg.): Ostern, in: Gottesdienst Praxis, Serie B, Gütersloh 1995, 30–37 und 48–59

DOMAY, Erhard (Hg.): Ostern. Gottesdienste, Osternachtfeiern, Predigten, Anregungen, liturgische Stücke, Gütersloh 2007

DOMAY, Erhard: Ostern, in: Gottesdienstpraxis, Serie B, Gütersloh 2007

DOMSGEN, Michael: Altersbeschränkung am Tisch des Herrn? Warum Kinder vom Abendmahl nicht ausgeschlossen werden dürfen, in: Deutsches Pfarrerblatt, 4/2007, 184–189

EHRENSPERGER, Alfred: Gottesdienst. Visionen, Erfahrungen, Schmerzstellen, Zürich 1988

EHRENSPERGER, Alfred: Die Osternachtfeier. Aspekte ihrer Geschichte, ihrer liturgischen Elemente und ihrer zukünftigen Gestaltung in den reformierten Kirchen der deutschsprachigen Schweiz, in: Musik und Gottesdienst, 52. Jg., 1998, 46–57

EHRENSPERGER, Alfred: Liturgie als Weg, in: Heiliger Dienst, 60. Jg., Heft 3, Salzburg 2006, 172–184

EMMINGHAUS, Johannes H.: Die Messe. Wesen, Gestalt, Vollzug, Klosterneuburg, 5/1992

Evangelische Kirche der Union (EKU) und VELKD (Hg.): Die erneuerte Agende. Gemeinsames Gottesdienstbuch für EKU und VELKD, Agende I, 1955

Evangelische Kirche der Union (EKU) und VELKD (Hg.): Evangelisches Gottesdienstbuch. Erneuerte Agende 1999

Evangelisch-Lutherische Kirche in Bayern, Oekumene-Fachausschuss (Hg.): Taufgedächtnis feiern. Praktisch-liturgische Hilfen, München 1987

FAUSEL, Heinrich: D. Martin Luther. Leben und Werk. 1483 bis 1521, Stuttgart, 4/1983

FAUSEL, Heinrich: D. Martin Luther. Leben und Werk. 1522 bis 1546, München und Hamburg 1966

FELD, Helmut: Das Verständnis des Abendmahls, Darmstadt 1976

FELMY, Karl Christian: »Was unterscheidet diese Nacht von allen anderen Nächten?«. Die Funktion des Stiftungsberichtes in der urchristlichen Eucharistiefeier nach Didache 9f. und dem Zeugnis Justins, in: Jahrbuch für Liturgik und Hymnologie, Bd. 27– 1983, Kassel 1984, 1–15

FISCHER, Balthasar: Die Wiederherstellung der Ostervigil, in: Redemptionis mysterium. Studien zur Osterfeier und zur christlichen Initiation, Paderborn u.a. 1992, 28–33

FISCHER, Heinz: Osternacht, in: Neue Texte für den Gottesdienst, Heft 3/4, hg. von der Liturgischen Konferenz Niedersachsens in Verbindung mit der Arbeitsstelle Gottesdienst und Kirchenmusik Hannover, Hannover, 1/1979–4/1989

FÖRSTER, Hans: Die Feier der Geburt Christi in der Alten Kirche, Tübingen 2000

FÖRSTER, Hans: Die beiden angeblich ältesten Zeugen des Weihnachtsfestes, in: Archiv für Liturgiewissenschaft, Bd. 42, 2000, Heft 1.2, 29–40

FRANK, Hieronymus: Zur Geschichte von Weihnachten und Epiphanie, 2. Teil, in: Jahrbuch für Liturgiewissenschaft, Bd. 13, 1933, Münster, 2/1979, 1–38

FRANKEMÖLLE, Hubert: Frühjudentum und Urchristentum. Vorgeschichte-Verlauf-Auswirkungen (4. Jahrhundert v.Chr. bis 4. Jahrhundert n.Chr.), Stuttgart 1996

Freiburger Rundbrief. Beiträge zur christlich-jüdischen Begegnung, 35./36. Jg., Freiburg i.B. 1985/86

FUCHS, Guido / WEIKMANN, Martin: Das Exsultet. Geschichte, Theologie und Gestaltung der österlichen Lichtdanksagung, Regensburg 1992

GÄBLER, Ulrich: Huldrych Zwingli. Leben und Werk, Zürich, 3/2004

GALLING, Kurt (Hg.): Die Religion in Geschichte und Gegenwart, Tübingen, 3/1986 (RGG³)

Gemeinsame Römisch-Katholische / Evangelisch-Lutherische Kommission (Hg.): Das Herrenmahl, Paderborn / Frankfurt a.M. 1978

GESE, Hartmut: Die Sühne, in: Zur biblischen Theologie. Alttestamentliche Vorträge, BEvTh 78, 1977, 85–106

GESE, Hartmut: Die Herkunft des Herrenmahls, in: H. Gese, Zur biblischen Theologie, Tübingen, 2/1983, 107–127

GIRARDET, Klaus Martin: Die konstantinische Wende. Voraussetzungen und geistige Grundlagen der Religionspolitik Konstantin des Großen, Darmstadt 2006

GÖHLER, Ulrich: Huldrych Zwingli als Reformator, in: RKZ, 125. Jg., 10/1984, 266–271

GOLLWITZER, Helmut: Jesu Tod und Auferstehung, München 1963, 6/1979

GOLTZEN, Herbert: Eucharistie – Entfaltung, Fehlentwicklung, Wiedergewinnung des Eucharistischen Gebets im Mahl des Herrn, in: Sartory, Thomas (Hg.): Die Eucharistie im Verständnis der Konfessionen, Recklinghausen1961, 21–143

GOPPELT, Leonhard: Die apostolische und nachapostolische Zeit, Göttingen 1962

GRABER, Rudolf / ZIEGENAUS, Anton (Hg.): Die marianischen Weltrundschreiben der Päpste von Pius IX. bis Johannes Paul II., Regensburg, 3/1997.

GRETHLEIN, Christian: Grundfragen der Liturgik, Gütersloh 2001

GRETHLEIN, Christian / SCHWIER, Helmut (Hg.): Praktische Theologie. Eine Theorie- und Problemgeschichte, Leipzig 2007

GRILLO, Andrea: Einführung in die liturgische Theologie. Zur Theorie des Gottesdienstes und der christlichen Sakramente, Göttingen 2006

GUNNEWEG, Antonius H.J.: Geschichte Israels bis Bar Kochba, Stuttgart / Berlin / Köln / Mainz 1972

HAAG, Herbert: Vom alten zum Neuen Pascha. Geschichte und Theologie des Osterfestes, Stuttgart 1971

HABERER, Tilman: Die Thomasmesse. Ein Gottesdienst für Ungläubige, Zweifler und andere gute Christen, München 2000

HÄRLE, Wilfried: Dogmatik, Berlin / New York, 3/2007

HAHN, Ferdinand: Christologische Hoheitstitel, Göttingen 1963

HAHN, Ferdinand: Der urchristliche Gottesdienst, Stuttgart 1970

HAHN, Ferdinand: Das Problem des Frühkatholizismus, in: Evangelische Theologie, 38. Jg., 4/1978, 340–357

HAHN, Ferdinand: Art. »Abendmahl«. I. Neues Testament, in: RGG 4, Bd. 1, Tübingen 1998, Sp. 10–15

HAHN, Ferdinand: Theologie des Neuen Testaments, Bd. 1: Die Vielfalt des Neuen Testaments. Theologiegeschichte des Urchristentums, Tübingern 2002

HAHN, Ferdinand: Theologie des Neuen Testaments, Bd. 2: Die Einheit des Neuen Testaments. Thematische Darstellung, Tübingen 2002

HALASKI, Karl: Die Zwinglische Gottesdienstordnung und die Abendmahlslehre Zwinglis im Rahmen dieser Gottesdienstordnung, RKZ, 123. Jg., 12/1982, 317–319

HALASKI, Karl: Zum Mahl des Herrn, RKZ, 126. Jg., 4/1985, 95–97

HARNACK, Adolf von: Die Mission und Ausbreitung des Christentums in den ersten drei Jahrhunderten, Wiesbaden, 4/1924

HAUSMANN, Martin: Was machen wir mit der Taufe in unseren Gemeinden?, in: RKZ, 126. Jg., 2/1985, 41–44

HEILIGENTHAL, Roman: Der Lebensweg Jesu von Nazareth. Eine Spurensicherung, Stuttgart / Berlin / Köln 1994

HEILIGENTHAL, Roman: Der verfälschte Jesus. Eine Kritik moderner Jesusbilder, Darmstadt 1997

HEINZ, Andreas: Liturgiereform vor dem Konzil. Die Bedeutung Pius XII. (1939–1958) für die gottesdienstliche Erneuerung, in: Liturgisches Jahrbuch, 49. Jg., 1999, 3–38

HEINZ, Werner Helmut: Der Aufstieg des Christentums. Geschichte und Archäologie einer Weltreligion, Darmstadt 2005

HENRIX, Hans Hermann: Judentum und Christentum. Gemeinschaft wider Willen, Kevelaer 2004

HERLYN, Okko: Theologie der Gottesdienstgestaltung, Neukirchen-Vluyn, 2/1992

HERRENBRÜCK, Walter / KLÜVER, Hilke (Hg.): Festschrift »125 Jahre Evangelisch-reformierte Kirche«, Leer 2007

HESSE, Eduard: Sakrament und Fahneneid, RKZ, 126. Jg., 4/1985, 87f.

HESSE, Eduard: Erfahrungen einer Dieners am Wort mit dem Taufen, RKZ, 127. Jg., 1/1986, 7–12

HEUSSI, Karl: Kompendium der Kirchengeschichte, Tübingen, 14/1976

HIRSCHBERG, Peter: Die bleibende Provokation. Christliche Theologie im Angesicht Israels, Neukirchen-Vluyn 2008

HÖNIG, Elisabeth: Die Eucharistie als Opfer nach den neueren ökumenischen Erklärungen, Paderborn 1989

HOFIUS, Otfried: Herrenmahl und Herrenmahlparadosis. Erwägungen zu 1. Kor. 11,23b–25, in: Zeitschrift für Theologie und Kirche, 85. Jg., 1988, 371–408

HOFIUS, Otfried: Herrenmahl und Herrenmahlsparadosis. Erwägungen zu 1Kor 11,23b–25 in: Paulusstudien (WUNT 51), Tübingen, 2/1994, 203–240

HOFIUS, Otfried: Versöhnung, in: Theologische Beilage 1.89, in: RKZ 130/1989, 2–4

HOLTHUIS, Albrecht: Lima – eine verheißungsvolle »Konvergenz« oder »unannehm-bar«?, RKZ, 130. Jg., 11/1989, 333–337

HOLZE, Friedrich: Phantasievoll Gottesdienst feiern, in: Dienst am Wort, Bd. 60, Göttingen 1992, 110–126

HUBER, Wolfgang: Passa und Ostern. Untersuchungen zur Osterfeier der alten Kirche, Berlin 1969

HUBER, Wolfgang: Im Geist der Freiheit. Für eine Ökumene der Profile, Freiburg 2007

HUBER, Wolfgang: Ökumenische Perspektiven, in: Materialdienst des Konfessions-kundlichen Instituts Bensheim, 59. Jg., 01/2008, 001–002

Institut für Gottesdienst-Gestaltung (Hg.): Taufgedächtnis, Nürnberg 2001

JANOWSKI, Bernd: Sühne als Heilsgeschehen. Studien zur Sühnetheologie der Priester-schrift und zur Wurzel KPR im Alten Orient und im Alten Testament, Neukir-chen-Vluyn 1982

JANOWSKI, Bernd: Auslösung des verwirkten Lebens. Zur Geschichte und Struktur der biblischen Lösegeldvorstellung, in: Gottes Gegenwart in Israel, Beiträge zur Theologie des Alten Testaments, Neukirchen-Vluyn 1993, 5–39

JANOWSKI, Bernd: Gottesknecht und Sündenbock – Konzeptionen der Stellvertretung, in: Gottes Gegenwart in Israel, Beiträge zur Theologie des Alten Testaments, Neukirchen-Vluyn 1993, 281–326

JANOWSKI, Bernd: Stellvertretung. Alttestamentliche Studien zu einem theologischen Grundbegriff, Stuttgart 1997

JANOWSKI, Bernd: Der barmherzige Richter, in: Der Gott des Lebens, Beiträge zur Theologie des Alten Testaments 3, Neukirchen-Vluyn 2003, 75–133

JANOWSKI, Bernd: Ecce homo. Stellvertretung und Lebenshingabe als Themen bibli-scher Theologie, Neukirchen-Vluyn 2007

JANSEN, Ernst: Die evangelische Michaelsbruderschaft, Kassel 1949

JEREMIAS, Joachim: Die Abendmahlsworte Jesu, Göttingen, 2/1949, 4/1967

JEREMIAS, Joachim: Der Opfertod Jesu Christi, Stuttgart 1963

JEREMIAS, Joachim: »Das ist mein Leib ...«, Stuttgart 1972

JEREMIAS, Joachim: Die Kindertaufe in den ersten vier Jahrhunderten, Göttingen 1958

JEREMIAS, Joachim: Nochmals: Die Anfänge der Kindertaufe. Eine Replik auf Kurt Alands Schrift: »Die Säuglingstaufe im Neuen Testament und in der alten Kirche«, TEH NF 101, München 1962

JÖRNS, Klaus-Peter: Lebensgaben Gottes feiern. Abschied vom Sühnopfermahl: eine neue Liturgie, Gütersloh 2007

JÜNGEL, Eberhard: »Das Sakrament – was ist das?, in: Evangelische Theologie 26/1966, 320–326.334–336.

JÜNGEL, Eberhard: Von Zeit zu Zeit. Betrachtungen zu den Festzeiten im Kirchenjahr, München 1976

JÜNGEL, Eberhard: Gott als Geheimnis der Welt, Tübingen, 3/1978

KÄSEMANN, Ernst: Exegetische Versuche und Besinnungen, Bd. I, Göttingen, 4/1965

KÄSEMANN, Ernst: Paulus und der Frühkatholizismus (1963), in: Exegetische Versuche und Besinnungen, Bd. II, Göttingen 1964, 239–252.

KAHLEFELD, Heinrich: Das Abschiedsmahl Jesu und die Eucharistie der Kirche, Frankfurt a.M. 1980

KAMPMANN, Theoderich: Das Kirchenjahr. Mysterium – Gestalt – Katechese, Paderborn, 3/1963

Katholisches Bibelwerk e.V. (Hg.): Welt und Umwelt der Bibel: Jesus. Quellen, Gerüchte, Fakten, Nr. 10, Stuttgart 1998

Katholisches Bibelwerk e.V. (Hg.): Welt und Umwelt der Bibel: Die Zehn Gebote. Weisungen zum Menschsein, Nr. 17, Stuttgart 2000

Katholisches Bibelwerk e.V. (Hg.): Welt und Umwelt der Bibel: Paulus. Ein unbequemer Apostel, Nr. 20, Stuttgart 2001

Kirche aktuell, Mitteilungsblatt der Katholischen Kirche in Karlsruhe, 4/2007, 3

KELLER, Erwin: Eucharistie und Parusie. Liturgie- und theologiegeschichtliche Untersuchungen zur eschatologischen Dimension der Eucharistie anhand ausgewählter Zeugnisse aus frühchristlicher und patristischer Zeit, CH-Freiburg 1989

KERNER, Wolfram: Gläubigentaufe und Säuglingstaufe. Studien zur Taufe und gegenseitigen Taufanerkennung in der neueren evangelischen Theologie, Heidelberg 2004

KITTEL, Gisela: Der Name über alle Namen II. Biblische Theologie / NT, Göttingen 1990

KLAPPERT, Berthold (Hg.): Diskussion um Kreuz und Auferstehung. Zur gegenwärtigen Auseinandersetzung in Theologie und Gemeinde, Wuppertal, 1/1967, 4/1971

KLAPPERT, Berthold: Die Auferweckung des Gekreuzigten. Der Ansatz der Christologie Karl Barths im Zusammenhang der Christologie der Gegenwart, Neukirchen-Vluyn, 3/1981

KLAPPERT, Berthold: Zur Erneuerung des Verhältnisses von Christen und Juden, in: Evangelische Theologie, 40. Jg., 3/1980, 257–276

KLAUCK, Hans-Josef: Hausgemeinde und Hauskirche im frühen Christentum, SBS 103, Stuttgart 1981

KLAUCK, Hans-Josef: Der Gottesdienst in der Gemeinde von Korinth (46–58) und: Präsenz im Herrenmahl (313–330), in: H.-J. Klauck, Gemeinde, Amt, Sakrament, Würzburg 1989

KLAUS, Bernhard: Antikes Erbe und christlicher Gottesdienst. Eine kulturgeschichtliche Spurensuche, Stuttgart 1998

KLEINHEYER, Bruno: Haec nox est. Pastoralliturgische Überlegungen zur Feier des Paschamysteriums in der Osternacht, in: Liturgisches Jahrbuch, 21. Jg., 1971, 1–15

413

KLINGHARDT, Matthias: Gemeinschaftsmahl und Mahlgemeinschaft. Soziologie und Liturgie frühchristlicher Mahlfeiern, TANZ 13, Tübingen / Basel 1996

KLINGHARDT, Matthias: »... auf dass du den Feiertag heiligest.« Sabbat und Sonntag im antiken Judentum und frühen Christentum, in: Jan Assmann (Hg.): Das Fest und das Heilige, Gütersloh 1991, 206–233

KÖRTNER, Ulrich H.J.: Wohin steuert die Ökumene? Vom Konsens- zum Differenzmodell, Göttingen 2005

KOLLMANN, Bernd: Ursprung und Gestalten der frühchristlichen Mahlfeier, Göttingen 1990

Kommission für Gottesdienstgestaltung der Evang.-ref. Landeskirche des Kantons Zürich: Werkstatt Gottesdienst. Osternacht – Ostermorgen. Erfahrungen, Modelle, Materialien, Zürich 1993

Konfessionskundliches Institut Bensheim (Hg.): Der Kruzifixbeschluß im Urteil der Kirchen, in: Materialdienst des Konfessionskundlichen Instituts Bensheim, 46. Jg., 5/1995, 85–86 (samt Beilage)

KRABBE, Dieter: Freuet euch mit Jerusalem. Jüdisches Leben, Denken und Gedenken. Eine Einführung, München 1995

KRABBE, Hans-Gerd: Taufbrief für Eltern und Paten, hg. vom Evang. Pfarramt der Jakobus-Gemeinde, Karlsruhe 2004

KRABBE, Hans-Gerd: Gottesdienstbuch zum Kirchenjahr, in: Dienst am Wort, Bd. 110, Göttingen 2006, 111–115.267

KRANEMANN, Benedikt: Zu Geschichte und Bedeutung des deutschen Begriffs »Kirchenjahr«, in: Archiv für Liturgiewissenschaft, 33. Jg., 1991, 35–42

KRANEMANN, Benedikt: Art. Kirchenjahr«, I, liturgisch – in: Lexikon für Theologie und Kirche, Bd. 6, Freiburg, 3/1977, Sp. 15–16

KRANEMANN, Daniela: »Israelitica dignitas?« Studien zur Israeltheologie Eucharistischer Hochgebete, Altenberge 2001

KRAUS, Hans-Joachim: Gottesdienst im alten und im neuen Bund, in: Evangelische Theologie, Jg. 1965, Heft 4.5, 171–206

KRAUS, Hans-Joachim: »Israel« in der Theologie Calvins, RKZ, 130. Jg., 8.9/1989, 254–258

KRAUS, Hans-Joachim: Die Aktualität der Theologie Calvins, RKZ, 131. Jg., 4/1990, Theologische Beilage 1.90, 3–8

KRECK, Walter: Das Wort vom Kreuz. Dogmatische Thesen und Abgrenzungen zum Verständnis des Todes Jesu in der heutigen Theologie und Verkündigung, in: E. Bizer u.a. (Hg.): Das Kreuz Jesu Christi als Grund des Heils, Gütersloh 1967, 91–112

KRECK, Walter: Grundfragen der Dogmatik, München, 2/1977

KRETSCHMAR, Georg: Art. Abendmahlsfeier«. Alte Kirche, in: Theologische Realenzyklopädie, Bd. 1, Berlin / New York 1977, 229–278

KÜMMEL, Werner Georg: Einleitung in das Neue Testament, Heidelberg, 18/1973

KUGLER, Georg: Forum Abendmahl, Gütersloh 1979

LAMPE, Peter: Die stadtrömischen Christen in den ersten beiden Jahrhunderten, Tübingen 1987

LANG, August: Zwingli und Calvin, in: Monographien zur Weltgeschichte, Bd. 31, Bielefeld / Leipzig 1913

LANG, Friedrich: Abendmahl und Bundesgedanke im Neuen Testament, in: Evangelische Theologie, 35. Jg., 1975, 524–538

LAPIDE, Pinchas: Auferstehung. Ein jüdisches Glaubenserlebnis, Stuttgart/München, 4/1983

LAPIDE, Pinchas: Ökumene aus Christen und Juden, Neukirchen-Vluyn 1972

LAPIDE, Pinchas: »... und nichtig ist euer Glaube«, RKZ, 135. Jg., 6/1994, 164f.

LEHMANN, Karl / SCHLINK, Edmund (Hg.): Das Opfer Jesu Christi und seine Gegenwart in der Kirche. Klärungen zum Opfercharakter des Herrenmahles, Freiburg i.B. / Göttingen 1983

LEUENBERGER, Robert: Taufe in der Krise. Feststellungen. Fragen. Konsequenzen. Modelle, Stuttgart 1973

LICHARZ, Werner / ZADEMACH, Wieland (Hg.): Treue zur Tradition als Aufbruch in die Moderne. Visionäre und mahnende Stimmen aus Judentum und Christentum, Waltrop 2005

LIETZMANN, Hans: Messe und Herrenmahl, Bonn/Berlin, 3/1955

LIETZMANN, Hans: Geschichte der Alten Kirche, Berlin / New York, 5/1999

LINNEMANN, Eta: Studien zur Passionsgeschichte, Göttingen 1970

Lippische Landeskirche und Evangelisch-reformierte Kirche in Nordwestdeutschland (Hg.): Der Heidelberger Katechismus. Jubiläumsausgabe 1563.1963, Essen 1963

Liturgie, Bd. III: Abendmahl, hg. im Auftrag der Liturgiekonferenz der ev.-ref. Kirchen der deutschsprachigen Schweiz, Bern 1983

Liturgische Kammer der Evang. Kirche von Kurhessen-Waldeck: Passion und Ostern, Kassel, 2/1981, 134–151

Liturgische Institute Salzburg, Trier und Zürich (Hg.): Die Liturgie der Karwoche und der Osternacht 1970. Handreichung für die Anpassung an die zur Zeit geltenden Bestimmungen der Liturgie am Palmsonntag, Gründonnerstag, Karfreitag und für die neue Osternachtliturgie, besorgt von Heinrich Rennings und Robert Trottmann, Freiburg i.B. 1970

Liturgische Kommission der Evangelischen Landeskirche in Baden (Hg.): Ordnungen für die Feier der Osternacht. Als Entwurf zur Erprobung, Karlsruhe 1988

Liturgische Kommission der Evangelischen Landeskirche in Baden (Hg.): Die Feier der Osternacht, Karlsruhe 2006

LOCHER, Gottfried W: Huldrych Zwingli in neuer Sicht, Zürich 1969

LOCHER, Gottfried W.: Zwingli und die schweizerische Reformation, Göttingen 1982

LOHFINK, Gerhard: Wie hat Jesus Gemeinde gewollt?, Freiburg i.B., 8/1982

LOHFINK,, Norbert: Das Jüdische am Christentum, Freiburg i.B. 1986

LOHFINK,, Norbert: Die deutsche Übersetzung des Exsultet. Kritische Analyse und Neuentwurf, in: Liturgisches Jahrbuch, 49. Jg., 1999, 39–76

LOHSE, Bernhard (Hg.): Die Passa-Homilie des Bischofs Meliton von Sardes, in: Textus Minores, Bd. XXIV, Leiden 1958.

LOHSE, Bernhard: Epochen der Dogmengeschichte, Stuttgart/Berlin, 3/1974

LOHSE, Eduard: Entstehung des Neuen Testaments, Stuttgart / Berlin / Köln / Mainz, 2/1975

LOHSE, Eduard: Grundriß der neutestamentlichen Theologie, Stuttgart / Berlin / Köln / Mainz 1974

LOHSE, Eduard: Die Geschichte des Leidens und Sterbens Jesu Christi, Gütersloh 1979

LOHSE, Eduard: Das Urchristentumm. Ein Rückblick auf die Anfänge, Göttingen 2008

LOOFS, Friedrich: Leitfaden zum Studium der Dogmengeschichte, hg.v. Kurt Aland, 1. Teil: Dogmengeschichte der alten Kirche bis zur Ausbildung der griechischen Orthodoxie, Halle, 5/1951

LUTHER, Martin: Werke. Kritische Gesamtausgabe, Abteilung Werke, Bd. 1–61, Weimar 1883 ff. (Abk.: WA)

LUTHER, Martin: Werke. Kritische Gesamtausgabe, Tischreden, Bd. 1–6, Weimar 1912–1921 (Abk.: WAT)

LUTHER, Martin: Der große Katechismus. Die Schmalkaldischen Artikel, Gütersloh, 2/1977

LUTHER, Martin: Operationes in psalmos 1519 bis 1521, Teil II: Psalm 1–10, Köln/Wien 1981 – in: Archiv zur Weimarer Lutherausgabe (AWA), Bd. 2

MAAß, Hans: Qumran. Texte kontra Phantasien, Stuttgart / Karlsruhe 1994

MAAß, Hans: »Bist Du, der da kommen soll?« Die Anfrage Johannes des Täufers im Licht jüdischer Endzeiterwartungen, Karlsruhe 1995

MAHRENHOLZ, Christhard (Hg.): Die Feier der Osternacht, im Auftrag der Lutherischen Liturgischen Konferenz Deutschlands, Berlin 1954 – Hamburg, 3/1980

MARXSEN, Willi: Einleitung in das Neue Testament, Gütersloh, 3/1964

MARXSEN, Willi / WILCKENS, Ulrich / DELLING, Gerhard / GEYER, Hans-Georg: Die Bedeutung der Auferstehungsbotschaft für den Glauben an Jesus Christus, Gütersloh, 3/1966

MAYER, Reinhold: Judentum und Christentum. Ursprung, Geschichte, Aufgabe, Aschaffenburg 1973

MECHELS, Eberhard: Taufe, Eucharistie und Amt, RKZ, 125. Jg., 2/1984, 48–50

MECHELS, Eberhard: Taufe, Eucharistie und Amt. Konvergenzerklärung der Kommission für Glauben und Kirchenverfassung des ÖRK – Die Taufe, RKZ, 125. Jg., 3/1984, 75–77

MECHELS, Eberhard: Taufe, Eucharistie und Amt. Konvergenzerklärung der Kommission für Glauben und Kirchenverfassung des ÖRK – Die Eucharistie, RKZ, 125. Jg., 4/1984, 108f.

MESSNER, Reinhard: Die Messreform Martin Luthers und die Eucharistie der Alten Kirche, Innsbruck/Wien 1989

MESSNER, Reinhard / SCHÖPF, Wolfgang (Hg.): Die Osterfeier in der alten Kirche (aus dem Nachlass von Hansjörg Auf der Maur), Münster i.W. 2003

METZGER, Marcel: Geschichte der Liturgie, Paderborn / München / Wien / Zürich 1998

MEYER, Hans-Bernhard: Luther und die Messe, Paderborn 1965

MEYER, Hans-Bernhard: Eucharistie. Gottesdienst der Kirche, Handbuch der Liturgiewissenschaft, 4. Tl., Regensburg 1989

MILSTEIN, Werner: Osterkreis, Göttingen 2007

Moderamen des Reformierten Bundes: Lima-Erklärung, RKZ, 125. Jg., 9/1984, 249f.

MOLTMANN, Jürgen (Hg.): Calvin-Studien 1959, Neukirchen 1960

MOLTMANN, Jürgen: Kirche in der Kraft des Geistes, München 1975

MUDGE, Lewis S.: Die Konvergenzerklärungen von Lima aus der Sicht eines reformierten Theologen, RKZ, 124. Jg., 8/1983, 206–210.222

MÜLLER, Otfried: Die Eucharistie als Mahlopfer und Opfermahl, in: J.B. Metz u.a. (Hg.): Gott in der Welt, FS Karl Rahner, Bd. II, Freiburg / Basel / Wien 1964, 121–134

NAGEL, William: Geschichte des christlichen Gottesdienstes, Berlin, 2/1970

NEIJENHUIS, Jörg: Gottesdienst als Text. Eine Untersuchung in semiotischer Perspektive zum Glauben als Gegenstand der Liturgiewissenschaft, Leipzig 2007

NIEDERWIMMER, Kurt: Die Didache, Göttingen 1989

NITSCHKE, Horst (Hg.): Ostern, Gütersloh 1978, 31–43

NITSCHKE, Horst (Hg.): Ostern – in: Gottesdienstpraxis, Serie B, Gütersloh 1986, 106–126

NUSSBAUM, Otto: Die Messe als Einheit von Wortgottesdienst und Eucharistiefeier, in: Liturgisches Jahrbuch, Bd. 27, 1977, 136–171

OBERMAN, Heiko A.: Luther. Mensch zwischen Gott und Teufel, Berlin 1982

OBERMAN, Heiko A.: Zwei Reformationen. Luther und Calvin. Alte und Neue Welt, Berlin 2003

Taufe, Eucharistie und Amt. Konvergenzerklärungen der Kommission für Glaube und Kirchenverfassung des Ökumenischen Rates der Kirchen, Frankfurt a.M. / Paderborn 1982, 9/1984

ÖRK-Erklärung von Sigtuna / Schweden 1988: Die Kirchen und das jüdische Volk. Auf dem Weg zu einem neuen Verständnis«, verabschiedet von der ÖRK-Konferenz zur Kirche und dem jüdischen Volk« (in: RKZ, 130. Jg., 3/1989, 91–93)

Ordinario Della Messa, in 8 lingue, hg.v. Alessandro Gandini, Milano, 1/1990, 2000.

OSTERHUIS, Huub: Im Vorübergehen, Freiburg i.B. u.a., 1969, 307–356

OSTERHUIS, Huub: Dein ist die Zukunft, Freiburg i.B. u.a., 1992, 84–105

PALMER, Christian: Artikel »Sonntagsfeier« – in: Dr. Herzog: Real-Encyklopädie für protestantische Theologie und Kirche, Bd. XIV, Gotha 1881, 535–547

Papst Johannes Paul II: Ecclesia de Eucharistia, Rom 2003

PEDDINGHAUS, Carl Daniel: Die Entstehung der Leidensgeschichte, Heidelberg 1965

PEISKER, Carl Heinz: Zürcher Evangelien-Synopse, Wuppertal, 13/1974

PFISTERER, Rudolf: Von A bis Z. Quellen zu Fragen um Juden und Christen, Gladbeck 1971

PLASGER, Georg: Die Not-Wendigkeit der Gerechtigkeit. Eine Interpretation zu »Cur Deus homo« von Anselm von Canterbury, Münster 1993

PLASGER, Georg: Die relative Autorität des Bekenntnisses bei Karl Barth, Neukirchen-Vluyn 2000

PLASGER, Georg / FREUDENBERG, Matthias (Hg.): Reformierte Bekenntnisschriften. Eine Auswahl von den Anfängen bis zur Gegenwart, Göttingen 2005

PLASGER, Georg: »Solches tut zu meinem Gedächtnis.« Die Bedeutung des Abendmahls in der evangelisch-reformierten Theologie, in: Gemeinsam unterwegs (3). Reformiert-altrefor-mierte Gespräche 2001–2007, hg.v. Gemeinsamen Ausschuss der Evangelisch-reformierten Kirche und der Evangelisch-altreformierten Kirche, Bad Bentheim 2007, 35–44

PLASGER, Georg: Johannes Calvins Theologie – Eine Einführung, Göttingen 2008

PLASGER, Georg: Das Calvinjahr 2009 als theologische Herausforderung, Leer 2008

RAD, Gerhard von: Theologie des Alten Testaments, Bd. 1, München 7/1978 – Bd. 2, München, 6/1975

RAU, Eckhard: Der urchristliche Kyrioskult und die Bekehrung des Paulus, in: Grünberg, Wolfgang u.a. (Hg.): Kulte, Kulturen, Gottesdienste, FS Peter Cornehl, Göttingen 1996, 156–171

RAUHAUS, Alfred: Kleine Kirchenkunde. Reformierte Kirchen von innen und außen, Göttingen 2007

RAUHAUS, Alfred: Gott ist anders, in: Sonntagsblatt für evangelisch-reformierte Gemeinden, 111. Jg., Nr. 23/2007, 2

REINBOLD, Wolfgang: Der Prozess Jesu, Göttingen 2006

RENNINGS, Heinrich und TROTTMANN, Robert: Die Liturgie der Karwoche und Osternacht, hg.von den Liturgischen Instituten Salzburg, Trier und Zürich, Freiburg 1970

RENDTORFF, Rolf: Hat denn Gott sein Volk verstoßen? Die evangelische Kirche und das Judentum seit 1945. Ein Kommentar, München 1989

RIEHM, Eduard C. Aug.: Handwörterbuch des Biblischen Altertums, Bd. II, Bielefeld / Leipzig 1884 – Artikel »Ostern«,1126–1144

RIEHM, Heinrich (Hg.): Freude am Gottesdienst. FS Frieder Schulz, Heidelberg 1988

RIEWE, Wolfgang: Die Feier der Osternacht, Studienbrief A 48, in: Brennpunkt Gemeinde, 1/1996, hg.v. der Arbeitsgemeinschaft Missionarische Dienste

RINK, Marion: Was habt ihr da für einen Brauch? Jüdische Riten und Feste. Eine Arbeitshilfe für Schule und Gemeinde, hg. vom »RPI« der Ev. Kirche in Hessen und Nassau sowie vom Arbeitskreis »Kirche und Israel« in Hessen und Nassau, Frankfurt 1988

RITTER, Karl Bernhard: Die Eucharistische Feier, Kassel 1961

RÖWEKAMP, Georg (Hg.): Itinerarium Egeriae (Aetheriae), Freiburg / Basel / Wien 1995, 2/2000

ROHLS, Jan: Einigung im Amtsverständnis? Anmerkungen zum Lima-Papier, RKZ, 126. Jg., 2/1985, 37–41

ROHLOFF, Reiner: Calvin kennen lernen, Göttingen 2008

RORDORF, Willy: Der Sonntag. Geschichte des Ruhe- und Gottesdiensttages im ältesten Christentum, Zürich 1962

RORDORF, Willy: Zum Ursprung des Osterfestes am Sonntag, in: Theologische Zeitschrift, 18. Jg., Basel 1962, 167–189

RORDORF, Willy: Sabbat und Sonntag in der Alten Kirche, Zürich 1972

RORDORF, Willy: Ursprung und Bedeutung der Sonntagsfeier im frühen Christentum, in: Liturgisches Jahrbuch, 31. Jg., 1981, 145–158

SALZMANN, Jorg Christian: Lehren und Ermahnen. Zur Geschichte des christlichen Wortgottesdienstes in den ersten drei Jahrhunderten, Tübingen 1994

SARTORY, Thomas (Hg.): Die Eucharistie im Verständnis der Konfessionen, Recklinghausen 1961

SCHELLONG, Dieter (Hg.): Warum Christen ihre Kinder nicht mehr taufen lassen, Frankfurt 1969

SCHENKEL: in: Dr. Herzog: Real-Encyklopädie für protestantische Theologie und Kirche, Bd. VII, Stuttgart und Hamburg 1857, 560–599

SCHLINK, Edmund: Die Lehre von der Taufe, Kassel 1969

SCHMIDT, Kurt Dietrich: Kirchengeschichte, Göttingen, 7/1979

SCHMIDT-LAUBER, Hans-Christoph: Das Paschamysterium im Osterlob. Zur Feier der Osternacht, in: Jahrbuch für Liturgik und Hymnologie, Bd. 32, 1989, 126–142

SCHMIDT-LAUBER, Hans-Christoph: Die Zukunft des Gottesdienstes. Von der Notwendigkeit lebendiger Liturgie, Stuttgart 1990

SCHMIDT-LAUBER, Hans-Christoph / MEYER-BLANCK, Michael / BIERITZ, Karl-Heinz (Hg.): Handbuch der Liturgik, Göttingen, 3/2003

SCHMITT, Oliver: Constantin der Große, Stuttgart 2007

SCHNEEMELCHER, Wilhelm: Das Urchristentum, Stuttgart / Berlin / Köln / Mainz 1981

SCHOEPS, Julius H. (Hg.): Neues Lexikon des Judentums, Gütersloh 2000

SCHÖPSDAU, Walter: Eucharistie, in: Kommentar zu den Lima-Erklärungen über Taufe, Eucharistie und Amt, Göttingen 1983, 60–105

SCHOONENBERG, Piet: Theologische Fragen zur Kindertaufe, in: W. Kasper (Hg.): Christsein ohne Entscheidung oder: Soll die Kirche Kinder taufen?, Mainz 1970, 108–128

SCHRAGE, Wolfgang: »Ekklesia« und »Synagoge«. Zum Ursprung des urchristlichen Kirchenbegriffs, in: Zeitschrift für Theologie und Kirche, 60. Jg., 1963, 178–202

SCHULZ, Frieder: Die jüdischen Wurzeln des christlichen Gottesdienstes, in: Jahrbuch für Liturgik und Hymnologie, Bd. 28 – 1984, Kassel 1985, 39–54

SCHULZ, Frieder: Synaxis, Göttingen 1997

SCHWEITZER, Albert: Die Mystik des Apostels Paulus, Tübingen 1970

SCHWEITZER, Birgit-Kyrilla: Leben aus der Osternachtbotschaft, in: Ostern feiern, Das Missionarische Wort, Neukirchen-Vluyn, 1/1991, 24–27

Der Rat des Schweizerischen Evangelischen Kirchenbundes (SEK): Das Abendmahl in evangelischer Perspektive. Überlegungen und Empfehlungen des Rates des Schweizerischen Evangelischen Kirchenbundes, Bern 2004

SCHWEIZER, Eduard u.a.: Art: »Abendmahl«, in: RGG³, Bd. I, 10–53

SCHWIER, Helmut: Art. »Ostern«. Evangelischer Gottesdienst, in: RGG 4/2003, Bd. 6, 733f.

SCHWÖBEL, Christoph: Gott in Beziehung. Studien zur Dogmatik, Tübingen 2002

SELL, Alan P.F.: Einige Reformierte Stellungnahmen zu Taufe, Eucharistie und Amt, in: Reformierte Kirchenzeitung (RKZ), 128. Jg., 5/1987, 140–146

SODEN, Hans Freiherr von: Die Entstehung der christlichen Kirche. Geschichte der christlichen Kirche I, Leipzig und Berlin 1919

SÖDING, Thomas: Jesus und die Kirche. Was sagt das Neue Testament?, Freiburg i.B. / Basel / Wien 2007

SÖLLE, Dorothee: Stellvertretung. Ein Kapitel Theologie nach dem »Tode Gottes«, Stuttgart, 2/1982, 17–61

SPIER, Erich: Der Sabbat. Institut Kirche und Judentum«, Berlin 1989

STAATS, Reinhard: Der Sonntagnachtgottesdienst der christlichen Frühzeit, in: Zeitschrift für die Neutestamentliche Wissenschaft, Bd. 66, Berlin 1975, 242–263

STÄHLIN, Wilhelm: Katholisierende Neigungen in der evangelischen Kirche, Stuttgart, 3/1952

STÄHLIN, Wilhelm: Große und kleine Feste der Christenheit, Gütersloh 1963, 22–47

STÄHLIN, Wilhelm: Die Feier des neuen Bundes. Betrachtungen zur Messe, Kassel 1963

STÄHLIN, Wilhelm / SCHUMANN, Horst: Die heilige Woche. Ordnungen für die Gottesdienste der Karwoche und die Feier der Osternacht, hg. im Auftrag des Liturgischen Ausschusses der Evangelischen Michaelsbruderschaft, Kassel, 2/1965

STÄHLIN, Wilhelm: Via Vitae. Lebenserinnerungen, Kassel 1968, 313–341.345–371. 677–682

STEFFEN, Uwe: Taufe. Ursprung und Sinn des christlichen Einweihungsritus, Stuttgart 1988

STEGEMANN, Ekkehard W.: Das Abendmahl im Kontext antiker Mahlzeiten, in: Zeitschrift für Mission, 16. Jg., 1990, Heft 3, 133–139

STEGEMANN, Wolfgang: Zwischen Synagoge und Obrigkeit. Zur historischen Situation der lukanischen Christen, FRLANT 152, Göttingen 1991

STEITZ, Georg Eduard: Artikel »Kirchenjahr« – in: Dr. Herzog: Real-Encyklopädie für protestantische Theologie und Kirche, Bd. VII, Stuttgart und Hamburg 1857, 643–647

STEITZ, Georg Eduard: Artikel »christliches Pascha« – in: Dr. Herzog: Real-Encyklopädie für protestantische Theologie und Kirche, Bd. XI, Gotha 1859, 149–169

STEMBERGER, Günter: Pessachhaggada und Abendmahlsberichte des Neuen Testaments, in: Kairos. Zeitschrift für Religionswissenschaft und Theologie, NF 29, 29. Jg., 1987, Heft 2, 147–158

STINDER, Friedemann: »Was heißt Gesamtkatechumenat?« Begründung, Verständnis und konkrete Formen eines allgemeinen Gemeindeunterrichts, in: RKZ, 124. Jg., 7/1983, 184–186

STOCK, Axel: Gabenbereitung. Zur Logik des Opfers, in: Liturgisches Jahrbuch, 53. Jg., 2003, 33–51

STÖKL, Andreas: Taizé. Geschichte und Leben der Brüder von Taizé, Hamburg 1975

STOWASSER, Heidi-Maria: Die Erneuerung der Vigilia Paschalis, Eichstätt 1987

Studienkreis Kirche und Israel der Evangelischen Landeskirche in Baden: Israel im Gottesdienst. Eine Arbeitshilfe zum erneuerten Verständnis des Gottesvolkes Israel, Karlsruhe 2004

STUHLMACHER, Peter: Das neutestamentliche Zeugnis vom Herrenmahl, in: Zeitschrift für Theologie und Kirche, 84. Jg., Tübingen 1987, 1–35

STUHLMACHER, Peter: Die Geburt des Immanuel. Die Weihnachtsgeschichten aus dem Lukas- und Matthäusevangelium, Göttingen, 2/2006

THEISSEN, Gerd: Der Schatten des Galiläers. Historische Jesusforschung in erzählender Form, München, 5/1988

THEISSEN, Gerd: Soziologie der Jesusbewegung. Ein Beitrag zur Entstehungsgeschichte des Urchristentums, München, 5/1988

THEISSEN, Gerd: Studien zur Soziologie des Urchristentums, WUNT 19, Tübingen 1979, 3/1989

THEISSEN, Gerd: Sakrament und Entscheidung. Überlegungen zu Taufe und Abendmahl im frühen Christentum und in unserer Konfirmationspraxis, in: Riehm, Heinrich (Hg.): Freude am Gottesdienst, Heidelberg 1988, 376–387

THEISSEN, Gerd / MERZ, Annette: Der historische Jesus, Göttingen 1996, 3/2001

THEISSEN, Gerd: Die Religion der ersten Christen. Eine Theorie des Urchristentums, Gütersloh 2000

THEISSEN, Gerd: Jesus als historische Gestalt. Beiträge zur Jesusforschung, hg.v. Merz, Annette, FRLANT 202, Göttingen 2003a

THEISSEN, Gerd: Erleben und Verhalten der ersten Christen. Eine Psychologie des Urchristentums, Gütersloh 2007

THURIAN, Max: Eucharistie. Einheit am Tisch des Herrn?, Mainz / Stuttgart 1963

THURIAN, Max: Die eine Eucharistie, Mainz 1976

THURIAN, Max (Hg.): Ökumenische Perspektiven von Taufe, Eucharistie und Amt, Frankfurt/Main, Paderborn 1983

THYEN, Hartwig: Studien zur Sündenvergebung im Neuen Testament und seinen alttestamentlichen und jüdischen Voraussetzungen, Göttingen 1970

TRÖGER, Karl-Wolfgang: Das Christentum im zweiten Jahrhundert, Bd. I/2, Berlin 1988

VAIHINGER: Artikel »Pascha«, israelitisch-jüdisch – in: Dr. Herzog: Real-Encyklopädie für protestantische Theologie und Kirche, Bd. XI, Gotha 1859, 140–148

Vereinigte Evangelisch-Lutherische Kirche Deutschlands (VELKD), Amt der VELKD (Hg.): Die Feier des Taufgedächtnisses. Liturgische Handreichung, Hannover 2007

Vereinigte Evangelisch-Lutherische Kirche Deutschlands (VELKD), Amt der VELKD (Hg.): Ökumenisch den Glauben bekennen. Das Nicaeno-Constantinopolitanum von 381 als verbindendes Glaubensbekenntnis. Stellungnahmen der VELKD, Handreichung 139/2007, Hannover 2008

VIERING, Fritz (Hg.): Die Bedeutung der Auferstehungsbotschaft für den Glauben an Jesus Christus. Willi Marxsen. Ulrich Wilckens. Gerhard Delling. Hans-Georg Geyer, Gütersloh, 3/1966

VINCON, Herbert: Die Feste des Christentums. Woher sie kommen – Wie sie gefeiert werden, Gütersloh, 2/1998

VISONA, Giuseppe: Art. »Ostern / Osterfest / Osterpredigt I«, in: Theologische Realenzyklopädie, hg.v. Gerhard Müller, Bd. XXV, Berlin / New York 1995, 517–530

VÖLKER, Alexander: Die Feier der Osternacht, hg. im Auftrag der Evangelischen Michaelsbruderschaft, Kassel 1983

VÖLKER, Alexander (Hg.): Eucharistie. Beiträge zur Theologie der »Erneuerten Agende«, Berlin 1993

VOLLMER, Jochen: Ist die Taufe von Unmündigen schriftgemäß?, EvTh 58 / 1998, 332–350

VOLP, Rainer: Liturgik. Die Kunst, Gott zu feiern, Bd. I: Einführung und Geschichte, Gütersloh 1992

VOLP, Rainer: Liturgik. Die Kunst, Gott zu feiern, Bd. II: Theorien und Gestaltung, Gütersloh 1994

VORGRIMLER, Herbert: Zum theologischen Gehalt der neuen Osternachtfeier, in: Liturgisches Jahrbuch, 21. Jg., 1971, 32–37

WALLRAFF, Martin: Christus Verus Sol. Sonnenverehrung und Christentum in der Spätantike, Münster i.W. 2001

WANDER, Bernd: Trennungsprozesse zwischen Frühem Christentum und Judentum im 1. Jh. n. Chr., Tübingen / Basel 1994

WANDER, Bernd: Auseinandersetzungen, Ablösungsvorgänge und Trennungsprozesse zwischen Frühem Christentum und Judentum im 1. Jh. d.Z., in: Kirche und Israel, Neukirchen-Vluyn, 2/1995, 167–179

WEBER, Otto: Grundlagen der Dogmatik, Bd. II, Neukirchen-Vluyn 1962, 5/1977

WEDER, Hans: Getauft auf Jesu Namen – was bedeutet das?, RKZ, 130. Jg., 8.9/1989, 258–261

WEGMAN, Hermann A.J.: Geschichte der Liturgie im Westen und Osten, Regensburg 1979

WEINRICH, Michael: Oekumene am Ende? Plädoyer für einen neuen Realismus, Neukirchen-Vluyn 1995

WELKER, Michael: Was geht vor beim Abendmahl?, Stuttgart 1999

WESTERMANN, Claus: Der Segen Gottes in der Bibel und im Handeln der Kirche, München 1968

WICK, Peter: Die urchristlichen Gottesdienste. Entstehung und Entwicklung im Rahmen der frühjüdischen Tempel-, Synagogen- und Hausfrömmigkeit, Stuttgart, 2/2003

WILCKENS, Ulrich: Auferstehung. Das biblische Auferstehungszeugnis historisch untersucht und erklärt, Stuttgart / Berlin 1974

YERUSHALMI, Yosef Hayim: Zachor: Erinnere Dich! Jüdische Geschichte und jüdisches Gedächtnis, Berlin 1988

ZAGER, Werner: Wie kam es im Urchristentum zur Deutung des Todes Jesu als Sühnegeschehen?, in: Zeitschrift für die Neutestamentliche Wissenschaft, Bd. 87, 1996, 165–186

ZIMMERMANN, Ulrich: Kinderbeschneidung und Kindertaufe, Hamburg 2006

ZOLLITSCH, Robert: Amt und Funktion des Priesters. Eine Untersuchung zum Ursprung und zur Gestalt des Presbyterats in den ersten zwei Jahrhunderten, Freiburg / Basel / Wien 1974

ZWECK, Heinrich: Osterlobpreis und Taufe. Studien zur Struktur und Theologie des Exsultet und anderer Osterpraeconien unter besonderer Berücksichtigung der Taufmotive, Frankfurt a.M. 1986

ZWINGLI, Huldrych: De canone missae epichiresis, Zürich 1523 – in: Egli, Emil / Finsler, Georg (Hg.): Huldreich Zwinglis sämtliche Werke, 2. Bd., Corpus Reformatorum, Bd. 89, München 1981

ZWINGLI, Huldrych: De vera et falsa religione commentarius, in: Huldreich Zwinglis sämtliche Werke, Bd. III (CR 90), Leipzig 1914, 590–912

ZWINGLI, Huldrych: Aktion oder Brauch des Nachtmahls, in: Huldreich Zwinglis sämtliche Werke, Bd. IV (CR 91), Leipzig 1927, 1–24

ZWINGLI, Huldrych: Von der Taufe, von der Wiedertaufe und von der Kindertaufe, in: Huldreich Zwinglis sämtliche Werke, Bd. IV (CR 91), Leipzig 1927, 188–337.